Os dois problemas fundamentais da teoria do conhecimento

FUNDAÇÃO EDITORA DA UNESP

Presidente do Conselho Curador
Mário Sérgio Vasconcelos

Diretor-Presidente
Jézio Hernani Bomfim Gutierre

Superintendente Administrativo e Financeiro
William de Souza Agostinho

Conselho Editorial Acadêmico
Carlos Magno Castelo Branco Fortaleza
Henrique Nunes de Oliveira
João Francisco Galera Monico
João Luís Cardoso Tápias Ceccantini
José Leonardo do Nascimento
Lourenço Chacon Jurado Filho
Paula da Cruz Landim
Rogério Rosenfeld
Rosa Maria Feiteiro Cavalari

Editores-Adjuntos
Anderson Nobara
Leandro Rodrigues

Karl Popper

Os dois problemas fundamentais da teoria do conhecimento

Edição original organizada
por Troels Eggers Hansen

Tradução
Antonio Ianni Segatto

© 1979 Karl R. Popper / J. C. B. Mohr (Paul Siebeck)
© 2008 Klagenfurt University Karl Popper Library. All rights reserved.
© 2013 Editora Unesp
Título original: *Die beiden Grundprobleme der Erkenntnistheorie*

Fundação Editora da Unesp (FEU)
Praça da Sé, 108
01001-900 – São Paulo – SP
Tel.: (0xx11) 3242-7171
Fax: (0xx11) 3242-7172
www.editoraunesp.com.br
www.livrariaunesp.com.br
atendimento.editora@unesp.br

CIP – Brasil. Catalogação na publicação
Sindicato Nacional dos Editores de Livros, RJ

P866d

Popper, Karl Raimund, 1902-1994
 Os dois problemas fundamentais da teoria do conhecimento / Karl Raimund Popper; tradução Antonio Ianni Segatto. – 1. ed. – São Paulo: Editora Unesp, 2013.
 Tradução de: Die beiden grundprobleme der Erkenntnistheorie

 ISBN 978-85-393-0498-1

 1. Ciência – Filosofia. 2. Teoria do conhecimento. 3. Epistemologia. I. Título.

13-05207   CDD: 121
                                                    CDU: 165

Editora afiliada:

Asociación de Editoriales Universitarias
de América Latina y el Caribe

Associação Brasileira de
Editoras Universitárias

Dedico este livro à minha esposa

Ela fez grandes sacrifícios por esta obra,
assim como por *A lógica da pesquisa
científica* e por minhas últimas produções;
sacrifícios maiores do que eu deveria ter aceitado
e que mereceriam livros melhores.

Novembro de 1978

Sumário

Prefácio de 1978 à primeira edição alemã de 1979   XVII

Introdução de 1978 à primeira edição alemã de 1979   XIX
    1. Uma breve consideração histórica acerca do conhecimento científico como ignorância socrática   XIX
    2. Algumas considerações críticas sobre este livro, particularmente sobre a teoria da verdade   XXVII

Apresentação [1933]   XLI
    [1.] Consideração sobre o conteúdo   XLI
    [2.] Consideração sobre a relação do livro com a teoria do conhecimento contemporânea   XLII

Livro I: *O problema da indução (experiência e hipótese)* – Volume I

Capítulo I: Exposição do problema   3
    1. O problema da indução e o problema da demarcação   3

Capítulo II: Dedutivismo e indutivismo   7
    2. Considerações sobre o caminho em direção à solução e indicação provisória das soluções   7

3. Racionalismo e empirismo / Dedutivismo e indutivismo   12
4. A possibilidade de uma psicologia do conhecimento dedutivista   22

Capítulo III: O problema da indução   39

5. O regresso infinito (O argumento de Hume)   39
6. Posições indutivistas   46

Capítulo IV: As posições de proposição normal   49

7. As posições de proposição normal: indutivismo ingênuo, positivismo estrito e apriorismo   49
8. Crítica do positivismo estrito – Dupla transcendência das leis da natureza   51
9. O método transcendental – Exposição do apriorismo   61
10. Crítica do apriorismo   78

Capítulo V: Kant e Fries   93

11. Complemento da crítica do apriorismo (Psicologismo e transcendentalismo em Kant e Fries – Sobre a questão da base empírica)   93

Capítulo VI: As posições probabilistas   159

12. As posições probabilistas – Crença subjetiva na probabilidade   159
13. Enunciados acerca da probabilidade objetiva de eventos   162
14. Probabilidade como valor objetivo de enunciados factuais universais   165
15. Uma possibilidade de definir mais precisamente o conceito de probabilidade de uma hipótese (probabilidade primária e secundária de hipóteses) – O conceito de simplicidade   168
16. O conceito de confirmação de uma hipótese – Interpretações positivista, pragmática e lógico-probabilista do conceito de confirmação   177
17. O regresso infinito dos enunciados de probabilidade   181

Capítulo VII: As posições pseudoproposicionais   185

18. As posições pseudoproposicionais: nova exposição do problema   185
19. As leis da natureza como "instruções para a formação de enunciados"   187
20. "Verdadeiro-falso" ou "útil-inútil"? O pragmatismo consequente   191
21. Dificuldades do pragmatismo consequente   193
22. Ferramenta e esquema enquanto construções puramente pragmáticas   197
23. As leis da natureza como funções proposicionais   199

Capítulo VIII: O convencionalismo   205

24. As posições pseudoproposicionais são provisoriamente abandonadas: o convencionalismo   205

25. As três interpretações dos sistemas axiomáticos (O conjunto de problemas do convencionalismo)   213
26. A definição convencionalista implícita e a definição convencionalista explícita – Função proposicional e equação proposicional   219
27. As equações proposicionais convencionalistas enquanto implicações gerais tautológicas   226
28. Podem os sistemas axiomático-dedutivos ser concebidos também como sistemas dedutivos de puras funções proposicionais (de pseudoproposições)?   230
29. As definições ostensivas do empirismo: implicações gerais sintéticas   235
30. Interpretação convencionalista e interpretação empirista, explicadas com o exemplo da geometria aplicada   240

Capítulo IX: Proposições estritamente universais e proposições particulares   259

31. A implicação e a implicação geral   259
32. A implicação geral e a distinção entre proposições estritamente universais e proposições particulares   268
33. Conceito universal e conceito individual: classe e elemento   272
34. A proposição estritamente universal: problema da indução e problema dos universais   284
35. Observações sobre o problema dos universais   289

Capítulo X: De volta às posições pseudoproposicionais   295

36. Retorno à discussão das posições pseudoproposicionais   295
37. Simetria ou assimetria na avaliação das leis da natureza?   298
38. A avaliação negativa das proposições universais – Crítica da interpretação estritamente simétrica das pseudoproposições   302
39. Um regresso infinito de pseudoproposições   309
40. Uma posição pseudoproposicional apriorista   313
41. Interpretação da crítica apresentada até aqui; observações sobre a unidade entre teoria e prática   314
42. Um último recurso para as posições pseudoproposicionais   321

Capítulo XI: Posições pseudoproposicionais e o conceito de sentido   325

43. O conceito de sentido do positivismo lógico   325
44. Conceito de sentido e problema da demarcação – A tese fundamental do indutivismo   331

45. Crítica do dogma indutivista de sentido   342
46. Enunciados factuais completamente decidíveis e enunciados factuais parcialmente decidíveis – A antinomia da cognoscibilidade do mundo (Conclusão da crítica às posições pseudoproposicionais)   353

Capítulo XII: Conclusão   373

47. Confirmação dialética e confirmação transcendental da solução   373
48. O problema da indução foi solucionado?   386

Apêndice: Exposição esquemática da crítica do problema da indução   391

Análise da Tabela I   392

Tabela I: Os três grupos de posições indutivistas (Seção 6)   393

Tabela II: As "posições de proposição normal" (Seção 7 e, particularmente, Seção 8) – Pressuposto geral: as leis da natureza são enunciados factuais (juízos sintéticos) verificáveis (completamente decidíveis)   394

Tabela III: As *posições probabilistas* superam "dialeticamente" a contradição das posições de proposição normal (Seção 12) (O argumento de Hume – Tabela II, c – é pressuposto)   395

Tabela IV: As "posições pseudoproposicionais" (Seção 18)   396

Tabela V: Posições pseudoproposicionais e convencionalismo (Seção 24) (O "teorismo" é pressuposto)   397

Tabela VI: O convencionalismo inferido a partir das posições de proposição normal (Tabela II) (Seção 24) (O argumento de Hume – Tabela II, c – é pressuposto)   398

Tabela VII: *Solução*   399

Livro II: *O problema da demarcação (experiência e metafísica)*

Primeira Parte: Fragmentos de 1932   403

Esboço de uma Introdução   403

Há uma ciência filosófica? (Considerações introdutórias sobre o problema da demarcação)   403

I. Exposição do problema   411

1. O problema da demarcação   411
2. Alcance do problema da demarcação   411

3. O problema da indução   413
   4. Alcance do problema da indução   413

[II.] Sobre a questão da eliminação do psicologismo subjetivista   415

[III.] Passagem para a teoria dos métodos   419
   1. Uma objeção contra o critério de falsificabilidade   419
   2. Crítica das teorias do conhecimento não metodológicas   421
   3. Observações sobre a questão: convencionalismo ou empirismo?   423
   4. O caráter empírico da linguagem comum – A concepção lógica como pressuposto da concepção metodológica   427
   5. Para a crítica das teorias do conhecimento não dedutivas e não transcendentais   429
   6. Há uma metodologia?   432
   7. Conceito universal e conceito individual – Classe e elemento   436
   8. Sobre a objeção da crítica da linguagem contra a possibilidade de uma metodologia   438

[IV.] O método de exaustão – "Estado de coisas" e "fato" – A diversidade infinita   445

[V.] Esboço de uma teoria dos métodos empírico-científicos (Teoria da experiência)   449
   Princípio de falsificabilidade   449
   1. Princípio de continuidade   449
   2. Tese contra o positivismo estrito   450
   3. Primeira tese contra o convencionalismo: princípio de fechamento do sistema   450
   4. Segunda tese contra o convencionalismo: princípio de limitação das hipóteses auxiliares singulares (hipóteses *ad hoc*)   451

Segunda Parte: Fragmentos de 1933   455

Orientação   455

[VI.] Filosofia   457
   [Introdução]   457
   1. Problema da indução e problema da demarcação   459

[VII.] O problema da metodologia   461
    1. Metodologia e possibilidade de uma falsificação   461
    [2.] Critério de demarcação e metodologia   466

[VIII.] Observações sobre o chamado problema da liberdade da vontade   469
    [1. Introdução]   469
    2. O "acontecimento" e o "fragmento de realidade"   472

[IX. O problema da liberdade da vontade]   473
    5. Individuais e universais   473
    6. Teoria dos dois mundos   475
    7. Modificação da problemática pela física quântica?   479

[X.] O problema do caráter aleatório dos enunciados de probabilidade   483
    [Introdução]   483
    6. Coletivos do primeiro gênero para séries prolongáveis indefinidamente   485
    7. Condições para coletivos do primeiro gênero prolongáveis indefinidamente   490
    8. O problema das sequências aleatórias   492

Apêndice   497

Excerto-resumo (1932) de
Os dois problemas fundamentais da teoria do conhecimento   497

    Observação preliminar   497
    I. Exposição do problema   498
    II. O método transcendental da teoria do conhecimento   500
    III. Dedutivismo e indutivismo   501
    IV. O teorismo – A objetividade científica   502
    V. Breve indicação da solução dos dois problemas fundamentais da teoria do conhecimento   503
    VI. Pressupostos da falsificabilidade – Construção das teorias   505
    VII. Método transcendental e método psicológico – A eliminação da base subjetivo-psicológica   506
    VIII. O método de falsificação empírica   511

IX. Os princípios metodológicos da estipulação convencional de determinados enunciados de base como "verdadeiros" ou "falsos"   516

X. Justificação do psicologismo   517

Observação final   518

Novo apêndice   519

*I. Elogio de Xenófanes [Esboço de 1933]   519

*II. A teoria do conhecimento imediato de Nelson e Fries [Esboço de 1933]   523

Observações editoriais   531

Posfácio do editor   547

Índice onomástico   613

Índice remissivo   621

A resposta a essas questões, no entanto, não é satisfatória como esperaria o delirante desejo de saber dogmático, pois ele só poderia ser satisfeito por artes mágicas, das quais nada entendo [...] o dever da filosofia era: para superar a ilusão, surgida de um mal-entendido, ela deveria reduzir a nada uma quimera tão aclamada e admirada. Neste empreendimento, dediquei toda minha atenção ao rigor [...][1]

---

1 Kant, *Kritik der reinen Vernunft*, 1781, p.XIII.

[XVII] Prefácio de 1978 à primeira edição alemã de 1979

O presente livro, *Os dois problemas fundamentais da teoria do conhecimento*, pode ser visto como uma coleção de esboços e trabalhos produzidos entre 1930 e 1933, anteriores a meu primeiro livro publicado, *A lógica da pesquisa científica*, que veio à luz no outono de 1934. O título é uma alusão a *Os dois problemas fundamentais da ética*, de Schopenhauer.[1] Foram perdidos trabalhos preparatórios anteriores e uma parte daquilo realizado entre 1930 e 1933.

Não pensei em publicar esses primeiros esforços. Como relatei na Seção 16 de minha autobiografia,[2] foi Herbert Feigl quem me encorajou a escrever um livro para ser publicado e quem posteriormente me apresentou Rudolf Carnap, que leu o manuscrito de *Os dois problemas fundamentais* no verão de 1932; depois dele, diversos membros do Círculo de Viena tiveram acesso ao texto. Carnap fez um relato acerca desse manuscrito na revista *Erkenntnis* [Conhecimento],[3]

---

[1] Arthur Schopenhauer, *Die beiden Grundprobleme der Ethik, behandelt in zwei akademischen Preisschriften*: I. *Über die Freiheit des meschlichen Willens...*, II. *Über das Fundament der Moral...* (1841; 2.ed., 1860).

[2] Karl Popper, "Intellectual autobiography", in: *The philosophy of Karl Popper* I. (ed. Paul Arthur Schilpp, 1974); *Unended Quest: An Intellectual Autobiography* (1976); *Ausgangspunkte: meine intellektuelle Entwicklung* (tradução alemã de Friedrich Griese e do autor, 1979).

[3] Rudolf Carnap, "Über Protokollsätze", *Erkenntnis* 3 (1932), p.223 e segs. [Cf. "Posfácio do editor", Seção 5, texto relativo à nota 9, e Seção 6, texto relativo às notas 12,

e Heinrich Gomperz[4] escreveu duas cartas minuciosas, uma endereçada a mim [XVIII] e outra a Oskar Siebeck, da editora J. C. B. Mohr, que agora, 46 anos depois, publica o original.

Além de Herbert Feigl, meu velho amigo Robert Lammer fez muito por esta obra. Ele criticou a exposição de cada nova seção, e eu muito aprendi com ele sobre como é difícil escrever um livro de modo claro. Meus modelos inatingíveis foram e continuam sendo Schopenhauer e Russell.

A exposição neste livro é muito mais detalhada e ampla do que aquela da *A lógica da investigação científica*, que é o resultado de uma drástica abreviação. Naturalmente, ele foi, em parte, superado por *A lógica da investigação científica*, que é um pouco posterior. Mas meu amigo Troels Eggers Hansen, que foi muito gentil ao assumir a edição do livro, chamou-me a atenção para o fato de que muitas ideias, que eu redescobri e publiquei apenas anos depois, já eram antecipadas em *Os dois problemas fundamentais*.

Em sua busca por manuscritos perdidos, Hansen também encontrou algumas cartas e sugeriu que uma passagem de uma correspondência de 30 de junho de 1932, endereçada por mim ao poeta vienense Egon Friedell,[5] fosse citada aqui. Nessa mensagem, eu descrevia o livro *Os dois problemas fundamentais* como "[...] um filho da crise, [...] sobretudo, da crise da *física*. Ele afirma a *permanência da crise*; se ele estiver correto, a crise é o estado normal de uma ciência racional altamente desenvolvida".

Eu tenho uma profunda dívida com Troels Eggers Hansen pelos anos de trabalho na edição deste livro e pelo grande cuidado com que o conduziu. Jeremy Shearmur, que, graças à Fundação Nuffield e à London School of Economics and Political Science, atuou como meu assistente, auxiliou muito o editor e eu. Alfred Schramm leu os copiões e elaborou os índices. Axel Bühler e Erwin Tegtmeier revisaram as provas. Hans Albert encorajou e apoiou todo o trabalho. Sou muito grato a todos eles.

Penn, Buckinghamshire, novembro de 1978

---

15 e 17, assim como o texto relativo a estas e o texto relativo à nota 13; Apêndice: "Excerto-resumo (1932)", Seção VII, texto relativo às notas 3 e 8; e "Observações editoriais", Seção 1, nota 7 e texto relativo a essa nota. (N. E. A.)]

4 [Cf. "Posfácio do editor", Seção 1, notas 21 e 24, assim como o texto relativo a estas. (N. E. A.)]

5 [(3.ed.) Arquivo Popper, Fasc. 17,6 e 297,22. Ver também "Observações editoriais", Seção 2, nota 5; "Posfácio do editor", Seção 1, Notas 7, 20 e 22, assim como o texto relativo a estas, e a Seção 7, nota 4. (N. E. A.)]

[XIX] Introdução de 1978 à primeira edição alemã de 1979

1. Uma breve consideração histórica acerca do conhecimento científico como ignorância socrática

Em *Apologia de Sócrates*, de Platão – provavelmente a obra filosófica mais bela que conheço –, Sócrates relata o quão surpreso ficou com o fato de o Oráculo de Delfos ter respondido "não" à pergunta sobre se alguém era mais sábio que Sócrates. "O que o deus queria dizer?", perguntou Sócrates, que sabia muito bem que não era sábio. E chegou à conclusão: "Eu sou na verdade um pouco mais sábio que os outros, pois eu sei que nada sei. Os outros sequer sabem isso, pois creem que sabem algo".

A intuição de Sócrates sobre nossa ignorância, "Eu sei que (quase) nada sei", é de grande importância. Frequentemente, ela não foi levada com seriedade e foi, inclusive, considerada um paradoxo – e, certamente, é formulada na *Apologia* com a intenção de soar surpreendente e paradoxal.[1]

---

[1] "Eu sei que nada sei" poderia ser considerada uma das formas do paradoxo do mentiroso ("O que digo agora é falso"). A inserção da palavra "quase" impede o aparecimento formal do paradoxo. Por isso, "ceticismo" (ao menos nesse sentido) certamente não é "manifestamente um contrassenso", como diz Wittgenstein (*Tractatus logico-philosophicus*, 1918/1922, proposição 6.51). Também a clássica formulação do ceticismo "Não há nenhum critério universal de verdade" está muito

[XX] Platão, discípulo de Sócrates, abandonou a tese socrática acerca de nossa ignorância e, com isso, a exigência socrática de modéstia intelectual. Sócrates e Platão insistiram que o governante deve ser sábio. Mas para cada um deles isso significava algo fundamentalmente diferente: Sócrates entendia que o governante deve ser consciente de sua ignorância; para Platão, ele deve ser um filósofo instruído em tudo, um filósofo erudito.

A tese socrática acerca de nossa ignorância foi retomada com frequência no desenvolvimento da teoria do conhecimento, como, por exemplo, no período intermediário da Academia fundada por Platão.

Há essencialmente três pontos de vista na teoria do conhecimento. (1) Um ponto de vista otimista: podemos conhecer o mundo. (2) Um ponto de vista pessimista: o conhecimento é negado ao homem. Trata-se do ponto de vista que hoje é chamado normalmente de ceticismo [*Skeptizismus*]. (3) O terceiro ponto de vista é o do ceticismo [*Skepsis*] (*skeptomai* = examinar, refletir, investigar) no sentido original da "Academia intermediária" e também o ponto de vista do pré-socrático Xenófanes: nós não temos nenhum critério de verdade, nenhum conhecimento seguro, mas nós podemos procurá-lo e, com o passar do tempo, encontrar algo melhor.[2] Para essa última forma de ceticismo, um progresso do conhecimento é, portanto, possível.

As duas formas de ceticismo tinham, em todo caso, até Newton, os melhores argumentos a favor delas. Os *Principia* (1687),[3] de Newton, porém, deram lugar a uma situação completamente nova. Eles podem ser vistos como a realização do programa original dos pré-socráticos e de Platão; uma realização que ia além dos sonhos mais audaciosos dos antigos. As predições

---

longe de ser um contrassenso: nesse sentido, o ceticismo é uma teoria verdadeira. No entanto, não se deve concluir que não pode haver nenhum progresso no conhecimento. [(3.ed.) Cf. Volume II (Fragmentos): "Esboço de uma Introdução", texto relativo à nota 4. (N. E. A.)]

A tese de Sócrates de nossa ignorância não é a forma mais antiga de ceticismo. Uma forma ainda mais antiga encontra-se em Xenófanes; cf. Hermann Diels e Walther Kranz, *Die Fragmente der Vorsokratiker* (doravante abreviado por D-K), B 34. O ceticismo de Xenófanes é particularmente interessante, pois ele admite explicitamente um progresso de nosso conhecimento (D-K B 18). Ver aqui Livro I: Seção 11, texto relativo às notas 28a e 28b, bem como *Logik der Forschung* (3.-10.ed., 1969-1994), "Prefácio à terceira edição alemã", particularmente p.XXVI [11.ed., *Gesammelte Werke in deutscher Sprache* 3, 2005, p.XXXIV].

2 Cf. D-K B 18; cf. também Livro I, Seção 11, texto relativo à nota 28a.
3 Isaac Newton, *Philosophiae naturalis principia mathematica* (1687).

Introdução de 1978

da teoria newtoniana foram confirmadas com uma precisão incrível; aquilo que inicialmente parecia um desvio em relação às predições levou à descoberta do planeta Netuno. Eis aqui, sem dúvida alguma, conhecimento; saber seguro, *epistéme*, no sentido de Platão e de Aristóteles. Saber seguro sobre o cosmos. Saber com o qual os pré-socráticos e Platão sequer haviam sonhado.

Os céticos foram, ao que parece, derrotados; apesar de não terem notado imediatamente. Hume, um dos maiores céticos, escreveu seu [XXI] *Tratado*,[4] 52 anos depois de Newton, com a esperança de elaborar uma teoria semelhante à dele para as ciências sociais.

Foi Kant, convertido ao ceticismo por Hume, quem viu o caráter quase absurdo do novo conhecimento. Surpreso pelo sucesso da teoria de Newton, Kant se perguntou, sob a influência de Hume, cem anos depois dos *Principia*: "*Como a ciência pura da natureza é possível?*"[5] Por "ciência pura da natureza", ele entendia, antes de tudo, as leis da mecânica newtoniana e a teoria da matéria elaborada pelo próprio Kant (e por Bošković).[6]

A pergunta de Kant só pode ser compreendida pelo fato de que, a partir do ceticismo humeano, ele considerou a existência da física newtoniana paradoxal. Sua pergunta levou-o a outra, que ele considerou ainda mais fundamental: "*Como a matemática pura é possível?*"[7] E ele escreveu: "Ora, visto que essas ciências [a matemática pura e a ciência pura da natureza] são realmente dadas, parece pertinente perguntar *como* são possíveis, pois que têm que ser possíveis é provado por sua realidade".[8] Com frequência, considerou-se curiosamente indireta a colocação kantiana da pergunta, mas,

---

4 David Hume, *A Treatise of Human Nature* (1739/40).
5 Immanuel Kant, *Kritik der reinen Vernunft* (2.ed., 1787), Introdução, p.20.
6 Ver Immanuel Kant, *Metaphysische Anfangsgründe der Naturwissenschaft* (1786).
7 Immanuel Kant, *Kritik der reinen Vernunft* (2.ed., 1787), Introdução, p.20. Kant colocou a pergunta pela possibilidade da matemática pura (provavelmente por razões sistemáticas) antes da pergunta pela possibilidade da ciência pura da natureza. Eu suspeito, porém, que, historicamente, ele chegou antes, por meio da teoria de Newton, à segunda pergunta e apenas depois à pergunta pela possibilidade da matemática.
8 Immanuel Kant, *loc. cit.* Em uma nota de rodapé (p.20 e seg.) à passagem citada, Kant escreve: "Alguns ainda poderiam duvidar desta última coisa [isto é, de sua realidade] relativa à ciência natural. Todavia, basta ver as diversas proposições que ocorrem no começo da física propriamente dita (empírica) – como [...] a da inércia [a primeira lei de Newton], a da igualdade de ação e reação [a segunda lei de Newton] etc. – para logo se convencer de que constituem uma *physicam puram* (ou racional) [...]".

quando se recorda que ele partiu do ceticismo de Hume, ela é natural e perfeitamente direta: a existência da mecânica newtoniana é paradoxal para um cético; esta conduz de maneira direta à [XXII] pergunta: Como isso é possível? Como é possível que exista tal ciência? A resposta de Kant foi: "*O entendimento não retira suas leis* [isto é, as leis da ciência pura da natureza] [...] *da natureza, mas as prescreve a esta*".[9] Em outras palavras, a teoria de Newton não foi extraída empiricamente dos fenômenos com a ajuda dos nossos sentidos, mas sim é uma criação "pura", não empírica, do nosso entendimento; ela é algo que o nosso entendimento prescreve à natureza.

Eu considero isso correto e muito importante, mas, ao contrário de Kant, eu diria: a teoria é algo que o entendimento *tenta* prescrever à natureza; algo que a natureza frequentemente não permite que se prescreva a ela; uma *hipótese* criada por nosso entendimento, mas – eis aqui o contraponto a Kant – *não necessariamente bem-sucedida*; uma hipótese que nós tentamos impor à natureza, mas que pode ser desmentida pela natureza.

Essa formulação alude a um acontecimento ocorrido apenas muitos anos depois de Kant: a revolução einsteiniana.

A teoria da gravitação de Einstein, que apresenta a teoria de Newton como hipotética ou conjectural, tem uma longa pré-história; assim como as ideias teóricas de Einstein sobre o estatuto do conhecimento científico. Alguns dos nomes mais importantes dessa pré-história são Bernhard Riemann, Hermann von Helmholtz, Ernst Mach, August Föppl e Henri Poincaré.

Não é casual que esses nomes pertençam tanto à pré-história da teoria da gravitação de Einstein quanto à pré-história de sua teoria do conhecimento.

Nos anos de 1920, ficou claro para mim pela primeira vez o que a revolução einsteiniana significava para a teoria do conhecimento. Se a teoria de Newton, que fora rigorosamente testada e que fora mais bem-confirmada do que jamais sonhara qualquer cientista, acabara como uma hipótese incerta e superável, não se deveria esperar de nenhuma teoria física que alcançasse mais que um estatuto hipotético.

Essa ideia não era de modo algum aceita por todos. É certo que havia muitos teóricos do conhecimento que enfatizavam o caráter hipotético

---

9 Immanuel Kant, *Prolegomena*, §36, p.113.

Introdução de 1978

[XXIII] de nosso conhecimento, mas quase todos admitiam que uma hipótese pode ser mais e mais provável por meio da confirmação, até que alcance um grau de certeza que não possa ser distinguido da probabilidade 1. Se uma hipótese alcança esse grau de certeza, ela não precisa mais ser chamada de hipótese, mas pode receber o título honorário de *teoria*. Ela integra o *corpus* científico apenas se ela é *certa*, e se sua certeza foi *justificada*. Pois *ciência é conhecimento*, e conhecimento implica *certeza* e *justificação*: uma *justificabilidade* empírica ou racional.

Ao se considerar o conhecimento científico desse modo, não houve modificações essenciais entre *A crítica da razão pura* de Kant e *A construção lógica do mundo* de Carnap.[10] Inclusive, os dois grandes adversários na avaliação das ciências indutivas, John Stuart Mill e William Whewell, concordaram nesse ponto.

Diante disso tudo ficou claro para mim que, se uma teoria puder atingir o grau máximo de confirmação, esta deveria ser a teoria de Newton. Por outro lado, todas as predições científicas bem-sucedidas que foram alcançadas por meio da teoria de Newton também puderam ser alcançadas por meio da teoria de Einstein. Todas as chamadas razões empíricas que falavam a favor de Newton também falavam a favor de Einstein. Além disso, havia predições alcançáveis por meio da teoria de Newton que contradiziam predições da teoria einsteiniana. As duas teorias eram, pois, logicamente *incompatíveis* e *experimentos cruciais* (*experimenta crucis, crucial experiments*) eram possíveis entre elas.

A maior parte desses experimentos cruciais sugeridos por Einstein não foi realizada naquela época (com exceção o da dobra dos raios de luz no campo gravitacional do sol e, talvez, o movimento do periélio de Mercúrio; ambos, porém, seriam explicados de outro modo pela teoria de Einstein). Hoje, os [XXIV] experimentos sugeridos por Einstein e alguns outros foram todos realizados. Os resultados parecem falar a favor de Einstein e contra Newton, mas em todos os casos as medições são difíceis e os resultados não são inteiramente confiáveis. Eu não quero, com isso, afirmar que a teoria newtoniana foi refutada (falsificada). No entanto, a situação lógico-episte-

---

10 Rudolf Carnap, *Der logische Aufbau der Welt* (1928); ver, por exemplo, p.V, em que Carnap levanta a "exigência de justificação e fundamentação obrigatória de toda tese". (A passagem está na 2.ed., 1961, e na 3.ed., 1966, na p.XIX.)

mológica revelada pela teoria einsteiniana é revolucionária. Pois mostra que mesmo para a teoria empírica mais bem-sucedida T_1 (isto é, para uma teoria supostamente certa e indutivamente justificada ou fundamentada) pode haver uma teoria concorrente T_2 que, por um lado, contradiz logicamente T_1 (de tal modo que ao menos uma entre ambas *deve* ser falsa) e que, por outro, seja confirmada por todos os experimentos prévios, que confirmam T_1. Dito de outro modo, embora T_1 e T_2 possam se contradizer, podem levar a predições empíricas indistinguíveis em um domínio empírico qualquer e podem muito bem serem confirmadas dentro desse domínio.

Como as duas teorias T_1 e T_2 se contradizem, ambas evidentemente não podem ser "certas". Portanto, até mesmo a teoria mais bem-confirmada pode nunca ser certa: nossas teorias *são falíveis e permanecem falíveis*, mesmo depois de terem sido brilhantemente confirmadas.[11]

---

11 Naquela época e por muitos anos, eu não fui essencialmente além das seguintes concepções intuitivas: (1) a teoria de Newton é brilhantemente confirmada; (2) a teoria de Einstein é, ao menos, igualmente bem-confirmada; (3) embora as teorias de Newton e Einstein concordem de maneira ampla, elas se contradizem logicamente, pois levam a predições divergentes, por exemplo, quanto às órbitas dos planetas acentuadamente excêntricas; e (4) a confirmação não pode, portanto, ser uma probabilidade (no sentido de um cálculo de probabilidades). Até pouco tempo atrás, eu infelizmente não havia considerado em detalhe o ponto (4), que é intuitivo, mas muito plausível, e que pode ser provado pelos pontos (1), (2) e (3). A prova, porém, é simples. Se uma confirmação fosse uma probabilidade, então a confirmação "ou de Newton ou de Einstein" seria igual à soma das duas confirmações, pois ambas são logicamente excludentes. Mas, uma vez que ambas foram brilhantemente confirmadas, elas deveriam ter probabilidades maiores que ½. (½ deveria significar: falta de confirmação.) Sua soma seria, portanto, maior que 1, o que é impossível. Logo, a confirmação não pode ser uma probabilidade. Essas considerações podem ser generalizadas: elas levam à prova de que a probabilidade mesmo da lei universal mais bem-confirmada é igual a zero. Peter Havas ("Four-dimensional formulations of Newtonian mechanics and their relation to the special and the general theory of relativity", *Review of Modern Physics*, 36, 1964, p.938 e segs.) mostrou que a teoria de Newton pode ser formulada de maneira muito próxima à teoria de Einstein com uma constante k, que no caso de Einstein é $k = c$ (c é a velocidade da luz) e no caso de Newton, $k = \infty$. Há, porém, mais teorias incompatíveis com $c \leq k \leq \infty$ do que os denumeráveis, que podem ser ao menos tão bem-confirmadas quanto a teoria de Newton. (Nós evitamos probabilidades *a priori* arbitrariamente distribuídas.) De todo modo, desse conjunto de teorias, pode-se selecionar conjuntos denumeráveis; por exemplo, as teorias com $k = c$; $k = 2c$; ..., $k = nc$; ...; $k = \infty$. Como quaisquer duas teorias diferentes se contradizem logicamente nessa série infinita, a soma de suas probabilidades não pode ser maior

Introdução de 1978

[XXV] Eu li Einstein naquela época a fim de eventualmente encontrar as consequências dessa revolução em sua obra. O que encontrei foi seu artigo "Geometrie und Erfahrung" [Geometria e experiência], no qual ele escreve:[12]

"À medida que as proposições da matemática se referem à realidade, elas não são certas, e à medida que elas são certas, elas não se referem à realidade."

Eu fiz uma generalização, em seguida, da matemática para a ciência em geral:[13]

"À medida que as proposições da ciência se referem à realidade, elas não são certas, e à medida que são certas, elas não se referem à realidade".

(Com proposições certas que não se referem à realidade, Einstein aludia claramente a Poincaré e o convencionalismo ou à ideia de que a lei da inércia é uma definição implícita do movimento sem força e, por isso, do conceito de força.) Mais tarde, chamei de "falibilismo" essa ideia da incerteza ou da falibilidade de todas as teorias humanas, inclusive as mais bem-confirmadas. (Pelo que sei, essa expressão foi usada primeiramente por Charles Sanders Peirce.)

[XXVI] Mas o falibilismo, naturalmente, não é outra coisa senão a ignorância socrática. Em suma, temos o seguinte:

---

que 1. Disso se segue que a teoria mais brilhantemente confirmada de Newton com $k = \infty$ tem probabilidade zero. (O grau de confirmação não pode ser uma probabilidade no sentido de um cálculo de probabilidades.) Seria interessante ouvir o que os teóricos da indução, como, por exemplo, os bayesianos, que identificam o grau de confirmação (ou da "assunção racional") com o grau de probabilidade, têm a dizer sobre essa refutação simples de sua teoria.

12 Albert Einstein, *Geometrie und Erfahrung* (1921), p.3 e seg.
13 Karl Popper, "Ein Kriterium des empirischen Charakters theoretischer Systeme (Vorläufige Mitteilung)" [Um critério das características empíricas dos sistemas teóricos (comunicação provisória)], *Erkenntnis*, 3 (1933), p.427: "À medida em que as proposições de uma ciência se reportam à realidade, elas devem ser falsificáveis, e, à medida em que não são falsificáveis, elas não se reportam à realidade".
Essa "comunicação provisória" foi publicada novamente em *A lógica da pesquisa científica* (2.ed., 1966; e edições posteriores), Novo Apêndice *I (ver o texto relativo à nota 4). Cf. também o apêndice a seguir: Seção V, texto relativo à nota 4 [(3.ed.) Ver "Posfácio do Editor", Seção 6, notas 8, 9, 15, 16 e 17, assim como o texto relativo a essas notas e à nota 11. (N. E. A.)]

(1) Sócrates: Eu sei que nada sei. (E ninguém sabe mais do que isso.)
(2) Kant: A teoria de Newton é ciência justificada e, portanto, conhecimento seguro. (Logo, Sócrates é refutado pelo fato de que existe a ciência.) Assim, surge a questão: Como a ciência é possível?
(3) Einstein: O conhecimento científico acerca da realidade é incerto. (Conhecimento científico não é, pois, um conhecimento, nem no sentido usual da palavra, nem no sentido do uso filosófico da palavra, ao menos até *A estrutura lógica do mundo*, de Carnap.)[14] O falibilismo de Sócrates está, portanto, certo, apesar da grande conquista de Newton.

Eu gostaria aqui de manifestar a esperança de que a modesta concepção de Sócrates acerca de nossa ignorância finalmente volte a se tornar um bem comum intelectual. Essa concepção foi provavelmente compartilhada por todos os grandes cientistas da natureza, de Galileu, que em seu *Diálogo* (Quarta Jornada) fala das "palavras sábias [...] e modestas 'Eu não sei'",[15] passando por Kepler e Newton,[16] até Einstein e além dele. Os grandes cientistas da natureza foram todos adversários da crença dogmática na autoridade da ciência: eles foram todos adversários do que se chama hoje de *cientificismo*.

Mas os atuais anticientificistas ainda não compreenderam isto. Eles também não compreenderam que o falibilismo destrói o cientificismo. [XXVII] Eles não são exatamente adversários da crença dogmática na autoridade da ciência: eles são adversários acríticos da ciência; eles são defensores dogmáticos de uma ideologia científica.

---

14 Rudolf Carnap, *loc. cit.* (Ver acima, nota 10).
15 Galileu Galilei, *Dialogo... Doue ne i congressi di quattro giornate si discorre sopra i due massimi sistemi del mondo Tolemaico, e Copernicano* (1632), "Giornata quarta", p.439; *Dialog über die beiden hauptsächlichsten Weltsysteme: das Ptolomäische und das Kopernikanische* (tradução alemã de Emil Strauss, 1891), "Vierter Tag", p.465.
16 No Volume II, Capítulo 27 do *Memoirs of the Life, Writings, and Discoveries of Sir Isaac Newton* (1855), de David Brewster, p.407, encontra-se a seguinte citação famosa de Newton: "Eu não sei como apareço ao mundo; mas apareço a mim apenas como uma criança que brinca à beira do mar e que se diverte em encontrar aqui e ali uma pedrinha mais lisa ou uma concha mais bela do que o normal, enquanto o grande oceano da verdade se estende enigmático diante de mim".

Introdução de 1978

2. Algumas considerações críticas sobre este livro, particularmente sobre a teoria da verdade

(1) Na época em que escrevia *Os dois problemas fundamentais* e *A lógica da pesquisa científica*, o importante trabalho de Alfred Tarski[1] sobre o conceito de verdade ainda não havia sido publicado.

A ideia da verdade tem uma importância fundamental para a teoria do conhecimento e, particularmente, para o conhecimento científico. *A ciência é a busca da verdade*: não a posse do saber, mas a procura pela verdade.

Essa formulação, que pode ser encontrada no penúltimo parágrafo de *A lógica da pesquisa científica*, pressupõe a importante diferença entre verdade e certeza, ou entre verdade e justificabilidade, e entre verdade objetiva e crença subjetiva. Mas, por vezes, eu não distingui essas duas coisas suficientemente em *Os dois problemas fundamentais*.

Não é uma desculpa que essa confusão seja sugerida pelo uso comum da linguagem; que ela possa ser retraçada até Xenófanes e inclusive Homero; que a ideia de que a verdade é *evidente* seja difundida,[2] e que essa [XXVIII] confusão possa ser encontrada em muitos livros de filosofia.

(2) Acredito que há apenas uma teoria da verdade a ser considerada seriamente: a *teoria da verdade como correspondência*. Ela diz que uma proposição é verdadeira se concorda com os fatos ou com a realidade, ou corresponde a eles. Essa teoria levanta imediatamente uma dificuldade: parece muito difícil explicar o que se quer dizer com concordância ou correspon-

---

1 Alfred Tarski, "Der Wahrheitsbegriff in den Sprachen der deduktiven Disziplinen [Zusammenfassung]", *Anzeiger der Akademie der Wissenschaften in Wien: Mathematisch-naturwissenchaftliche Klasse* 69 (1932), p.23 e segs.; "Pojęcie prawdy w językach nauk dedukcyjnych", *Travaux de la société des sciences et lettres de Varsovie*, Classe III: *Sciences mathématiques et physiques* 34, (1933); "Der Wahrheitsbegriff in formalisierten Sprachen", *Studia Philosophica: Commentarii societatis Philosophicae Polonorum* 1 (1935), p.261 e segs.; "The concept of truth in formalized languages" (english Von Joseph Henry Woodger), in: A. Tarski, *Logic, Semantics, Metamathematics* (1956), p.152 e segs.
2 Sobre Xenófanes (D-K B 34), ver minha tradução ("verdade certa") no Livro I: Seção 11, texto relativo à nota 28b; também na *Logik der Forschung* (3.ed., 1969; e edições posteriores), "Prefácio à terceira edição alemã". Em Homero, a verdade é frequentemente o contrário da mentira; ela é, pois, a verdade acreditada. Sobre a teoria historicamente importante de que a verdade é evidente, ver meu *Conjectures and Refutations* (1963), "Introduction" [*Vermutungen und Widerlegungen* (1994; 2.ed., *Gesammelte Werke in deutscher Sprache* 10, 2009), "Einleitung"].

dência entre uma proposição e um fato. Alfred Tarski solucionou essa dificuldade por completo e o fez de maneira surpreendentemente simples e intuitivamente satisfatória.

Utilizamos nossa linguagem comum para falar sobre fatos; por exemplo, sobre o fato de que um gato dorme aqui. Se quisermos explicar a correspondência entre proposições e fatos, precisamos de uma linguagem na qual possamos falar tanto de proposições – bem como acerca de determinadas construções linguísticas – quanto de fatos. Uma linguagem, na qual podemos falar de construções linguísticas, é chamada, desde Tarski, de "metalinguagem". A linguagem, sobre a qual e sobre cujas construções linguísticas falamos na metalinguagem, é chamada de "linguagem-objeto". Uma metalinguagem, na qual podemos falar não apenas de uma linguagem-objeto, mas também (como na linguagem comum) de fatos, é chamada por Tarski de "metalinguagem semântica". Evidentemente, precisamos de uma metalinguagem semântica para falar sobre a correspondência entre proposições e fatos.

Se utilizarmos o português como uma metalinguagem, podemos falar sobre uma proposição do inglês (linguagem-objeto), por exemplo, *"A cat is here asleep"*. Podemos, então, dizer em nossa metalinguagem semântica: A proposição do inglês (linguagem-objeto) *"A cat is here asleep"* corresponde aos fatos se e somente se um gato dorme aqui.

Se tivermos uma metalinguagem, na qual podemos não apenas falar *sobre proposições*, mas na qual podemos também descrever *fatos*, como o do gato que dorme aqui, torna-se quase trivial que e como podemos falar de correspondência entre proposições e fatos.

Que precisemos de tal metalinguagem – ou que devamos utilizar nossa linguagem como uma metalinguagem – para falar da [XXIX] correspondência entre uma proposição e um fato certamente não é trivial, mas é bastante simples de se perceber.

Com esse esclarecimento acerca da correspondência entre uma proposição (da linguagem-objeto) e um fato descrito na metalinguagem semântica, cai por terra a principal objeção contra a teoria da verdade como correspondência, e podemos dizer em termos gerais que uma proposição é verdadeira se corresponde aos fatos ou concorda com eles.

(3) Dois pontos devem ser brevemente mencionados aqui.

(a) Quando dizemos

"A proposição da linguagem-objeto 'A cat is here asleep' concorda com os fatos" essa proposição do português sobre a proposição do inglês pertence à metalinguagem (português). Tarski mostrou que, para evitar paradoxos, a metalinguagem deve ser estritamente separada da linguagem-objeto. Os predicados "concorda com os fatos" e "é verdadeiro" pertencem à metalinguagem e se referem a proposições de uma determinada linguagem-objeto. E se falamos sobre esses predicados da metalinguagem, falamos em uma metametalinguagem. Disso resulta, pois, uma hierarquia de metalinguagens. Enquanto tivermos isso em vista – enquanto estivermos conscientes que os predicados da metalinguagem estão um degrau acima na hierarquia em relação às expressões da linguagem-objeto (por exemplo, as proposições) –, não importa se usamos a mesma linguagem comum (mais precisamente, diferentes partes da mesma linguagem comum), por exemplo, o português, como metalinguagem *e* como linguagem-objeto.

(b) A palavra "verdade" pertence à metalinguagem *em todos os seus usos*: o predicado

"[...] é verdade"

pertence sempre à metalinguagem, no caso em que "[...]" pode ser preenchido por um nome (ou uma designação) de uma proposição da linguagem-objeto. A expressão

"É verdade que [...]"

não é, porém, uma expressão da metalinguagem, mas uma expressão da mesma linguagem-objeto à qual pertence a expressão a ser substituída por "[...]". A proposição, por exemplo,

"É verdade que um gato dorme aqui"

pertence à mesma linguagem que

[XXX] "Um gato dorme aqui"

E nenhuma destas proposições tem um caráter metalinguístico: ambas falam sobre um gato, nenhuma fala sobre uma expressão linguística. E, consideradas logicamente, as duas proposições têm o mesmo valor de verdade: elas são ou ambas verdadeiras (se um gato dorme aqui) ou ambas falsas (se um gato não dorme aqui). Consideradas logicamente, as duas proposições são proposições equivalentes de uma e mesma linguagem.

Ao contrário, a proposição

"A proposição 'um gato dorme aqui' é verdadeira"

ou, de modo abreviado,

"'Um gato dorme aqui' é verdade"

pertence à metalinguagem daquela linguagem-objeto, à qual pertence a proposição "Um gato dorme aqui".

No exemplo considerado acima, o predicado "[...] é verdade" não parece ter qualquer função – ainda menos que a expressão "É verdade que [...]". Mas podemos estipular importantes regras metalinguísticas, por exemplo:

"De uma classe (ou um sistema) de proposições, que são todas verdadeiras, nenhuma proposição falsa pode ser derivada".

Vê-se aqui que a expressão metalinguística "verdadeiro" pode ter um papel importante. Isso fica mais evidente se traduzirmos essa regra de acordo com a teoria da correspondência:

"De teorias (sistemas de proposições) que concordam com os fatos, não se pode derivar nenhuma proposição lógica que não concorde com os fatos".

Essa regra explica, em parte, porque buscamos a verdade na ciência, isto é, buscamos teorias que sejam verdadeiras.

(4) A teoria da verdade como correspondência pode ser ampliada do seguinte modo: se uma proposição do português é verdadeira, suas traduções equivalentes em inglês, francês, grego etc. são, evidentemente, igualmente verdadeiras: a classe das traduções equivalentes de uma proposição é verdadeira ou falsa juntamente com a proposição. Pode-se, pois, considerar a verdade ou a falsidade como uma propriedade não tanto da proposição isoladamente considerada, mas uma propriedade de seu sentido; e o sentido de uma proposição pode ser visto como a classe de suas traduções equivalentes ou aquilo que todas as traduções equivalentes têm em comum. Uma proposição é verdadeira, portanto, se seu sentido é verdadeiro, isto é, se ela e todas as proposições equivalentes concordam com os fatos.

[XXXI] De modo similar, uma convicção ou um pensamento podem ser chamados de verdadeiros se uma proposição, que formula esta convicção ou pensamento, é verdadeira.

Evidentemente, todas essas extensões da teoria tarskiana da correspondência não alteram nada no essencial. Todas compartilham a ideia de que a verdade e a falsidade são fundamentalmente uma propriedade de proposições descritivas, formuladas linguisticamente.

A ideia amplamente disseminada, defendida inclusive por Bertrand Russell,[3] de que a correspondência consiste na similaridade entre nossas

---

3 Bertrand Russell, *Human Knowledge: Its Scope and Limits* (1948), p.170 (*Das menschliche Wissen*, tradução alemã de Werner Bloch, 1952, p.156 e seg.).

imagens ou representações mentais e os fatos – de certo modo, na similaridade entre uma fotografia mental e seu objeto – parece-me completamente equivocada. Nessa ideia o que há de correto é a própria teoria da correspondência enquanto tal, mas se esquece que mesmo alguém que é cego e surdo-mudo pode apreender a ideia da verdade se, como Helen Keller, aprender a dominar uma linguagem – o que não é possível para um indivíduo que não aprendeu a falar.

(5) Se aceitarmos a teoria da correspondência – a tese de que a verdade de uma proposição é sua concordância com os fatos –, fica claro que a verdade deve ser distinguida da certeza ou da justificabilidade ou da decidibilidade ou da demonstrabilidade.

Podemos estar mais ou menos certos de que uma proposição é verdadeira ou de que ela é falsa. Isso mostra claramente a distinção entre, de um lado, a certeza e, de outro, a verdade.

A demonstrabilidade ou justificabilidade de uma proposição tem sua verdade como consequência, mas não o contrário: uma proposição pode concordar com os fatos (ser verdadeira) sem que seja demonstrável ou que seja de algum modo justificável.

(6) É particularmente importante para a avaliação crítica de algumas más formulações de *Os dois problemas fundamentais* o fato de que devemos distinguir estritamente a pergunta sobre se uma proposição é *decidível* – a pergunta sobre se podemos demonstrar ser ela verdadeira ou falsa – da pergunta sobre sua verdade. Naquele momento, essa distinção não era clara para mim. Eu falava às vezes de [XXXII] "modos de validade" e queria dizer com isso decidibilidade (verificabilidade, falsicabilidade), isto é, a possibilidade de *provar* uma proposição como verdadeira ou falsa. É claro que nem sempre distinguia verdade ou falsidade *decidível* do "valor de verdade" (isto é, o verdadeiro e o falso):[4] eu empregava "verdadeiro" às vezes no sentido de "decidível como verdadeiro".

(7) Teorias universais são fundamentalmente hipotéticas ou conjecturais, porque não são decidíveis como verdadeiras. Isso não significa, no entanto, que elas não possam ser verdadeiras. Só não podemos ter certeza de sua verdade. Mas quando não se distingue de modo suficientemente claro

---

4 Ver a seguir especialmente Livro I, Seção 6, texto relativo à nota *1 e a expressão "decidível finalmente" que ocorre ali e, no parágrafo seguinte, a expressão "valor de verdade".

a verdade de "decidivelmente verdadeiro" ou de "certamente verdadeiro", acaba-se facilmente por chamar as hipóteses de "ficções" (no sentido de Vaihinger). Este é outro erro que cometi por vezes em *Os dois problemas*; um erro crasso.[5]

Apesar desses erros, que também se encontram em outros autores (e inclusive muitos anos depois), outras passagens do livro estão livres deles; e tais erros não ocorrem em *A lógica da pesquisa científica*.

(8) Eu me volto agora para meu chamado *critério de demarcação*, o critério para o caráter empírico-científico das teorias (sistemas de proposições).

Como se sabe, propus a refutabilidade empírica ("falsificabilidade") como critério de demarcação. Por refutabilidade empírica ou falsificabilidade de uma teoria, entendo a existência de enunciados de observação ("enunciados de base", "enunciados de teste"), cuja verdade refutaria a teoria, isto é, provaria a teoria como falsa. Ao invés de supor a existência de tais proposições, podemos igualmente supor a existência de possíveis processos de observação; processos cuja ocorrência é excluída pela teoria, "proibida" por ela. Chamo às vezes tal evento possível de um "falsificador potencial".

Para dar um exemplo drástico: a reversão da direção do (aparente) movimento do sol para (digamos) seis horas [XXXIII] seria um falsificador potencial para quase todas as teorias astronômicas, de Anaximandro e Ptolomeu até Newton e Einstein. Por isso, todas essas teorias são falsificáveis: elas são teorias empírico-científicas. (Elas têm um "conteúdo empírico".)

(9) Frequentemente, meu critério de demarcação é incrivelmente mal-compreendido. O termo "falsificabilidade" [*Falsifizierbarkeit*] foi explicado por meio do termo "falseabilidade" [*Fälschbarkeit*], ao invés de ser compreendido por meio do termo "refutabilidade" [*Wiederlegbarkeit*] – obviamente por alguém que certamente consultou o *Duden*[6] ou algum outro dicionário.

Às vezes compreende-se de modo completamente equivocado o objetivo da demarcação, como se eu quisesse caracterizar as teorias *atualmente aceitas* das ciências empíricas; enquanto minha intenção era separar todas as teorias empírico-científicas discutíveis, inclusive as teorias superadas ou refutadas, isto é, as teorias empíricas verdadeiras *e falsas*, das teorias pseu-

---

5 Ver a seguir Livro I, Seção 34, notas *4 e *5, assim como o texto relativo a estas. [(3.ed.) Cf. também Livro I, Seção 24, texto relativo à nota 6; e seção 47, nota *1 e texto relativo a esta. (N. E. A.)]

6 Cf. *Duden: Das große Wörterbuch der deutschen Sprache II*. (ed. por Günther Drosdowski, 1976), p.794.

docientíficas, mas também da lógica, da matemática pura, da metafísica, da teoria do conhecimento e, sobretudo, da filosofia. Outra suposição era a de que todas as proposições excluídas pelo critério de demarcação fossem vistas como "sem sentido", "não racionais" ou "inadmissíveis".

Quase todo aluno interessado (e mais de um professor) reagiu prontamente ao meu critério de demarcação com a pergunta: "Este critério de demarcação é, por sua vez, refutável empiricamente?". Ele naturalmente não é refutável empiricamente, já que ela não é uma hipótese empírico-científica, mas uma tese filosófica: uma tese da metaciência. E ele não é, aliás, um dogma, mas uma recomendação: uma recomendação que foi confirmada em discussões sérias.

O critério de demarcação é, portanto, não empírico. Ele não foi obtido pela observação do que fazem ou deixam de fazer os cientistas, tampouco pelo estudo dos cientistas vivos, nem pelo estudo da história da ciência. Mas pode ajudar na história da ciência, uma vez que nos diz o que devemos considerar como história da ciência empírica e o que não.

Se um falsificador potencial realmente ocorre – e, com isso, um enunciado de observação –, um "enunciado de base", inconsistente com uma determinada teoria, [XXXIV] é verdadeiro; ou, o que significa a mesma coisa, se um evento proibido pela teoria ocorre, a teoria é falsificada – ela é falsa, refutada. Uma tal teoria falsa, falsificada, é obviamente falsificável e tem, portanto, um caráter empírico-científico, embora, por causa de sua refutação, seja excluída como falsa (mas não como não empírica) das hipóteses das ciências aceitas.

Se, pois, o sol (aparentemente) parasse ou se a Terra, sem nenhuma catástrofe, parasse sua rotação de repente, a astronomia e a física newtoniana e einsteiniana seriam refutadas. Elas também seriam refutadas se o evento ocorresse depois do desaparecimento da humanidade e não fosse, por isso, observado por ninguém: um "evento observável" é um evento que, em princípio, pode ser observado, se há um observador adequado em local adequado.[7]

Teorias como as teorias da gravitação newtoniana e einsteiniana têm infinitamente muitos falsificadores potenciais. Muitos possíveis movimentos dos planetas e das luas são simplesmente proibidos pela teoria.

---

7 Ver Karl Popper, *Logik der Forschung* (1934, 2.ed., 1966; e edições posteriores), Seção 28, penúltimo parágrafo.

Alguns movimentos parecem à primeira vista ser excluídos ("proibidos"), mas são apenas proibidos *sob determinadas condições*; por exemplo, sob a condição de que conhecemos todos os planetas e os levamos em conta.

Como se sabe, um desvio na órbita calculada de Urano levou ao descobrimento de Netuno. Um evento, que inicialmente parecia uma falsificação da teoria newtoniana, tornou-se uma vitória convincente da teoria.

Eu apontei para esse fato com frequência. Mas alguns de meus antigos alunos compreenderam mal esse exemplo. Eles acreditam que qualquer possível refutação parecida da teoria newtoniana pode se tornar uma vitória da teoria pela suposição de uma massa desconhecida (e talvez invisível).

Mas isso é simplesmente um erro físico (ou matemático). Em primeiro lugar, há muitos movimentos, em princípio, observáveis, [XXXV] que não podem ser explicados por meio de nenhuma hipótese auxiliar semelhante (por exemplo, a repentina reversão de movimentos). Em segundo lugar, por meio de nossos testes espaciais podemos facilmente descobrir se o planeta invisível estipulado, um massa pesada invisível, existe no lugar estipulado.

Há, portanto, como foi dito, infinitamente muitos movimentos planetários possíveis que são excluídos pela teoria newtoniana. Mas não há nenhum comportamento humano que seja excluído pelas teorias psicanalíticas (Freud, Adler, Jung).

Aqui, temos um contraste importante, que, como era de se esperar, foi negado por muitos.

(10) Até aqui, falei de eventos falsificadores factuais ou de proposições falsificadoras verdadeiras.

Uma questão completamente diferente é se podemos ter *certeza* de que um evento falsificador realmente ocorreu e de que uma proposição falsificadora correspondente é verdadeira.

Essa questão não tem nada a ver com o critério de demarcação enquanto tal. O critério de demarcação diz respeito apenas a eventos, em princípio, possíveis e enunciados de base. E aqui há uma simetria nítida entre a verificabilidade e a falsificabilidade: determinadas teorias universais podem, em princípio, ser refutadas, falsificadas, por um evento observável (ou por enunciado de base descritivo correspondente), mas elas não podem nunca ser justificadas ou verificadas por tal enunciado.

Essa assimetria é um fato lógico fundamental, que não é afetado por nenhuma dificuldade relativa à certeza empírica resultante de nossas observações.

(11) Essas dificuldades existem e isso foi frisado por mim em *A lógica da pesquisa científica*.[8] Mas elas não têm nada a ver com a falsificabilidade enquanto critério de demarcação.

Elas têm a ver apenas com a questão sobre se uma teoria foi de fato falsificada por meio de observações. A questão sobre se a falsificação realmente ocorreu pode ser uma questão importante e difícil, [XXXVI] mas ela deve ser separada estritamente da questão de princípio sobre a falsificabilidade potencial (assim como daquela sobre o critério de demarcação).

A expressão "falsificacionismo" [*Falsifikationismus*], de que facilmente lançaram mão alguns de meus críticos, tende a misturar essas duas questões. Mas talvez a minha exposição nem sempre tenha sido suficientemente clara.

(12) Em *Os dois problemas*, eu falei particularmente de coisas como "falsificabilidade definitiva".[9] Ora, há falsificabilidade definitiva, como já foi sugerido. No entanto, como assinalei enfaticamente em *A lógica da pesquisa científica*,[10] dificilmente há algo como uma falsificação por meio de observações, que possa ser chamada de indubitável (ou definitiva). Aqui, entram precisamente a ignorância socrática, o falibilismo, a incerteza de todo conhecimento científico. Sempre é possível – ou, ao menos, *quase* sempre, em todos os casos não triviais – que tenhamos errado.

Que haja casos – casos triviais – nos quais dificilmente podemos errar pode naturalmente ser admitido.[11] Há naturalmente inúmeros desses casos, mas eles são pouco interessantes. Teorias científicas podem ser imunizadas em geral contra falsificações. (A expressão "imunização" vem de Hans Albert;[12] em *A lógica da pesquisa científica* falo, ao invés disso, estranhamente, de um "estratagema convencionalista".)[13] Mas a importante imunizabilidade [*Immunisierbarkeit*] de todas, ou, em todo caso, da maioria das teorias

---

8   Ver Karl Popper, op. cit., Seções 29 e 30. Cf. também Livro I: Seção 11 perto do final; assim como Apêndice: Seções VIII (C, D) e IX.
9   Ver, por exemplo, a seguir, Livro I: Seção 37, texto relativo à nota *2.
10 Ver nota 8.
11 O exemplo de Russell é: "Não há nenhum rinoceronte [adulto] nesta sala". Cf. Ronald W. Clark, *The Life of Bertrand Russell* (1975), p.170 e 680; Bertrand Russell, "Ludwig Wittgenstein", *Mind* N.S., 60 (1951), p.297.
12 Hans Albert, *Traktat über kritische Vernunft* (1968; 3.ed., 1975). [5.ed., 1991. N. E.]
13 Ver Karl Popper, *Logik der Forschung* (1934, 2.ed., 1966; e edições posteriores), Seção 20.

científicas não prejudica aquilo que chamo de sua falsificabilidade, isto é, sua falsificabilidade no sentido do critério de demarcação: a existência de possibilidades de falsificação (de "falsificadores potenciais").

[XXXVII] (13) Em relação à expressão "falsificacionismo" (que eu agora tendo a evitar), eu gostaria de notar que nunca disse que a falsificação era importante e mais importante que a verificação. Falsificabilidade é importante (e mais importante que verificabilidade, pois esta não é aplicável a teorias científicas), e mais importante é a *atitude crítica*: o *procedimento crítico*.

A atitude crítica é caracterizada pelo fato de que não tentamos verificar nossas teorias, mas falsificá-las. Verificações são baratas: é fácil obtê-las quando se procura por elas. As únicas verificações que importam são as tentativas sérias de falsificação que não atingiram seu objetivo de falsificação, mas que levaram a uma verificação. Mas também em tal caso é sempre possível que o próximo teste da mesma teoria termine em uma falsificação.

A atitude crítica é – obviamente – a atitude de busca de um erro. Isso vale não apenas para o teste de teorias empíricas, mas vale, de maneira geral, inclusive para a crítica de teorias filosóficas. Não se deve ficar preso naturalmente a erros que se pode facilmente reparar, mas é preciso, se possível, corrigi-los antes de começar a crítica séria.

A importância da atitude crítica de busca pela falsificação por oposição à quase sempre bem-sucedida busca pela verificação já fora vista pelo indutivista Francis Bacon, mas este não vira que a verificação não tinha nenhuma importância – exceto quando ela é uma falsificação malsucedida.

(14) Em *Os dois problemas*, eu falo frequentemente de um princípio de indução, isto é, de um princípio que, se fosse verdadeiro, produziria conclusões indutivas válidas. Tanto sem importância para minha argumentação quanto inadequado como princípio de indução é o que mencionei[14] como um exemplo do princípio. Eu duvido que seja possível formular um princípio de indução, ao menos à primeira vista, satisfatório. Um princípio de indução possível seria talvez o seguinte: "A estrutura do mundo é tal que uma regra possível (hipotética), que é apoiada por no mínimo 1 000 casos particulares [XXXVIII] ('instâncias' no sentido de Bacon), é uma regra universalmente válida". Tal princípio poderia ser empregado como premissa de uma inferência indutiva de 1 000 premissas, que descrevem casos particulares, com uma conclusão que é uma lei universal.

---

14 Ver a seguir Livro I: Seção 5, nota *3 e texto relativo a esta.

Introdução de 1978

Mas naturalmente *todo* princípio desse tipo é falso. Mesmo quando aumentamos o quanto for o número 1 000, ele continua falso: um pêndulo de relógio está frequentemente no lado esquerdo, mas ele não se encontra sempre no lado esquerdo. Isso nos leva à exigência de Bacon de buscar casos negativos para nos proteger de generalizações rápidas demais.

Mas isso também não é suficiente. Uma série consideravelmente grande de casos positivos, juntamente com a ausência de casos negativos, não basta para justificar uma regularidade. Há inúmeros exemplos – exemplos de leis indutivas que por um longo tempo pareciam ser válidas (eu as formulo na forma de "enunciados de inexistência"[15]), apoiadas por uma série consideravelmente grande de casos positivos e pela ausência objetiva de casos negativos, mas que foram refutadas em última instância por casos negativos inteiramente novos. Exemplo: "Nuvens com mais de 1 000 m de extensão e menos de 30 cm de largura não existem"; "Pássaros e aparatos voadores com mais de 2 toneladas não existem". Vê-se imediatamente que, a partir de cada nova invenção e de suas consequências, toda uma gama de possíveis induções é refutada, as quais, por muitos séculos ou por ainda mais tempo, pareceram válidas. Uma teoria da indução que possa ser admitida seriamente deve excluir tais induções. Não conheço tais teorias, nem mesmo uma teoria que aspire a isso.

Não apenas a exigência de uma conclusão indutiva válida leva à formulação de um princípio de indução e, com isso, a um regresso infinito, mas não parece sequer possível formular um princípio de indução modestamente plausível.

[XXXIX] (15) Onde está a fraqueza fundamental do indutivismo? Ela não está no objetivo: o indutivismo e o dedutivismo concordam que o objetivo do conhecimento é encontrar regularidades, com a ajuda das quais podemos explicar e compreender os eventos naturais. A fraqueza última do indutivismo está em uma teoria popular e fundamentalmente equivocada do intelecto humano, na teoria da *tabula rasa*, que eu chamei de "teoria

---

15 Sobre leis na forma de "enunciados de inexistência", ver Karl Popper, *Logik der Forschung* (1934, 2.ed., 1966; e edições posteriores), Seção 15; e Karl Popper, "The poverty of historicism II", *Economica* N.S., 11 (1944), p.121 e seg. (*The Poverty of Historicism*, 1.ed., 1957, e edições posteriores, p.61 e seg. [Routledge Classics, 2002, p.55 e segs.]; *Das Elend des Historizismus*, tradução alemã de Leonard Walentik, 1965, p.49 e seg. [2-6.ed., 1969-1987, p.49 e seg.; 7.ed., *Gesammelte Werke in deutscher Sprache* 4, 2003, p.54 e seg.]).

do balde da mente humana".[15a] Segundo essa teoria, o intelecto humano é essencialmente passivo. Os sentidos fornecem os "dados" ("dados dos sentidos"), e nosso saber é, no essencial, um depósito passivo desses "dados".

Nós somos ativos, criativos, inventivos, mesmo que nossas invenções sejam controladas pela seleção natural. O esquema estímulo-resposta é substituído, portanto, pelo esquema mutação-seleção (mutação = nova ação). A vida dos animais superiores e, particularmente, do homem não é uma rotina. E, particularmente, a aquisição do conhecimento e da ciência não é uma rotina.

Essa imagem incomum da aquisição do conhecimento não se impõe facilmente. Pois a experiência cotidiana parece nos ensinar que precisamos apenas fechar os olhos para reduzir de maneira catastrófica nosso conhecimento sobre o mundo exterior e que precisamos apenas abri-los para imediatamente sermos mais uma vez instruídos pelo mundo exterior. Mas essa descrição é enganosa: nossa percepção é ativa, ela é a formação ativa de hipóteses, mesmo que não sejamos conscientes delas.

[XL] Enquanto essa nova imagem da aquisição do conhecimento (e, com efeito, da vida humana) não tiver se imposto, a maior parte dos filósofos provavelmente continuará a acreditar na indução.

(16) Como último ponto desta introdução, gostaria de registrar que acordei com o editor em colocar algumas seções[16] em caracteres menores, pois gostaria de me distanciar especialmente dessas seções. Em primeiro lugar, elas não são importantes, pois são de natureza terminológica; em segundo lugar, a terminologia (que se baseia em parte no *Abriß der Logistik*[17] [Compêndio de logística] de Carnap) está superada. Entre as expressões

---

15a [(3.ed.) Ver Karl Popper, "Naturgesetze und theoretische Systeme", in: *Gesetz und Wirklichkeit* (4. internationaler Hochschulwochen dess österreichischen College, Alpbach= Tirol, 21. 1948, ed. por Simon Moser, 1949), p.43 e seg. (= Karl Popper, *Objektive Erkenntnis: ein evolutionärer Entwurf*, 1972, tradução alemã de Hermann Vetter, 1973, Apêndice: "Kübelmodell und Scheinwerfermodell: zwei Theorien der Erkenntnis"). Cf. também Karl Popper, "Die Gedächtnispflege unter dem Gesichtspunkt der Selbstätigkeit", *Die Quelle* 81 (1931), p.610: "Para as escolas, o cérebro não é mais do que recipiente, uma banheira para receber a ciência. Essa banheira não tem *em si mesma* quase nenhuma propriedade". (In: Karl Popper, *Frühe Schriften, Gesammelte Werke in deutscher Sprache* 1, 2006, Nr. 3: "3. Das Gedächtnisproblem der Lernschule", p.32.)]

16 Ver, a seguir, Livro I, Seções 27 a 29 (inclusive) e 31.

17 Rudolf Carnap, *Abriß der Logistik* (1929).

raramente empregadas hoje (ou raramente empregadas no sentido com que Carnap as empregava) está a expressão "logística", no lugar da qual se fala agora de "lógica simbólica" ou "lógica matemática". Carnap utilizava também a expressão "implicação geral" (ele a utilizava às vezes para designar uma lei da natureza). Também foi superada a análise da ideia lógica central de dedução. Não apenas devemos distinguir a implicação (tanto a material quanto a formal) da derivabilidade ou dedutibilidade lógica, mas também a dedução lógica da prova lógica. Mas isso só ficou realmente claro depois do *Compêndio de logística* de Carnap, ao menos para mim.

Penn, Buckinghamshire, novembro de 1978

[XLI] Apresentação [1933][1]

[1.] Consideração sobre o conteúdo

Este livro é uma teoria do conhecimento. Ele é uma "teoria da experiência" e, mais do que isso, da experiência *científica*. Ele mostra que toda "experiência" científica *pressupõe hipóteses*, que a *experiência científica* pode ser caracterizada como um método de formular e testar teorias.

Este livro procura identificar os dois problemas fundamentais que estão igualmente na base dos problemas clássicos e modernos da teoria do conhecimento (em parte, não reconhecidos em suas relações, em parte, não considerados em sua importância). Ele procura reduzir esses problemas em última instância a *um único*. Ele desenvolve de maneira sistemática as mais importantes tentativas de solução da teoria do conhecimento desde Hume e Kant, submete cada tentativa à *crítica imanente* e mostra como as contradições internas de cada posição levam obrigatoriamente à próxima tentativa de solução. Acima de tudo, porém, ele apresenta uma nova *tentativa de solução*, à medida que *elimina* os *pressupostos* não percebidos e não examinados, que levaram à aparente insolubilidade dos problemas.

---

1 Ver "Posfácio do editor", Seção 10, texto relativo à nota 30b; Seção 7. (N. E. A.)

[2.] Consideração sobre a relação do livro com a teoria do conhecimento contemporânea

O livro se aproxima – por seu ponto de vista acerca do problema e por seu método orientado pela ciência natural – do "positivismo" (de orientação "lógica") moderno (Bertrand Russell, Moritz Schlick, Philipp Frank, Rudolf Carnap, Hans Reichenbach, Ludwig Wittgenstein). [XLII] Mas, por isso mesmo, ele se posiciona, da maneira mais extensiva, *criticamente* diante desse movimento e procura descobrir a "contradição fundamental do positivismo" que faz a filosofia positivista *ruir*. (O livro contém a primeira grande polêmica com o *Tractatus logico-philosophicus* de Wittgenstein,[1] que pode ser quase chamado de Bíblia do positivismo moderno.) – Dentre os movimentos modernos, também se considera criticamente o convencionalismo (Henri Poincaré, Hugo Dingler).

---

1 [Ludwig Wittgenstein, *Tractatus logico-philosophicus* (1918/1922). Hrsg.]

Livro I

O problema da indução
Experiência e hipótese

Os dois problemas fundamentais
da teoria do conhecimento
Volume 1

[3] Capítulo I
Exposição do problema

1. O problema da indução e o problema da demarcação

Duas questões são as pedras de toque desta investigação: o problema da indução e o problema da demarcação.

O problema da indução

Podemos observar apenas determinados eventos e apenas um número limitado deles. Entretanto, as ciências empíricas formulam *proposições universais*, por exemplo, as leis da natureza; proposições estas que devem ser válidas para um número ilimitado de eventos. Com que direito tais proposições podem ser formuladas? O que se quer dizer com tais proposições? Essas questões indicam os contornos do problema da indução: por "problema da indução" designa-se aqui a questão da validade ou da justificação das proposições universais das ciências empíricas. Dito de outro modo: enunciados factuais, que se baseiam na experiência, podem ser válidos universalmente? (Ou dito de modo mais direto: é possível saber mais do que se sabe?)

O *problema da demarcação*

As ciências empíricas, como mostra sua história, surgiram quase todas do seio da metafísica: a última forma pré-científica dessas ciências foi especulativo-filosófica. Até mesmo aquela mais desenvolvida entre elas, a física, talvez não tenha até hoje se livrado completamente dos últimos resquícios de seu passado metafísico. Apenas em tempos recentes é que ela foi submetida a um intenso processo de purificação: raciocínios metafísicos (por [4] exemplo, o espaço absoluto e o tempo absoluto de Newton, o éter em repouso de Lorentz) foram impiedosamente eliminados. – Assim como a física, as ciências menos desenvolvidas (por exemplo, a biologia, a psicologia, a sociologia) sempre estiveram presas a elementos metafísicos de peso desigual e isso continua até hoje. Com efeito, até mesmo a concepção de que a metafísica deve ser eliminada como "não científica" é contestada por muitos defensores de tais ciências.

A rejeição da metafísica é justa ou não? O que se quer dizer exatamente com os termos "metafísica" e "ciência empírica"? Podem-se estipular aqui distinções rígidas, estabelecer limites determinados? Essas questões – que indicam os contornos do problema da demarcação – têm uma importância geral e decisiva. Toda forma de empirismo deve exigir, sobretudo da teoria do conhecimento, a certificação da ciência empírica contra as pretensões da metafísica: a teoria do conhecimento deve estabelecer um critério rígido e universalmente aplicável que permita distinguir enunciados das ciências empíricas de afirmações metafísicas ("critério de demarcação"). – Chamo de "problema da demarcação" a questão sobre o critério de demarcação. Dito de outro modo: como se pode, em caso de dúvida, decidir se temos diante de nós uma proposição científica ou "apenas" uma afirmação metafísica? (Ou dito de modo simples: quando uma ciência não é uma ciência?)

Essa investigação mostrará que as duas questões, o *problema* (humeano) *da indução* e o *problema da demarcação* (a questão kantiana sobre os limites do conhecimento científico), podem ser chamadas com justiça de *os dois problemas fundamentais da teoria do conhecimento*. O interesse maior será dedicado ao problema da demarcação: ele não tem, de modo algum, apenas uma importância teórico-filosófica, mas tem maior atualidade para as ciências particulares, especialmente para a prática científica das ciências menos desenvolvidas. Mas mesmo do ponto de vista filosófico e epistemológico ele figura como o problema central em torno do qual giram todas as outras questões da teoria do conhecimento, inclusive o problema da indução.

Exposição do problema

Essas questões *da teoria do conhecimento* são completamente diferentes, por exemplo, das questões da *psicologia* sobre como nosso conhecimento, de fato, se dá. Não se trata de perguntar sobre o modo como chegamos a nossos enunciados científicos, como eles surgem, [5] mas sobre sua *fundamentação*, sobre sua *justificação*, sobre sua *validade*: as questões de *teoria do conhecimento*, enquanto questões de *justificação* e de *validade* (Kant: *"quid juris?"*[1]), devem ser distinguidas estritamente das *questões de fato* (*"quid facti?"*[2]) da *psicologia* do conhecimento (e de questões histórico-genéticas), isto é, de questões de *descoberta* do conhecimento.

(Neste trabalho, as questões de fato psicológicas e histórico-genéticas serão introduzidas apenas para separá-las da formulação epistemológica do problema e para excluí-las da investigação.)

A concepção segundo a qual a teoria do conhecimento deve se preocupar apenas com questões de validade, e não com questões de fato, torna-se, em certa medida, um método universal para as ciências empíricas. Pois método, na ciência, não é o modo como se *descobre*[*1] algo, mas um procedimento por meio do qual se *justifica* algo.

---

1 [(3.ed.) Immanuel Kant, *Kritik der reinen Vernunft* (2.ed., 1787), p.116. N. E. A.]
2 [(3.ed.) Immanuel Kant, *loc. cit.* N. E. A.]
*1 Desse modo, a metodologia não será distinguida aqui da heurística. Isso não significa que a heurística não tenha nada a aprender com a metodologia.

[6] Capítulo II
Dedutivismo e indutivismo

2. Considerações sobre o caminho em direção à solução e indicação provisória das soluções

É legítimo chamar o problema da indução e, sobretudo, o problema da demarcação de os dois problemas fundamentais da teoria do conhecimento?

É legítimo considerar a teoria do conhecimento como a metodologia das ciências empíricas?

Obviamente, essas questões só podem ser respondidas por meio de uma investigação que *considere* as circunstâncias *históricas*. Essa investigação, no entanto, *não* precisa ter *interesse histórico*: ela deve apenas mostrar que os problemas típicos que foram tratados repetidamente pela teoria do conhecimento podem ser reduzidos ao problema da indução e, em seguida, ao problema da demarcação; ela deve mostrar também que esses problemas podem ser concebidos como problemas metodológicos e que essa compreensão é *frutífera*.

Por essas razões, a apresentação e a *crítica* das abordagens da teoria do conhecimento ocuparão um espaço bastante grande, mas sempre se procurará tornar essa crítica frutífera, isto é, extrair as questões metodológicas *positivas* subjacentes às posições criticadas.

Segundo a concepção defendida aqui, portanto, os "problemas da teoria do conhecimento" podem ser divididos em dois grupos: o primeiro grupo inclui as questões *metodológicas*; o segundo grupo, as questões *especulativo--filosóficas* que, na maioria dos casos, podem ser expostas como *más-compreensões* das questões metodológicas. No geral, os *prejuízos da teoria do conhecimento* (por exemplo, os prejuízos psicologista, indutivista, lógico ou crítico-linguístico) podem ser responsabilizados por essas más-compreensões. Se essa concepção for correta, [7] a fecundidade do método da teoria do conhecimento e de uma exposição bem-sucedida do problema da teoria do conhecimento se mostra no fato de *se poderem substituir questões do segundo grupo por questões do primeiro grupo*; dito de outro modo: no fato de não apenas se poderem dispensar as más-compreensões da teoria do conhecimento, mas também de se poderem mostrar e responder às genuínas e concretas questões metodológicas que subjazem a tais más-compreensões.

Para que as investigações positivas e críticas que se seguem possam ser compreendidas e avaliadas, é preciso resumir brevemente e em poucas palavras os pontos mais importantes da posição acerca da teoria do conhecimento defendida neste trabalho. Não se introduzirá aqui uma fundamentação; isto será feito pela própria investigação (cf. Seção 47).

a) Sobre o método da teoria do conhecimento

Pode-se caracterizar com a rubrica *"transcendentalismo"* a concepção segundo a qual as afirmações e a formação de conceitos da teoria do conhecimento podem e devem ser criticamente examinadas conforme os procedimentos de fundamentação efetivamente presentes nas ciências empíricas – e apenas conforme estes. Esse "método metodológico" da teoria do conhecimento pode ser chamado (pelas razões que são indicadas na Seção 9) de "método transcendental". A teoria do conhecimento é "ciência da ciência": ela se relaciona com as ciências particulares como estas se relacionam com a realidade da experiência; o método transcendental é um análogo do método empírico. A teoria do conhecimento seria, portanto, uma ciência teórica, que também contém estipulações livres (por exemplo, definições), que *não consistem*, no entanto, *apenas em convenções*, mas em enunciados que são refutáveis por meio da comparação com os métodos efetivamente presentes e bem-sucedidos das ciências particulares. – Todos os outros métodos da teoria do conhecimento (o psicológico, o crítico-linguístico etc.) *são rejeitados sem exceção pelo transcendentalismo* – com exceção, é claro, da crítica lógica: a indicação das contradições internas das posições opostas.

b) Ideias fundamentais da tentativa de solução pela teoria do conhecimento

Pode-se chamar de *"dedutivismo"* radical a concepção defendida aqui segundo a qual todos os métodos de fundamentação científica baseiam-se estritamente na dedução lógica e [8] não há nenhuma *indução* de qualquer tipo que seja enquanto método científico.

As teorias do conhecimento podem ter uma orientação dedutivista ou indutivista, conforme sua avaliação da importância da dedução (dedução lógica) e da indução (generalização). O racionalismo clássico (Descartes, Espinosa), por exemplo, tem uma orientação estritamente *dedutivista* (seu modelo é a dedução geométrica [Euclides]); o empirismo clássico, ao contrário, tem uma orientação *indutivista*. Pontos de vista radicalmente indutivistas (como, por exemplo, o de Mill) negam qualquer importância à dedução em geral: ela só pode inferir aquilo que a indução originalmente estabelecera como premissa; mas inclusive pontos de vista intermediários (como, por exemplo, o de Jevons),[0] que pretendem caracterizar o método empírico-científico como uma ligação de indução e dedução, serão rejeitados aqui como "indutivistas": a concepção dedutivista defendida aqui nega qualquer importância à indução.

As únicas inferências com *direção indutiva* admissíveis – isto é, que levam a conclusões ao irem das premissas menores para as premissas maiores de uma teoria – são as conclusões *dedutivas* do *modus tollens*, a falsificação das premissas maiores por meio da falsificação das conclusões deduzidas delas.

(A ideia de uma teoria do conhecimento estritamente dedutivista, se sustentada de maneira consequente, leva a soluções simples de problemas da teoria do conhecimento. *Todas as considerações seguintes baseiam-se nisso.*)

---

[0] [(3.ed.) William Stanley Jevons 1853-1882. Ver, por exemplo, W. S. Jevons, *Elementary Lessons in Logic: Deductive and Inductive* (1870; Reimpressão 1903), Lições XVIII e XXIX (p.239 e segs.) e especialmente Lição XXX: "Empirical and deductive methods" (p.255 e segs.). (N. E. A.)]

Outra consequência do dedutivismo, a rejeição da indução, pode ser referida pela rubrica "hipotetismo": trata-se da concepção segundo a qual as teorias empírico-científicas (os enunciados factuais universais) podem ser apenas *suposições preliminares*, antecipações não justificadas,[*1] pois uma *verificação empírica* da teoria, uma redução dos enunciados factuais universais a proposições empíricas *particulares*, não é permitida logicamente.

[9] O ponto de vista defendido aqui é *empirista* em função do princípio (a *tese fundamental do empirismo*), segundo o qual apenas a *experiência* pode decidir acerca da verdade ou falsidade de um enunciado factual.

Segundo a *concepção dedutivista-empirista* defendida aqui, há apenas uma ligação entre as leis da natureza, as teorias, os enunciados factuais universais e as *proposições empíricas particulares* (a "base empírica"; ver Seção 11), a dedução lógica: *predições* são deduzidas com o auxílio da teoria e testadas pela experiência.

As leis da natureza são, pois, os *fundamentos da dedução* para a dedução de predições: para a dedução de enunciados factuais *particulares*, cuja verdade ou falsidade deve ser decidida pela experiência. Enunciados factuais *universais*, leis da natureza e teorias têm as propriedades lógicas – e *apenas* aquelas – que os fundamentos da dedução devem possuir, pois não podem ser testados diretamente, mas apenas pela via indireta de suas consequências: eles são (como será desenvolvido, entre outras, na Seção 31) *falsificáveis, mas não verificáveis empiricamente*. Eles não podem ser fundamentados pela via indutiva, mas podem (pelo *modus tollens*) ser, a qualquer momento, definitivamente *refutados pela experiência*.

(Por meio do desenvolvimento consequente da ideia fundamental do dedutivismo, o conceito de "experiência" pode ser especificado como um conceito *metodológico*.)

A ideia de uma *falsificabilidade exclusiva* de enunciados (teorias) factuais universais poderia ser caracterizada, ao lado daquela do dedutivismo, como a *segunda ideia fundamental* desta investigação. A maioria dos antigos empreendimentos epistemológicos (uma das exceções são as posições probabilistas; ver as Seções 12 e seguintes.) compartilham o pressuposto infundado de que todos os enunciados factuais genuínos devem ser completamente decidíveis (ou verificáveis ou falsificáveis), ou de maneira mais precisa, de que

---

*1 Ou conjecturas.

tanto uma verificação empírica *quanto* uma falsificação empírica devem ser *logicamente possíveis* para enunciados factuais genuínos. (Tendo em vista que se fala aqui de possibilidade lógica – não da *realidade empírica* –, seria melhor falar de "proposições verificáveis *e* falsificáveis", ao invés de "proposições verificáveis *ou* falsificáveis".) Esse pressuposto infundado segundo o qual todos os enunciados factuais genuínos [10] devem ser *completamente decidíveis*, leva a grandes dificuldades na teoria do conhecimento. Se eliminarmos esse pressuposto, os enunciados factuais *parcialmente decidíveis* (proposições que, *por razões lógicas*, não são verificáveis *ou* falsificáveis, mas sim ou bem exclusivamente verificáveis, ou bem *exclusivamente falsificáveis* – por exemplo, "Há uma serpente marinha" – e, conforme o que foi dito anteriormente, todas as leis da natureza se incluem aqui), os problemas da teoria do conhecimento podem ser facilmente solucionados.

c) Sobre o problema da indução

A questão acerca da validade de enunciados factuais universais pode ser provisoriamente respondida dizendo que os enunciados factuais universais não são verificáveis, mas *apenas falsificáveis*. Dito de outro modo: aos enunciados factuais universais não pode nunca, por causa dos métodos de fundamentação científica admissíveis, ser atribuído um grau de validade positivo, mas sim um grau de validade negativo. O teste metodológico deles consiste na tentativa de falsificação, isto é, na dedução de predições completamente decidíveis.

d) Sobre o problema da demarcação

Pode-se utilizar o critério de demarcação como *critério de falsificabilidade*: apenas as proposições que podem ser refutadas pela realidade empírica dizem algo a respeito desta, isto é, apenas aquelas para as quais se podem especificar as condições em que elas podem ser consideradas *empiricamente refutadas*.

Por meio do critério de falsificação, explicam-se enquanto empírico-científicas as proposições completamente decidíveis e as proposições exclusivamente falsificáveis, enquanto as outras proposições (entre elas as "proposições de existência" exclusivamente verificáveis) – à medida que não são tautologias lógicas (juízos analíticos, como, por exemplo, as proposições matemáticas) – são, enquanto *proposições metafísicas*, distinguidas das proposições empírico-científicas.

Do mesmo modo como Einstein separa a matemática aplicada da matemática pura, o critério de falsificabilidade separa as teorias aplicadas das teorias puras, os sistemas empíricos dos sistemas metafísicos (e das tautologias). A afirmação de Einstein[1] segundo a qual "na medida em que as proposições da matemática [11] se referem à realidade, elas não são certas, e na medida em que elas são certas, elas não se referem à realidade" pode ser (se substituirmos "não são certas" por "falsificáveis" ou "refutáveis") generalizada na seguinte definição da ciência empírica: na medida em que as proposições de uma ciência se referem à realidade, elas devem ser falsificáveis e, na medida em que elas não são falsificáveis, elas não se referem à realidade.

As ideias fundamentais simples da tentativa de solução proposta ("Dedutivismo"/ "Empirismo"/ "falsificabilidade exclusiva") terão que ser provadas crítica e positivamente. *Criticamente*: deve-se mostrar que todas as tentativas de solução epistemológica se enredam em problemas (internos, imanentes) precisamente naqueles pontos em que diferem da solução proposta aqui (na teoria do conhecimento, vale não apenas a proposição segundo a qual *simplicitas sigillum veri*, mas também *difficultas indicium falsi*). *Positivamente*: será mostrado que um desenvolvimento consequente das ideias fundamentais (particularmente da condição de falsificabilidade) permite a dedução de uma teoria dos métodos científicos, que está de acordo com os métodos empregados com sucesso nas ciências particulares.

3. Racionalismo e empirismo / Dedutivismo e indutivismo

A teoria do conhecimento dedutivista-empirista defendida aqui pode ser apresentada como síntese de duas teorias do conhecimento clássicas, como síntese de elementos do *racionalismo* e do *empirismo*.

---

1 Albert Einstein, *Geometrie und Erfahrung* (1921), p.3 e seg. [(3.ed.) Cf. também Apêndice: "Excerto-resumo (1932)", Seção V, texto relativo à nota 4; assim como Volume I: Seção 30, texto relativo à nota 12. (N. E. A.)]

Dedutivismo e indutivismo

O racionalismo clássico defende a concepção segundo a qual a verdade ou falsidade de proposições que fazem afirmações acerca da realidade também pode ser *decidida* (sob certas condições) "por fundamentos racionais", logo, *a priori*, isto é, sem recorrer à experiência. A partir dessa suposição fundamental, o racionalismo clássico (por exemplo, Espinosa) tira consequências *dedutivistas*: são principalmente as leis universais da natureza que são conhecidas de modo racional; a partir delas, as demais proposições são inferidas de modo dedutivo.

O empirismo clássico defende o ponto de vista contrário. [12] Sua tese fundamental é que a verdade ou falsidade de um enunciado factual pode ser decidida apenas *a posteriori*, isto é, pela *experiência*. A partir dessa tese fundamental, o empirismo clássico tira consequências *indutivistas*: ele acredita poder chegar à conclusão de que as leis da natureza devem ser inferidas "a partir da experiência", isto é, *induzidas*.

A concepção defendida aqui vincula a tese fundamental *empirista* ao procedimento *dedutivista* do racionalismo clássico e, como isso, rejeita resolutamente tanto a suposição fundamental *racionalista* quanto o *indutivismo* (empirista).

A contradição entre racionalismo e empirismo, por um lado, e a síntese sugerida, por outro, deverão ser expostas de maneira ainda mais detalhada, por meio da terminologia e a apresentação do problema feita por Kant.

A controvérsia entre racionalismo e empirismo trata da questão dos fundamentos de validade dos enunciados factuais.

Enunciados factuais devem ser contrastados aqui com *enunciados puramente lógicos*: a falsidade de uma proposição em si mesma contraditória (uma *contradição*) pode ser afirmada *por razões lógicas*. Pode-se demonstrar *a priori* (sem recorrer à experiência) a falsidade da contradição – sobre isso o racionalismo e o empirismo têm a mesma opinião, o que também ocorre a respeito da verdade *a priori* de uma *tautologia*: esta trata-se de uma proposição cuja negação é contraditória [*widerspruchsvoll*]; trata-se de uma contradição [*Kontradiktion*]. (Toda proposição que, por exemplo, afirma a falsidade de uma contradição é tautológica.)

A controvérsia entre racionalismo e empirismo não trata, portanto, da validade de *juízos analíticos* ou tautológicos (o que é reconhecido por ambos), mas simplesmente da validade de enunciados factuais não lógicos, que são *juízos sintéticos*.

A controvérsia em questão entre racionalismo e empirismo pode ser apresentada com o auxílio da seguinte tabela (que, segundo soube, também foi utilizado por Leonard Nelson[1]).
[13]

		(Distinção lógica)	
		Juízos analíticos	Juízos sintéticos
(Distinção segundo o fundamento da validade)	A priori	+	?
	A posteriori	–	+

Inicialmente, a distinção entre juízos analíticos e sintéticos deve ser discutida.

O critério (kantiano) para essa distinção é puramente lógico:

Os juízos analíticos são (como Kant já havia notado e Schopenhauer já havia enfatizado) *tautológicos*, eles "repousam sobre o princípio de não contradição",[2] isto é, a negação desses juízos é uma contradição. Eles podem ser provados pela transformação lógica.

Ao contrário, um juízo sintético é definido pelo fato de que não se pode decidir acerca de sua verdade ou falsidade apenas pela lógica: ele pode ser contradito [*kontradiziebar*], isto é, pode-se contradizê-lo [*widersprechen*] sem que se chegue a uma proposição contraditória, a uma contradição; a negação desse juízo está isenta de contradição, é *logicamente possível*.

Por isso, a proposição, por exemplo, "Matusalém comemora hoje seu tricentésimo aniversário na melhor saúde" é um juízo *sintético* (falso), enquanto a proposição "Se Matusalém comemorasse hoje seu tricentésimo aniversário, existiriam homens com trezentos anos" é um juízo *analítico*, pois é demonstrável pela transformação lógica das definições dos conceitos

---

1 [(3.ed.) Ver Leonard Nelson, "Bemerkungen über die nichteuklidiche Geometrie und den Ursprung der mathematischen Gewißheit", *Abhandlungen der Friesschen Schule neue Folge* 1, (1905), p.380 (= *Gesammelte Schriften* III, 1974, p.13); assim como Karl Popper, *Frühe Schriften* (*Gesammelte Werke in deutscher Sprache* 1, 2006), Nr. 7: "Axiome, Definitionen und Postulate der Geometrie" ("Lehrbefähigungsarbeit", 1929), §13, texto relativo à nota 14: tabela e nota 11 e texto relativo a essa nota. (N. E. A.)]

2 [Cf. Immanuel Kant, *Prolegomena* (1783), §2, p.25; I. Kant, *Kritik der reinen Vernunft* (2.ed., 1787), p.16. Ver também Arthur Schopenhauer, *Die Welt als Wille und Vorstellung* II. (2.ed., 1844), p.36 e seg. (N. E. A.)]

envolvidos. A proposição "Todos os juízos analíticos são válidos *a priori*" também seria um juízo analítico, pois ela se segue da definição de juízo analítico.

Para dar um exemplo que, em função de seu objeto (o *problema da causalidade*), será *consideravelmente importante para as investigações subsequentes*: a seguinte proposição também é um juízo analítico (uma definição): "*Explicar causalmente* um evento [14] significa reduzi-lo a leis da natureza, inferi-lo dedutivamente a partir de leis da natureza".*1 Do mesmo modo, a proposição "Em princípio, todas as leis da natureza podem ser explicadas causalmente" seria analítica, pois é sempre possível introduzir uma hipótese *ad hoc*, que permita deduzir um dado evento da natureza (é preciso apenas generalizar a proposição particular em questão, o que é sempre logicamente possível). Na forma seguinte, porém, o *princípio de causalidade* é um juízo *sintético*: "Todos os eventos naturais devem, em princípio, ser previsíveis pela dedução a partir de leis da natureza", pois nós sempre constatamos que as predições científicas falham, de tal modo que a suposição de que há eventos naturais que colocam dificuldades insuperáveis no caminho das predições dedutivas não é *contraditória*. Com efeito, mesmo a afirmação mais modesta de que *há de fato leis da natureza*, leis válidas universalmente, utilizáveis para fazer predições, é, sem dúvida, um juízo *sintético*,*2 pois não é logicamente contraditório supor que não há, nesse sentido, nenhuma lei da natureza, isto é, que *toda* regularidade sem exceções aparentes é de algum modo incompleta (cf., sobre isso, Seções 5 e 11).

Esses exemplos podem ilustrar adequadamente a distinção entre juízos analíticos e sintéticos. Eles mostram também que todos os enunciados factuais (sobre o mundo da experiência, a natureza) são juízos sintéticos. (A questão sobre se, inversamente, todos os juízos sintéticos são enunciados factuais, assim como uma *análise mais detida do conceito de enunciados factuais*, de realidade empírica etc., será introduzida apenas posteriormente – por oca-

---

*1 Como foi enfatizado na *Lógica da investigação científica* (1934, 2.ed., 1966 e edições posteriores), Seção 12, isso deve significar de maneira mais precisa: "...*inferi-lo dedutivamente* de leis da natureza e condições iniciais". [(3.ed.) Cf. Volume II (Fragmentos): [VIII.] "Observações sobre o chamado problema da liberdade da vontade", Seção [1], nota *1 e texto relativo a essa nota, assim como texto relativo à nota 4. (N. E. A.)]

*2 Ver Ludwig Wittgenstein, *Tractatus logico-philosophicus* (1918/1922), proposições 6.31 e 6.36.

são da investigação sobre o problema da demarcação[3]; indicações já se encontram na Seção 11, na discussão da "base empírica". Provisoriamente, "juízos analíticos" e "enunciados factuais" podem ser empregados como sinônimos.)

[15] Enquanto a distinção entre juízos analíticos e sintéticos é uma distinção lógica, a outra distinção da tabela entre proposições *a priori* e *a posteriori* é uma distinção específica da teoria do conhecimento, pois os conceitos *a priori* e *a posteriori* se referem à *validade* de um juízo, ao método de sua fundamentação, ao "fundamento de validade".

A validade de um juízo é *a posteriori* (ou *empírica*) se a *experiência* é fundamento de validade deste: posso, por exemplo, supor que amanhã choverá, mas apenas a experiência (posteriormente, *a posteriori*) pode decidir se minha suposição é correta.

Mas pode-se afirmar *a priori* (antecipadamente, sem recorrer à experiência) que amanhã choverá ou não. Essa afirmação também pode ser justificada: o fundamento de validade dela é a lógica (o princípio do terceiro excluído).*[3]

Os termos *"a priori"* e *"a posteriori"* não formam exatamente um par. Enquanto a expressão *"a posteriori"* indica um fundamento de validade determinado, especificamente a confirmação empírica, o teste ou a verificação pela experiência, *"a priori"* significa apenas que a proposição em questão é válida independentemente da experiência. O modo como sua validade deve ser fundada não é indicado pela expressão *"a priori"*. Um fundamento de validade *a priori* é, em todo caso, a *lógica* (os princípios lógicos). Permanece um problema saber se há outras possibilidades de justificar juízos *a priori*; isso é deixado em aberto pela oposição *a priori* – *a posteriori*.

Todos os juízos *analíticos* são, em todos os casos, válidos *a priori* (indicado na tabela por "+"). Eles são válidos por razões lógicas; eles podem ser definidos simplesmente como proposições lógicas. Eles não podem ser decididos pela experiência; eles são compatíveis com qualquer experiência.

Disso se segue que *todas* as proposições válidas *a posteriori*; devem ser proposições *sintéticas* (indicado na tabela por "–" e "+" na linha *a posteriori*); mas, com isso, ainda não se disse que não pode haver proposições sintéticas que são válidas *a priori*.

---

3 [Cf. Seção 10, texto relativo à nota 12; Seção 11, texto relativo à nota 55. Ver também "Posfácio do editor", Seção 10, nota 10 e texto relativo a essa nota. (N. E. A.)]

*3 Aqui, o texto dizia incorretamente "de não contradição".

[16] *Há juízos sintéticos a priori?* Esta é a questão controversa entre o racionalismo*4 [clássico] e o empirismo [clássico].

Pode-se perguntar também: há algum outro fundamento de validade para proposições não lógicas? Pois se juízos sintéticos devem ser válidos *a priori*, deve haver, ao lado dos métodos de confirmação empírica e do método lógico – que não se coloca em questão no caso dos juízos sintéticos –, outro método para garantir a verdade ou falsidade de uma proposição. Pois a lógica não pode intervir como o fundamento de validade de juízos sintéticos, uma vez que o juízo sintético é definido pelo fato de que sua negação também é logicamente possível.

A questão acerca da existência de juízos sintéticos *a priori* é respondida afirmativamente pelo racionalismo.

O racionalismo supõe que nós podemos, sem recorrer à experiência (*a priori*), determinar a verdade de proposições cuja negação não é de modo algum contraditória. Como ele não pode recorrer à lógica como fundamento de validade, ele deve ou prescindir de qualquer fundamento de validade ou especificar outro fundamento de validade *a priori*: com efeito, ele acredita poder encontrar tal fundamento na "evidência": a proposição "é imediatamente evidente ao entendimento", é "verdadeira por razões lógicas", é "intuitivamente apreensível". (Todas essas suposições serão agrupadas no que se segue sob a expressão *"teoria da evidência"*.)

O empirismo, ao contrário, objeta que mesmo juízos sintéticos bastante evidentes *podem* se revelar falsos (ou seja, isso é sempre logicamente possível) e que tais surpresas, de fato, já ocorreram. Ele não admite – com exceção da lógica como fundamento de validade de juízos analíticos – nenhum outro fundamento de validade além da "verificação empírica", da confirmação pela experiência. A suposição de que juízos sintéticos podem ser válidos *a priori* é negada por ele.

[17] Como enfatizou o próprio Kant,[3a] o modelo do racionalismo clássico (Kant fala em "dogmatismo") é a geometria euclidiana. Inclusive as pre-

---

*4 Apenas muitos anos depois, chamei por vezes meu próprio ponto de vista de "racionalismo crítico".

3a [(3.ed.) Cf. Immanuel Kant, *op. cit.*, p.XXXV e seg. e 740 e segs.; assim como Karl Popper, *op. cit.*, Nr. 7: "Axiome, Definitionen und Postulate der Geometrie" ("Lehrbefähigungsarbeit", 1929), §13: "Philosophie Stellungsnahmen. Kant". (N. E. A.)]

missas da geometria (os "axiomas" ou "postulados") eram caracterizadas anteriormente como "imediatamente evidentes". De todo modo, elas figuram no topo do sistema e todas as outras proposições são *deduzidas* delas de maneira puramente lógica (método axiomático-dedutivo).

O racionalismo, que postula os princípios mais fundamentais de seu sistema (assim como ocorre com os axiomas geométricos) *a priori*, obtém igualmente todo o edifício axiomático-dedutivo pela via da dedução puramente lógica. O método axiomático-dedutivo é o principal método para o racionalismo clássico fundamentar uma proposição científica.

Ao contrário, o empirismo clássico deve exigir que as proposições universais (os axiomas) sejam, elas próprias, fundadas antes de serem utilizadas para fundamentar outras proposições. Ele exige que estas sejam fundamentadas na experiência. A "inferência" de proposições universais a partir de proposições empíricas, a partir de proposições que podem ser imediatamente confirmadas pela experiência, logo de proposições particulares, é precisamente [a] "indução".

Eu creio, porém, que a ideia fundamental genuína do *racionalismo* – "há proposições sintéticas *a priori*" – pode ser separada da ideia do *dedutivismo*, à qual está vinculada, já que essas duas ideias não estão de maneira alguma vinculadas logicamente; do mesmo modo, o indutivismo [pode ser separado] da ideia fundamental (a tese fundamental) do empirismo.

As combinações que essas separações tornam possíveis podem ser mais bem explicadas com o auxílio de uma tabela.

	Indutivismo	Dedutivismo
Racionalismo	3	1
Empirismo	2	4

[18] Quatro combinações são possíveis:

1. o racionalismo clássico, que é dedutivista e racionalista;
2. o empirismo clássico: indutivista e empirista;
3. um racionalismo indutivista. Essa combinação também foi levada a cabo por muitos sistemas filosóficos. Um exemplo seria a concepção de Wittgenstein, que será criticada detidamente na sequência. Ele é estritamente indutivista (cf. Seção 44) e, ainda que não intencionalmente, racionalista (cf. Seções 45 e 46).

4. Finalmente, a concepção defendida aqui vincula um ponto de vista estritamente dedutivista com um estritamente empirista. Assim como o racionalismo, essa concepção supõe que as proposições universais (axiomas) da ciência natural são adotadas sem justificação lógica ou empírica. Mas, ao contrário do racionalismo, não se supõe *a priori* (por causa da evidência destas) que elas sejam *verdadeiras*; elas são adotadas apenas *problematicamente*, como antecipações não fundamentadas ou suposições preliminares (conjecturas). A confirmação ou refutação dessas proposições acontece de maneira estritamente empirista, apenas pela experiência: pela dedução de proposições (predições), que podem ser confirmadas imediatamente pela experiência.

Poder-se-ia mostrar que essa teoria do conhecimento dedutivista-empirista segue a orientação da concepção moderna de geometria, assim como o racionalismo clássico seguia a concepção anterior.

Antes da descoberta das geometrias não euclidianas, os axiomas da geometria euclidiana podiam ser vistos como os únicos possíveis, como "imediatamente evidentes" e "verdadeiros *a priori*". O desenvolvimento moderno, porém, mostrou que a geometria euclidiana é apenas uma entre outras muitas possibilidades e que outros sistemas *a priori* igualmente justificados, igualmente não contraditórios e convincentes podem ser desenvolvidos. Os diversos sistemas são concebidos como *estipulações livres* (livremente escolhidos dentro dos limites circunscritos pela lógica), e nenhum pode ser privilegiado *a priori*.

A questão sobre qual sistema corresponde melhor ao espaço real pode ser decidida apenas pela experiência: pela *dedução de consequências* que são confirmadas empiricamente [19] ("predições"). Para fins práticos e dimensões terrenas, o sistema euclidiano se mostra de longe o mais apropriado. Para fins de tratamento de certos problemas da física, para dimensões cósmicas, esse sistema se mostra menos adequado (cf., sobre isso, a Seção 30).

Se transferirmos essa concepção da geometria para o problema da formação das teorias nas ciências naturais em geral, veremos também nas leis da natureza (nos axiomas das teorias da ciência natural) estipulações livres (ou coisa do gênero); de todo modo, as suposições que não são inferidas da experiência, mas que são provisoriamente adotadas como construções lógicas, deverão ser confirmadas ou refutadas a partir de suas consequências na experiência.

Também no caso dos sistemas das ciências naturais, cada vez mais sistemas são logicamente admissíveis. Ao decidir entre as teorias axiomático-dedutivas concorrentes, a experiência o faz por meio da *verificação empírica* e da *falsificação* das predições deduzidas.

A concepção dedutivista-empirista poderia ser apresentada *grosso modo* como um desenvolvimento ulterior da orientação racionalista em direção ao procedimento axiomático-dedutivo da geometria, vinculado ao princípio fundamental do empirismo, de que inclusive os sistemas axiomático-dedutivos – à medida que são aplicados à realidade – só podem ser decididos (*a posteriori*) pela experiência: ela é uma síntese de elementos do racionalismo e do empirismo.

A teoria do conhecimento de Kant (quando se deixam de lado os trabalhos preliminares de seu amigo J. H. Lambert) é a primeira tentativa de síntese crítica do contraponto clássico entre racionalismo e empirismo. Kant se colocou a tarefa de determinar, por meio dessa síntese, o lado "formal" e o lado "material" do conhecimento: o lado formal pelo empréstimo de elementos do racionalismo e o material pelo empréstimo de elementos do empirismo. (Essa tendência se expressa talvez de maneira mais pura nos dois primeiros "Postulados do pensamento empírico em geral",[4] que serão citados na Seção 11, assim como na conhecida formulação kantiana: [20] "Pensamentos sem conteúdos são vazios, intuições sem conceitos são cegas".[5])

A *Crítica da razão pura* de Kant procura, por essa via, solucionar no essencial as mesmas questões que eu chamei anteriormente (Seção 1) de problemas fundamentais da teoria do conhecimento:

A "analítica transcendental" é dedicada ao tratamento do problema da indução (na forma do problema humeano), a "dialética transcendental" é dedicada ao problema da demarcação. Isso mostra que também Kant considera o último o problema mais importante (ainda que o primeiro seja o mais difícil): a limitação do conhecimento científico ao domínio da experiência por meio da crítica das pretensões do racionalismo, do "conhecimento pela razão pura" (doutrina da evidência), dá nome à obra como um todo.[5a]

---

4 Immanuel Kant, *op. cit.*, p.265 e seg.
5 Immanuel Kant, *op. cit.*, p.75.
5a [(3.ed.) Immanuel Kant, *op. cit.*, p.XXXV. (N. E. A.)]

Não considero satisfatória a "Analítica transcendental", a tentativa de Kant de solucionar o problema da indução. A síntese de racionalismo e empirismo, que Kant tenta ali, limita as pretensões epistemológicas do empirismo clássico ao fazer concessões ao racionalismo. Essas concessões me parecem, porém, ir longe demais. Para dar conta dos elementos formais do conhecimento (todo conhecimento tem uma forma racional; a forma de um enunciado inteligível ou dotado de sentido), Kant concede ao racionalismo a *possibilidade de juízos sintéticos a priori*. Por outro lado, ele limita os juízos admissíveis *a priori* aos juízos puramente *formais* (exemplo: lei de causalidade) e deixa de lado os juízos sintéticos materiais *a priori* do racionalismo. Além disso, ele exige uma *justificação* (de caráter *a priori*) de todos os juízos sintéticos formais *a priori*, que devem ser reconhecidos como válidos, e deixa de lado o mero recurso à "evidência" e coisas parecidas. Com essa exigência de justificação dos juízos sintéticos *a priori* (ele encontra um método de justificação na "dedução transcendental", cf. Seção 9) e a limitação dos juízos sintéticos *a priori* aos juízos *formais* (os materiais devem ser justificados empiricamente), Kant acredita se distanciar suficientemente do racionalismo "dogmático".

(A concepção dedutivista-empirista vê nesse apriorismo formal ainda [a influência] do racionalismo [clássico]: [21] ela defende a ideia empirista de que não há juízos sintéticos que sejam válidos *a priori*; cf. a "Crítica do apriorismo", Seções 10 e 11.)

A "Dialética transcendental", que contém a solução de Kant para o problema da demarcação, limita (ao contrário da "Analítica") as pretensões epistemológicas do racionalismo ao fazer concessões ao empirismo. Mas essas concessões são muito radicais. Kant propõe aqui uma síntese entre racionalismo e empirismo, que concorda amplamente com aquela defendida aqui (tal como acredito, uma concepção estritamente empirista): ele limita o uso científico "das ideias da razão pura" ao domínio da experiência possível e explica essas "ideias" como *problemáticas*, limitando o domínio da experiência possível enquanto [a] *"pedra de toque da verdade* das regras".[6]

As soluções de Kant não são completamente satisfatórias. Seu ponto de vista não será defendido aqui inteiramente, mas será criticado precisamente naquele ponto que se considera decisivo para a doutrina de Kant. Mas, ao

---

6   Immanuel Kant, *op. cit.*, p.675; cf. a citação mais longa na Seção 47. [Texto relativo à nota 6. (N. E. A.)].

contrário do desprezo moderno por Kant, gostaria de enfatizar que a *formulação kantiana do problema*, seu *método* e algumas partes muito importantes de suas soluções serão defendidas neste trabalho.

O ponto de vista dedutivista será defendido sobretudo contra o positivismo moderno (o continuador do empirismo clássico); particularmente contra o "positivismo lógico" (Russell, Schlick, Wittgenstein, Carnap e outros). Considero o "positivismo lógico" – tomo de empréstimo essa designação de um artigo programático[7] [de Blumberg e Feigl] – uma das tentativas mais interessantes de solução dos problemas kantianos: ele também tenta fazer uma síntese entre racionalismo e empirismo. Concede-se uma importância considerável aos "componentes formativos do conhecimento".[8] Eles são formas lógicas, em particular, formas do cálculo logístico de relações, nas quais entra o [22] material empírico do conhecimento; por outro lado, "[...] todo conhecimento substancial (isto é, não puramente formal) tem origem na experiência".[9] A crítica do positivismo lógico será feita na sequência, particularmente a crítica a Schlick e Wittgenstein. Ela mostrará (cf. as Seções 44 e 46) que o positivismo lógico também cai no *prejuízo tipicamente indutivista*, que não encontrou nenhuma versão tão consequente como na teoria do conhecimento de Wittgenstein.

4. A possibilidade de uma psicologia do conhecimento dedutivista

A psicologia do conhecimento dominante é *indutivista*, e, como toda psicologia indutivista, ela é mais ou menos explicitamente *sensualista*.

Ela supõe que, partindo de vivências particulares – especialmente as vivências perceptivas –, chegamos a nossos conhecimentos ou experiências; que nós, por exemplo, ordenamos nossas vivências por semelhanças (pela "associação de semelhanças") e, dessa forma, chegamos a "círculos de se-

---

7 No *Journal of Philosophy*, May 1931. [Albert E. Blumberg e Herbert Feigl, "Logical positivism: a new movement in European philosophy", *The Journal of Philosophy* 28, (n⁰ 11, 21. Mai 1931), p.281 e segs. (N. E. A.)]
8 Rudolf Carnap, *Der logische Aufbau der Welt* (1928), p.260.
9 Rudolf Carnap, *loc. cit.*

melhanças" e a "classes de abstração".[1] Dessa forma, ascendemos – sempre na direção indutiva – dos particulares aos universais até, por fim, chegarmos aos conceitos e aos conhecimentos da ciência.

Não consta entre as tarefas da presente investigação contestar se, de fato, isso ocorre do modo como a *psicologia do conhecimento indutivista* afirma. Não se afirmará ou suporá aqui se ela está correta ou incorreta.

Em relação a tais questões, será adotado um ponto de vista *neutro*. Apenas *uma* única coisa será exigida: a separação estrita entre as questões de fato da descoberta de conhecimento e as questões de validade da teoria do conhecimento.

Mas, justamente para nos colocarmos nesse ponto de vista neutro, para salvaguardar a independência da teoria do conhecimento em relação à psicologia do conhecimento, [23] é indispensável demonstrar que a psicologia do conhecimento indutivista não é a única concebível, não é a única possível: deve-se mostrar *que uma psicologia do conhecimento dedutivista também é possível*.

As objeções desta seção não se dirigem à psicologia do conhecimento indutivista enquanto tal, mas a um prejuízo indutivista, que considera a indução a única forma possível de se descobrir o conhecimento. Pois tal concepção ameaçaria seriamente a independência da teoria do conhecimento em relação à psicologia do conhecimento: a distinção estrita defendida aqui entre questões de fato da psicologia do conhecimento e questões de validade da teoria do conhecimento seria impossível, pois os fatos podem decidir ali onde há mais de uma possibilidade. (Juízos sintéticos devem poder ser contraditos, sem se tornarem contradições logicamente impossíveis.)

Se supusermos que, como afirma a psicologia do conhecimento indutivista, no que concerne à questão da descoberta de conhecimento, nada *pode* ocorrer de outro modo, devemos supor consequentemente que não apenas fatos, mas que também razões *lógicas* ou *epistemológicas* são decisivas nessa questão:

Uma premissa indutivista na questão da descoberta de conhecimento leva também a uma *premissa indutivista no domínio da teoria do conhecimento*.

Apenas *essa* premissa deve ser combatida aqui. Para isso, é necessário voltar à raiz psicológica da premissa e mostrar que uma psicologia do conhecimento dedutivista não teria que combater dificuldades intelectuais sérias.

---

1 Ver, por exemplo, Rudolf Carnap, *Der logische Aufbau der Welt* (1928).

Essa digressão no domínio psicológico não deve ser interpretada como uma concessão a um psicologismo. Não serão lançados argumentos psicológicos na discussão epistemológica, mas, ao contrário: a independência do ponto de vista epistemológico será assegurada.

Ao lado dessa tarefa principal, a presente seção persegue outro fim (ainda que menos importante): trata-se de chamar a atenção para o fato de que o contraponto entre dedutivismo e indutivismo permanece importante em todos os domínios que têm algo [24] a ver com nosso *conhecer*: tanto no domínio histórico-genético quanto no domínio psicológico (em sentido estrito), tanto no domínio da lógica do conhecimento quanto no domínio da teoria do conhecimento.

Antes de passar à investigação no domínio da descoberta de conhecimento, no domínio histórico-genético e, então, no domínio da psicologia do conhecimento, é preciso fazer algumas considerações breves sobre a *lógica do conhecimento*.

O domínio próprio da lógica é, sem dúvida, a *teoria da dedução*. Por isso, a lógica clássica é puramente dedutiva; raciocínios indutivos têm um papel menor (apesar de diferentes tentativas, passando por Aristóteles, de voltar talvez ao de Sócrates).

A tentativa de desenvolver uma *lógica da indução* não poderia (apesar de Mill, que desenvolve as abordagens de Bacon e Herschels) tomar, na lógica, o lugar dominante da teoria da dedução.

Raciocínios indutivistas podem ser encontrados também nas tendências modernas da lógica matemática ou simbólica, na "logística" [Carnap] e em esforços parecidos. Os *Principia mathematica*, de Whitehead e Russell, contêm (além de raciocínios dedutivos) raciocínios indutivos (por exemplo, a teoria da abstração). Eles aparecem de modo especialmente nítido na "Introdução à 2ª edição", escrita sob a influência de Wittgenstein, que estabelece a lógica como a teoria das funções de verdade das proposições elementares – "proposições atômicas".[2] (Cf. minha observação sobre isso por volta do final da seção 44. As suposições – ainda que fictícias – de que se pode dar uma lista compilando todas as proposições elementares verdadei-

---

2 [Alfred North Whitehead e Bertrand Russell, *Principia Mathematica* I (2.ed., 1925), "Introduction do the Second Edition", p.XV e seg. (*Einführung in die mathematische Logik*, tradução alemã de Hans Mokre, 1932, p.126 e seg.). (N. E. A.)]

ras me parecem confundir completamente a tarefa da lógica. A ciências particulares não são apenas produtos de proposições elementares; estas têm, antes, importância apenas para a verificação. – Entretanto, não é possível entrar nessas questões mais detidamente.) Ao contrário, as investigações da *axiomática* moderna (que se apoiam, sobretudo, em David Hilbert) são puramente [25] dedutivas.[2a] Do ponto de vista de uma teoria do conhecimento dedutivista, elas têm grande interesse.

Raciocínios dedutivos no domínio da descoberta de conhecimento podem fundamentalmente tanto ser conciliados com uma teoria do conhecimento indutivista como com uma teoria do conhecimento dedutivista; e vice-versa. (Fundamentalmente, todas as combinações concebíveis poderiam ser defendidas.)

Deve-se admitir, pois, que a vinculação da teoria do conhecimento dedutivista com o domínio da descoberta de conhecimento, defendida aqui, leva a um quadro geral muito mais unificado e simples do que, por exemplo, aquele em que há uma vinculação com uma psicologia do conhecimento indutivista. Essa teoria do conhecimento, sem dúvida, se interessa em mostrar (se possível) que um dedutivismo histórico-genético e um dedutivismo psicologista não apenas são concebíveis, mas que *fatos* importantes falam a favor deles.

Uma teoria do conhecimento indutivista teria obviamente um interesse análogo, mesmo que ela esteja suficientemente livre de premissas [*vorurteilslos*] para afirmar a independência da teoria do conhecimento e da psicologia do conhecimento: se fatos complicados não falarem contra ela, ela dará, em todo caso, uma preferência à teoria indutivista da descoberta do conhecimento.

Fala muito a favor da possibilidade, afirmada aqui, de uma psicologia do conhecimento dedutivista se uma teoria do conhecimento indutivista reconhecer a expressão *fatos* histórico-genéticos como a justificação do dedutivismo no domínio da descoberta de conhecimento.

Tal ponto de vista foi defendido, por exemplo, por Herbert Feigl (em seu texto *Theorie der Erfahrung in der Physik* [Teoria da experiência na física]).

2a [(3.ed.) Cf. Karl Popper, *Frühe Schriften* (*Gesammelte Werke in deutscher Sprache* 1, 2006), Nr. 7: "Axiome, Definitionen und Postulate der Geometrie" ("Lehrbefähigungsarbeit", 1929), §28, assim como "Apêndice" a este volume, Seção 2, texto relativo à nota 11. Ver Seção 25, texto relativo à nota 7. (N. E. A.)]

Enquanto *teórico do conhecimento*, ele enfatiza que:

[...] se partirmos do domínio de todos os fatos explicados por uma teoria – no caso de uma teoria bem confirmada, estes fatos não são apenas estados de coisas possíveis, [26] concebidos pelo pensamento, mas estados de coisas realmente observados –, a teoria pode, neste caso, ser elaborada por meio de generalizações indutivas (De modo semelhante, em muitas outras passagens.)[3]

Mas Feigl diferencia estritamente teoria do conhecimento e psicologia do conhecimento: "se a filosofia atual tem algum mérito, ele está em que aprendeu a diferenciar claramente o histórico do sistemático, o psicológico do lógico, a gênese da validade".[4]

Essa separação estrita permite a Feigl contentar-se com um ponto de vista dedutivista no domínio da descoberta de conhecimento:

[...] muitos pensadores (particularmente os convencionalistas) se preocuparam em demonstrar que as teorias físicas nunca são simples generalizações indutivas, sendo, antes, construções conceituais, que [...] teriam a finalidade de integrar as leis experimentais em um *contexto dedutivo*. Por isso, eles se apoiam em fatos históricos da investigação e apresentam exemplos impressionantes.[5]

Anteriormente, ele dizia no mesmo sentido:

Quase sempre as teorias precedem temporalmente a experiência, e essas teorias são testadas pela observação no que concerne à sua vigência. Também no caso das investigações que devem seguir uma descoberta casual, há evidentemente um programa em sua base, uma ideia-guia de algum tipo.
Todas essas operações mentais, que se encontram *antes* das observações, são, sem dúvida, importantes para o surgimento e o desenvolvimento do conhecimento científico. Elas são interessantes, sobretudo, do ponto de

---

3 Herbert Feigl, *Theorie der Erfahrung in der Physik* (1929), por exemplo, p.116.
4 Herbert Feigl, *op. cit.*, p.115.
5 Herbert Feigl, *op. cit.*, p.114. A ênfase não se encontra no original.

vista do *teórico* da ciência e do *psicólogo* do conhecimento. Encontramos, pois, nos escritos de Mach e Duhem, que seguem principalmente tal perspectiva, ideias valiosas acerca de atividades intelectuais tão significativas para a gênese da ciência.[6]

Em contraste, Feigl enfatiza, por meio da seguinte argumentação, que esses raciocínios dedutivistas não afetam seu ponto de vista acerca da teoria do conhecimento:

> O que os [27] exemplos mencionados mostram é adequado apenas para a gênese das teorias físicas. Na realidade, a ideia da gravitação universal é algo totalmente nova em relação às leis de Kepler; como é a ideia do movimento molecular em relação às leis dos gases. Essas teorias não são simplesmente *adquiridas* indutivamente a partir da experiência. Entretanto, a *validade* das teorias só pode ser indutivamente fundada.[7]

Desse modo, ele pode, sem nenhuma contradição, resumir seu ponto de vista nas seguintes palavras: "Mesmo que as teorias não sejam descobertas por indução na investigação, sua validade deve ser, contudo, avaliada como induções".[8]

Eu considerei a concepção de Feigl tão detidamente porque ela me parece um reconhecimento claro e particularmente impressionante do *dedutivismo genético* a partir do campo contrário, isto é, do indutivismo.

(Para complementar, gostaria de notar, porém, que todos os raciocínios dedutivistas mencionados por Feigl – especialmente os de Pierre Duhem em *Ziel und Struktur der physikalischen Theorien*[9] [Objetivo e estrutura das teorias físicas] – são importantes não apenas genética, mas também epistemologicamente. Acredito que o desenvolvimento mais significativo do ponto de vista dedutivo de Duhem é "Die Grundformen der wissenschaftlichen Methoden"[10] [As estruturas fundamentais dos métodos científicos], de Victor Kraft. Sobre isso, ver uma observação no final da seção 24.)

---

6   Herbert Feigl, *op. cit.*, p.30 e seg.
7   Herbert Feigl, *op. cit.*, p.115.
8   Herbert Feigl, *op. cit.*, p.116.
9   Pierre Duhem, *Ziel und Strunker der physikalischen Theorien*, 1908.
10 Victor Kraft, Die Grundformen der wissenschaftlichen Methoden, *Sitzungberichte der Akademie der Wissenshaften in Wien*, v.203, n.3.

Na *psicologia do conhecimento* propriamente falando (ou "psicologia cognitiva"), as cadeias de raciocínios dedutivas devem ser encontradas em primeiro lugar por psicólogos com orientação *biológica*.

Em minha exposição, eu gostaria de me apoiar em uma observação de Mach, que, em seus *Prinzipien der Wärmlehre* [Princípios da teoria do calor],[11] discute a questão da gênese do pensamento e dos conceitos em sentido biológico-psicológico. (Ideias muito semelhantes [28] se encontram tanto em Ernst Mach como em Heinrich Gomperz.)[12]

Mach mostra que em *situações* sob certas circunstâncias (objetivamente) *diferentes, reações similares* (cheirar, lamber, mastigar) podem ocorrer. Os *elementos similares* identificáveis em cada situação são frequentemente "reconhecidos" apenas pela mediação dessas *reações*, pois eles têm como consequência novas percepções sensoriais (paladar, olfato), percepções que, por sua vez, são decisivas para outras reações (devorar, desprezar). Nessas relações recíprocas de reação e recepção, Mach vê o "fundamento psicológico do conceito":

"Aquilo a que se reage do *mesmo* modo cai sob *um* conceito. Há tantas reações quanto conceitos."[13]

Esse enfoque de Mach[*1] inclui – fundado, aliás, na psicologia cerebral – uma abordagem em que se deve distinguir uma *dimensão reativa* e uma *dimensão receptiva* em nosso aparato psíquico e no qual o *lado reativo* tem uma importância decisiva para o processo de conhecer e de pensar: o conhecer está relacionado à *coordenação* de *reações* a *recepções*, sendo ele próprio um tipo de reação a determinadas situações, a determinados estímulos (objetivos).

Como será mostrado adiante, essa ideia pode ser utilizada para elaborar uma psicologia do conhecimento dedutivista. Que ela contradiga o *sensualismo* (indutivista), vê-se ao primeiro olhar: nosso conhecer não deve ser concebido como uma combinação ou agrupamento associativo de vivências

---

11   Cf. Ernest Mach, *Die Prinzipien der Wärmelehre* (2.ed., 1900), p.415, 422.
12   Ernst Mach, *Die Analyse der Empfindung und das Verhältnis des Physischen zum Physischen*, Kapitel XIV, Abschnitte 8 e segs. [3.ed., 1902, p.244 e segs. (N. E. A.)]; Heinrich Gomperz, Zur *Psychologie der logischen Grundtatsachen* (1897), p.26; cf. também H. Gomperz, *Weltanschauungslehre* II. [*Noologie*, Erste Hälfte: *Einleitung und Semasiologie*] (1908), p.117 e seg. e 251.
13   [Ernst Mach, *Die Prinzipien de Wärmlehre* (2.ed., 1900), p.416. (N. E. A.)]
*1   Veremos que a abordagem de Mach, aqui descrita, contrasta profundamente com sua abordagem sensualista em *The Analysis of Sensations*.

sensoriais, de *recepções*, mas nossos pensamentos deveriam ser caracterizados como *reações intelectuais*.

[29] É verdade que *reações psicológicas* em geral (não apenas as intelectuais) são *desencadeadas* por um estímulo (uma recepção), apesar de a forma específica da reação depender extensivamente das *condições subjetivas do próprio aparato reativo*. O estímulo desencadeador, objetivo, pode ser visto como condição *material* da reação, pois ele é condição da ocorrência factual; o aparato reativo inclui as condições *formais* da consecução desse estímulo. As reações poderiam ser chamadas de "subjetivamente pré-formadas".

Como essas reações subjetivamente pré-formadas poderiam se adaptar aos estímulos (objetivos)? Dito de outro modo: como se pode explicar que reações, que são subjetivamente pré-formadas, não sendo, pois, "extraídas da experiência", sejam confirmadas em situações do ambiente, mostrando-se biologicamente relevantes?

A *teoria do movimento experimental* de Jennings,[14] por exemplo, poderia dar uma resposta a essa questão: Jennings mostra que os organismos inferiores, especialmente os unicelulares, experimentarão todas as reações à disposição*[2] em resposta a determinados estímulos (especialmente os nocivos), até que uma delas "se adapte à situação", seja biologicamente bem-sucedida (isto é, livrá-los do estímulo nocivo). Se o estímulo estiver mais uma vez presente, todo o processo se inicia novamente: mais uma vez, todos os movimentos experimentais da cadeia se modificam. Isso não muda mesmo depois de múltiplas repetições, ou melhor, muda apenas o *ritmo* do processo: a reação "adaptada" aparece rapidamente, mas apenas porque a cadeia de movimentos experimentais ocorre cada vez mais rápido. A repetição – a prática – ocasiona uma "abreviação do processo".

---

14   Herbert Spencer Jennings, *Das Verhlaten der niederen Organismen* (tradução alemã de Ernst Mangold, 1910).

*2   Posteriormente, eu introduzi a expressão "repertório de comportamento" para isso. [Ver Karl Popper, "The rationality of scientific revolutions", in: *Problems of Scientific Revolution: Progress and Obstacles to Progress in the Sciences* (*The Herbert Spencer Lectures* 1973, ed. Rom Harré, 1975), p.74, 77 e 94; notas 7 e 9 (= Karl R. Popper, *The Myth of the Framework: in Defense of Science and Rationality*, ed. M. A. Notturno, 1994, p.3, 6 e 23 e seg.: notas 7 e 9); cf. também Karl R. Popper e John C. Eccles, *The Self and Its Brain: an Argument for Interactionism* (1977), Parte I de Karl R. Popper, p.128 e 133 (= *Das Ich und sein Gehirn*, Parte I, tradução alemã de Willy Hochkeppel, 1982, p.165 e seg. e 171. (N. E. A.)]

[30] Reações subjetivamente pré-formadas poderiam se *adaptar* à situação objetiva por meio do "comportamento experimental" (Selz[15]), por meio da rejeição e finalmente da aprovação.

Essas ideias apenas esboçadas aqui podem ser interpretadas talvez no sentido da psicologia do conhecimento. Mas elas podem, em todo caso, ser utilizadas como pedras de toque de uma concepção que chamaríamos de "dedutivista".

Se nossas ideias subjetivas e conhecimentos – nossa crença na "causalidade", isto é, em regularidades ("consciência de regra", Bühler[16]) etc. – devem ser concebidos como *reações intelectuais,* aquilo que foi elaborado para as reações em geral também poderia valer para eles.

As reações intelectuais seriam *subjetivamente pré-formadas*; estímulos objetivos e respectivas reações as desencadeariam; eles seriam suas condições materiais, mas as reações intelectuais não seriam de modo algum extraídas das recepções.

Se a *coordenação* das reações intelectuais à situação objetiva acontece pelo comportamento experimental, a coordenação sempre *precede* temporalmente sua aprovação. A coordenação é antecipatória em relação à própria confirmação (a reação pode ser chamada, enquanto ainda não tiver sido aprovada, de "prejuízo infundado"). A aprovação frequentemente estará ausente: a coordenação antecipatória da reação ao estímulo é *provisória.*

Eu chamo, pois, as reações intelectuais subjetivamente pré-formadas simplesmente de "antecipações".*[3]

Segundo a concepção dedutivista, não é por meio da abstração ou generalização a partir de percepções sensoriais que chegamos a nosso conhecimento empírico, mas por meio do teste de antecipações, [31] que são coor-

---

15 [Otto Selz, *Über die Gesetze des geordneten Denkverlaufs* II. (1922), p.645 e segs.; cf. também O. Selz, *Die Gesetze der produktiven und reproduktiven Geistestätigkeit* (192), p.16 e segs. *Acréscimo* (3.ed.) cf. também Karl Popper, "Die Gedächtnispflege unter dem Gesichtspunkt der Selbsttätigkeit", *Die Quelle* 81 (1931), p.614 (= *Frühe Schriften, Gesammelte Werke in deutscher Sprache* 1, 2006, Nr. 3, texto relativo às notas 29, 30 e 31). (N. E. A.)]
16 [Karl Bühler, "Tatsachen und Probleme zu einer Psychologie der Denkvorgänge I. Über Gedanken", *Archiv für die gesamte Psychologie* 9 (1907)], p.334 e segs. (N. E. A.)]
*3 A expressão "antecipação" é utilizada por Bacon em um sentido depreciativo (como sinônimo de "preconceito"); eu a utilizo em um sentido positivo, como sinônimo de "expectativa" (ou de "suposição"). Cf. *Logik der Forschung* (1934, 2.ed., 1966; e edições posteriores, Seção 85.

Dedutivismo e indutivismo

denadas provisoriamente ao "material" das recepções. Se essa coordenação provisória será abandonada ou não, isso é decido por seu valor biológico. O método de decisão é *seletivo*: se as antecipações se mostrarem sem valor, elas são eliminadas; elas ou são substituídas por outras reações ou seu "portador", o organismo reagente, perece com elas.

A aprovação no ambiente decide o destino das antecipações pré-formadas.

(Trata-se do "método de tentativa e erro", como Bernard Shaw[17] o chama em seu "Pentateuco metabiológico".)

Para mostrar uma aplicação do esquema esboçado, como se deveria interpretar o processo de *reconhecimento*?

O indutivismo supõe simplesmente que a reação posterior é vinculada à anterior por meio da associação ("memória da semelhança"[18]), que reproduz a anterior. (Não se entrará nas grandes dificuldades que subjazem a essa concepção aparentemente tão elementar.)*3a

Segundo a concepção dedutivista, uma reação se adaptou ao primeiro estímulo. Em novos testes, a mesma reação se confirma também em relação a estímulos posteriores. À medida que, nos dois casos, a mesma reação foi bem-sucedida, esses dois casos devem ter algo em comum, ainda que possam ser diferentes em outros aspectos; isso explica que o processo de se tornar consciente, o conhecimento do que é *comum* em situações objetivamente *diferentes* (todas as situações são objetivamente mais ou menos diferentes), depende sempre de elementos subjetivos ("método de exaustão"). Como Mach já disse (cf. o que foi dito anteriormente): "Aquilo a que se reage do *mesmo* modo cai sob *um* conceito [...]".[19]

---

17 [Bernard Shaw, *Back to Methuselah: a Metabiological Pentateuch* (1921), p.LV e 82: "The Method of Trial and Error". (*Zurück zu Methusalem: ein metebiologischer Pentateuch*, in: Bernard Shaw, *Dramatische Werke VI*, tradução alemã de Siegfried Trebitsch, 1922, p.77: "tastend und irrend"; p.218: "[die] Methode von Versuch und Irrtum".) (N. E. A.)]

18 [Rudolf Carnap, *Der logische Aufbau der Welt* (1928), p.110 e seg. (N. E. A.)]

*3a [2.ed.] Sobre essas dificuldades, ver *Logik der Forschung*, (1934, 2.ed., 1966; e edições posteriores), Novo Apêndice *X; cf. também *Conjectures and Refutations* (1963), p.44 e seg. [= *Vermutungen und Widerlegungen*, 1994, p.63 e seg.; 2.ed., *GW* 10, 2009, p.66 e seg.].

19 [Ver nota 13 e texto relativo a essa nota. "Métodos de exaustão", cf. Volume II (Fragmentos): [IV.] "O método de exaustão – 'Estado de coisas' e 'fato' – A diversidade infinita". (N. E. A.)]

[32] Segundo essa concepção, as recepções não são coordenadas imediatamente, mas reações prévias são coordenadas a elas, e, apenas por meio desse sistema de relações, as coordenações (indiretas) entre recepções podem ser estabelecidas.

Essa grande *rapidez*, que permite reconhecer também coordenações indiretas, pode ser explicada pela abreviação radical do processo. (Pelo "milagre da repetição condensada", diz Shaw.)[20]

Algo que a teoria dedutivista não consegue explicar: como novas reações surgem, como novas antecipações são produzidas, novos conhecimentos são concebidos?

Mas, enquanto o indutivismo finge explicar isso, o dedutivismo prescinde de explicar a produção do novo. Ele pretende explicar o que é apenas o método por meio do qual se determina a coordenação de reação e recepção. Nessa determinação está o *conhecer*.

Esse método é regular, racional e, portanto, sujeito à explicação, isto é, à redução a uma regularidade: trata-se do "método de tentativa e erro",[21] o método da *seleção*.

O dedutivismo daria, no entanto, uma resposta (que não chega a ser uma) à pergunta sobre como se chega a novos conhecimentos: do mesmo modo como surge algo novo biologicamente; exatamente do mesmo modo como mutações são produzidas.

Assim, segundo a visão do dedutivismo, não há *nenhuma dependência regular* entre recepções, entre novas condições objetivas e o surgimento de reações. (Ou melhor, apenas uma dependência – precisamente a *seletiva* –, que não torna sem valor as reações não adequadas e pode colocar o organismo diante das alternativas para produzir algo novo – ou perecer; por isso, o momento não explicado não pode ser de modo algum esclarecido.)

Mas, enquanto o indutivismo pretende não apenas compreender como novos conhecimentos surgem a partir de recepções (especificamente, pela [33] comparação de percepções etc.), mas também "explicar" de que modo os conhecimentos surgidos recentemente são adequados às recepções (uma vez que surgiram delas), o dedutivismo não considera necessário supor tal *correspondência* entre os conhecimentos concebidos recentemente e as recep-

---

20 [Bernard Shaw, *op. cit.*, p.XXIV e segs., tradução alemã de Siegfried Trebitsch, 1922, p.35 e segs. (N. E. A.)]
21 [Ver nota 17. (N. E. A.)]

ções. Ao contrário: ele assume (naturalmente apenas de modo esquemático) que as novas reações – se tiverem surgido – não dependem das recepções. Elas são, na sua maior parte, descartadas: o "método de tentativa e erro", com o qual a natureza trabalha, pressupõe a *superprodução*.

Nenhuma via regular, racional, leva de novas recepções (segundo a visão dedutivista) a novas reações, a novas "ocorrências"; se quisermos, podemos chamar seu surgimento de *casual*. Em todo caso, ele parece conter um elemento irracional, arbitrário (cf., sobre isso, a observação sobre o "intuicionismo" na Seção 47).

A questão sobre o surgimento de *novas* concepções leva mais uma vez a uma contraposição da posição indutivista e da posição dedutivista, o que mostra com toda a clareza a oposição entre elas.

O indutivismo reduz o conhecimento de uma *regularidade*, o surgimento da crença em uma regularidade, em uma lei da natureza, a um *hábito* enquanto consequência da *repetição* regular (*teoria da indução como hábito* de Hume).

O dedutivismo não vê nada na repetição que possa produzir algo novo, ao contrário: a repetição pode apenas fazer algo *desaparecer* (*abreviação do processo*); hábito e prática *eliminam* apenas os desvios do processo de reação ao refiná-lo. A rapidez crescente de uma reação não deve ser confundida com seu surgimento gradual (*natura facit saltus*).

Na busca por regras [e], em geral, pela "consciência de regras", a concepção dedutivista não pode ver nada além de uma antecipação pré-formada – com o auxílio da qual nós "*fazemos* nossa experiência" (ao invés de *sermos feitos* por ela); mesmo que ela seja a *forma fundamental de toda a reação intelectual*, a condição supostamente mais geral da adaptação.

("[...] o entendimento [...] podemos [...] caracterizar como a *faculdade de regras*", diz Kant na 1ª edição da *Crítica da razão* [34] *pura*[22] e, mais adiante: "ele [o entendimento] está sempre ocupado em examinar fenômenos a fim de detectar alguma regra neles".)

Não será discutido *aqui* se esse esboço esquemático da psicologia do conhecimento dedutivista corresponde adequadamente aos fatos ou se ele é talvez completamente equivocado. (Eu suspeito, porém, como observei de passagem, que os fatos estão do lado dele; no entanto, um trabalho inédito,

---

22 Immanuel Kant, *Kritik der reinen Vernunft* (1.ed., 1871), p.126.

"Theorie des Intellekts"²³ ["Teoria do intelecto"] é dedicado mais detidamente a esse tema.)

Talvez não seja evidente porque a concepção psicológica apresentada pode ser chamada de "dedutivista". Deve-se admitir que haja uma determinada analogia com a teoria do conhecimento dedutivo-empirista (esboçada nas duas seções precedentes); que as "antecipações não fundamentadas", as "suposições provisórias", o "método de aprovação" correspondem aproximadamente à "verificação empírica de predições". Mas não é exatamente evidente em que reside o elemento propriamente *dedutivista*.

[35] Eu não poderia responder a tal objeção discutindo em detalhe porque a analogia entre tal teoria do conhecimento certamente dedutivista (que, segundo esse propósito, deveria ser discutida mais precisamente) e a psicologia do conhecimento dedutivista esboçada é perfeita, uma vez que esta é construída pela transposição*⁴ direta da teoria do conhecimento a questões psicológicas.

---

23 [O trabalho não pôde mais ser localizado e deve ser considerado perdido. "Theorie des Intelekts" era a parte teórica de *"Gewohnheit" und "Gesetzerlebnis" in der Erziehung: eine pädagogisch-strukturpsychologische Monographie* ("Hábito" e "experiência de lei" na educação: uma estrutura pedagógico-estrutural – N. E. B.). Uma parte dessa monografia, a saber, "Vorbemerkung", "Einleitung", *I. Teil*: "Psychologie der Gesetzerlebnisses", *1. Abschnitt*: "Phänmenologie", e "Literaturverzeichnis" ("Nota preliminar"; "Introdução"; "Parte I: Experiência de lei"; Seção 1: "Fenomenologia"; e "Bibliografia" – N. E. B.) foi submetida em 1927 como "Tese" ao "Pädagogischen Institut der Stadt Wien"; apenas esta "Tese" foi preservada. Cf. Karl Popper, *Zur Methodenfrage der Denkpsychologie* (1928), p.5; Karl Popper, *Conjectures and refutations* (1963), p.50 (*Vermutungen und Wiederlegungen*, 1994, p.72 e seg.; 2.ed., *Gesammelte Werke in deutscher Sprache* 10, 2009, p.75 e seg.); Karl Popper, "Intelectual autobiography", in: *The philosophy of Karl Popper I*. (ed. Paul Arthur Schilpp, 1974), p.34 e segs., 59 e segs. e 161: nota 55 (= Karl Popper, *Unended Quest: an intellectual autobiography*, 1976, p.44 e segs. 75 e segs. e 205; *Ausgangspunkte: meine intellektuelle Entwicklung*, tradução alemã de Friedrich Griese e do autor, 1979, p.57, 102 e seg. e 297: nota).
Acréscimo (3.ed.) Cf. Karl Popper, *Frühe Schriften* (*Gesammelte Werke in deutscher Sprache* 1, 2006), Nr. 5: "'Gewohnheit' und 'Gesetzerlebnis' in der Erziehung" (1927); Nr. 6: "Zur Methodenfrage der Denkpsychologie" (1928); Nr. 3: "Das Gedächtnispflege unter dem Gesichtspunkt der Selbstätigkeit" (1931); e "Anhang" (1970), Seção 2; assim como *op. cit.*, "Nachwort des Herausgegebers" (2006), Seções IV e II, nota 5 e texto relativo a essa nota. (N. E. A.)]

*4 Eu discuti esse método de transposição ("princípio de transferência") da lógica ou da teoria do conhecimento para a psicologia com mais precisão muitos anos depois em meu livro *Objective Knowledge* (1972, [por exemplo, p.6 e 68: nota 30]; *Objektive Erkenntnis*, tradução alemã de Hermann Vetter, 1973, [por exemplo, p.18 e 82: nota 30]).

Mas para os propósitos perseguidos aqui é completamente irrelevante se a designação "dedutivista" é aceita ou não. Importa aqui *o seguinte*: que a psicologia do conhecimento esboçada *contradiz* a concepção *indutivista* dominante.

Seja o *indutivismo na psicologia do conhecimento* correto ou não, certamente ele não é a única possibilidade: não é *necessário concebê-lo*.

Mas isso é tudo o que deveria ser demonstrado.

A psicologia do conhecimento dedutivista coincide em muitos pontos com a psicologia do conhecimento de Kant (hoje tão pouco estimada).

A oposição entre as recepções e as reações intelectuais, a concepção do estímulo desencadeador – especificamente, da recepção – como condição material, cujas condições formais repousam sobre o próprio aparato de reação (daí que elas sejam designadas de "subjetivamente pré-formadas"), tudo isso está amplamente de acordo com as concepções de Kant: este[24] distingue de modo inteiramente análogo a "receptividade da sensibilidade" dos atos da "espontaneidade do entendimento", em que a expressão "espontâneo" não designa de modo algum "autogerador" ou "surgido livremente" ou algo parecido, mas deve salientar apenas – na minha terminologia – o elemento subjetivamente pré-formado do reativo. Inclusive as recepções são consideradas por Kant como subjetivamente pré-formadas, ainda que não no mesmo grau que as reações intelectuais do "entendimento".

[36] (Por isso, não é incorreto ver, seguindo Helmholtz,[25] a lei das energias sensíveis específicas de Müller como uma confirmação empírica da teoria de Kant, mas isso só poderia ser uma confirmação da *psicologia kantiana*. – Inclusive alguns trabalhos em psicologia cognitiva da escola de Würzburg de Oswald Külpe poderiam ser tomados como confirmações experimentais das ideias de Kant, assim como "Tatsachen und Probleme zu einer Psychologie der Denkvorgänge" [Temas e problemas de uma psicolo-

---

24 [cf. Immanuel Kant, *Kritik der reinen Vernunft* (1.ed., 1781), p.126. (N. E. A.)]
25 [cf. Hermann von Helmholtz, *Über das Sehen des Menschen* (1855), p.19 e 41 e seg. (*Vorträge und Reden* I., 3.ed., 1884, p.379 e 396, 5.ed., 1903, p.99 e 116); H. von Helmholtz, *Handbuch der psychologischen Optik* (1867), §17, p.208, 92.ed., 1896, p.249); H. von Helmholtz, *Die Thatsachen in der Wahrnehmung* (1879), p.8 e 42 (*Vorträge und Reden* II., 3.ed., 1884, p.222 e seg., 5.ed., 1903, p.218 e seg. e 244). (N. E. A.)]

gia dos processos mentais], de Karl Bühler[26] – no qual também são tratados problemas kantianos correspondentes –, e *Über die Gesetze des geordneten Denkverlaufes* [Sobre as leis do raciocínio ordenado], de Otto Selz.[27])

O próprio Kant frequentemente distinguiu com suficiente precisão a teoria do conhecimento da psicologia do conhecimento.

Sua expressão *"a priori"*, por exemplo, tem sem dúvida um significado primordialmente *epistemológico*; ela poderia ser traduzida como *"válido independentemente de qualquer experiência"*, referindo-se não à gênese, mas à validade. (Na presente investigação, ela será empregada sempre nesse sentido.)

Naturalmente, também é possível dar um sentido teórico-psicológico à expressão *"a priori"*, por exemplo: "não *surgido* a partir da experiência". Embora Kant rejeite expressamente uma interpretação inatista do *a priori* ("conceitos inatos" etc.), elementos psicológico-genéticos têm um papel consideravelmente importante em sua utilização do termo.

Nesse emprego psicológico, a expressão *"a priori"* é praticamente equivalente ao que se chama aqui de "antecipatório".

Se aceitarmos esse emprego da expressão *"a priori"* – apenas no contexto da presente observação –, as "antecipações" deveriam ser chamadas de "juízos sintéticos *a priori*". A forma de reação antecipatória da "consciência de regras" (o método tentativo de [37] busca por regularidades) corresponderia a algo como uma "lei causal" *a priori*.

Mas *esses* "juízos sintéticos *a priori*" seriam apenas antecipações provisórias, eles seriam *a priori* apenas desse modo, isto é, anteriores à própria confirmação empírica; eles poderiam sempre ser rejeitados *a posteriori*, refutados pela experiência. Isso poderia resultar, por exemplo, na inutilidade de procurar por regras em determinados domínios – como nos jogos de azar.

Não será examinado aqui se a ambiguidade da expressão *"a priori"* tem grande importância para a teoria de Kant (cf., sobre isso, Seção 11). O próprio Kant sempre sustentou a universalidade e necessidade dos juízos sintéticos *a priori*.

Mas é interessante notar que Kant[28] considera que uma *interpretação de seu "resultado"* está perfeitamente de acordo com a concepção apresentada.

---

26 Karl Bühler, *Archiv für die gesammte Psychologie* 9 (1907), p.297 e segs.; 12 (1908), p.1 e segs. e 123.
27 Otto Selz, *Über die Gesetze des geordneten Denkvorlaufs* I. (1903); II. (1922).
28 Immanuel Kant, *Kritik der reinen Vernunft* (2.ed., 1787), §27.

Isso é mostrado claramente pelos dois argumentos que ele promove contra tal "sistema (subjetivo) de pré-formação da razão pura".

Em primeiro lugar, a seu ver, tal sistema de pré-formação deveria supor que nosso intelecto, as "disposições (subjetivas) para pensar implantadas em nós" corresponde às "leis da natureza", seria conforme a elas (é adequado a elas, diríamos hoje). Se não quisermos supor que tal correspondência é casual, somos obrigados a aceitar a hipótese de que tais correspondências foram estabelecidas por nosso criador (como uma espécie de harmonia pré-estabelecida). Kant tem razão ao dizer que "em tal hipótese não se poderia ver um fim". – Essa objeção está diretamente relacionada à concepção defendida aqui (e particularmente ao problema da adaptação em geral). Ocupamo-nos anteriormente com essa questão ("método de tentativa e erro",[29] teoria da seleção).

A segunda objeção de Kant é que esse tipo de juízos sintéticos *a priori* subjetivamente pré-formados "não teria a *necessidade* (objetiva), que pertence essencialmente a seus conceitos". Isso está novamente de acordo com a concepção defendida aqui, segundo [38] a qual as antecipações não precisam ser *verdadeiras*, mas que elas podem se revelar inúteis, que elas podem ser *a posteriori falsas*.

Ao utilizar o termo *"a priori"*, no sentido (genético) de "antecipatório", pode-se caracterizar a psicologia do conhecimento defendida aqui (mas também a teoria do conhecimento) com a seguinte formulação:

Há, de fato, juízos sintéticos a priori, *mas eles frequentemente são* a posteriori *falsos*.

---

29 [Ver nota 17. (N. E. A.)]

[39] Capítulo III
O problema da indução

5. O regresso infinito (O argumento de Hume)

As dificuldades relativas aos enunciados factuais universais, ao problema da indução ("pode-se saber mais do que se sabe?"), foram discutidas com clareza exemplar pela primeira vez por Hume.[1] Ele mostrou que toda tentativa de *generalização indutiva* cai em um *círculo vicioso*.

Esse argumento deve ser discutido aqui em detalhe; trata-se da ideia decisiva em torno da qual gira todo o problema. A exposição difere daquela de Hume em pontos sem maior importância para o tema. (Em particular, o círculo vicioso de Hume é substituído por um conhecido *regressus in infinitum*.)*[1] Isso, no entanto, não muda nada em relação à ideia fundamental de Hume de que, na análise de generalizações indutivas, recorre-se a operações lógicas não permitidas.

Mencionemos brevemente que o conceito de círculo vicioso se defrontaria com objeções lógicas (vindas da "teoria dos tipos" de Russell; confira-

---

[1] [David Hume, *A Treatise on Human Nature* (1739/1740), Livro I, Parte II, Seção VI. (N. E. A.)]

*[1] O regresso infinito já se encontra explicitamente em Hume. Ver *Logik der Forschung* (2.ed., 1966; e edições posteriores), Novo Apêndice *VII, notas 4, 5 e 6, com respeito a Hume, e o texto relativo a essas notas.

-se a formulação – autocontraditória – de Wittgenstein: "Nenhuma proposição pode enunciar algo sobre si mesma"[2]). O conceito de "regresso infinito" não está sujeito a essas objeções, mas permite chegar ao mesmo resultado, a saber, a demonstração de uma operação não permitida.

Um segundo desvio em relação a Hume consiste em que não se considerará aqui exatamente o princípio de causalidade, mas primordialmente uma [40] formulação geral do "princípio de indução", já que tal "generalização do problema de Hume" foi feita há muito (por Kant).[1a]

Exceto por essas modificações, que são de pouca importância para a ideia fundamental, a exposição será dedicada simplesmente a reproduzir o argumento de Hume contra a legitimidade da indução em completa pureza.

O raciocínio é o seguinte:

Fazemos uma série de observações e podemos afirmar que uma determinada regularidade descoberta por nós está presente em todas as nossas observações sem exceção.

Em função dessas experiências, somos autorizados sem mais a considerar como válida uma proposição, um enunciado factual que afirma o seguinte: "essa regularidade determinada está presente em todas as observações".

Essa proposição não é uma proposição estritamente universal, ela não enuncia nenhuma lei da natureza, ela é apenas um *relato condensado* de eventos particulares.

Se quisermos, porém, formular as regularidades observadas como leis da natureza (pois foi identificada em todas as observações sem exceção), se quisermos estipular uma regra estritamente universal, um *enunciado factual estritamente universal*, devemos *induzir*, generalizar.

A proposição generalizada (o *inductum*) diria o seguinte: "Sob tais e tais condições, essa regularidade determinada sempre está presente".

A generalização pode ser justificada?

Esse material da observação, que nos deu o fundamento para o relato condensado, não pode fornecer sozinho um fundamento suficiente para essa proposição universal. Afirmamos com essa proposição *mais* do que aquelas experiências podiam justificar.

---

2 [Ludwig Wittgenstein, *Tractatus logico-philosophicus* (1918/1922), proposição 3.332. (N. E. A.)] **A proposição de Wittgenstein é autocontraditória, pois enuncia algo sobre *todas* as proposições e, por isso, enuncia algo "sobre si mesma" – em contraste com sua afirmação.

1a [(3.ed.) Cf. Immanuel Kant, *Prolegomena* (1783), p.14 e seg. (N. E. A.)]

Em cada indução, considerada logicamente, fazemos determinadas *pressuposições* (tácita ou expressamente), que não são justificadas pelo material da observação que está imediatamente na base da generalização.

[41] Mas talvez tais pressuposições possam ser justificadas por outras experiências anteriores ou mais gerais?

Para determiná-lo, devemos, antes de tudo, saber com mais precisão que tipo de pressuposições fazemos em geral quando queremos fazer uma indução.

Dito de maneira bastante geral (e, acima de tudo, dito apenas de maneira imprecisa), as pressuposições da indução examinadas deveriam ter o seguinte conteúdo: "Deve-se generalizar". Essa proposição não deve ser entendida no sentido de que toda generalização deve ser, em qualquer caso, verdadeira: sabemos a partir da experiência que frequentemente generalizamos de maneira incorreta (a saber, quando a experiência nos apresenta posteriormente algo melhor). Deveríamos, portanto, preferencialmente dizer: "Pode-se generalizar",[*2] para exprimir que nossas pressuposições se baseiam apenas no fato de que (com parcimônia e sorte) é *possível* chegar a generalizações corretas. A formulação provisória, "Pode-se generalizar", deveria, portanto, exprimir que, por meio de generalizações, é possível chegar a uma proposição *verdadeira*.

Para melhorar a formulação acerca das generalizações, uma consideração terminológica deve ser feita.

Aquilo que um enunciado factual reproduz, o que ele descreve, o que ele *representa*, chamamos de "estado de coisas". Todo enunciado factual pode ser visto, pois, como a representação de um estado de coisas. Se o estado de coisas que ele representa realmente *ocorre* (se *há*, de fato, tal estado de coisas), o enunciado é *verdadeiro*; se o estado de coisas representado não ocorre, o enunciado é *falso*.

Com o auxílio dessa terminologia, pode-se tentar formular as pressuposições, que fazemos em toda indução, de maneira mais adequada. As pressuposições devem dizer que enunciados factuais podem ser *verdadeiros*. Enunciados factuais universais serão verdadeiros se, de fato, houver estados de coisas do tipo representado pelos enunciados factuais universais,

---

[*2] Por exemplo: "Há um procedimento para fundamentar proposições estritamente universais". Ver também a nota seguinte (*3).

pelas leis da natureza. Se chamarmos tais estados de coisas [42] de "estados de coisas universais" ou de *"regularidades"*, podemos dizer simplesmente: "o que pressupomos em cada indução é que haja estados de coisas universais, que haja regularidades".

Essa pressuposição seria suficiente para justificar o procedimento de indução.[*3] Assim, se há regularidades, deve ser possível, em princípio, inferi-las de observações particulares. Desse modo, se o conhecimento de uma lei da natureza verdadeira permite deduzir eventos particulares, deveria ser possível (com parcimônia e sorte), inversamente, encontrar uma tal descrição do evento singular que possa ser generalizada na forma de uma lei da natureza. (Deveria ser possível igualmente inferir, a partir de indícios, leis ocultas por trás dos acontecimentos.) Mas isso significa apenas que "pode-se induzir".

As pressuposições que fazemos em toda indução (e sem as quais esse procedimento não teria propósito) poderiam ser formuladas do seguinte modo:

"Há regularidades (estados de coisas universais), isto é, estados de coisas do tipo representado pelos enunciados factuais universais – pelas leis da natureza".[*4]

Chamo essa proposição de (primeiro) *princípio de indução*.

Esse princípio de indução é formulado de maneira tão geral que inclui provavelmente um mínimo de pressuposições. Em todo caso, há outras proposições que eu poderia chamar de *"princípios de indução"* (pois incluem

---

[*3] Mais adiante, na Seção 10 (por volta do fim), eu escrevo: *"Conhecer significa: procurar regularidades, mais precisamente, estipular regras e testá-las metodologicamente* (desconsiderando a questão sobre se há, de fato, regularidades universais estritas)". Ao contrário do que está no meu texto (aqui e na Seção 10), isso vale (ao que me parece hoje) tanto para um conceito de conhecimento indutivista quanto para um dedutivista (ver minha "Introdução de 1978", [Seção 2, (14) e (15)]. O fato de haver regularidades *não me parece suficiente* (ao contrário do que meu texto parece dizer) para justificar o *procedimento de indução*. Seria preciso haver um princípio metateórico como, por exemplo, o seguinte: *Existe um procedimento para demonstrar a verdade de proposições sintéticas estritamente universais.*

[*4] Cf., sobre isso, Wittgenstein, *op. cit.*, proposições 6.31 e 6.36. (A proposição 6.361 se refere aos *Prinzipien der Mechanik* [Princípios da mecânica] de Heinrich Hertz, 1894). Eu fui influenciado claramente por Wittgenstein neste ponto importante. Mas o princípio de indução é inadequado enquanto proposição.

as pressuposições suficientes [43] para uma indução), mas que incluem mais pressuposições do que o estritamente necessário. Um tal "princípio de indução" seria o "princípio de causalidade", que (segundo a concepção usual) não apenas afirma haver regularidades, mas, além disso, pode ser formulado da seguinte forma: "toda mudança na natureza deve ser predita com a completude desejada (incluindo indicações de espaço e lugar) pela dedução a partir de leis da natureza". (Em franca oposição à visão de Schlick,[3] pode-se tomar o princípio de causalidade como a exposição de "uma condição suficiente do procedimento de indução", mas não uma condição "necessária".)

Seja qual for a proposição*[5] que se tome como princípio de indução, ela deve, em qualquer caso, ser um enunciado factual (um juízo sintético), deve enunciar algo sobre a regularidade ou sobre a uniformidade da "natureza", sobre a justificação para fazer enunciados universais acerca da realidade, tais como a leis da natureza.

Como se pode determinar qual princípio de indução é o correto e mesmo se há um princípio de indução válido? Tudo depende da validade do princípio de indução, pois toda indução de uma lei da natureza pressupõe um princípio de indução, sendo logicamente insustentável se ele é inválido.

Poder-se-ia simplesmente dizer que tal princípio de indução (por exemplo, aquele que formulei ou o "princípio de causalidade") é cognitivamente necessário, imediatamente plausível, evidente etc., em uma palavra, de cuja correção não se pode duvidar. O princípio de indução deveria ser tomado como um juízo sintético *a priori*; uma concessão ao racionalismo que seria certamente problemática.*[6] Esse passo talvez pudesse ser considerado o último refúgio (e [44] será discutido nas Seções 9-11), mas não será considerado aqui.

Gostaríamos aqui de nos colocar no ponto de vista que não admite juízos sintéticos *a priori* e que permite apenas à experiência ser a última

---

3   Moritz Schlick, *Allgemeine Erkenntnislehre* (2.ed., 1925), p.362.
*5 Até aqui, considero o argumento da seção livre de objeções; desde que se pressuponha que o "princípio de indução de segunda ordem" seja corrigido de acordo com o princípio de primeira ordem.
*6 Essa concessão foi feita por Kant, seguida posteriormente de maneira inconsciente por Bertrand Russell, apesar da observação de Wittgenstein no *Tractatus logico-philosophicus* (1918/1922), proposição 6.31. Cf. Bertrand Russell, "The limits of empiricism", *Proceedings of the Aristotelian Society* 36 (1936), p.131 e segs.

instância de decisão acerca dos juízos sintéticos. Então, devemos exigir que a experiência fundamente (*a posteriori*) o princípio de indução.

À primeira vista, isso não parece ser muito difícil.

Já foi estabelecido anteriormente que toda sequência de observações que permite a estipulação imediata de uma lei da natureza não é suficiente para a indução desta. O princípio de indução não é outra coisa senão uma formulação das pressuposições que, além dessas observações, são necessárias para a indução.

Talvez ele pudesse, por sua vez, ser justificado por *outras* observações.

Dever-se-ia supor (mais ou menos como Mill) que o princípio de indução é justificado por um número indefinido de experiências e inclusive por um número incomparavelmente maior que uma determinada lei da natureza.

Essas experiências nos ensinam que induções integram inúmeros casos da vida prática e frequentemente têm um êxito notável. Gostaríamos de concluir daí que se pode de fato generalizar, isto é, que o princípio de indução é válido. Mas não temos apenas esse argumento do grande número de observações; podemos ainda afirmar que cada progresso no conhecimento da natureza nos abre os olhos de maneira profunda e surpreendente para o fato de que o mundo é governado por "leis eternas".

Todos esses argumentos não bastam, porém, para garantir a validade do princípio de indução.

A consequência de nossas considerações acerca da validade do princípio de indução é, por sua vez, uma generalização, uma inferência indutiva. E, *mais uma vez*, fazemos uma *pressuposição* nesta generalização (tácita ou expressa), análoga à pressuposição anterior, que fora formulada no princípio de indução. A única diferença é que não se trata desta vez da indução de uma lei da natureza, mas da indução de um princípio de indução.

Uma lei da natureza pode ser entendida como um enunciado sobre enunciados factuais particulares; um princípio de indução como um enunciado sobre leis da natureza.

[45] A nova pressuposição deve ser formulada diferentemente, mais ou menos da seguinte forma:*7

---

*7 A frase deveria ser corrigida de acordo com a correção do princípio de indução (de primeira ordem) anterior; por exemplo, da seguinte forma: "Há procedimentos para demonstrar a verdade do princípio de indução (de primeira ordem)".

O problema da indução

"Há regularidades, há estados de coisas universais tais como apresentados por meio de leis da natureza, por meio de proposições similares ao princípio de indução".

Chamo essa proposição de "princípio de indução de segunda ordem". (Os princípios de indução até aqui podem agora ser chamados de "princípios de indução de primeira ordem".)

O princípio de indução de segunda ordem é perfeitamente análogo ao princípio de indução de primeira ordem: este pode ser visto como um enunciado sobre proposições similares às leis da natureza, assim como aquele pode ser visto como um enunciado sobre proposições similares aos princípios de indução.

Se aceitarmos tal princípio de indução de segunda ordem, então um princípio de indução de primeira ordem pode ser induzido. As experiências discutidas anteriormente decidiriam qual princípio de indução de primeira ordem deve ser assumido, assim como a decisão acerca do conteúdo de uma determinada lei da natureza ocorre em função de experiências. Desse modo, correções podem sempre ser necessárias. (Mesmo quando um princípio de indução é dado, o *inductum* não seve ser visto como dado, mas como "problema" ao conhecimento, como dizem os neokantianos.)

Com efeito, a maioria dos cientistas naturais até pouco tempo[*8] sustentava a concepção de que as experiências falam a favor de um princípio de indução, tal como formulado pelo "princípio de causalidade", enquanto hoje se tende mais para uma formulação geral (tal como introduzi, por exemplo, o primeiro princípio de indução).

Tudo depende agora da validade do princípio de indução de segunda ordem.

[46] Não preciso acrescentar que podem ser feitas observações sobre a validade do princípio de indução de segunda ordem perfeitamente análogas àquelas sobre a validade do princípio de indução de primeira ordem: se ele deve ser válido em função de uma indução, dever-se-ia pressupor um princípio de indução de terceira ordem, que seria um enunciado sobre proposições similares ao princípio de indução de segunda ordem.

[*8] Isso foi escrito por volta de 1930. A alusão refere-se ao princípio de incerteza de Heisenberg. [(3.ed.) Heisenberg, Über den anschaulichen Inhalt der quantentheorischen Kinematik und Mechanik, *Zeitschrift für Physik*, v.43, p.172 e segs. Ver também nota *7 e texto relativo a esta da Seção 11. (N. E. A.)]

Surge, pois, uma hierarquia de tipos:

Leis da natureza (que podem ser entendidas como proposições sobre proposições empíricas particulares e que são de um tipo superior a estas*9). A indução de uma lei da natureza exige um

Princípio de indução de primeira ordem, que é um enunciado sobre leis da natureza de tipo superior a estas; a indução de um princípio de indução de primeira ordem exige, por sua vez, um

Princípio de indução de segunda ordem, que é um enunciado sobre princípios de indução de primeira ordem, por sua vez, de tipo superior a estes *e assim por diante*:

Todo enunciado universal precisa de um princípio de indução para poder ter alguma validade (seja verdadeiro ou falso) *a posteriori* como *inductum*,*10 que deve ser de tipo superior àquele do *inductum*.

Nisso consiste o regresso infinito.

Esse raciocínio é o fundamento para a crítica do indutivismo.

O regresso infinito ("regresso indutivo") confere precisão ao argumento de Hume contra a legitimidade da indução: ele afirma que a inferência indutiva pura não pode ser justificada logicamente, que nunca se podem inferir proposições universais a partir de observações particulares, em suma, ele afirma algo completamente evidente (ao menos para os empiristas): que não se pode*11 saber mais do que se sabe.

[47] 6. Posições indutivistas

Quais consequências devem ser extraídas do argumento de Hume? O raciocínio de Hume não apresenta nenhuma lacuna? Como se deve entender agora as leis da natureza, os enunciados factuais?

É evidente que o argumento de Hume *apresentou* o problema da indução extensivamente. Quais soluções há?

---

*9 Hoje, eu não tomaria as leis da natureza como de um "tipo" superior (no sentido da teoria dos tipos) às proposições empíricas particulares (enunciados de base). A concepção esboçada neste texto não parece influenciar o que se segue.

*10 Entenda-se: "[...] se for *verdadeiramente* válido enquanto *inductum*" ou talvez "ser atribuído a ele o valor verdadeiro [...]".

*11 Formulado de maneira mais clara: que não se sabe mais do que se sabe.

O problema da indução

As diferentes respostas possíveis a essa questão devem ser discutidas na sequência. Tentar-se-á mostrar que nenhuma das teorias do conhecimento obteve êxito ao lidar com o problema. Após essa investigação um tanto longa (e em parte durante essa investigação) será discutido o ponto de vista dedutivista-empirista, para mostrar que ele é capaz de responder satisfatoriamente ao problema da indução (e, com ele, questões relacionadas).

A grande maioria das tentativas indutivistas de enfrentar o problema da indução conduz forçosamente – se a crítica almeja a completude e leva, tanto quanto possível, todas as concepções em consideração – a uma *sistemática*.

As tentativas de solução indutivistas serão tratadas aqui segundo a sequência dos seguintes grupos:

1. *Posições de proposição normal*: Essas tentativas de solução supõem que todos os enunciados factuais têm uma validade "normal", isto é, que eles são, em princípio, *decidíveis definitivamente*, que eles ou são [demonstráveis*1 como] verdadeiros ou como falsos. *Se* houver enunciados *universais*, isso deve valer para eles também. Mas as concepções dessas tentativas de solução divergem sobre *se* há enunciados factuais.

2. *Posições probabilistas*: Essas tentativas de solução supõem que enunciados factuais têm que pagar o preço de um tipo "anormal" pela validade universal, isto é, proposições empíricas universais não recebem valor de verdade normal, mas apenas *valor de probabilidade* (objetivo).*2

[48] 3. *Posições pseudoproposicionais*: Estas supõem – assim como as posições de proposição normal – que todos os enunciados factuais têm validade "normal". Além disso, elas defendem a concepção de que aos chamados "enunciados factuais universais" não pode ser atribuída *nenhuma* validade normal, pois eles nunca podem ser demonstrados em definitivo verdadeiros. Eles concluem disso que os enunciados factuais universais em geral *não são enunciados genuínos*. Eles são frequentemente tidos como enunciados apenas porque somos enganados facilmente por sua forma gramatical (pela forma proposicional). Mas as "proposições" de nossa linguagem não são sempre "proposições" no sentido da lógica. Do ponto de vista lógico, os

---

*1 Ver minha "Introdução de 1978", [Seção 2: (1)-(7)].
*2 Essa era a posição de Hans Reichenbach (no ano de 1930). [Ver Seção 14, texto relativo às notas 1, 2 e 3. (N. E. A.)]

enunciados factuais universais deveriam ser vistos como *pseudoproposições*. Eles próprios não são conhecimento, mas têm importante função no processo de conhecimento; ainda que não seja uma função teórica, mas prática: eles são *"instruções"* para que se possa construir enunciados factuais genuínos (isto é, *particulares*).

Sobre essa introdução, dever-se-ia ainda notar:
Ela considera apenas o posicionamento em relação ao problema *da teoria do conhecimento* relativo à indução. Elementos psicológicos não serão considerados, como a *crença* na verdade ou na probabilidade. Esses elementos serão introduzidos na análise mais detida das diferentes posições apenas se forem importantes para a compreensão de uma posição.

[49] Capítulo IV
As posições de proposição normal

7. As posições de proposição normal: indutivismo ingênuo, positivismo estrito e apriorismo

As posições de proposição normal supõem que todos os enunciados factuais são proposições "normais", que elas são *decidivelmente verdadeiras ou falsas*.*1 É "essencial para um enunciado", diz Schlick, "[...] que, por princípio, ele seja verificável ou falsificável definitivamente".[1] *Se* houver "enunciados factuais estritamente universais", isso vale também para eles.

Mas há enunciados factuais estritamente universais? (No sentido da universalidade estrita.)

O *"indutivismo ingênuo"* – anterior a Hume – afirma sem mais a existência de enunciados factuais universais. Bacon acredita na *inductio vera*, em um procedimento científico, que, por princípio, é capaz de estipular leis universalmente válidas pela generalização metodológica. (Erros naturalmente continuam sendo sempre possíveis – mas também na dedução.)

---

*1 O que se quer dizer é: proposições "normais" têm uma forma lógica tal que, se forem verdadeiras, sua verdade é decidível e, se forem falsas, sua falsidade é decidível; e decidível pela *experiência*.

1 Moritz Schlick, "Die Kausalität in der gegenwärtigen Physik", *Die Naturwissenschaften* 19 (1931), p.156.

Este é o ponto de vista contra o qual o argumento de Hume se dirige, que me parece definitivamente superado por Hume (apesar de Mill) e não será tratado detidamente nesta investigação.

A partir do argumento de Hume, há apenas duas concepções logicamente aceitáveis, pois todas as outras caem no regresso infinito. Essas duas concepções ainda aceitáveis foram descritas por Kant com precisão nos seguintes termos:

> [50] A experiência não concede nunca a seus juízos *universalidade* verdadeira ou rigorosa, mas apenas *universalidade* suposta e comparativa (pela indução), o que deve propriamente significar: *tanto quanto pudemos considerar verdadeiro até agora,* não há exceção a esta ou aquela regra". [Essa última ênfase não está no original.] "Se um juízo é pensado com universalidade rigorosa [...] ele não é derivado da experiência, mas vale absolutamente *a priori.*[2]

Essas duas proposições de Kant formulam claramente os dois pontos de vista aceitáveis no interior das posições de proposição normal:

Ou se permanece em um ponto de vista empirista consequente e se recusa qualquer concessão ao racionalismo – então não há nenhuma proposição universal [que possa ser provada como verdadeira], mas apenas *relatos condensados* sobre as observações ("*tanto quanto pudemos considerar verdadeiro até agora* [...]"). A forma linguística da universalidade é, nessas proposições, apenas uma *"façon de parler"*, uma forma conveniente de relatar. Chamo o ponto de vista que interpreta os enunciados factuais "universais" como relatos condensados de *"positivismo estrito".*

Ou pretende-se salvar a validade universal dos enunciados factuais – então somos obrigados a conceder ao racionalismo a existências de juízos sintéticos *a priori*; ao menos, a validade *a priori* de um princípio de indução (por exemplo, na forma de um princípio de causalidade). Este é o ponto de vista do *"apriorismo".*

Com a formulação clara dessas duas alternativas aparentemente tão evidentes, Kant está muito mais à frente do que vários de seus críticos modernos (em particular, os defensores das posições probabilistas): não apenas como melhor lógico, mas como um aluno melhor de Hume.

---

2 [Immanuel Kant, *Kritik der reinen Vernunft* (2.ed., 1787), p.3 e seg. (N. E. A.)]

Alguma dessas duas posições consegue solucionar satisfatoriamente o problema da indução? As seções seguintes (8-11) mostrarão que as duas soluções não podem ser satisfatórias e, com isso, as posições de proposição normal devem ser abandonadas.

[51] 8. Crítica do positivismo estrito – Dupla transcendência das leis da natureza

Os enunciados factuais podem ser válidos universalmente [provados como universalmente válidos] apenas com base na experiência?

O positivismo estrito e o apriorismo concordam que essa questão deve ser respondida negativamente: outra posição não é possível depois de Hume.

Mas as duas tendências extraem consequências muito diferentes do argumento de Hume.

O positivismo estrito (não confundir com o posicionamento que é chamado neste trabalho de "positivismo lógico") abandona a universalidade estrita das leis da natureza. Com isso, ele pode sustentar a tese fundamental do empirismo. Ele conclui que, se enunciados factuais não podem ser [provados como] válidos universalmente, então as leis da natureza não são proposições estritamente universais (mas são apenas relatos condensados sobre as observações até agora). Eles podem (enquanto enunciados factuais), portanto, ser válidos apenas com base na experiência.

O apriorismo conclui, ao contrário, que, se os enunciados factuais não podem ser válidos universalmente apenas com base na experiência, então as leis da natureza não são válidas *apenas* com base na experiência (mas incluem um elemento *a priori*). Elas são, portanto, enunciados factuais estritamente universais.

Os dois pontos de vista reconhecem, pois, o argumento de Hume. Eles divergem na *avaliação* das duas pressuposições – *tese fundamental* do empirismo, de um lado, e a *universalidade estrita* das leis da natureza, de outro. O positivismo estrito considera a tese fundamental do empirismo mais valiosa e sacrifica a universalidade estrita. O apriorismo acredita não precisar conceber as leis da natureza como relatos condensados. Ele salva a universalidade estrita das leis da natureza, mas precisa, para isso, abandonar a tese fundamental do empirismo e conceder ao racionalismo [clássico] a validade *a priori* de um princípio de indução.

(Uma exposição esquemática dessa relação encontra-se no Apêndice, Tabela II.)

[52] Dos dois pontos de vista, o positivismo estrito parece estar mais próximo das ciências empíricas, pois ele é *radicalmente empirista*. Ele parece também ser o mais cauteloso, parece fazer menos pressuposições.

Pode-se chamar o positivismo estrito de "radicalmente empirista", pois não apenas aceita programaticamente a tese fundamental do empirismo, mas vai além: ele não apenas professa que apenas a experiência decide sobre a verdade ou falsidade de uma proposição, mas afirma (a afirmação característica de *toda* forma de positivismo) que todas as proposições científicas admissíveis, todo conhecimento empírico-científico, deve ser *reduzido completamente a experiências* (a vivências perceptivas).

A afirmação: "todos os enunciados devem poder ser transformados fundamentalmente em enunciados sobre o 'dado', sobre vivências" poderia ser chamada de tese fundamental do positivismo. Sua orientação é clara: os fatos positivos de nossas vivências imediatas (particularmente de nossas vivências perceptivas) são a única coisa que podemos chamar de "rigorosamente, perfeitamente certo" no domínio empírico. Desse modo, uma ciência factual deve afirmar não mais do que sabemos com certeza e [ela] não deve tentar fornecer mais do que nos é "dado" factualmente.

Argumentos positivistas serão discutidos mais detalhadamente nas próximas seções (cf. em especial a crítica ao positivismo lógico nas Seções 44 a 46). Neste momento, serão considerados brevemente argumentos positivistas gerais, tanto quanto necessário para a compreensão das posições de proposição normal – do positivismo estrito e do apriorismo.

Chamou-se a teoria do conhecimento positivista corretamente de "teoria da imanência", pois ela não se contenta com a decisão pela experiência, mas (tanto quanto seja possível) pretende permanecer por completo no domínio do imediatamente dado, da experiência imediata: em seu movimento fundamental, o positivismo se volta contra a "transcendência", isto é, contra a tentativa de ir além desse domínio do "dado"; mesmo quando isso ocorre enquanto tentativa, quando uma hipótese é introduzida provisoriamente.

[53] Schlick caracteriza essa "filosofia imanente" de maneira correta quando fala do "desejo positivista [...] de permanecer no puramente factual,

a evitar de modo desesperado atos mentais e a apoiar-se simplesmente na mera descrição do dado por meio de juízos, sem introduzir hipóteses".[1]

É evidente que qualquer tentativa de levar a cabo uma concepção imanente de maneira *completamente pura* fracassa, pois tornaria qualquer conhecimento impossível. Todo juízo, *toda representação*, em especial todo juízo científico, *transcende* o imediatamente dado, trata-se de mais do que uma descrição pedante e exata de vivências puras.

Isso vale não apenas para os enunciados factuais universais, mas para *todos*, inclusive para os enunciados factuais particulares. Quando, por exemplo, um químico estipula – aparentemente de maneira puramente descritiva – que esse líquido (particular) evapora quando esse pedaço de metal (particular) é imerso nele, introduzem-se nessa descrição inúmeras pressuposições não dadas, logo transcendentes; entre outras, por exemplo, que vivências completamente distintas (por exemplo, que poderiam ser chamadas de "líquidos não gaseificantes" e "líquidos gaseificantes") se relacionam com o *mesmo objeto* ("genidêntido"*[1]); além disso, que nem toda vivência (por exemplo, uma "sensação de sede" simultânea) é introduzida na descrição, nem mesmo todas as vivências perceptivas simultâneas (o som de uma buzina de carro), nem mesmo todas a percepções visuais envolvidas (o brilho do tubo de ensaio) etc.

Toda representação, inclusive a mais simples, inclui mais (e menos) do que o imediatamente "dado". (Aliás, não se poderia esperar outro resultado do ponto de vista da psicologia cognitiva não sensualista – de uma *psicologia das reações intelectuais*.)

Chamo de "transcendência da representação em geral" a forma de transcendência esboçada, inevitável para *todo* conhecimento empírico, [54] mas também para os enunciados factuais particulares (ela mostrar-se-á importante, entre outras, nas considerações das próximas seções e especialmente da Seção 11).

A exigência radical de se limitar à *pura imanência* deve ser, portanto, rejeitada: ela não permite explicar o conhecimento empírico de forma alguma, ela está, pois, longe de solucionar as questões epistemológicas de maneira

---

[1] Moritz Schlick, *Allgemeine Erkenntnislehre* (2.ed., 1925), p.182.

*[1] A expressão "genidêntico" (de geneticamente idêntico) vem de Kurt Lewin. [1890-1947. Ver K. Lewin, *Der Begriff der Genese in Physik, Biologie und Entwicklungsgeschichte: eine Untersuchung zur vergleichender Wissenschaftslehre* (1922). (N. E. A.)]

satisfatória. A situação é exposta de maneira similar por Schlick. Ele escreve (na sequência imediata da passagem citada anteriormente):

> Mas é evidente que a estrita aplicação pedante desse programa significaria uma renúncia do conhecimento em geral. Conhecer pressupõe pensamento e, para isso, são necessários conceitos, e eles só podem ser adquiridos pela elaboração do material factual, que imediatamente cria a possibilidade de erros e contradições. A descrição científica, que é uma explicação, consiste em que, com o auxílio de atos de reconhecimento, os fatos sejam relacionados uns aos outros e interpretados em termos uns dos outros.
> Esse ponto de vista, se aplicado estritamente, anula-se, mas pode-se esperar aproveitar suas vantagens se um mínimo de acréscimos mentais for permitido.[2]

A posição epistemológica chamada *aqui* de *"positivismo estrito"* defende a concepção segundo a qual esse "mínimo de acréscimos mentais" certamente *não* inclui a suposição de enunciados factuais estritamente universais (ou mesmo de um princípio de indução sintético *a priori*).

Ao contrário dos enunciados factuais particulares, os enunciados factuais estritamente universais – se forem reconhecidos como "legítimos" – seriam transcendentes de *duas maneiras*. Eles não apenas iriam além do imediatamente vivido: eles vão, como o argumento de Hume mostra, além do domínio daquilo que é empiricamente verificável. Sua transcendência não é apenas a inevitável e a pouco questionável *transcendência da representação em geral*, mas também está atada a uma segunda forma [55] de transcendência, à *transcendência da universalização*.

Essa segunda forma de transcendência é, sem dúvida, um problema muito mais sério do que a primeira.

Uma teoria pura da imanência, que queira evitar a transcendência da representação em geral e prefira ficar sem qualquer conhecimento factual a ter que se resignar a uma transcendência, não poderia ser reconhecida como uma *posição epistemológica*. Sua argumentação tem inclusive tons fortemente psicologistas e não tem nenhuma relevância para os problemas da fundamentação científica: não há experiências sistemáticas que levem a ciência a alcançar de maneira particularmente cética proposições empíricas ("ele-

---

2 Moritz Schlick, *op. cit.*, p.182 e seg.

mentares") simples (desde que elas "relatem observações", sem *interpretá-las teoricamente*). Tal ceticismo seria uma questão de especulação. (cf. Seção 11, próximo ao final, sobre a questão das "proposições empíricas elementares", da "base empírica").

Ao contrário, o ponto de vista chamado aqui de positivismo estrito pode ser chamado de uma *posição epistemológica rigorosa*. Que ele possa verificar uma proposição empírica elementar, trata-se de algo que se pode aceitar [provisoriamente*2] como não problemático. Mas que não possamos de modo algum garantir empiricamente a verdade de um enunciado factual estritamente universal tem *consequências práticas* para os métodos científicos (e para a nossa vida em geral): com bastante frequência, observações posteriores revelam a falsidade de uma suposta lei, a inexistência de uma suposta regularidade (pense-se, por exemplo, no tratamento da tuberculina de Koch[3]).

[56] A recusa da transcendência da universalização deve ser levada a sério; ela não pode de modo algum ser combatida simplesmente ao se recorrer à transcendência da representação em geral e ao se argumentar, por

---

*2 No volume II, isso será um problema. Ver a "Introdução de 1978", [Seção 2: (10)-(12). (N. E. A.)]

3 [Robert Koch, |Uber bakteriologische Forschung (N. E. B.)|, *Verhandlungen de 10. Internationalen medizinischen Kongresses Berlin 1890*, p.45 e segs.; Id., |Weitere Mittheilungen über ein Heilmittel gegen Tuberkulose (N. E. B.)|, *Deutsche medizinische Wocheschrift* v.16, n.46a, 1890, p.757, 1029 e segs.; Id., |Weitere Mittheilungen über das Tuberculin (N. E. B.)|, *Deutsche medizinische Wocheschrift* v.17, n.47, 1891, p.1189 e segs.; Id., |Fortsetzung der Mittheilungen Heilmittel gegen Tuberkulose (N. E. B.)|, *Deutsche medizinische Wochenschrift*, v.23, 1897, p.209 e segs. Ver também Möllers, *Robert Koch*, p.556 e segs.

Acréscimo (3.ed.): Cf. Max Neuburger, "Robert Koch, der Entdecker des Tuberkelbazillus", *Volksgesundheit: Zeitschrift für soziale Hygiene* 6 (1932, p.65 e segs.: "Grande agitação ocasionou um artigo que Koch apresentou na reunião geral do congresso internacional de medicina em Berlim, em 4 de abril de 1890 [...] Foi de grande importância [...] o anúncio de que ele fora bem-sucedido em encontrar substâncias que ocasionavam o crescimento do bacilo da tuberculose não apenas em tubos de ensaio, mas também em corpos de animais [...] Isso ocasionou um deslocamento oficial de pacientes tuberculosos para Berlim, o que fez os hospitais, as clínicas e os asilos serem inundados de doentes [...] [Koch] dedicou-se [...] ao teste de sua tuberculina em doentes e atestou sua convicção na importância para o diagnóstico e a terapia. O entusiasmo inicial dos médicos e da população pela tuberculina diminuiu progressivamente e se reverteu em seu contrário". Ver também "Posfácio do Editor", Seções 15 e 4, nota 2. (N. E. A.)]

exemplo, que é arbitrário permitir uma forma de transcendência e rejeitar a outra: o positivismo estrito está livre dessas objeções superficiais pelo argumento de Hume contra a legitimidade da indução.

O positivismo estrito procura, pois, se estabelecer sem universalização, sem indução.

Ele concebe as leis da natureza como relatos condensados, isto é, ele para antes do passo não permitido de universalização. Que as leis da natureza possam ser formuladas linguisticamente como proposições estritamente universais não é um argumento para que o passo não permitido de universalização seja dado, mas [isso] ocorre apenas por razões de economia da expressão linguística: tirar conclusões a partir do caráter linguístico das leis da natureza é equivocado.

A física teórica se esforça para expor suas proposições na forma axiomático-dedutiva da matemática. Mas todo físico sabe que deve, apesar disso, diferenciar as proposições matemáticas das físicas: em relação às proposições *físicas*, ele está, em princípio, sempre preparado a aprimorar, a fazer uma correção – mas nenhuma experiência o fará modificar uma proposição matemática pura.

O físico – assim conclui o "positivista estrito" – faz, pois, a reserva tácita em relação a todas proposições "universais" (na formulação de Kant;[4] cf. a seção precedente): "tanto quanto pudemos considerar verdadeiro até agora". [57] Por meio dessa *reservatio mentalis*, as leis da natureza se tornam, porém, relatos condensados.

O problema da indução, segundo a visão do positivismo estrito, surge apenas pela confusão desses fatos simples.

Sem dúvida, a teoria do conhecimento do positivismo estrito não pode ser refutada por meios puramente lógicos. (Isso vale também para o apriorismo.) Ele é inteiramente consequente, está livre de contradições internas. No entanto, enquanto solução epistemológica, ele não é suficiente: ele fracassa pela "contradição fundamental do positivismo".

Essa contradição não é interna, *lógica*, mas *relativa especificamente à teoria do conhecimento*: a *interpretação positivista* do conhecimento científico

---

4 Immanuel Kant, *Kritik der reinen Vernunft* (2.ed., 1787), p.3 e seg.; cf. Seção 7, texto relativo à nota 2. (N. E. A.)]

contradiz o *procedimento efetivo* das ciências empíricas, os métodos de justificação científicos.

Se a teoria pura da imanência dos fatos não faz jus ao conhecimento científico em geral e, por isso, deve ser rejeitada do ponto de vista específico da teoria do conhecimento, a situação é análoga no caso do positivismo estrito; ele também não é capaz de fazer jus ao conhecimento científico:

A concepção de que as leis da natureza são relatos condensados contradiz os métodos de teste das leis da natureza das ciências naturais.

No trabalho de Schlick "Dia Kausalität in der gegenwärtigen Physik"[5] [A causalidade na física atual], há uma passagem em que as objeções indicadas aqui contra o positivismo estrito são formuladas de maneira convincente. Eu cito essa passagem, pois o próprio Schlick (enquanto positivista lógico) defende argumentos que, como será mostrado a seguir (especialmente na Seção 41), estão próximos do positivismo estrito:

> Depois de conseguirmos encontrar uma função que liga suficientemente uma quantidade de resultados de observação entre si, ainda não ficamos satisfeitos, mesmo [58] quando a função encontrada tem uma estrutura bastante simples. Mas chega-se agora ao ponto principal em que nossas considerações anteriores ainda não tocaram: examinamos se a fórmula obtida se revela correta para aquelas observações que *ainda não foram utilizadas* para a aquisição da fórmula. Para o físico, enquanto pesquisador da realidade, a única coisa importante, absolutamente decisiva e essencial, é que as equações derivadas de alguns dados sejam confirmadas para *novos* dados. Em outras palavras: o critério verdadeiro de regularidade, a característica essencial da causalidade é o *sucesso das predições*.
>
> O sucesso de uma predição é, conforme foi dito, nada mais que a confirmação de uma fórmula para os dados que não foram usados na sua elaboração. Se esses dados já haviam sido observados ou se foram apenas posteriormente registrados é completamente irrelevante. Essa observação é de grande importância: dados passados e futuros são, nessa perspectiva, completamente equivalentes, o futuro não é diferenciado; o critério [...] não é a confirmação do futuro, mas a confirmação em geral.[6]

---

5 Moritz Schlick, "Die Kausalität in der gegenwärtigen Physik", *Die Naturwissenschaften* 19 (1931), p.145 e segs.
6 Moritz Schlick, *op. cit.*, p.149 e seg.

Schlick resume sua visão da seguinte forma: "[...] que o conhecimento empírico coincide com a possibilidade de fazer predições".[7]

O positivismo estrito é inconciliável com os fatos metodológicos descritos por Schlick:

Em primeiro lugar, a partir de relatos condensados, não se pode nunca tirar consequências sobre eventos desconhecidos, sobre "novos dados": este é o sentido do argumento de Hume de que nada justifica inferir, a partir do conhecido, do observado, algo sobre o desconhecido, o que ainda não foi observado.

O sucesso de predições pode ser um critério da regularidade apenas se as predições estiverem relacionadas logicamente às leis estabelecidas, se elas se *seguem logicamente* das leis estabelecidas. Para inferir logicamente algo a partir de um caso ainda não observado, a lei da natureza não pode ser [59] um relato condensado, mas deve ser uma proposição *universal*.

"Uma transferência direta daquilo que é válido em alguns casos individuais a um novo caso similar [...] significa apenas um evento *psicológico*, não uma ligação *lógica*", escreve Victor Kraft[8] e ele prossegue: "pode-se *com justiça* [...] inferir um caso novo apenas por meio do *universal*. Apenas se há uma universalidade sobre os casos particulares tem-se [...] uma justificativa para a transferência de um estado de coisas de casos particulares conhecidos para um novo".

Mais importante do que este argumento – de que apenas "por meio do universal" podem-se inferir casos não observados – parece-me o fato de que o método apresentado por Schlick é um método de *teste* (empírico) de leis da natureza. Isso basta para refutar o positivismo estrito.

A ele interessa a decisão empírica sobre as leis da natureza. Ele as toma, por isso, como relatos condensados, pois apenas estes podem garantir o que sabemos, uma vez que apenas estes podem ser verificados empiricamente de maneira conclusiva. Mas a decisão não depende *nunca* exclusivamente daquilo de que, segundo o positivismo estrito, deveria depender o reconhecimento ou rejeição de uma lei da natureza: outras observações são decisivas, precisamente aquelas que não foram usadas para o estabelecimento da

---

7 Moritz Schlick, *op. cit.*, p.150.
8 Victor Kraft, "Die Grundformen der wissenschaftlichen Methoden", *Sitzungsberichte der Akademie der Wissenschaften in Wien, philosophich-historische Klasse*, 203. Band, "3. Abhandlung". [Cf. Seção 41, texto relativo à nota 2. (N. E. A.)]

lei. As leis da natureza são, portanto, mais (ou, em todo caso, diferentes) do que um mero relato sobre aquilo que já se sabe.

Além desse argumento decisivo, há um outro menos importante, que me parece, porém, digno de atenção: a transcendência da universalização, especialmente no caso das leis da natureza mais importantes, assume uma forma particularmente nítida que dificilmente parece se conciliar com o positivismo estrito.

O argumento do positivismo estrito se apoia no fato de que a reserva [kantiana] "tanto quanto pudemos considerar verdadeiro até agora" basta para transformar toda lei da natureza em um relato condensado [60] sobre sequências de observações (ou melhor, para tornar manifesto de que ela não é senão um relato condensado). Essa ideia pode ser levada a cabo apenas se a lei da natureza (compreendida como proposição universal) é, no que se refere a seu conteúdo, uma mera *extrapolação de uma sequência de observações*.

Mas precisamente as leis da natureza mais importantes, mais típicas, são (como Duhem[9] particularmente mostrou) tudo menos simples extrapolações: elas incluem sempre um pensamento, que diante das "sequências de observações" é inteiramente novo, um pensamento que vai além do domínio das sequências de observações, o que mostra que suas consequências podem ser constatadas em domínios completamente diferentes da experiência científica.

Essa forma particular e, se quisermos, "superior" de transcendência da universalização consiste em que aquelas leis (teorias) naturais típicas afirmam algo não meramente acerca de casos ainda não observados de uma sequência de observações científicas (de uma regularidade observada), mas inclusive acerca de domínios da experiência distantes, frequentemente ainda não explorados.

Se quisermos considerar as leis de Kepler, por exemplo, como meras generalizações, como meras extrapolações, elas serão completamente inaplicáveis à teoria da gravitação de Newton. É certo que lei da gravitação generaliza as leis de Kepler (e Newton acreditou erroneamente que sua teoria poderia ser reduzida a essas leis). Mas a lei da gravitação é algo completamente distinto; [ela] é muito mais do que uma mera extrapolação das leis

---

9 [Cf. Pierre Duhem, *Ziel und Struktur der physikalischen Theorien* (tradução alemã de Friedrich Adler, 1908). (N. E. A.)]

de Kepler ou das sequências de observações correspondentes (apreendida exaustivamente pelas leis de Kepler). Conforme a segunda lei de Kepler (e um teorema de Newton), o movimento planetário seria um "movimento central", que ocorre pelo fato de os planetas estarem sujeitos a uma força que atua a partir do sol. A força que atua a partir do sol atuaria *apenas* sobre os planetas, seria *unilateral*. A atração recíproca entre sol e planeta, afirmada pela lei da gravitação, não pode ser [61] inferida pela mera extrapolação dessa concepção. A teoria da gravitação não pode ser, por isso, uma simples generalização das leis de Kepler, pois elas a contradizem: segundo Kepler, o sol não se move, enquanto que, segundo Newton, ele se move em torno do centro de gravidade comum sol-planeta. Uma *generalização* das leis de Kepler deveria, ao contrário, supor ao menos que elas valem em todos os casos (ainda que apenas de maneira aproximada). Segundo a teoria da gravitação, mesmo aproximativamente, elas valem se pressupomos que a massa dos planetas é muito pequena se comparada à do sol. A ideia da gravitação universal inclui, portanto, algo novo em relação às leis de Kepler; isso também se mostra no fato de que ela é aplicável a outros domínios de observação completamente diferentes, não apenas à mecânica celeste.

Seria provavelmente mais difícil compreender as teorias físicas modernas, por exemplo, a teoria da relatividade, como meras extrapolações das observações.

Nessas teorias o que há de mais característico é que elas – conectando domínios científicos distantes – produzem resultados *similares* aos das antigas teorias sob determinadas condições mesmo que as contradigam abertamente. A antiga teoria não é um caso especial exato da nova teoria, mas uma *aproximação* (mais ou menos grosseira).

A transferência de teorias para domínios diferentes da investigação empírica[*3] é de grande interesse. Alguns domínios de investigação[*4] seriam descobertos apenas desse modo e novos e problemas fecundos seriam colocados. Para o método de teste empírico das teorias, essa forma de transcendência da generalização também se revela importante: uma confirmação de

---

*3 Quero dizer que (por exemplo) a teoria de Newton concilia a teoria de Kepler acerca do movimento planetário e a teoria de Galileu acerca da queda livre na superfície terrestre (e, ao mesmo tempo, as corrige).

*4 Por exemplo, observações de estrelas fixas na linha do sol só foram proporcionadas pela teoria de Einstein.

domínios que estão distantes tem importância específica na ciência, valendo como uma forma particularmente convincente de justificação (cf., sobre isso, as considerações das Seções 15 e 16).

[62] O positivismo estrito, à primeira vista, em função de seu empirismo radical, se revela, sob um olhar mais acurado – especialmente do ponto de vista da ciência empírica –, insatisfatório.

A construção de teorias nas ciências naturais almeja a mais alta generalização, a maior uniformidade, a mais extrema abstração, em suma, a mais alta transcendência; e tudo isso (como ainda será mostrado) sem prejuízo da tese fundamental do empirismo. É impossível seguir a ideia da imanência, ainda que de forma atenuada, e se orientar pela [prática da] ciência. As inclinações da ciência são diferentes daquelas do positivismo: essa é precisamente a *contradição fundamental do positivismo*.

Assim como a teoria pura da imanência significaria uma renúncia do conhecimento, a teoria do conhecimento do positivismo estrito significa uma renúncia da construção de teorias, dos métodos da ciência natural.

Não há razão, porém, para temer que a filosofia positivista ameace a existência da ciência natural teórica; talvez o contrário:

Pelo simples fato de existir o conhecimento das ciências naturais teóricas, o positivismo estrito se transforma em um filosofema logicamente inobjetável, mas epistemologicamente sem importância.

9. O método transcendental – Exposição do apriorismo

O *método* da presente investigação foi caracterizado no final da Seção 2 – apenas provisoriamente – como uma *crítica das tentativas de solução epistemológicas*.

Agora, depois de levar a cabo a primeira dessas críticas, pode-se tentar determinar melhor esse método crítico; a questão do método deverá ser tratada novamente (na Seção 47) e sua resposta, precisada.

Toda crítica científica consiste em apontar uma *contradição*.

Essa contradição pode (no caso mais simples) ser *puramente lógica*, uma "contradição interna" da afirmação consigo mesma. Nesse caso, o método da crítica, o método [63] para apontar essa contradição, pode ser chamado de *método lógico*. Um exemplo do método lógico na crítica pela teoria do conhecimento é o argumento de Hume: a demonstração lógica de que o indutivismo ingênuo é uma posição autocontraditória.

O *método empírico de crítica* tem uma grande importância para a crítica de *enunciados factuais*, por exemplo, de afirmações físicas (além do método puramente lógico, pois tal enunciado poderia ser autocontraditório). O método empírico de crítica consiste em apontar uma contradição em relação aos fatos, à experiência. Pois todo enunciado factual afirma algo empírico (a existência de um estado de coisas) e pode, por isso, ser declarado como estando em contradição com a experiência.

O método lógico *e* o método empírico de crítica podem ser chamados de *crítica imanente* (pois não vão além do domínio daquilo que a tese criticada afirma) e se contrapõem à crítica transcendente, que é de outro tipo. (Por enquanto, permanece a questão de saber se os métodos lógico e empírico são os únicos métodos de crítica imanente).

A crítica transcendente, cujo modo de argumentação não deveria nunca[*1] ter lugar na discussão epistemológica, consiste em confrontar uma tese com outra, uma posição com outra; dito de modo mais preciso: utilizar uma contradição entre uma posição, que é pressuposta como *verdadeira*, e outra, que é criticada, como método de demonstração. Essa crítica, que combate uma posição por meio de pressuposições que lhe são estranhas (a razão pela qual se diz que essa crítica transcende), que pretende avaliar uma construção teórica por meio de outra completamente diferente, pode, em princípio, ser dirigida igualmente contra tal posição. Ela é completamente irrelevante para a discussão (mesmo quando soa convincente). Contra ela, deve-se exigir expressamente que toda crítica epistemológica deve ser *imanente*.

Apesar disso, encontramos repetidas vezes esse método insustentável de crítica transcendente na discussão da teoria do conhecimento; [64] talvez porque ele não possa ser distinguido do procedimento (crítico) seguinte; um procedimento que é construído segundo o método da *crítica imanente* e faz dele um método de *confirmação* positivo.

Esse procedimento, que também é utilizado no presente trabalho, pode ser mais bem descrito por meio de algumas palavras sobre sua estrutura.

Se a solução proposta for correta – o que eu sempre pressuponho *provisoriamente* –, as demais tentativas de solução devem ser *falsas naqueles* pon-

---

[*1] Tenho agora uma visão completamente diferente sobre isso: mesmo uma crítica transcendente pode ser bastante reveladora, embora ela não baste nunca para uma refutação clara.

tos em que elas contradizem a solução proposta. A contradição ("transcendente") entre duas tentativas de solução é, em si mesma, irrelevante. Se conseguirmos, porém, demonstrar por *outra* via, pela via *estritamente imanente*, que todas as tentativas de solução são insustentáveis em um determinado ponto, no qual elas também contradizem a solução proposta, isso não é inteiramente irrelevante. É certo que esse procedimento não pode ser considerado como procedimento de *demonstração* da correção da tentativa de solução proposta; mas, se essa tentativa de solução se *revela* como chave, como guia para as fraquezas *imanentes* de todas as outras posições, isso pode ser visto como sério argumento a favor de sua justificação.

Como se vê, tudo depende nesse procedimento de que a *discriminação* das fraquezas das posições contrárias (pela comparação transcendente com a própria posição) não seja tomada como um *argumento* e que essas supostas fraquezas só possam ser demonstradas por uma crítica *estritamente imanente*.

Apenas a crítica imanente tem, pois, um significado objetivo e apenas ela será exposta nas investigações seguintes (cf. também a Seção 37). Somente depois de completar a discussão crítica (imanente) do problema da indução voltarei (na Seção 47) ao procedimento de confirmação da solução proposta.

Neste ponto, é preciso – como trabalho prévio à crítica imanente das posições a serem discutidas – responder à pergunta:

Como uma *tentativa de solução epistemológica* pode ser criticada de maneira imanente? Quais *métodos da crítica imanente* podem ser aplicados a ela?

[65] Falamos até aqui de dois métodos da crítica imanente, do método lógico e do método empírico. Nossa questão é a seguinte:

Os dois métodos são aplicáveis à teoria do conhecimento? No que diz respeito ao método lógico, a resposta deveria ser afirmativa; o que ocorre no caso do método empírico? E se ele não for aplicável: o método lógico basta? Se não: *há outros métodos admissíveis*, métodos de crítica imanente?

Em uma representação esquemática:

	Crítica imanente			*Crítica transcendente*
	Métodos *puramente* lógicos	Métodos *empíricos*	Outros métodos	(Contraposição de diferentes posições)
(Métodos *admissíveis* em geral)	(+)	(+)	(?)	(−)
aplicáveis para a crítica *epistemológica*	+	?	?	−

63

Além do método *puramente lógico*, cuja admissibilidade e aplicabilidade não necessitam de nenhuma justificação adicional, o método *empírico da psicologia do conhecimento* tem sido recomendado como o método da teoria do conhecimento (especialmente depois de Locke). Esse método é rejeitado aqui: a questão acerca da validade das leis da natureza não pode ser respondida recorrendo a fatos psicológicos – por exemplo, recorrendo a nossas crenças (cf. as Seções 1, 2 e 4, mais adiante a Seção 11).

Devemos nos contentar, pois, com o método puramente lógico? Se não houver nenhum método admissível fora da lógica, uma teoria do conhecimento sem contradições não poderia nunca ser criticada de maneira imanente.

[66] Há, portanto, além do método lógico (e do método psicológico-empírico, que foi rejeitado), um método de crítica epistemológica, que substitua o método empírico falho e inaplicável? *Há um método especificamente epistemológico?*

Com essas questões, ainda não se disse nada sobre como um tal método deveria proceder de maneira específica. A expressão "especificamente epistemológico" ainda não inclui nenhuma resposta, mas apenas um *problema*.

Esse problema foi visto pela primeira vez por Kant. O que se entende aqui pela expressão "especificamente epistemológico" seria expresso na terminologia kantiana pelo termo "transcendental". E tal método, o método que se busca aqui – um método que procede tanto de maneira puramente *lógica* quanto *empírica*, que se refere especialmente a afirmações *epistemológicas* acerca de elas serem *justificadas* ou não –, seria, segundo a terminologia de Kant, um "método transcendental".

Considerando esse uso linguístico, a exposição esquemática de nossa questão tem a seguinte forma esquemática:

	Crítica imanente			Crítica transcendente
	Métodos puramente lógicos	Métodos psicológico-empíricos	Métodos transcendentais	
Métodos da crítica *epistemológica*	+	–	(?)	–

Na terminologia kantiana, que será empregada na sequência, nossa questão seria formulada da seguinte maneira:

Há um método de crítica imanente transcendental, isto é, um método especificamente epistemológico?

E em que poderia consistir um tal procedimento transcendental?

[67] Foi frequentemente colocado em questão se deveria haver, além dos procedimentos lógico e empírico, um outro procedimento de crítica imanente, pois, se a especificação kantiana da *tarefa* de seu método transcendental é certamente precisa, sua *solução* para essa tarefa, a especificação precisa do *próprio procedimento* transcendental, é frequentemente obscura e contraditória. É bastante compreensível, pois, que Fries[1] (um dos seguidores mais fiéis da tradição kantiana) fale do "prejuízo em favor do transcendental" de Kant e que declare a psicologia empírica como o único método epistemológico admissível ("método antropológico de crítica da razão"; cf. Seção 11).

Apesar de tais reservas, deve-se certamente responder de maneira afirmativa à questão sobre a legitimidade de um método transcendental.

Há um método especificamente epistemológico, logo um método transcendental (no sentido da tarefa que Kant coloca pata tal método); um método que, manuseado corretamente, não apenas é completamente *inobjetável*, mas completamente *inevitável*; um método que todo teórico do conhecimento utilizou mais ou menos conscientemente.

Na presente obra, esse método transcendental – sem utilizar essa denominação – foi utilizado de modos variados.

Em particular, a *crítica do positivismo estrito* foi transcendental. Foi enfatizado expressamente que essa posição é *logicamente* incontestável, que a contradição em que ela se apoia não é interna, isto é, não é uma contradição *puramente lógica*, mas uma contradição entre a posição epistemológica e o *procedimento efetivo das ciências empíricas*.

"Pelo simples fato de existir o conhecimento das ciências naturais teóricas, o positivismo estrito se transforma em um filosofema logicamente inobjetável, mas epistemologicamente sem importância", dizia-se na conclusão da seção anterior.

---

1 [Jakob Friedrich Fries, *Neue Kritik der Vernunft I.* (1.ed., 1807), p.XXVII e XXXV e segs.; 2.ed. (*Neue oder anthropologische Kritik der Vernunft I.*), 1828, p.21 e 28 e segs. (N. E. A.)]

Segundo a concepção defendida aqui, essa crítica utiliza o *método transcendental*, especificamente epistemológico, recorrendo ao *fato da existência das ciências empíricas*, sobretudo, aos métodos empregados de fato pelas ciências empíricas no teste e [68] justificação de seus resultados.

Que esse método seja justificado, que tal crítica seja imanente, não necessita de nenhuma justificação detalhada.

Afirmações epistemológicas não são postulações arbitrárias (ainda que logicamente incontestáveis): nenhum teórico do conhecimento acredita estar solucionando problemas da teoria do conhecimento ao estipular arbitrariamente, sem nenhuma atenção à ciência natural, um conceito de "lei da natureza" de tal modo que aqueles problemas não mais apareçam; ao contrário, todo teórico do conhecimento procura dar conta do procedimento efetivo da ciência natural: *esta é sua tarefa*, assim como a tarefa do pesquisador é dar conta do mundo da experiência. Examinar se essa tarefa foi solucionada é, claro, o método de uma crítica imanente.

O "método transcendental" é, desse modo, um análogo do método empírico; e a teoria do conhecimento está para a ciência natural do mesmo modo que esta está para o mundo da experiência.

A expressão "método transcendental" será empregada ao longo do trabalho sempre no sentido descrito aqui; essa expressão foi determinada com precisão na demonstração prática desse método na seção anterior e nas considerações desta seção.

Para dissipar qualquer dúvida acerca da concepção defendida aqui, formulo-a – analogamente à tese fundamental do empirismo – na tese fundamental transcendental seguinte:

Afirmações epistemológicas e formações de conceitos devem ser examinadas criticamente à luz dos procedimentos efetivos de justificação das ciências empíricas; e apenas esse exame – transcendental – pode decidir o destino de tais afirmações.

A concepção do "método transcendental" exposta aqui não é, de modo algum, nova. Por exemplo, Külpe (que se apoia, entre outros, em Natorp, Cohen, Riehl, Schuppe, Wundt e Rehmke[2]) [69] descreve em vários lugares o método transcendental não como uma investigação por meio da análi-

---

2 Cf. Oswald Külpe, *Einleitung in die Philosophie* (11.ed. Revisada, ed. por August Messer, 1923), §5.

se psicológica de nosso conhecimento (subjetivo), mas o conhecimento tal como se dá de fato nas ciências com efeito existentes. Nesse sentido, lemos em suas *Vorlesungen über Logik* [Preleções sobre lógica][3] (no ponto em que se dirige contra o método fenomenológico de Husserl):

"Agora há, porém [...] um outro método, sugerido pela primeira vez por Kant, o *método transcendental*. A essência desse método é a análise [...] do conhecimento científico como fato objetivo".

Iríamos muito longe se arrolássemos todas as teorias do conhecimento que empregam o método transcendental sem se referir a ele: já foi mencionado que quase todo teórico do conhecimento faz mais ou menos uso dele.

Apesar disso, o método é raramente empregado com suficiente consistência. Quase sempre, ele aparece juntamente com considerações psicológicas (por exemplo, com aquelas considerações sobre as "faculdades do conhecimento"; particularmente em Kant); ou "[...] no lugar das investigações das 'faculdades de conhecimento' humanas, [entra] [...] a reflexão sobre a essência da expressão, da representação, isto é, de toda 'linguagem' possível no sentido mais geral da palavra" (como, por exemplo, em Wittgenstein).[4] Embora essas investigações possam ser interessantes, elas não podem substituir o método transcendental:

Se "investigações" e "reflexões" desse tipo não dão conta do procedimento efetivo das ciências, elas são – assim como o positivismo estrito – irrelevantes; elas devem ser rejeitadas.

As diferentes correntes do *positivismo* moderno, em particular, se convertem ao método transcendental (em geral com o tradicional olhar desdenhoso sobre a "filosofia tradicional", isto é, Kant), mas, em todo caso, sem empregar a expressão kantiana. Mas, uma vez que seguem – principalmente – ideias positivistas, além do programa transcendental, elas não empregam [70] o método transcendental ou o lógico com determinação. (Como será mostrado, inclusive Schlick, cujas reflexões transcendentais notáveis foram introduzidas na seção anterior contra o positivismo estrito, defende uma posição que não comporta uma crítica transcendental). A crítica do positivismo lógico, que tem o papel mais importante nas críticas

---

3 Oswald Külpe, *Vorlesungen über Logik* (ed. por Otto Selz, 1923), p.151.
4 Citado segundo Moritz Schlick, "Die Wende der Philosophie", *Erkenntnis* 1 (1930), p.7. [(3.ed.) cf. Seção 47, nota 15 e texto relativo a esta. (N. E. A.)]

feitas neste trabalho, mostrará a incompatibilidade das correntes positivista e transcendental: a *contradição fundamental do positivismo*.

Essa contradição fundamental já fora notada por Kant, e é isso que o leva a superar o positivismo de Hume ("ceticismo"). Kant objeta em Hume o mesmo que se objetou aqui ao positivismo (que corresponde aproximadamente às consequências que o próprio Hume extrai de seu argumento): trata-se da objeção transcendental segundo a qual tal ponto de vista não dá conta [do *factum*] do conhecimento natural *teórico*-científico.

Kant notou – como foi mostrado brevemente na Seção 7 – que as consequências do argumento de Hume deixam abertas apenas duas possibilidades: a posição que foi chamada aqui de *positivismo estrito* (mais ou menos o ponto de vista de Hume) e a posição do apriorismo.

Diante da escolha de abandonar ou a tese fundamental do empirismo ou a universalidade estrita – e, com ela, o conhecimento teórico em geral[*2] – há para ele apenas *uma* opção; ela é indicada pela tarefa transcendental da teoria do conhecimento.

Trata-se de um fato que há ciências naturais teóricas. A teoria do conhecimento não pode *duvidar* desse fato, deve *explicá-lo*. [Nas palavras de Kant:]

"Visto que essas ciências são realmente dadas, parece pertinente perguntar: *como* elas são possíveis; pois *que* têm que ser possíveis é provado por sua realidade".[5]

[71] Desse modo, o argumento de Hume se transforma no "problema de Hume", o problema fundamental da "analítica transcendental":

O argumento de Hume – a afirmação de que uma proposição como o princípio de causalidade não pode ser fundamentada de modo algum, que um princípio de indução não pode ser justificado – *deve* ter uma lacuna; isso é revelado pelo fato de que há conhecimento natural. A questão é: onde está essa lacuna?

Essa questão, ou dito de outro modo, a tarefa de fornecer uma prova para a justificação de um princípio de indução (por exemplo, para o princí-

---

[*2] Em particular, a teoria da gravitação de Newton: quando Kant fala de "ciência pura da natureza", ele está pensando quase sempre na teoria da gravitação de Newton.

[5] Immanuel Kant, *Kritik der reinen Vernunft* (2.ed., 1787), p.20.

pio de causalidade) e, com isso, também para as proposições teórico-científicas, é precisamente [para Kant] o "problema de Hume".

Mas o argumento de Hume prova convincentemente (e *aqui* pode haver lacunas) que, para proposições estritamente universais, uma validade puramente empírica, *a posteriori*, não se coloca; se puderem ser válidas, essas proposições podem ser válidas apenas *a priori*.

Kant tem, pois, que generalizar o "problema de Hume" com a seguinte questão:

"Como são possíveis juízos sintéticos *a priori*?". Dito de outro modo: como pode ser dada uma *prova da legitimidade* de proposições desse tipo?

Nesse ponto, já se pode ver que o apriorismo "crítico" de Kant se diferencia em diversos pontos do racionalismo "dogmático", que não coloca limites para a arbitrariedade da especulação.

Em primeiro lugar, em função de seu ponto de partida: apenas as pressuposições factuais das ciências empíricas devem ser procuradas e sua validade deve ser comprovada.

Em segundo lugar, em função da exigência de Kant pela *fundamentação* objetiva. Kant recusa resolutamente a *teoria racionalista da evidência* (cf. Seção 3). Ele exige para os juízos sintéticos, se eles forem reconhecidos como válidos *a priori*, uma fundamentação que possa ser provada objetivamente com (ao menos) a mesma confiabilidade e objetividade que é garantida para as proposições empíricas pela experiência. (Quando Kant fala, nesse contexto, de "dedução", ele não quer dizer especificamente a *forma lógico-dedutiva* de fundamentação, mas a fundamentação em geral.) Assim, na *Crítica da razão pura* (por exemplo, segunda edição, pouco antes da "Observação geral sobre o sistema dos princípios"[6] [72]), ele escreve sobre a teoria da evidência, que pretende "fazer uma proposição passar por imediatamente certa sem justificação nem prova":

"[...] se devemos admitir que proposições sintéticas, por evidentes que sejam, possam, sem dedução, [...] comportar uma adesão incondicionada, toda a crítica do entendimento estaria perdida".

Contrariamente às "pretensões audazes", que "exigem ser admitidas exatamente com o mesmo tom de confiança que os verdadeiros axiomas", Kant exige (no mesmo lugar) que para os juízos sintéticos *a priori*:

---

[6] Immanuel Kant, *op. cit.*, p.285.

"[...] é irrecusavelmente necessário juntar a uma tal proposição senão uma prova, pelo menos a dedução da legitimidade da sua afirmação".[7]

Mas como uma tal dedução (a "dedução transcendental") é possível?

Poder-se-ia pensar que a prova de correção buscada deve ser fornecida com o auxílio do método transcendental:

Se há ciências naturais teóricas, deve haver também um princípio de indução; e a "realidade" dessas ciências demonstra – segundo Kant – que ele deve ser "possível".

Essa concepção se equivoca sobre a questão kantiana (a ênfase de Kant na distinção entre *que* elas são possíveis" e "*como* elas são possíveis"); a "prova de correção" esboçada anteriormente seria uma má-compreensão do método transcendental: ela pode ser empregada para exercitar a *crítica*; o ponto de vista de Hume (cf. [a] "Passagem à dedução transcendental das categorias"[8]) "não se coaduna com a realidade dos conhecimentos científicos" (a saber, das ciências naturais teóricas) e pode "ser *refutado* pelo fato"; o apelo transcendental a esse método pode *levantar problemas*. No entanto, se esse fato (a existência de ciências teóricas) constitui o problema da teoria do conhecimento, ele não pode incluir ao mesmo tempo a *solução* deste. A questão acerca da *legitimidade* das ciências teóricas não pode ser respondida recorrendo-se à existência destas; [73] a questão de direito (*"quid juris?"*[8a]) deve ser distinguida estritamente da questão de fato (*"quid facti?"*[8b]).

Com isso, o problema de uma "dedução transcendental" é colocado de uma maneira rigorosa; mas parece, ao mesmo tempo, que toda esperança de resolver o problema se esvai; parece que Kant bloqueia todas as saídas.

Então, *uma* via para fundar um enunciado sintético vem à consideração, a saber, deixar à experiência decidir. Essa *via empírica* é bloqueada pelo argumento de Hume. Então, poder-se-ia pensar em uma via análoga à *via "transcendental"*, no sentido da dedução da validade a partir do fato; essa via não é permitida pelo próprio Kant e, do mesmo modo, a aparente última saída, a *teoria da evidência*. – Não parece haver, no entanto, uma quarta via.

Entretanto, Kant encontra uma via para a "dedução transcendental"; uma via para poder reivindicar a validade *a priori* de proposições tais como um princípio de indução e para fundamentar essa reivindicação.

---

7 Immanuel Kant, *op. cit.*, p.286.
8 [Immanuel Kant, *op. cit.*, p.127 e seg. (N. E. A.)]
8a [(3.ed.) Immanuel Kant, *op. cit.*, p.116. (N. E. A.)]
8b [(3.ed.) Immanuel Kant, *loc. cit.* (N. E. A.)]

Esbocemos, em primeiro lugar, o *plano* desse procedimento de fundamentação específico, o *plano da "dedução transcendental"*; ele repousa nas seguintes considerações:

O argumento de Hume se dirige contra a admissibilidade de enunciados factuais estritamente *universais*. Ele consiste na demonstração lógica de que eles não podem ser fundados na *experiência*.

Aqui (e em outros lugares), Hume supõe, portanto, como evidente que a *"experiência" pode ser um fundamento de validade*; que a experiência é perfeitamente capaz de garantir a validade de um conhecimento – claro, apenas a validade de enunciados factuais *particulares*.

Essa suposição de que estamos autorizados a testar, senão todos, ao menos aqueles enunciados factuais e fundá-los na experiência, essa suposição de que a experiência é admissível como fundamento de validade, não deve ser colocada em questão; aliás, todo conhecimento empírico repousa sobre ela. Essa suposição – Kant a chama de [74] "possibilidade da experiência"[9] – pode, com justiça, ser tomada como um dado último. Hume teria certamente razão em não considerar de maneira cética esse dado último; ele não o considerava, aliás, capaz de ser analisado ulteriormente – na medida em que tinha clareza acerca dessa suposição: a "experiência" era para Hume apenas um *programa*, nunca um *problema*.

Sem colocar em questão o princípio da "possibilidade da experiência", pode ser importante, no entanto, ter clareza acerca de seu significado.

Se – analogamente à análise de Hume dos enunciados factuais universais e das pressuposições destes – submetemos os enunciados *particulares* a uma análise, descobrimos que todo enunciado factual particular tomado como válido em função da experiência pode ser válido apenas em função de uma suposição formal universal, apenas em função da "possibilidade da experiência". E, assim como não pode ser logicamente admissível fundar um princípio de indução apenas na experiência – uma vez que ele pressuporia, por sua vez, um princípio de indução –, do mesmo modo é logicamente impossível fundar o princípio da "possibilidade da experiência", por seu turno, na experiência, pois toda proposição empírica já o pressupõe.

O princípio formal da "possibilidade da experiência" não pode, pois, ser uma proposição empírica, não pode ser válido *a posteriori*; é inconcebível que em nossas experiências materiais particulares possa ser identificada

---

9   [Immanuel Kant, *op. cit.*, p.5 e 126. (N. E. A.)]

uma experiência que corresponderia a esse princípio, em função da qual ele poderia ser afirmado.

(Não será examinado aqui se esse princípio não empírico é eventualmente uma proposição lógica, uma tautologia; cf. as Seções 10 e 11.)

Essas considerações ainda não são capazes de abalar o argumento de Hume, mas elas podem mostrar o caminho para a "dedução transcendental".

O que Hume mostra de maneira inatacável pode ser expresso da seguinte forma: é inútil procurar um princípio de indução (formal) em nossas proposições empíricas materiais. – Isso é, sem dúvida, verdadeiro. Mas as considerações apresentadas anteriormente levam à suposição que este é um lugar errado para se procurar tal [75] princípio formal. Seria perfeitamente possível encontrá-lo se não o procurarmos nas experiências materiais particulares, mas se investigarmos as pressuposições formais desse princípio. (Aqui poderia estar a lacuna que procurávamos no argumento de Hume.)

"Como a experiência é possível?", deveria ser a questão de tal investigação.

O plano [kantiano] da "dedução transcendental" consiste, pois, em demonstrar haver proposições com a forma de um princípio de indução nas pressuposições formais universais de *todas* as experiências materiais. Essa demonstração satisfaria a exigência levantada anteriormente: ela teria, se bem-sucedida, ao menos a mesma confiabilidade e objetividade de uma demonstração empírica. Pois, nos dois casos, a demonstração repousa sobre a pressuposição de que a experiência é um fundamento de validade admissível. Claro, essa pressuposição seria empregada nos dois casos de maneiras bastante distintas: em um caso, a experiência é capaz de decidir acerca de proposições *materiais*; no outro, juntamente com a admissibilidade (com a "possibilidade") de tal decisão, a validade de certos princípios *formais* é sempre pressuposta.

Se a "dedução transcendental" pudesse ser levada a cabo segundo o plano esboçado, se pudesse ser mostrado que *todo* conhecimento empírico faz pressuposições como a indução, todas as consequências céticas do argumento cairiam por terra. Hume teria, sem perceber, pressuposto – ao lado de suas próprias pressuposições empiristas – justamente esses princípios, justamente os princípios que coloca em dúvida; de fato, ele teria feito deles o fundamento de toda validade, pois a validade de toda experiência se fundaria, em última instância, neles – a experiência que, para Hume, é a última instância em questões de validade. O ceticismo de Hume revelar-se-ia contraditório; o problema de Hume seria solucionado.

O *sucesso da "dedução transcendental"* depende da demonstração de que *todas* as experiências, inclusive as experiências particulares – e, com isso, *todo* conhecimento da realidade –, são possíveis apenas por meio de certas pressuposições e que essas pressuposições são do mesmo tipo que os princípios de indução. Isso significa que essas pressuposições são enunciados acerca de *regularidades*.

[76] Pode-se dizer de maneira mais simples: deve ser demonstrado que todo conhecimento da natureza, inclusive todo enunciado factual particular, pressupõe a existência de *regularidades*.

As pressuposições mais gerais de toda experiência seriam, então, idênticas a todas as leis universais *a priori* que chamamos de princípios de indução (ou, ao menos, do mesmo tipo que estes, o que bastaria para interromper o regresso infinito). Por um lado, esses princípios *a priori* mais universais tornariam a experiência em geral possível; por outro lado, as diferentes leis da natureza poderiam ser encontradas e ser válidas em função dessas leis mais universais e da experiência. Esta é, de fato, a concepção de Kant[10] acerca da função dessas leis mais universais, "originais" *a priori*: "[...] as [leis] empíricas só podem acontecer e ser encontradas por meio da experiência, e isto em consequência daquelas leis originárias segundo as quais a própria experiência é primeiramente possível".

Depois do que foi dito aqui, não se deve mais estranhar a ideia de que todo conhecimento da realidade, inclusive toda proposição empírica *particular* (científica), só é possível em função de certas pressuposições (que, por sua vez, não podem ser válidas *a posteriori*); a ideia, portanto, de que a experiência sem certas pressuposições *a priori não é*, em geral, *possível*. Já foi mostrado na exposição do positivismo estrito, na discussão da teoria pura da imanência, que todo conhecimento vai além, transcende o "dado" imediato.

Essa transcendência da representação em geral foi examinada ali apenas superficialmente. A tarefa da dedução transcendental pode ser formulada de maneira direta como sendo a de analisar a transcendência da representação em geral do mesmo modo como Hume analisava a transcendência da universalização.

Se essa análise é bem-sucedida, ele deve supostamente descobrir determinadas pressuposições *formais* que estão na base de toda observação. Pois todo conhecimento tem uma forma: ele tem a forma lógico-gramatical

---

10   Immanuel Kant, *op. cit.*, após a discussão da "terceira analogia", p.263.

de uma proposição, um juízo. Todo juízo é, por sua vez, uma concatenação estruturada (articulada) de sinais [77] (conceitos). – A "dedução transcendental" procurará determinar, sobretudo, o lado formal do conhecimento.

A *realização da "dedução transcendental"* por Kant se vale, para demonstrar os componentes formais de todo conhecimento, de considerações *psicológicas*, de um lado, e de considerações *transcendentais* no nosso sentido (isto é, especificamente metodológicas, teórico-científicas), de outro.

As considerações psicológicas demonstram que já na "apercepção" (percepção), à qual todo conhecimento empírico pode ser reduzido, elementos formais têm um importante papel, os quais não podem ser reduzidos, por sua vez, a apercepções.

A mais geral, a mais fundamental dessas pressuposições psicológico-aprioristas é o fato chamado de *unidade da consciência*. Sem a "unidade sintética da apercepção" não haveria "consciência"; sensações desvinculadas seriam "ou impossíveis ou, pelo menos para mim, não seriam nada",[11] elas não poderiam constituir uma consciência, um "eu".

Esse "princípio supremo de todo uso do entendimento" não é, porém, o único componente formal. Nossa consciência não é um simples feixe de percepções que, pelo simples fato de se conectarem, formam uma "junção", um "eu" (como queriam Hume e Mach), mas indica formas de ordenação bem-determinadas. Acima de tudo, ela é comparável a um *fluxo* (fluxo de vivência), que flui no "tempo". Mas esse fluxo de vivências não é ordenado *meramente de maneira temporal*, em que permaneceria uma sequência caótica de uma "multiplicidade de sensações", ele não é uma mera "rapsódia de percepções",[11a] mas é *estruturado*. Nossas vivências estão conectadas e não podem nunca ser separadas das outras de maneira precisa: mas o fato de sua vinculação, de sua conexão em *unidades* (complexas e ligadas umas às outras), é um fato do próprio fluxo de vivências. A vinculação dessas unidades (por exemplo, na "apercepção" individual) depende em parte de "nós mesmos", isto é, de nossa atenção, de nossos interesses etc.: os *mesmos* grupos de sensações podem [78] ser conectados a *diferentes* unidades, por meio das quais nos sentimos *ativos*. Os elementos ordenadores devem ser (ao menos em parte) caracterizados como "atos" (como "atos da espontanei-

---

11 [Immanuel Kant, *op. cit.*, §§16 e seg. e, em particular, p.132. (N. E. A.)]
11a [(3.ed.) Immanuel Kant, *op. cit.*, p.195. (N. E. A.)]

dade de nosso entendimento"[11b]). – Isso vale, em particular, também para o processo (psicológico) do *conhecimento*. Todo "conhecimento" deve ser concebido como um "reconhecimento" ("recognição"), e toda apercepção, que deve ser o fundamento de um conhecimento (objetivo), deve incluir tal reconhecimento. Isso pressupõe, entretanto, a possibilidade de *reproduzir* vivências passadas e de *compará-las* com outras, de relacioná-las: outros elementos formais da experiência.

Além dessas considerações mais psicológicas sobre os elementos unificadores formais da consciência e da apercepção (que também estão sujeitos, em parte, a considerações lógicas e transcendentais), há, em Kant, como mencionado, também considerações metodológico-transcendentais que, do ponto de vista do presente trabalho, são de importância ainda maior. (Uma vez que os argumentos de Hume se dirigem não apenas contra a validade do princípio de causalidade, mas contra a legitimidade do *conceito* de causalidade, Kant apresenta primeiro a dedução com tons mais psicológicos das "formas puras do pensamento" – ou "conceitos do entendimento", "categorias" – e, em seguida, apresenta as deduções ou provas dos "princípios" sintéticos *a priori*, que incluem as observações transcendentais importantes.)

Já na "exposição", que precede a "dedução transcendental" – na "busca" das formas (que devem depois serem deduzidas) *a priori* do conhecimento –, aparecem considerações *transcendentais*. Uma vez que todo conhecimento científico assume a forma de proposições (juízos), a fim de estabelecer um inventário das formas do conhecimento, Kant recorre a uma tábua de formas dos juízos: todo conhecimento deve aparecer sob uma dessas formas, as quais devem corresponder a *princípios* sintéticos *a priori* a serem deduzidos.

Transcendentais, em nosso sentido, são, sobretudo, as deduções dos princípios, suas demonstrações "a partir da possibilidade da experiência".[11c] Esses argumentos transcendentais são, sem dúvida, os mais importantes na "analítica transcendental", na elaboração [kantiana] do "problema de Hume":

[79] Kant mostra aqui, de fato, que *toda* experiência científica, todo conhecimento que levanta a pretensão de "objetividade", só é possível se houver *regularidades*. Dito de outro modo: ele mostra que toda objetividade científica *pressupõe* a existência de *regularidades*, seja o conhecimento resul-

---

11b [(3.ed.) Immanuel Kant, *op. cit.*, p.132. (N. E. A.)]
11c [(3.ed.) Immanuel Kant, *op. cit.*, p.197. (N. E. A.)]

tante da apresentação de uma observação *particular*, seja a formulação de uma lei da natureza, um enunciado factual estritamente universal.

Uma vez que a demonstração kantiana é simples em seu argumento, apesar de não o ser em sua exposição (e que os exemplos, em particular aqueles dos *Prolegômenos*,[12] que devem explicar o conceito de objetividade da experiência são escolhidos de maneira infeliz), desenvolvo o argumento de Kant reportando-me a um exemplo concreto; esse exemplo mostrará o que se deve compreender por "objetividade" no sentido dos métodos das ciências empíricas (e que a objetividade científica pressupõe de fato a existência de regularidades, sem as quais ela não seria possível).

Um cientista natural observa um determinado acontecimento, singular e bem-pesquisado, por exemplo, a ocorrência de uma reação química em um tubo de ensaio. Ele vê um fluido borbulhante de cor verde.

De repente, ele observa uma modificação na cor do fluido: contrariamente a todas as observações anteriores e a todas as expectativas, ele observa no fluido uma cor que reconhece como violeta. Mas imediatamente (logo depois de o químico ter tomado consciência da própria surpresa), o fluido retoma sua cor normal. Retrospectivamente, o observador estima a duração da mudança de cor como sendo de um quarto de segundo.

Esta é a base observacional. O químico publicará sua observação como uma descoberta do conhecimento (ou apenas como uma observação química possivelmente importante)? Certamente não. Se o evento em questão, como foi pressuposto, é investigado adequadamente, mas não inclui nenhum problema científico, o químico provavelmente não atribuirá nenhuma importância específica a cada mudança de cor observada, mas suporá que se confundiu.

[80] Caso ele atribua, no entanto, alguma importância à própria observação, ele *conferirá* se pode reproduzir a observação notável. Ele considerará, em primeiro lugar, se um reflexo de luz (por exemplo, causado por um objeto brilhante que se encontre no laboratório etc.) não pode explicar a observação e, a fim de testar essa suposição, colocará o tubo de ensaio no mesmo ponto diante de seus olhos; ou ele suporá que uma mistura, uma impureza explica aquela observação e repetirá a tentativa, testando sucessivamente cada uma das possíveis impurezas.

---

12 [Immanuel Kant, *Prolegomena* (1783), § 19, p.80 e seg.; § 20, p.82 e seg. (N. E. A.)]

Se ele for bem-sucedido em repetir aquela observação, nesse momento e apenas então, ele atribuirá a ela um *significado objetivo*; mas se não ele não for bem-sucedido *de modo algum* em repetir aquela observação, ele suporá que se confundiu. Mesmo ao fazer essa suposição, ele não precisa se contentar: ele pode tentar examinar essa confusão sensorial de maneira mais detalhada, como *psicológica*; se ele atribui valor aos resultados *objetivamente* utilizáveis, ele tem, em princípio, que fazer o mesmo procedimento que antes: ele deve tentar criar uma confusão sensorial igual ou semelhante à anterior.

Objetividade no sentido das ciências empíricas diz respeito fundamentalmente apenas a observações *testáveis* (e apenas intersubjetivamente comprováveis). Com efeito, a possibilidade de comprovar uma observação deve ser considerada como a *definição* prática da objetividade científica (*objetividade = possibilidade de comprovação intersubjetiva*).

Mas cada *comprovação* repousa sobre *repetições* (mais precisamente: possibilidade de repetição) e, portanto, sobre regularidades, sobre *dependências regulares*; aquilo que é *objeto* da ciência natural – a "natureza" – só pode ser determinado objetivamente por meio dessas dependências regulares. Ou como Kant diz:

"Por natureza (no sentido empírico) entendemos a conexão dos fenômenos [...] segundo regras".[13]

[81] Nem questões expositivas da filosofia natural, nem questões críticas serão introduzidas aqui: apenas o problema da indução, o problema das regularidades, está em discussão. Será apenas observado brevemente que Kant diferencia, sobretudo, três grupos de conexões regulares, que (conforme a relação que elas têm com o *tempo*) são subsumidos pelo "conceito de substância", pelo "conceito de causalidade" e pelo conceito de "reciprocidade". ("Substância" seria – por exemplo, para Schlick[14] – concebida como conexão de "acidentes" ou "qualidades" regularmente recíprocas; "causalidade" como conexão regular de processos por meio dos quais predições, no sentido preciso de predições no *tempo*, são tornadas possíveis; sem "reciprocidade" – por exemplo, por meio de sinais luminosos recíprocos ou gravita-

---

13 Immanuel Kant, *op. cit.*, após a discussão da "terceira analogia", p.263.
14 Moritz Schlick, *Allgemeine Erkenntnislehre* (2.ed., 1925), p.346.

ção recíproca – a coexistência de diferentes processos não pode nunca ser estabelecida empiricamente.)

Tem importância decisiva para nosso problema a descoberta kantiana de que todo *conhecimento da realidade*, a "possibilidade da experiência", a *objetividade do conhecimento* são baseados na *existência de regularidades*; uma descoberta que nessa forma parece trivial (como grandes descobertas), mas que, como as considerações a seguir mostrarão (em particular, a crítica do positivismo lógico), não é reconhecida em suas consequências.

A solução de Kant para o problema de Hume (frequentemente se esquece de que este é o problema fundamental da "analítica transcendental" considerada em toda sua extensão) pode ser resumida na seguinte formulação:

Enunciados factuais universais podem, assim como os particulares, ser verdadeiros ou falsos, pois eles pressupõem tanto ou tão pouco quanto os últimos.

Ou, utilizando a terminologia que foi introduzida na discussão do positivismo estrito:

A transcendência da universalização pode ser reduzida à transcendência da representação (científica) em geral.

Desse modo, daríamos conta do problema da indução.

[82] 10. Crítica do apriorismo

Nesta seção, será criticada, mas também apreciada, a comprovação da "dedução transcendental". A crítica (imanente) é fundamental: ela não se dirige apenas contra a "dedução transcendental" na forma kantiana, mas contra o processo de inferência de tal comprovação que procura fundar a *validade de juízos sintéticos a priori* – em particular de um *princípio de indução* – sobre a "possibilidade da experiência".

Pois o resultado que a "dedução transcendental" proporciona e o propósito com que é realizada é a fundamentação da afirmação *sintética a priori* de que há *"regularidades"*.

Para constatar *a posteriori* que em nosso mundo – considerando o que tomamos por verdadeiro até aqui – *parece* haver "regularidades", que tudo em nosso mundo se comporta *como se* houvesse "regularidades", não precisamos de nenhuma "dedução transcendental": isso nos é ensinado pela experiência.

O ponto decisivo acerca da "dedução transcendental" é unicamente o caráter *a priori* da proposição de que há "regularidades"; ele trata de demonstrar que essa proposição tem o caráter de necessidade ou, dito de outro modo: de que, *sob todas as circunstâncias*, deve haver "regularidades".

A "dedução transcendental" pode fornecer tal demonstração?

A seguinte concepção será defendida aqui:

Se não quisermos admitir um juízo sintético *a priori* sem prova, se exigirmos "incondicionalmente", como Kant,[1] para cada afirmação sintética *a priori* uma prova de direito (*quid juris?*), sem a qual a validade desta deve ser rejeitada, devemos de maneira consequente *rejeitar todos os juízos sintéticos a priori como não prováveis* e recusar a eles qualquer validade científica. Essa concepção se apoia no fato de que, a partir de razões lógicas, [83] um juízo sintético *a priori* só pode ser provado se pressupusermos outro juízo sintético *a priori* como válido. Como este teria, por sua vez, que ser provado, *toda tentativa de provar* de um juízo sintético *a priori* deve levar a um regresso infinito (ou a um círculo).

No que se segue, a concepção apresentada aqui de que *é logicamente impossível provar juízos sintéticos a priori* (que já fora sustentada de maneira semelhante por Fries e sua escola; cf. próxima Seção) será apresentada em relação ao argumento da "dedução transcendental".

No meio da parte final da "dedução transcendental", encontra-se a comprovação de que o conhecimento da realidade no sentido da ciência natural só é possível (ou: de que a experiência só é possível) *se houver "regularidades"*.

Como foi mostrado na seção anterior, essa prova se apoia no caráter de *objetividade* ou *possibilidade de ser comprovado* do conhecimento científico: a comprovação consiste em uma análise lógica do conceito de conhecimento da realidade ou da experiência no sentido da ciência empírica. O resultado dessa análise conceitual é precisamente o *juízo analítico* de que sem "regularidades" não pode haver nenhum conhecimento científico-natural ou dito informalmente:

À medida que há a experiência em geral, à mesma medida, há também "regularidades".

---

1 [Immanuel Kant, *Kritik der reinen Vernunft* (2.ed., 1787), p.286. Ver Seção 9, texto relativo à nota 7. (N. E. A.)]

Esse juízo analítico é, segundo sua forma, um juízo hipotético (ou uma "implicação"; cf. Seção 31). Ele ainda não basta para deduzir o fato de que realmente haja "regularidades"; para tanto, é necessária ainda a *pressuposição* de que há a experiência (ou de que a experiência é possível).

A dedução como um todo diz o seguinte:

(1) Há a experiência (ou: a experiência é possível);
(2) Se há a experiência (a experiência é possível), deve haver também "regularidades" (proposição analítico-hipotética);
(3) logo, há "regularidades".

A conclusão dessa dedução deve ser vista como provada apenas se a pressuposição "Há a experiência" (ou: "A experiência é possível") é válida. *Se essa pressuposição for nula, destrói-se a cadeia dedutiva.*

[84] Disso se segue que, em função desse percurso demonstrativo da conclusão, só pode-se sustentar a validade "sob todas as circunstâncias" se as pressuposições também valerem "sob todas as circunstâncias":

Para mostrar o apriorismo da proposição "Há regularidades", deveria ser demonstrado primeiro o apriorismo da proposição "Há a experiência" ("A experiência é possível").

Expondo de maneira panorâmica:

A análise do conceito de experiência leva à proposição:

(1) Apenas se houver "regularidades", a experiência é possível.

Este é um *juízo analítico*.

Com seu auxílio, pode-se também inferir a proposição:

(2) Há "regularidades", então a experiência é de fato possível.

Essa proposição pode ser afirmada apenas como juízo *sintético a posteriori*, pois, para demonstrar o juízo sintético *a priori*:

(3a) deve haver regularidades sob todas as circunstâncias – o que pressuporia:

(3b) a experiência deve ser possível sob todas as circunstâncias.

Kant acreditava que a pressuposição de que a experiência é possível bastava para a "dedução transcendental"; uma vez que de fato há a experiência, essa pressuposição não parece discutível.

Parece, no entanto, que, para fazer a dedução, é necessário pressupor mais um juízo sintético *a priori*, a saber, que a experiência deve ser possível sob todas as circunstâncias.

A virada sintético-apriorista da "dedução transcendental" é, claro, insustentável. Pois a pressuposição de que a experiência deve ser possível sob todas as circunstâncias deveria, enquanto juízo sintético *a priori*, ser demonstrada: pressupor uma tal demonstração é, segundo os próprios princípios de Kant, inadmissível, porque "dogmático".

Como se poderia demonstrar que a experiência deve ser possível sob todas as circunstâncias?

[85] Se a *virada sintético-apriorista de Kant na "Dedução transcendental"* – segundo a concepção apresentada – é recusada, chegamos à conclusão de que a proposição "Há regularidades" pode ser afirmada apenas *a posteriori*.

Mas isso significa: não podemos afirmar que há regularidades no sentido da validade universal estrita, mas só estamos justificados a estipular que – tudo quanto tomamos por verdadeiro até agora – tudo se passa como se houvesse regularidades estritamente universais.

Ora, na Seção 5, a expressão "regularidade" foi definida de tal modo que com essa palavra seriam designados apenas estados de coisas estritamente universais – no sentido de enunciados factuais estritamente universais. Segundo esse uso da linguagem, não pode haver uma proposição *a posteriori* como "Há regularidades": tal proposição poderia, quando muito, ser afirmada apenas *a priori*.

Quando falamos na presente seção de uma proposição *a posteriori* "Há regularidades", empregamos esse termo em um sentido diferente daquele estipulado na Seção 5. (Para indicá-lo, a expressão ["regularidades"] foi colocada aqui sempre entre aspas.)

Devem-se diferenciar dois conceitos:

1. "Regularidade" no sentido de leis da natureza estritamente universais (*a priori* ou "*regularidade estritamente universal*");

2. "Regularidade" no sentido kantiano: "tanto quanto podemos considerar verdadeiro até agora, não há exceção a esta ou aquela regra".[2] Essa segunda "regularidade" (*a posterirori*) poderia ser chamada de "*regularidade-como-se*": tudo ocorreu (até agora) como se houvesse regularidade estritamente universal.

---

2 [Immanuel Kant, *op. cit.*, p.3 e seg. (N. E. A.)]

Apenas no sentido dessa "regularidade-como-se" é que a proposição "Há regularidades" pode ser um *juízo a posteriori*.

Por isso, devemos ser levados também às seguintes conclusões:

Se recusarmos a virada sintético-apriorista da "dedução transcendental", podemos compreender a expressão "regularidade" na cadeia inferencial completa apenas no sentido da "regularidade-como-se".

[86] Deveria ser mostrado, portanto, que também o juízo analítico, do qual partiu nossa crítica (a proposição hipotético-analítica: "Se a experiência é possível, deve haver 'regularidades'"), só pode ser concebido no sentido da "regularidade-como-se".

Com efeito, é isso o que ocorre: se a análise conceitual da objetividade e da testabilidade do conhecimento científico é examinada tendo em vista essa questão, deve-se concluir que tal juízo analítico deve ser afirmado apenas no sentido da "regularidade-como-se". Pois, para tornar possível a objetividade da experiência, basta que tudo ocorra como se houvesse regularidades estritamente universais: enquanto tudo ocorrer assim, as experiências – por exemplo, pela repetição das observações – podem ser testadas.

Segundo essa compreensão, a tentativa de promover uma virada sintético-apriorista da "dedução transcendental" cai por terra.

Contra essa crítica da "dedução transcendental", pode-se levantar diferentes objeções, que (como será mostrado a seguir), apesar de sua diversidade, podem ser reduzidas ao mesmo denominador comum.

A mais primitiva dessas objeções seria a tentativa de garantir o caráter *a priori* da proposição "Há regularidades" com o auxílio de uma *definição de "natureza"* (ou do "mundo" ou da "realidade"). Pode-se, pois, por exemplo, *definir* a "natureza" (seguindo Kant[3]) como a "interconexão de fenômenos [...] segundo regras [estritamente universais]"; do mesmo modo, poder-se-ia definir o "mundo". Ou define-se, por exemplo: "real" (ou "existente") é aquilo que está sob regras (estritamente universais). Com o auxílio de tais definições, acredita-se poder provar o apriorismo da existência de regras, talvez porque deve haver regras se existe uma realidade em geral etc.

Um dos maiores méritos de Kant foi mostrar que, desse modo, não se pode dar um passo além:[3a] não se pode mostrar que há algo ou não por

---

3 [Immanuel Kant, *op. cit.*, p.263. (N. E. A.)]

3a [(3.ed.) Immanuel Kant, *op. cit.*, p.XXXV e 23 e seg. (N. E. A.)]

meio de conceitos ("dogmáticos"). [87] (Todas essas tentativas e todas as tentativas a serem discutidas de defender a "dedução transcendental" têm uma similaridade formal com a prova ontológica da existência de Deus: elas afirmam uma existência *per definitionem*.) As objeções discutidas podem ser refutadas ao se observar que, desse modo, apenas se chegaria a um juízo analítico, tautológico, nunca a um juízo sintético como "Há regularidades".

Um pouco menos primitivas seriam as tentativas que almejam provar o *apriorismo da possibilidade da experiência*:

Se nós pudéssemos mostrar que a proposição "A experiência é possível" (ou inclusive: "Há a experiência") é válida *a priori*, então a crítica exposta seria inválida.

Mencionemos brevemente os argumentos desse tipo: que haja a experiência não pode ser, por sua vez, uma experiência (do que se pode concluir que a proposição "Há a experiência" deve ser válida *a priori*). Isso leva a determinados problemas lógico-formais (teorias dos tipos), que, se tomados seriamente, não têm, claro, nenhuma relação com os problemas particulares tratados aqui. (Eles são do mesmo tipo que, por exemplo, o problema da proposição: que haja a experiência não pode ser uma experiência, ou: que haja proposições verdadeiras não pode ser uma proposição verdadeira.)

Parece-me que determinadas objeções contra a crítica da "dedução transcendental" relacionadas com a controvérsia *idealismo versus realismo* merecem mais interesse do que essas tentativas.

O idealismo ("O mundo, as coisas existem apenas na minha representação") é, como já enfatizou Lichtenberg,[4] "simplesmente impossível de refutar". Mas igualmente irrefutável é a antítese do idealismo, o realismo ("O mundo, as coisas não são apenas minhas representações, mas existem independentemente das minhas representações; eles são apenas o estímulo de minhas representações").

O contraponto idealismo-realismo pode se visto como um exemplo de uma *antinomia* indecidível.

[88] Do fato de haver antinomias (indecidíveis) deve-se extrair uma consequência importante: nada nos autoriza a inferir a verdade de uma teo-

---

4 [Georg Christoph Lichtenberg 1742-1799. Ver Georg Christoph Lichtenberg, *Vermichste Schriften II*. (ed. por Ludwig Christian Lichtenberg und Friedrich Kries, 1801), "Bemerkungen vermischten Inhalts": 1. "Philosophische Bemerkungen", p.62 (=Vermehrte Neuausgabe I., 1844, p.82). (N. E. A.)]

ria a partir de sua irrefutabilidade (como o faz, por exemplo, Lichtenberg[5]). A antítese da teoria em questão, isto é, seu oposto, poderia ser igualmente irrefutável. – Kant expôs pela primeira vez na sua teoria das antinomias essa relação, inclusive no que diz respeito às teses (que são formalmente análogas às teses anteriores) opostas da "cosmologia racional":[5a] ele contrapõe uma série de teses irrefutáveis a antíteses igualmente irrefutáveis. Kant chega à conclusão (e com razão – como será mostrado no exame do problema da demarcação[6]) de que nos casos em que há uma antinomia indecidível as duas afirmações devem ser rejeitadas como injustificáveis e, por isso, *não científicas* (dogmático-metafísicas).

A antinomia entre idealismo e realismo só poderá ser considerada com mais detalhe no exame do problema da demarcação;[7] aqui deve ser mostrado apenas que minha crítica da "dedução transcendental" *não* pode parecer compulsória do ponto de vista de determinadas concepções idealistas; assim como do ponto de vista do "idealismo transcendental" de Kant.

O fato de ter mostrado aqui que a crítica da "dedução transcendental" apresentada não é sustentável do ponto de vista do chamado idealismo transcendental não abala de modo algum o *caráter imanente* e o caráter conclusivo dessa crítica; a *fundamentação kantiana do idealismo transcendental* pressupõe, por seu turno, o caráter conclusivo da "dedução transcendental"; um ataque contra o caráter conclusivo da "dedução transcendental" não pode ser feito a partir do idealismo transcendental. [89] Além disso, essa "fundamentação do idealismo transcendental" – isto é, a cadeia argumentativa que conduz dos resultados da "dedução transcendental" à "doutrina" do idealismo transcendental – também não pode resistir: ela também seria insuficiente se sua fundamentação, a "dedução transcendental", fosse inatacável (complementos a esse ponto serão fornecidos na próxima seção).

Todas as objeções contra a crítica, que foram levantadas a partir do idealismo transcendental, podem, portanto, ser rejeitadas antes mesmo de

---

5 [Georg Christoph Lichtenberg, *op. cit.*, p.61 e segs. (=Vermehrte Neuausgabe I., 1844, p.81 e segs.). (N. E. A.)]

5a [(3.ed.) Immanuel Kant, *op. cit.*, p.435 e segs. (N. E. A.)]

6 [Cf. Volume II (Fragmentos): [VI] "Filosofia", Seção 1, texto relativo à nota 1; Immanuel Kant, *op. cit.*, p.4448 e segs. Ver também "Posfácio do Editor", Seção 10, nota 13 e texto relativo a essa nota. (N. E. A.)]

7 [Ver "Posfácio do Editor", Seção 10, nota 14 e texto relativo a esta. (N. E. A.)]

serem formuladas: elas não são capazes de fortalecer o caráter conclusivo da prova da "dedução transcendental" que foi contestado, pois elas também fazem pressuposições que não podem ser provadas.

No entanto, essas objeções devem ser expostas brevemente.

O *idealismo transcendental* de Kant ensina que os objetos naturais (os "objetos da experiência") nos são dados apenas como representações (nisso ele não se diferencia significativamente do idealismo comum). Mas, ao contrário ao idealismo comum (ou *material*), o idealismo "transcendental" (ou *formal*) assinala que essas representações podem ser dadas a nós apenas sob as condições formais impostas a nosso aparato cognitivo:

Toda representação singular, toda intuição só pode aparecer em nossas "formas da intuição" do espaço e do tempo; e, à medida que nosso "entendimento" processa as representações, ele impõe a elas *as regras dele*: "o entendimento não retira suas leis da natureza, mas as prescreve a ela";[8] as leis mais universais da natureza são, juntamente com as condições formais mais universais da experiência, "completamente idênticas"[9] à mera forma universal da regularidade.

Que não possamos ter experiência dos objetos e dos processos do mundo exterior (os objetos físicos) como "coisas em si mesmas", que não possamos nunca *conhecê-las* como "coisas em si mesmas" (como diz Schlick[10]) é uma obviedade para Kant. [90] Mas o idealismo transcendental diz mais: não apenas não podemos nunca *ter experiência* ("conhecer") dessas "coisas em si mesmas", mas não podemos nunca *apreendê-las* – pois não podemos apreender as *regras* às quais elas eventualmente estão submetidas:

Nosso conhecimento científico está completamente limitado ao mundo da experiência: às nossas representações submetidas às regras do entendimento. E apenas desse modo (no sentido da ciência empírica) aquilo que pertence ao mundo da experiência pode ser chamado de "real", de "existente".

Estas são, mais ou menos, as ideias fundamentais do idealismo transcendental.

---

   8 Immanuel Kant, *Prolegomena* (1783), §36, p.113. [(3.ed.) cf. também, por exemplo, *op. cit.*, §386, p.116. (N. E. A.)]
   9 Immanuel Kant, *op. cit.*, §36, p.112.
  10 [Moritz Schlick, *Allgemeine Erkenntnislehre* (2.ed., 1925), p.213. (N. E. A.)]

Devemos discutir um pouco melhor porque, sob este ponto de vista, toda crítica da "dedução transcendental" deve ser supérflua; inclusive a crítica proposta aqui.

"Os objetos da experiência são dados [...] apenas *na experiência* e não existem fora dela", diz *Crítica da razão pura*[11] e prossegue: "que possa haver habitantes na lua, embora nenhum homem jamais os tenha visto [...] significa apenas que, com o possível progresso da experiência, podíamos chegar a encontrá-los".

Em relação a tal conceito de experiência e de realidade, o apriorismo da proposição "Há a experiência" não pode ser colocado em dúvida.

Não se pode duvidar que a experiência deve ser possível "sob todas as circunstâncias", "sempre" ou "em geral"; porque "circunstâncias" de qualquer tipo e, do mesmo modo, determinações espaciais e temporais, apenas podem existir no mundo da experiência. Não há (no sentido do conceito kantiano de realidade) nenhum mundo além do mundo da experiência. Os conceitos de "existência", de "mundo" e de "experiência" estão relacionados de tal modo que a suposição da existência de um mundo que não constituísse uma experiência (não fosse "objeto da experiência possível") é contraditória (ou, ao menos, não científica, metafísica).

[91] Considerações como as apontadas anteriormente, que pretendem mostrar o apriorismo da possibilidade da experiência, têm claras relações com *raciocínios positivistas*: elas identificam o mundo da experiência com a realidade e rejeitam como metafísica (ou como "sem sentido", cf. as Seções 43 e seguintes) a suposição de uma realidade transcendente à experiência.

Vê-se que essas questões já tocam no problema da demarcação; apenas no exame[12] (desconsiderando as indicações prévias, mas importantes sobre a *base empírica* na próxima seção) dos conceitos, de modo algum simples, de "experiência" e "realidade" e das relações recíprocas entre ambos será possível uma determinação mais precisa. (Até aqui, foi feito um uso tão geral

---

11 Immanuel Kant, *Kritik der reinen Vernunft* (2.ed., 1787), "A antinomia da razão pura", Seção 6, p.521. [Os grifos não estão no original. Para o que se segue, cf. *op. cit.*, p.521 e segs. (N. E. A.)]

12 [Cf. Seção 3, texto relativo à nota 3, bem como Seção 11, texto relativo à nota 55; ver também "Posfácio do Editor", Seção 10, nota 10 e texto relativo a essa nota. (N. E. A.)]

e cuidadosamente indeterminado desses conceitos que os resultados serão precisados por um exame posterior.)

A "dedução transcendental", a tentativa *de provar* que há regularidades no sentido de leis da natureza estritamente universais, não é conclusiva. A tese de que a experiência sob todas as circunstâncias é possível, dito de outro modo: de que o mundo sob todas as circunstâncias pode ser conhecido, não pode ser provada.

Mas ela não apenas não pode ser provada, como também é absolutamente *irrefutável*. Pois a tese de que a experiência é possível não pode nunca ser empiricamente falsificada, a incognoscibilidade do mundo não pode nunca ser conhecida. Enquanto houver a experiência, enquanto houver o conhecimento da realidade, o mundo deve ser cognoscível.

Mas também essa tese sobre a *cognoscibilidade do mundo*, que tanto não pode ser provada quanto não pode ser refutada, dá ensejo a uma *antinomia indecidível*.

A *tese* de que o mundo é cognoscível sob todas as circunstâncias não deve ser considerada verdadeira por causa de sua irrefutabilidade, pois há uma antítese oposta a ela que é igualmente irrefutável, mas que também não pode ser provada como a própria tese.

A *antítese* afirma que o princípio da necessária cognoscibilidade do mundo é *falso*, que o mundo não deve ser cognoscível sob todas as circunstâncias, [92] que pode haver circunstâncias sob as quais o mundo não é cognoscível, sob as quais já não há a regularidade-como-se; com isso, ela afirma (e essa afirmação só pode ser feita *a priori*) *que não há regularidade estritamente universal*, em suma, que nosso cosmos (em algum momento) se dissolve no caos.

É claro que essa afirmação não pode ser provada e não pode ser refutada.[*1]

Apenas quando se compreende essa "antinomia da cognoscibilidade do mundo" a crítica do apriorismo penetra na raiz do problema.

O apriorismo de Kant contém, como vimos, a afirmação da *tese* dessa antinomia, pois ela é equivalente ao princípio de indução sintético *a priori* que está em questão.

[*1] A tese de que nosso cosmos dissolver-se-á no caos é discutida de maneira bastante interessante e defendida no "From relativity to mutability" de John Archibald Wheeler, in: *The Physicist's Conception of Nature* (Ed. Jagdish Mehra, 1973), p.202 e segs.

A *antítese* não pode ser apresentada com mais detalhe neste ponto, dedicado à crítica do apriorismo. A investigação da Seção 46 mostrará que a antítese também tem seu defensor: ela é uma consequência das considerações epistemológicas que estão na base da posição pseudoproposicional do positivismo lógico de Wittgenstein.

Apenas o exame do problema da demarcação justificará[13] que (e de que modo) tanto a tese quanto a antítese da antinomia da cognoscibilidade do mundo devem ser eliminadas da teoria do conhecimento como não científicas, como *metafísicas*.[14]

Aqui não devemos utilizar mais tais argumentos. Basta mostrarmos que a antinomia é indecidível. A "dedução transcendental" não é conclusiva enquanto *prova da tese*; nenhuma prova do mesmo tipo da "dedução transcendental" permanece em pé diante de uma crítica imanente:

[93] A pretensão de validade de um *princípio de indução sintético a priori* não pode ser justificada.

A "dedução transcendental" é, portanto, completamente equivocada? Parece que sim: devemos nos contentar com a constatação *a posteriori* de que há "'regularidades-como-se"; e isso (como já sabemos desde a Seção 5) não pode ser um passo adiante em relação ao problema da indução.

Embora isso seja, sem dúvida, correto, acredito que a "dedução transcendental" de Kant, entendida corretamente, significa *um passo decisivo para o desenvolvimento do problema da indução*.

Considero a *virada sintética*, promovida pela "dedução transcendental" de Kant, uma má-compreensão de sua própria descoberta (sobre as razões últimas para essa má-compreensão, há algumas observações na próxima seção).

O resultado genuíno da "dedução transcendental", a descoberta genuína de Kant, está, em minha opinião, na *proposição analítica* (baseada no *conceito de objetividade*) segundo a qual a experiência, o conhecimento no sentido da ciência empírica, não é possível sem "regularidades"; mais precisamente: que ela é impossível a menos que tudo ocorra como se houvesse regularidades universais.

---

13 [Cf. Seção 48, nota 4 e texto relativo a essa nota; ver também "Posfácio do Editor", Seção 10, nota 15 e texto relativo a essa nota. (N. E. A.)]

14 [Cf. Seção 46, nota 4 e texto relativo a essa nota; ver também Karl Popper, *Logik der Forschung* (1934, 2.ed., 1966; e edições posteriores), Seção 78. (N. E. A.)]

Observações que não possam ser relacionadas a regularidades desse tipo são irrelevantes cientificamente, pois não são *testáveis objetivamente, intersubjetivamente*: todo teste objetivo consiste, pois, na *verificação ou falsificação de uma predição*, que foi estabelecida em função de suposta regularidade (repetibilidade). (cf., sobre isso, a próxima seção).

Esse resultado da "dedução transcendental", essa proposição analítica, é na verdade apenas uma *definição* do conceito de "conhecimento" no sentido da ciência natural. Formulada de maneira radical, essa definição diria mais ou menos o seguinte:

Conhecer significa procurar regularidades, mais precisamente: especificar regras e testá-las metodicamente (e desconsidera-se a questão sobre se há regularidades estritamente universais).

Já foi enfatizado mais de uma vez que essa definição (poder-se-ia chamá-la de *definição transcendental do conhecimento*) é o resultado genuíno da [94] "dedução transcendental". Mas, pelo que sei, esse resultado ainda não foi avaliado em todo seu alcance (ele conduz, como será mostrado adiante,[15] em suas consequências últimas ao *dedutivismo*).

Feigl, por exemplo, em sua crítica do apriorismo, sustenta corretamente que o resultado último e genuíno do "kantismo" é "simplesmente uma definição do conceito de conhecimento".[16] Mas ele considera essa definição não uma descoberta epistemologicamente importante, mas trivial: "Por conhecimento, entendia-se e entende-se por toda parte a estipulação de alguma ordem, a discriminação de uma regularidade".[17] Mas essa acusação de trivialidade é injusta: assim os defensores mais eminentes do positivismo lógico, por exemplo, Carnap, Schlick, Wittgenstein (Feigl também pertence a essa escola), baseiam suas investigações epistemológicas em um conceito de conhecimento completamente diferente do kantiano. (Cf. as Seções 19 e segs., particularmente a Seção 44; ali será mostrado que uma das razões pelas quais o positivismo lógico falha é a falta de atenção deste ao conceito kantiano de conhecimento.)

Hume também teria certamente colocado o problema da indução de outro modo e o avaliado diferentemente se tivesse clareza acerca do fato

---

15 [Cf. Seção 5, nota *3; ver também "Posfácio do Editor", Seção 10, nota 24 e texto relativo a esta. (N. E. A.)]
16 Herbert Feigl, *Theorie der Erfahrung in der Physik* (1929), p.104.
17 Herbert Feigl, *loc. cit.*

de que todo conhecimento consiste em "estipular alguma ordem", em "discriminar uma regularidade".[18]

Devemos procurar leis da natureza, regularidades, se quisermos conhecer algo. Mas não devemos de modo algum pressupor que há regularidades estritamente universais; basta sabermos que nosso conhecimento consiste em *procurar regularidades estritamente universais* – como se as houvesse.

Seria infundado, porém, supor que *não* as há. A questão sobre se realmente há ou não – se o mundo é cognoscível [95] ou não – é *indecidível*;[*2] ela permanece, portanto (aliás, porque ela está fora da questão do método), fora de consideração.

O *positivismo estrito* é insustentável: devemos procurar regularidades, devemos estabelecer e testar leis da natureza, enunciados factuais universais, se quisermos conhecer algo.

Mas o apriorismo também deve ser rejeitado; as teses formuladas no final da seção anterior não podem ser mantidas: enunciados factuais universais não podem "ser igualmente verdadeiros ou falsos, como os particulares"; pois os enunciados particulares pressupõem (para o teste de suas pretensões de validade) que haja "regularidades", ainda que apenas no sentido *a posteriori* de regularidades-como-se. Para que fosse possível afirmar que enunciados factuais universais, leis da natureza *verdadeiras* podem ser encontrados, deveríamos poder demonstrar um princípio de indução, o juízo sintético *a priori* de que há regularidades estritamente universais deveria poder ser provado.

Nós estamos, portanto, na situação curiosa de que, enquanto as ciências naturais devem *estabelecer leis da natureza e testá-las*, a *verdade dessas leis da natureza não pode nunca, em última instância, ser demonstrada*. Esses enunciados factuais universais não podem nunca eliminar o caráter de *hipóteses* de afirmações não provadas, não devemos nunca atribuir a eles [nem *a priori* nem *a posteriori*] valor verdadeiro.

A posição baseada em proposições normais é derrotada.

---

18   Herbert Feigl, *loc. cit.*
*2   Hoje escreveria: "Essa questão é *cientificamente* indecidível". E enfatizaria que é uma questão metafísica interessante (ainda que também indecidível) e que o realismo metafísico responde afirmativamente a ela. Cf. também *Logik der Forschung* (1934, 2.ed., 1966; e edições posteriores), Seção 79.

Com isso, o problema da indução entra em um novo estágio. A questão agora é:

Como se deve compreender esses curiosos enunciados factuais universais, que, em princípio, nunca podem ser provados como verdadeiros? [96] Há alguma diferença no valor de uma *lei da natureza* admitida universalmente e uma *hipótese* provisória ainda pouco testada? Uma teoria do conhecimento, que procura fazer jus ao procedimento efetivo da ciência, não pode passar por cima do fato de que a ciência considera algumas leis da natureza como bem-certificadas, mas deposita pouca ou nenhuma confiança em outras.

Mas talvez esses diferentes graus de certeza das hipóteses deem alguma indicação? A ideia que se impõe é que enunciados factuais universais são proposições que *podem assumir valores entre o verdadeiro e o falso*; que *hipóteses não devem ser chamadas nunca de verdadeiras*, mas *de mais ou menos "prováveis"*.

[97] Capítulo V
Kant e Fries

11. Complemento da crítica do apriorismo (Psicologismo e transcendentalismo em Kant e Fries – Sobre a questão da base empírica)

A presente e extensa seção deve ser chamada expressamente de *excurso*. Pois, embora nesta parte do trabalho sejam sempre evitadas as digressões no exame do problema da indução, nesta seção serão apresentadas diferentes relações, juntamente com alguns desenvolvimentos, sem, com isso, alterar o ponto de vista alcançado na discussão do *problema da indução*. *A próxima seção se liga, portanto, diretamente à conclusão da seção anterior.*

As investigações desta seção não devem, pois, servir para estender a discussão, mas para aprofundá-la; tendo em vista, particularmente, a questão do *método da teoria do conhecimento*. E, embora a presente seção exponha um conjunto de considerações críticas, este conjunto apresenta uma ideia fundamental: mostrar que a *comparação consequente dos métodos transcendental e psicológico* é uma via esclarecedora e promissora para se aproximar da solução de questões da teoria do conhecimento.

Já foi indicado em diferentes lugares que, em Kant, a confusão entre elementos de *psicologia* do conhecimento e de *teoria* do conhecimento tem um papel relevante. A distinção inadequada entre elementos psicológicos e teóricos se deve à exposição do problema feita pelo empirismo clássico. Este coloca a questão da *proveniência* "legítima" (isto é, sensualista-empirista) *dos conceitos* – por exemplo, do conceito de causalidade –, mas não a questão da *validade de* [98] *proposições* – por exemplo, do princípio de causalidade. Kant superou essa exposição da questão (que é chamada de *equivocada*[*1]) por meio da distinção que ele faz entre proposições analíticas e sintéticas, que são válidas *a priori* e *a posteriori* (ele foi, com isso, o fundador de uma problemática especificamente epistemológica). Apesar disso, ele próprio recuou sempre a uma exposição genético-psicológica do problema: assim como a distinção (epistemológica) *a priori/a posteriori* pode ser interpretada geneticamente (no sentido da "proveniência a partir da experiência"), a distinção (lógica) entre juízos analíticos e sintéticos também o pode (na virada psicológica: juízos que apenas exprimem ou vinculam aquilo que "já sabemos" e juízos que ampliam, aumentam nosso conhecimento). A concepção genético-psicológica também se apoia na terminologia kantiana e conduz a *ambiguidades*. Desse modo, Kant coloca, por exemplo, a questão sobre se um determinado conhecimento *"surge* a partir da experiência", ao invés da questão sobre se e como ele pode ser *justificado* pela experiência (juízos de percepção). De modo correspondente, Kant chama a "experiência", o "entendimento" etc. de *"fontes* do conhecimento" (uma expressão manifestamente imprecisa e com conotações genéticas óbvias), ao invés de mencionar, por exemplo, a experiência, demonstrações lógicas etc. enquanto *fundamentos* do conhecimento. E isso teve como consequência que apenas Fries (cf. o "trilema" na última parte desta seção) via a questão de que *proposições* devem ser justificadas pela "experiência" (assim como por intuições sensíveis).

Dentre as questões que podem ser esclarecidas no momento que evitamos a confusão entre elementos psicológicos e epistemológicos está o conhecido argumento de Kant segundo o qual a "dedução transcendental" conduz ao idealismo transcendental (a fundamentação kantiana do idea-

---

[*1] Aqui foi levantado pela primeira vez um tema que tem uma grande importância para minha postura. (cf., por exemplo, Karl Popper, *Logik der Forschung*, 2.ed., 1966, e edições posteriores, Seção *1 a Seção 4 e texto). Como se vê, subscrevo a distinção kantiana, embora assinale que ela nem sempre foi seguida por Kant.

lismo transcendental). Esse argumento já foi mencionado na seção precedente e também [99] na conclusão da Seção 4 (em relação ao uso psicológico-genético que Kant faz do termo "*a priori*").

Eu vinculo agora a exposição dessa "fundamentação do idealismo transcendental" kantiana com a formulação que ele faz dos resultados da "dedução transcendental" (já mencionada na Seção 9):

> Muitas são as leis da natureza que podemos conhecer apenas mediante a experiência, mas a *regularidade* na ligação dos fenômenos [...] em geral não podemos conhecer por meio de nenhuma experiência, pois a própria experiência precisa dessas regras, que são o fundamento de sua possibilidade *a priori*.
>
> A possibilidade da experiência em geral é, ao mesmo tempo, a regra universal da natureza, e os princípios da primeira são, eles próprios, as regras da segunda.[1]

Kant, no entanto, não fica satisfeito com esse resultado; parece ser necessária uma interpretação, uma *explicação*:

As condições de "possibilidade da experiência em geral" são as condições formais e ordenadoras mais universais de nosso *processo de conhecimento* (ou, dito de maneira mais psicológica, de nosso aparato cognitivo, de nosso "entendimento"). *Como essas condições subjetivas podem ser as regras mais universais da natureza?* Como se deve *explicar* "tal concordância necessária dos princípios da experiência possível com as regras [...] da natureza"?[2]

Kant não formula essa questão explicitamente, mas ele a discute (ainda que nos *Prolegômenos*[3]). Essa discussão contém a "fundamentação do idealismo transcendental": ela justifica a concepção kantiana de que sua "proposição fundamental [...] de que leis da natureza universais podem ser conhecidas *a priori* [...] conduz à própria proposição: que a legislação suprema da natureza deve estar em nós mesmos, isto é, em nosso entendimento".[4]

---

1 Immanuel Kant, *Prolegomena* (1783), §36, p.111. A ênfase não está no original. [(3.ed.) cf. Seção 9, nota 10 e texto relativo a essa nota. (N. E. A.)]
2 Immanuel Kant, *op. cit.*, §36, p.112.
3 Immanuel Kant, *loc. cit.* Cf. para o que segue também o "Prefácio" e, especialmente, o §27 da *Crítica da razão pura* (2.ed., 1787), bem como a "Exposição sumária" da 1ª edição (1781), p.128 e segs.
4 Immanuel Kant, *Prolegomena* (1783), §36, p.111 e seg.

[100] Para responder à questão sobre como uma "concordância dos princípios da experiência possível com as leis [...] da natureza" deve ser explicada, Kant argumenta da seguinte forma:

Três possibilidades são concebíveis para explicar a concordância de qualquer conhecimento com seu objeto.

Primeira possibilidade: nosso conhecimento se regula por seu objeto.

Segunda possibilidade: o objeto se regula por nosso conhecimento.

Uma via intermediária: o conhecimento está *pré-formado* em nós como disposição (inata) de tal maneira que ele concorda com seu objeto.

A primeira possibilidade é rejeitada por Kant em favor dos princípios *a priori*; ela só pode entrar em questão para conhecimentos *a posteriori*; a suposição de que leis *a priori* "são extraídas da natureza por meio da experiência [...] contradiz a si própria, pois as leis da natureza universais podem e devem ser conhecidas *a priori* (isto é, independentemente da experiência) e servir de fundamento a todo uso empírico do entendimento".[5]

A via intermediária é rejeitada por Kant, pois ele não oferece uma *explicação*; ela conduz, segundo Kant, à pseudoexplicação de que "um espírito, que não pode errar nem se enganar, teria implantado em nós estas leis da natureza".[6] A "via intermediária", portanto, não conduz a uma explicação (ou conduz a uma explicação fantástico-metafísica). – Além disso, "o que seria decisivamente contrário à via intermédia" de uma "estranha consonância" é que "faltaria a *necessidade*".[7]

Resta apenas a segunda possibilidade, a suposição aparentemente paradoxal de que os objetos se regulam por nosso [101] conhecimento (a "Revolução copernicana" de Kant):

"*O entendimento não retira suas leis (a priori) da natureza, mas as prescreve a esta*".[8]

---

5   [Immanuel Kant, *op. cit.*, §36, p.112. (N. E. A.)]
6   Immanuel Kant, *loc. cit.* Nos *Prolegômenos*, Kant refere essa "via intermediária" curiosa "apenas" a Christian August Crusius; nos *Primeiros princípios metafísicos da ciência natural* (1786), "Prefácio", nota 2 por volta do final, [p.XIX], ele fala, no entanto, da "estranha consonância dos fenômenos com as leis do entendimento" e se dirige contra a explicação dessa "consonância" por meio de uma "harmonia pré--estabelecida" [*contra Leibniz, portanto]; a relação da "via intermediária" com a doutrina da "*veracitas dei*" [*contra Descartes, portanto] parece ter escapado a ele.
7   Immanuel Kant, *Kritik der reinen Vernunft* (2.ed., 1787), §27, p.167 e seg. [Ver também nota 6. (N. E. A.)]
8   [Immanuel Kant, *Prolegomena* (1783), §36, p.113. Ver também Immanuel Kant, *Kritik der reinen Vernunft* (2.ed., 1787), p.XVI e segs. (N. E. A.)]

O idealismo transcendental já está contido nessa virada copernicana:

Não apenas a natureza é dada em nossas percepções, em nossas representações, mas todos os objetos e processos da natureza nos são (necessariamente) dados *apenas nas formas que lhe foram impostas por nosso entendimento*.

O processo do conhecimento (o processo de apercepção) deve, segundo essa concepção, ser comparado ao processo de ingestão (de assimilação); ocorre neste de maneira semelhante ao modo como é codeterminado, enformado, o produto da assimilação das condições subjetivas formais do organismo:[9] as condições formais, as regularidades mais universais dos produtos do conhecimento (da natureza conhecida) concordam com os princípios do uso empírico do entendimento, pois são enformados, são criados por eles.

Este é o argumento da "fundamentação do idealismo transcendental" kantiana.

Antes de entrar na análise crítica desse argumento, faço mais uma observação sobre o papel que ele tem no sistema kantiano do apriorismo:

Na seção anterior, afirmou-se que o idealismo transcendental se apoia inteiramente sobre os resultados da "dedução transcendental". Essa afirmação tem uma considerável importância, pois ela protege a *crítica* ao apriorismo defendida aqui – a crítica à "dedução transcendental" – de todas as objeções que pressupõem de antemão o idealismo transcendental. Ela deve, portanto, ser protegida contra a concepção de que o idealismo transcendental também pode ser fundamentado independentemente da "dedução transcendental", por exemplo, por meio da teoria kantiana da [102] subjetividade das formas da intuição do espaço e do tempo (portanto, por meio de sua estética transcendental) ou, por exemplo, por meio da dissolução das antinomias cosmológicas (portanto, por meio de sua dialética transcendental). Contra tais objeções, pode-se dizer: o único aspecto do idealismo transcendental que é relevante para o problema da indução é a teoria da *subjetividade das leis da natureza*, a teoria do *entendimento como legislador da natureza*. Ela é ponto fulcral do idealismo transcendental. Apenas por meio da subjetividade das leis da natureza é que as "coisas em si mesmas" se tornam *incognoscíveis* (não apenas *desconhecidas*, cf. a seção anterior), pois, no lugar de leis objetivas existentes, sob as quais elas estariam, entram as formas do entendimento,

---

9   Cf. sobre isso, Jakob Friedrich Fries, *Neue Kritik der Vernunft II.* (1.ed., 1807), §95, p.65 e seg. [2.ed. (*Neue oder anthropologische Kritik der Vernunft II.*), 1831, §95, p.76 e seg. (N. E. A.)]

aplicáveis apenas sobre o material da representação (os "fenômenos"). – Essa teoria *não* pode, porém, ser fundamentada pela teoria da subjetividade das formas da intuição, assim como não o pode pela teoria das antinomias.

A crítica que se segue à "fundamentação do idealismo transcendental" deve mostrar que o argumento apresentado é um típico exemplo da confusão entre pontos de vista genético-psicológicos e epistemológicos.

A crítica deve partir da *exposição da questão*, que conduz dos resultados da "dedução transcendental" ao idealismo transcendental. A exposição kantiana da questão é a seguinte:

Como se deve explicar a concordância das condições (subjetivas) da experiência possível com a legalidade (objetiva) da natureza?

Deve-se mostrar aqui que uma questão desse tipo – seja lá como se tente reformulá-la – não pode de modo algum ser compreendida como uma *questão* da *teoria* do conhecimento, ao invés disso, ela deve ser compreendida como uma questão genético-*psicológica*. Para mostrá-lo, a questão será introduzida de uma forma que está, tanto quanto *possível*, isenta de objeções do ponto de vista puramente epistemológico; ela diria:

Segundo a definição transcendental do conhecimento da realidade, "conhecer" consiste na proposição e teste de leis da natureza. Se dever haver conhecimento, deve-se satisfazer a condição segundo a qual podemos determinar e testar as leis da natureza. Ora, se mostrarmos que as relações objetivas de [103] fato satisfazem essa condição, então há conhecimento da realidade. Como se deve explicar isso?

Vê-se que a exposição da questão, que conduz Kant ao idealismo transcendental, conduz também à exigência de que se explique o *fato de que há o conhecimento*.

Mas essa questão não pode ser colocada pela teoria do conhecimento (e também não pode ser respondida).

A teoria do conhecimento pode examinar a questão: "Como o conhecimento é *possível*?", isto é, ela pode analisar o conceito de conhecimento e investigar os pressupostos que devem ser satisfeitos para que possa haver o conhecimento da realidade ("definição transcendental" do conceito de conhecimento). Ela pode, inclusive, estabelecer que há, de fato, o conhecimento, que esses pressupostos são, de fato, satisfeitos.

Mas ela não pode nunca exigir uma explicação para esse fato; ela não pode nunca perguntar: "Como é (como há) *realmente* o conhecimento?".

O físico também não pode perguntar como as condições estipuladas pelas equações por Maxwell são de fato satisfeitas na natureza; ele pode apenas *formular* essas condições e pode tentar deduzi-las logicamente de condições mais gerais e, com isso, explicá-las (pois "explicar" significa: inferir a partir de uma lei universal).*2 – E do mesmo modo que o físico pode perguntar por que esta ou aquela lei é satisfeita de fato, o teórico do conhecimento pode perguntar por que as condições do conhecimento são preenchidas de fato, isto é, por que de fato há regularidades.

É claro que essa questão é inadmissível, não científica, pois toda explicação só poderia consistir, por sua vez, na especificação de uma lei universal.

Que haja o conhecimento, que haja de fato regularidades significa apenas que a tarefa da ciência natural de determinar e testar leis da natureza se revela exequível à medida que os testes em geral – ou, ao menos, frequentemente – têm resultados positivos. [104] O resultado positivo de um teste, isto é, a realização de uma *predição*, que foi deduzida de uma determinada lei da natureza, não pode ser, por sua vez, explicado por meio dessa determinada lei da natureza (ou de alguma outra): que a lei da natureza confirme-se factualmente, que a predição de fato ocorra, não pode ser explicado: chegar a uma predição deve ser visto como um dado último, ao qual nada pode ser reduzido.

Ele não é, por seu turno, dedutível, não pode ser predito, pois *não há duas* predições hierarquicamente ordenadas: uma científica, que prediz um determinado evento, e uma da teoria do conhecimento, que prediz que esse evento irá de fato ocorrer; há apenas *uma* predição: a científica.

A tarefa de conhecer a *realidade* (formular predições) é realizada *apenas pela ciência natural*, com todos os meios que estão disponíveis a nós. (A teoria do conhecimento não é uma ciência empírica.)

Toda tentativa de *explicar* o fato de que podemos *com sucesso* testar determinadas leis da natureza, ou, o que dá no mesmo, toda tentativa de explicar que nós de fato podemos conhecer, *extrapola o âmbito do questionamento científico* (ela é "metafísica"); não importa se, como Kant, procuramos a explicação em nós – nas propriedades de nosso entendimento, que impõe leis à natureza –, ou se procuramos, por exemplo, em *propriedades gerais do mundo* (tais como a simplicidade e outras semelhantes):

---

*2 Esse conceito de explicação (chamado hoje normalmente de "conceito de explicação dedutivo-nomológico") é introduzido na *Logik der Forschung* (1934, 2.ed., 1966; e edições posteriores), Seção 12.

Conhecemos as propriedades do mundo (que também pertencem ao nosso entendimento) por intermédio das leis da natureza, que procuramos segundo os métodos da ciência natural, quer tenham essas leis "caráter de precisão" ("caráter causal"), quer "caráter estatístico". Não podemos conhecer outras "propriedades", que tornam as primeiras possíveis, nem por meio de métodos científicos nem filosóficos, mas também não podemos conhecer por meio dos métodos de uma teoria do conhecimento.

Ainda que a exposição kantiana da questão seja inadmissível enquanto questão da teoria do conhecimento, ela pode ser interpretada com sucesso como questão *psicológica* e *genético-biológica*. As formulações kantianas, tais como a da "estranha consonância dos fenômenos com as leis do entendimento"[10] [105] (e muitas outras), já indicam essa interpretação (psicológica).

A questão deveria ser formulada mais ou menos no seguinte sentido (ao se excluir todas as considerações epistemológicas):

Como se deve explicar a concordância das condições (subjetivas) de nosso aparato cognitivo – das leis de funcionamento de nosso intelecto – com as relações (objetivas) de nosso ambiente?

Pode-se mostrar que essa questão pode ser reduzida à questão *biológica* geral sobre como explicar a adaptação dos organismos às condições objetivas do ambiente. Trata-se de uma questão teórica da ciência natural, ela é uma questão de fato.

Também aqui não se deve perguntar por que há algo como a adaptação em geral, ou por que há condições regulares do ambiente às quais os organismos podem se adaptar. Pode-se perguntar pelas condições objetivas e subjetivas da adaptação, mas não por que elas são de fato satisfeitas.

Sem dúvida, devem ser satisfeitas sempre – além das condições objetivas, por exemplo, uma constância (regularidade) do ambiente – condições subjetivas (condições do sujeito que se adapta) para que haja em geral a adaptação, para que se possa falar em geral de adaptação (por exemplo, a existência da vida orgânica, reatividade etc.). Que essas condições subjetivas fundamentais ocorram não pode ser explicado, por sua vez, por meio de

---

10 [Immanuel Kant, *Metaphysische Anfangsgründe der Naturwissenschaft* (1786), "Prefácio", segunda nota, por volta do final, p.XIX. Apêndice (3.ed.) cf. nota 6 e 7, bem como os textos destas notas. (N. E. A.)]

adaptações. (Se quisermos tentar fornecer uma explicação, devemos tomar outro caminho.) Poder-se-ia dizer: a gênese das condições prévias de toda adaptação é "a priori" em relação à adaptação e em um sentido *análogo* às considerações kantianas:

Tais condições são os pressupostos da "possibilidade" da adaptação.

Para passar dessas considerações gerais ao caso específico de nosso *aparato cognitivo*, isto é, nossas *funções intelectuais*, a peculiaridade de que procuramos em todo lugar por [106] regularidades (segundo Kant, o *"entendimento é [...] a faculdade de regras"*;[11] cf., sobre isso e sobre o que se segue, a Seção 4) pode ser vista como essa condição fundamental de nossas capacidades intelectuais de adaptação.

Uma vez que a capacidade intelectual de adaptação, o conhecer, consiste na busca por regras, o fato de que nós possuímos um intelecto não pode ser considerado, por sua vez, como uma capacidade *intelectual* de adaptação: a característica peculiar de procurar por regras é *a priori* em relação às capacidades intelectuais de adaptação e, dessa vez, no sentido *inteiramente*[*3] kantiano:

A existência dessa função intelectual fundamental, a saber, a busca por regularidades, é que torna a capacidade intelectual de adaptação (o conhecimento) *possível*.

Portanto, embora a existência e o surgimento dessa função intelectual fundamental não possam ser explicados como uma capacidade intelectual de adaptação, é possível explicar essa função como *capacidade* (não intelectual) *de adaptação*.

Dito de outro modo: o fato de termos funções intelectuais deve ser explicado (conforme o estado atual de nosso conhecimento biológico) por meio da hipótese de que essas funções se formaram ao longo do desenvolvimento por meio da adaptação (evidentemente não intelectual).

Com isso, a questão é apenas deslocada: o problema da adaptação, como todos os problemas da biologia em geral, ainda é bastante confuso.

Mas uma *coisa* foi alcançada: a questão kantiana acerca da "estranha consonância" entre nosso intelecto e as relações do ambiente é reduzida à questão biológica geral da adaptação. Ela não tem, compreendida dessa ma-

---

11   [Immanuel Kant, *Kritik der reinen Vernunft* (2.ed., 1787), p.126. (N. E. A.)]
*3   Hoje, diria *"quase inteiramente"*.

neira, *nenhum estatuto especial em relação a outras questões acerca da adaptação biológica*.

O *apriorismo* das funções intelectuais fundamentais se releva um apriorismo *genético*: essas funções fundamentais são inatas, elas estão dadas, enquanto condições de todo conhecimento da realidade, antes de todo conhecimento da realidade. A questão sobre como, *apesar disso*, elas se adaptam a nosso ambiente estaria, em princípio, no mesmo nível [107] da questão sobre como um pássaro pode ter asas antes de ter a oportunidade de usá-las no ar.

Segundo essa análise da *exposição* kantiana *da questão*, as *três respostas possíveis* de Kant devem ser examinadas.

A concepção exposta anteriormente significa a opção pela "*via intermediária*":

As funções intelectuais fundamentais são pré-formadas, elas são "disposições subjetivas para pensar, implantadas em nós conjuntamente com nossa existência".[12] Mas para explicar esse "sistema pré-formado" não devemos recorrer nem a uma harmonia pré-estabelecida, nem à *veracitas* de nosso criador: a questão está no mesmo pé de igualdade que as outras questões da "pré-formação", isto é, da adaptação inata.

A objeção de Kant de que não se pode atribuir nenhuma *necessidade* a tal sistema de pré-formação mostra, por sua vez, a confusão que ele faz entre argumentos genéticos e de epistemológicos, mas, dessa vez, o elemento teórico se intromete no genético.

O sistema de pré-formação genético *a priori* certamente não tem nenhuma "concordância necessária", isto é, pode sempre acontecer de nosso aparato cognitivo falhar (e de cairmos no caos). Kant recorda, porém, que o elemento da "necessidade", isto é, da validade *sob todas as circunstâncias*, está vinculado ao conceito (*teórico*) que ele formulou de *a priori*, e esse argumento entra em jogo na discussão de uma questão que, como foi mostrado, não pode ser tratada como uma questão epistemológica.

Se todos os elementos teóricos forem eliminados, a "via intermediária" já não está em oposição em relação às outras duas possibilidades.

---

12 Immanuel Kant, *Kritik der reinen Vernunft* (2.ed., 1787), §27, p.167. [(3.ed.) cf. também as notas 6 e 7, bem como o texto relativo a estas. (N. E. A.)]

À *primeira possibilidade* corresponderia na concepção agora alcançada uma determinação das capacidades de adaptação pelo ambiente e, sem dúvida, o ambiente codetermina (por exemplo, por meio da *seleção*) todas as capacidades de adaptação; isso já está incluído no conceito de "adaptação".

[108] À *segunda possibilidade* corresponderia o fato de que o sujeito da adaptação, o sujeito que se adapta, determina seu ambiente, de que ele *impõe* suas condições subjetivo-formais a seu ambiente. E isso, sem dúvida, ocorre: uma população de formigas, um cupinzeiro, vive em outro "mundo" em relação a seus vizinhos (locais) entre pássaros e mamíferos (uma cerca, que obstrui nosso caminho, pode ser uma via para as formigas); vista desse modo, a imposição subjetiva do "ambiente" (que Kant colocou no centro de sua teoria) é uma *hipótese* biologicamente bem-fundada:

O "ambiente" nesse sentido é o conteúdo de todas as condições externas biologicamente relevantes; o que é *relevante biologicamente* e de que modo é relevante depende (segundo essa hipótese) inteiramente de condições internas.

Aplicando ao conhecimento humano, devemos concluir:

Nosso conhecimento é *antropomórfico*.

A ideia do *antropomorfismo* tem uma importância fundamental para a teoria kantiana do conhecimento. A teoria do idealismo transcendental e o conceito de coisa em si significam – traduzindo em uma terminologia mais biológica – que não podemos ir além de nosso "ambiente" de tons subjetivos e determinado por nós, que é impossível ir além de nossos limites antropomórficos.

Mas podem-se extrair consequências epistemológicas de tal hipótese biológica? Ou essas ideias estariam baseadas em um antropomorfismo compreendido epistemologicamente?

O chamado "problema do antropomorfismo" ou o problema da subjetividade de nosso conhecimento resulta, em função do argumento tipicamente circular a que a análise dele conduz, não tanto sutil, mas simplesmente banal.

Isso vale especificamente para as duas *concepções antinômicas* (que têm os mesmos direitos) que recorrem às ideias do antropomorfismo: para o pessimismo epistemológico e [para] o otimismo epistemológico (tal como caracterizo essa concepção).

Não há conhecimento em geral, diz o *pessimista epistemológico*; ao menos, não conhecimento no [109] sentido estrito: não há nenhuma proposição absolutamente verdadeira. ("Eu sei que nada sei, e nem isso"[12a]). Justificação: nosso conhecimento sempre tem necessariamente *tons subjetivos*. No entanto, essa coloração individual-subjetiva – que, por exemplo, se faz notar em toda disputa legal – pode ser superada até certo ponto pelos métodos supraindividuais, intersubjetivos, da ciência; a significativa coloração *especificamente* subjetiva (isto é, precisamente o antropomorfismo) é – para nós, humanos – intransponível. Objetividade do conhecimento, verdade absoluta não podem nunca ser atingidas por nós. (Se quiséssemos objetar ao adversário, por exemplo, seguindo Husserl: "O que é verdadeiro é verdadeiro absolutamente, 'em si mesmo'; a verdade é identicamente uma, seja ela apreendida por humanos ou sobre-humanos, anjos ou deuses",[13] o pessimista poderia responder a tal prova ontológica da verdade: precisamente porque o conceito de verdade implica a verdade absoluta, não podemos apreendê-la, pois nenhum de nossos juízos pode negar o próprio caráter subjetivo.)

É claro que essa concepção cético-pessimista é *contraditória*. Em primeiro lugar, porque há, certamente, conhecimentos a partir dos quais ela se constitui. (A coloração individual-subjetiva é uma *afirmação empírica*, assim como a ideia do antropomorfismo universal, que pressupõe considerações biológicas.) A concepção cética, ao mesmo tempo que suprime a verdade das próprias pressuposições, suprime a si mesma.

Para demonstrar a contradição interna desse ceticismo universal, basta recordar o "raciocínio cretense";*[4] poder-se-ia formulá-lo aqui da seguinte forma: se não houver conhecimentos verdadeiros, deve haver (uma vez que o conhecimento enunciado não é verdadeiro) conhecimentos verdadeiros... etc.

12a [(3.ed.) Ver "Introdução de 1978", notas 1 e 15, assim como os textos relativos a estas. (N. E. A.)]

13 Edmund Husserl, *Logische Untersuchungen* I. (1900), §36, p.117. (N. E. A.)]

*4 Essa observação remonta a um momento anterior ao meu conhecimento da teoria da verdade de Tarski. [(3.ed.) Ver "Introdução de 1978", Seção 2, nota 1 e texto relativo a essa nota; cf. também Karl Popper, *Frühe Schriften* (*Gesammelte Werke in deutscher Sprache* 1, 2006), Nr. 15: "Über die empirische Methode und den Begriff der Erfahrung" (1935), nota 13. (N. E. A.)]

[110] (Nada muda naturalmente quanto a essa contradição interna se a *própria tese cética* não for afirmada verdadeira, mas simplesmente enquanto conjectura incerta, como fez todo cético consequente, ao menos desde Pirro e Arcesilau, ou mesmo desde Sócrates.)

Essa refutação formal do ceticismo não é muito atraente e certamente não é satisfatória (em função de razões internas que serão introduzidas). Para expor a crítica de maneira completa, pode-se tentar aplicar a chamada dúvida cética ao caso particular. Você duvida – poder-se-ia tentar argumentar, por exemplo, de maneira *ad hominem* contra o cético – que ouve o canto de um melro? Mas *chamamos* esse som, que você ouve, precisamente de canto de um pássaro (desconsiderando o que ele é "em si") e *chamamos* esse algo preto, que você vê ali, precisamente de melro. Quando você duvida de que realmente o *chamamos assim*, você pode facilmente se convencer ao consultar um livro etc. Se você duvidar que realmente haja um melro, podemos responder: a proposição enunciada "Isso é um melro" não precisa e não deve ser entendida senão como "*Chamamos* isso de melro". É verdade que com esse *método de conhecimento meramente designativo (semântico*[5]) não podemos nunca chegar à "essência das coisas"; mas, uma vez que não temos essa intenção, uma vez que nossos enunciados *não afirmam* nada que indique a essência das coisas, mas pretendem apenas *designar* (inequivocamente), isso não fala contra, mas a favor da possibilidade de conhecer.

Essas considerações (que, sob outro ponto de vista, não estão inteiramente isentas de qualquer objeção, não por causa da *concepção semântica do conhecimento*, que foi defendida, mas por causa da forma psicológica de argumentação) provavelmente não satisfarão o cético. O antropomorfismo – talvez ele pudesse replicar –, o subjetivismo, entra nas considerações que você faz: você chama-o de "método semântico de conhecimento". Eu concedo [talvez ele acrescentasse] [111] que nosso conhecimento é meramente "semântico"; mas exatamente por isso já está aí o inevitável antropomorfismo, uma vez que ele mostra a dependência do conhecimento em relação a *nosso* emprego de sinais; em suma, essa tese de que nosso conhecimento é meramente semântico é, para mim, outro modo de expressar a tese cética de que não podemos conhecer nada (que não podemos ter nenhum conhecimento genuíno: ceticismo e misticismo se apoiam mutuamente).

---

[5] A palavra "semântico" não foi usada por mim no sentido de Tarski. Eu desconhecia naquele momento tudo sobre Tarski e uma metalinguagem.

Mas, com isso, o cético teria que conceder que nós temos conhecimento (evidentemente apenas "semântico"); e aquilo que ele agora ataca é *nosso conceito de conhecimento (semântico)* e nosso conceito de *verdade* estreitamente relacionado a ele.

Desse modo, voltamos a nosso ponto de partida; andamos em círculo: o cético, que inicialmente duvida da verdade absoluta de nossos conhecimentos, é obrigado exatamente a explicar esse próprio conceito de verdade (absoluto) como antropomórfico. Mas aquilo de que ele ainda duvida não pode ser dito, pois o conceito de *dúvida* pressupõe o de verdade.

Essas consequências não podem ser evitadas pelo cético, pois ele explica a própria lógica – e, com ela, todas as consequências – como antropomórfica; isso porque o conceito de verdade permanece de pé ou rui junto com a lógica (que pode ser entendida, diga-se de passagem, como uma definição implícita de "verdadeiro" e "falso").

Assim, a situação do ceticismo universal, do pessimismo epistemológico não pode ser mais bem caracterizada do que pelas palavras de Wittgenstein:[14]

"O ceticismo *não* é irrefutável, mas manifestamente um contrassenso, pois ele pretende duvidar onde não se pode perguntar".

O resultado dessa disputa poderia ser interpretado como sendo o de que o antropomorfismo se mostra *completamente insuperável*: ele permeia nossa lógica, nosso conceito de verdade, inclusive nosso ceticismo.

Essa interpretação conduz, porém, a um *otimismo* epistemológico, à concepção da questão do antropomorfismo defendida, por exemplo, por Kant em seu *apriorismo*.

[112] Segundo essa concepção, não nos resta nenhuma escolha: somos obrigados a considerar o abrigo do antropomorfismo – as formas de nosso entendimento – como algo último. Podemos conhecer essas *próprias formas*, mas não para superá-las, ao contrário: para estipulá-las como os limites intransponíveis últimos e, ao mesmo tempo, como os princípios indubitáveis de nosso conhecimento.

O *idealismo transcendental* pode ser considerado, pois, como um desenvolvimento radical da ideia de que todos os nossos conhecimentos têm *tons subjetivos*, isto é, *são antropomórficos*.

Essa concepção kantiana tem consequências importantes para o uso dos conceitos de *"objetivo"* e *"subjetivo"* (aos quais são devidas determinadas

---

14 Proposição 6.51 de Wittgenstein, *Tractatus logico-philosophicus*.

inconsequências terminológicas na obra de Kant). Por meio do subjetivismo radical, o conceito de *objeto* é tornado subjetivo:

Os objetos [*Gegenstände*] da ciência, os objetos [*Objekte*], são dados apenas na nossa experiência, em nosso conhecimento; para que algo possa ser objeto (*Objekt*), deve ser enformado subjetivamente.

A *objetividade* do conhecimento não pode ser buscada como se o conhecimento apreendesse o "em si" de seu objeto, mas ela consiste em que o objeto é determinado cientificamente segundo os princípios metodológicos (do uso de nosso entendimento) *válidos universalmente* (*intersubjetivos*). (Poder-se-ia, seguindo a terminologia kantiana, chamar essa objetividade de "objetividade empírica".)

Esse conceito de objetividade (empírica) no sentido da validade universal, da dimensão científico-empírica (da testabilidade intersubjetiva; cf. a Seção 9 por volta do final e esta seção, a seguir) deveria ser coordenado a um conceito de subjetividade (empírica); "subjetivo" nesse sentido seria uma convicção (uma "crença"), cuja justificação não poderia ser testada por métodos científicos, válidos universalmente.

A essa terminologia, que corresponde mais ao idealismo transcendental, opõe-se outra, menos importante e evidentemente mais antiga, que também não tem nada a ver com o conceito de objetividade utilizado neste trabalho. Poder-se-ia caracterizá-la pelo fato de igualar "objetivo" a "absoluto": *objetivo* seria o conhecimento que apreende seu objeto [113] *como* ele é – "em si" –, apartado de todas as relações com o sujeito de conhecimento; *subjetivo*, se determina seu objeto apenas *relativamente*, em relação aos demais conhecimentos e às pressuposições formais de um sujeito de conhecimento ou um conhecimento da ciência.

Se evitarmos essa segunda terminologia (transcendente), que corresponde menos àquela do idealismo transcendental – o que pode ser feito facilmente, uma vez que o par conceitual "absoluto" e "relativo" está à disposição –, e utilizamos os conceitos "objetivo" e "subjetivo" apenas no sentido "empírico" anterior, podemos resumir o resultado da crítica kantiana do conhecimento na seguinte fórmula:

O "absoluto" só pode ser apreendido subjetivamente (isto é, "acreditado");

todo *conhecimento objetivo* (isto é, válido universalmente, testável *cientificamente* de maneira intersubjetiva) *é "relativo"*.

"Esse par conceitual, *subjetivo-absoluto* e *objetivo-relativo*, parece-me incluir uma das ideias fundamentais da teoria do conhecimento a serem tiradas da investigação da natureza", escreve Weyl,[15] evidentemente sem se reportar à teoria de Kant, e continua: "Quem busca o absoluto deve levar em conta [...] a subjetividade; quem busca o objetivo não chega ao problema da relatividade".[16]

É certo que essa ideia já está contida implicitamente na teoria do conhecimento kantiana (ainda que [um pouco] comprometida pela confusão terminológica mencionada), não se pode duvidar que ele inclui uma das ideias mais importantes de toda a filosofia kantiana (cf., sobre isso, a terceira seção da "Doutrina transcendental do método",[17] assim como a filosofia prática de Kant); ela assinala a dimensão da filosofia kantiana [114] que é empírica sem ser positivista. – Falarei mais nesta seção do importante *conceito de objetividade* de Kant e de suas consequências "relativistas". (Não é preciso sublinhar que esse "relativismo" não tem nenhuma relação com banalidades – "Tudo é relativo" e coisas parecidas – e com a relativização do conceito de verdade.[18])

Deve-se aqui criticar novamente o *apriorismo*: também não é sustentável a concepção *otimista* de Kant, segundo a qual somos compensados – pelas necessárias limitações antropomórficas de nosso conhecimento (por sua relativização) – por meio de intuições válidas *a priori*, objetivas e sintéticas; o idealismo transcendental não pode ser fundamentado com o auxílio da ideia de um antropomorfismo que não é de modo algum superável; o apriorista otimista cai em contradições análogas à do cético pessimista.

Kant pretende explicar e garantir o apriorismo epistemológico de um princípio de indução, a "necessidade" da existência de uma regularidade natural por meio da suposição de que nosso entendimento prescreve leis à

---

15 Hermann Weyl, *Philosophie der Mathematik und Naturwissenschaft* (1927), p.83. [(3.ed.) cf. Apêndice: "Resumo" (1932), Seção VIII, nota 3 e texto relativo a esta. (N. E. A.)]

16 Como Weyl enfatiza, essa ideia também está presente em Max Born, *Die Relativitätstheorie Einsteins und ihre physikalischen Grundlagen* (1920), Introdução; e, antes dele, Reininger já havia afirmado de modo semelhante, cf. Robert Reininger, *Das Psycho-Physische Problem* (1916), p.290 e segs. [(3.ed.) cf. Apêndice: "Resumo" (1932), Seção VIII, nota 3 e texto relativo a esta. (N. E. A.)]

17 [Immanuel Kant, *Kritik der reinen Vernunft* (2.ed., 1787), "Transzendentale Methodenlehre", 2. Hauptstück, 3. Abschnitt, p.848 e segs. (N. E. A.)]

18 Sobre o conceito de "relatividade", cf. também Jakob Friedrich Fries, *Neue Kritik der Vernunft II.* (1.ed., 1807), §111, p.121. [2.ed. (*Neue oder anthropologische Kritik der Vernunft II.*), 1831, §110: 3, p.129. (N. E. A.)]

natureza, impõe sua forma a ela. Mas essa suposição não permite de modo algum o que Kant exige dela: ela não *explica nada*, ela é *circular* e se revela, por fim, *inconciliável* com as pressuposições fundamentais de Kant, com a definição conceitual que ele faz dos juízos analíticos e sintéticos.

Antes de tudo, ainda que se pudesse reduzir o problema da *regularidade da natureza* à *legalidade do entendimento*, o que se ganharia com isso? Mesmo para poder sustentar a validade universal e estrita das leis de nosso entendimento, dever-se-ia *pressupor* um *princípio de indução*.

Kant supõe, por exemplo, uma uniformidade universal dos intelectos de todos os homens mentalmente saudáveis. Essa suposição é evidentemente empírica e necessita, por isso, de um princípio de indução.

[115] Se quisermos evitar esse círculo, devemos partir de um "solipsismo metodológico" (Carnap[18a]): *meu entendimento prescreve leis à natureza* (que me aparece), logo, há regularidades nessa minha natureza; por causa desse [ou de outro[*6]] *princípio de indução*, posso afirmar a uniformidade dos intelectos humanos (que pertencem à natureza que me aparece) etc. – Mas esse passo também não elimina a circularidade: com que direito devo poder afirmar – sem pressupor um princípio de indução, ou seja, *a priori* – algo como uma uniformidade, uma regularidade do meu intelecto?

(Apenas um apriorismo *psicológico* do caráter regular da natureza poderia ser explicado por meio do idealismo transcendental, nunca um apriorismo *epistemológico*: mais uma vez, mostra-se que Kant confunde os dois conceitos de *a priori* em momentos decisivos.)

Essa uniformidade de meu intelecto não é certamente evidente: o fato de que o entendimento humano (considerado ontogenética e psicologicamente) se modifica, se desenvolve, é um fato empírico. E essas modificações têm, primordialmente, uma natureza *formal*: elas não consistem tanto em que nosso conhecimento material se modifica, mas se referem, principalmente, a nossas funções intelectuais, métodos e pressuposições do pensamento não examinadas.

Não é, portanto, evidente (a menos que se confunda o *a priori* psicológico e o *a priori* epistemológico) por que as leis do meu entendimento devem ser mais certas ou estáveis ou simples de serem compreendidas (ou

---

18a [(3.ed.) cf., por exemplo, Rudolf Carnap, *Der logische Aufbau der Welt* (1928), p.86 e 91. Ver também nota 54 e texto relativo a essa nota. (N. E. A.)]

*6 Cf. meus novos comentários à seção 5 acima.

mesmo mais evidentes?) que as leis da natureza. (Isso ocorre, por exemplo, como uma suposição bem testada da geologia, segundo a qual as condições geofísicas mais universais – portanto, correlações determinadas por leis da natureza – não se modificaram nas épocas geológicas; ninguém duvida, no entanto, das grandes mudanças filogenéticas que atuaram nas funções intelectuais humanas em um período de tempo bem mais curto.)

[116] A redução da legalidade da natureza à legalidade do entendimento não explica, portanto, nada. Ela contém um círculo insuperável; e ela deve conter tal círculo: nós somos seres naturais (não sobrenaturais), nós pertencemos – e, juntamente, nosso entendimento, nossa razão, nosso conhecimento, nossa ciência (mesmo depois de Kant) – àquela "natureza" que nos enformou, que apenas por meio de nós se torna "natureza".

Uma objeção, que se assemelha bastante à objeção anterior (embora não contenha nenhuma menção a um círculo vicioso), foi levantada por Russell, contra a filosofia da aritmética e da lógica de Kant:

> O que se deve explicar é nossa certeza de que os fatos têm que se conformar sempre às leis da lógica e da aritmética. Dizer que a lógica e a aritmética provêm de nós não é uma explicação. Nossa natureza é igualmente um fato do mundo existente, assim como qualquer outra coisa, e não se pode garantir que ela permanecerá constante. Se Kant tiver razão, pode acontecer que nossa natureza se modifique amanhã de tal modo que dois mais dois seja cinco. Essa possibilidade não parece nunca ter ocorrido a ele; mas ela destrói completamente a certeza e a universalidade que ele reivindicava para as proposições matemáticas.[19]

Ainda mais sério do que a objeção do círculo vicioso parece-me o fato de que o apriorismo otimista é levado à conclusão de que esse ponto de vista é *incompatível* com a importante distinção de Kant entre juízos *analíticos* e *sintéticos*.

Kant acreditava que deve haver juízos sintéticos *a priori*, mas (ao contrário do racionalismo "dogmático", que supunha juízos sintéticos *a priori materiais*) apenas aqueles que são *válidos por razões formais*. Eles têm que ser válidos, acreditava Kant, para todo *material* (inclusive *a priori*), pois são

---

19　Bertrand Russell, *The problems of philosophy* (1912), VIII, [p.135]; citado segundo a tradução de Paul Hertz (*Die Probleme der Philosophie*, 1926), p.74.

apenas as *formas racionais mais universais* que impomos a todo material e aos quais *todo* material tem que se adequar se for determinado, *conhecido* racionalmente.

[117] Esse *formalismo sintético* de Kant – sua visão de que juízos sintéticos a priori devem poder ser válidos por *razões formais* – é, como se pode mostrar facilmente, incompatível com a definição de Kant dos juízos sintéticos, segundo a qual todo juízo sintético pode ser *negado* sem contradição.

Kant pressupõe o formalismo sintético para que todo material, todas as impressões sensíveis (por meio de determinados esquemas) sejam subsumidos por nosso entendimento sob determinadas formas conceituais; os conceitos puros do entendimento ou categorias são aplicados (segundo quatro pontos de vista diferentes) ao material; o material é processado racionalmente, enformado *categorialmente*.

No entanto, a "negação" é uma *categoria* e, inclusive, uma categoria que – *considerada de modo puramente formal* – pode ser aplicada a qualquer proposição, seja qual for a forma de tal proposição.

Em uma determinada classe de proposições, vê-se que, pela aplicação da categoria de negação (que formalmente sempre pode ser feita), obtém-se uma proposição que não pode ser válida por razões formais, pois ela é autocontraditória. Tratam-se das proposições *analíticas*, cuja negação é *contraditória*.

Um juízo sintético, ao contrário, não pode, segundo Kant, nunca "ser considerado a partir do princípio de não contradição".[20] Isso significa, porém, que sua negação não é nunca contraditória, que a aplicação da categoria de negação a um juízo sintético não leva nunca a uma proposição inválida por *razões formais*.

Se um determinado material pode aparecer sob a forma de um juízo (sintético), outra forma pode *sempre* ser aplicada – por razões formais – a esse mesmo material: a *negação* do primeiro juízo.

A *decisão* por uma entre essas duas formas mutuamente contraditórias (que se negam mutuamente) não pode, pois, ser uma decisão segundo pontos de vista *formais*: apenas a dimensão material do conhecimento (o teste empírico) pode decidir qual desses juízos sintéticos igualmente "possíveis",

---

20 [Cf. Immanuel Kant, *Prolegomena* (1783), §2, p.28; I. Kant, *Kritik der reinen Vernunft* (2.ed., 1787), p.14. (N. E. A.)]

em termos formais, deve ser considerado *verdadeiro* e qual deve ser considerado *falso*.

[118] Kant viu isso claramente: os dois primeiros "Postulados do pensamento empírico em geral" (citados anteriormente[21]) dizem:

"1. O que está de acordo com as condições formais da experiência [...] *é possível*.

2. O que se vincula com as condições materiais da experiência (da sensação) *é real*".[22]

Com isso, se diz tudo:

Não se pode saber *a priori* se alguma forma ou se sua negação igualmente possível (igualmente aplicável de modo formal) será aplicada a um determinado caso da realidade (a um determinado material). Isso é decidido pelas condições materiais da experiência.

Todas as proposições verdadeiras *a priori* por razões formais são *analíticas*. Se uma proposição, que contém uma determinada afirmação sobre um material, for válida *apenas por sua forma* (*a priori*), é preciso permitir, além de sua afirmação, sua negação (e se torna, com isso, uma proposição analítica, por exemplo: "O sol nascerá amanhã ou não").

Proposições sintéticas, portanto, não são válidas nunca por razões formais; elas só podem ser válidas *a posteriori*.

Kant considera possíveis proposições sintéticas formais, em parte, por causa da concepção que tem da matemática, mas, sobretudo, porque ele se deixa enganar por sua *equivocação* [*Äquivokation*]; ele confunde os próprios conceitos lógicos de "sintético" e "analítico" com outros, em particular com conceitos *psicológicos*: toda "forma", toda ordem *reúne* "elementos", é – se quisermos – uma "síntese do múltiplo" e, nessa medida, pode ser chamada de "sintética". Mas *esse* conceito de síntese não tem nenhuma relação com o conceito de "juízos sintéticos" (no sentido de não analíticos, de afirmações não tautológicas).

Aquelas proposições que Kant considera como juízos sintéticos *a priori* formais são, em parte, *materiais* (e *sintéticas*), e *não a priori* – a elas pertencem, por exemplo, as proposições de "ciência natural" que ele formulou

---

21 [Ver Seção 3, texto relativo à nota 4. (N. E. A.)]
22 [Immanuel Kant, *Kritik der reinen Vernunft* (2.ed., 1787)Ibid., p.265-6 e seg. (N. E. A.)]

(algumas das quais se revelaram falsas*7), em parte, elas são [119] *formais* e *a priori*, mas *analíticas*. A estas últimas pertencem todas as proposições de Kant importantes para a teoria do conhecimento. Um exemplo desse grupo são os mencionados "Postulados do pensamento empírico em geral", que o próprio Kant[23] diz serem apenas explicações dos conceitos de "possibilidade" e "realidade" e, com isso, apenas "subjetivo sintéticos"[24] (isto é, "sintéticos" em algum sentido psicológico).

Formas transcendentais – formas às quais nossos conhecimentos científicos estão vinculados – são, pois, apenas as formas das proposições analíticas, as tautologias lógicas e matemáticas. (De maneira similar a Wittgenstein,[25] mas em outro sentido, poder-se-ia dizer: *"Apenas* a lógica é transcendental".)

Basta acerca da crítica ao apriorismo kantiano, em particular acerca da postura otimista de Kant em relação à questão do antropomorfismo.

As esperanças bastante grandes que Kant depositava na ideia de que um ceticismo universal se contradiz revelaram-se infundadas. Como se deve, portanto, solucionar a questão do antropomorfismo? Pode-se encontrar, a partir da discussão do problema da indução até aqui, uma terceira posição que seja mais satisfatória, ao lado do pessimismo e do otimismo?

O que há de estéril, de banal no debate entre o pessimismo e o otimismo epistemológico reside, em todo caso, na maneira muito geral e muito indeterminada de colocar o problema. A questão geral da teoria do conhecimento sobre a validade "de nosso conhecimento em geral" deve ser substituída por problemas mais concretos, que surgem da metodologia empírico-científica. Nesse sentido, Kant já deu um passo decisivo com a distinção que fez entre juízos sintéticos e analíticos.

[120] Vistos do ponto de vista da ciência empírica, os juízos analíticos não contêm nenhum problema metodológico. Ao cientista empírico, a consideração cética acerca dos juízos analíticos (isto é, também acerca da lógica) parece vazia; nossa análise também mostrou a insustentabilidade de tal ceticismo.

---

*7 Uma alusão à teoria da gravitação de Einstein e às relações de incerteza de Heisenberg [(3.ed.) Ver "Introdução de 1978", Seção 1, notas 8, 9 e 11, assim como o texto relativo a essas notas; cf. também Seção 5, nota *8 e texto relativo a esta. (N. E. A.)]
23 [Immanuel Kant, op. cit., p.266. (N. E. A.)]
24 [Immanuel Kant, op. cit., p.286. (N. E. A.)]
25 Ludwig Wittgenstein, *Tractatus logico-philosophicus* (1918/1922), proposições 6.13 e 6.421.

Outra coisa ocorre com os juízos *sintéticos*:

Por um lado, a rejeição sumária do ceticismo é evidentemente pouco satisfatória, pois um determinado ceticismo não parece ser completamente injustificado por uma parte dos juízos sintéticos. Uma vez que não há juízos sintéticos *a priori* – e, com isso, não há princípio de indução –, uma *justificação definitiva de proposições sintéticas universais é impossível*.

Por outro lado, devemos também concordar com a concepção elaborada por Kant de que o antropomorfismo tem por consequência o fato de haver limites intransponíveis para o conhecimento humano, mas, ao contrário do que pensa Kant, essa limitação de nosso conhecimento não consiste (segundo a concepção defendida aqui) no fato de estar vinculada a dogmas sintéticos *a priori*; ela é, antes de tudo, a consequência da *impossibilidade de verificar definitivamente os enunciados factuais universais*.

Do ponto de vista da discussão do problema da indução feita até aqui, a ideia do *antropomorfismo* deveria ser relacionada com uma *concepção cética* (originalmente motivada de outro modo); claro, com um ceticismo *limitado*, relacionado, sobretudo, com a validade das *leis da natureza* (dos enunciados factuais universais) e que evita as contradições do ceticismo universal.

Mas isso ainda não basta: uma concepção cética das leis da natureza permanece uma teoria completamente vazia, uma consideração quase insignificante metodologicamente, se não for complementada por uma constatação do *caráter aproximativo* de nosso conhecimento da realidade e, por isso, orientado na direção do otimismo.

Enquanto tivermos simplesmente a *suspeita* geral de que um determinado conhecimento tem tons antropomórficos (ou ainda não definitivamente provados [e, por consequência, talvez inexato]), sem poder, por sua vez, justificar essa suspeita, nos movemos no âmbito da especulação vazia. Algo completamente diferente ocorre quando [121] mostramos que, com frequência, *superamos determinadas teorias científicas, substituindo-as por outras melhores*: nesses casos, podemos, na maior parte das vezes, estabelecer concretamente sobre quais prejuízos (não provados) a antiga teoria repousava; em muitos casos, pode-se identificar aquele traço que se chama de "antropomórfico". Assim, apenas o *fato* (da teoria do conhecimento) *das aproximações, da superação de uma teoria por outra melhor* dá um conteúdo inteligível à ideia do antropomorfismo (e do ceticismo).

Esse ponto de vista, como foi assinalado anteriormente, não está muito distante do otimismo epistemológico. Vê-se com clareza um parentesco desse ponto de vista com determinadas ideias de Kant que foram parti-

cularmente seguidas pelos *neokantianos*: a teoria do "objeto" de nosso conhecimento, que não é nunca "dado" a ele, mas sempre "colocado" apenas como o X desconhecido, assinala com toda precisão o caráter aproximativo e inacabado de nosso conhecimento (mesmo que em um sentido diferente do defendido aqui). O ponto de vista defendido aqui, entretanto, está em oposição dificilmente superável com o otimismo radical de Wittgenstein, que, no espírito do positivismo, afirma contra toda forma de ceticismo:
"*O enigma* não existe.
Se uma questão não se pode em geral levantar, a ela também não se pode responder".[26]

O significado metodológico do caráter *aproximativo de nosso conhecimento* é evidente. Talvez não seja tão evidente que também a impossibilidade de uma verificação definitiva de enunciados factuais universais tem consequências práticas. (Isso será suficientemente enfatizado na sequência da investigação.) Se a ideia do antropomorfismo (originalmente uma ideia biológica, é óbvio) pode ser em geral transposta ao domínio da metodologia e da teoria do conhecimento, isso só pode ser feito com o auxílio de dois conceitos: o de *aproximação*, que adquire importância com a exposição da questão do *inacabamento de nosso conhecimento* da realidade e complementa, por sua vez, essa exposição positivamente.

[122] A concepção apresentada acerca do problema do antropomorfismo não é exatamente nova. Dificilmente, deve-se considerar um acaso que, já em Xenófanes (por volta de 500 a.C.), o primeiro a exprimir a ideia do antropomorfismo, encontram-se duas outras ideias: a ideia do caráter aproximativo de nosso conhecimento e a da impossibilidade da verificação definitiva deste.

Reproduzo aqui as passagens dos fragmentos remanescentes de Xenófanes (em tradução minha[27]). Em primeiro lugar, cito sua clássica formulação da ideia crítica do antropomorfismo:

---

26 Ludwig Wittgenstein, *op. cit.*, proposição 6.5; cf., sobre isso, as Seções 19 e 43 e segs.
27 [2.ed.] O texto e especificamente minha tradução de Xenófanes foram reescritos para a 2ª edição – Um aprimoramento puramente estético. A citação de Xenófanes foi traduzida por mim na forma de versos, ainda que traduzida literalmente. As três passagens, das quais, em duas, há pequenas alterações, são discutidas nas notas 28a, 28b e 28c. [Na edição alemã de 1994 de *Os dois problemas fundamentais do conhecimento*, Popper forneceu sua própria tradução dos fragmentos de Xenófanes. Para esta edição brasileira, foi tomado como base esse mesmo texto. (N. E. B.)]

De nariz achatado, negros: assim os Etíopes veem os deuses.
De olhos azuis e loiros: assim os Trácios veem seus deuses.
Mas os bois, os cavalos e os leões, tivessem eles mãos,
Como têm os homens, para desenhar, pintar, forjar uma obra figurativa,
Os bois pintariam os deuses como bois, os cavalos, como cavalos,
E criariam tais figuras, as formas dos corpos divinos,
Segundo sua própria figura: a cada qual o que é seu.[28]

Isso talvez tenha levado Xenófanes à ideia de que adquirimos nosso conhecimento (no melhor dos casos) por aprimoramentos sucessivos – pela aproximação à verdade.

Os Deuses não revelaram tudo a nós, mortais, desde o início,
Mas, no curso do tempo, nós encontramos o melhor.[28a]

Essa aproximação é incerta, segundo Xenófanes, e mesmo que fosse completa, ela não poderia nunca ser verificada definitivamente (o "ceticismo" de Xenófanes coincide com [123] aquele defendido aqui – caso ele seja modernizado, isto é, direcionado às *leis da natureza*):

A verdade certa não é conhecida por nenhum homem e ninguém conhecerá
Nada sobre os deuses e todas as coisas das quais falo.
Mesmo que, por uma felicidade, ele anuncie a verdade perfeita,
Não o saberá nunca: tudo está misturado à opinião.[28b]

Esses versos magníficos de Xenófanes me mostraram que ele, 2 500 anos antes, antecipou minhas ideias sobre a teoria do conhecimento – as

---

28 [2.ed.] D-K B 16 e 15.
28a [2.ed.] D-K B 18. Deveria traduzir mais exatamente na segunda linha: "eles encontram"; escolhi, entretanto, "nós", pois "eles" – gramaticalmente – também poderia remeter aos deuses. Mas essa certamente não era a intenção de Xenófanes, pois os deuses não precisam "procurar"!
28b [2.ed.] D-K B 34. Um conhecedor do grego disse sobre o "misturado" (última linha); "Belo, mas muito livre". A tradução, porém, é literal, cf. *Odisseia*, VII, 235. [(3.ed.) cf. Karl Popper, *The World of Parmenides: Essays on the Presocratic Enlightenment* (ed. Arne F. Petersen com a colaboração de Jørgen Mejer, 1998), p.47: (a) (= *Die Welt des Parmenides: Der Ursprung des europäischen Denkens*, tradução alemã de Sibylle Wieland e Dieter Dunkel, 2001, p.95 e seg.: (a)). (N. E. A.)]

ideias que eu formulei no inverno de 1919-1920 e que foram desenvolvidas pela primeira vez neste livro: eu me refiro, sobretudo, ao falibilismo, que é insuperável, e à verdade absoluta e objetiva, que buscamos e, às vezes, encontramos, mas sem poder saber ao certo que a encontramos de fato. Xenófanes sabia isso tudo.

Há exemplos de que a falibilidade de nosso conhecimento frequentemente surge de nosso antropomorfismo, mas que nossos erros podem ser aprimorados. Um desses exemplos é o desenvolvimento que começa com Zeus a atirar raios e conduz à teoria do campo eletromagnético. Um desenvolvimento semelhante é aquele do nascimento de nosso mundo material a partir do casamento do céu e da terra (Urano e Gaia) até a teoria unificada dos campos. Um traço característico de toda essa sequência de desenvolvimentos é a passagem do *visível* ao *invisível*. – Esse movimento em direção ao invisível (não à *falta de imaginação*, mas à *abstração*, à *construção racional*) também é bastante claro em Xenófanes: ele próprio enfatiza a abstração nos seis versos seguintes, nos quais ele contrapõe ao politeísmo antropomórfico uma ideia monoteísta de *Deus = Espírito*:

> *Um* Deus é o maior entre os deuses e os homens,
> Não semelhante à figura dos homens, nem mesmo em suas ideias.
> Permanece fixo no mesmo lugar, sem movimento,
> [124] E não cabe a ele, nem aqui, nem ali, se mover.
> Sem descanso, ele rege tudo, apenas com seu saber e sua vontade.
> A ele é dado ver tudo; pensar e planejar tudo; e ouvir tudo.[28c]

Dentre os muitos exemplos sobre o desenvolvimento mencionado em direção à abstração, sobretudo o *problema da causalidade* é interessante para nossa investigação, por isso, entramos nessa questão em mais detalhe.

[28c] [2.ed.] D-K B 23, 26, 25 e 24. Uma alternativa na penúltima linha seria: "Sem descanso, ele move o todo". Diels traduziu o verso mais ou menos desse modo, assim como eu o fizera anteriormente, pensando no céu estrelado (e no "primeiro motor" de Aristóteles). Mas eu acredito agora que o contexto exige "rege". E *kradaínei* poderia ser uma variante de *kraaínei* ou de *kraiaínei*. (Isso porque "mover uma lança" é aparentado e poderia ser confundido com "mover um cetro" (Sófocles, *Oedipus Coloneus*, 449) ou "reger" (*Odisseia*, VIII, 391).) [3.ed.] cf. Karl Popper, *op. cit.*, p.44 e 60 e segs. (= *Die Welt des Parmenides*, 2001, p.91 e 110 e seg.); bem como Karl Popper, *Auf der Suche nach einer besseren Welt: Vorträge und Aufsätze auf dreißig Jahren* (1984), p.229. (N. E. A.)]

Na Seção 3 deste trabalho, foi sugerida a seguinte definição para a explicação causal: *"Explicar causalmente um evento significa [...] inferi-lo dedutivamente a partir de leis da natureza"*. Essa definição, que reduz o *conceito de causalidade* ao de *leis da natureza*, deve ser explicada aqui por meio de uma contraposição com outras concepções mais antropomórficas.

O *conceito de causalidade* – considerado historicamente – está intimamente relacionado com o conceito de gênese, de criação, de produção, de engendramento *de algo por alguém*. A palavra alemã "Ur-sache" [*causa*] e a especulação iônica sobre a matéria primordial, assim como as teorias religiosas da origem do mundo e as provas cosmológicas de Deus, remetem claramente a esse método de *explicação*.

É certo igualmente que, em nossa atitude *instintiva* em relação aos processos naturais, está incluído um elemento animista (imagina-se a "maldade das coisas" e coisas parecidas): o conceito primitivo de causalidade inclui claramente uma empatia ("endopatia" no sentido de H. Gomperz[29]) na causa; a causa é considerada como ativa, como um agente, ela "produz o efeito".

[125] Essa concepção da causalidade se enraíza profundamente em nossos instintos. Talvez ela não seja eliminada por um longo tempo: ela não apenas desempenha um papel quando a relação causal é interpretada como se uma causa produzisse ou gerasse um efeito (*"causa causans"*), mas também quando uma "necessidade natural", uma "ligação necessária" entre causa e efeito é suposta: toda suposição de uma "relação real" entre dois processos determinados, tal como que alguém *deve* proceder "segundo uma regra" – ou mesmo sempre segui-la (*"causa vera"*) – é sempre animista e tem, portanto, tons antropomórficos.

A *crítica* dessa concepção animista da causalidade é muito antiga. Desde o médico cético Sexto Empírico (por volta de 200 d.C.) e de seus predecessores que – passando pelo árabe Al-Ghazali (século XI d.C.), por Nicolau de Autrecourt (século XIV), Malebranche e Joseph Glanvill (século XVII) até Hume –, ao menos, a prepararam, os críticos do conceito de causalidade enfatizaram que a afirmação de uma necessidade causal no curso dos acontecimentos singulares não pode ser justificada lógica ou empiricamente[29a]

---

29 Cf. Henrich Gomperz, *Weltanschauungslehre I.: Methodologie* (1905), p.166.
29a [(3.ed.) Cf. Volume II (Fragmentos): [VIII.] "Considerações sobre o chamado problema da liberdade da vontade", Seção [1], texto relativo à nota 2. (N. E. A.)]

(muito menos a afirmação de uma ordenação regular e universal da natureza, [ou*8] de um princípio de indução).

Não podemos nunca observar que esse acontecimento causa aquele, mas apenas que, até agora, um acontecimento desse tipo sempre *foi seguido* por uma daquele tipo; mais precisamente:[29b] que determinados acontecimentos ocorrem *como se* fossem regidos *por uma regra universal*, por uma *lei da natureza*.

Se desvincularmos o problema da indução (incluído aqui), a questão sobre se há regularidades sem exceção e sempre válidas, sobre se há regularidade natural, da discussão do problema da causalidade, ficamos com o ponto crucial:

Se falarmos da causalidade, falamos sempre da regularidade, da regularidade de eventos, mas não falamos de uma coincidência única e irreproduzível de determinados acontecimentos singulares.

[126] Não poderíamos nunca dizer acerca de um acontecimento singular, isolado (um par de acontecimentos) que ele é determinado causalmente (está em uma relação causal), pois a observação pode nos instruir apenas sobre a ocorrência factual de acontecimentos, e uma observação isolada não poderia nos dar a chance de considerar esse acontecimento como *típico*, como uma *relação causal* e, com isso, diferenciá-lo de uma coincidência casual. Nunca poderíamos chamar o movimento dessa mesa de "efeito" e minha pressão sobre ela de sua "causa" se não pudéssemos supor que esse movimento se segue *regularmente* da pressão: formulamos uma *lei universal* (uma *hipótese*), da qual esse acontecimento determinado pode ser inferido *lógico-dedutivamente* (predito).

"*A lei da natureza substitui a relação causal*", escreve Weyl.[30] Weyl assinala que "a transformação da questão metafísica de causa na questão científica da lei [...] [foi] pregada por todos os grandes cientistas" e cita como evidência Galileu, Newton, D'Alembert e Lagrange; sem mencionar aí Hertz, Kirchhoff e Mach.

---

*8   Ver Seção 5, nota *3.
29b [(3.ed.) Cf. Volume II (Fragmentos): [VIII.], Seção [1], texto relativo à nota 3. (N. E. A.)]
30 Hermann Weyl, *Philosophie der Mathematik und Naturwissenschaft* (1927), p.145.

Princípios de causalidade tais como "Tudo que *ocorre* (vem a ser) pressupõe algo que ocorre *segundo uma regra*"³¹ ou "Todas as mudanças acontecem segundo a lei da conexão de causa e efeito"³² ou "Sob as mesmas condições, ocorre o mesmo" etc. devem ser substituídos pela formulação menos antropomórfica (já formulada na Seção 3 anterior): "Todos os eventos naturais devem, em princípio, ser previsíveis pela dedução a partir de leis da natureza [e condições iniciais]". Essa formulação auxilia também a explicar a analogia frequentemente mal-interpretada entre "razão e consequência (lógica)", por um lado, e "causa e efeito", por outro.

Mas se as primeiras formulações dos princípios de causalidade devem ser rejeitadas como ultrapassadas por seu *antropomorfismo*, por seu caráter animista, [127] uma lei causal da última forma não pode ser justificada, como mostrou a discussão do *problema da indução*, especialmente a do *apriorismo*.

É verdade que ele não pode ser justificado como hipótese de trabalho. Mas é, sem dúvida, certo que nosso *comportamento prático* pressupõe a regularidade natural assim como o faz a *investigação científica*; é certo que tanto na vida prática quanto na investigação nós continuaremos a *buscar leis*.*⁹ Mas, para explicar esse fato, não precisamos recorrer ao princípio de causalidade (mesmo que na forma de uma hipótese de trabalho):

Nosso *comportamento prático* (inclusive nossa *inclinação pela investigação*) é suficientemente explicado pelo significado biológico que o *conhecimento* tem para nós como forma de adaptação. E, no que concerne à *investigação científica metodológica*, ela pode e deve se contentar com a *definição transcendental* de sua tarefa (do conhecimento), do que se segue (analiticamente) a proposição hipotética: "se você quer conhecer, você deve procurar por regras". Que aconteça sempre de conhecermos é algo que só podemos esperar, mas não predizer: isso deve se mostrar.

(Wittgenstein escreve: "Se houvesse uma lei de causalidade, poderia formular-se assim: 'Há leis da natureza'. Mas isso não se pode, é claro, dizer: mostra-se".³³ Mas pode-se dizer: se há conhecimento em geral, ele

---

31 Immanuel Kant, *Kritik der reinen Vernunft* (1.ed., 1781), p.189 [O primeiro grifo não está no original. (N. E. A.)]
32 Immanuel Kant, *Kritik der reinen Vernunft* (2.ed., 1787), p.232.
*9 Com a inclusão das leis estatísticas.
33 Ludwig Wittgenstein, *Tractatus logico-philosophicus* (1918/1922), proposição 6.36.

se dá por meio de leis da natureza; e o que "se mostra" é *apenas* que há *conhecimento*.)

A *crença* (subjetiva) na causalidade é evidentemente *genética a priori*. "Isso não nos obriga de modo algum a fazer dos aspectos instintivos na ciência uma nova mística e considerar esta como infalível", diz Mach:[34] a crítica mostra que esse princípio instintivo e de tonalidade antropomórfica do apriorismo (epistemológico) não pode ser refutado, mas também *não pode ser justificado de modo algum*.

[128] O resultado da consideração crítica sobre os *traços psicologistas na teoria do conhecimento de Kant* deveria ser resumido da seguinte forma:

Kant acredita que cronologicamente (geneticamente) "todo conhecimento começa com a experiência",[35] mas que há princípios do conhecimento que são sintéticos *a priori* epistemologicamente.

A crítica apresentada aqui conduz a uma concepção que inverte quase completamente essa relação: temporalmente, psicogeneticamente (como foi suposto na Seção 4), todo "conhecimento" poderia preceder sua confirmação pela experiência (genético *a priori*); do ponto de vista da teoria do conhecimento, entretanto, a *validade* de nosso conhecimento começa sempre apenas "com a experiência": não há princípios sintéticos que sejam válidos *a priori*.

* * *

Aqui é o lugar para se discutir também a interessante concepção elaborada por J. F. Fries e pela "escola friesiana" (cujos defensores mais eminentes foram E. F. Apelt e Leonard Nelson, falecido recentemente).[35a] Fries e Apelt, embora aprioristas, foram estimados inclusive pelos positivistas: com justo reconhecimento, Mach diz que "diversas partes da metodologia das ciências naturais [...] devem a eles um impulso importante". Mas vamos mostrar na

---

34 Ernst Mach, *Die Mechanik in ihrer Entwicklung* (8.ed., ed. por Joseph Petzoldt, 1921), p.27.
35 [Immanuel Kant, *Kritik der reinen Vernunft* (2.ed., 1787), "Introdução", p.1. (N. E. A.)]
35a [(3.ed.) Jakob Friedrich Fries 1773-1843; Ernst Friedrich Apelt 1812-1859; Leonard Nelson 1882-1927. (N. E. A.)]

sequência que Mach também tem razão quando nota que "eles não conseguiram se libertar totalmente de ideias filosóficas preconcebidas".[36]

Fries admite os *resultados* mais importantes de Kant (com modificações que não têm importância para a discussão do problema da indução), mas ele se opõe resolutamente ao *método* de Kant. Ele reconhece, em particular, a impossibilidade da "dedução transcendental" de Kant, a impossibilidade de provar a validade de princípios sintéticos *a priori*; sua ideia de que toda tentativa de prova desse tipo conduz necessariamente a um círculo (ou a um regresso infinito) já foi utilizada na seção anterior.

[129] Apoiando-se em argumentos filosóficos antigos (Carnéades), Fries[37] combate a *premissa da prova*: a exigência de que *tudo* deve ser provado antes de poder ser reconhecido como cientificamente justificado é *contraditória*, pois toda prova de uma proposição sintética já pressupõe *premissas*.

A premissa de querer provar tudo conduz, pois, a um *ceticismo* universal (que, ele próprio, é contraditório). Se abandonarmos, por outro lado, essa premissa e nos resignamos a tomar pressuposições não provadas como verdadeiras, a porta para o arbítrio do *dogmatismo* parece escancarada.

Fries procura encontrar uma *via intermediária* crítica entre *dogmatismo* e *ceticismo*, entre a premissa do conhecimento racional imediatamente evidente e a premissa da prova.

Esse "criticismo" deve reconhecer a necessidade de pressuposições não prováveis, mas ele deve fornecer uma *justificação* para elas, que *não* pode ser uma *prova lógica*.

Os *juízos de percepção* nos mostram que é possível justificar uma proposição sem prová-la logicamente: se devo justificar a afirmação "A lua aparece neste momento", só posso pedir àqueles que duvidam a assentir à própria *aparição*; não posso provar logicamente minha proposição.

Se houver juízos sintéticos que sejam válidos *a priori*, essa validade também não pode se provada; a justificação desses juízos deve ser efetuada por outra via; por uma via que revelará, como podemos presumir, analogias com a justificação de um juízo de percepção: ao invés de tentar provar a *validade objetiva* de princípios *a priori*, deve-se tentar *mostrar os fatos subjetivos, psicológicos*, que nos justificam a tomá-los como verdadeiros.

(Será mostrado mais adiante como isso se dá.)

---

36 Ernst Mach, *Erkenntnis und Irrtum* (2.ed., 1906), p.VI.
37 [Cf. Jakob Friedrich Fries, *Neue Kritik der Vernunft I.* (1.ed., 1807), "Introdução". (2.ed., *Neue oder anthropologische Kritik der Vernunft I.*, "Introdução". (N. E. A.)]

As ideias mencionadas de Fries que se dirigem contra a teoria do conhecimento "transcendental" de Kant foram generalizadas por Nelson em uma *crítica da teoria do conhecimento em geral* ([130] contra a teoria estoica do "critério de verdade" e apoiando-se igualmente sobre Carnéades e outros pirrônicos).

A "prova da impossibilidade da teoria do conhecimento" de Nelson[38] procede mais ou menos da seguinte forma:

A [chamada] *"teoria do conhecimento"* se coloca a tarefa de examinar e justificar a *validade* objetiva de nossos conhecimentos – por exemplo, ao estabelecer a "condicionalidade" deles ou ao justificá-los fornecendo uma "fundamentação última" para eles. Mas toda tarefa desse tipo é *contraditória*: se nossos conhecimentos necessitam dessa prova, dessa "fundamentação última", com que direito se pode abrir uma exceção para os *conhecimentos da teoria do conhecimento*? Se não abrirmos uma exceção, exigindo uma justificação para a teoria do conhecimento (por meio de uma teoria do conhecimento de ordem superior), caímos evidentemente em um regresso infinito. Se, ao contrário, decidimos que a teoria do conhecimento tem um estatuto de exceção, é preciso em todo caso uma justificação da teoria do conhecimento (que, certamente, não é inquestionável) – com isso, caímos novamente em um regresso infinito.

A tarefa da "teoria do conhecimento" é, pois, contraditória, *a "teoria do conhecimento" é impossível*.

Nelson extrai desse argumento as mesmas consequências que Fries:

Ao invés de questionamentos ("transcendentais") contraditórios da teoria do conhecimento, devem-se introduzir questionamentos de *psicologia do conhecimento*. A *justificação*, que requer princípios *a priori* como proteção contra o arbítrio dogmático, não resulta em uma prova da *validade* objetiva desses princípios, mas simplesmente em uma "autoanálise empírico-psicológica da razão conhecedora", que descobre os fundamentos subjetivos, presentes em nós, do tomar por verdadeiro [*Fürwahrhalten*].

---

38 [Cf. Leonard Nelson, "Über das sogenannte Erkenntnisproblem", §3, *Abhandlungen der Friesschen Schule neue Folge* 2, (1908), p.444 (=L. Nelson, *Gesammelte Schriften in neun Bänden II.*, ed. Paul Bernays et al., 1973, p.92). Acréscimo (3.ed.), assim como L. Nelson, "Die Unmöglichkeit der Erkenntnistheorie", *Atti del IV congresso internazionale di filosofia di Bologna 5-11, Aprile 1911* I., [1912], p.255 e segs., em particular: p.259 e segs., 263 e segs. e 265 e seg. (= *Gesammelte Schriften II.*, 1973, p.461 e segs., em particular: p.465 e segs., 469 e segs. e 472 e seg.). (N. E. A.)]

Só se pode mostrar por meio de uma aplicação desse método psicológico se esse procedimento é capaz de dissipar nossas dúvidas, [131] de satisfazer plenamente nossa *necessidade de fundamentação*.

Examinemos, para tanto, um caso simples: a justificação de nossos *juízos de percepção*. Os juízos de percepção também não podem se *provados* (como todos os juízos sintéticos); a justificação desses juízos resulta muito mais do apelo a uma *percepção* (ou "intuição", como Kant e Fries falam frequentemente).

Essa percepção é uma *vivência*, isto é, um *fato psicológico*. A exibição desse fato é tudo que podemos fornecer como justificação de um juízo de percepção: a questão de direito (*quid juris?*) é reduzida a uma questão de fato (*quid facti?*); no lugar de *prova* (da teoria do conhecimento) entra um *fato* (da psicologia do conhecimento).

Mas a exibição desse fato, da vivência de uma percepção *basta-nos* igualmente para considerar um juízo de percepção como justificado; ela satisfaria todas as nossas necessidades de fundamentação: também é um fato, um *fato psicológico do conhecimento*. Poderíamos formular esse fato como o "princípio da certeza de si da percepção".

Apenas essa análise da psicologia do conhecimento pode mostrar em que repousa a justificação de nossos juízos de percepção: no retorno aos fatos psicológicos últimos do conhecimento que são simplesmente "dados" enquanto tais. Toda exposição do problema em termos de *teoria* do conhecimento que não se satisfaz com esses fatos – e exige, por exemplo, uma justificação do "princípio da certeza de si da percepção" – conduz necessariamente ao infinito (a um regresso).

Juízos sintéticos (e, segundo Fries, mesmo os juízos analíticos) podem, portanto, ser justificados apenas pela exibição de fatos psicológicos do conhecimento. Fries[39] chama [um] tal fato psicológico último do conhecimento como a percepção de [um] "conhecimento imediato". (Essa terminologia não é muito [132] feliz: seria recomendável chamar de "conhecimentos" apenas as *proposições* e dizer, por exemplo, que um juízo de percepção *se apoia* subjetivamente *sobre uma percepção*, mas que, por isso, não é ainda um conheci-

---

39 [Cf. Jakob Friedrich Fries, *Neue Kritik der Vernunft I* (1.ed., 1807), p.XXXVIII e 288 e segs. [2.ed., *Neue oder anthropologische Kritik der Vernunft I*, 1928, p.31 e 347 e segs. Ver também o Apêndice: "Resumo" (1932), Seção VII, texto relativo às notas 1 e 7; assim como Novo apêndice *II: "A teoria do conhecimento imediato de Nelson e Fries". (N. E. A.)]

mento. – A argumentação de Schlick[40] dirigida contra a teoria do "conhecimento imediato" tem sem dúvida razão; mas esse termo duvidoso, que causa confusão, utilizado por Fries poderia ser eliminado dessa teoria sem afetar os pontos decisivos; a crítica de Schlick é, pois, justificada, mas não decisiva.)

Pra poder justificar um *juízo sintético a priori*, deveria haver fatos psicológicos do conhecimento correspondentes que *não* fossem percepções (pois os "juízos de percepção" são *a posteriori*). Na terminologia friesiana: deveria não apenas haver "conhecimentos imediatos" em nossa "intuição", mas também em nossa "razão"; e estes últimos deveriam ser *mostrados*.

Esses fatos psicológicos do conhecimento não podem ser intuitivos ("evidentes") à maneira da percepção: (segundo Fries, mas também segundo Kant) trata-se de um fato da psicologia do conhecimento que nós *não* possuímos nenhuma "intuição intelectual". Esses fatos da psicologia do conhecimento, que constituem os fundamentos dos juízos sintéticos *a priori* (eu levo em consideração apenas os juízos sintéticos discursivos, mas isso não é feito pela filosofia da matemática de Fries e Kant), não são intuitivos, "evidentes", mas sim "originalmente obscuros"; porém, eles podem ser esclarecidos pela reflexão.

A principal tarefa da "crítica antropológica da razão" de Fries, de sua "autoanálise (empírica) da razão conhecedora" é traçada da seguinte forma:

Ela deve (primeiramente) mostrar a existência empírica desses fatos psicológicos de nosso conhecimento (desses "conhecimentos imediatos") que fundam os princípios sintéticos *a priori* e os tornam claros; e ela deve (em segundo lugar) estabelecer o fato da psicologia do conhecimento de que tal prova empírica satisfaz todas as nossas necessidades de fundamentação, isto é: que, por razões psicológicas, não podemos duvidar do "conhecimento imediato da nossa razão"[40a] [133] ("princípio da autossuficiência da razão"[40b]).

---

40   Moritz Schlick, *Allgemeine Erkenntnislehre* (2.ed., 1925), p.80.
40a [(3.ed.) Leonard Nelson, "Über das sogennante Erkenntnisproblem", §50, *Abhandlungen der Friesschen Schule neue Folge* 2, (1908), p.529 (= *Gesammelte Schriften in neun Bänden II*, 1973, p.160): "[...] um conhecimento [...], que não é intuitivo, mas é imediato [...] deveria poder ser chamado de *conhecimento imediato da razão pura* por oposição ao conhecimento imediato da intuição e do conhecimento mediato da reflexão". (N. E. A.)]
40b [(3.ed.) Ver Jakob Friedrich Fries, *Neue oder anthropologische Kritik der Vernunft II*. (2.ed., 1831), §89, p.37 e segs. Cf. Também Leonard Nelson, "Die kritische Methode

A realização desse programa metodológico se dá por meio de uma psicologia empírico-teórica do conhecimento, por meio da "teoria da razão"[40c] (que formula leis psicológicas universais da natureza). Dela é *deduzida* a existência desses fatos psicológicos de nosso conhecimento (desses "conhecimentos imediatos"). Essa "dedução" do "conhecimento imediato" friesiana não deve ser confundida com a "dedução transcendental" kantiana: as duas "deduções" têm por objetivo justificar os princípios *a priori*, mas a de Kant o faz provando a própria validade objetiva, enquanto a de Fries (reduzindo a questão *"quid juris?"* à questão *"quid facti?"*) o faz mostrando a existência de fatos psicológicos correspondentes de nosso conhecimento.

Basta acerca da argumentação *metodológica* friesiana.

Objetou-se a Fries que seu "método antropológico" tentava fundar o conhecimento *a priori* sobre conhecimentos *a posteriori*, empíricos. Mas essa acusação é infundada: a "autoanálise da razão conhecedora" não deve (segundo Fries) justificar (provar) a *validade* de princípios *a priori* – por exemplo, o princípio de indução – [134] do mesmo modo como a análise de nosso conhecimento perceptivo esboçada anteriormente não procura justificar a validade de determinados juízos de percepção. A validade (seja de um juízo de percepção, seja de um princípio a priori) se funda (segundo Fries), ao contrário, no "conhecimento imediato", isto é, sobre um fato psicológico

---

und das Verhältnis der Psychologie zur Philosophie: Ein Kapitel aus der Metodenlehre", *Abhandlungen der Friesschen Schule neue Folge* 1, (1904), p.29 e segs. (= *Gesammelte Schriften I*, 1970, p.31 e segs.); "Über das sogennante Erkenntnisproblem", §48, *Abhandlungen der Friesschen Schule neue Folge* 2, (1908), p.525 (= *Gesammelte Schriften II.*, 1973, p.157): "Pois toda dúvida, assim como toda fundamentação, só é possível em função do conhecimento imediato. O fato da autoconfiança da razão é a instância decisiva contra todo ceticismo, que não apenas não é capaz, mas precisa de uma fundamentação", assim como §§100 e 163, ibid. 2, p.633, 757 e seg. E 760 (= *Gesammelte Schriften II*, 1973, p.244, 344 e seg. e 347); *Vorlesungen über die Grundlagen der Ethik I: Kritik der praktischen Vernunft* (1917; in: *Gesammelte Schriften IV*, 1972, §27, p.51 e segs. (N. E. A.)]

40c [(3.ed.) Ver Jakob Friedrich Fries, *op. cit. II.* (1.ed., 1807), p.61 e segs. (2.ed., 1831, §95, p.72 e seg.); Cf. Leonard Nelson, "Über das sogennante Erkenntnisproblem", §157, *Abhandlungen der Friesschen Schule neue Folge* 2, (1908), p.736 e seg. (= *Gesammelte Schriften II*, 1973, p.327 e seg.); cf. também L. Nelson, "Jakob Friedrich Fries und seine jüngsten Kritiker", *Abhandlungen der Friesschen Schule neue Folge* 1, (1905), p.301 e segs. (= *Gesammelte Schriften I*, 1970, p.135 e segs.): "Fries' Theorie der Vernunft und der psychologische Tatbestand". (N. E. A.)]

determinado do conhecimento – mas não no exame e descrição teórico-empírica desse fato.

A concepção friesiana está, pois, longe de transformar os princípios *a priori* em princípios *a posteriori*: apenas o *método de justificação destes* é, segundo Fries, empírico – os próprios princípios são válidos *a priori*.

A crítica da concepção de Fries pode ser dividida em duas partes: a crítica da "prova da impossibilidade da teoria do conhecimento" de Nelson e a crítica do "método antropológico de crítica da razão".

Toda teoria do conhecimento parece naturalmente ter grande interesse em refutar essa prova elaborada por Nelson. Assim (em uma confrontação muito interessante), Schlick acredita dever refutar essa prova ao mostrar que Nelson confunde os conceitos de "reconhecer" (no sentido de "designar") e "conhecer" (no sentido "vivenciar").[41] Mas o argumento de Nelson não pode ser demolido desse modo (como o friesiano Julius Kraft[42] nota com razão contra Schlick); a prova de Nelson é, a meu ver, efetivamente irrefutável: a suposição de que há uma ciência – a "teoria do conhecimento" –, cuja tarefa é ter a última palavra acerca da validade objetiva de todos os nossos conhecimentos, é, sem dúvida nenhuma, contraditória.

Mas, felizmente, a presente investigação (assim como muitas outras investigações de "teoria do conhecimento", incluindo a de Schlick) não se coloca uma tarefa desse tipo. Aquilo que Nelson chama de "teoria do conhecimento" não tem quase nada a ver com o que é chamado aqui de "teoria do conhecimento".

[135] A "teoria do conhecimento" – no sentido da expressão defendido aqui – se ocupa também com *questões de validade* e se coloca – assim como a "teoria do conhecimento" no sentido de Nelson – em oposição resoluta a toda abordagem de *psicologia* do conhecimento que trata de *questões de fato* empíricas. Mas ela não se coloca de modo algum a tarefa de decidir a validade objetiva dos diferentes conhecimentos empíricos próprios a cada ciência; menos ainda a tarefa de fornecer algo como uma "fundamentação última" de *todos* os nossos conhecimentos.

---

41 Moritz Schlick, *op. cit.*, p.83.
42 Julius Kraft, *Von Husserl zu Heidegger: Kritik der phänomenologischen Philosophie* (1.ed., 1932), p.31. [2.ed., 1957, p.31. (N. E. A.)]

A tarefa da teoria do conhecimento seria definida aqui muito mais pelo fato de que deve examinar o procedimento de fundamentação – isto é, porém, os *métodos* das ciências particulares – e eliminar as contradições que surgem de interpretações errôneas dos métodos (e resultados) das ciências particulares.

Essa teoria do conhecimento não pretende fundar nenhum conhecimento – além de seus *próprios* conhecimentos (metodológicos); ela adota o ponto de vista segundo o qual *cada ciência* – sejam as ciências particulares ou a teoria do conhecimento – *deve cuidar de si mesma*:[42a] cada ciência deve atentar para suas próprias afirmações, fornecer, ela própria, as "fundamentações" de seus conhecimentos (seja uma "fundamentação última" ou "primeira"); pois é *apenas* pela *fundamentação* metodológica de suas afirmações – por meio de argumentos críticos – que ela se torna uma *ciência*.

Tal concepção não tem nada em comum com o pressuposto contraditório segundo o qual as ciências particulares estabelecem conhecimentos que ainda necessitam ou são apenas suscetíveis de uma "fundamentação última" pela teoria do conhecimento. Ela não é de modo algum ameaçada pelas consequências contraditórias desse pressuposto: a regressão infinita de uma hierarquia de ciências subordinadas umas às outras.

Ainda que os *métodos* das ciências particulares não sejam justificados pela teoria do conhecimento, eles podem ser criticados de algum modo pela teoria do conhecimento. Assim, a crítica dos métodos poderia talvez explicar o *fracasso* de algumas ciências – por exemplo, pelo fato de que essas ciências tentam imitar os [136] métodos bem-sucedidos da física sem saber, entretanto, interpretar corretamente as relações metodológicas fundamentais entre teoria [física] e experiência (experimentação).

Que tal metodologia e crítica metodológica geral possam, com razão, ser chamadas de *teoria do conhecimento* é suficientemente justificado aqui: os tradicionais *problemas da teoria do conhecimento* são reduzidos aos problemas metodológicos gerais das ciências naturais. Que, por outro lado, a tarefa de tal metodologia, não apenas descritiva, mas também crítica, não sejam contraditórios é mostrado, por exemplo, pelas investigações metodológicas

---

42a [(3.ed.) Cf. Volume II (Fragmentos): [VI]: "Filosofia", [Introdução], texto relativo à nota 1. (N. E. A.)]

do próprio Nelson acerca do "problema do conhecimento" (precisamente, por exemplo, a que ele elabora "prova da impossibilidade da teoria do conhecimento"[43]): elas se ocupam em grande parte não com a psicologia do conhecimento, mas com considerações gerais de crítica metodológica.

Se definirmos a teoria do conhecimento como uma metodologia geral das ciências empíricas, *pode* certamente surgir uma hierarquia de ciências possíveis e, com isso, a aparência de uma regressão infinita: a teoria do conhecimento também emprega métodos; estes podem ser descritos (e talvez também criticados) por uma "teoria do conhecimento de segunda ordem", que emprega, por sua vez, métodos etc.

Mas essa hierarquia infinita não é uma regressão infinita ilícita no sentido lógico: nenhuma dessas ciências é remetida àquela que está abaixo dela, nenhuma precisa da validade de conhecimentos de ordem superior para justificar suas próprias proposições. O "regresso" não é, portanto, logicamente necessário, mas pode ser interrompido a qualquer momento, quando já não há necessidade nem interesse para a "teoria do conhecimento" (sempre *mais especializada*) do nível imediatamente superior. – O seguinte exemplo pode ajudar a compreender que tal *hierarquia* de ciências não é contraditória: podemos fazer uma psicologia empírica dos eventos que se produzem, por exemplo, na formação das teorias físicas. Em seguida, podemos tentar, por sua vez, tratar essa psicologia especial do conhecimento de maneira teórica e investigar, novamente de maneira psicológica, os eventos psicológicos que se produzem na formação dessa teoria [137] (agora na formação de uma teoria psicológica do conhecimento), podemos formar novas teorias etc. *ad infinitum*. Essa hierarquia de psicologias do conhecimento pode ser continuada tanto quanto quisermos, mas a regressão pode também ser interrompida em cada um dos níveis (pois nenhum deles depende do nível imediatamente superior): ela é interrompida no momento em que desaparecem a necessidade e o interesse de uma investigação que se torna cada vez mais especializada.

A "prova da impossibilidade da teoria do conhecimento" de Nelson não atinge a teoria do conhecimento entendida no sentido da concepção de-

---

43 [Ver nota 38 e texto relativo a essa nota. (N. E. A.)]

fendida aqui. Ela atinge, ao contrário, o próprio ponto de vista de Nelson: *toda justificação do apriorismo*, inclusive o "método antropológico" de Fries (e Nelson), cai necessariamente no círculo vicioso (ou regressão infinita) apontado por Nelson.

Isso porque todo apriorismo deve adotar o ponto de vista de que as proposições sintéticas universais das ciências naturais podem ser justificadas apenas por um *princípio de indução sintético a priori*; as ciências naturais não podem, pois, cuidar de si mesmas: os conhecimentos destas necessitam e são suscetíveis de uma fundamentação última por princípios *a priori* (da filosofia da natureza). A *justificação* desses princípios pode proceder, por sua vez, apenas de maneira *a priori* e filosófica (como recomenda Kant, [o] método "transcendental" ou o método da "teoria do conhecimento", para falar como Fries e Nelson): disso surge um regresso infinito. Ou a justificação dos princípios *a priori* se efetua (segundo, por exemplo, o método de Fries) pela via empírica das ciências naturais (seja psicológica ou fisicalista): disso surge um círculo vicioso.

Esse *círculo vicioso*, que a crítica do "método antropológico" de Fries descobriu, é o mesmo que aquele para o qual chamamos a atenção anteriormente na crítica da *postura otimista* de Kant quanto à questão do antropomorfismo.

Podemos objetar também ao idealismo transcendental de Fries o seguinte:

Não se ganha nada ao reduzir o problema da *regularidade natural* (ou "necessidade natural", como diz Fries[43a]) ao [138] problema da *legalidade do entendimento* (ou da necessidade da razão), a uma questão de fato da psicologia empírica. Também para poder afirmar a validade estrita e universal das proposições da psicologia do conhecimento, deve-se *pressupor já a validade de um princípio de indução*.

Inclusive o método de Fries deve, pois, ser circular; deve-se mostrar que esse círculo tem agora uma forma estritamente *imanente*.

Fries está perfeitamente ciente de que as observações psicológicas singulares (proposições empíricas psicológicas *particulares*) não são suficien-

---

43a [(3.ed.) Ver nota 48 e texto relativo a esta. (N. E. A.)]

tes para provar a existência de um "conhecimento imediato" dos princípios *a priori*.

"Conhecimento necessário e a origem destes na razão são os enigmas da filosofia",[44] está dito na *Neue Kritik der Vernunft* e logo em seguida[45] é dito que às "observações momentâneas" nunca corresponde uma "necessidade" (conhecimento apodítico *a priori*), mas apenas a "realidade" (conhecimento assertórico).

A existência do "conhecimento imediato" *a priori*, isto é, válido universalmente e necessário, pode ser demonstrada apenas por meio de proposições psicológicas universais, de leis psicológicas, por isso, Fries fala também de uma "*teoria* (empírico-psicológica) da razão", da qual seria possível deduzir a existência do "conhecimento imediato" de proposições *a priori*.

Mas essa "teoria da razão" pode ser obtida apenas por *indução*: o método crítico-empírico de Fries se diferencia dos métodos dogmáticos de um "racionalismo unilateral" e de um "empirismo unilateral" precisamente porque "em conflito com ambos [...] tornou-se necessário derivar os princípios supremos de nossa *teoria* da apercepção transcendental por meio de *induções* a partir da experiência interna".[46]

[139] A teoria da razão pressupõe, pois, a legitimidade da indução, que enunciados factuais universais possam ser estabelecidos e verificados pela via indutiva.

De acordo com as ideias fundamentais *a priori* de Fries,[47] o procedimento indutivo é admissível apenas se um *princípio de indução* é válido *a priori*. Encontramos tal princípio formulado muito claramente e de maneira simples no "princípio supremo da filosofia da natureza" de Fries como princípio fundamental da necessidade natural: "*O mundo dos fenômenos está completamente submetido a leis da natureza*".[48]

---

44 Jakob Friedrich Fries, *Neue Kritik der Vernunft II* (1.ed., 1807), §88, p.25. [2.ed. (*Neue oder anthropologische Kritik der Vernunft II*), 1831, §88, p.18. (N. E. A.)]
45 Jakob Friedrich Fries, *op. cit.* (1.ed., 1807), §88, p.26. [2.ed., 1831, §88, p.19. (N. E. A.)]
46 Jakob Friedrich Fries, *op. cit.* (1.ed., 1807), §95, p.63. [2.ed., 1831, §95, p.74. (N. E. A.)]. Os grifos não aparecem no original.
47 Cf., sobre isso particularmente, Ernst Friedrich Apelt, *Theorie der Induktion* (1854).
48 Jakob Friedrich Fries, *op. cit.* (1.ed., 1807), §114, p.133. [2.ed., 1831, §116, p.150. (N. E. A.)].

A "teoria da razão" pressupõe – como toda teoria empírica – a verdade desse princípio fundamental. Mas isso não significa, segundo Fries, outra coisa senão que ela pressupõe a existência de um "conhecimento imediato" correspondente [: o conhecimento imediato desse "princípio"].

Mas a tarefa da "teoria da razão" é provar a existência desse "conhecimento imediato". Como ela pressupõe o que deve provar, a tarefa é mal colocada: [o] "método antropológico" de Fries inclui [mais uma vez, portanto] o círculo de Nelson.

Apenas por meio de uma *discussão dessa crítica* e das *objeções* que podem ser dirigidas a ela de um ponto de vista friesiano pode-se evidenciar completamente a especificidade do "método antropológico".

Poderíamos, antes de tudo, objetar o seguinte:

Uma *prova da existência* não pode ser circular. Com efeito, se uma teoria física supusesse, por exemplo, que o princípio de conservação da energia não é válido e que há um *perpetuum mobile*, essa suposição teórico-física não facilitaria evidentemente a prova da existência (a construção prático-técnica de um *perpetuum mobile*). O mesmo se dá no caso da "teoria da razão": ela supõe a existência do "conhecimento imediato" que está em questão; mas, com isso, o resultado positivo da prova empírica da existência (da "dedução") ainda não [140] é de modo algum assegurado. Seria sempre possível que não chegássemos a descobrir fatos psicológicos correspondentes.

Essa objeção é, em parte, justificada, mas ela não pode salvar o "método antropológico".

É certo que a prova da existência de determinados fatos psicológicos do conhecimento evidentemente ainda não pode ser prejulgada pela suposição formal geral de que há uma psicologia teórica do conhecimento (uma "teoria da razão").

(Essa constatação pode, de resto, ser interpretada de diferentes maneiras: poder-se-ia tanto fazê-la depor *contra* a teoria do "conhecimento imediato" como *a favor* da legitimidade do método friesiano, no entanto, não se fará uso desse argumento aqui.)

Por outro lado, *um resultado favorável da prova da existência* – no caso de poder ser obtido – não pode nunca, porém, ser *interpretado* como uma prova do "conhecimento imediato" de um princípio de indução [ou do "princípio da filosofia da natureza"] sem cair em um círculo vicioso.

Pois se trata de uma *interpretação*: os fatos da psicologia do conhecimento observados podem, no melhor dos casos, ser apenas *fundamentos* ou *confirmações da indução* para a afirmação (*universal*) da existência de um "conhecimento imediato". Para poder inferir a partir de observações a legitimidade da afirmação universal de existência ["Há uma teoria da razão"], essa afirmação de existência já deveria estar fundada de direito.

A objeção colocada não é, pois, capaz de justificar a legitimidade do método friesiano: o resultado positivo da prova da existência do "conhecimento imediato" em questão não depende certamente apenas dos pressupostos teóricos, ele depende também das observações empíricas. Porém as observações empíricas "mais favoráveis" podem, elas próprias, ser interpretadas como a prova da existência do "conhecimento imediato" em questão *apenas em razão de pressupostos teóricos*.

Uma objeção contra nossa crítica de Fries, mais radical que aquela discutida anteriormente, seria a seguinte:

Admitamos que há uma consequência circular e que esse círculo está ligado necessariamente ao método friesiano, esse método poderia, entretanto, conseguir fornecer a [141] prova exigida: tal conclusão circular é, no caso presente, inofensiva: ela não é um *circulus vitiosus* ilícito.

Pois, segundo Fries, não pode haver em geral nenhuma ciência empírica *sem pressupostos*: com efeito, toda ciência empírica pressupõe os "princípios da filosofia da natureza". É óbvio, portanto, que a "teoria da razão" (empírico-psicológica) também pressupõe esses princípios – e com sua verdade, pressupõe também a existência do "conhecimento imediato" correspondente.

Quem extrai disso a conclusão de que o método de Fries é inadmissível desconhece claramente as intenções de Fries: ele não duvida nem da validade do conhecimento científico empírico nem tenta prová-lo, mas pretende apenas fornecer um procedimento metodológico-científico para submeter a um exame crítico os pressupostos *a priori* de toda ciência particular, ao invés de simplesmente os afirmar (ingênua ou dogmaticamente) sem exame crítico.

Ora, o método empírico é certamente um método científico – ainda que ele não seja (como, aliás, *toda* ciência) livre de pressupostos. No caso particular da "teoria da razão", a existência desses pressupostos conduz efetivamente a uma espécie de círculo; mas como esse círculo é apenas o efeito dos pressupostos indispensáveis a toda ciência empírica, ele é *inofensivo* – o que podemos mostrar de maneira mais precisa com as seguintes considerações:

É inegável que o círculo se produz de modo inevitável, sendo, pois, necessariamente inerente ao método apenas se um *princípio genuíno* tiver que ser deduzido, isto é, se um princípio tiver que ser necessariamente pressuposto por toda ciência (e também pela "teoria da razão"). A conclusão circular é inevitável apenas nos casos de pressupostos *indispensáveis* e, consequentemente, dos *pressupostos legítimos de toda a ciência empírica*; em todos os outros casos– como aquele dos "princípios *a priori*" falsamente tidos por legítimos –, o círculo é manifestamente evitável.

O *resultado* de uma dedução conduzida cuidadosamente *não pode ser influenciado* pela conclusão circular: o resultado da dedução será *positivo* no caso dos princípios indispensáveis e, por isso, legítimos – o círculo poderia conduzir aqui apenas na *mesma* direção, isto é, a um resultado *positivo* – e o resultado será *negativo* se os princípios forem dispensáveis e, por isso, se [142] revelarem ilegítimos; pois, nesse caso, podemos evitar o círculo (que poderia transformar o resultado negativo em um resultado positivo).

A conclusão circular se revela, portanto, inofensiva, uma vez que não falsifica o resultado da dedução; os resultados da "teoria da razão" empírica têm a mesma dignidade que quaisquer outros resultados de outra ciência particular.

Apenas essa última objeção contra a crítica proposta aqui me parece esgotar as possibilidades do argumento friesiano. Mas essa objeção também não pode ser sustentada, pois o círculo friesiano não é completamente inofensivo, reconheçamo-lo ou não como um verdadeiro *circulus vitiosus*. A melhor maneira de mostrá-lo é a seguinte:

Se supusermos que *não* há *nenhum* princípio de indução válido e que não podemos afirmar a existência de regularidades estritamente universais, então as hipóteses empíricas das ciências não podem nunca ser definitivamente verificadas e não podemos nunca fundamentar cientificamente a verdade de um enunciado factual universal: a própria "teoria da razão" permanece uma hipótese [inverificada e] inverificável, [e] a "existência" de um "conhecimento imediato" antropologicamente universal (portanto, regular) não pode nunca ser considerada provada. Se *nenhum princípio de indução* é pressuposto, o resultado da dedução pode *ser apenas negativo*, mesmo ao se aplicar um método empírico-antropológico.

Inversamente, já foi mostrado que, pressupondo um princípio de indução, o resultado (no caso de observações favoráveis) *pode* vir a ser *positivo*.

Por meio desse procedimento, o que encontramos de fato é exatamente aquilo que introduzimos por meio das pressuposições. A conclusão circular de Fries não pode ser vista, portanto, como inofensiva.

Com isso, prova-se que inclusive o método de "dedução" de Fries, o "método antropológico de crítica da razão", não é admissível.

O método friesiano seria capaz de conduzir a uma decisão entre "princípios *a priori*" regulares e não regulares – *supondo* que haja em geral [143] princípios válidos *a priori*. Como as últimas considerações mostraram, porém, ele é completamente *incapaz de decidir entre um ponto de vista não apriorista e o apriorismo enquanto tal*. Temos aqui uma indicação sobre o ponto fraco do raciocínio: o círculo não está na pressuposição de um princípio de indução determinado, mas na pressuposição dogmática de que há em geral um princípio de indução válido *a priori*, isto é, na pressuposição (universal e indeterminada) de um apriorismo. Essa *petitio principii* é dissimulada pela suposição de que a "dedução" de *determinados* princípios *a priori* forneceria também implicitamente a prova de que há alguma coisa desse tipo em geral.

A concepção de Fries falha, assim, no mesmo ponto que a concepção kantiana: ela professa o apriorismo, mas não é capaz de resolver a *"antinomia da cognoscibilidade do mundo"*. Segundo Fries é também apoditicamente necessário que haja regularidades – pois, do contrário, o conhecimento em geral seria impossível. (O fato do "conhecimento sintético da reflexão" prova [segundo Fries] a existência de um "conhecimento imediato" que corresponde aos princípios da filosofia da natureza.) Mas essa inferência pressupõe (exatamente como aquela de Kant) que é apoditicamente necessário que o mundo seja cognoscível; ela substitui, assim, de maneira completamente não crítica, o simples *fato* (assertórico) de que há o conhecimento pela afirmação de que deve haver de maneira apoditicamente necessária (em todas as circunstâncias) o conhecimento. O apriorismo de Fries defende também, portanto, *o ponto de vista de que o mundo deve necessariamente ser cognoscível*; o que quer dizer que ele se coloca no terreno da *tese* da "antinomia da cognoscibilidade do mundo".

É certo que o método de Fries não é capaz de resolver essa antinomia: quais fatos psíquicos (empíricos) poderiam fornecer a garantia de que "nossa razão" pode em todas as circunstâncias conhecer "o mundo"?

O apriorismo de Fries não conseguiu, pois, ir além do kantiano. E o abandono do método "transcendental" significa inclusive um recuo em relação a Kant. Ele agrava os erros mais graves de Kant – a tendência a cair no psicologismo (e no subjetivismo) – e abre mão da descoberta decisiva deste: a análise do conceito de [144] conhecimento científico (a "definição transcendental" kantiana do conhecimento da realidade).

No centro dessa análise de Kant está (como já adiantava a Seção 9) o conceito de cientificidade ou de *objetividade científica*: "objetividade" significa *testabilidade intersubjetiva*, isto é, testabilidade por qualquer um (que se dedica a isso e satisfaz os pressupostos técnicos).

É preciso mostrar, pelos exemplos da avaliação de Fries acerca do *intuicionismo* ("intuição intelectual") e da concepção que este tem da *percepção*, de que modo o psicologismo friesiano abre mão desse conceito de ciência.

A melhor maneira de caracterizar o *intuicionismo*, a teoria da "intuição intelectual", talvez seja definindo-a como a concepção segundo a qual nós podemos "apreender" de maneira figurativa e intuitiva não apenas os *casos individuais particulares*, mas também as *"entidades" universais* (ideias gerais, regularidades etc.).

Fries rejeita essa teoria; ele explica (referindo-se a uma tese psicologista semelhante à de Kant) que não possuímos uma intuição intelectual. Essa rejeição se apoia em uma afirmação psicológica. Mas essa afirmação, a "inexistência de uma intuição intelectual", é contestada pelos intuicionistas de todas as orientações. Eles afirmam poder discriminar vivências intelectual-intuitivas; e Husserl[49] qualifica a proposição kantiana da inexistência de uma intuição intelectual como o erro mais grave do criticismo.

Do ponto de vista de um método metodologicamente científico, isto é, "transcendental" (como aquele defendido no presente trabalho), a questão da existência efetiva ou da inexistência de eventos psíquicos, aos quais se aplicaria a expressão "intuição intelectual" ou outra semelhante, parece não ter nenhuma importância para a teoria do conhecimento. O transcendentalista consequente pode tranquilamente conceder que há de fato intuições intelectuais. Ele constatará apenas que essas vivências, [145] que têm tal-

---

49 [Cf. Edmund Husserl, *Logische Untersuchungen II.*: 2ª Parte (3.ed., 1922), p.203; ver também Julius Kraft, *Von Husserl zu Heidegger: Kritik der phänomenologischen Philosophie* (1.ed., 1932), p.23 (2.ed., 1957, p.24). (N. E. A.)]

vez uma importância muito grande do ponto de vista da gênese da ciência, não têm nenhuma do ponto de vista da teoria do conhecimento (isto é, do ponto de vista do método de fundamentação): a ciência exige para todo conhecimento – mesmo aquele descoberto intuitivamente – uma justificação metodológica objetiva, isto é, testável intersubjetivamente. (Isso vale – para introduzir exemplos completamente heterogêneos – tanto para a psicologia ou a sociologia quanto para as matemáticas: mesmo a intuição mais profunda não pode nunca substituir a justificação objetiva.) O verdadeiro núcleo da rejeição kantiana (se abstrairmos sua roupagem psicologista e reconstruirmos aquilo que supostamente Kant queria dizer [tencionava] por significação transcendental) consiste em que a *"intuição" não é um método de justificação de caráter objetivo*. Ainda faremos uma observação nesta seção (ao examinar a teoria da percepção) acerca das razões pelas quais devemos recusar o caráter de objetividade e, por isso, de ciência aos "conhecimentos intuitivos".

Fries e seus discípulos quiseram inclusive provar o "fato" psíquico da "inexistência da intuição intelectual". Trata-se, por exemplo, do caso de Julius Kraft.[50] O fato de que intuicionismo tem como consequência o *misticismo* seria um argumento com caráter de prova. Mas essa tentativa de prova revela apenas os defeitos do método psicológico e mostra também que este sempre pressupõe inconscientemente considerações transcendentais. Pois o *fato* psíquico da intuição intelectual é justamente fortalecido pelo fato incontestável de que há algo como um misticismo; e apenas a pressuposição – claramente transcendental – de que a ciência empírica e o misticismo são completamente heterogêneos pode explicar a concepção de Fries e de Kraft, segundo a qual o intuicionismo seria reduzido *ad absurdum* por suas próprias consequências.

Em Fries, no lugar da compreensão transcendental da insuficiência metodológica do psicologismo, entra a negação do fato psíquico de que há intuições. E, uma vez que ele desconhece a importância fundamental da intuição para a descoberta de conhecimentos, que sua fábula da "impossibilidade *psicológica* do intuicionismo" provoca uma oposição justa, ele apenas reforça indiretamente [146] a posição intuicionista na *teoria do conhecimento*, enquanto uma das missões mais importantes do criticismo deveria ser combatê-la.

---

50 Julius Kraft, *op. cit.* (1.ed., 1932), p.120 e seg. [2.ed., 1957, p.108 e seg. (N. E. A.)]

Na *teoria da percepção* de Fries, as coisas se passam analogamente (ainda que exatamente invertidas) ao modo como se passam em sua teoria da intuição.

Na exposição (um pouco modificada em relação ao original friesiano) que foi fornecida anteriormente, parece que a percepção (em Fries: "intuição") é um fato psíquico último ao qual nos reportamos para a justificação de certos conhecimentos (juízos de percepção) e que, por sua vez, não precisa mais de justificação ("princípio de certeza de si da percepção"). Fries chama esse fato último, graças ao qual nós justificamos nossos conhecimentos, de [um] "conhecimento imediato".[51] Daí a formulação da teoria da percepção: "Toda intuição é conhecimento imediato, ela não exige e não precisa ser reduzida a nada suplementar para estabelecer-se como verdade".[52] – Mesmo que isso possa, em certa medida, reproduzir perfeitamente o fato *psicológico* do conhecimento, essa concepção é, em todo caso, completamente insustentável na *teoria* do conhecimento. (Trata-se da ideia que encerra um dos argumentos mais fortes a favor do conceito de objetividade transcendental.)

A separação estrita entre a *psicologia* do conhecimento e a *teoria* do conhecimento constitui aqui o fundamento tanto de nossas considerações críticas quanto de nossas considerações positivas.

A concepção defendida por Fries, segundo a qual a percepção (ou "intuição") constituiria uma base última, absoluta, para nossos conhecimentos empíricos e segundo a qual a *base empírica* deveria ser procurada nela, é (segundo a concepção defendida aqui) *psicologista*. Mas Fries não está só nesse psicologismo da base empírica. Ao contrário: quase todas as teorias do conhecimento até então existentes (a única exceção que poderia ser citada é o convencionalismo, e, mesmo assim, com grandes reservas) misturam, na questão da "base" de nossos conhecimentos empíricos, elementos transcendentais e psicológicos.

[147] A razão para isso é bastante simples; ela foi enfatizada da maneira mais clara possível pelo próprio Fries (cf. também a exposição anterior): se não quisermos introduzir *dogmaticamente* proposições, devemos *justificá*-las; as respostas psicologistas, isto é, subjetivas, à questão da fundamentação

---

51 [Ver nota 40. (N. E. A.)]
52 Julius Kraft, *op. cit.* (1.ed., 1932), p.120. [2.ed., 1957, p.108. *Acréscimo* (3.ed.) cf. Novo Apêndice *II, nota 10 e texto relativo a essa nota. (N. E. A.)]

de proposições conduz ao infinito. Pois se não quisermos recorrer à nossa convicção, à percepção, à evidência, ao "conhecimento imediato" ou a qualquer coisa do gênero (tudo isso é subjetivo, psicologista), podemos *justificar proposições apenas por meio de proposições*, que, se não devem ser introduzidas dogmaticamente, precisam ser, claro, justificadas novamente. Em relação a esse *trilema (dogmatismo – procedimento de justificação infinito – base psicologista)*, Fries se decide – e, com ele, quase todos os teóricos do conhecimento de qualquer orientação empirista que seja – em favor do psicologismo, isto é, em favor da vivência subjetiva, da percepção ou da intuição como fundamento absoluto e justificação dessas proposições últimas, inferiores (os *enunciados de base*) do sistema, dos juízos de percepção.

Mas essa concepção tão difundida (que parece igualmente – por razões que ficarão mais claras a seguir – em perfeita consonância com o *"common sense"*) *não resiste à crítica transcendental, metodológica*.

Isso mostra, com efeito, que percepções e observações (mais exatamente: relatos perceptivos e observacionais) não são nunca levadas a sério pela ciência se não forem *objetivas*, testáveis intersubjetivamente – mesmo que um sentimento de convicção mais forte subjetivamente esteja em sua base. Esses relatos, que não são testáveis intersubjetivamente, não são admitidos na *ciência natural* nem como material provisório (talvez a *história* os conceda, algumas vezes, valor), mas, *no melhor dos casos*, apenas como provocações e colocações do problema.

Inúmeras evidências transcendentais poderiam ser introduzidas a favor dessa afirmação.

Uma contribuição curiosa sobre isso, por exemplo, é a conhecida *"questão do basilisco"*: surgiram repetidos[*10] relatos nas regiões dos Alpes acerca de um "basilisco" ou "criatura das montanhas", [148] um animal de meio metro, com a grossura de um braço, com a forma de uma minhoca, aparentemente perigoso e com olhar ameaçador. Quando se lê os relatos,[53] dificilmente se pode duvidar do sentimento subjetivo de convicção ou da credi-

---

*10 Na época em que escrevi isso (1932) a "questão do basilisco" era bastante atual na Áustria. Um problema semelhante é o da existência de uma suposto "Yeti" no Himalaia.

53 Hans Flucher, "Noch einmal die Tatzelwurmfrage: ein Überblick über das Ergebnis unserer Rundfrage", *Kosmos: Handweise für Naturfreunde* 29 (1932, p.66 e segs.; e 29 (1932, p.100 e segs. [(3.ed.) Ver particularmente p.67 e seg. Cf. também "Pósfacio do Editor", Seção 16. (N. E. A.)]

bilidade dos informantes. Esses testemunhos não bastam, no entanto, para garantir a objetividade científica do basilisco (eles são, *no melhor dos casos, provocações* para expor a questão acerca da existência efetiva ou não de um tal animal). Se existisse um método intersubjetivo para testar os relatos – o melhor seria a exposição de um basilisco em um museu –, a objetividade científica estaria garantida. É preciso notar aqui que a objetividade científica poderia ser garantida por outros meios além de uma peça de museu. Outros *corpora delicti* – como, por exemplo, partes, pegadas, traços, talvez mesmo uma fotografia autenticada correspondente – poderiam eventualmente bastar para tornar a existência do basilisco uma *hipótese* científica objetiva, a saber, aquela da qual seja possível concluir a existência do basilisco a partir da existência testável desses indícios por meio de regularidades gerais bem confirmadas: em ciência, atribui-se uma importância incomparavelmente superior mesmo a indícios fracos, se forem testáveis intersubjetivamente, do que a esses relatos tão precisos de observadores instruídos, em quem podemos confiar e concordar até nos mínimos detalhes, mas que não podem ser testados.

(Há inúmeros exemplos como a "questão do basilisco". Pensemos nos relatos frequentemente confiáveis da serpente marinha,[53a] assim como em certos relatos de círculos espíritas.)

Em todos esses exemplos, deve ser sublinhado que não é a *verdade* de uma proposição ("Há um basilisco") [149] que depende de sua testabilidade intersubjetiva, mas sim seu *caráter científico*, sua objetividade. Pois é possível haver efetivamente um basilisco, o que posteriormente poderia ser demonstrado cientificamente; nesse caso, a proposição (não testável hoje) seria hoje verdadeira. A isso corresponde o fato de que ela *não é*, mesmo hoje, *negada* pela ciência, não é tida como falsa, mas sim, se quisermos, é *ignorada*: a ciência não se posiciona a esse respeito.

Convicções subjetivas – ainda que sejam vivenciadas fortemente e de maneira imediata – não podem *nunca ter um significado metodológico na ciência, mas apenas um significado histórico-genético*. Esse ponto de vista não se opõe apenas à teoria friesiana do "conhecimento imediato", mas também à concepção de que os enunciados de percepção, os relatos observacionais (ou coisas do gênero) podem constituir a "base empírica" da ciência. Os "enun-

---

53a [(3.ed.) Cf. Apêndice "Excerto-resumo (1932)", Seção VII, texto relativo à nota 7. (N. E. A.)]

ciados de base" da ciência empírica – assim como todas as proposições científicas – devem, antes, ter o caráter de *objetividade*.

Essa exposição vale naturalmente também para a psicologia científica (seja ela praticada de maneira behaviorista-fisicalista ou introspectivamente). Do ponto de vista psicológico-científico, toda proposição psicológica deve ser testável intersubjetivamente. Que eu tenha agora uma determinada vivência preceptiva é subjetivamente certo para mim; para a psicologia científica, porém, a proposição "*A* tem uma determinada vivência perceptiva" tem apenas caráter de *hipótese*, que pode ser testada por meio de diferentes procedimentos (objetivos). (Por exemplo, experimentalmente à medida que diferentes estímulos – por exemplo, questões – e minhas reações – por exemplo, minhas respostas – estão em consonância com essa hipótese, baseadas em leis psicológicas bem confirmadas.)

O princípio da *objetividade dos enunciados de base* vale, pois, universalmente para todas as ciências; ele deve, por isso, valer para a *psicologia do conhecimento*. Vivências perceptivas e sentimentos de convicção não podem nunca constituir a base da ciência objetiva pela simples razão de que podem intervir na ciência objetiva apenas como objeto de hipóteses da psicologia do conhecimento e porque a existência dessas vivências [mais precisamente: a hipótese de que elas existem] deve ser testada objetivamente segundo os mesmos princípios metodológicos de [150] qualquer outra hipótese: *pela dedução lógica de consequências particulares, por predições particulares objetivamente testáveis*.

A *psicologia do conhecimento*, cujas proposições (universais) têm apenas um caráter hipotético, poderia, de resto, em sua análise do processo psicológico de conhecimento, chegar a resultados que fossem, por sua vez (cf. Seção 4), amplamente análogos aos da teoria do conhecimento. Ela poderia constatar que as percepções, o "testemunho dos sentidos", têm uma importância extraordinária na produção de um sentimento de convicção das percepções. (Esta é precisamente a razão pela qual a teoria do conhecimento psicologista, que se apoia sobre o "conhecimento de si", se vincula, juntamente ao *"common sense"*, à base perceptiva.) Mas mesmo consideradas do ponto de vista da *psicologia* do conhecimento, as percepções não se revelam de modo algum como fundamento último, absoluto, indubitável de nossas convicções, mas ao contrário:

Como já foi constatado por ocasião da análise do conceito de objetividade (cf. Seção 9, próximo ao final), no caso dessas percepções que não podemos testar (repetir) à vontade, nos deparamos sempre com a suspeita de que talvez possamos ter nos enganado. Uma certeza maior do sentimento subjetivo de convicção pode ser alcançada, no entanto, à medida que *diferentes percepções* (nenhuma das quais, tomada isoladamente, tem a força de convencimento) se colocam em concordância umas com as outras. Isso significa, porém, que ela concorda com qualquer teoria (bem-confirmada). Uma percepção visual pode, por exemplo, ser apoiada por uma percepção tátil[53b] (em função da teoria segundo a qual corpos visíveis devem ser também táteis: "teste intersensorial"), ou por meio de outras percepções visuais, ou por meio da comparação com os *enunciados* de outras pessoas que foram ouvidos ou lidos. – Trata-se de uma *trivialidade* que o sentimento de convicção deve se apresentar *para cada sujeito* como resultante de *cada* vivência (uma vez que ele deve ouvir – ou ver – ou compreender os relatos das teorias estranhas a ele). (Trata-se de um engano caracterizar essa trivialidade da psicologia do conhecimento [151] de "*solipsismo metodológico*"[54] ou outra coisa do tipo, pois, desse modo, a oposição entre a teoria do conhecimento – logo, da metodologia – e a psicologia do conhecimento fica encoberta.)

O resultado positivo importante da crítica (ao menos, parcialmente imanente, pois parcialmente psicológica) da teoria friesiana da percepção é o acento sobre o caráter de objetividade de todas as proposições científicas, entre as quais se incluem os "enunciados de base" (as "proposições empíricas elementares", como também são chamadas aqui) e a consequente *eliminação do psicologismo subjetivista da teoria do conhecimento*. Mas o "trilema" indicado anteriormente ainda não está, ao que parece, solucionado.

53b [(3.ed.) Cf. a referência a Karl Bühler e Richard Rothe em Karl Popper, *Frühe Schriften* (*Gesammelte Werke in deutscher Sprache* 1, 2006), Nr. 5: "'Gewohnheit' und 'Gesetzerlebnis' in der Erziehung" (1927), §8, 1, notas 11 e 12, assim como os textos destas notas. Ver também Apêndice: "Excerto-resumo (1932)", Seção IX, nota 2. (N. E. A.)]

54 [Ver Hans Driesch, *Ordnungslehre: Ein System des nichtmetaphysischen Teils der Philosophie* (2.ed., 1923), p.23; Rudolf Carnap, *Der logische Aufbau der Welt* (1928), p.86 e seg. e 91. Cf. texto relativo à nota 18a; assim como Karl Popper, *Conjectures and refutations* (1963), p.265 e segs. (= *Vermutungen und Widerlegungen*, 1997, p.385 e segs.; 2.ed., *Gesammelte Werke in deutscher Sprache* 10, 2009, p.408 e segs.). Acréscimo (3.ed.) Ver também texto relativo à nota 18a; e o Apêndice: "Excerto-resumo (1932)", Seção X, notas 1 e 2, assim como o textos dessas notas. (N. E. A.)]

A solução desse trilema ainda não pode ser introduzida aqui em detalhe: a questão dos enunciados de base da ciência é, de fato, equivalente àquela de um conceito utilizável de "experiência"; e a clareza plena só pode ser alcançada com o exame do *problema da demarcação*.[55] (Deve-se notar, de passagem, que a discussão positiva dessa questão não pode ser de modo algum considerada como uma crítica imanente a Kant ou Fries.)

A "base empírica" da ciência é constituída – como já foi indicado diversas vezes – pelos *enunciados factuais particulares*, com o auxílio do sistema teórico de *predições* deduzidas.

De grande importância, a verificação ou a falsificação de tais predições particulares não conduzem, na maioria dos casos da *prática* científica, a dificuldades metodológicas e não contêm nenhum problema prático-metodológico.*[11] Nós estamos, portanto, diante de uma dessas questões da teoria do conhecimento (cf. Seção 2) que se tornam um problema [152], não em função das exigências da prática das ciências particulares, mas, em geral, apenas em função de interpretações equivocadas na teoria do conhecimento. Em tais questões, o risco é particularmente grande de sucumbir a prejulgamentos em matéria de teoria do conhecimento (e também à ampliação universal da tentativa de solução psicologista); e, muito mais importante – porém mais difícil – é aqui também a aplicação do método transcendental, a orientação segundo a atividade científica efetiva. É conveniente, por isso, partir de uma análise desses (raros) casos nos quais aparecem, no trabalho científico, certas dificuldades na verificação ou falsificação das predições particulares e nos quais há dúvida se as proposições em questão devem ser consideradas verificadas ou falsificadas.

Como a ciência procede efetivamente em tais casos? Ela se pronuncia sobre tais casos? Ou atribui a eles um valor de verdade entre "verdadeiro" e "falso" (por exemplo, o valor de verdade "provável")?

Para poder julgar corretamente o procedimento efetivo da ciência na decisão acerca de proposições particulares, é necessário mais uma vez ter em vista o significado dessas proposições particulares na ciência natural.

---

55 [Cf. Seção 3, texto relativo à nota 3; assim como Seção 10, texto relativo à nota 12. Ver também "Posfácio do Editor", Seção 10, nota 10 e texto relativo a essa nota. (N. E. A.)]

*11 O problema do experimentador [*Experimentator*] é solucionado se o experimento que este realiza é reprodutível; mas esse problema é, muitas vezes, difícil de ser solucionado.

Segundo a concepção *dedutivista*, as *proposições particulares* (*singulares*) servem para testar *leis, sistemas teóricos*, logo, *proposições universais*. O teste das proposições universais ocorre pela *dedução de predições particulares* que podem ser verificadas ou falsificadas.

Se, consequentemente, dificuldades se apresentam na decisão acerca da verificação ou falsificação de uma determinada predição particular, renuncia-se, na maior parte das vezes, no exercício prático da ciência, a decidir nesses casos particulares e, a fim de testar as leis, deduzem-se *outras* predições que não apresentam tais dificuldades.

Esta é a razão por que (nas ciências naturais) são relativamente raros os casos nos quais, apesar das dificuldades, uma decisão acerca de uma proposição particular é tomada.

Mas mesmo a análise desses casos, nos quais as proposições particulares continuam a ser examinadas, testadas, sustentadas, conduz – ao que parece à primeira vista – a um resultado iluminador.

[153] Essas proposições particulares problemáticas são sempre sustentadas por outras proposições particulares – que, por sua vez, não apresentam mais nenhuma dificuldade, que não ensejam mais nenhum problema prático-metodológico. Essas outras proposições particulares são *deduzidas*, com o auxílio de teorias, da proposição particular a ser testada; a proposição particular em questão desempenha, então, o papel de hipótese, de uma *lei da natureza com o menor grau de universalidade*, testada pela dedução de predições, isto é, apoiada ou refutada por outras proposições particulares.

Se, para dar um exemplo, surge uma dúvida se a proposição particular "Esse pó é um precipitado vermelho" deve ser considerada como falsificada ou verificada, deduzimos predições a partir da proposição em questão e de leis químicas da natureza e as testamos; o pó é, por exemplo, aquecido, o gás que se desprende é submetido ao teste do oxigênio com o auxílio da limalha de ferro incandescente etc. Proposições particulares intervêm novamente aqui (por exemplo, "Essa limalha de ferro fica incandescente no momento em que é introduzida no tubo" ou "O mercúrio precipita nesse tubo de ensaio") que podem ser submetidas a um exame análogo, se tivermos, por uma razão ou outra, uma dúvida a respeito delas. Esse procedimento é levado a cabo até que se considere o resultado suficientemente certificado; até que se considere uma nova dúvida supérflua ou capciosa.

As proposições às quais nos apegamos são – em especial quando o teste foi significativo e difícil –, se possível, proposições tais que, para *todos* os sujeitos que assistem à respectiva experiência (ou seja lá o que for), o teste subjetivo seja particularmente fácil (por exemplo: "Essa limalha foi introduzida quatro vezes no tubo e se inflamou todas as vezes"). Trata-se, portanto, de proposições intersubjetivamente testáveis, de proposições *objetivas* acerca das quais qualquer sujeito presente pode formar facilmente suas próprias convicções subjetivas.

(É importante que essa convicção subjetiva já não entre, ela própria, no procedimento científico de justificação ou de teste: a ciência não se reporta nunca a convicções subjetivas. Ela instrui cada um a formar para si uma opinião, mas deixa-o livre para se convencer.)

As análises de todos os casos nos quais as proposições particulares devem ser testáveis conduzem a resultados inteiramente análogos.

[154] Quando surgem dificuldades, os instrumentos de medição, por exemplo, os relógios, são testados – o que, claro, pode apenas ocorrer novamente pela dedução de predições (por exemplo, "Depois de 20 dias, esse relógio indicará uma hora que variará em menos de 15 segundos deste outro") e pela verificação ou falsificação destas. Pode ocorrer também que, em algumas circunstâncias, ao invés de instrumentos de medição, sejam pessoas as encarregadas das medições que são testadas, por exemplo, acerca do próprio daltonismo ou da própria [suposta] "equação pessoal"[55a] (sua rapidez de reação). Esses testes também revelam sempre o mesmo caráter (objetivo): ao se partir da hipótese que o Sr. *A* é daltônico, deduzem-se predições acerca de algumas das reações dele e essas predições particulares, objetivas, facilmente testáveis por todo sujeito, são verificadas ou falsificadas.

Como foi indicado anteriormente, a análise metodológica não parece conduzir a um resultado muito frutífero.

De proposições particulares problemáticas, [são] deduzidas proposições particulares menos problemáticas (ou não problemáticas) com a finalidade de estas serem certificadas. Mas isso significa, claro, apenas deslocar a questão:

55a [(3.ed.) Essa equação foi introduzida por Friedrich Wilhelm Bessel (1784-1846); ver F. W. Bessel, *Astronomische Beobachtungen auf der Königlchen Universitätssternwarte in Königsberg*, Achte Abteilung vom 1. Januar bis 31. Dezember 1822 (1823), p.IV e seg. Cf. texto relativo à nota 56a; Apêndice: "Excerto-resumo (1932)", Seção VIII, nota 2; assim como Karl Popper, *Logik der Forschung* (1934; 2.ed., 1966; e edições posteriores), Seção 29, texto relativo à nota 2. (N. E. A.)]

Em que se apoiam as proposições particulares menos problemáticas (que são facilmente testáveis por todo sujeito)? O que significa dizer que uma proposição foi verificada ou falsificada?

Com essa questão, parece que nos encontramos no cerne do *trilema*: essas proposições são (1) consideradas verdadeiras de modo puramente dogmático ou elas (2) continuam a ser fundamentadas ad *infinitum* por outras proposições (um processo que parece se interromper apenas por razões práticas) ou elas (3) se apoiam sobre convicções subjetivas (percepções) de diferentes sujeitos?

Como se verá em seguida, as três posições do trilema se revelam, *de um modo certamente muito limitado*, legítimas [155] – desde que nos coloquemos no ponto de vista que é proposto aqui como solução.

Segundo essa concepção, os *termos finais da dedução*, isto é, os *enunciados de base* da ciência (as "proposições empíricas elementares"), são fixados *pela decisão, por uma convenção* (em certo sentido arbitrária, mas em certo sentido regrada). À medida que (mas *apenas* à medida que) as proposições (precisamente como enunciados de base) são fixadas pela decisão *sem outra fundamentação* daquilo que elas afirmam, o primeiro ponto de vista do trilema pode ser considerado legítimo, isto é, essa decisão pode ser qualificada *dogmática*.

Mas esse "dogma" não é nem um pouco perigoso. Pois a decisão se dá segundo princípios metodológicos determinados, dentre os quais, sobretudo, aquele segundo o qual só podem ser adotadas as proposições que não admitem nenhuma dúvida metodológica; se tal dúvida aparece, a dedução é levada a cabo. *Em princípio, isso é sempre possível*. Pois toda proposição científica *objetiva* apresenta em certo sentido o caráter de lei universal, uma vez que ela pode ser testada e todo teste está baseado na regularidade (ou na repetibilidade) – por exemplo, as regularidades em função das quais o evento correspondente pode ser fotografado ou filmado (ou observado). (As proposições *particulares objetivas* podem, pois, ser caracterizadas como "leis da natureza com o menor grau de universalidade".) Precisamente por causa do caráter de universalidade é que podem, em princípio, ser *deduzidas* de toda proposição objetiva mais predições do que podemos testar; por causa desse caráter, tal proposição sempre diz mais do que pode ser constatado pela "observação" etc. (transcendência da representação em geral; cf. Seções 8 e 9). Se, em princípio, é sempre possível levar a cabo o teste, isso confere uma correção determinada, limitada, ao segundo ponto de vista do trilema: enquanto não se *decidir* aceitar uma proposição sem fundamentação adicional, determiná-la, portanto, como "verdadeira" ou "falsa", o teste hipotético-dedutivo deve ser levado a cabo – o que é, em princípio, possível *ad infinitum*. A dedução não tem nunca um fim natural; nenhuma proposição é qualificada como o termo final da dedução, predestinada a ser um enunciado de base, por sua forma ou seu conteúdo.

Mas o terceiro ponto de vista do trilema tem (claro, de um modo ainda mais limitado) sua legitimidade. [156] Uma proposição científica não pode nunca ser fundada ao ser reportada a convicções subjetivas (como o *consensus omnium*), mas sim no *procedimento metodológico de sua adoção* leva-se em consideração o fato de que as diferentes convicções subjetivas concordam umas com as outras ou não.

Essa última observação será considerada possivelmente como uma concessão ao psicologismo, como uma porta aberta por meio da qual ele se enfia, mais uma vez e no último momento, no sistema. É preciso, portanto – a fim de mostrar que essa objeção não atinge o ponto de vista defendido aqui –, precisar a *diferença* existente entre a *fundamentação de uma proposição* (uma afirmação) e a *regulamentação metodológica da tomada de decisão*; é preciso, além disso, mostrar que a regulamentação metodológica da tomada de decisão, embora *leve em consideração as convicções subjetivas*, não se apoia sobre tais convicções, mas representa, por sua vez, um *procedimento inteiramente "objetivo"*.

Para mostrar que a *regulamentação metodológica da tomada de decisão* é algo totalmente diferente da *fundamentação de uma proposição*, tome-se o exemplo do *tribunal do júri* (antigo, "clássico").

O veredito dos jurados se apoia, como se sabe, sobre *questões de fato* (*quid facti?*). Pela decisão dos jurados, estabelece-se uma afirmação, uma *proposição factual particular*, acerca de um *evento concreto*. A decisão tem o significado, a função prática e teórica, de que, a partir dela, juntamente a proposições universais, determinadas consequências serão *deduzidas*; dito de outro modo: a decisão constitui a base para a *aplicação* do sistema penal geral; o veredito é *usado* como proposição verdadeira, desempenha o papel de uma proposição verdadeira nas deduções lógicas.

É claro que a proposição não precisa ser verdadeira, pois ela resulta da decisão dos jurados. (Isso é reconhecido pelo procedimento penal, uma vez que um "veredito" pode ser, sob certas condições, suspendido ou revisado.)

A decisão resulta de um *procedimento* precisamente regrado. Esse procedimento é erigido sobre determinados princípios que de modo algum devem apenas garantir uma descoberta objetiva da verdade, [157] mas deixam espaço não apenas para convicções subjetivas, mas, inclusive, para inclinações subjetivas. Porém, mesmo que se faça abstração dessas condições particulares do tribunal do júri (clássico) e que se imagine um procedimento baseado *apenas* no princípio da descoberta da verdade mais objetiva possível, pode-se em todo caso dizer:

A sentença dos jurados, *a verdade da proposição factual particular, não está de modo algum justificada.* Isso já fica claro pelo fato de que a regulamentação metodológica do procedimento da tomada de decisão é *universal*, idêntica em todos os casos, ainda que as proposições sobre as quais se decide sejam totalmente diferentes e formulem sempre afirmações bastante especializadas.

Mas inclusive as convicções subjetivas dos jurados não podem de modo algum ser consideradas como justificações da validade da proposição sobre as quais elas decidem (embora elas estejam em relação causal com a tomada de decisão e sejam, pois, as *motivações* desta:[55b] cf. também Seção 12). Isso resulta já do fato de que a votação pode obedecer a regras totalmente diferentes (acerca de determinadas questões a decisão pode, por exemplo, ser tomada apenas de modo unânime ou por uma maioria qualificada, sobre outras, por uma maioria relativa), de modo que as relações entre as convicções subjetivas e a decisão podem assumir formas diferentes conforme o controle.

Contrariamente ao *veredito* dos jurados, a sentença do juiz deve ser justificada, *fundamentada*, pois ela deve ser inferida de outras proposições. Uma *decisão*, ao contrário, pode ser testada apenas para saber se ela aconteceu *segundo as regras*, isto é, apenas de modo formal, não quanto ao conteúdo. (Com relação ao conteúdo, chamam-se corretamente as justificações de decisões de "relatos de motivações", não de "fundamentações".)

As coisas ocorrem de modo inteiramente análogo ao do exemplo dado no caso da estipulação dos enunciados de base da ciência.

Na regulamentação metodológica dessa estipulação, está incluído o que se pode chamar de "verificação e falsificação empírica", de "método da experiência".

55b [(3.ed.) Cf. "Posfácio do Editor", Seção 4, texto relativo à nota 7. (N. E. A.)]

[158] Aqui não é o lugar para entrarmos nos detalhes dessas regras metodológicas. (Ver-se-á no exame do problema da demarcação,[56] em que essas regras metodológicas serão inferidas do princípio do *realismo metodológico*.) Sublinhemos dois pontos que esclarecem o problema kantiano-friesiano da percepção.

O *princípio fundamental* dessa regulamentação metodológica da tomada de decisão acerca de enunciados de base é aquele segundo o qual *apenas proposições factuais particulares (singulares) podem ser determinadas "verdadeiras" ou "falsas" por uma decisão*. Quais enunciados de base são caracterizados como hipotéticos depende, porém, do sistema teórico (assim como as questões colocadas aos jurados dependem das disposições legais). Porém a estipulação dos enunciados de base decide o destino dos sistemas teóricos – e não o inverso. ("Empirismo" significa – ao contrário do "convencionalismo" – o *"singularismo" da estipulação dos enunciados de base*.)

A regulamentação empírica da estipulação segundo o princípio diferencia-se de toda forma de dogmatismo – em particular do *absolutismo da percepção* (Fries, os *positivistas*) – pelo princípio segundo o qual deve ser feito o teste hipotético-dedutivo por meio de predições no caso da dúvida metodologicamente legítima, ou no momento em que não pode ocorrer uma determinação.

Mas, para se poder em geral chegar às estipulações, o conceito de "dúvida metodologicamente legítima" deve ser delimitado precisamente; uma dúvida metodologicamente legítima existe sempre que se pode facilmente testar (verificar com o auxílio de estipulações permitidas) uma proposição objetiva, sociológica segundo a qual as *convicções subjetivas* das diferentes pessoas encarregadas do exame da proposição particular *divergem* e não há *acordo intersubjetivo* (*consensus omnium*). Nesse caso, é preciso haver um novo teste (ou evitar uma determinação). Esse teste pode se estender, como já foi indicado anteriormente, aos observadores concernidos – por exemplo, ao determinarem a própria equação pessoal[56a] – e, desse modo, ao eliminarem as discordâncias, [159] isto é: ao eliminarem a dúvida metodologicamente

---

56 [Cf. Volume II (Fragmentos): [VII] "O problema da teoria dos métodos", Seção 1, texto relativo às notas 2 e 6; assim como Apêndice: "Excerto-resumo (1932)", Seção IX. Texto relativo à nota 1. Ver também "Posfácio do Editor", Seção 10, nota 20 e texto relativo a esta. (N. E. A.)]

56a [(3.ed.) Cf. nota 55a desta seção e texto relativo a esta. (N. E. A.)]

legítima. Não se chega à ausência de contradição entre os sentimentos de convicção subjetivos (não é claro, inclusive, em que eles consistiriam); a ausência de *contradição entre os enunciados de base objetivos* é, entretanto, uma exigência fundamental metodológica que nenhuma decisão pode violar. (O princípio para eliminar essas contradições por meio de testes progressivos – pela dedução de predições – é característico do *realismo metodológico*.[56b])

Mas por que fazemos tais estipulações? Por que decidimos introduzir, na ciência, enunciados de base, termos últimos do teste dedutivo como proposições "verdadeiras" e "falsas"?

O exemplo do tribunal do júri também se mostra esclarecedor para essa questão: a decisão dos jurados é o fundamento para a *aplicação* das leis.

Do mesmo modo, nós podemos dizer: a decisão pela qual introduzimos determinadas proposições na base não é outra coisa senão a decisão de aplicar a ciência, o sistema teórico. Assim como apenas o veredito dos jurados torna possível a dedução lógica de proposições particulares e, desse modo, a aplicação da lei, a estipulação de determinados enunciados de base como "verdadeiros" ou "falsos" não consiste em nada mais do que na decisão de introduzir essas proposições no sistema, a fim de tornar possível uma *aplicação* concreta (uma dedução de predições particulares). *Estipulação de enunciados de base* como "verdadeiros" ou "falsos" e *aplicação do sistema* são equivalentes. (Diga-se de passagem, se for possível caracterizar as proposições lógicas como definições implícitas dos conceitos de "verdade" e "falsidade", que é possível estipular implicitamente que certas proposições são "verdadeiras" ou "falsas" por meio de *aplicações* determinadas de regras lógicas de inferência e transformação.) Na maior parte dos casos, os enunciados de base não são estabelecidos de modo explícito, mas – o que é equivalente – a ciência é aplicada. (E, por isso, em certo sentido, os enunciados de base singulares não pertencem ao próprio sistema científico – mesmo na chamada "ciência aplicada" –, mas precisamente *à aplicação prática efetiva* desta, [160] à atividade técnico-prática; mas, com isso, eles não perdem o caráter de *proposições*. – Cf. Seção 41.)

Como foi anunciado anteriormente, deve-se discutir em que medida a regulamentação metodológica da tomada de decisão *leva em consideração convicções subjetivas* e, apesar disso, representa um *procedimento objetivo*.

56b [(3.ed.) Ver texto relativo à nota 56d desta seção e Apêndice: "Excerto-resumo (1932)", Seção IX, nota 2 e texto relativo a esta. (N. E. A.)]

As convicções subjetivas são levadas em consideração pela regra de que nenhuma decisão pode ser tomada enquanto se está diante da proposição (facilmente testável) segundo a qual a decisão não goza de *consensus omnium*.

É importante atentar para a *forma negativa dessa regra*. Se um *consensus omnium positivo* fosse necessário para *toda* decisão, não chegaríamos *nunca a tomar uma decisão* – ou o procedimento deveria perder seu caráter objetivo. Se, com efeito, o *consensus omnium* pudesse ter influência sobre o procedimento apenas sob a forma de uma *proposição sociológica objetiva particular* (uma bem testável hipótese sociológica ou sociopsicológica, com menor grau de universalidade), então este – no caso em que fosse estipulada ao mesmo tempo uma regra positiva segundo a qual um *consensus omnium* é necessário para a tomada de decisão – deveria sempre ser previamente testado, o que seria possível novamente apenas por meio de enunciados de base, logo de novas decisões etc.: cairíamos, então, no segundo caso do trilema, com a diferença menos visível de que, no lugar de uma *sequência de fundamentos ad infinitum*, teríamos uma sequência de *decisões ad infinitum*.

Para remediá-lo, deve-se fazer a concessão ao primeiro ponto de vista do trilema; e isso ocorre pela reformulação negativa daquela regra acerca da tomada de decisão e pela aplicação do conceito (objetivo e, em parte, definido sociologicamente) de "dúvida metodologicamente legítima": no caso de ausência de tal dúvida, proposições singulares, que podem ser testadas facilmente por diferentes sujeitos, podem, *em cada caso, ser estabelecidas por decisão*.

(A concepção dedutivista-empirista na teoria do conhecimento adota, então, também sobre essa questão do procedimento de decisão, um ponto de vista amplamente análogo à concepção que ela tem da formação de hipóteses e acerca do teste destas: os enunciados de base sobre os quais se deve decidir são, eles próprios, [161] adotados inicialmente *de maneira experimental e provisória*. – Eles são considerados decididos – isto é, *definitivamente* decididos em cada caso particular – se *nenhuma objeção* é levantada.)

O conhecimento só é, portanto, "possível" pelo fato de que há *enunciados de base "não problemáticos"*[56c] (que são o análogo das proposições de percepção imediatamente certas), isto é, enunciados de base que não precisam ser testados novamente e nos quais não é preciso colocar em questão

---

56c [(3.ed.) Ver Volume II (Fragmentos): [II] "Sobre a questão da eliminação do psicologismo subjetivista", texto relativo à nota 2. (N. E. A.)]

o acordo intersubjetivo. *Que* haja tais enunciados, que tenhamos sorte em nossas decisões, nas proposições empíricas elementares, e que não caiamos em nenhuma contradição deve ser considerado um fato metodológico fundamental; um fato que não podemos nunca saber se se produzirá sempre e em todos os casos. (A questão de saber *por que* há tais enunciados – por que não podem ser levantadas objeções contra qualquer decisão ou por que as decisões não conduzem a contradições – é, como todas as questões sobre as razões da possibilidade do conhecimento, cientificamente ilegítima e conduz *à metafísica* – não ao realismo metodológico, mas *ao realismo metafísico*; cf. passagem anterior.[56d])

A que se deve o fato de que o método da ciência natural, apesar do método em certo sentido dogmático da tomada de decisão acerca de enunciados de base (o dogmatismo está no conceito de um enunciado de base "não problemático"), tenha um caráter menos dogmático que, por exemplo, o *método dos tribunais do júri*? Antes de tudo, no fato de que ele *não toma nenhuma decisão* em todos os casos que não são não problemáticos; e, ou bem suspende sua decisão (o enunciado é declarado cientificamente não decidível, não "objetivo"), ou bem testa novamente o enunciado; além disso, mantém a possibilidade de não mais considerar qualquer enunciado de base a qualquer momento não problemático e de continuar a testá-lo (*relatividade do enunciado de base*); em seguida – e este é o ponto mais decisivo – no fato de que importam a ele (como indicado anteriormente mais de uma vez) não as *proposições particulares* individuais determinadas, mas as *regularidades gerais*, isto é, proposições sobre as quais ele nunca decide imediatamente e que podem e devem sempre ser de novo [162] testadas por vias dedutivas (por meio de proposições particulares variadas).

Resta uma *objeção* a ser discutida. Ela se dirige contra o *caráter sociológico da ciência*, contra o *conceito sociológico de objetividade* (que – segundo a concepção defendida aqui – deve ser rigorosamente distinguido do *conceito não sociológico de verdade*). Trata-se da "objeção de Robinson".

Pode-se imaginar que um Robinson [Crusoé], totalmente isolado de outros homens, mas falante de uma linguagem, desenvolva uma teoria física (por exemplo, com a finalidade de um melhor domínio da natureza). Pode-

---

56d [(3.ed.) Ver Seção 10, nota *2 e texto relativo a esta. Cf. também texto relativo à nota 56b desta seção. (N. E. A.)]

-se, por exemplo, imaginar – embora essa suposição seja pouco plausível do ponto de vista da psicologia do conhecimento – que essa "física" concorde – por assim dizer, palavra por palavra – com nossa física moderna e que, além disso, ela também seja testável experimentalmente por Robinson, que construiu para si um laboratório de física. Tal evento é, por improvável que pareça, em todo caso, concebível. Consequentemente – conclui a "objeção de Robinson" –, o caráter sociológico não tem uma importância fundamental para a ciência: o fato de que vários sujeitos cooperem é necessário *psicologicamente* por causa de nossa duração limitada de vida, mas inessencial do ponto de vista da teoria do conhecimento.

Diante desse argumento, é preciso, em primeiro lugar, admitir que mesmo *o teste levado a cabo por um único indivíduo* tem algo de semelhante a um *teste intersubjetivo*. (O caráter sociológico não tem, pois – em muitos casos, ao menos –, uma importância decisiva para o teste.) É certo, além disso, que o conceito de intersubjetividade, de pluralidade de sujeitos, é, sob muitos aspectos, bastante impreciso. Entretanto, a objeção de Robinson *não é válida*: a física que Robinson constrói *não é* precisamente *uma ciência*. E isso não porque nós *definimos*, de maneira puramente arbitrária, a "ciência" de tal modo que apenas as teorias testáveis intersubjetivamente possam ser assim chamadas, mas porque a objeção de Robinson parte do pressuposto falso de que são os *resultados* que caracterizam a ciência, e não seu *método*.

Desse modo, uma teoria, por exemplo, idêntica à nossa física, *descoberta* por intuição intelectual, mas que não fosse *testável*, estaria longe de ser uma ciência. [163] A *objetividade* faz justamente parte do teste científico, do método, e ela está, em princípio, totalmente fora do alcance de um Robinson.

O fato de que a física de Robinson concorde com a nossa, o fato de que ela realiza os mesmos experimentos que nossos físicos, tudo isso aparece, do ponto de vista metodológico, como um acaso enigmático, quando não como um milagre. Pois *os métodos de que dispõe não garantem*[*12] *a eliminação de certos erros* que podem ser eliminados por nossos métodos. Nesse *procedimento de seleção* consiste o mecanismo metodológico de *desenvolvimento* das ciências, do *progresso* científico. Mesmo no caso desse genial "físico" Robinson, o metodólogo deverá fazer um *prognóstico muito desfavorável*: ele predirá que, em breve, a ciência de Robinson apresentará grandes diferenças em

---

*12 Hoje, não escreveria "não garantem", mas "não tornam possível".

relação à nossa física, uma vez que a aparente equivalência não era até então mais do que um acaso.

Se Robinson chega a resultados corretos, ele teve *sorte*. Resultados corretos são sempre *também* uma questão de sorte, mas nossos métodos permitem ao menos formular e eliminar muitas dessas teorias nas quais não tivemos sorte. Mas se, um dia, Robinson não tiver sorte, pode simplesmente acontecer que ele não o perceba, que ele não abandone uma teoria que *nós* pudéssemos falsear e que sua física continue a se desenvolver em uma direção completamente diferente da nossa [física] intersubjetiva. Pode facilmente ocorrer a ele que a distinção entre o mundo (intersubjetivo, para nós) das coisas perceptíveis localizáveis e as próprias vivências (subjetivas) se torne incerta (e que ele, por exemplo, considere *seu medo* como semelhante, digamos, ao sol ou como uma coisa do mesmo tipo que a noite).

Que possa haver análogos subjetivos à nossa ciência objetiva é, em todo caso, concebível. Mas o exemplo nos mostra que é equivocado considerar a ciência apenas *de maneira estática* (isto é: como um sistema de resultados em algum instante) e que, do ponto de vista metodológico, o interesse maior está no *desenvolvimento* da ciência, pois apenas na *mudança* do sistema, [164] nas condições metodológicas do *progresso* científico é que se revela claramente o caráter de uma ciência que se deixa instruir pela realidade, pela experiência.

Como, então, a teoria discutida aqui do singularismo dos enunciados de base estabelecidos por convenção pode ser fundamentada?

A única "fundamentação" é a análise metodológica, que mostra que a concepção desenvolvida concorda com o procedimento das ciências naturais.

Mas por que a ciência adota tal procedimento? Pois suas experiências metodológicas (que são do mesmo tipo que as outras experiências: por tentativa e erro) a ensinaram que esse procedimento obteve *sucesso*.

Apenas o *sucesso* decide, portanto, acerca dos métodos científicos.

Assim, quando se afirma aqui, por exemplo, que a *intuição* não é um método científico, um método com caráter científico,[*13] deve-se entender

---

[*13] Naturalmente, o que é visado aqui é apenas a intuição como uma *fundamentação*, e não a intuição como uma importante "faculdade" psíquica, ainda que ela conduza frequentemente a resultados insustentáveis. (Ver nesta seção a discussão anterior acerca do intuicionismo). [(3.ed.) Cf. notas 49 e 50, assim como o texto relativo a essas notas. (N. E. A.)]

por isso que as experiências metodológicas mostraram que esse método não conduz a nenhum *sucesso*: ele não conduz a acordos intersubjetivos e não permite, no caso de resultados contraditórios, nenhum teste suplementar e a resolução das contradições.[57]

A ciência teve *sorte* até aqui com os *enunciados factuais particulares*, os enunciados de base singulares, que podem facilmente ser testados (por observação) por qualquer sujeito. E é precisamente assim, por tentativa e erro, que se formou esse método empirista que leva em consideração a experiência subjetiva à medida que ela é conciliável com o princípio científico da objetividade (e que, claro, desenvolve apenas esse mínimo de "dogmatismo", sem o qual certamente não conseguiríamos encontrar o caminho no caos da realidade). – A regulamentação da estipulação da "verificação" e "falsificação" de enunciados de base singulares [165] está ligada, do modo indicado, às *observações* e *percepções* (hipotéticas). Assim, a concepção habitual que chama os enunciados de base de "enunciados observacionais" ou de "enunciados de percepção" não é injustificada e essa terminologia não é imprópria – desde que seja superada *a ideia de uma validade absoluta do fundamento subjetivo da percepção* e seja *satisfeita a exigência de objetividade*. Apenas esse ponto, isto é, apenas a questão da objetividade tem uma importância metodológica positiva; apenas para combater as *interpretações equivocadas* subjetivo-psicologistas e absolutistas, para mostrar que se pode desenvolver uma metodologia empirista mesmo sem base subjetiva, que seria necessário ir além na crítica da "teoria da percepção". Ao longo desta investigação, continuaremos a utilizar as expressões habituais ingênuas ("observação", "fundamento da observação" etc.), ali onde equívocos não sejam uma ameaça. Para o problema da indução, apenas o *singularismo* tem importância: a teoria segundo a qual a base, os termos finais da dedução são enunciados factuais particulares "completamente decidíveis", isto é, definitivamente *verificáveis* ou *falsificáveis* (pela decisão).

Contra a teoria kantiano-friesiana da *inexistência da intuição intelectual*, dever-se-ia objetar que ela não é correta do ponto de vista da psicologia, mas que não diz nada do ponto de vista da teoria do conhecimento. Contra

---

57 Cf. sobre isso, por exemplo, Victor Kraft, "Intuitives Verstehen in der Geschichtswissenschaft", *Mitteilungen des österreichischen Instituts für Geschichtsforschung*, Ergänzungsband 11 (1929), p.1 e segs.

a teoria kantiano-friesiana da *base perceptiva absoluta do conhecimento empírico*, dever-se-ia objetar que ela é falsa do ponto de vista da teoria do conhecimento, mas que ela representa um exagero do ponto de vista da psicologia.

Mas se livramos essas duas teorias das respectivas escórias psicologistas e se as traduzirmos *para o modo de pensar transcendental*, podemos, então, equiparar o ponto de vista kantiano-friesiano e o *singularismo da base* defendido aqui: a *inexistência da intuição intelectual* se torna a interdição de estabelecer (pela decisão) proposições universais (teorias) como "verdadeiras" ou "falsas" (opondo-se também, entre outras, ao convencionalismo moderno). A teoria que confere o caráter de base à *percepção* ou à *intuição empírica* se torna a tese segundo a qual apenas proposições particulares podem ser estabelecidas como enunciados de base. Pelo procedimento metodológico [166] de regulamentação dessas estipulações e, em particular, a possibilidade – se ela se mostra necessária – de aprofundar sempre mais (dedutivamente) a base, transforma-se a ciência em uma ciência empírica, uma ciência da realidade.

A base empírica da ciência objetiva *não é algo absoluto*. A ciência não se constrói sobre rocha dura. O conjunto do edifício, a construção quase sempre fantasticamente corajosa de suas teorias, se erige sobre um pântano. Os fundamentos são pilares fincados (de cima para baixo) no pântano; não em um fundamento natural "dado", mas tão fundo quanto seja necessário para sustentar o edifício. Não paramos de fincar mais fundo porque encontramos uma camada sólida, mas decidimos ficar satisfeitos com sua solidez, porque esperamos que eles sustentem o edifício. (Quando o edifício se torna muito pesado, quando ele começa a balançar, já não basta continuar a fincar mais fundo os pilares: um novo edifício pode ser necessário, mas a construção deste deve ser fundada sobre as ruínas e os pilares submersos do edifício que afunda.)

Pode-se dizer novamente o que já foi dito anteriormente[58] (com Kant, Reininger; Born e, sobretudo, Weyl): *a objetividade da ciência tem necessariamente como preço sua própria relatividade* (e quem quiser o absoluto deve procurá-lo no subjetivo).

---

58 [Ver as notas 15, 16 e 17, assim como os textos destas. *Acréscimo* (3.ed.). Cf. Apêndice: "Excerto-resumo (1932)", Seção VIII, nota 3 e texto relativo a esta; assim como "Posfácio do Editor", Seção 4, texto relativo à nota 13. (N. E. A.)]

Apenas com as últimas considerações emerge com toda a clareza a especificidade do método transcendental e a oposição deste ao psicologismo e, com isso, também o significado do conceito de objetividade transcendental e da definição transcendental kantiana do conhecimento da realidade – observação que nos levam às ideias que concluíram a seção precedente e que se vinculam à próxima seção.

[167] Capítulo VI
As posições probabilistas

12. As posições probabilistas – Crença subjetiva na probabilidade

As posições de "proposição normal" não podem ser satisfatórias:

O indutivismo ingênuo é logicamente insustentável, refutado de modo direto pelo argumento de Hume.

O positivismo estrito é logicamente inobjetável, mas insatisfatório *do ponto de vista da teoria do conhecimento* (transcendentalmente). Ele não dá nenhuma explicação para a existência de leis da natureza e não pode interpretar satisfatoriamente a ciência natural teórica: ele dá *muito pouco*.

O apriorismo, por sua vez, dá *muito*: ele "prova" a validade *a priori* absoluta de certos enunciados factuais, mas dificilmente a ciência empírica poderia aceitar a concepção de que há enunciados factuais que são válidos simples e necessariamente e que não podem, por princípio, ser refutados por nenhuma experiência.

Aqui entram as posições probabilistas, que parecem superar todas essas dificuldades: elas concordam com o positivismo (e com a ciência empírica) que enunciados factuais universais não podem nunca ser verificados em definitivo; elas reconhecem, com o apriorismo (e, mais uma vez, com a ciência empírica), que as leis da natureza são enunciados factuais estritamente universais.

Essa superação de posições contrárias aparentemente insuperáveis é alcançada pelas posições probabilistas pelo fato de abandonarem um pressuposto comum a todas as posições de proposição normal e que é responsável – segundo a concepção das posições probabilistas – por todas as dificuldades do problema da indução: trata-se do pressuposto (não provado) de que enunciados só podem assumir os valores de verdade "verdadeiro" e "falso".

Apenas quando se abandona esse pressuposto é que – segundo a concepção das posições probabilistas – o problema da indução pode ser solucionado.

[168] (Uma exposição esquemática dessas relações encontra-se no Apêndice, Tabela III.)

As *posições probabilistas* supõem "que as proposições obtidas indutivamente não se revestem do caráter de certeza".[1] Elas não podem nunca "apagar seu caráter hipotético",[2] mas elas têm, ainda assim, um certo *valor de verdade*: elas são *prováveis*. Essa concepção é tão difundida que Schlick diz: "a nova filosofia e a nova ciência se acostumaram depois de muito tempo a reivindicar apenas a probabilidade para o conhecimento da realidade".[3]

Uma análise mais precisa desse ponto de vista, porém, conduz a dificuldades. Schlick, que o defendeu na [*Allgemeine*] *Erkenntnislehre* (tendo abandonado-a depois), foi obrigado a dizer ali "que o conceito de probabilidade ainda contém profundos mistérios em sua aplicação ao mundo real".[4]

Na teoria do conhecimento, esses "mistérios" são frequentemente um indício de equívocos fundamentais. E, por isso, gostaria de enunciar previamente o resultado da discussão dessa posição: a concepção segundo a qual um enunciado factual pode ter outro valor de verdade objetivo além do "verdadeiro" ou "falso" será simplesmente rejeitada [por mim].

A meu ver, é insustentável falar da "probabilidade" de uma proposição como valor de verdade objetivo entre "verdadeiro" e "falso". (Eu estou inteiramente de acordo com a "Logischer Analyse des Wahrscheinlichkeitsbegriffs" ["Análise lógica do conceito de verdade"] de Waismann.[5]) Longe de

---

1 Moritz Schlick, *Allgemeine Erkenntnislehre* (2.ed., 1925), p.357.
2 [Moritz Schlick, *op. cit.* (2.ed., 1925), p.358. (N. E. A.)]
3 Moritz Schlick, *loc. cit.*
4 Moritz Schlick, *op. cit.*, p.360.
5 Friedrich Waismann, *Erkenntnis* 1 (1930), p.228 e segs.

mim, naturalmente, atacar o conceito fundamental de probabilidade objetiva em geral (no sentido da probabilidade de um evento).

O problema da probabilidade parece tão obscurecido por numerosos mal-entendidos que eu me vejo infelizmente obrigado a uma exposição detalhada. E eu tenho que me esforçar para abreviar os inevitáveis desvios [169] que não dizem respeito diretamente ao problema da indução.

Foi Hume, mais uma vez, quem apontou a importância da *crença na probabilidade*. Qualquer consideração do problema da probabilidade pressupõe, antes de tudo, a distinção clara entre a crença subjetiva na probabilidade e tudo que se pode dizer acerca da crença *objetiva*, bem como acerca dos fundamentos de validade, em particular, acerca dos "enunciados de probabilidade objetivos".

Se um amigo me conta sobre um acontecimento, se eu dou minha opinião sobre as previsões meteorológicas antes de uma excursão pelas montanhas, inúmeros fatores afetam minha opinião, minha crença. A simpatia e a confiança em meu amigo, a coragem ou o medo podem desempenhar um papel, assim como a fria ponderação de diferentes possibilidades. Eu chamo todas essas influências de *motivos da crença*, para diferenciá-las dos *fundamentos de validade* objetivos.

É facilmente possível confundir o motivo e o fundamento de validade, pois os fundamentos da validade podem muito bem se apresentar como motivos. Com efeito, se quero motivar minha crença para mim mesmo e para outros, eu tentarei certamente sustentá-la com fundamentos de validade objetivos. Eu posso crer em algo, porque isso está fundamentado. Frequentemente, crê-se por outros motivos, mas o inverso não pode nunca ocorrer: minha crença não pode nunca fornecer um fundamento de validade objetivo.

Trata-se do erro fundamental do racionalismo [clássico] de considerar a crença subjetiva (por exemplo, a malfadada evidência) com fundamento de validade.

O fato de crermos nas hipóteses da ciência, de que estamos inclusive perfeitamente convencidos da verdade de um grande número delas, não tem nada a ver diretamente com o problema da validade. Notamos frequentemente a importância prática, vital dessa crença. Essa crença pode ter um interesse para a teoria do conhecimento e pode exigir uma explicação; uma referência a isso pode eventualmente nos fazer reconhecer como questões psicológicas (questões de fato) problemas que considerávamos problemas de validade.

Mas como a própria crença subjetiva na probabilidade não se apresenta nunca como um fundamento de validade, um problema de validade não pode nunca ser solucionado por meio dela.

[170] A crença subjetiva na probabilidade diz respeito apenas indiretamente ao nosso tema.*[1] Mas, como escreve Schlick em *Erkenntnislehre*, "enunciados de probabilidade, além de qualquer sentido subjetivo, requerem indubitavelmente um significado objetivo".[6]

Em que pode consistir esse significado da "probabilidade objetiva"?

13. Enunciados acerca da probabilidade objetiva de eventos

Waismann fala acerca da probabilidade objetiva: "A palavra probabilidade tem dois significados distintos. Ou fala-se da probabilidade de um evento. Ou fala-se da probabilidade de uma hipótese ou de uma lei da natureza [...] Esses dois significados não têm absolutamente nada a ver um com o outro".[1] Meu tema tem a ver com a *"probabilidade de hipóteses"*. Mas precisamente, para poder mostrar quão pouco esse conceito tem a ver com a *probabilidade de um evento*, devo primeiramente discutir brevemente nesta seção a questão da probabilidade de um evento.

Um exemplo trivial de tal enunciado sobre a probabilidade de um evento poderia ser a proposição: "A probabilidade de obter '2' no próximo lançamento de um dado é 1/6".

Fala-se aqui de um próximo lançamento de um dado, do futuro. Trata-se evidentemente de uma *predição* científica (cuja importância central para a ciência já foi discutida).

Mas que predição notável é esta! Ela não diz absolutamente nada. Ela é um reconhecimento evidente de que não se pode fazer *nenhuma* predição

---

*[1] Com essa observação, é recusada toda a teoria do conhecimento subjetiva e a teoria do saber como uma espécie de crença. Ver também meu livro *Objective Knowledge* (1972; *Objektive Erkenntnis*, tradução alemã de Hermann Vetter, 1973).

6 Moritz Schlick, *op. cit.*, p.358.

1 Friedrich Waismann, "Logische Analyse des Wahrscheinlichkeitsbegriffs", *Erkenntnis* 1 (1930), p.228.

acerca desse lançamento. Pois eu posso obter qualquer número no próximo lançamento – e definitivamente não sei se a predição era correta ou falsa.

[171] Todo enunciado de probabilidade, portanto, precisa de uma explicação urgente. Ela não é, creio eu, tão difícil.

Em primeiro lugar, algumas palavras sobre a formação de predições.

Em geral, uma determinada predição é obtida dedutivamente a partir de uma certa quantidade de hipóteses (enunciados factuais universais) pela introdução de pressupostos e condições específicos. Entre as hipóteses universais (leis da natureza) – que constituem as premissas – e as predições particulares, pode haver todo tipo de graus intermediários, a saber, proposições e hipóteses que são *inferidas* das premissas com o auxílio de determinadas *pressuposições complementares*, mas que são, ainda, *proposições universais*. Um exemplo seria a forma (aproximada) de parábola de todas as trajetórias derivadas da lei da gravitação. – Tais hipóteses têm uma universalidade menor que as hipóteses das quais são deduzidas, elas são válidas apenas no domínio restrito que foi delimitado pelas pressuposições, mas, no interior desse domínio, ela ainda pode ser estritamente universal.

Voltemo-nos, agora, aos enunciados de probabilidade.

A meu ver, todos os enunciados de probabilidade ou pertencem às hipóteses universais *deduzidas* (das leis da natureza e de outras suposições), ou às predições que, por sua vez, são deduzidas das hipóteses deduzidas – pois há também enunciados de probabilidade particulares.

Com isso, ainda não se tocou na particularidade que diferencia os enunciados de probabilidade das outras hipóteses derivadas.

Eu caracterizaria os enunciados de probabilidade como hipóteses derivadas (ou como predições) acerca de séries de eventos.[*1] (Eles não formulam leis ou predições acerca das propriedades de eventos singulares, mas acerca das propriedades de séries de eventos). Nisso consiste sua particularidade.

De modo a chamar a atenção para o fato de que a particularidade dos enunciados pode também ser deduzida da particularidade das suposições, eu sublinhei que esses enunciados derivam das hipóteses. Só se vê o que ocorre com os enunciados de probabilidade quando se tem clareza sobre o que é típico em seus pressupostos.

[*1] Eu deveria substituir em todos os lugares "série de eventos" por "sequência de eventos".

[172] O que há de típico em seus pressupostos é caracterizado: 1) pelo fato que os pressupostos que nos são conhecidos (leis da natureza e condições particulares ["condições iniciais"]) *não bastam* para a dedução de predições acerca de um único membro da série; 2) pelo fato de que podemos formular a regularidade para as *condições que faltam*. Disso se deriva a suposição de que essas condições que mudam de modo tão regular se *compensam parcialmente* (quando elas têm, por assim dizer, uma oportunidade para isso por meio de inúmeros eventos), de tal modo que não são os membros individuais, mas a série de eventos que pode ser considerada parcialmente independente "das circunstâncias que nós não podemos conhecer precisamente" (de modo similar em Wittgenstein[2] e Waismann[3]).

Considerados desse modo, o sentido desses enunciados de probabilidade não seria, então, uma predição acerca do próximo lançamento de dados, mas uma predição (um pouco indeterminada) acerca do resultado médio de uma série de lançamentos. Os enunciados de probabilidade universais seriam, consequentemente, enunciados acerca de regularidades (um pouco imprecisas) de séries de eventos.

Essa concepção concorda com o procedimento efetivo de avaliação dos enunciados de probabilidade. Se obtiver seis vezes o "1" em 10 lançamentos, eu suporei que algo não está certo na predição de probabilidade; se obtiver, digamos, novamente duas ou três vezes o "1" nos próximos 5 lançamentos, eu me convenceria que a predição (neste caso) e, com ela, os pressupostos particulares são falsificados: eu tentarei modificar os pressupostos. Nesse caso, eu não vou começar pela modificação das leis da natureza, mas vou supor que outras hipóteses eram falsas. Eu examinarei inicialmente se o dado não é um dado "viciado" (se o centro de gravidade desse dado está em seu centro etc.).

Considero inofensivas as dificuldades que se podem encontrar em tais concepções da probabilidade, assim como na concepção defendida aqui. Elas provêm principalmente de uma *concepção muito restrita do conceito de regularidade*. Nosso conhecimento consiste em procurar regularidades e, se tais regularidades não podem ser descobertas nos eventos singulares [173] de um determinado tipo, nós as buscamos precisamente nas séries de even-

---

2 [Ludwig Wittgenstein, *Tractatus logico-philosophicus* (1918/1922), proposição 5.154. (N. E. A.)]
3 [Friedrich Waismann, *op. cit.*, p.246. (N. E. A.)]

tos (isto é: nós as deduzimos para as séries de eventos e nós as verificamos nessas séries).

A isso se devem as *imprecisões* dos enunciados de probabilidade. Mas mesmo isso não me parece ser uma dificuldade séria. Trata-se simplesmente de um prejuízo segundo o qual toda lei deveria ser um *enunciado exato* (o prejuízo provém da física clássica, mas tem raízes ainda mais profundas; falaremos mais sobre isso adiante). Os prognósticos médicos, por exemplo, são na maior parte do tempo muito mais imprecisos que os enunciados de probabilidade. Decisivo é que as predições sejam *em geral falsificáveis*; isso deve bastar. Além disso, a própria imprecisão resulta dedutivamente das hipóteses (de tal modo que se, por exemplo, quando em seis lançamentos do dado as faces aparecem *sempre*, sem exceção, com igual frequência, nós concluiríamos certamente que as suposições são falsas).

Alguns complementos a essas questões seguir-se-ão em uma próxima seção (15); gostaria no restante de me referir ao artigo já citado de Waismann, com cujas concepções (com exceção de algumas particularidades) eu concordo amplamente.

Como resultado das considerações desta seção, eu retenho que os enunciados de probabilidade são hipóteses (deduzidas) acerca de séries de eventos; desse modo, define-se um conceito objetivo de probabilidade. No que diz respeito à validade dessas hipóteses, uma coisa, por enquanto, é certa: que a validade delas não é de uma outra espécie que a das outras hipóteses (as leis da natureza e as outras proposições) a partir das quais elas são deduzidas. E com essa questão da validade das hipóteses, nós retornamos mais uma vez ao problema da indução.

14. Probabilidade como valor objetivo de enunciados factuais universais

Pode-se facilmente resumir o que é a *probabilidade de um evento*: um enunciado de probabilidade é um enunciado acerca de uma série de eventos [ou melhor: acerca de uma sequência de eventos[*1]].

[*1] Como foi notado na nota *1 da seção precedente, dever-se-ia dizer em todos os lugares "sequência de eventos".

[174] O que se deve entender exatamente por *probabilidade de um enunciado*?

A probabilidade de um evento é o *conteúdo* de um enunciado. A probabilidade de um enunciado (em particular, a probabilidade das hipóteses) deve estar relacionada à *validade objetiva* do enunciado. O valor de verdade de um enunciado e seu conteúdo (o que ele enuncia) são fundamentalmente diferentes um do outro.

Pode-se especificar mais precisamente o que se deve entender por probabilidade de uma hipótese?

Pode-se, eventualmente, reduzir a probabilidade de hipóteses à probabilidade de um evento?

Como quer que se deva explicar o conceito de probabilidade objetiva de um enunciado, uma coisa é certa: que um enunciado seja válido com certa probabilidade pode ser expresso apenas por meio de um enunciado acerca do enunciado (por um "juízo sobre o juízo"). Com efeito, um enunciado, uma hipótese diz somente que alguma coisa é o caso ou que não é o caso. Ele pode, porém, também enunciar que algo é provavelmente o caso (probabilidade de um evento). Mas se devemos expressar que um desses enunciados simplesmente não é válido, mas que é válido apenas com certa probabilidade, isso pode ocorrer apenas por meio de um enunciado acerca do enunciado. Eu gostaria de ficar com isso em mente.

De resto, é difícil dizer *com mais precisão* o que se quer dizer exatamente com a probabilidade das hipóteses e com esse conceito de probabilidade objetiva como valor de verdade de um enunciado. Eu devo confessar que sou incapaz de encontrar uma analogia viável entre a probabilidade de um evento e a probabilidade objetiva de um enunciado tal como ela é normalmente concebida.

A probabilidade de um evento é um enunciado acerca de uma série de eventos. Mas, evidentemente, é impossível de entender, de maneira análoga, a probabilidade de uma hipótese com um enunciado acerca de uma série de hipóteses.

No caso da probabilidade de hipóteses, pode-se tratar apenas de um enunciado de probabilidade acerca da questão de saber se os eventos (e inclusive os eventos que ainda não são conhecidos por nós) corresponderão ou não à hipótese que concerne a eles.

Mas mesmo aqui não se pode encontrar nenhuma analogia com a probabilidade de um evento. O elemento característico nessa predição de probabilidade (Seção 13) era que ela [175] não dizia em geral nada sobre o próximo lançamento do dado (individual): ela era compatível com o conjunto dos casos possíveis.

Algo totalmente distinto ocorre quando se fala de uma probabilidade que se refere à questão de saber se um evento corresponderá ou não a uma lei da natureza. Com efeito, se o evento não corresponde à lei da natureza, ao enunciado formulado de maneira estritamente universal, a lei da natureza é falsa e a probabilidade cai repentina e definitivamente a zero. Mas a probabilidade relativamente grande de *não* obter "2" no próximo lançamento [do dado] (ela é 5/6) não aumenta nem diminui pelo fato de que acabo de obter um "2".

Ao contrário, os defensores do conceito de probabilidade das hipóteses supõem, por sua vez, que a probabilidade cresce se o evento correspondeu à hipótese, se puder ser considerado como uma verificação da hipótese. Mas ninguém[*2] acredita que a probabilidade de obter "1" aumenta se eu obtive justamente "1".

Uma analogia simples dificilmente poderia ser encontrada e o conceito de probabilidade das hipóteses parece, em geral, algo obscuro.

Os defensores da probabilidade das hipóteses e dos enunciados me parecem, pois, totalmente errados quando consideram, como diz Reinchenbach,[1] que esse conceito seria no fundo idêntico ao conceito de probabilidade de um evento.

Reichenbach escreve para justificar essa concepção:

"Nós consideramos até aqui como probabilidade de um evento o fato de se atribuir a probabilidade 1/6 à obtenção de uma face do dado; nós poderíamos dizer que, do mesmo modo, o enunciado 'Sai o lado "1"' tem a probabilidade 1/6".[2]

Vê-se imediatamente que esse ponto de vista não é sustentável. O enunciado "O lado '1' sairá com uma probabilidade de 1/6" não é nem confirmado, nem refutado pelo fato de que esse lado sai ou não, pois trata-se de [176] uma predição acerca de uma série de eventos. Mas o enunciado "Sai o

---

[*2] Diversos teóricos da probabilidade acreditam precisamente nisso; cf., por exemplo, Rudolf Carnap, *The continuum of inductive methods* (1952).

[1] Hans Reichenbach, "Kausalität und Wahrscheinlichkeit", *Erkenntnis* 1 (1930), p.158 e segs.

[2] Hans Reichenbach, *op. cit.*, p.171 e seg.

lado '1'" se revela verdadeiro ou falso depois do lançamento. Trata-se, para esse evento singular, de uma verdadeira predição definitivamente verificável. Sua "probabilidade" não pode permanecer 1/6, mas deve ser 1 ou 0 depois da verificação. Os dois casos são, pois, fundamentalmente diferentes. A diferença não é de modo algum "apenas uma questão de terminologia".[3]

Costuma-se ter como resposta a essa objeção que não se pode explicar a teoria da probabilidade no quadro da lógica clássica, mas que tudo muda se admitimos uma *lógica da probabilidade* particular.

E de fato: o ponto central da questão é exatamente saber se um enunciado pode ter um valor de verdade situado entre verdadeiro e falso. Mas, segundo a "antiga" lógica, o princípio do terceiro excluído é válido: um enunciado não pode ter nenhum outro valor de verdade além do verdadeiro e do falso. A probabilidade objetiva de hipóteses pode, em geral, ser defendida de maneira consequente apenas se abandonarmos a lógica clássica ou, ao menos, se a complementarmos com uma lógica da probabilidade: trata-se certamente de um passo perigoso.

As dificuldades (e, com elas, a probabilidade de estar no caminho errado) não param de aumentar, e a questão parece mais e mais obscura e enigmática. E, ainda assim, gostaria de me ater a uma única constatação correta:

Se houver algo como a probabilidade objetiva de uma hipótese, é certo que ela pode ser formulada apenas na forma de um enunciado de probabilidade acerca da hipótese, por exemplo, em um enunciado como o seguinte: "Essa hipótese vale com maior ou menor probabilidade".

[177] 15. Uma possibilidade de definir mais precisamente o conceito de probabilidade de uma hipótese (probabilidade primária e secundária de hipóteses) – O conceito de simplicidade

As constatações até aqui, bastante negativas, acerca da probabilidade das hipóteses ainda não são totalmente satisfatórias. Nós *acreditamos* incontestavelmente na probabilidade das hipóteses. E o que é quase mais importante: nossa crença considera incontestavelmente certas hipóteses como

---

3 [Hans Reichenbach, *op. cit.*, p.171. (N. E. A.)]

mais prováveis que outras e isso se motiva por razões às quais não se pode atribuir um caráter objetivo. Não deveria ser possível evidenciar as razões objetivas que motivam a crença subjetiva na probabilidade das hipóteses? Isso ajudaria a compreensão da situação. Seria particularmente satisfatório poder inclusive estabelecer uma relação, ainda que indireta, com a probabilidade de eventos.

Eu parto do conceito de *extensão* de uma hipótese. (Ver sobre isso também o artigo citado de Waismann.)[1]

Comparemos, por exemplo, as duas hipóteses seguintes: 1) Todas as trajetórias de projéteis são parábolas. 2) Todas as trajetórias de projéteis são secções cônicas.

Como todas as parábolas são seções cônicas, mas como há também outras secções cônicas além da parábola, a segunda hipótese admite muito mais possibilidades que a primeira; a extensão daquela é mais ampla. Em nosso caso, sua extensão engloba totalmente a da primeira.

Essa relação é uma relação puramente lógica: se a primeira hipótese (com uma extensão mais restrita) é verdadeira, a segunda hipótese, cujo espaço lógico engloba o da primeira, também deve ser verdadeira. Mas, ao contrário, a segunda hipótese poderia ser verdadeira sem que a primeira deva sê-lo; por exemplo, se houvesse também trajetórias de projéteis que fossem hipérboles. (A primeira hipótese implica [logicamente] a segunda, mas não o contrário.)

Essa relação torna, *por razões puramente lógicas* (logo, *a priori*), a hipótese com maior extensão *mais provável* que [178] a outra. Isso, no entanto, não prejulga de modo algum seu valor de verdade efetivo. Elas poderiam (*a posteriori*) sempre ser, por exemplo, ambas verdadeiras ou ambas falsas. Apenas uma coisa foi dita: que a primeira hipótese não pode ser verdadeira sem que a segunda também seja.

Se chamarmos a segunda hipótese de *"mais provável"*, devemos ter claro que é mais provável apenas *em relação à primeira* hipótese e que esse conceito de probabilidade é apenas relativo. Ele está na base de uma *relação* lógica entre as duas hipóteses.

Eu chamo esse tipo de probabilidade de hipóteses (para evitar a expressão *"a priori"*) de *"probabilidade primária de hipóteses"*.

---

1 [Friedrich Waismann, "Logische Analyse des Wahrscheinlichkeitsbegriffs", *Erkenntnis* 1 (1930), p.235 e segs. (N. E. A.)]

Ao comparar duas hipóteses segundo suas respectivas extensões, pode-se facilmente especificar uma escala de probabilidades primárias de hipóteses. ("Graduando-se").

Um exemplo de tal escala com "probabilidades primarias de hipóteses" crescentes seria o seguinte:

(1) Todas as trajetórias de projéteis são parábolas. (2) Todas as trajetórias de projéteis são secções cônicas. (3) Todas as trajetórias de projéteis são curvas contínuas. (4) Todas as trajetórias de projéteis são linhas contínuas ou descontínuas, segmentadas ou não segmentadas.

A última hipótese, (4), é verdadeira *a priori* em todos os casos. Por isso, sua probabilidade de hipóteses é igual a 1. Mas, por isso mesmo, ela é também *completamente destituída de sentido*.

Quanto maior a precisão de uma hipótese, menor é sua probabilidade primária. Quanto mais uma hipótese é destituída de sentido, quanto menor sua precisão, maior é sua probabilidade primária.

Essa consideração nos leva à relação estreita que há entre a probabilidade primária de hipóteses e o conceito de lei (e, com isso, ao conceito de conhecimento em geral).

Enunciados universais do tipo (4), isto é, com probabilidade primária 1, não dizem absolutamente nada sobre a realidade: essas "hipóteses" não formulam nenhuma lei, não proporcionam nenhum conhecimento da realidade; não teria nenhuma finalidade derivar predições desses enunciados. Pode-se chamá-los de *empiricamente destituídos de sentido*. Se a probabilidade primária diminui, a precisão do enunciado aumenta: seu caráter de lei afirma sempre [179] mais, podem-se derivar predições deles, ele proporciona conhecimento da realidade. *O enunciado diz tanto mais* quanto mais restrita for sua extensão, *quanto menor for sua probabilidade primária*.

Pode-se dizer simplesmente: quanto mais restrita for a extensão de um enunciado, menor será sua probabilidade primária (ou maior será sua improbabilidade primária), quanto mais preciso é o enunciado, *maior é o conhecimento* que podemos obter do enunciado (caso possa ser colocado em consonância com a realidade). Isso significa uma espécie de quantificação do conceito de conhecimento no sentido de uma gradação relativa: *O valor de conhecimento de um enunciado está em uma relação estreita com sua probabilidade primária*, ele cresce com sua improbabilidade primária.

Pode-se inclusive considerar o conceito de lei como quantitativamente graduado, e pode-se falar de graus de conformidade a uma lei e de maior ou menor precisão: uma lei é tanto mais uma lei quanto mais precisa for, quanto maior sua improbabilidade primária. (Há aqui, como se vê, uma espécie de análise do conceito de conhecimento; cf. Seção 10.)

Compreende-se porque nós, quando queremos conhecer, sempre trabalhamos na direção de um enunciado preciso. (Aqui reside o cerne do prejulgamento justificado contra leis imprecisas mencionado anteriormente.) Se pudermos colocar uma hipótese precisa em consonância com a realidade, consideramos superada a hipótese menos precisa (ela é implicada pela nova hipótese – cf. Seção 31 – e, portanto, implicitamente enunciada por ela). Se essa tendência à precisão de enunciados ocorre de maneira satisfatória, fala-se de ciências "exatas". – A importância da extensão restrita explica também o papel da matemática no conhecimento da realidade (por exemplo, na física). Ela é um método lógico que permite a inferência de enunciados precisos, de predições precisas tendo uma extensão tão restrita quanto quisermos (no limite da precisão de medidas). (Sem a matemática, não poderíamos falar de uma "parábola"; no melhor dos casos, poderíamos falar de uma linha curva.)

O conceito bastante controverso de "simplicidade de uma lei", e a vinculação desta ao conceito de conhecimento, torna-se aqui perfeitamente claro – à medida que esse conceito, que desempenha um papel considerável nas considerações indutivistas, possa ser apreendido racionalmente.

[180] O indutivismo supõe, com efeito, que nós chegamos às leis da natureza por generalização a partir de observações individuais. Mas se representarmos as *observações individuais*, tais como *pontos* em um sistema de coordenadas (os resultados de medidas de cada observação sendo aqui suas coordenadas), a representação gráfica da *lei* seria uma *curva* (uma função) que passa por esses pontos. Mas por um número limitado de pontos pode sempre passar um número ilimitado de curvas (a lei não é definida de maneira inequívoca pelas observações). Surge, então, a importante questão: Quais dessas curvas devemos escolher?

A resposta habitual é: escolhe-se a curva *mais simples*, a função mais simples. – Wittgenstein diz, por exemplo:

"O processo de indução consiste em adotarmos a lei mais simples que se possa pôr em consonância com nossas experiências".[2]

---

2 Ludwig Wittgenstein, *Tractatus logico-philosophicus* (1918/1922), proposição 6.363.

Com isso, não se ganha muito. Por que supomos justamente a função mais simples? Em que consiste essa simplicidade?

O indutivismo ainda não deu uma resposta satisfatória a essas duas questões. O conceito de simplicidade não coloca problemas consideráveis a ele.

Schlick constata que há uma vinculação entre a simplicidade e a regularidade, mas "sem poder indicar o que se quer dizer propriamente aqui por 'simplicidade'[...]. Simplicidade é um conceito meio pragmático, meio estético".[3] Em seguida, ele diz:

> É certo que não podemos definir o conceito de simplicidade de outro modo senão por uma convenção, que deve permanecer arbitrária. Nós estamos certamente inclinados a considerar uma função de primeiro grau como mais simples que uma função de segundo grau, mas esta última representa indubitavelmente uma lei perfeita se descreve os dados observacionais com maior precisão; a fórmula newtoniana da gravitação, na qual entra o quadrado da distância, é considerada [181] justamente como exemplo padrão de uma lei da natureza simples. Pode-se, além disso, concordar, por exemplo, em considerar como a mais simples das curvas contínuas aquela que passa por um dado número de pontos com uma aproximação suficiente, aquela que tem na média geral o maior raio de curvatura (sobre isso, há um trabalho inédito de Marcel Natkin[4]), mas tais artifícios não parecem naturais [...][5]

Eu acredito que é muito fácil indicar em que consiste, propriamente falando, a "simplicidade" e por que nós tentamos sempre formular a *lei mais simples*. (Trata-se aqui apenas *do* conceito de simplicidade que é visado nessa *discussão da teoria do conhecimento*; não vamos discutir em que medida esse conceito corresponde ao uso geral da linguagem.)[*1] A concepção defendida aqui é a seguinte:

---

3 Moritz Schlick, "Die Kausalität in der gegenwärtigen Physik", *Die Naturwissenschaften* 19 (1931), p.148.
4 [Ver nota 8 desta seção. (N. E. A.)]
5 [Moritz Schlick, *op. cit.*, p.156. (N. E. A.)]
*1 Muito menos iremos afirmar algo sobre a "essência" da simplicidade. [Cf. Karl Popper, *Logik der Forschung* (3.ed., 1969; e edições posteriores), Seção 46, *Zusatz (1968). (N. E. A.)]

A "simplicidade" no sentido da "simplicidade de uma lei" é apenas uma outra palavra para "probabilidade primária", não é, portanto, nada mais do que um conceito puramente lógico de extensão (relativamente) restrito.

Se essa interpretação é correta, a razão pela qual nós tentamos sempre formular a lei mais simples segue-se já do mero conceito de conhecimento: porque a lei mais simples diz precisamente mais, porque ela possui um valor de conhecimento maior.

Não se pode naturalmente dar nenhuma prova lógica de que o obscuro conceito pragmático-estético de simplicidade dos teóricos da indução é idêntico ao conceito preciso da relação lógica com a extensão. Mas pode-se mostrar que minha definição do conceito de simplicidade fornece precisamente o que o indutivismo exige desse conceito.

Esse conceito de simplicidade, idêntico aqui à probabilidade primária, é, pois, um instrumento de medição do grau de conformidade a uma lei de uma hipótese; ele fornece, então, exatamente o que Feigl destaca nele, quando fala da "ideia" de "definir o grau de conformidade a uma lei pela simplicidade".[6]

[182] Do mesmo modo, pode-se mostrar, com o auxílio da definição da simplicidade defendida aqui, porque a reta (a função linear, cf. a citação de Schlick) é mais simples, por exemplo, que as secções cônicas (curvas de segundo grau): ela tem uma extensão mais restrita (ela é primariamente mais improvável), já que ela pode ser concebida como um caso particular da secção cônica (sua extensão seria incluída pela das secções cônicas). Por razões análogas, o círculo e a parábola podem ser considerados como mais simples do que, por exemplo, a elipse e a hipérbole. Isso vale em geral: as curvas (funções) de grau superior são menos simples que as curvas de grau inferior. Essas últimas podem, com efeito, sempre ser concebidas como casos-limite de curvas de grau superior, mas não o inverso. (Sua extensão está incluída na extensão das curvas de grau superior.) Sua extensão é menor: o que significa, ao contrário, que elas são (segundo minha terminologia) mais precisas, primariamente mais improváveis, "mais simples".

É certo que a definição proposta do conceito de simplicidade discorda em *todos* os pontos daquele proposto pelos autores citados. Mas aqui precisamente se mostra a superioridade dela.

---

6 Herbert Feigl, *Theorie der Erfahrung in der Physik* (1929), p.25.

Schlick[7] menciona a definição de Natkin[8] segundo a qual deveríamos considerar a mais simples curva a que apresenta na média o maior raio de curvatura (isto é, o menos curvado na média). Ao desconsiderar as dificuldades do conceito de "média", uma parábola cúbica, por exemplo, seria, então, mais simples que uma parábola quadrática habitual. (Não apenas sua curvatura diminui mais rápido que a da parábola quadrática à medida que se distancia do vértice, mas seu vértice tem inclusive uma curvatura nula.) Uma elipse poderia, segundo essa definição, ser mais simples que um círculo*[2] (e, ainda assim, tentou-se inicialmente interpretar as órbitas dos planetas como circulares!), e ainda mais simples seria a hipérbole (assintótica). Essa concepção não parece, pois, ser muito feliz.

Feigl[9] menciona uma definição um pouco diferente: o desvio de uma curva em relação a uma reta deve ser o menor possível. Mas, então, teríamos uma função extremamente complicada que [183] oscilaria apenas levemente em torno da reta em longas ondas (e que talvez se aproximasse ainda assintoticamente) e que estaria longe de ser uma simples parábola.

Não, não se trata de "artifícios" (como diz Schlick[10]) acerca dos quais permaneceria sempre um enigma por que justamente os preferimos. Trata-se de uma simplicidade muito mais simples: não de um conceito cuja definição é tão obscura quanto a razão pela qual ele é utilizado, mas de um conceito puramente lógico cuja utilização deriva logicamente do conceito de conhecimento: a "simplicidade" de uma lei é precisamente apenas uma palavra para sua "improbabilidade primária".

(Complementos a esse ponto encontram-se por volta do final da Seção 30.)

Nosso conhecimento consiste, então, em ordenar o material o melhor possível, isto é, tentar descrevê-lo por meio de hipóteses primárias mais improváveis possíveis, as leis mais simples possíveis, os enunciados universais mais precisos possíveis, a fim de deduzir predições as mais precisas possíveis e de poder aplicá-las imediatamente à realidade. (Essas são proposições analíticas, tautologias.)

---

7 [Moritz Schlick, op. cit., p.149. (N. E. A.)]
8 [Marcel Natkin, Einfachheit, Kausalität und Induktion (1928), p.82 e seg. Marcel Natkin faleceu em 1963. (N. E. A.)]
*2 E um círculo maior seria sempre mais simples que um círculo menor.
9 [Herbert Feigl, loc. cit. (N. E. A.)]
10 [Moritz Schlick, loc. cit. (N. E. A.)]

Agora, voltemo-nos para a *"probabilidade secundária de hipóteses"*.

Se a probabilidade primária de hipóteses tem a ver apenas com relações lógicas, *a priori* entre proposições, a probabilidade secundária de hipóteses diz respeito à relação entre essas hipóteses (consideradas primariamente mais ou menos prováveis) e a experiência. (Eu a chamo de *secundária* para evitar a expressão *a posteriori*. O conceito será, de resto, introduzido apenas provisoriamente e será analisado apenas na próxima seção.)

A antecíparmos já o resultado: quanto menor a probabilidade primária de uma hipótese, maior pode ser sua *probabilidade secundária pela verificação de predições* – e inversamente: quanto maior sua probabilidade primária, menor sua probabilidade secundária, mesmo no caso de muitas confirmações.

Trata-se apenas de um paradoxo aparente.

[184] Uma hipótese extremamente improvável em primeiro lugar é formulada (uma hipótese com uma extensão bastante restrita). Tomemos, por exemplo, a hipótese deduzida (da teoria da relatividade geral):

> Comparemos da maneira mais precisa a fotografia de uma constelação qualquer tirada durante a noite com uma fotografia da mesma constelação tirada durante o dia no momento que o sol está exatamente no meio da constelação (é possível tirar essa fotografia durante um eclipse total do sol), devemos em todos os casos, se a medição é suficientemente precisa, obter o seguinte resultado: a distância entre as estrelas aumenta na proximidade imediata do sol, elas se separam umas das outras e com uma precisão bastante determinada e extremamente pequena (aproximadamente 1,7 arco-segundos).

Agora façamos uma experiência. Fazemos inicialmente apenas uma tentativa de verificação – e ela é bem-sucedida, *apesar de toda a improbabilidade [primária]*. Nós conjecturamos desde a primeira verificação que uma coincidência primariamente tão improvável *não pode ser um acaso: o acaso seria justamente muito improvável*.[*3] A grande improbabilidade primária da hipótese confere a ele logo em seguida de uma única tentativa de verificação uma

---

*3 Esse importante argumento é retomado em meu livro *Objective knowledge* (1972), p.101 e segs. (*Objektive Erkenntnis*, tradução alemã de Hermann Vetter, 1973, p.117 e segs.) e relacionado ao conceito de *verossimilitude*. Inversamente, poder-se-ia introduzir o conceito de verossimilitude com o auxílio da probabilidade secundária.

probabilidade secundária considerável. E mesmo que não queiramos simplesmente acreditar que essa hipótese exprime uma lei da natureza, nós devemos, no entanto, admitir em todo caso (desde que os resultados da verificação sejam inequívocos) que uma regularidade está na base desse resultado.[*4]

Se tivermos sucesso, então, na verificação em muitos poucos casos de uma proposição primariamente bastante improvável, nós atribuímos a essa verificação a maior importância: nós consideramos justamente muito improvável que diversos casos caiam *por puro acaso* em uma extensão tão restrita.

"Não por acaso" significa, pois, a mesma coisa que *regular* ("alguma regularidade *há por detrás*").[*5] Casual significa "não regular", [185] "imprevizível", "incognoscível". (Ninguém descobriu ainda uma ordem na sequência de números que sai em um jogo de azar. Se isso fosse feito, não seria mais um jogo de azar.)

A experiência, a verificação, diz muito no caso das hipóteses (simples, precisas) primariamente improváveis – e menos no caso das primariamente prováveis.

Não aceitaremos tão rapidamente a hipótese (primariamente provável): toda trajetória de um projétil deve seguir uma linha curva. Não por uma preferência pela linha reta, mas porque talvez apenas o acaso faça da trajetória examinada uma linha curva. Talvez – pensa-se – consigamos lançar algo em uma linha reta se a lançarmos de maneira muito hábil. A hipótese primariamente improvável mais precisa de que a trajetória é uma parábola será considerada, após alguns poucos experimentos cuidadosos, mais bem confirmada. E se nunca pudéssemos justificar por experiência a hipótese segundo a qual a trajetória é retilínea, uma quantidade ainda menor de experimentos bastaria para nos convencer (ver [a] queda livre).

Mas se, ao contrário, uma proposição é verdadeira *a priori*, se ela tem a probabilidade primária 1 e é, portanto, destituída de sentido para o conhecimento da realidade, a experiência é destituída de sentido para ela. Embora – ou porque – a proposição seja verdadeira *a priori*, a experiência não pode torná-la crível. Ela não é aceita como hipótese, mesmo que numerosas experiências a confirmem: nós atribuímos a ela o valor de probabilidade secundária zero.

[*4] Precisamente uma regularidade cuja regularidade conjecturada é, ao menos, uma *aproximação*.
[*5] Ver a nota precedente.

Esses resultados permitem também indicar essa relação buscada entre a "probabilidade de hipóteses" e o conceito de probabilidade de um evento.

São os conceitos de regularidade e de acaso que permitem estabelecer essa relação.

A análise da *probabilidade primária de hipóteses* mostrou que o grau de regularidade é definido pela *improbabilidade* primária.

Como mostrou a análise da *probabilidade de um evento*, de maneira inteiramente análoga, do fato de que a série de eventos não dá o valor médio esperado, nós concluímos a existência de uma regularidade de uma distribuição *improvável*.

[186] Se, consequentemente, séries de eventos diferem da distribuição "provável" ou "aleatória" (desregrada), nós concluímos sempre pela existência de leis. Nós consideramos, seja nossa suposição de que não há regularidade (probabilidade de um evento) como refutada, seja a suposição de que há uma lei (probabilidade de hipóteses) como confirmada.

16. O conceito de confirmação de uma hipótese – Interpretações positivista, pragmática e lógico-probabilista do conceito de confirmação

E a questão da validade das hipóteses? Seria talvez a probabilidade primária ou secundária o valor objetivo buscado dos enunciados factuais universais?

A *probabilidade primária de hipóteses* é um conceito puramente lógico. Ele é definido (*a priori*) pelas relações entre as extensões lógicas. A experiência não tem nenhuma espécie de influência sobre ela. Mas, como conceito lógico, ela é objetiva; como valor de verdade de enunciados factuais, porém, ela não entra em consideração, pois enunciados factuais não podem ter um valor de verdade *a priori*: apenas a experiência pode decidir sobre seu valor.

Não se pode decidir à primeira vista se eventualmente a probabilidade secundária de hipóteses tem alguma coisa a ver com validade objetiva. O conceito de probabilidade secundária de hipóteses pode ser interpretado de diferentes maneiras. (Intencionalmente, eu introduzi a princípio esse conceito de uma maneira algo vaga, indeterminada.)

Eu gostaria de expor a seguir a concepção defendida aqui.

Eu considero legítimas (e simultaneamente legítimas) duas interpretações do conceito de probabilidade secundária de hipóteses:

Uma interpretação *objetiva*, que leva à formulação do conceito de *confirmação* – o qual pode ser atribuído a uma hipótese segundo o estado atual de nossa experiência – e uma interpretação *subjetiva*, que vê na probabilidade secundária de hipóteses uma descrição [187] de nossa *crença na probabilidade* e a motivação desta pela confirmação (objetiva) das hipóteses.[*1]

Discutamos inicialmente o conceito de *confirmação*. Ele é da maior importância.

Para que possa ser atribuído, de maneira geral, a uma hipótese um valor positivo de confirmação, é preciso 1) que as predições, que foram deduzidas dela, sejam *verificadas*; 2) que todas as nossas experiências sejam *compatíveis* com a hipótese. – Se uma dessas condições não for satisfeita, não pode ser atribuído nenhum grau positivo de confirmação à hipótese.

De resto, grau de confirmação aumenta com a improbabilidade primária da hipótese e com o número de verificações (como acaba de ser mostrado para a "probabilidade secundária" na seção precedente).

Esse conceito de confirmação é certamente objetivo. Ele expressa uma determinada relação entre a verificação atual pela experiência e a probabilidade primária da hipótese.

Haveria muito mais a dizer sobre esse conceito. Aqui, será indicado apenas o mais importante.

Se uma hipótese tem, de maneira geral, um grau de confirmação positivo, a influência de sua probabilidade primária sobre o grau de confirmação deve ser considerada relativamente superior à influência do número de ve-

---

[*1] Nós temos, então, *quatro* probabilidades: probabilidade (objetiva) de evento ou a probabilidade de um enunciado, podendo a última ser primária (objetiva) ou secundária, e esta última podendo ser objetiva ou subjetiva. Esquematicamente:

Dentre essas quatro possibilidades, (1) e (2) satisfazem o cálculo de probabilidades, mas (3) e (4) não.

rificações: mesmo um número muito grande de verificações não confere a uma hipótese primária provável a mesma confirmação que aquela conferida por um número bem pequeno de verificações a uma hipótese primariamente muito improvável:

[188] Poderíamos dizer que a grandeza da probabilidade ou da improbabilidade primárias determina o número de verificações requeridas para poder atribuir um certo grau de confirmação à hipótese.

Compreende-se, assim, porque "todo pesquisador, a quem cabe descrever uma série de observações por meio de uma fórmula muito simples, está completamente certo de ter encontrado uma lei".[1] Ele pode recorrer à relativamente grande improbabilidade da lei e à relativamente grande confirmação correspondente.

A primeira verdadeira falsificação (uma observação[*2] de um evento que é inconciliável com a hipótese) nega a observação.

Indicações mais precisas acerca das possibilidades de medir o grau de confirmação levariam muito longe. Elas pertencem a uma teoria do método.[2]

O conceito (positivista) de confirmação assim esboçado não tem nada a ver com a probabilidade objetiva de hipóteses enquanto *valor de verdade*. Ele não implica que, da confirmação obtida até aqui, nós tenhamos o direito de concluir que a hipótese será confirmada em seguida. A confirmação é apenas um certo tipo de relato condensado das verificações obtidas até agora; certamente, um relato *avaliativo*: atento à probabilidade primária das hipóteses, ele considera se essas verificações dizem algo (e quanto elas dizem) ou se elas são destituídas de sentido.

Vejamos agora a interpretação subjetiva:

A crença subjetiva na probabilidade pode ser sustentada pela confirmação da hipótese, mas ela vai além do que a confirmação pode fornecer. Ela supõe que uma hipótese confirmada continuará agora a ser confirmada. É claro que, sem essa crença, nós não poderíamos agir, assim como não poderíamos viver. Assim, já não há nada de enigmático nessa crença. Seus moti-

---
1 Moritz Schlick, "Die Kausalität in der gegenwärtigen Physik", *Die Naturwissenschaften* 19 (1931), p.148.
*2 Melhor: enunciado de observação aceito ou enunciado aceito acerca de estados de coisas particulares (fatos).
2 [Ver "Posfácio do Editor", Seção 10, texto relativo à nota 23. Cf. também Karl Popper, *Logik der Forschung* (1934, 2.ed., 1966; e edições posteriores), Seção 82. (N. E. A.)]

vos subjetivos [189] estão tão bem-esclarecidos pelo conceito de confirmação que não poderiam fazer aparecer questões da teoria do conhecimento.

Essa análise do conceito de probabilidade secundária de hipóteses representa o ponto de vista positivista: de uma maneira análoga ao "positivismo estrito", ela concebe a confirmação objetiva como um relato – que permanece provisório – acerca de experiências, ainda que a conceba como um relato, particular e avaliativo, de experiências precisas, por meio das quais são verificadas predições tiradas dedutivamente da hipótese.

Mas podem-se conceber outras concepções do conceito de confirmação: concepções que pretendem fazer da confirmação um *valor de verdade objetivo* de enunciados factuais universais.

Em primeiro lugar, seria preciso pôr à prova a concepção *pragmatista*. O pragmatismo adota o ponto de vista segundo o qual a verdade de uma proposição reside apenas em sua própria confirmação. Ele identifica verdade e confirmação. Isso se liga a uma avaliação em si mesma inteiramente justificada dos conceitos de "predição" e de "verificação": se uma predição (uma proposição particular) se confirma pela experiência, se ela foi confirmada pela experiência, ela foi também verificada *definitivamente*. Ela é *verdadeira*.

Essa verdade é atemporal. O enunciado "Napoleão portava uma espada" não é apenas verdadeiro no final do século XVIII e no início do século XIX, mas é e permanece sempre verdadeiro (ou sempre foi falso): *a validade é atemporal*.

No caso de enunciados particulares, o conceito de confirmação pode, [então], ser identificado ao de verdade, sem que isso leve a contradições. Mas algo diferente ocorre no caso de enunciados factuais universais:

Uma hipótese pode ser confirmada durante um longo período e se confirmar ainda hoje; amanhã, porém, ela talvez não se confirme mais. Por isso, nós não podemos dizer que ela é verdadeira hoje, mas talvez seja falsa amanhã. Isso seria uma má compreensão da validade estritamente universal e do conceito de validade. Eu estou perfeitamente de acordo com Schlick: "Verdade e confirmação [...] não são idênticas".[3] A interpretação do pragmatismo não me parece aceitável.

[190] Mas a concepção de que se trata propriamente nesta discussão é a da *lógica da probabilidade*. Ela reivindica o caráter de valor de verdade para

---

3 [Moritz Schlick, *op. cit.*, p.155. (N. E. A.)]

o conceito de confirmação. Mas ela não identifica simplesmente, como faz o pragmatismo, a confirmação com a verdade; ela atribui aos enunciados um valor de probabilidade entre verdadeiro e falso, que corresponde ao grau de confirmação destes.

O conceito de confirmação parece destinado a servir de fundamento para a *probabilidade objetiva de hipóteses*. Ainda assim, a argumentação da Seção 14 permanece correta: não é possível ainda hoje descobrir uma analogia real com a probabilidade de eventos, e as relações entre os dois conceitos ainda será buscada.[*3] Apesar disso, o conceito de confirmação pode ser empregado para precisar o que se quer dizer propriamente com essa probabilidade objetiva de hipóteses, com esse valor de verdade das hipóteses entre verdadeiro e falso.

Ao formular o conceito de confirmação, eu me aproximei bastante da lógica da probabilidade: o conceito de probabilidade objetiva de hipóteses parece agora poder ser definido com o auxílio do conceito de confirmação sem estar sujeito a objeções.

Mas isso é apenas uma aparência. O ponto de vista da lógica da probabilidade é vítima do regresso infinito de toda indução.

17. O regresso infinito dos enunciados de probabilidade

Os defensores da probabilidade objetiva de hipóteses assumem o ponto de vista segundo o qual os enunciados factuais universais não podem nunca ser verdadeiros, mas apenas prováveis.

Essa concepção é logicamente insustentável. Não apenas do ponto de vista da "lógica do verdadeiro e do falso" aristotélica, mas também do ponto de vista da "lógica da probabilidade".

[191] Se quisermos expressar que um certo grau de probabilidade convém, enquanto valor de verdade, a um enunciado factual universal *a posteriori*, podemos estabelecê-lo objetivamente apenas por meio de um enunciado acerca desse enunciado.

[*3] A probabilidade de eventos satisfaz os axiomas do cálculo de probabilidades, a confirmação, não. Ver nota *1, e a *Logik der Forschung* (2.ed., 1966 e edições posteriores).

Esse enunciado é de tipo superior ao da hipótese. Mas ele próprio é um enunciado factual universal, que só pode ter como valor de verdade um grau de probabilidade; o que se vê pelo fato de que uma falsificação da hipótese também falsifica o enunciado que atribui a ele uma probabilidade positiva: a validade deste depende da experiência, ele não pode ser uma proposição definitivamente verdadeira. Mas se ele é apenas provável, isso não pode, por sua vez, ser expresso senão por um enunciado de tipo superior etc. *ad infinitum*.

Esse regresso infinito dos enunciados de probabilidade não pode ser interrompido por nada.

Concepções como aquela segundo a qual as probabilidades de tipo superior "convergem para 1", segundo a qual a maior parte do tempo a probabilidade de segunda ordem já está mais próxima de 1 e outras considerações semelhantes, não ajudam aqui em nada. Mesmo que fossem corretas, elas não poderiam mudar nada no que diz respeito ao regresso infinito. (Elas seriam apenas tentativas racionalistas insuficientes de introduzir pela porta de trás a *verdade* de enunciados factuais universais na lógica da probabilidade.) Mas, mesmo em si mesmas, elas são insustentáveis. Pois as probabilidades de hipóteses de ordem superior não podem ser mais certas que as de ordem inferior: se a hipótese foi refutada pela experiência, as probabilidades de todas as outras ordens serão iguais a zero.

O regresso infinito dos enunciados de probabilidade é possivelmente ainda mais embaraçoso do que o argumento de Hume. Restaria, ainda, a saída de postular dogmaticamente um princípio de indução. Mas se nos colocarmos no ponto de vista segundo o qual os enunciados factuais (e, consequentemente, todo princípio de indução) podem ter *apenas* um valor de verdade *provável*, nenhum princípio de indução [*a priori*] pode ajudar.

A validade provável pode ser expressa apenas por um enunciado factual de tipo superior, que, por sua vez, só pode ser válido de maneira provável – nisso consiste o regresso infinito inevitável da posição probabilista. [192] Mas, com isso, afundam todas as tentativas dogmático-racionalistas de fazer da lógica da probabilidade uma metafísica; assim como a tentativa feita por Reichenbach[1] de declarar o princípio de indução aceitável porque a lógica da probabilidade é destituída de sentido sem um princípio de indução

---

1 Hans Reichenbach, "Kausalität und Wahrscheinlichkeit", *Erkenntnis* 1 (1930), p.186 e segs.

(e, inclusive porque, de maneira geral, "enunciados de probabilidade não são dotados de sentido se não pressupomos já o princípio de indução"[2]), mas também porque, por outro lado, a ciência natural não pode prescindir da lógica da probabilidade como "quadro conceitual de todo conhecimento da natureza em geral".[3] Essa motivação (transcendental) erra o alvo: mesmo com um princípio de indução, a lógica da probabilidade é destituída de sentido.

Poder-se-ia pensar que o regresso infinito dos enunciados de probabilidade é, porém, de outra natureza que o regresso indutivo; que as posições probabilistas estão à salvo do argumento de Hume, mas ao preço de novas dificuldades e de um novo regresso. Isso porque o regresso indutivo era um regresso de princípios de indução, enquanto o regresso dos enunciados de probabilidade parece surgir apenas do fato de que a validade de um enunciado não pode ser expressa pelo próprio enunciado.

Mas essa concepção seria equivocada. Também nesse caso, trata-se do regresso infinito. A diferença está apenas na minha exposição um tanto formalista. Para mostrá-lo, vou esboçar aqui outra exposição menos formalista do regresso infinito dos enunciados de probabilidade:

Quando atribuímos um valor objetivo de probabilidade a uma hipótese em função de observações, nós fazemos (tácita ou explicitamente) uma suposição que poderia ser formulada do seguinte modo:

"O grau de confirmação de uma hipótese também diz algo sobre como a hipótese continuará a ser confirmada". (Ela deve poder determinar não apenas nossa confiança, mas também algo sobre o comportamento objetivo dos eventos ainda desconhecidos.)

[193] Essa proposição seria o "princípio de indução probabilista de primeira ordem". Mesmo que ela deva ter se confirmado até hoje, isso pode dizer algo sobre o valor objetivo de probabilidade apenas se pressupusermos um princípio correspondente de segunda ordem etc.

O regresso infinito dos enunciados de probabilidade é, então, idêntico ao regresso indutivo. (Na exposição formalista, o regresso era infinito apenas pelo fato de que nenhum dos enunciados de ordem superior pode ser válido simplesmente como verdadeiro.)

---

2 [Hans Reichenbach, *op. cit.*, p.186. (N. E. A.)]
3 [Hans Reichenbach, *op. cit.*, p.188. (N. E. A.)]

Se eu suponho como verdadeiro que uma proposição seja verdadeira ou se suponho como (objetivamente) provável que uma proposição é provável, isso não tem nenhuma influência sobre o problema da indução.

Portanto, esse regresso nos mostra, mais uma vez, apenas o resultado evidente:

Se pudéssemos *saber* – com uma determinada probabilidade – se as leis da natureza [confirmadas até o presente] ainda valerão amanhã, poderíamos saber mais do que sabemos. Não *podemos* saber isso; nós temos (considerando o que observamos até agora), claro, que *acreditar* nisso. Objetivar essa crença é próprio do racionalismo dogmático.

[194] Capítulo VII
As posições pseudoproposicionais

18. As posições pseudoproposicionais: nova exposição do problema

As últimas considerações permitem uma generalização decisiva do nosso problema.

Se um enunciado não pode simplesmente ser verdadeiro, isso deve ser expresso por um enunciado acerca do enunciado; não importa se ele deva ser caracterizado como "falso" ou, eventualmente, "provável", ou se queiramos atribuir a ele outro *valor de verdade de qualquer tipo* (exceto o valor "verdadeiro").

O regresso se interrompe apenas quando esse segundo enunciado ou algum outro superior a ele pode ser verdadeiro sem restrição. Se, entretanto, nenhum desses enunciados pode ser verdadeiro sem restrição, o regresso infinito é inevitável: ao se tomar todos esses enunciados conjuntamente, não se disse *nada*.

Mas, com isso, desaparece todo motivo para enriquecer a "lógica da verdade e da falsidade" com um novo valor de verdade. (Os enunciados factuais particulares devem, em princípio, ser sempre definitivamente verificáveis ou falsificáveis; e esse passo não pode ajudar os enunciados universais.)

Enunciados factuais universais não podem (para a ciência) ser [provados] como verdadeiros – este era o resultado da crítica das posições de proposição normal.

Eles não podem ter nenhum valor de verdade (positivo) [que possa ser provado] – este é o verdadeiro resultado da crítica das posições probabilistas.

As posições pseudoproposicionais extraem dessa situação a consequência de que as leis da natureza, os chamados "enunciados factuais universais", *não são enunciados genuínos*.

A roupagem linguística dessas leis é a de "proposições", mas a linguagem, frequentemente imprecisa e responsável por equívocos e pseudoproblemas. De maneira geral, "nós aprendemos [...] com a nova lógica que [195] não podemos concluir quase nada acerca de sua verdadeira forma lógica a partir da estrutura superficial de uma proposição".[1] O mesmo vale aqui:

A forma dos enunciados das leis da natureza é apenas o "disfarce gramatical" destas. Elas não são, por princípio, definitivamente verificáveis; isso é uma marca característica de que elas não são enunciados, proposições no sentido da lógica. Elas são "pseudoproposições".

Esse ponto de vista tem, portanto, em comum com as posições de proposição normal o pressuposto fundamental (que já enunciei com as palavras de Schlick[2]) de que "é essencial para um enunciado genuíno [...] poder, em princípio, ser verificado ou falsificado definitivamente".

As leis da natureza são pseudoproposições – o indutivismo é obrigado a adotar essa posição. Mas, se não são proposições, o que são elas?

Com a mera afirmação de que as leis da natureza não podem ser enunciados ou com a designação "pseudoproposições", ainda não se disse nada. Se não se pudesse dizer nada mais sobre elas, a teoria do conhecimento deveria renunciar a si mesma. Pode-se falar em geral de uma "posição pseudoproposicional", de uma tentativa de solução do problema da indução apenas a partir do momento que a questão "Se as leis da natureza não são proposições, o que são elas então?" foi respondida satisfatoriamente.

Esta é maneira como as posições pseudoproposicionais expõem o problema.

A única resposta que, segundo meu conhecimento, existe foi dada por Schlick em seu artigo "Die Kausalität in der gegenwärtigen Physik".[3] Esse trabalho (como o título já indica) se coloca, em primeiro lugar, problemas de filosofia da natureza e apenas em relação a eles é que são abordadas

---

1 Moritz Schlick, "Die Kausalität in der gegenwärtigen Physik", *Die Naturwissenschaften* 19 (1931), p.154. [(3.ed.) Cf. também p.156 e Seção 21, texto relativo à nota 3. (N. E. A.)]

2 [Moritz Schlick, *op. cit.*, p.156. Cf. Seção 7, texto relativo à nota 1. (N. E. A.)]

3 Moritz Schlick, *op. cit.*, p.145 e segs.

questões de teoria do conhecimento. Schlick não tinha a intenção de tratar em definitivo a questão acerca do que são propriamente as leis da natureza (e, com ela, o problema da indução): ele dá um breve panorama de sua concepção, entretanto, como ele expressamente nota, "sem [...] aqui [...] poder explicar inteiramente o paradoxo aparente".[4]

[196] Ora, eu vejo nessa tentativa de solução o último refúgio do indutivismo, mas, ao mesmo tempo, uma de suas posições mais fortes. Para oferecer uma crítica tão exaustiva quanto possível dessa posição, devo tentar seguir as ideias esboçadas por Schlick até suas últimas consequências, examinar suas relações e ao final pensá-las de maneira autônoma.

É importante manter isso em mente, pois partes de minha polêmica dirigir-se-ão eventualmente apenas a adversários imaginários.

19. As leis da natureza como "instruções para a formação de enunciados"

À questão "Se as leis da natureza não são proposições, o que são elas então?", Schlick responde "que uma lei da natureza [...] não tem o caráter lógico de um 'enunciado', mas apresenta, antes, 'instruções para a formação de enunciados'".[1] Ele acrescenta: "Eu devo essa ideia e essa formulação a Wittgenstein" (Wittgenstein ainda não publicou, segundo meu conhecimento, essas ideias).

O que quer dizer a ideia de que as leis da natureza são "instruções para a formação de enunciados"?

Para entender esse ponto de vista, é preciso apenas ter presente a *finalidade* prática das leis da natureza; seu papel no processo do conhecimento da natureza também se torna compreensível.

---

4   Moritz Schlick, *op. cit.*, p.150.
1   Moritz Schlick, "Die Kausalität in der gegenwärtigen Physik", *Die Naturwissenschaften* 19 (1931), p.151. [(3.ed.) Ver Seção 43, texto relativo à nota 10; assim como Ludwig Wittgenstein, *Schriften 3: Wittgenstein und der Wiener Kreis von Friedrich Waismann* (ed. por Brian McGuinness a partir do espólio, 1967), p.99 (Konversation: [Samstag], 22. März 1930, bei Schlick): "Eine Hypothese ist keine Aussage, sondern ein Gesetz zur Bildung von Aussagen"; e p.158 e seg. (Konversation: Sonntag, 4. Januar 1931, bei Schlick). Cf. também Friedrich Waismann, *Logik, Sprache und Philosophie* (1929/1930-1939); ed. por Gordon P. Baker e Brian McGuinness, 1976), p.616. (N. E. A.)

A finalidade das leis da natureza não se limita certamente a uma simples descrição da natureza (se elas o forem tal coisa). [197] Elas não são *apenas* relatos acerca dos processos da natureza. Mas elas nos *auxiliam* na descrição da natureza.

Na vida, certamente não é a própria lei da natureza que nós utilizamos, mas nós nos valemos apenas da lei da natureza para inferir a partir de enunciados particulares (de eventos particulares) outros enunciados particulares por meio dos quais nós conhecemos outros eventos particulares.[2]

Utilizamos, em primeiro lugar, as leis da natureza indubitavelmente sempre para deduzir *predições*. Essas predições são, enquanto enunciados particulares, definitivamente verificáveis e são, pois, certamente proposições genuínas.

A função principal das leis da natureza, não apenas na prática da vida, mas também na ciência, é (como eu também acredito) formar enunciados particulares e inclusive predições. A concepção de Wittgenstein e Schlick, segundo a qual as leis da natureza podem ser qualificadas como "instruções para a formação de enunciados", está inteiramente justificada.

Mas, para responder de maneira satisfatória a questão "O que são as leis da natureza se elas não são proposições?", essa definição é suficiente?

Eu acredito que não. Pois mesmo os enunciados particulares, que são indubitavelmente proposições genuínas, podem ser interpretados como "instruções para a formação de enunciados" exatamente como as leis da natureza.

A aplicabilidade das leis da natureza à formação de enunciados particulares, que deve ser enfatizada por essa terminologia, é normalmente expressa ao se dizer que se pode inferir logicamente, *deduzir* predições das leis da natureza. Mas as leis da natureza compartilham essa característica com muitos enunciados particulares: desses enunciados também se pode deduzir outros enunciados particulares.

Pode-se (ou deve-se, segundo Schlick e Wittgenstein) conceber a lei universal (para retomar o antigo exemplo), segundo a qual todas as trajetórias de projéteis são aproximadamente parábolas, como uma instrução para formar enunciados particulares: se um artilheiro calcula a trajetória de um

---

[2] Cf. Ludwig Wittgenstein, *Tratactus logico-philosophicus* (1918/1922), proposição 6.211 e a observação que a acompanha: "Na filosofia, a questão 'para que usamos propriamente esta palavra, esta proposição?' conduz invariavelmente a esclarecimentos valiosos".

determinado tiro, isto é, pretende fazer uma predição, [198] ele procederá conforme a "instrução" e formulará a predição: "A trajetória desse tiro terá aproximadamente a forma de uma parábola (mais precisamente: de uma curva balística)".

Mas inclusive essa predição, esse enunciado particular verificável em definitivo, servirá para ele novamente como "instrução" e com seu auxílio ele inferirá a nova predição: "O tiro atingirá o alvo".

Mesmo proposições genuínas podem, portanto, ser consideradas instruções para a formação de enunciados. E que se possa conceber as leis da natureza desse modo talvez fale mais a favor do fato de que elas são proposições [descritivas] genuínas do que do contrário.

Schlick nota com razão:

> Nós não devemos esquecer que a observação e a experimentação são atos por meio dos quais nós entramos em relação direta com a natureza. As relações entre a realidade e nós se manifestam às vezes nas proposições que têm a forma gramatical de proposições afirmativas, mas cujo verdadeiro sentido consiste em serem instruções para ações possíveis.[3]

Mas tudo isso pode ser afirmado tanto dos enunciados factuais particulares, que são certamente enunciados genuínos, quanto das leis da natureza. Se eu digo a um hóspede que não conhece minha casa "O interruptor fica no canto à esquerda", isso certamente é uma proposição genuína, porque é definitivamente verificável. E, no entanto, pode-se muito bem dizer que o "sentido próprio" desta consiste em que ela é uma "instrução para agir", na medida em que contém uma prescrição, um imperativo (e mais precisamente um imperativo condicional ou hipotético, uma prescrição para agir em vista de um fim), e que ele deveria "propriamente" dizer: "Se você quiser acender a luz, aperte o interruptor no canto à esquerda!".

(Kant[3a] já sabia que todos esses "imperativos hipotéticos", todas as prescrições de uso, "máximas de habilidade" etc. não são nada além de

---

3 Moritz Schlick, *op. cit.*, p.156.
3a [(3.ed.) Ver Immanuel Kant, *Kritik der praktischen Vernunft* (1788), p.37. Cf., por exemplo, também I. Kant, *Kritik der reinen Vernunft* (2.ed., 1787), p.80 e segs. e 313; assim como I. Kant, *Grundlegung zur Metaphysik der Sitten* (2.ed., 1786), p.42 e seg. (N. E. A.)]

enunciados factuais disfarçados, isto é, sejam leis da natureza, sejam predições particulares).

[199] Outro exemplo da possibilidade de transformar proposições em imperativos, de traduzi-las sob [uma] forma "pragmática" (e vice-versa), parece digno de menção. A proposição "Conhecer é uma busca por regularidades" é um juízo analítico, uma definição. Ela pode sem dificuldade ser transformada no imperativo (hipotético): "Se você quer conhecer, procure regularidades!". Eu posso, então, considerar a opinião de Schlick segundo a qual o "princípio de causalidade" representa "[...] um convite, uma prescrição para buscar regularidades e descrever eventos por meio de leis"[4] como uma simples definição disfarçada do conhecimento.

Assim, quando a física quântica – aparentemente com boas razões – afirma que nós *não podemos conhecer* com toda precisão desejada a posição *e* a velocidade de um elétron, que as "relações de incerteza" [de Heisenberg] colocam certos limites a nosso conhecimento e a nossa busca de leis, torna-se evidente que se pode traduzir isso sob a forma imperativa ou pragmática. Quando Schlick diz que a "exigência [...] de descrever os eventos por meio de leis" é, "no interior desses limites, [...] inútil, sem finalidade, irrealizável",[5] trata-se apenas de tal tradução em termos pragmáticos. As "relações de incerteza" de Heisenberg estabelecem que nosso conhecimento, isto é, a descoberta de leis, é lacunar por princípio. Isso mesmo é um conhecimento: O domínio das lacunas é delimitado por uma *lei*.

(Essa lei contém a afirmação de que o princípio de causalidade é falso – desde que se associe à expressão "princípio de causalidade" – ver as Seções 3 e 5 – a afirmação de uma regularidade sem exceção, sem lacunas. E para retornar mais uma vez à crítica do apriorismo, a "tese suprema da todo-poderosa ciência racional" de Wittgenstein (a expressão é de Carnap[6]) se revela perfeitamente idêntica ao princípio de causalidade *a priori* kantiano. Essa tese de Wittgenstein, "Se uma questão se pode em geral levantar, a ela também se *pode* responder",[7] é [200] falsa do ponto de vista das relações de Heisenberg, porque a questão sobre o estado preciso do movimento de um elétron justamente não pode ser respondida. E assim como o princípio de

---

4 Moritz Schlick, *op. cit.*, p.155.
5 Moritz Schlick, *loc. cit.*
6 [Rudolf Carnap, *Der logische Aufbau der Welt* (1928), p.261].
7 [Ludwig Wittgenstein, *Tractatus logico-philosophicus* (1918/1922), proposição 6.5. (N. E. A.)]

causalidade, pode-se defender também a tese de Wittgenstein concebendo-a[*1] como não testável, mas também como *destituída de sentido*.)

Como se mostrou aqui, nenhuma resposta à questão "Se não são proposições, o que são as leis da natureza?" basta para justificar satisfatoriamente a posição de proposição normal. É preciso exigir também a prova de que as construções às quais se quer identificar as leis da natureza *não são* efetivamente *proposições genuínas*; de que elas não são apenas aparentemente pseudoproposições (por detrás das quais se esconderiam os enunciados genuínos, que podem ser verdadeiros ou falsos).

Essa exigência revelar-se-á a seguir extraordinariamente importante. Em todo caso, foi mostrado aqui que a simples referência às funções indubitavelmente práticas das leis da natureza, o caráter de imperativo ou de instrução, não bastaria para confirmar o caráter de pseudoproposições dessas leis.

Apesar disso, eu considero essa referência valiosa. Ela pode talvez chamar a atenção para a direção na qual a solução deve ser procurada.

As leis da natureza e os enunciados factuais particulares são em todo caso – não pode haver dúvida quanto a isso – duas classes diferentes de construções lógicas (para não dizer: de proposições).

Seria perfeitamente possível que essas duas classes de construções tivessem precisamente *em comum* o fato de poderem ser concebidas como instruções para a formação de enunciados, como prescrições práticas. Isso indicar-nos-ia, então, como definir a formação de enunciados que (contrariamente a essas instruções que em si mesmas são enunciados) possuiriam *propriedades específicas* que ainda devem ser determinadas com precisão.

Quais são, então, essas propriedades?

[201] 20. "Verdadeiro-falso" ou "útil-inútil"?
O pragmatismo consequente

Segundo a concepção da posição pseudoproposicional, a especificidade dos enunciados "genuínos" consiste em que eles são definitivamente veri-

---

[*1] Ou melhor: "[...] ao rejeitar [...] a questão sobre o estado preciso do movimento de um elétron como destituída de sentido" ("Ela pode ser levantada"). [(3.ed.) Ver Seção 5, nota *8. (N. E. A.)]

ficáveis ou falsificáveis. É óbvio que as propriedades específicas das leis da natureza devem ser procuradas no mesmo nível.

Desse modo, Schlick escreve: "Uma tal instrução não é verdadeira ou falsa, mas boa ou má, útil ou inútil".[1]

Isso expressa, acredito eu, a ideia fundamental dessa posição: nenhum valor de verdade (mesmo um valor de verdade negativo em caso de pretensa refutação desta) pode, em princípio, ser atribuído às leis da natureza, mas unicamente um valor prático.

É certo que deve haver em cada caso valores positivos e negativos que são atribuídos às leis da natureza. Pois a ciência *rejeita* leis – e conserva outras (ao menos provisoriamente). Determinar quais leis são insuficientes e as substituir por melhores, nisso é que consiste o progresso da ciência.

Mas como ela toma decisões, como ela justifica a avaliação que faz?

O destino das *predições* decide a avaliação das leis da natureza das quais as predições foram inferidas. Por causa disso, é legítimo ver na formação de predições a função fundamental das leis da natureza.

Nós inferimos das leis da natureza enunciados acerca de eventos sobre os quais não sabemos nada, isto é, profecias, previsões, predições. Se a profecia se realiza, se a predição é verificada, nós atribuímos um valor positivo à própria lei da natureza. Se a predição é falsificada, nós consideramos isso como uma falha da lei da natureza.

A avaliação da lei se orienta por sua aptidão para a inferência de predições verdadeiras. Este é o fundamento da [202] concepção segundo a qual a avaliação das leis da natureza é um assunto puramente prático, pragmático: a lei da natureza é *útil* à inferência da predição, se a predição é *verdadeira*; *inútil*, se a predição é *falsa*:

A interpretação das leis da natureza como "instruções para a formação de enunciados" contém (embora de maneira ainda muito indeterminada) uma indicação importante. As leis da natureza são definidas como uma classe de "instruções" às quais não é atribuído imediatamente um valor de verdade, nem um valor de conhecimento, mas um valor prático para a inferência de predições. Seu papel no processo de conhecimento, seu valor para o conhecimento, é puramente pragmático.

Essa concepção é uma combinação consequente de positivismo e de pragmatismo.

---

[1] Moritz Schlick, "Die Kausalität in der gegenwärtigen Physik", *Die Naturwissenschaften* 19 (1931), p.155.

As posições pseudoproposicionais

Do mesmo modo que para o positivismo estrito, há para ela apenas enunciados acerca do que pode ser experimentado. Mas ela leva em consideração o fato de que a ciência não se contenta com esses enunciados. Ela apõe aos enunciados "genuínos" as "pseudoproposições" das leis da natureza que ela reconhece como construções puramente pragmáticas.

Mas enquanto o pragmatismo costuma identificar a utilidade à verdade (e procura inclusive explicar esta por aquela; cf. Seção 16), para a "posição pseudoproposicional", tudo depende do fato de que há uma oposição irredutível entre utilidade e verdade, entre valor pragmático e valor de verdade.

A verdade é atemporal (isso já foi enfatizado na Seção 16). Se uma proposição é verdadeira, ela o é definitivamente, de uma vez por todas. – O valor pragmático, a utilidade, se dirige, ao contrário, sempre para a finalidade particular e pode, em princípio, mudar em cada caso.

Isso se aplica aparentemente muito bem às leis da natureza, cuja avaliação não é nunca definitiva, mas depende conforme o caso da verificação de predições.

A concepção da posição pseudoproposicional é certamente positivista no que diz respeito aos enunciados "genuínos", mas ela representa uma forma particularmente radical de pragmatismo no que diz respeito às leis da natureza (que são aquilo de que se trata no problema da indução). Eu vou aqui (em que concerne apenas ao problema da indução) chamar esse ponto de vista, para o qual tudo depende da oposição entre valor de verdade e [203] valor pragmático, de "pragmatismo consequente".

Mas esse ponto de vista é sustentável? A oposição é realmente irredutível?

21. Dificuldades do pragmatismo consequente

Diversos tipos de exemplos da oposição entre valor pragmático e valor de verdade podem ser dados.

Um exemplo particularmente significativo é a *mentira*: se a mentira cumpre sua finalidade, uma proposição *falsa* se revela útil – ao menos mais útil para essa [sua] finalidade que a proposição verdadeira conhecida.

Análogo a isso seria o papel que desempenha a "ficção" (no sentido de Vaihinger[1]) no processo de conhecimento: uma suposição sabidamente

---

1 [Hans Vaihinger, *Die Philosophie des Als Ob* (3.ed., 1918). (N. E. A.)]

falsa que é importante para a ciência enquanto "princípio heurístico". Em geral, a ciência pode também receber estímulos importantes de um erro, de uma proposição falsa.

Mesmo uma proposição falsa pode, portanto, ser útil, inclusive para a finalidade do conhecimento – o que certamente é um argumento convincente a favor da independência, sobre a qual se apoia o pragmatismo consequente, do valor de verdade e do valor pragmático.

Mas, apesar deste e de outros exemplos, o ponto de vista do pragmatismo consequente apresenta dificuldades que devem ser discutidas. O pragmatismo consequente pode, a meu ver, ser discutido como tentativa de solução do problema da indução apenas quando essas dificuldades forem superadas.

Eu estou de acordo com Schlick quando ele constata que "é realmente difícil e exige uma verdadeira reflexão profunda ver a diferença entre uma proposição verdadeira e uma prescrição útil e entre uma proposição falsa e uma prescrição inútil".[2]

Mas não consideram (como Schlick) que essas dificuldades se devam a que "instruções [...] [se apresentem] gramaticalmente na forma disfarçada de [204] proposições habituais";[3] isso não seria (como a "crítica da linguagem" em geral) um problema muito sério.

As verdadeiras dificuldades estão precisamente ligadas, ao contrário, à constatação (da Seção 19) de que proposições genuínas podem sempre, traduzidas em linguagem pragmática, se apresentar sob a forma de "instruções".

Nesses casos – e nisso consistem as dificuldades – os valores pragmáticos "útil" e "inútil" (que são atribuídos a essas "instruções") se revelam meras traduções dos valores de verdade "verdadeiro" e "falso".

Essa traduzibilidade não existe no caso dessas "prescrições", que regulam as relações entre os homens (consequentemente, não existem nas leis em sentido jurídico). Porém, no caso daquelas prescrições (particulares) para "ações [...], que nos colocam em relação direta com a natureza"[4] – e apenas essas prescrições podem entrar em questão aqui –, a tradução pode na maior parte do tempo ser feita sem problemas.

---

2 Moritz Schlick, "Die Kausalität in der gegenwärtigen Physik", *Die Naturwissenschaften* 19 (1931), p.155 e seg.
3 [Moritz Schlick, *op. cit.*, p.156. (N. E. A.)]
4 Moritz Schlick, *loc. cit.*

As posições pseudoproposicionais

Isso pode ser mostrado com os exemplos da Seção 19. A instrução "Se você quiser acender a luz, aperte o interruptor no canto à esquerda!" se revela útil se meu hóspede encontra o interruptor e acende a luz. Do mesmo modo, pode-se muito bem dizer que por meio dessa ação meu hóspede verifica genuíno o enunciado, a predição ("Se o interruptor no canto à esquerda é apertado, a luz se acende") de que essa "instrução" pode ser concebida como tradução pragmática.

O artilheiro (para retomar o outro exemplo), que quer calcular o ponto de impacto de um tiro, deve para tanto aplicar a instrução (particular) segundo a qual esse tiro seguirá a trajetória de uma parábola estrita (ao invés de seguir a de uma curva balística que, no caso da artilharia pesada, se distancia bastante da parábola). Ele constatará que essa instrução é inutilizável para predizer o ponto de impacto – o que não significa aqui nada mais que se revelou *falso* o enunciado correspondente "A trajetória desse tiro terá exatamente a forma de uma parábola".

Assim, ainda que seja verdade que o valor pragmático e o valor de verdade são, em certas circunstâncias, totalmente independentes, [205] esses exemplos mostram que, em outros casos, valor pragmático e valor de verdade [dependem um do outro] podem ser perfeitamente *idênticos*.

Uma proposição verdadeira sempre é utilizável, inclusive para determinadas finalidades práticas e, ao menos, para a finalidade do conhecimento, a saber, como instrução para a verificação deste. Do mesmo modo, uma proposição falsa não tem nunca uma utilidade prática (para essa finalidade). (Evidentemente, há sempre outras finalidades para as quais uma determinada proposição verdadeira não tem nenhuma utilidade etc.) No caso preciso em que se trata de testar ou de verificar, o valor pragmático depende sempre[*1] de um valor de verdade.

O mesmo ocorre na avaliação das leis da natureza: elas são avaliadas positivamente como utilizáveis se as predições inferidas são verdadeiras; negativamente, como inutilizáveis, se as predições são falsas.

Já se estabeleceu há bastante tempo nesta investigação que não se pode em caso algum atribuir a uma lei da natureza o valor de verdade "verdadeiro", pois não se pode, por princípio, decidir definitivamente acerca de sua verdade. É certo também que não se pode, sem dúvida, atribuir-lhe um

---

[*1] "Sempre" é incorreto: de uma proposição falsa *podem* ser inferidas tanto predições verdadeiras quanto predições falsas.

valor pragmático positivo enquanto ela se mostrar "útil"; pois os valores pragmáticos podem também ser estabelecidos como *provisórios*, revisáveis em cada caso.

Mas tudo isso mostra, na verdade, *apenas* como os valores pragmáticos são expansíveis, imprecisos: isso não pode em nenhum caso valer como prova suficiente do caráter de "pseudoproposição" ou como uma prova de que não se pode atribuir um valor pragmático a uma construção lógica. Deve-se, de maneira geral, utilizar o modo de expressão pragmático com grande cautela: dever-se-á examinar de maneira muito precisa as posições pseudoproposicionais para ver se *apenas* valores pragmáticos são efetivamente atribuídos às suas "instruções para a formação de enunciados" (às leis da natureza tal como elas são utilizadas na ciência), os quais não sejam valores de verdade disfarçados, simples traduções no modo de expressão pragmático dos valores "verdadeiro" e "falso".

Essas dificuldades do "pragmatismo consequente" estão ligadas à inexatidão da terminologia pragmática, [206] que parece muito pouco "consequente". Elas criam a exigência premente de enfrentar de novo a questão sobre se não se pode, [pois], indicar com mais precisão o que são realmente as leis da natureza entendidas no sentido dessa posição.

Que via poderíamos tomar para nos conduzir em direção a essa definição mais precisa?

Na próxima seção, eu vou indicar uma via que parece, inicialmente, possível e, por isso, deve-se examinar por que diferentes observações dos positivistas lógicos apontam para ela. Trata-se da ideia de que as leis da natureza são aquilo que chamamos de funções proposicionais (ou talvez inclusive instruções para a aplicação de "funções proposicionais").

Mas essa via revelar-se-á um desvio bastante longo. Ela conduz a novas dificuldades e, ao final (depois de alguns resultados secundários), ela essencialmente não levará além das reservas já manifestadas aqui. Será preciso de novo retornar ao ponto de vista oscilante do pragmatismo ao qual já chegamos. Apenas na Seção 36 a via reta do exame crítico do problema da indução será tomada novamente.

Infelizmente, a polêmica inevitável me obriga a introduzir nas seções intermediárias 23 a 35 uma terminologia (a da "logística"[*2]) que não é

[*2] A discussão em *Os dois problemas fundamentais* é fortemente influenciada pelo *Abiß der Logistik* [Compêndio de logística] de Rudolf Carnap (1929), um excelente manual

As posições pseudoproposicionais

muito simples e a entrar em questões lógicas específicas que poderiam, não sem razão, ser consideradas enganadoras: trata-se do exame crítico inevitável de certas sutilezas lógicas, em cuja discussão vou às vezes me distanciar do tema. Mas a única coisa nessas observações terminológicas e lógicas de grande importância para a [207] concepção dedutivista-empirista do problema da indução é o que se diz na Seção 31 acerca da "implicação".*3

22. Ferramenta e esquema enquanto construções puramente pragmáticas

Que caminho poderíamos tomar para responder satisfatoriamente a questão sobre o que são realmente as leis da natureza, no sentido da posição pseudoproposicional, no sentido do pragmatismo consequente?

É preciso procurar construções características, típicas, que possam, em princípio, ser avaliadas apenas pragmaticamente e para as quais não se coloca em caso algum a questão de saber se a avaliação prática dessas construções é uma simples tradução de valores de verdade.

Se tais construções pudessem ser colocadas em evidência e se as leis da natureza pudessem corretamente ser comparadas a elas, poder-se-ia dar um passo para definir mais precisamente a especificidade das leis da natureza e também, consequentemente, para precisar o ponto de vista algo incerto do pragmatismo consequente.

Eu enxergo tais construções puramente pragmáticas nas *ferramentas*. Uma ferramenta está aí *apenas* para permitir serviços puramente práticos em determinados casos: um martelo ou um alicate nunca podem ter algo como um valor de verdade absoluto. A avaliação de uma determinada ferramenta depende sempre da aptidão desta para a realização de uma tarefa

---

de lógica matemática, que foi logo superado pelo desenvolvimento desse domínio, em particular pelos trabalhos de Kurt Gödel e Alfred Tarski. A terminologia do *Abriß* de Carnap é hoje pouco utilizada, incluindo a expressão "logística" (para "lógica matemática").

*3 Nos *Principia Mathematica* de Alfred North Whitehead e Bertrand Russell, a proposição condicional (Se [...], então) não é claramente distinguida da consequência lógica; ela será, portanto, chamada de "implicação". O *Abriß* de Carnap adota a mesma posição.

determinada, que se espera dela. Ela pode mudar em cada caso. Há também, além disso, ferramentas que servem especialmente para a finalidade do conhecimento, aparelhos, medidores, instrumentos, que são de grande importância para a "formação de enunciados factuais genuínos". E o valor de tais instrumentos depende, como aquele das leis da natureza, da verdade dos enunciados que foram inferidos com o auxílio destes, mas sem que se possa, de qualquer modo que seja, considerar que se deva atribuir a eles próprios um valor de verdade.

Desse ponto de vista, a analogia, a referência ao caráter pragmático dos instrumentos ou das ferramentas para os propósitos do pragmatismo consequente, parece perfeitamente aplicável.

Mas poderia parecer questionável que as construções intelectuais ou lógicas, como o são as leis da natureza, possam ser comparadas às ferramentas, aos instrumentos materiais da investigação. Eu considero, no entanto, essa dúvida infundada: [208] há também *ferramentas lógicas*, que podem muito bem ser comparadas às ferramentas materiais: os *esquemas* lógicos.

Se, por exemplo, um físico quer avaliar uma série experimental de observações, ele utiliza diversos "esquemas" na maior parte do tempo. Ele começa fazendo tabelas, esquemas vazios que devem ser preenchidos segundo um procedimento preciso, definidos por um esquema. Ele extrai os dados, que são introduzidos no esquema, de observações que são feitas novamente segundo um procedimento preciso, definido por um esquema.

Tal esquema pode ser construído de maneira prática ou não prática, ele pode ser útil ou inútil, mas ele próprio nunca é conhecimento, ele próprio nunca é enunciado: ele é um instrumento, uma espécie de prateleira para enunciados genuínos; ele é, em si e para si mesmo, *vazio*, um valor de verdade está fora de questão.

Nós utilizamos tais esquemas – auxílios intelectuais, ferramentas lógicas – nos diversos domínios. Quem quer escrever um tratado científico, recorrerá a um dispositivo – um esquema que não é verdadeiro nem falso, como o conteúdo de um tratado, mas que é apropriado para a finalidade, claro, aplicável, útil.

Tais esquemas também podem desempenhar um papel importante na formação de conceitos científicos, em particular no caso de *classificações esquemáticas*. Pode-se considerar a botânica sistemática e a zoologia sistemática enquanto esquemas destinados à classificação, esquemas que não devem ser qualificados como verdadeiros ou falsos, mas como úteis ou inúteis, como coerentes ou incoerentes (e que podem ou não se conformar a fins particulares, por exemplo, tornar visíveis relações naturais de parentesco).

Se pudéssemos mostrar que as leis da natureza também podem, nesse sentido, ser concebidas como esquemas, estariam superadas as dificuldades que resultam, para o pragmatismo consequente, da traduzibilidade recíproca das proposições verdadeiras e das prescrições úteis.

[209] 23. As leis da natureza como funções proposicionais

A possibilidade de que as leis da natureza sejam esquemas lógicos deve ser posta à prova, na medida em que há efetivamente esquemas lógicos típicos que podem muito bem ser concebidos como "esquemas para a formação de enunciados" (ainda que não como "prescrições"[0] no sentido de Schlick). Trata-se das chamadas "funções proposicionais", que desempenham um papel considerável na nova lógica ("logística").

O que é uma função proposicional?

Um enunciado (simples), por exemplo, como a proposição "Napoleão portava uma espada" é verdadeiro ou falso apenas enquanto um *todo uniforme*. Um fragmento dessa proposição – seja lá qual – já não é, em si mesmo, uma proposição, não pode mais ser chamado de verdadeiro ou falso. Se compararmos agora essa proposição com outras proposições construídas de maneira similar (por exemplo, "Napoleão portava um chapéu" ou "Mozart portava uma espada"), vemos que a proposição tem diferentes componentes que podem ser considerados também como relativamente autônomos, isto é, como *substituíveis* de maneira autônoma.

Pode-se, então, definir as funções proposicionais como fragmento residual de uma proposição se um ou mais componentes autônomos substituíveis são retirados. Os "lugares vazios" ("lugar dos argumentos"), isto é, os lugares em que um elementos da proposição foi retirado, devem ser assinalados de algum modo (por "[...]" ou "x"), por exemplo: "[...] portava uma espada" ou "x portava uma espada".

O fragmento proposicional "x portava uma espada" ou "x portava y" é chamado de função proposicional.

---

0 [(3.ed.) Cf. Seção 19, nota 4 e texto relativo a essa nota. (N. E. A.)]

É certo que tal função proposicional não pode ser *nem verdadeira nem falsa*. Pode-se apenas utilizá-la como esquema para a formação de enunciados à medida que se introduzem valores de argumento (nomes próprios ou conceitos gerais) apropriados nos lugares vazios. Obtêm-se, assim, novamente um enunciado que pode ser verdadeiro ou falso.

Na função proposicional "x portava y", pode-se, por exemplo, introduzir o valor de argumento "César" para x e "uma toga" para y. Obtém-se um enunciado que é (presumivelmente) verdadeiro. Pode-se igualmente [210] obter uma proposição falsa, por exemplo, se x é substituído por "César" e y por "um fraque".

Todos os enunciados (genuínos) engendrados desse modo, assim como os exemplos utilizados no início, são "construídos de maneira similar": eles são construídos segundo o mesmo esquema, isto é, a mesma função proposicional está na base deles.

A função proposicional não pode, enquanto "esquema para a formação de enunciados", ter, ela própria, nenhuma espécie de valor de verdade, ela não pode nunca ser confundida com uma proposição.

Todas as funções proposicionais são fragmentos de proposições. Elas têm "lugares vazios" ou "lugares de argumentos". Os sinais que assinalam os lugares vazios são totalmente arbitrários. Poder-se-ia utilizar pontos, cruzes, ou círculos ao invés de letras. Chamam-se esses sinais de variáveis para indicar que diferentes valores de argumento podem ser colocados nesse lugar. Chama-se também de "valores que a variável assume" os valores de argumento que se introduz nos lugares vazios. Mas isso são apenas maneiras figuradas de falar. Não se deve esquecer que as "variáveis", por exemplo x e y, não são sinais atribuídos a qualquer objeto; elas são apenas *guardadores de lugar*, elas não significam *nada*.

Se uma função proposicional tem mais de um lugar vazio, por exemplo, "x portava y", não se pode evidentemente dizer para um único valor de argumento (por exemplo, "César") se ele satisfaz a função proposicional (isto é, se a substituição por esse valor de argumento transforma a função proposicional em uma proposição *verdadeira*), ou se ele não a satisfaz (isto é, se a transforma em uma proposição *falsa*). Apenas quando é dado um par de valores (por exemplo, "César", "toga") é que se pode dizer se ele satisfaz a função proposicional ou não. Isso vale de maneira análoga para as funções proposicionais com três lugares de argumento ou mais, por exemplo, para a função proposicional "A combinação química [...] assume a cor [...] nas temperaturas entre [...] e [...] graus", uma função proposicional que poderia servir como esquema de observação. Utilizamos frequentemente esquemas semelhantes que dão uma proposição verdadeira ou falsa pela substituição de diferentes valores de argumento (por exemplo, "O Sr. x mora na cidade y na rua z, n. w").

Tudo isso é muito simples. Entretanto, pode continuar obscuro o que as funções proposicionais devem ter a ver com as leis da natureza.

[211] Eu pretendo (com o auxílio de um exemplo já utilizado repetidamente) mostrar que relações bastante estreitas podem ser estabelecidas entre as leis da natureza e as funções proposicionais.

Tentativas de lançamento devem ser feitas com uma certa quantidade de pedras. Os lançamentos individuais são numerados. (Os números podem ser considerados os nomes dos lançamentos.) A trajetória de cada lançamento é precisamente determinada por medições (por exemplo, com o auxílio cinematográfico da câmera lenta).

Eu lanço uma pedra (lançamento 1) e constato que a trajetória desta tem aproximadamente a forma de uma parábola. Eu posso, então, formular a proposição (particular) "A trajetória que a pedra acaba de descrever no lançamento 1 tem aproximadamente a forma de uma parábola", ou, de maneira abreviada, "A trajetória do lançamento 1 é uma parábola".

Depois dos novos lançamentos "2" ou "3" e as medições correspondentes, eu posso inferir proposições análogas para esses lançamentos. Eu constato, então, que o mesmo esquema está na base dessas proposições e que os números dos lançamentos (assim como as indicações acerca das pedras, do tempo e do espaço) são substituíveis de maneira autônoma.

Ao invés de fazer uma generalização (indevida), uma indução, eu isolo a função proposicional que está na base das proposições: "A trajetória do lançamento x é uma parábola".

Como já sei, essa função proposicional é satisfeita pelos valores de argumento "1", "2" e "3", isto é, ela dá *proposições verdadeiras* ao substituir seus valores de argumento. Não posso saber ainda se outros valores de argumento, por exemplo, "4" e "5", satisfazem minha função proposicional. Mas posso, em todo caso, utilizar a função proposicional como esquema para formar proposições genuínas por meio da substituição de seus valores de argumento e, inclusive – uma vez que ainda não sei se essas proposições genuínas são verdadeiras ou falsas –, *predições*. Eu posso, então, verificar ou falsificar essas últimas.

Deve-se identificar as leis da natureza às funções proposicionais (por exemplo, do tipo da função proposicional: "A trajetória do lançamento x é uma parábola")?

Considerar as leis da natureza como funções proposicionais é uma solução muito tentadora para a posição pseudoproposicional. Com efeito, encontramos no próprio Carnap uma passagem em que, ao que parece, aponta-se para a [212] concepção de que as leis da natureza devem ser concebidas como funções proposicionais. Lemos ali:

> Um estado de coisas é indicado por uma função proposicional ou por uma proposição? É preciso fazer uma distinção: os estados de coisas *individuais* devem ser expressos por proposições, os *estados de coisas universais*, por funções proposicionais. A expressão linguística não diferencia nitidamente os dois tipos.

Carnap constata em seguida que nesse ponto sua investigação tem a ver com *estados de coisas universais* e acrescenta (entre parênteses): "O mesmo vale para os estados de coisas presentes nas leis da natureza".[1]

Possivelmente,[*1] Carnap defende o ponto de vista segundo o qual as leis da natureza são funções proposicionais. (Eu presumo que Schlick e Wittgenstein não tenham o mesmo ponto de vista. A concepção segundo a qual as leis da natureza são funções proposicionais está de fato muito próxima do ponto de vista na teoria do conhecimento que Schlick rejeita explicitamente – e, a meu ver, com razão: o chamado *convencionalismo*.)

Confirma-se aqui, em todo caso, que uma das posições possíveis da pseudoproposição seria a de que se podem considerar simplesmente funções proposicionais as leis da natureza. A avaliação das leis da natureza pela ciência seria, então, uma avaliação puramente pragmática. A função proposicional "A trajetória do lançamento x é uma hipérbole" seria, por exemplo,

---

1 Rudolf Carnap, *Der logische Aufbau der Welt* (1928), p.65 e seg.

*1 "Possivelmente" era talvez um tanto prudente; eu deveria ter escrito aqui "fica evidente aqui". Em outro lugar (*Abriß der Logistik*, 1929, 6c, p.14) Carnap diz que leis são representadas por meio de "implicações gerais" – logo, não por meio de funções proposicionais, mas por enunciados. [(3.ed.) Ver Seção 27, nota *5 e texto relativo a esta. Cf. também "Introdução de 1978", Seção 2, texto relativo à nota 27. (N. E. A.)]

um *esquema inutilizável*, "A trajetória do lançamento *x* é uma parábola", um esquema utilizável para a formação de predições.

Essa posição pseudoproposicional, isto é, a concepção segundo a qual as leis da natureza são funções proposicionais – ela será chamada na sequência apenas de *primeira posição pseudoproposicional* –, parece muito simples e evidente. Não se vê, à primeira vista, que essa concepção pode levar a dificuldades particulares na teoria do conhecimento.

Mas quem conhece a discussão epistemológica do chamado *convencionalismo*, quem seguiu o debate entre o convencionalismo e o empirismo, notou [213] que todas as objeções levantadas pela crítica empirista contra o convencionalismo também podem ser levantadas contra a concepção das leis da natureza como funções proposicionais, [logo] contra a primeira posição pseudoproposicional.

O convencionalismo e a maior parte de seus críticos empiristas (como, por exemplo, Feigl[2]) não se situam no terreno das posições pseudoproposicionais, mas veem nas leis da natureza *proposições genuínas*.

Para lançar luz o mais claramente possível sobre essa posição pseudoproposicional que vê as leis da natureza como funções proposicionais, *eu abandono provisoriamente a continuidade do exame das posições pseudoproposicionais* e me volto para a exposição do *convencionalismo* e para uma comparação das concepções *convencionalista* e *empirista*, a fim de posteriormente confrontar as primeiras com a posição pseudoproposicional, que interpreta as leis da natureza como funções proposicionais.

---

2 [(3.ed.) Cf. Herbert Feigl, *Theorie der Erfahrung in der Physik* (1929), III: "4. Die konventionalistiche Auffassung von der Physik", p.104 e segs. (N. E. A.)]

[214] Capítulo VIII
O convencionalismo

24. As posições pseudoproposicionais são provisoriamente abandonadas: o convencionalismo

O convencionalismo vê as leis da natureza como *proposições genuínas*. Ele não é, portanto, uma posição pseudoproposicional.

Contrariamente a todas as outras concepções discutidas até aqui, o convencionalismo é *dedutivista* e já por isso ele é interessante. Mas ele não pertence propriamente ao exame crítico das posições indutivistas.

O convencionalismo se diferencia, antes de tudo, da teoria do conhecimento dedutivista e empirista (defendida por mim) por não poder ser chamado de *empirista*: segundo a concepção convencionalista, a experiência não pode decidir acerca da verdade ou falsidade das leis da natureza. As leis da natureza são, segundo a concepção do convencionalismo, *juízos analíticos*, pois elas são *definições* (disfarçadas), decisões estipuladas arbitrariamente, "convenções".

Embora o convencionalismo não seja empirista, ele também não pode ser chamado de racionalista: segundo o convencionalismo, as leis da natureza são válidas *a priori*, mas elas não são juízos sintéticos *a priori*, pois não são *enunciados factuais*. Elas são juízos analíticos (meras análises conceituais), e a verdade *a priori* dos juízos analíticos é certamente inconteste.

Nas seções seguintes, exporemos a concepção convencionalista apenas tanto quanto exige a discussão das posições pseusoproposicionais. E é apenas para essa finalidade que o convencionalismo será comparado ao empirismo.

A confrontação deve apenas preparar a sequência da discussão e da crítica das posições pseudoproposicionais, que será retomada na Seção 36. Mas ela própria não faz parte dessa [215] discussão. Por isso, não entram aqui aquelas formas de empirismo que veem as leis da natureza como pseudoproposições (uma tal posição pseudoproposicional empirista é representada, por exemplo, por Schlick), mas apenas são confrontadas ao convencionalismo as concepções empiristas que veem as leis da natureza como *proposições genuínas*.

Com o auxílio dessas duas concepções opostas, o convencionalismo e o empirismo (apenas à medida que este vê *proposições genuínas* nas leis da natureza), pretendo circunscrever apropriadamente as posições pseudoproposicionais, traçar certos limites que elas não podem ultrapassar sem renunciar ao caráter pseudoproposicional das leis da natureza (e, com isso, de si próprias).

Não entraremos aqui na crítica fundamental, definitiva, do convencionalismo. As próximas seções farão alusão a tal crítica, mas é apenas na discussão do problema da demarcação[1] que será feita uma crítica fundamental do convencionalismo.

O ponto de partida da filosofia convencionalista é o espanto em relação à aparente *simplicidade do mundo*, que se revela a nós nas leis da natureza.

A grande simplicidade das leis da natureza, diz o convencionalismo, seria extremamente miraculosa se devêssemos conceber as leis da natureza como o empirista (segundo o convencionalismo) as concebe necessariamente: à medida que elas nos revelam a simplicidade interior de um mundo exteriormente tão multifacetado, tão complexo.

Enquanto a teologia metafísica reconhece nessa simplicidade a obra de Deus, enquanto o apriorismo de Kant a explica pelo fato de que o entendimento impõe necessariamente suas leis à natureza, o convencionalismo diz:

---

1 [Cf. Volume II (Fragmentos): [III]: "Passagem para a teoria dos métodos"; [V] "Esboço de uma teoria dos métodos empírico-científicos (teoria da experiência)". Ver também "Posfácio do Editor", Seção 10, nota 18 e texto relativo a esta. (N. E. A.)]

O convencionalismo

A simplicidade é, na verdade, a obra de nosso entendimento, mas uma *livre criação* que não se "impõe"[1a] de modo algum à natureza. Não é a natureza que é simples, mas apenas as *leis* da natureza; [216] nós não impomos, portanto, as formas do entendimento à natureza, mas inventamos uma *ciência* natural racional.

Esta não é uma reprodução da natureza, mas uma construção puramente conceitual. As leis da natureza não são definidas pelas propriedades da realidade, mas são as leis da natureza que definem as propriedades do mundo conceitual artificial criado por nós. Os eventos e os objetos da realidade não são designados por esses conceitos, mas esses conceitos são definidos apenas pelas leis da natureza. Dessas definições seguem-se todas as outras propriedades do mundo – não, evidentemente, do mundo real, mas do mundo conceitual, simplificado, abstrato, o único de que fala a ciência natural teórica.

O convencionalismo não vê, portanto, as leis da natureza como enunciados factuais, juízos sintéticos *a priori*, mas construções puramente conceituais, definições disfarçadas, juízos *analíticos*.

Como se deve compreender isso? E, sobretudo: como um enunciado pode de maneira geral ser um juízo analítico disfarçado?

Um juízo analítico é um juízo que não diz de um conceito nada mais do que já se encontra na *definição* deste.

Encontra-se às vezes a concepção ingênua[*1] segundo a qual uma definição seria verdadeira ou falsa no sentido de que reproduziria mais ou menos bem a "essência" do conceito. Poder-se-ia, assim, afirmar que pertence ao conceito de "corpo" ser extenso, mas não ser pesado. Segundo essa concepção, um "corpo" deveria, por exemplo, ser definido como "uma região espacial, tridimensional, limitada por todos os lados". Ao contrário, uma definição que descrevesse o "corpo" como uma determinada região espacial preenchida por matéria ponderável ou mesmo uma definição que atribuísse ao "corpo" apenas duas dimensões seria falsa, não reproduziria corretamente o "essencial" do conceito de "corpo".

Contra tal concepção, é preciso sublinhar que as definições são, *por princípio, arbitrárias*. Não há nas ciências nenhuma disputa acerca de palavras [ou não deve haver esse tipo de disputa].

1a [(3.ed.) Cf. Seção 11, texto relativo à nota 8. (N. E. A.)]
*1 Chamei posteriormente essa concepção ingênua de "essencialismo" ou "filosofia da essência". [Cf. Seção 35, nota *1. (N. E. A.)]

É certo, porém, que no *uso da linguagem* fala-se, no caso de construções bidimensionais, por exemplo, de "figuras planas", mas não de "corpos". Mas se [217] alguém quer utilizar a palavra "corpo" ao invés da palavra "figura", pode-se permitir que o faça conforme a própria vontade, desde que defina a terminologia com precisão e que a empregue de maneira inequívoca.

Uma terminologia pode ser adequada ou inadequada, ela pode, antes de tudo, ser inequívoca ou contraditória, mas ela não pode nunca ser verdadeira ou falsa,*2 não pode ser correta ou incorreta, pois ela é, de um ponto de vista lógico, sempre arbitrária, sempre convencional: o conceito é criado sempre por sua própria definição, um sinal recebe um significado determinado apenas por sua própria definição.

Chama-se, pois, um juízo de "analítico" se ele não diz de um conceito nada mais do que está contido na definição deste. Enquanto simples análise de uma definição, o juízo analítico não precisa de nenhuma experiência: ele é válido a priori. Se um juízo contém mais do que resulta das definições de seus conceitos, chamamo-lo de "sintético",[2] Em muitos casos, se as definições não estão dadas, não se pode dizer se uma proposição é *analítica* ou *sintética*.

Desse modo, a proposição "Todos os corpos são pesados" deve ser chamada de analítica se *per definitionem* entendo por "corpo" ("corpo físico") uma porção de espaço preenchida de matéria ponderável. A mesma sequência de palavras deverá ser concebida como um juízo sintético se não se quiser entender por "corpo" nada mais do que uma região espacial, tridimensional, limitada por todos os lados.

Mas não se disse com isso que o *mesmo juízo* pode ser concebido como analítico ou sintético. Considerados de um ponto de vista lógico, são dois juízos *diferentes*, uma vez que figuram neles dois conceitos diferentes, que, por acaso, foram chamados pela mesma palavra.

Assim, se tivermos definições precisas dos conceitos utilizados, devemos, então, poder dizer se esse juízo é analítico ou sintético. Mas, inversamente, pode-se, ao se estabelecer que um juízo é analítico ou sintético, indicar implicitamente como se pretende definir o conceito utilizado.

---

*2   Mas, um pouco adiante, as *definições são subsumidas sob os juízos analíticos* e isso as torna *proposições* analíticas *verdadeiras*.

2   Cf., sobre isso e sobre o que se segue, Moritz Schlick, *Allgemeine Erkenntnislehre* (2.ed., 1925), §11.

[218] Quando Kant[3] chama, por exemplo, de analítica a proposição "Todos os corpos são extensos" e de sintética a proposição "Todos os corpos são pesados", pode-se concluir disso que ele não pretende definir o conceito de "corpo" de tal modo que entre no conceito o atributo "preenchido de matéria ponderável". Com essas observações, Kant dá *implicitamente* um tipo de definição (incompleta) do conceito de "corpo".

Todo juízo analítico pode, desse modo, ser considerado como um tipo de *definição implícita* (incompleta, parcial) dos conceitos que ocorrem nele. (Eu não entrarei na questão sobre se definições em geral são juízos, porque essa questão não é essencial para a discussão. Eu considero aqui as definições, as definições explícitas inclusive, como um tipo determinado de juízos analíticos, ou, se quisermos: eu *defino* aqui os juízos analíticos de tal modo que incluem as definições.)

Ora, o convencionalismo enxerga nas *leis da natureza* tais juízos analíticos, tais definições implícitas dos conceitos que figuram neles.

Eu tomaria aqui, a título de exemplo simples, o conceito físico de força. (Embora esse conceito não seja indispensável à física, eu o utilizo, pois serve muito bem para o esclarecimento do convencionalismo.)

No sentido do convencionalismo, pode-se muito bem conceber o princípio de inércia de Newton-Galileu, "Todo corpo persiste em seu estado de repouso ou de movimento retilíneo uniforme se a ação de nenhuma *força* alterar esse estado", como uma definição implícita do conceito de *força*. Costuma-se, de maneira correspondente, também definir explicitamente "Força é a causa de uma alteração do estado de movimento". Enquanto definição implícita, essa proposição seria naturalmente válida em todos os casos, isto é, *a priori*: quando um corpo altera seu estado de movimento, uma *força* deve *per definitionem* ser a causa.

Mas os outros conceitos presentes na definição, em particular, o conceito de "movimento", não recebem seu sentido preciso apenas pelas leis da natureza.

Segundo a concepção habitual, seria preciso definir o conceito de movimento, em particular o de movimento retilíneo uniforme, com o [219] auxílio de padrões de medida e de relógios (isto é, com o auxílio de um sistema de medidas espacial).

O convencionalismo concebe, ao contrário, as leis da natureza (inclusive, portanto, o princípio de inércia) como uma definição implícita do con-

---

3 [Immanuel Kant, *Kritick der rinen Vernunft* (2.ed., 1787)]

ceito de movimento (no caso do princípio de inércia: do conceito de movimento retilíneo uniforme) e, consequentemente, do sistema de medidas espaçotemporal.

Aqui, se coloca claramente a oposição entre uma *definição "concreta" ou "empírica"* e a *definição implícita pelas leis da natureza*.

Segundo a concepção habitual, pode-se definir os padrões de medida "concretamente" ou "empiricamente", por exemplo, uma "medida de distância" como "o que está determinado entre duas marcas fixas a um corpo rígido". Uma medida de tempo, um "relógio", pode, como se sabe, ser estabelecida apenas com o auxílio de um movimento periódico (com o auxílio da decomposição rítmica do tempo). O movimento do Sol (a rotação do Terra) é aquilo que se pode utilizar de melhor,*[3] enquanto "relógio natural", como definição concreta de uma medida de tempo.

Se se quisesse estabelecer dessa maneira *per definitionem* o sistema de medida espaçotemporal, ele *não* seria definido pelas leis da natureza, não seria definido implicitamente. Esses conceitos reais concretos poderiam, então, aparecer nas leis da natureza, eles poderiam ser *correlacionados* [*zugeordnet*] aos conceitos correspondentes das leis da natureza por uma definição concreta ("definição ostensiva" [*Zuordnungsdefinition*]). As leis da natureza, nas quais aparecem esses conceitos definidos de outro modo, seriam, então, proposições sintéticas (se elas dizem mais do que aquilo que é estipulado pelas definições desses conceitos).

Mas o convencionalismo (Poincaré[3a]) afirma que nós procedemos, na definição do sistema de medidas espaçotemporal, desse modo apenas *aparente*. Na realidade, nós definimos os *instrumentos de medição* de tal modo que eles satisfazem as leis da natureza (consequentemente, também o princípio de inércia), e não o inverso. Apenas aparentemente o padrão de medida concreto [220] é a "medida de todas as coisas"; na realidade, nós adotamos as leis da natureza e estipulamos para elas as propriedades dos padrões de medida.

Nós devemos, como se sabe, fazer certas *correções* nos padrões de medida e nos relógios (inclusive na rotação da Terra enquanto relógio), supor,

---

*[3] Isso foi escrito por volta de 1930. Hoje, têm-se relógios melhores. Entretanto, nota-se três parágrafos a seguir que devem ser feitas também correções "na rotação da Terra enquanto relógio"; também será feita alusão à possibilidade de "relógios atômicos".

[3a] [(3.ed.) Henri Poincaré 1854-1912. Cf. Henri Poincaré, *Wissenschaft und Hypothese* (tradução alemã de Ferdinand e Lisbeth Lindemann, 3. Aufl., 1914)., Capítulo 5: "Die Erfahrung und die Geometrie". (N. E. A.)]

por exemplo, que os "corpos rígidos" se dilatam com o aquecimento. Nós abandonamos, com isso, a definição concreta (e pressupomos, por conseguinte, algo diferente como definição última, decisiva).

Quais seriam as consequências se não fizéssemos essas correções em nossos instrumentos de medição?

Nós definiríamos os padrões de medida concretamente e nossa *experiência* nos ensina que, se nós queremos medir o movimento de um corpo com um padrão corrigido, as leis assim descobertas seriam muito mais complicadas que as leis da natureza às quais nós damos nossa preferência. (Elas dependeriam, por exemplo, da temperatura do padrão de medida.) Essas leis seriam certamente proposições empíricas, juízos sintéticos, mas mostrar-se-ia que nós devemos corrigi-las aqui e ali (de uma maneira não muito evidente), ao invés de corrigir os instrumentos de medição.

Nós podemos, portanto – e essa ideia será decisiva para o conjunto dos problemas colocados pelo convencionalismo –, *ou bem* definir explicitamente os conceitos, por exemplo, por uma definição empírica concreta que se refira a eventos naturais precisos, e atribuir essas definições aos conceitos que aparecem nas leis da natureza. Nós devemos, então, aguardar o que a experiência nos ensina sobre as regularidades que nós podemos formular por meio de conceitos. Nós não podemos, nesse caso, nem saber se é, em geral, possível descobrir regularidades, nem saber, quando as encontrássemos, se elas serão *simples*, isto é, não sabemos se podemos *conhecer*. (Nós caímos, desse modo, em todas as dificuldades do problema da indução.)

Ou bem – e este é o caminho tomado pelo convencionalismo – estabelecemos determinadas leis da natureza *per definitionem, per conventionem* e definimos os conceitos que ocorrem nelas exigindo que eles satisfaçam as leis, isto é, nós os definimos implicitamente. Nós constataremos, como esperado, que não há na natureza objetos e eventos que correspondam a esses conceitos tão arbitrariamente definidos. De fato, nós não podemos nunca realizar na natureza, por exemplo, um movimento inercial puro (um movimento [221] sem força puro); assim como nenhum relógio funciona de modo completamente exato (o convencionalismo ainda não leva em conta o "relógio atômico", que, de modo algum, apresenta um argumento decisivo contra ele) ou um padrão de medida que pudéssemos transportar para todo lugar sem ter que corrigi-lo. Mas podemos produzir tudo isso artificialmente (a partir da definição implícita pelas leis da natureza), ao produzir "modelos" que satisfazem com grande aproximação os modelos ideais definidos de maneira estritamente implícita: todo desvio será precisamente corrigido por meio das leis da natureza (tal modelo de padrão de medida ideal seria o "metro-padrão" de Paris, os cronômetros que devem sempre ser corrigidos etc.). Esses "modelos", isto é, todos os instrumentos de medição propriamente científicos, são tentativas de construir artefatos que correspondam com grande precisão aos conceitos ideais (definidos implicitamente) que ocorrem nas leis da natureza. Eles são tentativas de *realizar* os conceitos ideais. Segundo esse ponto de vista, as leis da natureza são, portanto, proposições verdadeiras absolutamente e *a priori*, em relação às quais não *pode* haver nenhum desvio, porque todo desvio mostraria apenas que o instrumento de medição em questão não é um "modelo" do conceito das leis da natureza correspondente e que este não está apto a constatar um desvio. Em uma palavra: as leis da natureza são juízos analíticos.

As duas possibilidades são, portanto, ou bem definir concretamente os conceitos por "definições ostensivas", correlacionar os conceitos reais às leis da natureza (empirismo) – as leis da natureza se tornam, então, proposições empíricas sintéticas e pode ser complexas –, ou bem (convencionalismo) estipular as leis da natureza sob uma forma simples. Os conceitos são, então, definidos implicitamente e sua relação com a realidade pode ser muito complexa (construção de "modelos" de conceitos).

O convencionalismo apela para o fato de que sempre tomamos realmente o segundo caminho: nós sempre procuramos por leis *simples*.

Em todo processo de conhecimento da natureza, nós nos deixamos levar por considerações acerca da conveniência. Inclusive para as convenções, para as definições, essas considerações acerca da conveniência são decisivas. Nós procuramos, pois, naturalmente convenções cuja coordenação com a realidade (a "construção do modelo") não seja muito difícil. Nisso reside essencialmente (segundo a concepção convencionalista) [222] todo o progresso da ciência. Em princípio, outras convenções também seriam possíveis, mas nós escolhemos aquelas que na prática se revelam simples e apropriadas.

Esta seria mais ou menos a visão do convencionalismo. Ele foi inicialmente desenvolvido (de maneira menos radical) por Poincaré. O fato de que o convencionalismo é puramente *dedutivista* tornou-se claro, antes de tudo, com Duhem. Na verdade, isso é óbvio: se os princípios das ciências naturais são definições, convenções arbitrárias, eles não podem ser "induzidos"; tudo se segue dedutivamente deles e, inclusive, o vínculo com a realidade pode ser estabelecido apenas pela dedução.

O convencionalismo genuíno não conhece naturalmente *nem verificação nem falsificação*, uma vez que todas as proposições do edifício devem, do mesmo modo que os princípios, ser verdadeiras *a priori*.

Nesse contexto, gostaria de me referir particularmente ao livro de Victor Kraft, *Die Grundformen der wissenschaftlichen Methoden* [*As formas fundamentais dos métodos científicos*]. A obra de Kraft está em alguns aspectos muito próxima do convencionalismo, mas ela deve ser considerada como um estágio intermediário entre o convencionalismo dedutivista e o empirismo dedutivista. Em todo caso, ela é radicalmente dedutivista (o procedimento da ciência é essencialmente "hipotético-dedutivo") e conhece também o procedimento de verificação.[4] Kraft antecipa diretamente – tanto quanto posso julgar – as ideias fundamentais do ponto de vista dedutivista-empirista que defendo.

(Apenas pela formulação expressa e a solução dos dois problemas fundamentais da teoria do conhecimento é que posso dar um passo decisivo para ir além de Kraft, que faz muitas concessões às "posições probabilistas",[5] por exemplo – no quadro do problema da indução tratado aqui, isto é, da questão da *validade* das leis da natureza –, dizendo simplesmente que elas não podem ter nenhum *valor de verdade positivo*, [223] mas apenas negativo.)[6] Duhem e Kraft são certamente os defensores mais significativos das ideias dedutivistas na teoria do conhecimento moderna.

Ao lado dos aspectos dedutivistas, o convencionalismo é também interessante por seu aspecto pragmático: a escolha entre as diferentes convenções possíveis ocorre sob o ponto de vista pragmático da conveniência.

25. As três interpretações dos sistemas axiomáticos (O conjunto de problemas do convencionalismo)

A verdadeira finalidade que persigo com essa exposição do conjunto de problemas do convencionalismo é poder esclarecer mais precisamente

---

4 Victor Kraft, "Die Grundformen der wissenschaftlichen Methoden", *Sitzungsberichte der Akademie der Wissenschaften in Wien, philosophich-historische Klasse*, 203. Band, "3. Abhandlung" (1925), p.156.
5 Cf., por exemplo, Victor Kraft, *op. cit.*, p.184 e seg.
6 [(3.ed.) Ver, porém, Seção 47, nota *1 e o texto referente a essa nota; Seção 34, notas *4, *5 e *6, bem como o texto referente a essas notas. Cf. "Introdução 1978", Seção 2:(5)-7. (N. E. A.)]

aquela "primeira posição pseudoproposicional" que vê as leis da natureza como funções proposicionais.

Ainda não será possível retornar à discussão dessa posição nesta seção e na próxima. Mas, como preparação para essa discussão, começará aqui a elaboração da relação do *convencionalismo*, que vê as leis da natureza como proposições analíticas, e de seu antípoda, o *empirismo*, que as vê como proposições sintéticas – como aquela "primeira posição pseudoproposicional" – que as interpreta como funções proposicionais.

Essas três concepções, juízos analíticos (convencionalismo) – juízos sintéticos (empirismo) – funções proposicionais (primeira posição pseudoproposicional), aparecem, com efeito, como as três interpretações possíveis de toda teoria científica da natureza formulada axiomaticamente.

O objetivo da formação de teorias das ciências naturais é "dominar", isto é, predizer do modo mais exato possível um máximo de eventos, de fenômenos naturais, com um mínimo de leis gerais da natureza. A ciência natural ideal elaborada teoricamente [224] (uma aproximação seria, por exemplo, a física teórica) aparece como um *sistema dedutivo* fechado com um número bastante limitado de *princípios*, dos quais todas as outras afirmações, os teoremas, são inferidos de maneira puramente lógica.

O desenvolvimento de tais sistemas dedutivos de leis da natureza com a finalidade de formar predições as mais inclusivas é algo totalmente independente da discussão na teoria do conhecimento, assim como do debate entre a teoria do conhecimento indutivista e a teoria do conhecimento dedutivista. A legitimidade da lógica dedutiva, o significado dos sistemas dedutivos, está fora de questão para o indutivismo. (Apenas no que diz respeito ao seu *valor para o conhecimento* o indutivismo estima a dedução mais inferior comparada à indução.)

A geometria passa, com razão – ao menos desde Euclides –, como a mais próxima do ideal de uma ciência estritamente dedutiva.

Mas há também nas outras ciências tentativas de construções teóricas acabadas. A física teórica é particularmente aquela que pode ser desenvolvida em grande medida como um edifício dedutivo, que já não fica atrás da geometria em consistência.

O que caracteriza essa forma científica da teoria, do sistema dedutivo?

Toda proposição de um sistema teórico dedutivo deve ou ser inferida, deduzida, "provada" de maneira puramente lógica a partir de um grupo de proposições do sistema (os princípios) ou ser, ela própria, um desses princípios. Os princípios são, por sua vez, estabelecidos sem dedução lógica a partir de outras proposições, logo, sem "prova".

A "prova" consiste, com efeito, na redução lógica aos *princípios*, não podendo, portanto, ser fornecida para estes. "Reduzir", "provar", "deduzir" significa transformar um teorema de modo que se torne visível que *se os princípios são verdadeiros, então o teorema a ser provado também deve sê-lo*.[*1] A forma lógica da [225] prova, a que se alude aqui, será discutida mais precisamente adiante (na Seção 31, sobre a inferência e a implicação). Todo sistema teórico, dedutivo, se divide em duas partes: o sistema dos fundamentos ou princípios e o edifício dos teoremas, isto é, das proposições que são deduzidas, "provadas" a partir dos princípios.

A tarefa da "axiomática" é elaborar uma ordenação lógica clara, perspícua em todas as suas conexões, das proposições de um sistema dedutivo. Ela procura dar aos princípios, ao "sistema de axiomas", a forma completa mais simples e separá-los rigorosamente do *sistema de teoremas*.

Esse esforço da axiomática remonta em sua essência a Euclides. O programa de Euclides, sem dúvida, foi (ainda que não tenha conseguido realizar esse plano com todo o rigor) incorporar nos princípios (nas "definições", "postulados" e "axiomas") todos os pressupostos – e apenas eles – necessários para a dedução puramente lógica dos teoremas.

Desse "programa euclidiano" resultam quatro *condições axiomáticas fundamentais* que todo sistema de fundamentos deve satisfazer:

As hipóteses estipuladas no sistema de princípios devem ser

(a) *umas com relação às outras* (desconsidera-se o sistema de teoremas):

    1) *não contraditórias* e

    2) *independentes* (não podem ser inferidas [uma das outras])

(b) *com relação a um sistema de teoremas*

    3) *completas* (isto é, suficientes para a dedução dos teoremas[*2]) e

    4) *indispensáveis* (isto é, necessárias para a dedução dos teoremas).

[*1] Posteriormente, distingui estritamente uma inferência (dedução) de uma prova (inferência a partir de uma classe vazia de premissas). A inferência é caracterizada pela transmissão da verdade das premissas para a conclusão e pela retransmissão da falsidade da conclusão para as premissas (ao menos para *uma* premissa). [Ver Karl Popper, "New foundations for logic", Mind N.S. 56 (nº 223, Julho de 1947), p.230 e segs. Cf. também "Introdução de 1978", Seção 2: (16). (N. E. A.)]

[*2] Existem naturalmente outros conceitos (e mais interessantes) da completude.

(Ao contrário de Carnap,[1] considero essencial a distinção entre as condições formuladas por (2) e (4); (2) pode ser satisfeita sem que (4) o seja).

A "axiomática" investiga os sistemas de axiomas, em particular, se eles satisfazem essas quatro condições.[2]

[226] O próprio Euclides estabeleceu três grandes grupos de princípios para a geometria:[3] as "definições" (exemplo: "O ponto é aquilo que não tem partes"), os "postulados" (exemplo: "Deve-se exigir que uma e apenas um reta possa ir de um ponto a outro") e os "axiomas" (exemplo: "Duas linhas retas não contêm nenhum espaço"). A distinção entre postulados e axiomas não é tão essencial[4] – como já é indicado pelo fato de que o famoso 5º postulado, o "postulado das paralelas de Euclides", aparece em muitos manuscritos como o 11º axioma.[5]

Precisamente esse postulado das paralelas é formulado por Euclides de maneira muito complicada e suscitou – talvez por causa disso – as primeiras investigações axiomáticas: parece questionável se a condição da independência é satisfeita ou não.[6] (A infeliz tentativa de deduzi-lo dos outros princípios por meio de uma prova indireta, isto é, ao mostrar que a negação desse axioma *contradiria* os outros princípios, levou, como se sabe, à formulação das geometrias não euclidianas.)

Um resultado que devemos às investigações axiomáticas modernas (em particular às de Hilbert[7]) é particularmente significativo para os argumentos feitos pelo *convencionalismo* discutidos aqui. Apenas por meio desse resultado da axiomática a importância do convencionalismo é trazida completamente à luz. Trata-se da prova surpreendente de que as definições de Euclides (que são definições explícitas) e, em geral, todas as defi-

---

1 Rudolf Carnap, *Abriß der Logistik* (1929), p.70 e segs. [(3.ed.) Karl Popper, *Frühe Schriften* (*Gesammelte Werke in deutscher Sprache* 1, 2006), Nr. 7: "Axiome, Definitionen und Postulate der Geometrie" ("Lehrbefähigungsarbeit", 1929), §§2-4 (ver, em particular, o final do terceiro parágrafo). (N. E. A.)]
2 [(3.ed.) Karl Popper, *op. cit.*, Nr. 7, §2, texto relativo à nota 2. (N. E. A.)]
3 [(3.ed.) Ver Kuno Fladt, *Euklid* (1927), p.47 e seg.; cf. também Karl Popper, *op. cit.*, Nr. 7, §10. (N. E. A.)]
4 [(3.ed.) Cf. Karl Popper, *op. cit.*, Nr. 7, §10, notas 7, 8, 10 e 11, assim como o texto relativo a essas notas. (N. E. A.)]
5 [(3.ed.) Cf. Karl Popper, *op. cit.*, Nr. 7, §10, nota 2 e o texto relativo a essa nota, assim como texto relativo à nota 9. (N. E. A.)]
6 [(3.ed.) Cf. Karl Popper, *op. cit.*, Nr. 7, §12, 14 e 20. (N. E. A.)]
7 [(3.ed.) Cf. Karl Popper, *op. cit.*, Nr. 7, § 28. (N. E. A.)]

O convencionalismo

nições explícitas (as definições ostensivas) são dispensáveis no sentido da axiomática.[8] Elas não satisfazem a 4ª condição fundamental da axiomática (a indispensabilidade) e devem, por isso, ser eliminadas do sistema de princípios. Deduz-se unicamente a partir dos axiomas (ou dos postulados), isto é, a partir de proposições por meio das quais os conceitos fundamentais estão [227] *ligados* entre si, são colocados em relação uns com os outros, mas não a partir das definições (explícitas).

Para deduzir um teorema qualquer da geometria, não se recorre nunca, por exemplo, ao fato de que "um ponto nunca tem partes" ou que "a linha é um comprimento sem largura",[9] mas, antes, por exemplo, ao fato de que dois pontos determinam uma e apenas uma reta.

Do ponto de vista da axiomática, do ponto de vista do sistema puro, lógico-dedutivo (sem considerar eventuais aplicações), as definições não desempenham nenhum papel que seja. E isso não apenas no caso da geometria: uma situação análoga prevalece em todos os sistemas dedutivos construídos de maneira axiomática.

Para explicar a dispensabilidade das definições com um exemplo tradicional: a dedução "Todos os homens são mortais" – "Sócrates é homem" – "Logo, Sócrates é mortal" é válida, seja lá como se queira definir os conceitos de "homem", "mortal", "Sócrates".

Se esses conceitos forem definidos de acordo com o uso linguístico corrente ou se forem atribuídos a eles um significado desviante em relação ao uso linguístico corrente, isso não desempenha o menor papel na dedução: nada se segue da definição.

O sistema dedutivo axiomático, a teoria "pura", da qual se elimina tudo o que não tem importância para as relações dedutivas, se torna, então, uma combinação de sinais que, em si mesma, é vazia de sentido e a que diferentes significados podem se substituir. Do ponto de vista das relações dedutivas puras, poder-se-ia representar a dedução anterior da seguinte forma: "Todos os x são y" – "a é um x" – "a é y". Em um sistema dedutivo puramente axiomático, os sinais fundamentais podem, pois, ser concebidos como *variáveis*. O sistema não deveria ser interpretado, portanto, como um sistema de proposições, mas como um sistema de *funções proposicionais*.

---

8 [(3.ed.) Cf. Karl Popper, *op. cit.*, Nr. 7, §28, assim como §10, o texto relativo à nota 6. (N. E. A.)]

9 [(3.ed.) Ver nota 8. (N. E. A.)]

Uma segunda interpretação pode invocar o fato de que é sempre possível formar proposições a partir dessas funções proposicionais (e que o sistema é, na verdade, concebido como um sistema de enunciados genuínos): basta correlacionar às variáveis, aos guardadores de lugar, aos lugares vazios, [228] conceitos determinados como valores de argumento ou, em outras palavras, dar, por meio de definições ostensivas, significados determinados aos "sinais fundamentais" que guardam um lugar – de tal modo que se obtenha enunciados genuínos, que podem ser verdadeiros ou falsos.

Por fim, uma terceira concepção é possível. Pode-se supor que os sinais fundamentais devem ser "implicitamente definidos" pelas funções proposicionais, pelo próprio sistema de axiomas, isto é, que podem ser substituídos *per definitionem* apenas pelos valores de argumento que os satisfaçam. Se não se substitui em um sistema dedutivo de funções proposicionais senão argumentos que – com o auxílio dessas funções proposicionais (do sistema de axiomas) – são *definidos* de tal modo que eles satisfaçam o sistema, resultam, então, *juízos analíticos*, que são válidos *a priori*.

Para todo sistema dedutivo, para toda teoria, são possíveis três interpretações que correspondem a três posições na teoria do conhecimento:

1. À *primeira posição pseudoproposicional*, que vê as leis da natureza como *funções proposicionais*, corresponde a concepção segundo a qual toda teoria, todo sistema dedutivo, é um sistema de funções proposicionais (sem definições ostensivas), concepção segundo a qual os "sinais fundamentais" não designam, pois, conceitos fundamentais, mas apenas lugares vazios: eles são variáveis. Com efeito, podem resultar proposições verdadeiras ou falsas conforme os valores de argumento que substituímos.

2. Àquela *concepção empirista*, que vê as leis da natureza como enunciados factuais genuínos, sobre cuja validade apenas a *experiência* pode decidir (logo, juízos sintéticos *a posteriori*), corresponde a concepção segundo a qual os "sinais fundamentais" das teorias (da ciência natural) não são variáveis, mas designam *conceitos determinados*, ou mais exatamente, segundo a qual eles são definidos por definições ostensivas, de tal modo que significados concretos determinados são correlacionados a eles. Essa concepção vê as teorias (da ciência natural) como um sistema de *funções proposicionais ligadas a definições ostensivas*. Mas tais funções proposicionais são *enunciados genuínos*, uma vez que conceitos determinados podem, por meio da definição ostensiva, ser substituídos como valores de argumento.

3. Ao *convencionalismo*, que vê as teorias da ciência natural como proposições *analíticas*, por meio das quais os conceitos fundamentais são defini-

dos implicitamente, corresponde a concepção segundo a qual *é possível* substituir *per conventionem* [229] (ou *per definitionem*) nas funções proposicionais que constituem o sistema de axiomas apenas valores de argumento que as satisfaçam: as variáveis dessas funções proposicionais não são apenas lugares vazios, as quais não podem ser substituídas por quaisquer valores de argumento, satisfaçam eles ou não a função proposicional, mas elas são "ligadas" [nesse sentido] à medida que são implicitamente *definidas* como guardadores de lugar exclusivamente para os valores de argumento que satisfaçam as funções proposicionais (isto é, elas podem ser ocupadas apenas por esses valores de argumento).

Essas três concepções das leis da natureza como funções proposicionais, com ou sem definições ostensivas (concretas), com variáveis "livres" ou "ligadas", devem ser examinadas mais precisamente. A seguinte ordem será respeitada:

As "definições implícitas" do *convencionalismo* exigem ainda alguns esclarecimentos, que serão feitos nas próximas duas seções (26 e 27).

A concepção dos sistemas axiomáticos como sistemas de puras funções proposicionais, isto é, a interpretação da primeira posição pseudoproposicional, apresenta em particular a seguinte dificuldade: uma função proposicional não pode ser verdadeira ou falsa, entretanto, falamos no caso dos sistemas axiomáticos de "prova" de um teorema ou da "refutação" deste; de modo semelhante, falamos que a solução de um problema geométrico, que deve consistir em um teorema provável, é *correta* ou *falsa*. Tentaremos elucidar essa aparente contradição – funções proposicionais podem naturalmente ser corretas ou incorretas, assim como verdadeiras ou falsas – na Seção 28.

As seções que se seguem a esta (29 e 30) entrarão em detalhe na relação entre função proposicional e definição ostensiva, isto é, na *interpretação empirista*.

26. A definição convencionalista implícita e a definição convencionalista explícita – Função proposicional e equação proposicional

Uma função proposicional, como "*x* portava uma espada", assume diferentes valores de verdade ou *valores proposicionais* ("valores da função") quando seus lugares vazios são substituídos por valores de argumento. Conforme o valor de argumento substituído, ela pode assumir o valor proposicional "verdadeiro" ou "falso".

[230] A função proposicional apresenta, então, uma analogia formal com as funções matemáticas. Conforme os valores de argumento substituídos, a função "$x + 7$" assume igualmente diferentes valores, a saber, *valores numéricos*, que podem igualmente ser chamados de "valores da função".

Essa analogia é muito útil para a compreensão da definição implícita.

No caso da função matemática, assim como no caso da função proposicional, eu posso definir arbitrariamente (por correlação) o valor de argumento, mas eu posso com isso, ao mesmo tempo, fixar um valor da função determinado (por exemplo, o valor numérico "23", assim como o valor proposicional "verdadeiro").

Mas eu posso também, em ambos os casos, *inversamente definir arbitrariamente o valor da função*; com isso, o valor de argumento é novamente fixado e esse procedimento, essa determinação do valor de argumento pelo valor da função arbitrariamente definido, é com precisão o procedimento seguido pela definição implícita do valor de argumento.

Se alguém define arbitrariamente (por exemplo, pelo valor numérico "23") o valor de uma função matemática (por exemplo, "$x + 7$"), transforma, com isso, a função em uma *equação*: "$x + 7 = 23$". O valor de argumento dessa equação não pode mais ser fixado arbitrariamente, a variável x é uma variável apenas de maneira aparente: ela é [então] uma "variável ligada", seu valor está implicitamente definido pela equação. A *equação não* é exatamente uma *função*.

Tal variável ligada não precisa ser sempre uma constante. A função "$x + 7$" dá um valor de argumento perfeitamente determinado para cada valor da função (por exemplo, o valor de argumento "16" para o valor da função "23"), mas a função de segundo grau "$x^2 + 7$" dá dois valores de argumento, duas "soluções" para cada valor da função (por exemplo, "+4" e "–4" para o valor de função "23"). Sabe-se que o número de soluções, isto é, de argumentos definidos implicitamente, aumenta indefinidamente com o grau da função. Há inclusive funções a partir das quais se obtém equações com um número infinito de soluções, por meio das quais, pois, infinitos valores de argumento são implicitamente definidos. Um exemplo simples é a função senoidal "*sen x*". Toda equação "*sen x* $= 0$", "*sen x* $= 0,7$", "*sen x* $= 1$" define implicitamente toda uma *sequência ou classe* determinada de soluções.

O convencionalismo

Nenhuma das soluções de uma equação também [231] satisfaz as de outra equação. Mas cada uma dessas equações é satisfeita por um número, em princípio, ilimitado de soluções.

Um valor de argumento pode, pois, como no caso da equação de primeiro grau "x + 7", ser *inequivocamente* fixado por meio de uma definição implícita. Mas isso não *precisa* ser sempre assim: também é possível (e esse é o caso mais geral) que, *por meio da definição implícita, não seja fixado um valor de argumento determinado inequivocamente, mas uma classe de valores de argumento*, que pode consistir em muitos ou mesmo em um número ilimitado (infinito) de valores de argumento.

A equação "sen x = 0" não fixa inequivocamente nenhum valor de argumento. Entretanto, esse "x" já não mais é uma variável, por exemplo, a variável da função "sen x". Por meio da equação, são fixados os valores argumentos completamente determinados (ainda que de maneira não inequívoca) que satisfazem a equação, a saber, as "soluções" da equação. Na equação, "x" não designa mais simplesmente um lugar vazio, mas ele é um guardador de lugar para os valores de argumento determinados. Ele está, portanto, ligado ("variável ligada"[*1]).

A situação é completamente análoga no caso das funções proposicionais. A função proposicional "x portava uma espada" assume os valores proposicionais (valores da função) "verdadeiro" ou "falso" conforme eu substitua, por exemplo, os valores de argumento "Mozart" ou "Schubert". Mas eu posso formar a partir dessa função proposicional duas "equações" ("equações proposicionais"); somente *duas*, pois as funções proposicionais podem assumir apenas os dois valores "verdadeiro" ou "falso". Uma dessas "equações proposicionais" diria: "x portava uma espada" é verdadeiro (ou "x portava uma espada" é uma proposição verdadeira); a outra: "x portava uma espada" é falso. Essas *equações* proposicionais não são *funções proposicionais*; suas "variáveis" são *ligadas*. As soluções da primeira equação formam a classe dos portadores de espada, a da segunda equação forma a classe daqueles que não portam nenhuma espada (a [dos] não portadores de espada).

Por meio das equações proposicionais, também se pode fixar inequivocamente soluções perfeitamente determinadas (por exemplo: "x é um imperador francês que foi exilado na ilha de Elba no século XIX" é uma [232]

[*1] Esse alargamento do uso da "variável ligada" não se impôs. Ver Rudolf Carnap, *Abriß der Logistik* (1929), 6e, p.14.

proposição verdadeira). Mas também nas equações proposicionais o caso mais geral é aquele em que essas definições implícitas não definem inequivocamente um valor de argumento determinado, mas toda uma *quantidade de soluções*, uma *classe* que consiste em muitos *elementos*, além das soluções propriamente.

É nisso que consiste a grande diferença entre a *definição habitual* ("explícita") e a *definição implícita*. Normalmente, entende-se por uma definição uma determinação *inequívoca* de um conceito. Se digo "Ouro é um metal", isso não é ainda uma definição; o conceito de "ouro" é determinado apenas como elemento da classe dos metais. O conceito de "ouro" é *definido* apenas quando forneço uma *diferença específica* que o demarca inequivocamente dos outros conceitos que são elementos da classe dos metais. A proposição "Ouro é um metal precioso" não basta; deve-se indicar como diferença específica, por exemplo, seu peso atômico, seu ponto de fusão ou seu peso específico.

Em geral, a definição implícita *não* fixa inequivocamente o valor de argumento: ela *apenas* indica a classe (o *genus proximum*) à qual pertence o valor de argumento implicitamente definido; falta a *differentia specifica*. (O valor de argumento pode ser inequivocamente determinado por uma definição implícita apenas se a classe comporta apenas um elemento.) Mas é por essa razão que o conceito definido implicitamente (isto é: definido de maneira apenas parcial) não pode ser confundido com uma *variável*: ele é, em cada caso, *ligado*, isto é, ligado, enquanto elemento, por seu pertencimento a uma classe.

(Se a função proposicional tem mais de um lugar de argumento, as equações proposicionais correspondentes – segundo a terminologia da logística*[2] – não determinam "classes", mas "relações", isto é, não elementos individuais, mas pares de elementos, triplas de elementos etc. Mas as relações estão em uma relação de analogia formal com as classes, daí porque, por simplicidade, não se falará neste trabalho senão de "classes" e "elementos", ali onde dever-se-ia falar propriamente de "relações" e seus "membros" – os "pares de elementos" etc. Os equívocos praticamente não são possíveis, pois tudo o que se disser aqui sobre classes pode ser ana-

---

*[2] A expressão "logística" também não se impôs: em seu lugar, fala-se de "lógica matemática" ou "lógica simbólica". Ver a "Introdução de 1978", [Seção 2: (16). (N. E. A.)].

logamente transposto para as relações. – Nesse ponto, remetemos expressamente à teoria das relações como a parte mais importante da logística.)

Se eu defino "ouro" apenas como "metal" ou como "um dos metais", ele não foi propriamente definido (no sentido habitual da palavra). O mesmo ocorre com a definição implícita: ela não produz propriamente nenhum conceito (Carnap[1] fala, por isso, de "conceitos impróprios"). Mas esses "conceitos impróprios" devem, enquanto *variáveis ligadas*, ser distinguidos das *variáveis genuínas*, do mesmo modo como as *funções proposicionais*, das *equações proposicionais*:

Uma variável genuína é apenas um sinal para um lugar vazio; ela não diz nada sobre se os valores, que são substituídos nos lugares vazios, satisfazem ou não a função proposicional. E precisamente por isso uma função proposicional não pode nunca ser considerada como verdadeira ou falsa (do contrário, ela seria uma proposição genuína). Mas se a função proposicional deve fornecer uma definição implícita, as "variáveis" só podem ser concebidas como símbolos para os valores que *satisfazem* a função proposicional. Isso significa, porém, que esta última não é uma função proposicional, uma vez que só deve ser *verdadeira*: ela é uma equação proposicional, uma proposição genuína, um juízo analítico, uma tautologia.

A função proposicional que estipulamos como "verdadeira" ou "falsa" e que, desse modo, transformamos em uma equação proposicional não é uma função proposicional; do mesmo modo, ela é algo como uma função proposicional, que foi substituída por valores de argumento.[2]

Toda equação proposicional é, pois, uma *definição implícita* (e vice-versa).

Mas toda equação proposicional define também explicitamente um conceito. Esse conceito explicitamente definido, inequivocamente fixado, é a *classe das próprias soluções*, é a classe dos valores de argumento, que satisfazem a equação proposicional.

[234] É importante não confundir esse conceito explícito, a *própria classe*, com seus *elementos*, os valores de argumento (que são definidos apenas implicitamente por meio da equação proposicional):

---

1 [Rudolf Carnap, "Eigentliche und uneigentliche Begriffe", *Symposium: Philosphische Zeitschrift für Forschung und Aussprache* 1 (1927), p.355 e segs.; cf. também R. Carnap, *Abriß der Logistik* (1929), p.71. (N. E. A.)]

2 Contra Rudolf Carnap, por exemplo, *Abriß der Logistik* (1929), p.71, Auffassung 2. Carnap passa por cima da distinção entre a definição implícita ou equação proposicional e a função proposicional e passa, inversamente, de uma concepção a outra.

Pode-se, por exemplo, na função proposicional "*x* portava uma espada", substituir o elemento "Napoleão", mas não a "classe dos portadores de espada": dessa classe, pode-se, por exemplo, dizer que ela deveria ter mais de mil elementos, mas de modo algum que ela porta uma ou mais espadas: *não é a classe, mas apenas seus elementos que satisfazem a função proposicional.* (A classe não é admitida como valor de argumento.) Do mesmo modo, eu posso muito bem dizer: "*x* é um metal dourado" é satisfeita pelo valor de argumento "ouro", mas não posso substituir a "classe de metais dourados" como valor de argumento: esta não é um metal, mas um *conjunto* (ideal) de metais.

Toda função proposicional (e todo sistema axiomático de funções proposicionais) pode ser concebida como uma equação proposicional e define, portanto, um conceito explícito. Esta, porém, *não é valor de argumento* da função proposicional. Os valores de argumento são apenas *implicitamente definidos*, isto é, *estabelecidos como elementos do conceito explícito.*

Pode haver, assim, diversos elementos de um conceito explícito e, com isso, diversas soluções ou "modelos"[*3] (Carnap[3]) que satisfazem um sistema axiomático (respectivamente, *sistemas* de solução, uma vez que sistemas axiomáticos têm frequentemente diversos lugares de argumento).

Um exemplo clássico da diversidade de interpretações da definição implícita, da diversidade de modelos, é a dualidade na geometria projetiva (do plano e do espaço).[4]

Na geometria projetiva (por exemplo, na geometria do espaço), é válido, de maneira desconcertante, que *toda proposição* permanece verdadeira mesmo se [235] colocamos no lugar do conceito de "ponto" o conceito de "plano" e vice-versa. As proposições comportam, por isso, um significado

---

*3 A teoria dos modelos foi desenvolvida intensamente a partir de 1930 especialmente por Alfred Tarski e sua escola. [(3.ed.) Ver Alfred Tarski, "Grundzüge des Systemskalküls I/II", *Fundamenta mathematicae* 25 (1935), p.503 e segs.; 26 (1936), p.283 e segs. (in: A. Tarski, *Logic, semantics and metamathematics*, tradução inglesa de Joseph Henry Woodger, p.343 e segs. (N. E. A.)]

3 [R. Carnap, *op. cit.*, p.71 e seg.; cf. também Rudolf Carnap, "Eigentliche und uneigentliche Begriffe", *Symposium: Philosphische Zeitschrift für Forschung und Aussprache* 1 (1927), p.361 e segs. (N. E. A.)]

4 [(3.ed.) Cf. Karl Popper, *Frühe Schriften* (*Gesammelte Werke in deutscher Sprache* 1, 2006), Nr. 7: "Axiome, Definitionen und Postulate der Geometrie" ("Lehrbefähigungsarbeit", 1929), §22, nota 8 e texto referente a essa nota. (N. E. A.)]

intuitivo completamente diferente, mas permanecem, por sua vez, verdadeiras e prováveis. Exemplo: três pontos definem três retas e um plano – exceto o caso em que eles definem apenas *uma* reta (estão situados sobre uma reta). Daí a proposição *dual*: três planos definem três retas (as retas secantes) e um ponto (o vértice espacial) – exceto o caso em que eles definem apenas um reta (passam por essa mesma reta).

A explicação dessa singular reversibilidade ou dualidade se deve ao fato de que os conceitos de "ponto" e "plano" estão ligados por axiomas perfeitamente análogos e são definidos implicitamente: três pontos determinam um plano – três planos determinam um ponto; dois pontos determinam uma reta – dois planos determinam uma reta. Por meio dessa identidade *formal*, eles se tornam perfeitamente equivalentes logicamente: obtém-se um *modelo* do sistema axiomático se as *construções intuitivas* "plano" e "ponto" são substituídas pelos *sinais* "ponto" e "plano"; mas a construção intuitiva "plano" é coordenada ao sinal "ponto" e a construção intuitiva "ponto", ao sinal "plano", obtém-se um *modelo*, isto é, um sistema de soluções, um sistema de valores de argumento que satisfazem o sistema axiomático. O "problema da dualidade" pode ser, pois, solucionado pelo estabelecimento de que, contrariamente à definição explícita, a definição implícita não tem que fixar inequivocamente conceitos determinados, mas que diversos sistemas diferentes de soluções (modelos) podem ser admitidos.[5] (O sistema axiomático fixa *inequivocamente* apenas as relações internas, que vinculam as relações entre si.)

Obtém-se novamente um modelo completamente diferente de geometria – por exemplo, o da geometria plana – se um par de números é substituído por "ponto" e uma função linear é substituída pela "reta" etc. Nesse sentido, a análise algébrica é apenas uma tradução da geometria na linguagem dos números, isto é, um modelo determinado do sistema axiomático da geometria.[6] E há ainda muitos modelos como esses do mesmo sistema axiomático.

[236] Basta chamar uma função proposicional (um sistema axiomático) de analítica (ou de tautológica), isto é, de juízo verdadeiro *a priori* –

---

5 [(3.ed.) Cf. Karl Popper, *op. cit.*, Nr. 7, §32, nota 5. (N. E. A.)]
6 [(3.ed.) Cf. Karl Popper, *op. cit.*, Nr. 7, §32. (N. E. A.)]

como faz o *convencionalismo* –, para torná-la uma equação proposicional, uma definição implícita.

Mas pode-se também *formular expressamente enquanto tal* esse juízo analítico produzido pela equação proposicional. É preciso, então, escrevê-lo de tal modo que seja expressamente indicado o vínculo entre as "variáveis"; é preciso, por meio da formulação, expressar o fato de que as variáveis não podem assumir *qualquer* valor, mas exclusivamente os valores das "soluções".

Essa formulação expressa como juízo analítico é alcançada com o auxílio de uma "implicação geral"*4 (como a chama a logística).

27. As equações proposicionais convencionalistas enquanto implicações gerais tautológicas*1

O que é uma *implicação geral?**2 Uma implicação geral é sempre uma proposição genuína. Parece-me importante sublinhar desde o início que uma implicação geral não é nunca uma função proposicional. Com efeito, como toda implicação geral contém sempre *funções proposicionais* como partes, isso poderia facilmente causar a impressão equivocada de que ela própria é uma função proposicional.

A formulação seguinte pode servir de exemplo de uma implicação geral: "Todo valor de argumento que satisfaz a função proposicional '*x* é um oficial inglês que vivia no século XVIII'*3 satisfaz também a função proposicional '*x* portava uma espada'".

Em relação a esse exemplo, discutiremos detidamente a forma curiosa (e sua roupagem linguística desajeitada) do enunciado que a logística chama de "implicação geral".

---

*4 Ver Seção 27, nota *2, e a "Introdução de 1978", [Seção 2: (16). (N. E. A.)]

*1 O editor e o autor concordaram que as Seções 27 a 29 (inclusive) e 31 deveriam ser colocadas em caracteres menores: com isso, o autor pretende se distanciar claramente dessas seções. (Ver a "Introdução de 1978" [Seção 2: (16). (N. E. A.)]

*2 A expressão "geral" (*generell*) em "implicação geral" foi introduzida por Carnap em 1929 em seu *Abriß der Logistik*; ver *Abriß*, p.108, "*Neue Termini*". A expressão não parece ter se imposto. Ver a "Introdução de 1978", [Seção 2: (16). (N. E. A.)]. Carnap, *Abriß*, 6c, p.14, diz que implicações gerais expressam "leis".

*3 Hoje, a expressão "satisfaz" é considerada como uma expressão metalógica ou metateórica.

[237] Como se vê, a implicação geral considerada é, em primeiro lugar, sem dúvida uma proposição genuína: ela exprime uma afirmação que é ou verdadeira ou falsa. (Verdadeira se todos os oficiais ingleses do século XVIII portavam efetivamente uma espada, falsa se isso não é o caso.) Ela tem exatamente o mesmo significado que o enunciado habitual: "Todos os oficiais ingleses que viveram no século XVIII portavam uma espada".

O exemplo mostra ainda que a implicação geral é constituída de duas funções proposicionais. A primeira ("x é um oficial inglês etc.") é chamada de "função proposicional implicante" ou de *"implicante"*, a segunda ("x portava uma espada") é chamada de "função proposicional implicada" ou de "implicado".

A implicação geral é a afirmação de que todo valor de argumento que satisfaz o implicante também satisfaz o implicado. Costuma-se dizê-lo de maneira abreviada: o implicante *implica de modo geral* o implicado e o exemplo introduzido pode, pois, ser escrito da seguinte forma: "x é um oficial inglês que vivia no século XVIII" *implica de modo geral* "x portava uma espada".

Pode-se dar a *qualquer proposição genuína* a forma de uma "implicação geral" (sem alteração de seu sentido) e de muitas maneiras. Constrói-se, em primeiro lugar, a partir da proposição genuína "Napoleão esteve em Viena", por exemplo, a função proposicional "Napoleão esteve em x". Essa função proposicional é utilizada como implicado. Coloca-se como antecedente uma função proposicional que é satisfeita exatamente por aquele valor de argumento (ou por esses valores de argumento) que se substituiu na proposição original por "x". No nosso caso, pode-se escolher como implicante "x é a capital da Áustria".*4 Daí a transformação na "implicação geral": "x é a capital da Áustria" implica de modo geral "Napoleão esteve em x". A variável do implicado está *ligada* pelo implicante. (De modo análogo, pode-se formular ainda de outra forma a mesma proposição, por exemplo: "'x é um imperador francês que foi coroado em 1804' implica de modo geral 'x esteve em Viena'".)

Esses últimos exemplos mostram que toda proposição particular pode também ser transformada em implicação geral. É importante enfatizar que o adjetivo geral não tem nada a ver aqui com uma proposição universal ("geral").*5 Todas as proposições genuínas, tanto universais quanto particulares, podem ser escritas como implicações gerais: a palavra "geral" deve caracterizar as implicações gerais apenas como uma proposição que afirma que *todos* os valores

---

*4 Uma escolha trivial é "x é idêntico a Viena".
*5 Com isso, pretende-se obviamente corrigir a ideia de que as implicações gerais correspondem às proposições gerais (às leis). (Cf. Rudolf Carnap, *op. cit.*, 6c, p.14; ver acima, Seção 23, nota *1).

de argumento que satisfazem o implicante satisfazem também o implicado. Mas se [238] o implicante é, por exemplo, satisfeito apenas por *um único* valor de argumento, a implicação geral não afirma nada senão o fato de que o implicado é igualmente satisfeito por esse valor de argumento.

Os valores de argumento que satisfazem o implicante formam uma *classe*. (Trata-se da classe explicitamente definida pelo implicante. No primeiro exemplo, trata-se da classe dos oficiais ingleses que viveram no século XVIII.) Todo elemento dessa classe – como afirma a implicação geral – satisfaz o implicado, torna-a uma proposição verdadeira:

Se a classe tiver apenas um elemento – foi discutido no parágrafo anterior que isso é possível –, a implicação geral afirma algo precisamente sobre esse valor de argumento (no segundo exemplo, algo sobre Viena). Se, portanto, alguém quiser escrever uma proposição particular como uma implicação geral, deve-se (como nesse exemplo) escolher como implicante uma função proposicional que é satisfeita apenas por esses valores de argumento particulares de que se quer enunciar algo (uma função proposicional que "caracteriza" esses valores de argumento particulares).

A afirmação de que, em princípio, toda proposição genuína, inclusive proposições particulares, pode ser transformada em uma "implicação geral" sem alteração de seu sentido revelar-se-á importante posteriormente (conferir Seção 32).

Se for possível escrever *toda* proposição genuína na forma de uma implicação geral, as implicações gerais (assim como as proposições habituais) devem poder ser divididas não apenas em universais e particulares, mas também em analíticas e sintéticas. E essa divisão é importante para o objetivo perseguido aqui:

Deve-se tentar *formular expressamente como juízos analíticos e sintéticos* as *definições convencionalistas explícitas* ou equações proposicionais – apenas para esse fim a implicação geral foi introduzida aqui.

Os exemplos até aqui de implicação geral eram sintéticos, eram enunciados factuais transformados; somente na Seção 29 é que se voltará a eles.

Aqui, trata-se das *implicações gerais tautológicas*, analíticas: é fácil[*6] formulá-las como juízos analíticos com o auxílio de definições implícitas, de equações proposicionais.

Se, por exemplo, "x portava uma espada" dever ser concebida como uma *equação* proposicional, isso significa que "x" é exclusivamente ligado a valores de argumento tais que satisfazem a função proposicional. Dito de outro modo:

[*6] Esta era uma observação bastante acrítica; é necessária, ao contrário, a distinção entre linguagem-objeto e metalinguagem. [(3.ed.) Ver a "Introdução de 1978", Seção 2: (2) e (3). (N. E. A.)]

só podem ser substituídos por "*x*" elementos da classe definida pela equação proposicional "*x* portava uma espada". Poder-se-ia, portanto, expressar o que afirma a definição implícita com [239] a formulação (em que se reconhece imediatamente o caráter de um juízo analítico): "Todo elemento da classe dos portadores de espada satisfaz a função proposicional '*x* portava uma espada'". Formulado de modo geral como uma implicação geral:

"*x* portava uma espada" implica de modo geral "*x* portava uma espada". Essa implicação geral é claramente analítica. Mas ela expressa exatamente a mesma coisa que a equação proposicional correspondente: a "variável" do implicado é uma variável ligada, ela está ligada aos valores de argumento que satisfazem a função proposicional.

Se aplicarmos esses resultados ao *sistema axiomático* e à interpretação convencionalista deste como *definições implícitas*, pode-se dizer:

As "variáveis" que ocorrem em um determinado axioma são definidas implicitamente pelo sistema de axiomas inteiro (pela "conjunção" do conjunto dos axiomas): elas estão ligadas e, precisamente, ligadas às soluções da equação proposicional que é dada pela conjunção de todos os axiomas do sistema. Segundo essa concepção (convencionalista), todo axioma pode, pois, igualmente ser escrito na forma de uma implicação geral, cujo *implicante é a conjunção do conjunto de axiomas e o implicado, o axioma particular em questão*.

Uma vez que o implicado também ocorre no implicante, essas implicações gerais podem, por sua vez, ser imediatamente reconhecidas como tautológicas.

Pode-se, portanto, equiparar, sem mais, a concepção convencionalista que interpreta um sistema de axiomas como a definição implícita de conceitos que ocorrem neles e a concepção que escreve expressamente todo axioma na forma de uma implicação geral tautológica, na qual o implicante é a conjunção de todos os axiomas e o implicado, o axioma em questão: a caracterização como "definição implícita" ou "equação proposicional" ou como a formulação de tal "implicação geral" é *completamente equivalente*.

Mas pode-se também dizer a mesma coisa de todo teorema. As variáveis presentes em um teorema do sistema estão ligadas pelo sistema de axiomas; elas estão implicitamente definidas. De um ponto de vista convencionalista, todo teorema deve, pois, igualmente poder ser escrito na forma de implicação geral, sendo o implicante novamente a conjunção dos axiomas e o implicado, o teorema: afirma-se[*7] que o teorema é válido para os valores de argumento que satisfazem o sistema de axiomas e que são soluções, que são "modelos"[1] do sistema de axiomas.

---

*7 Essa afirmação, porém, pertence à metalinguagem. [Ver nota *6. (N. E. A.)]
1 [(3.ed.) Ver Seção 26, notas *3 e 3, assim como os textos relativos a estas. (N. E. A.)]

(Um teorema individual pode ser concebido como equação proposicional tanto quanto um axioma individual: apenas o sistema de axiomas enquanto totalidade, a conjunção dos axiomas, constitui a definição implícita, a equação proposicional.)

[240] Essas últimas formulações são importantes, porque será mostrado na próxima seção, com seu auxílio, quão próxima aquela "primeira posição pseudoproposicional", que vê as leis da natureza como *funções proposicionais*, está do *convencionalismo* apresentado aqui, que as interpreta como proposições genuínas, como juízos analíticos verdadeiros *a priori*.

28. Podem os sistemas axiomático-dedutivos ser concebidos também como sistemas dedutivos de puras funções proposicionais (de pseudoproposições)?

Nas duas últimas seções, foi discutida detalhadamente a interpretação *convencionalista* dos sistemas axiomáticos.

Discutiremos aqui algumas dificuldades que a interpretação axiomática de sistemas dedutivos como sistemas de puras *funções proposicionais* ensejam; logo, em uma interpretação que vê os sistemas dedutivos, as teorias da ciência natural como pseudoproposições ("primeira posição pseudoproposicional").

Deve-se mostrar aqui que a concepção da primeira posição pseudoproposicional, que vê os sistemas axiomáticos como sistemas de funções proposicionais, conduz a certas dificuldades, e que essas dificuldades o obrigam a se aproximar em grande medida da concepção convencionalista.

Não nos dedicaremos a uma crítica fundamental dessa posição pseudoproposicional; ela será apenas preparada ao mostrarmos que a primeira posição pseudoproposicional está infinitamente mais próxima do convencionalismo que de qualquer concepção empirista.

Considerada em si e para si mesma, a primeira posição pseudoproposicional, a concepção dos sistemas axiomáticos como sistemas de funções proposicionais, parece diferir fortemente da concepção convencionalista que as vê como juízos analíticos: funções proposicionais não podem ser verdadeiras ou falsas – as equações proposicionais convencionalistas são, ao contrário, estipuladas *a priori* como verdadeiras e podem ser formuladas expressamente como implicações gerais tautológicas, como juízos analíticos.

A dificuldade, cuja superação a primeira posição pseudoproposicional deve realizar ao preço da aproximação ao convencionalismo, é a seguinte:

Segundo a concepção da primeira posição pseudoproposicional, um teorema [*Lehr* → "*satz*"] de um sistema deve ser considerado não como proposição, mas como função proposicional. Ele não pode nunca ser *verdadeiro*. Mas em que ele se distingue, então, de todas essas inumeráveis funções proposicionais similares que chamaríamos, segundo a expressão habitual, de "teoremas falsos"? (No que se segue, a palavra "teorema" será utilizada sempre de modo neutro, sem prejulgar se se trata de uma proposição ou de uma função proposicional.)

[241] Um exemplo: o "teorema" segundo o qual duas retas se cortam de tal modo que dois ângulos adjacentes quaisquer têm sua soma igual a 180° pode ser concebido como uma função proposicional se admitimos que os sinais verbais "reta", "ângulo" etc. não designam nenhum conceito, mas que são simplesmente guardadores de lugares vazios, isto é, variáveis. Se, então, esse "teorema" é uma função proposicional, ele é tão pouco verdadeiro ou falso quanto, por exemplo, um "teorema" que diz ser a soma desses ângulos adjacentes igual a 170°. (Uma proposição verdadeira ou falsa pode resultar de uma dessas funções proposicionais apenas por substituição, por correlação de certos valores de argumento.)

A concepção dos sistemas axiomáticos como sistemas de funções proposicionais deve, se for tomada a sério, indicar como ela distingue esses "teoremas", que, segundo a concepção habitual, são proposições verdadeiras, dessas funções proposicionais que, segundo a concepção habitual, seriam chamadas de "teoremas falsos".

Quem quer que interprete os sistemas axiomáticos no sentido da primeira posição pseudoproposicional responderá a isso:

As funções proposicionais que chamamos normalmente de "teoremas verdadeiros" se diferenciam de todas as outras funções proposicionais (os "teoremas falsos") apenas pelo fato de *pertencerem a um sistema axiomático-dedutivo*, isto é, serem *dedutíveis* dos axiomas desse sistema.

E, de fato: sejam os "teoremas" de um sistema dedutivo concebidos como funções proposicionais ou como proposições genuínas, em qualquer caso um "teorema" deve ser definido pelo fato de que pode ser deduzido de princípios [*Grund* → "*sätzen*"] (ou funções proposicionais fundamentais).

Essa resposta já contém a aproximação entre a primeira posição pseudoproposicional e o convencionalismo, como mostra a análise seguinte.

O que se quer dizer exatamente com a afirmação de que uma função proposicional pode ser deduzida de outras funções proposicionais? Consideremos novamente o exemplo: "Todos os x são y" – "Sócrates é x" – "Logo, Sócrates é *y*". O "consequente" ou a "conclusão" (mais exatamente: "a função proposicional de conclusão") é *deduzido* aqui silogisticamente, "provado" a partir das "premissas"*1 (mais exatamente: "funções proposicionais maiores").

Mas como uma função proposicional, que não pode ser verdadeira nem falsa, pode ser "provada"? Por "prova" costuma-se entender a demonstração da *verdade* de uma proposição.

Mas, no caso das funções proposicionais, a prova ou a dedução consiste em mostrar que todos os valores de argumento que transformam as "funções proposicionais maiores" em proposições verdadeiras devem também transformar a "função proposicional de conclusão" em uma proposição verdadeira [242] (satisfazê-la). Exemplo: os pares de argumentos "homem" e "mortal", ou, por exemplo, "grego" e "europeu do sul" satisfazem as "funções proposicionais maiores" e, de fato, a "função proposicional de conclusão" é satisfeita.

Mas que duas funções proposicionais estejam entre si em uma relação tal que todo valor de argumento (ou todo par de valores de argumento) que satisfaz uma também satisfaz a outra não significa senão que elas estão em uma relação de "implicação geral", pois, assim, o conceito de "implicação geral" é explicado.

"Deduzir", "provar" uma função proposicional de outras funções proposicionais ("funções proposicionais maiores", axiomas) não significa, pois, nada mais do que mostrar pela transformação que elas são "implicadas de modo geral" pelos axiomas.

(A demonstração da *implicação geral* corresponde, no caso das funções de verdade, ao que seria mais ou menos a demonstração da verdade no caso das proposições.)

Mostra-se, pois, que a afirmação de que uma função proposicional pertence, enquanto teorema, a um sistema axiomático é absolutamente equivalente à afirmação de que essa função proposicional é implicada de modo geral pelos axiomas do sistema (pela "conjunção" dos axiomas). Ela não é, considerada logicamente, nada mais que uma implicação geral. E, como todas as implicações gerais, é também uma *proposição genuína*.

Eu estou, portanto, de acordo com Carnap quando este escreve: "[...] todo teorema pode ser transformado em uma proposição propriamente dita, isto é, em uma implicação geral cujo implicante é a conjunção dos axiomas e o implicado, o teorema".[1]

---

*1 Eu distingui posteriormente uma dedução lógica de uma prova lógica. Ver Seção 25, nota *1, e a "Introdução de 1978", [Seção 2: (16). (N. E. A.)]
1 Rudolf Carnap, *Abriß der Logistik* (1929), p.71.

Mas eu devo me contrapor a Carnap quando ele defende o ponto de vista de que todo "teorema" pode ser concebido como uma implicação geral, isto é, como uma proposição genuína, mas igualmente como uma função proposicional.[2] A meu ver, um "teorema" de um sistema axiomático (ao contrário dos "princípios", dos axiomas) pode ser visto *apenas* como proposição genuína.

Do conjunto não enumerável de funções proposicionais que são teoricamente todas equivalentes, a saber, nem verdadeiras nem falsas, pode-se distinguir funções proposicionais particulares (como os axiomas) apenas pela *estipulação arbitrária*.

Mas a estipulação de uma função proposicional como "teorema" *não é arbitrária*: a função proposicional "teorema" é definida pelo fato de que é *implicada de modo geral* por um sistema de axiomas (que, por sua vez, considerado logicamente, pode ser escolhido arbitrariamente). Qualquer sinal por meio do qual se marca a diferença dessa função proposicional determinada, *enquanto "teorema"*, em relação a outras, qualquer forma ou método que se utilize para distinguir essa função proposicional, enquanto "teorema", [243] para torná-la reconhecível entre outras, não é, considerado logicamente, nada mais que a afirmação não expressa de que a função proposicional é uma "teorema".

À medida que se caracteriza a função proposicional como teorema, formula-se uma implicação geral, uma afirmação, uma proposição (que pode ser verdadeira ou falsa). E a função proposicional distinguida como teorema é, ela própria, uma implicação geral, uma proposição genuína. Pois ela já contém a afirmação de que ela é implicada de modo geral por um sistema de axiomas determinado. Isso se vê já no fato de que uma tal marca distintiva da função proposicional pode ser atribuída a ela com justeza ou não: com justeza, se há efetivamente a função proposicional, se ela é uma proposição verdadeira, sem justeza, se a implicação geral é *falsa*, se ela não ocorre.

Mas poder-se-ia – do ponto de vista de Carnap – tentar propor a seguinte objeção: admitamos que a função *proposicional indicada* como teorema (isto é, a função proposicional juntamente com sua caracterização como "teorema"), considerada logicamente, deva ser chamada de implicação geral; mas, com isso, ainda não se mostrou que o *próprio "teorema"* não pode ser idêntico ao *implicado* dessa implicação geral e, consequentemente, não pode ser uma função proposicional. Mesmo no caso de uma proposição genuína, deduzida de proposições genuínas maiores, pode-se às vezes claramente distinguir essa *própria proposição* da afirmação segundo a qual ela é deduzida dessas proposições maiores, isto

---

2 Rudolf Carnap, *loc. cit.*; R. Carnap, "Bericht über Untersuchugen zur allgemeinen Axiomatik", *Erkenntnis* 1 (1930), p.303 e seg.

é, daquilo que a caracteriza como teorema do sistema. Por que não se poderia fazer a mesma distinção no caso das funções proposicionais correspondentes?

Essa objeção ignora uma diferença fundamental – e aqui crucial – entre um teorema genuíno, um consequente genuíno e o implicado de uma implicação geral, que é uma função proposicional. (Consequentes genuínos seriam na terminologia lógica os implicados das "implicações",*2 não das "implicações *gerais*". Para o que se segue e, sobretudo, para a oposição entre "implicações" de proposições e "implicações gerais" de funções proposicionais, ver Seção 31.) Um enunciado pode em si e por si mesmo ser verdadeiro ou falso, pode em si e por si mesmo ser afirmado sem considerar sua dedutibilidade a partir de premissas. E consequentemente pode-se – segundo as regras da logística – afirmar separadamente um consequente genuíno (o implicado de uma "implicação", mas não de uma "implicação geral"). Mas não há nenhuma regra lógica em virtude da qual seria possível destacar o implicado de uma implicação geral e afirmá-lo por si mesmo ou, ainda, de distingui-lo de alguma maneira. E não pode haver uma tal regra, pois uma *função proposicional não pode ser afirmada*. Uma função proposicional sem nada que a distinga como teorema não foi justamente distinguida, ela não se destaca do conjunto das outras funções proposicionais. À medida que ela é distinguida das outras que não são teoremas, transformamo-la em uma implicação geral.

[244] Eu recuso, portanto, como logicamente (e logisticamente) impraticável o ponto de vista da crítica logística da linguagem segundo o qual os "teoremas" de um sistema axiomático podem ser interpretados como funções proposicionais: eles são *proposições genuínas* (e apenas aparentemente "pseudoproposições").

Mas a interpretação singular dos sistemas axiomáticos pela primeira posição pseudoproposicional não deve *de modo algum* ser considerada *refutada*: todas as minhas objeções valem apenas para os teoremas. Os *axiomas*, ao contrário, podem muito bem ser interpretados como funções proposicionais; o que os distingue é, de um ponto de vista lógico, perfeitamente arbitrário (dentro de certos limites fixados pelas condições axiomáticas fundamentais). Enquanto funções proposicionais, os axiomas são, como diz Carnap, livres "estipulações acerca de objetos indeterminados"[3] (acerca de variáveis).

Concebidos como funções proposicionais, os axiomas não podem ser nem verdadeiros nem falsos: sua escolha é determinada por considerações extralógicas (por exemplo, pragmáticas).

---

*2 Mais corretamente: de implicações tautológicas (logicamente verdadeiras).
3 [Rudolf Carnap, *Abriß der Logistik* (1929), p.10. (N. E. A.)]

O convencionalismo

A primeira posição pseudoproposicional se distingue amplamente também da interpretação convencionalista, já que concebe os *axiomas* como funções proposicionais, enquanto o convencionalismo os vê como proposições genuínas analíticas (definições implícitas).

No que diz respeito à concepção dos *teoremas*, porém, não consigo reconhecer nenhuma diferença entre os dois pontos de vista: a posição pseudoproposicional também é obrigada a aceitar que os teoremas de um sistema axiomático-dedutivo são proposições genuínas, a saber, implicações gerais tautológicas tendo a conjunção dos axiomas como implicante e o "teorema" como implicado. Mas isso equivale a afirmar que os "teoremas" são satisfeitos por valores de argumento que satisfazem o sistema de axiomas, logo, pelas "soluções", os "modelos" do sistema de axiomas. E é precisamente esta a visão do convencionalismo.

A primeira posição pseudoproposicional deve, pois, distinguir rigorosamente entre axiomas e teoremas: os primeiros são funções proposicionais, os últimos são proposições. Segundo a concepção do convencionalismo, os axiomas e os teoremas são implicações gerais construídos de maneira inteiramente análoga.

A concordância entre as duas interpretações no que diz respeito aos teoremas significa uma aproximação substancial da primeira posição pseudoproposicional em relação ao convencionalismo: a oposição genuína, essencial para a teoria do conhecimento, se dá entre essas duas concepções, de um lado, e a concepção empirista, de outro:

O convencionalismo e a primeira posição pseudoproposicional veem os teoremas como implicações gerais *tautológicas, juízos analíticos* – o empirismo vê os axiomas e os teoremas de uma teoria da ciência natural como *juízos sintéticos*.

[245] A oposição genuína não é: equação proposicional (convencionalismo) ou função proposicional (primeira posição pseudoproposicional), mas juízos analíticos ou juízos sintéticos, implicações gerais tautológicas ou sintéticas? Ou, dito de outro modo:

Funções proposições com ou sem definições ostensivas?

29. As definições ostensivas do empirismo: implicações gerais sintéticas

Todo enunciado factual pode, como foi mostrado na Seção 27, ser escrito na forma de uma implicação geral.

Como exemplo, utilizou-se ali a proposição "Todos os oficiais ingleses que viveram no século XVIII portavam uma espada". Formulada como implicação geral tem-se: "x é um oficial inglês que vivia no século XVIII" implica de modo geral "x portava uma espada".

As duas funções proposicionais presentes nessa implicação geral, o implicante e o implicado, têm funções bastante diferentes: pode-se dizer que o implicante *correlaciona* valores de argumento ao implicado e que a implicação geral consiste na afirmação que uma determinada função proposicional faz, o implicado, fornece *proposições verdadeiras* para os valores de argumento correlacionados pelo implicante. O implicante pode, pois, ser considerado como uma *definição ostensiva* e o conjunto da implicação geral como uma *função proposicional* (o implicado) *ligada a uma definição ostensiva* (implicante).

Essa ligação de *função proposicional com definição* ostensiva também pode ser formulada diferentemente do que como implicação geral sintética. Uma outra formulação seria possível: "'x portava uma espada' é satisfeita pela correlação de todo valor de argumento que designa um elemento da classe dos oficiais ingleses do século XVIII". (Ou, de modo mais curto: "'x portava uma espada' é satisfeita por todo valor de argumento que designa um elemento da classe dos oficiais ingleses do século XVIII" etc.)

Vê-se que a formulação como implicação geral não é essencial para a combinação "função proposicional com definição ostensiva". Ela é apenas uma das possíveis formulações dessa combinação. (Além da formulação em que a definição ostensiva é utilizada também na forma de uma função proposicional e colocada como implicante de uma função proposicional "propriamente", o implicado.)

É óbvio que toda *função proposicional ligada a uma definição ostensiva* é uma proposição genuína, pois ela afirma que a função proposicional é satisfeita por valores de argumento determinados. A definição ostensiva liga as variáveis da função proposicional a determinados valores.

Funções proposicionais com definições ostensivas, enquanto proposições genuínas, não podem, pois, ser confundidas de modo algum com funções proposicionais.

De acordo com a *forma*, inclusive as implicações gerais tautológicas [246] podem também ser consideradas como funções proposicionais com definições ostensivas. Também nesse caso o implicante correlaciona valores de argumento ao implicado. (Por exemplo: "x portava uma espada" implica de modo geral "x portava uma espada". Essa implicação geral tautológica obviamente também pode ser colocada na forma: "'x portava uma espada' é satisfeita pela correlação de um elemento qualquer da classe dos portadores de espada".) Nas seções anteriores, porém, eu utilizei sempre "definição ostensiva" apenas no sentido de uma definição ostensiva sintética, empírica, e eu pretendo manter esse uso:

quando se fala simplesmente de definições ostensivas, não se deve entender por isso correlações tautológicas de valores de argumento e, portanto, não se deve entender por isso coordenações de argumentos que são definidos pela condição de que devem satisfazer a função proposicional. (Uma tal "definição ostensiva tautológica" não coloca de maneira independente valores para os correlacionar à função proposicional: ela não afirma nada mais que os valores que satisfazem a função proposicional, satisfazem a função proposicional.

Se quisermos entender por "definição ostensiva" – da qual excluímos a tautológica – apenas a definição ostensiva "genuína", sintética, empírica, podemos dizer:

Todo enunciado factual genuíno pode ser transformado em uma função proposicional com definição ostensiva (por exemplo, na forma de uma implicação geral sintética), e inversamente:

Toda função proposicional com definição ostensiva (escrita, digamos, na forma de uma implicação geral sintética) é um enunciado factual genuíno.

Todas essas formas de *empirismo* que veem as leis da natureza como *proposições genuínas* concebem-nas como proposições sintéticas, como *enunciados factuais*. Ou, como também se pode dizer: *como funções proposicionais ligadas a definições* (empíricas) *ostensivas* (que podem ser, por exemplo, escritas na forma de uma implicação geral).

Para dar exemplos de leis da natureza desse tipo – formuladas como funções proposicionais com definições ostensivas – preciso apenas retomar aquelas posições empiristas que veem as leis da natureza como enunciados factuais genuínos.

Escolho como exemplos duas dessas posições empiristas: a posição que vê as leis da natureza como enunciados factuais genuínos estritamente universais (um ponto de vista com o qual a concepção dedutivista-empirista defendida por mim concorda) e a posição do positivismo estrito que vê as leis da natureza como relatos condensados (isto é, enunciados factuais genuínos particulares, mas não universais).

Uma lei da natureza, concebida como enunciado fatual genuíno estritamente universal, formulada como função proposicional com definição ostensiva tem a seguinte feição (utilizo os exemplos antigos):

[247] "'x é uma pedra lançada' implica de modo geral 'a trajetória do lançamento x é uma parábola'" (dito do modo habitual: "As trajetórias de todas as pedras lançadas são parábolas").

No sentido do positivismo estrito, essa proposição poderia – enquanto relato condensado – ser escrita mais ou menos da seguinte forma:

"'x é uma pedra qualquer lançada, cuja trajetória foi medida até agora' implica de modo geral 'a trajetória do lançamento x é uma parábola'" (dito do modo habitual: "Considerando as trajetórias em questão medidas até agora, o resultado é que todas as trajetórias de pedras lançadas são parábolas").

Nessas formulações, os valores de argumento empiricamente definidos são correlacionados ao implicado pelo implicante e não é possível responder *a priori* à questão sobre se esses valores de argumento preenchem as condições do implicado, se eles satisfazem ou não este último: pois ela não é nada mais do que a questão sobre se esses enunciados factuais são verdadeiros ou falsos.

Se compararmos essas concepções empiristas com a convencionalista ou com a concepção da primeira posição pseudoproposicional, pode-se constatar que tem uma importância decisiva a questão: funções proposicionais (ou equações proposicionais) como ou sem definições ostensivas?

Sem a definição ostensiva, os conceitos ou variáveis do sistema são ligados simplesmente *entre si* pelos axiomas, não com a realidade. Apenas se os conceitos do sistema têm um significado concreto é que se podem conceber os axiomas da teoria como proposições *em que se fala da realidade*. Esse significado é conferido aos sinais (os conceitos ou variáveis) justamente apenas por uma definição ostensiva (que não precisa ser sempre formulada, mas que é fixada frequentemente pelo uso dos sinais, por uma "definição de uso"). Os conceitos – e, com eles, os axiomas, as teorias nas quais ocorrem – se reportam à realidade apenas por meio das definições ostensivas.

Inclusive a teoria concebida de maneira convencionalista (ou entendida no sentido da primeira posição pseudoproposicional) pode ser aplicada à realidade. Mas essa aplicação é de um tipo completamente diferente que aquele proporcionado pelas definições ostensivas empiristas. O convencionalismo não indica nenhuma correlação determinada com eventos e com objetos determinados da realidade, ele permite apenas considerar como modelo da teoria precisamente *aqueles* eventos e objetos que satisfazem as condições da teoria: os conceitos (ou as variáveis ligadas) são definidos apenas pelos modelos e *trata-se* apenas deles na teoria. Mas se um evento real corresponderá ou não à teoria *não* se pode *prever* com o auxílio dessa teoria (concebida de maneira convencionalista) pela simples razão de que a teoria [248] pode ser aplicada apenas se já se sabe que o evento corresponde a ela, que ele é um modelo dela.

O convencionalismo, portanto, não pode nunca fazer *predições* acerca do curso dos eventos. Ele pode apenas falar de modelos da teoria e pode fazer predições apenas acerca deles. Mas que um evento seja ou não um modelo da teoria mostra-se apenas se esse evento já satisfez as condições da teoria ou não as satisfez. Se acontecer de o evento não satisfazer as condições da teoria, não se tratava precisamente dele na teoria, já que a teoria não afirmou nada sobre ele. Apenas *post festum* (não "*a posteriori*") que nós sempre descobrimos, acerca de um evento da realidade, se a teoria falou dele ou quais são os conceitos da teoria que se reportam a ela como modelo. Não pode haver predições suscetíveis de serem verificadas ou falsificadas *a posteriori*, pois tais predições podem ser apenas enunciados factuais: proposições que falam da realidade de um modo determinado (e do modo mais determinado possível!).

Toda forma de empirismo exige definições ostensivas ou algo correspondente, inclusive, uma posição pseudoproposicional com orientação empirista. Pois apenas por meio de definições ostensivas as combinações de sinais e os sistemas de conceitos se tornam teorias científicas da natureza. "Apenas por meio de tais definições ostensivas torna-se possível falar da realidade na linguagem do sistema conceitual".[1]

Uma função proposicional com definição ostensiva pode (como todo enunciado factual) ser concebida também *de modo pragmático*.

A definição ostensiva consiste na delimitação de um determinado domínio (empírico) de valores de argumento e na afirmação de que esses valores de argumento satisfazem a função proposicional. Essa afirmação pode também ser formulada em termos pragmáticos: no domínio delimitado pela definição ostensiva, a função proposicional é um *esquema utilizável para a formação de enunciados*.

Seria possível, com isso, que toda afirmação segundo a qual uma função proposicional é *utilizável em um determinado domínio empírico* não seja nada mais do que justamente uma função proposicional com definição ostensiva, isto é, uma proposição genuína; o que mostra novamente que, quando se trata de uma posição pseudoproposicional, é preciso examinar com cuidado se suas "pseudoproposições" não seriam proposições genuínas.

Desde que a investigação abandonou provisoriamente a discussão crítica das posições pseudoproposicionais e se voltou para a problemática convencionalista, ela também forneceu algumas contribuições (preliminares) para a crítica das posições pseudoproposicionais.

[249] Ela mostrou que o convencionalismo, que vê as leis da natureza como juízos analíticos genuínos, e o empirismo, que considera as leis da natureza como juízos sintéticos genuínos, são dois extremos, entre os quais deve caminhar toda posição pseudoproposicional que relaciona as leis da natureza ao conceito de funções proposicionais.

---

1 Herbert Feigl, *Theorie der Erfahrung in der Physik* (1929), p.108.

Por um lado, surgem dificuldades particulares para toda teoria do conhecimento que defende uma posição pseudoproposicional empirista e recusa o convencionalismo. A questão "empirismo ou convencionalismo?" é praticamente equivalente à questão "definição ostensiva ou não?". Toda definição ostensiva transforma a função proposicional em uma proposição genuína e toda indicação precisa sobre o domínio empírico no qual a função proposicional pode ser utilizada pode se revelar uma definição ostensiva disfarçada.

Por outro lado, as "funções proposicionais" deduzidas ("teoremas") da "primeira posição pseudoproposicional" estão duvidosamente próximas do convencionalismo; elas não são mais pseudoproposições, mas tautologias ou juízos analíticos.

Mas todas essas dificuldades não devem nos fazer esquecer que as posições pseudoproposicionais não *têm* de modo algum que relacionar as leis da natureza às funções proposicionais. Pode haver ainda outros tipos de construções pragmáticas, que podem ser consideradas leis da natureza. Não se deve esquecer que essas dificuldades não foram de modo algum colocadas em evidência com a intenção de refutar uma posição pseudoproposicional, mas apenas de preparar sua refutação.

30. Interpretação convencionalista e interpretação empirista, explicadas com o exemplo da geometria aplicada[1]

A oposição entre a concepção convencionalista e a concepção empirista só será esclarecida de maneira decisiva com o exame do problema da demarcação (e mais precisamente pela aplicação do critério de demarcação). No entanto, é preciso aqui resumir novamente com um exemplo a oposição entre convencionalismo e empirismo, a [250] título de conclusão provisória da discussão da problemática convencionalista e igualmente de contrapeso às subtilidades lógicas longamente tratadas nas últimas seções. O problema da *geometria* e da *experiência* servirá de exemplo.

A meu ver, apenas a *geometria aplicada*, a geometria enquanto teoria das relações de medida dos objetos físicos no "espaço" físico, é um verdadeiro

---

1 Cf., sobre esta seção, as novas formulações na Seção 3 do apêndice: "Passagem para a teoria dos métodos". [Essa observação encontra-se apenas em K$_2$. "Passagem para a teoria dos métodos": ver Volume II (Fragmentos); cf. também "Posfácio do Editor", Seção 10, texto relativo às notas 6 e 18. (N. E. A.)]

objeto de disputa entre o convencionalismo e o empirismo. Não considero a *geometria pura*, enquanto disciplina puramente matemática, como tal objeto de disputa: o próprio empirismo moderno reconhece de maneira bastante geral o caráter não empírico da matemática pura.

A geometria pura ou, mais exatamente, as geometrias puras não são nada mais do que sistemas axiomático-dedutivos escolhidos arbitrariamente (no interior dos limites fixados pelas condições axiomáticas fundamentais); elas são puras combinações de conceitos sobre uma base axiomática escolhida livremente. Conforme o sistema de axiomas selecionado, há geometrias muito diferentes (geometrias topológica, projetiva e métrica, entre as quais, em particular, a geometria euclidiana e a geometria não euclidiana).

Considerados de um ponto de vista lógico, todos esses sistemas – à medida que são axiomaticamente bem-construídos – são, em certo sentido, completamente equivalentes: eles são livres "estipulações acerca de determinados objetos"[2] e podem, enquanto tais, ser interpretados tanto como postulações definidas de maneira implícita (equações proposicionais) quanto como funções proposicionais. A postulação desses sistemas ocorre sem considerar alguma aplicação das relações com a realidade: eles são jogos conceituais diversos, jogados segundo regras determinadas: as regras da lógica.

Considerados de um ponto de vista histórico-genético, as geometrias puras surgiram da topografia, isto é, de uma disciplina prática, aplicada. E elas interessam ao cientista da natureza ainda hoje, sobretudo, em relação à [251] eventual possibilidade de aplicação que elas têm: ele utiliza uma geometria e vê, consequentemente, as geometrias puras como instrumentos que o matemático forjou para ele – o qual talvez não tivesse em vista uma aplicabilidade prática desses "instrumentos".

Mas a estrutura lógica e a *validade* das geometrias puras são completamente independentes da história e da consideração pragmática destas pelo físico. Eu considero definitivamente esclarecido o debate sobre se as propo-

---

2 [Cf. Seção 28, nota 3 e texto relativo a essa nota. *Acréscimo* (3.ed.). Sobre a geometria pura e aplicada, cf. Karl Popper, *Frühe Schriften* (*Gesammelte Werke in deutscher Sprache* 1, 2006), Nr. 7: "Axiome, Definitionen und Postulate der Geometrie" ("Lehrbefähigungsarbeit", 1929), §32, 33 e 35; sobre a história da geometria, cf. *op. cit.*, Nr. 7, §9; e sobre a posição de Kant, cf. *op. cit.*, Nr. 7, §13. (N. E. A.)]

sições das geometrias puras são *juízos sintéticos* (como pensava Kant) – isto é, enunciados factuais – ou *construções puramente conceituais* – isto é, ou juízos analíticos (definições implícitas, equações proposicionais) ou funções proposicionais. O principal mérito quanto a esse esclarecimento deve-se à moderna investigação dos fundamentos na matemática e paralelamente – do lado filosófico – ao convencionalismo e ao "positivismo lógico". O resultado é: a geometria pura é um assunto puramente conceitual e não tem (em princípio) nada a ver com a realidade.

Apenas com a *aplicação* [destas] é que as geometrias entram em relação com a realidade, e é aqui que residem as controvérsias, em parte ainda abertas, na teoria do conhecimento, entre o convencionalismo e o empirismo (controvérsias que, a meu ver, não são completamente esclarecidas mesmo pelas investigações bastante notáveis dos "positivistas lógicos"). E são essas questões que pretendo discutir nesta seção a fim de ilustrar a oposição entre convencionalismo e empirismo.

O físico precisa de uma *geometria* para a medição, uma *geometria métrica* para fazer predições precisas, numéricas, acerca de eventos naturais, em particular, acerca de movimentos. (A importância do enunciado de precisão quantitativo para o conhecimento da natureza foi discutida anteriormente; cf. Seção 15.) Mas há, como já foi apontado, entre os sistemas axiomáticos, *diversos sistemas métricos*, sobretudo, a geometria euclidiana e as geometrias não euclidianas.

Coloca-se imediatamente a questão:

Qual das diferentes geometrias logicamente equivalentes o físico deve aplicar à realidade? E, segundo quais pontos de vista deve ele tomar sua decisão entre as diversas geometrias?

[252] Comecemos com um breve panorama das concepções mais conhecidas sobre a questão. Por fim, entraremos nas respostas do convencionalismo e do empirismo, que, a meu ver, são as mais importantes.

A concepção *racionalista*, segundo a qual a validade (*a priori*) incondicionada dos axiomas de Euclides – inclusive na aplicação destes à realidade – é imediatamente evidente, é, ainda, amplamente difundida. A definição "Um axioma é uma proposição cuja verdade é imediatamente evidente" continua a ser propagada ainda hoje no ensino, quando a reconhecida existência simultânea de sistemas de axiomas euclidianos e não euclidianos da geometria pura deveria ter feito que ela perdesse seu sentido. (Dois axiomas mutuamente contraditórios não podem ser ambos imediatamente evidentes.*¹)

Uma *segunda concepção* é a teoria de Kant da "intuição" pura: a natureza aparece a nós na forma da intuição do espaço e do tempo, às quais a "intuição" pura (a contraparte intuitiva do "entendimento" discursivo) imprime sua marca transcendental. Nós podemos decidir *a priori*, sobre a base da intuição pura, que o espaço, enquanto forma de todo conhecimento da natureza, é o espaço euclidiano. (Eu não pretendo entrar em detalhe no debate sobre a filosofia kantiana da geometria. Eu concordo amplamente a esse respeito com o positivismo lógico, em particular com a *Allgemeine Erkenntnislehre* [Teoria do conhecimento] de Schlick.³)

O principal defensor de uma filosofia *empirista* da geometria é Helmholtz. A seu ver, a experiência decide (*a posteriori*) qual das diferentes geometrias métricas deve ser aplicada à realidade, qual sistema geométrico de axiomas tem, além do significado lógico-matemático de uma geometria pura, também um significado para a física.

Apenas os argumentos convencionalistas (Poincaré) me parecem uma ameaça séria para a concepção empirista. Em princípio, [253] a objeção de Poincaré parece reduzir a nada o empirismo de Helmholtz.

Poincaré declara ser impossível "dar um sentido racional"⁴ à tese empirista acerca da questão da geometria aplicada. Pois, *em princípio, é sempre possível fazer nossa experiência concordar com qualquer sistema métrico*, tanto com as geometrias não euclidianas quanto com a geometria euclidiana.

Mas se toda experiência pode estar em consonância com qualquer geometria, uma decisão empírica acerca da geometria que se deve escolher é impossível. Assim, o convencionalismo pensa igualmente que a experiência nos dá toda a liberdade de escolha e que podemos determinar apenas *per conventionem* a geometria que pretendemos escolher. Mas por qual geometria devemos decidir? Na falta de razões empíricas e materiais para deci-

---

*1   Ou, se o forem, não podemos inferir sua verdade a partir do fato de que eles são imediatamente evidentes.

3   [Moritz Schlick, *Allgemeine Erkenntnislehre* (2.ed., 1925), p.320 e segs. *Acréscimo* (3.ed.). Cf. Karl Popper, *op. cit.*, Nr. 7, §13; notas 7, 8, 9 e 10, assim como o texto relativo a essas notas. (N. E. A.)]

4   [Henri Poincaré, *Wissenschaft und Hypothese* (tradução alemã de Ferdinand e Lisbeth Lindemann, 3.ed., 1914), p.81. *Acréscimo* (3.ed.). Cf. Karl Popper, *op. cit.*, Nr. 7, §24 (em particular o texto relativo à nota 13). (N. E. A.)]

dir, nós nos guiamos na decisão convencional, pura, e, segundo a maior ou menor *simplicidade* dos diversos sistemas, nós escolhemos simplesmente a *geometria euclidiana* porque seu sistema é o *mais simples*.

Eu pretendo em seguida precisar a concepção convencionalista que considero incontestável (embora pertença ao partido empirista contrário) em suas ideias fundamentais.

Os diversos sistemas da geometria métrica se diferenciam – enquanto sistemas puramente axiomáticos, sem considerar sua aplicação – por serem consideradas válidas *diferentes fórmulas métricas*. Desse modo, nas fórmulas da geometria não euclidiana, a relação entre o diâmetro e a circunferência de um círculo não é constante, mas depende da grandeza (absoluta) do círculo. De modo análogo, algo parecido vale para a soma dos ângulos de um triângulo: na geometria euclidiana, ela é sempre igual a 180° (sem considerar a grandeza do triângulo). Nas geometrias não euclidianas, a soma dos ângulos se distancia da soma euclidiana dos ângulos à medida que aumenta a grandeza do triângulo.

A existência de tais diferenças entre as diversas geometrias (puras) é uma consequência evidente da diversidade de sistemas de axiomas. [254] Como se vê (e como descobriu primeiramente J. H. Lambert, o amigo de Kant[5]), a simplicidade da geometria euclidiana reside em que suas fórmulas métricas para as diferentes figuras geométricas não levam em consideração a grandeza (absoluta) dessas figuras. (Em uma formulação de Gerstel,[6] vale para ela o axioma: "Toda grandeza espacial é relativa".)*[2]

O ponto de vista do convencionalismo contém como tese mais importante a afirmação de que se pode, sem nenhuma dificuldade particular, utilizar cada uma dessas geometrias para descrever a natureza.

---

5 Cf., sobre isso, Roberto Bonola, *Die nichteuklidische Geometrie* (tradução alemã de Heirich Leibmann, 1908). [(3.ed.) 2.ed. (1919), p.40 e segs. Ver Karl Popper, *op. cit.*, Nr. 7, "Literatur-Verzeichnis", nota 2, assim como §12, nota 2 e texto relativo a essa nota. (N. E. A.)]

6 [Adolf Gerstel, "über die Axiome der Geometrie", in: *Wissenschftliche Beilage zum sechzehten Jahresbricht (1903) der Philosophischen Gesellschaft an der Universität zu Wien (Vorträge und Bersprechungen über das Wesen der Begriffe, ...)*, p.110. Acréscimo (3.ed.). Ver Karl Popper, *op. cit.*, Nr. 7, §12 nota 2 e texto relativo a essa nota; sobre as geometrias não euclidianas, cf. §16. (N. E. A.)]

*2 Uma outra formulação é "há grandezas desiguais, mas triângulos *similares*" (isto é, triângulos de grandezas desiguais com os mesmo ângulos).

O convencionalismo

Um modelo de um triângulo euclidiano elaborado para corpos reais, físicos, terá uma aparência diferente do modelo de um triângulo não euclidiano (com "retas" não euclidianas como lados), construído segundo condições diferentes de um sistema de axiomas não euclidiano. Mas pode-se (com uma aproximação tão grande quanto quisermos) elaborar modelos para cada uma das geometrias. Isso significa, porém, que (com o auxílio de sistemas de coordenadas construídos e realizados de maneira apropriada) cada uma dessas geometrias é aplicável à realidade.

Como se trata, no caso das diferentes geometrias, de diferentes fórmulas *métricas*, sua diferença tem, antes de tudo, por consequência que os modelos de *padrões de medida* para as diferentes geometrias têm *propriedades físicas diferentes* umas das outras. Um modelo euclidiano de um padrão de medida deveria ser construído fisicamente de modo diferente de um modelo não euclidiano. Se escolhermos, portanto, um determinado sistema de axiomas, estabeleceremos com essa escolha a construção física dos modelos de padrões de medida desse sistema (o "sistema de medida"):

[255] O sistema de medida, o padrão de medida, deve ser construído de tal forma que todas as medidas concordem com as fórmulas métricas da geometria escolhida, pois, por meio dessas fórmulas, seu conceito de padrão de medida já está *implicitamente definido*.

Nenhuma experiência pode, pois, contradizer a aplicabilidade de uma geometria escolhida livremente: se os resultados de medições práticas contradizem as fórmulas da geometria escolhida, isso não significa de modo algum que essa geometria não concorda com as condições da realidade, mas é apenas o indício de que os corpos de medição utilizados como padrões de medida não são modelos apropriados para essa geometria. Eles devem, pois, ser corrigidos de acordo com as fórmulas, pois o desvio mostra que eles foram alongados ou encurtados, ou, em todo caso, *deformados* em relação ao ideal *implicitamente definido*.

Basta acerca da concepção convencionalista. Sua ideia fundamental – que deve, em princípio, sempre ser possível descrever todo evento físico ou natural por meio de uma geometria escolhida livremente – me parece incontestável.

Como a concepção empirista, segundo a qual a experiência decide acerca da escolha da geometria, ainda pode parecer sustentável nessas condições?

Ora, o empirista deve admitir que se *pode* estabelecer a geometria pela livre escolha e que, com isso, estipula-se implicitamente seu conceito de "padrão de medida".

Mas *pode-se* proceder inversamente.

Pode-se – e a concepção empirista se apoia nisso – definir o conceito de "padrão de medida" ou de "corpo de medição" por meio de uma definição ostensiva concreta (explícita). Com essa definição ostensiva, transformam-se todas as proposições métricas de diferentes geometrias em enunciados factuais acerca dos quais apenas a experiência pode decidir. Apenas a experiência pode, então, decidir qual das diferentes geometrias representa melhor as relações empíricas de medida – o que naturalmente coloca em questão apenas as medidas que foram feitas baseando-se no corpo explicitamente definido como padrão de medida.

Mas quais corpos físicos o empirista escolherá como corpos de medida?

Toda definição é convencional, é uma estipulação livre. De modo similar ao convencionalista, que decide escolher uma geometria [256] determinada e, com isso, estabelece um sistema de definições implícitas, o empirista também se guiará por considerações de *simplicidade* na definição do padrão de medida e na escolha do corpo de medição: se o convencionalista escolhe a geometria euclidiana, o empirista escolherá como padrão de medida o corpo "praticamente rígido" (isto é, o mais estável possível).

O convencionalismo e o empirismo devem, então, inicialmente *definir*: o convencionalista escolhe um sistema de definições implícitas, um sistema de axiomas geométrico – por exemplo, a geometria euclidiana.

O empirista escolhe um corpo de medição físico como padrão de medida – por exemplo, o corpo praticamente rígido.

Para o convencionalismo, assim como para o empirismo, não pode haver – uma vez estabelecidas essas definições – *nenhuma outra liberdade de escolha*.

Ao escolher uma geometria, o convencionalista escolheu juntamente seu padrão de medida. Ele deve, então, se contentar em corrigir os modelos de seu sistema; os padrões de medida de acordo com as condições do sistema. Os resultados de tentativas de medição mostram a ele se e em que medida um corpo físico determinado (definido explicitamente) satisfaz as condições de um modelo.

Ao escolher seu corpo de medição, o empirista escolheu implicitamente sua geometria. Ele pode fazer medições apenas com esse padrão e deve esperar pra ver qual geometria corresponde aos resultados de medição. Será obviamente a geometria que se adéqua ao corpo de medição escolhido. Apenas tentativas de medição feitas com seu corpo de medição podem esclarecer para ele também se e em que medida uma determinada geometria corresponde aos resultados dessas tentativas.

Os resultados da nova física alimentaram novamente a disputa entre o convencionalismo e o empirismo.

Poincaré poderia ainda se apoiar no fato de que a física de então privilegiava de fato a geometria euclidiana. Mas, depois da teoria da relatividade geral de Einstein, a física favorece geometrias não euclidianas (riemannianas), o que sem dúvida fortaleceu a posição empirista.

Mas também é possível – e *deve* ser possível – interpretar e descrever os fatos descobertos pela teoria da relatividade geral [257] em termos convencionalistas com o auxílio da geometria euclidiana.

A teoria da relatividade geral privilegia um modo de descrição empírico: ela admite – *sobre a base de resultados de medição* – que, no campo gravitacional, uma geometria não euclidiana é válida. (Ela expressa isso frequentemente na forma mais ou menos dissuasiva – mas que pretende dizer isso mesmo – que, no campo gravitacional, *"o espaço é curvo"*.)

Mas os mesmos fatos empíricos que levam a teoria da relatividade à admissão de uma geometria não euclidiana podem ser interpretados também no sentido do convencionalismo (e de uma forma muito mais compreensível para os não iniciados), quando diz que os corpos rígidos se contraem de certa forma no campo gravitacional. Os padrões de medida que são aplicados a ele se encurtam em relação aos padrões de medida ideais implicitamente definidos pela geometria euclidiana: os corpos rígidos não são modelos ideais de padrões de medida no sentido da geometria euclidiana.

Podem-se interpretar esses mesmos dados empíricos *de maneira convencionalista* como um encurtamento do padrão de medida no campo gravitacional (de maneira mais precisa: como um encurtamento do corpo rígido em relação ao padrão de medida definido implicitamente) ou *de maneira empirista* como o indício de que, no campo gravitacional, as geometrias não euclidianas são válidas, que o espaço é curvo; tudo depende se, como o convencionalista, estabeleceu-se *per definitionem* a geometria euclidiana ou, como o empirista, estabeleceu-se o corpo rígido como padrão de medida.

Aqui, poder-se-ia imaginar que essa oposição entre convencionalismo e empirismo é uma disputa vazia acerca de palavras. As duas posições representam, com efeito, os *mesmos fatos empíricos*, ainda que se expressem diferentemente.

Cada uma das posições – poder-se-ia tentar justificar essa concepção – deve começar com definições: uma escolhe um sistema axiomático de definições implícitas, a outra, de definições ostensivas. Se as definições estiverem estabelecidas de uma vez por todas, todo o resto depende, nos dois lados, da experiência: para o convencionalismo, do modo como seus modelos devem ser fisicamente construídos, para o empirismo, do sistema de axiomas que é ou não confirmado. Pode-se, então, distinguir, nas duas posições, uma parte definicional e uma parte empírica: elas são [258] essencialmente *equivalentes* do ponto de vista da teoria do conhecimento, e a posição a que se prefere vincular é uma simples questão de apresentação, uma questão de estilo ou de gosto.

Eu considero a posição exposta obscura e a tentativa de justificá-la como uma má compreensão do convencionalismo. Mas essa concepção, essa má compreensão, pode proporcionar que nos aprofundemos um pouco mais no problema.

Para começar, que não haja nenhuma controvérsia entre convencionalismo e empirismo acerca de fatos empíricos é evidente: o convencionalismo não tem nenhuma razão para se lançar em um debate sobre as "experiências", uma vez que, segundo sua concepção, toda experiência pode (e deve) ser interpretada no sentido da teoria escolhida por ele: não se trata de uma disputa sobre os fatos observados, mas simplesmente sobre uma oposição em sua *interpretação*.

Além disso, é completamente equivocado considerar, como convencionalista, uma interpretação dos resultados da teoria da relatividade em termos de uma geometria euclidiana sob todas as circunstâncias. E se é possível efetivamente distinguir, em uma concepção do material factual da teoria da relatividade aplicada – compreendida no sentido da geometria euclidiana –, uma parte definicional *e uma parte empírica* (como supõe a concepção que contesta a oposição das duas posições), então a apelação *convencionalista* seria um "nome muito inapropriado" (Reichenbach[7]) para uma concepção que é justamente completamente *empirista*.

Toda interpretação empirista deve estipular arbitrariamente definições (definições ostensivas) para poder, em seguida, formular *enunciados empíricos* e, inversamente: toda concepção que procede desse modo, que introduz enunciados empiricamente testáveis, é empirista. Essa "parte empírica",

---

7 [Hans Reichenbach, *Philosophie der Raum-Zeit-Lehre* (1928), p.49. (N. E. A.)]

esses enunciados factuais, é o que caracteriza o empirismo: talvez não a introdução de uma geometria não euclidiana, mas a decisão sobre essa introdução por meio da experiência.

Mas os enunciados de diferentes geometrias podem ser relacionados à realidade de modo que a experiência [259] possa decidir sobre eles apenas se os conceitos desses enunciados receberam um significado concreto por meio de definições ostensivas.

Mesmo essa interpretação da teoria da relatividade, que conserva a geometria euclidiana e fala de encurtamento do corpo rígido no campo gravitacional, deverá, então, fornecer definições ostensivas, se ela quiser ser tratada (e talvez recusada) como *teoria empírica*. Ela deve indicar precisamente as propriedades físicas de seu padrão de medida, por exemplo, pela indicação precisa do encurtamento dos corpos rígidos em relação a esse padrão. Ela deve fazer essas indicações explícita e concretamente e permanecer *ligada* à própria definição explícita. Nada a impede, em princípio, de escolher suas definições ostensivas de tal modo que os resultados de medições concordem com a geometria euclidiana. Mas essas definições ostensivas não podem – e aqui está a oposição com as definições implícitas convencionalistas – ser modificadas conforme a necessidade (*ad hoc*) a fim de salvar as proposições do sistema de uma refutação pela experiência.

Apenas uma combinação do sistema com definições ostensivas suficientemente fixas é empírica: "Alcança-se propriedades da realidade apenas pela combinação de um enunciado de medida com a definição ostensiva que está em sua base", escreve Reichenbach[8] sobre a concepção empirista.

O convencionalismo não se vincula, em princípio, a nenhuma definição ostensiva. Ele não pode definir duas vezes seus conceitos (uma vez, implicitamente e outra vez, concretamente). Seu "corpo rígido" pode certamente ser idêntico, em certas circunstâncias, ao corpo rígido físico, mas, em outras circunstâncias – quando os resultados de medição estão em contradição com o corpo rígido da teoria –, o convencionalismo não pode permanecer ligado a nenhuma correlação: o "corpo rígido prático" *deformou*-se em relação ao padrão de medida implicitamente definido ou ao "corpo rígido ideal".

A afirmação acerca dessa deformação tem um interesse particular para o problema.

---

8 Hans Reichenbach, *op. cit.*, p.47; não posso evidentemente me vincular à concepção do convencionalismo apresentada aí.

Ou o convencionalismo o interpreta de tal modo que ela não tenha *nenhum significado real*, uma vez que é independente da escolha arbitrária do [260] sistema: o corpo de medição em questão não corresponde exatamente às condições das definições implícitas desse sistema e corresponde talvez a outro sistema.

Ou – e esse é de longe o caso mais interessante – ele se coloca no ponto de vista segundo o qual a deformação é tão "real" quanto pode ser em geral um evento físico mensurável. Um convencionalista radical admitirá de maneira consequente que *toda* descrição de um evento físico se efetua de maneira convencionalista, isto é, depende da escolha do sistema. Por isso, a deformação do "corpo rígido prático" afirmada é tão "real" quanto a de qualquer outro evento.

Nessa forma, a afirmação da deformação do corpo de medição tem o caráter de uma hipótese (física) e, inclusive – uma vez que pode ser introduzida a cada vez de modo *ad hoc* –, de uma *hipótese auxiliar*.

Essa hipótese auxiliar permite manter um tipo de correlação entre o "padrão de medida" definido implicitamente e o corpo de medição real em questão. Mas uma correlação que – ao contrário da definição ostensiva empirista – nunca liga, mas pode a todo momento, conforme a necessidade, ser modificada por hipóteses auxiliares e deve ser modificado se for o caso de "explicar" resultados de medições desviantes.

Se o convencionalista dá indicações mais precisas sobre as aplicações e indica, com isso, correlações, ele deve necessariamente recorrer a tais hipóteses auxiliares: ele deve não apenas *permiti-las*, mas considerá-las praticamente inevitáveis. Pois ele parte do fato de que a ciência *deve* recorrer a definições implícitas, pois enunciados cientificamente exatos não são possíveis com o auxílio de conceitos definidos concretamente. Ele deve, portanto, fechar com hipóteses auxiliares a lacuna que abre entre os conceitos concretos e os conceitos definidos implicitamente: a toda *correção* do "modelo" corresponde uma hipótese auxiliar acerca de um desvio do "modelo" concreto em relação ao [modelo] ideal estipulado pela definição implícita.

Segundo a concepção convencionalista, não pode haver nenhum sistema de axiomas para o qual tais correlações ou tais hipóteses auxiliares seriam supérfluas: se a lacuna entre os modelos ideais definidos implicitamente, os objetos e eventos da realidade pudesse ser suprimida por um sistema de axiomas determinado, [261] não haveria necessidade de nenhuma definição implícita, poder-se-ia definir concretamente e toda teoria convencionalista do conhecimento seria supérflua.

A lacuna pode muito bem ser aumentada desmesuradamente por numerosos sistemas de axiomas e numerosas definições implícitas: estas são eliminadas por razões práticas, pois são incômodas (não porque sejam falsas). Mas os outros sistemas de axiomas são, em princípio, equivalentes: todos necessitam de correções [e] de hipóteses auxiliares. Assim, não é mais a consideração da maior ou menor facilidade ou dificuldade prática de aplicação que decide entre eles, mas a escolha se faz simplesmente do ponto de vista da *simplicidade do sistema*.

Uma vez introduzido, o sistema escolhido pode ser considerado como *inalterável* e pode ser mantido. Suas relações com os eventos e com os objetos reais são, por isso, *variáveis*: a ponte que o liga à realidade passa por descrições modificáveis, pela introdução *ad hoc* de hipóteses auxiliares, em relação às quais o convencionalismo não pode, em princípio, permitir nenhuma limitação.

O empirismo, ao contrário, exige uma enorme limitação no uso de hipóteses e correções.

Ele também está preso a correções e a hipóteses auxiliares e, frequentemente, a algumas que não são muito fáceis. O exemplo clássico é o da correção de calor no caso dos "corpos rígidos práticos", que dependem da temperatura e do material.

Mas há aqui uma diferença fundamental em relação ao convencionalismo:
O empirista não pode se contentar com corrigir suas definições ostensivas e deixar o sistema de axiomas inalterado. Para o empirista, o sistema de axiomas e as definições ostensivas formam, em certo sentido, um todo, uma vez que, com a modificação das definições ostensivas, modifica-se também o sentido dos enunciados factuais, que constituem o sistema de axiomas. Além disso, ele deve exigir que as correções no sistema de axiomas encontrem sua *fundamentação*, que ela possa ser deduzida deste e que o sistema de axiomas seja modificado de modo correspondente.

Mas a oposição entre a concepção convencionalista e a concepção empirista das correções pode ser mostrada de maneira mais nítida com a seguinte observação:

[262] Para os convencionalistas, o sistema permanece intacto, seja se muitas hipóteses auxiliares forem necessárias, seja se forem necessárias

apenas algumas. As correções são as consequências necessárias da validade absoluta, *a priori*, do sistema enquanto sistema de definições implícitas.

O empirista sente que, a cada correção que seja necessária, ela abala o sistema em seus fundamentos. Que uma correção seja necessária significa, com efeito, que seu sistema foi (nessa forma) refutado pela experiência. Ele tem frequentemente, é certo, boas razões para não abandonar imediatamente o sistema inteiro: ele sabe que uma correção, uma hipótese auxiliar, que havia sido introduzida apenas *ad hoc* e talvez com hesitação, pode inclusive se tornar um brilhante elemento corroborado da teoria. Mas se a hipótese auxiliar continuar sendo um corpo estranho ao sistema, se as confirmações falharem e, sobretudo, se *novas hipóteses auxiliares* forem necessárias, ele já não acabará por tentar salvar o sistema: ele o considera como refutado, ele o abandona. Um *novo edifício* se torna necessário.

O empirista procede segundo o princípio metodológico: a menor quantidade de hipóteses possível! ("Princípio do uso mais econômico possível de hipóteses".)

Se ele não procede segundo esse princípio, ele não pode escapar do convencionalismo.

Ele poderia, então, sempre tentar sustentar o sistema por meio de hipóteses auxiliares; um novo edifício seria, pois, supérfluo, uma vez que o sistema pode sempre ser salvo por hipóteses auxiliares apropriadas (com isso, por meio da separação de definições ostensivas que o constrangem). O sistema se torna irrefutável pela experiência: o ponto de vista empirista desapareceu, em seu lugar entrou o convencionalista, pois apenas juízos *analíticos* podem ser irrefutáveis pela experiência, isto é, ser verdadeiros *a priori*.

(A fim de tornar uma teoria inatacável, não é raro em diferentes ciências recorrer-se a tal "estratagema convencionalista".)

Tomados em si mesmos, não deveria haver nenhuma oposição objetiva entre convencionalismo e empirismo na escolha da teoria. Com efeito, a situação normal, por assim dizer, é que convencionalismo e empirismo não defendam teorias diferentes, mas diferentes *interpretações* das teorias reconhecidas em geral [até o momento]: [263] em princípio, é possível sempre conceber qualquer sistema teórico como um sistema de definições implícitas.

Mas um conflito objetivo entre convencionalismo e empirismo deve surgir se a teoria entra em um estágio de transformação, de crise, isto é, se o empirismo considera a teoria *refutada* e começa a construir um edifício completamente novo.

Aqui o convencionalista não pode segui-lo. Ele não compreenderá nunca porque exatamente essas experiências devem refutar a teoria, uma vez que correções mínimas (como elas são sempre necessárias) podem colocar tudo novamente em ordem. Ele não vê nenhuma razão para abandonar a teoria confirmada e as definições implícitas confirmadas e ele não *consegue* ver nenhuma razão: definições implícitas são, com efeito, irrefutáveis.

Eu penso aqui naturalmente, em primeiro lugar, na transformação da física pela teoria da relatividade (e em sua crítica convencionalista por Dingler[9]).

E com isso volto, mais uma vez, ao problema da geometria:

Mesmo o convencionalista deveria conceder a legitimidade das geometrias não euclidianas relativistas. O convencionalismo não professa apenas a geometria euclidiana, ao contrário, ele reconhece, em princípio, a igual legitimidade objetiva de diferentes sistemas. Ele é perfeitamente capaz de se adaptar a toda nova teoria. Mas ele não concederá nunca uma coisa: que experiências obriguem a construir esse novo edifício e que a nova teoria signifique um progresso do conhecimento em relação à antiga teoria.

Um progresso do conhecimento, que o convencionalismo reconhece, seria apenas uma *simplificação* do sistema. Ora, a teoria da relatividade representa sem dúvida nenhuma uma complicação em relação aos sistemas geométricos e físicos clássicos: seu aparato matemático-geométrico é incomparavelmente mais complicado (ele trabalha com geometrias espaçotemporais não euclidianas com quatro dimensões), sem considerar as complicações que surgem pela intromissão da física na geometria.

[264] Que um sistema simples seja superado por um sistema muito menos simples deve parecer ao convencionalismo absurdo, um regresso no conhecimento. A explicação empirista para esse processo – que o novo sistema permite descrever as novas descobertas empíricas de maneira muito mais simples, a saber, com menos suposições auxiliares – não pode ser aceita pelo convencionalismo.

Uma ideia fundamental sem dúvida correta é que a teoria nunca está determinada inequivocamente pela experiência – considerada logicamente.

---

9 [Cf. Hugo Dingler, *Physik und Hipothese: Versuch einer nduktiven Wissenschaftslehre nebst einer kritischen Analyse der Fundamente der Relativitätstheorie* (1921), Parte IV, p.150 e segs. (N. E. A.)]

O convencionalismo, consequentemente, escolhe a teoria do ponto de vista de sua "simplicidade".

Mesmo um empirismo razoável deve constatar a correção da ideia de que, logicamente, a experiência não determina inequivocamente a escolha da teoria. O empirista também admite que outras teorias empiristas, dentre elas, as que trabalham com uma geometria euclidiana, seriam capazes de descrever as descobertas empíricas que conduziram à elaboração da teoria da relatividade. E o curioso é que o empirismo, na escolha dessas possíveis teorias empiristas, também se apoia na *simplicidade*: a teoria da relatividade geral de Einstein é a *mais simples* dessas teorias, sobretudo, porque deve introduzir muito menos hipóteses auxiliares. O sistema que parece aqui ser o mais simples é sempre aquele que satisfaz melhor o *princípio do uso mais econômico possível de hipóteses*; poder-se-ia, com isso, dizer: aquele que procede do modo menos convencionalista.

É claro que as duas concepções fazem uso de dois conceitos diferentes de simplicidade, pois, do contrário, elas não poderiam divergir a tal ponto na escolha do sistema. E a oposição entre convencionalismo e empirismo pode também ser apresentada como a *oposição entre o conceito convencionalista de simplicidade e o conceito empirista de simplicidade*.

Eu examinei detalhadamente na Seção 15 um conceito de simplicidade na teoria do conhecimento. A simplicidade (considerada como idêntica ao grau de regularidade) foi reduzida ali ao conceito de improbabilidade primária de uma lei: o grau de simplicidade de uma lei é tanto maior quanto maior for sua improbabilidade primária (ou quanto menor for sua probabilidade primária, isto é, sua extensão). Esse conceito de simplicidade tem algo a ver com o conceito de simplicidade convencionalista ou com o conceito de simplicidade empirista?

[265] Que o *conceito de simplicidade convencionalista* não tenha imediatamente nada a ver com esse conceito pode-se mostrar facilmente. Se a simplicidade significa a mesma coisa que improbabilidade primária, a simplicidade de todo sistema convencionalista é igual a zero. Pois o sistema convencionalista de definições implícitas é verdadeiro *a priori*; ele tem, portanto, uma probabilidade primária igual a 1. No sentido *desse* conceito de simplicidade não pode haver juízos analíticos mais simples ou menos simples, eles são todos, do mesmo modo, não simples: "simplicidade" no sentido da improbabilidade primária pode, em geral, ser atribuída *apenas a juízos sintéticos*.

O conceito convencionalista deve, pois, significar uma outra "simplicidade", uma simplicidade das relações lógicas internas do sistema. Trata-se de um *conceito de simplicidade puramente formal*, ao qual podemos nos aproximar do seguinte modo: toda lei (particular), esse juízo sintético que primariamente mais improvável, portanto, mais simples em função de sua determinação lógico-matemática, corresponderá melhor ao conceito de simplicidade convencionalista se o interpretarmos segundo um "estratagema convencionalista" como um juízo analítico. (Tal "estratagema convencionalista" é sempre possível: precisamos apenas admitir que os "conceitos" que ocorrem nele são implicitamente definidos apenas pelas relações internas.)

Por exemplo, a geometria euclidiana é mais simples, mesmo no sentido da improbabilidade primária, que as geometrias não euclidianas. As geometrias não euclidianas contêm a euclidiana como caso limite, mas não o contrário. (Trata-se, portanto, de uma relação inteiramente análoga àquela entre as retas e as secções cônicas, cf. Seção 15.) Vincula os dois conceitos de simplicidade, portanto, o conceito puramente lógico de "relações de extensões". Mas enquanto a aplicação desse conceito a enunciados factuais leva à oposição entre *regularidade e acaso* e ao conceito de improbabilidade primária, sua aplicação de juízos analíticos é, na realidade, "estética", "pragmática", "convencional" (Schlick[10]): mesmo o "mais simples" [266] sistema de definições implícitas resulta, no sentido da improbabilidade primária, na simplicidade igual a *zero*. Esses dois conceitos de simplicidade devem ser mantidos rigorosamente separados.

(Eu gostaria de notar aqui que eu não acredito que a geometria euclidiana – como quer o convencionalismo – nos seja tão familiar por causa de sua "simplicidade". A razão, a meu ver, de sua validade empírica está na escala terrena; o que está evidentemente ligado ao fato de que ela é um caso-limite das geometrias não euclidianas e, por isso, mais simples, pois ela cai sob a extensão das últimas.)

Mas como o *conceito empirista de simplicidade* – desta seção – se relaciona com a simplicidade no sentido da improbabilidade primária?

Pode-se mostrar facilmente que esses dois conceitos são equivalentes: a "simplicidade" no sentido do "princípio do uso mais econômico possível de hipóteses" é *idêntica à improbabilidade primária*.

---

10 Moritz Schlick, "Die Kausalität in der gegenwärtigen Physik", *Die Naturwissenschaften* 19 (1931), p.148 e segs.; ver Seção 15, texto relativo às notas 3 e 4. (N. E. A.)]

Esse ponto de vista se opõe radicalmente à lógica indutivista da probabilidade. Kaila,[11] por exemplo, afirma exatamente o contrário: expresso na terminologia utilizada por mim, sua concepção é que o princípio de uso mais econômico possível de hipóteses pode ser reduzido à *probabilidade primária* e que o sistema mais simples (no sentido do sistema com *menos* hipóteses) é primariamente o mais provável. Ele acha que esse sistema tem (*a priori*) menos possibilidades de entrar em contradição com a realidade. Nossas considerações conduzem ao resultado inverso: quanto *mais* pressuposições (hipóteses auxiliares) uma teoria faz, tanto mais chances ela tem de se adaptar a qualquer experiência que seja. Sem limitação na introdução de hipóteses auxiliares, a teoria é conciliável com qualquer experiência possível, sua "simplicidade empírica" desaparece e, com ela, todo valor de conhecimento (e todo valor preditivo) no sentido de um conhecimento da realidade.

Vê-se claramente aqui por que o conceito de simplicidade empirista pode ser formulado na exigência (metodológica): procedamos o menos possível de maneira convencionalista! Pois todo [267] passo no sentido do convencionalismo, toda correção, toda hipótese auxiliar torna a teoria muito mais provável primariamente, a aproxima das equações proposicionais convencionalistas analíticas e verdadeiras *a priori*.

Em suma, a oposição entre convencionalismo e empirismo pode ser caracterizada pela questão:

Uso ilimitado de hipóteses, nenhuma vinculação a definições ostensivas, mas também aplicação ilimitada do conceito de simplicidade formal (e convencionalista) na escolha de um sistema de definições implícito válido *a priori* – *ou* uso mais econômico de hipóteses, vinculação fixa a definições ostensivas e aplicação limitada pela experiência do conceito de simplicidade empirista (não *apenas* formal) na escolha de um sistema de enunciados factuais?

Eu não fiz da minha filiação ao empirismo um segredo. Minha exposição da oposição convencionalismo-empirismo poderia ser quase considerada como uma crítica do convencionalismo. No entanto, eu não considero o convencionalismo de modo algum refutado pelas considerações e comparações apresentadas. Na realidade, eu não o considero como sendo propriamente refutável.

---

11 Eino Kaila, *Die Prinzipien der Wahrscheinlichkeit* (1926), p.140.

O convencionalismo

Não posso justificar minha rejeição do convencionalismo pelo fato de que é falso, mas apenas pelo fato de que ele não consegue solucionar as questões da teoria do conhecimento – a saber, o problema da demarcação e as questões metodológicas ligadas a ele. Mas a concepção convencionalista é sempre possível e inclusive o *problema da geometria aplicada* pode sempre ser interpretado em um sentido convencionalista.

Eu chego, pois, à conclusão de que não basta distinguir geometrias puras e aplicadas; é preciso distinguir no interior da geometria aplicada dois tipos de aplicação: aplicação no sentido do convencionalismo e aplicação no sentido do empirismo.

Uma geometria aplicada no sentido do *convencionalismo* é *irrefutável, segura ante toda falsificação.*

Experiências, observações não podem decidir contra ela, nem a favor dela. Mas a geometria também não diz nada sobre a [268] experiência. Sua aplicação repousa no fato de que os instrumentos de medição são sempre corrigidos de tal modo que as observações dele resultantes concordam com as estipulações definicionais do sistema.

Uma geometria aplicada no sentido do *empirismo* parte também de suposições fundamentais arbitrárias, ela não as impõe, porém, sob qualquer circunstância, mas faz estipulações metodológicas acerca do tipo de aplicação (por exemplo, as estipulações acerca da legitimidade da correção dos instrumentos de medição) de que é possível que elas *entrem em conflito com a realidade*. Ela não está, pois, segura contra uma falsificação, ela é falsificável, ela pode ser *colocada em xeque pela experiência.*

Os resultados da observação podem confirmá-la ou refutá-la. A observação diz, portanto, algo sobre a possibilidade de utilização da teoria e também a teoria diz algo sobre a experiência: ela é uma parte da ciência empírica, da física. (Ela é a física do espaço.)

E *apenas para ela* vale a conhecida formulação de Einstein:

"À medida que as proposições da matemática se referem à realidade, elas não são certas e, à medida que elas são certas, elas não se referem à realidade".[12]

---

12 Albert Einstein, *Geometrie und Erfahrung* (1921), p.3 e seg. [(3.ed.) Cf. Seção 2, texto relativo à nota 1; assim como Apêndice: "Excerto-resumo (1932)", Seção V, texto relativo à nota 4. (N. E. A.)]

[269] Capítulo IX
Proposições estritamente universais e proposições particulares

31. A implicação e a implicação geral

Desde a interrupção da discussão das posições pseudoproposicionais, a investigação se ocupou (nas Seções 24 a 30) com o conjunto de problemas do convencionalismo, sobretudo, para poder caracterizar mais detalhadamente a posição pseudoproposicional.

Nesse momento, talvez tenha entrado em questões lógicas (logísticas) com mais detalhe do que o estritamente necessário; em parte, por causa da polêmica que deveria ser levada a cabo ali, mas também porque o aparato terminológico adquirido será utilizado em uma nova discussão igualmente polêmica, antes de retomar a crítica das posições pseudoproposicionais.

Essa segunda polêmica diz respeito às relações entre a *implicação geral* e as *proposições universais e particulares*.

O problema desse debate será resolvido apenas na próxima seção; a presente seção se coloca a tarefa de apresentar uma síntese conclusiva sobre o conceito de implicação geral.

Esse propósito serve também para a discussão do conceito logístico de "implicação", que precede a recapitulação do conceito de "implicação geral": dificilmente se pode passar ao largo do conceito de "implicação" na discussão do conceito de "implicação geral".

O conceito de "implicação" tem, porém, sua importância. Determinados aspectos do próprio *problema da indução* serão trazidos à luz pela investigação desse conceito. Esse importante resultado colateral deverá ser retido – desde que feita a ressalva expressa de que a investigação persegue aqui outros fins.

Enquanto a "implicação geral" afirma a existência de uma determinada relação entre *funções proposicionais*, a "implicação" afirma a existência de relações similares entre *enunciados* genuínos. ("Implicante" e "implicado" são, pois, enunciados, e não funções proposicionais.) As "implicações gerais", assim como as "implicações", são, elas próprias, afirmações, enunciados genuínos. A "implicação" poderia ser chamada de um [270] "enunciado sobre enunciados", a "implicação geral", de um "enunciado sobre funções proposicionais".[*1]

A "implicação" vincula enunciados (seu implicante e seu implicado) a uma *proposição condicional* ("juízo hipotético"). Ela é normalmente expressa com o auxílio dos termos de ligação "se [...], então [...]". ("Se" introduz o implicante, "então", o implicado.) Por exemplo: "Se Napoleão portava uma espada, então ele também portava um chapéu".

Esse exemplo foi escolhido intencionalmente para que *não haja de modo algum uma dependência "interna"* entre os dois enunciados vinculados ("Napoleão portava uma espada", "Napoleão portava um chapéu"). A "implicação" não deve ser vista como uma afirmação sobre as relações internas, sobre o *conteúdo* dos dois enunciados, mas ela afirma uma relação entre os *valores de verdade*.

O que ela afirma é apenas: se o implicante é *verdadeiro*, então o implicado também é *verdadeiro*.

Ela não afirma, portanto, nada sobre o conteúdo dos enunciados, ela também não afirma que "algo é o caso", que um evento ocorre ou não (ela não afirma nem que Napoleão portava uma espada nem que ele portava um chapéu). Apenas *se* um evento ocorre (o implicante, portanto, é verdadeiro), então, a implicação também afirma algo sobre o outro evento (sobre o implicado).

A verdade ou falsidade de tal proposição condicional, de uma implicação, depende apenas dos diferentes *valores de verdade* assumidos por seu implicante e seu implicado.

[*1] Essas formulações (em particular, a palavra "sobre") mostram, por sua vez, a falta de uma distinção entre linguagem-objeto e metalinguagem. Quero dizer que a implicação é um enunciado que contém os (dois) enunciados, enquanto a implicação geral, um enunciado que contém funções proposicionais. [(3.ed.) Ver a "Introdução de 1978", Seção 2: (2) e (3). (N. E. A.)]

Consideremos, com o auxílio de nosso exemplo, os seguintes casos (no sentido das "tabelas de verdade de Wittgenstein"[1]):
a) Implicante e implicado são *ambos verdadeiros*;
b) Implicante e implicado são *ambos falsos*;
c) O implicante é *falso* e o implicado, *verdadeiro*;

Nestes três casos, a própria "implicação" é verdadeira e é correta a afirmação de que as duas proposições estão na relação de implicação.

d) O implicante *verdadeiro* é o implicado é *falso*;

Nesse caso e apenas neste caso, a implicação é falsa, não há uma relação de implicação entre as duas proposições.

[271] Segundo essa tabela, pode-se definir a implicação como um enunciado sobre os valores de verdade de dois enunciados – implicante e implicado – que só é falso se o implicante é verdadeiro *e* o implicado, falso.

É importante que (segundo b e c) a implicação é verdadeira em todas as circunstâncias em que o implicante é falso (se Napoleão não portava uma espada); não importando se o implicado é verdadeiro ou não: uma proposição *falsa* implica, portanto, *qualquer proposição*.

Uma implicação é demonstrada sempre que, ou o implicante é *falso*, ou o implicado é *verdadeiro*.

Pode-se dividir as implicações em *implicações sintéticas e implicações analíticas* conforme a demonstração de que uma implicação foi corretamente afirmada seja de natureza empírica ou lógica.

As *implicações sintéticas* podem ser confirmadas ou refutadas apenas pela experiência. O exemplo "Se Napoleão portava uma espada, então ele também portava um chapéu" é evidentemente uma implicação sintética. Ela será, então, falsa apenas se a experiência mostrar que Napoleão portava uma espada, mas não um chapéu.

As *implicações analíticas* são idênticas ao que se chama normalmente de *inferência*, conclusão, raciocínio ou *dedução*.

Pois a inferência, o raciocínio lógico, afirma apenas que, se os fundamentos da dedução (premissas) são válidos, as proposições inferidas (conclusões) também são verdadeiras: essa afirmação é obviamente uma implicação. Mas só se fala de uma inferência se a relação afirmada não precisar ser confirmada pela experiência, mas puder ser demonstrada *a priori* pela transformação lógica: o conceito de inferência (mais precisamente: a relação de inferência, a relação

---

1 [Ludwig Wittgenstein, *Tractatus logico-philosophicus* (1918/1922), proposições 4.441, 4.442 e 5.101. (N. E. A.)]

dedutiva) *não* é, pois, idêntico à implicação em geral, mas apenas ao conceito de implicação analítica (tautológica).

A inferência, a dedução, tem por objetivo inferir consequências, implicados da teoria – por exemplo, predições – e afirmá-las por si mesmas separadamente da teoria – por exemplo, para compará-las à experiência, verificá-las ou falsificá--las. Deve, por isso, ser possível *destacar* o implicado de uma implicação e de afirmá-lo por si mesmo, pois ele é deduzido com essa finalidade (para obter consequências a partir de premissas).

A legitimidade desse procedimento é expressa pela logística por meio da "regra de inferência da implicação": "Se tivermos duas afirmações, das quais uma é uma implicação e a outra é um implicado, devemos apresentar o implicado como uma afirmação".[2]

Essa regra não expressa nada mais que a finalidade lógica da implicação. Ela é válida para todas as implicações, tanto para implicações sintéticas quanto para implicações analíticas.

[272] Dois problemas, que foram tocados em momentos anteriores deste trabalho, dão a oportunidade de aplicar o conceito de implicação.

Sua aplicabilidade ao problema da indução me parece particularmente importante.

O regresso infinito da indução demonstra que enunciados factuais universais não são verificados ou falsificados *imediatamente em qualquer caso*. Imediatamente verificadas ou falsificadas, em todo caso, são as *predições deduzidas* deles.

Se a predição é deduzida da teoria, aquela está com esta na relação de um implicado com seu implicante, na *relação de implicação*. Para a teoria e suas predições, valem as seguintes proposições, que podem ser inferidas imediatamente da definição de implicação:

1. Da verificação empírica da predição não se pode nunca concluir de volta a verdade da teoria, as leis da natureza. (Mesmo se o implicado é verdadeiro, o implicado pode ser falso: "Uma proposição verdadeira é implicada por qualquer proposição"[3] e deixa, pois, seu implicante completamente indeterminado.) Isso significa, entretanto, que é impossível – mediata ou imediatamente – verificar empiricamente leis naturais por meio das predições destas.

2. Da falsificação empírica da predição, ao contrário, segue-se necessariamente que a teoria e as próprias leis da natureza devem ser falsas. (Se o impli-

---

2 Citado segundo Rudolf Carnap, *Abriß der Logistik* (1929), p.11.
3 [Rudolf Carnap, *op. cit.*, p.7. (N. E. A.)]

cado é falso, então o implicante – caso a implicação exista – também deve ser falso; *modus tollens* da lógica clássica.) Porém, as leis da natureza podem (é certo que não imediatamente, porém) ser *mediata e empiracamente falsificadas*.

Essas constatações completamente triviais (que evidentemente só são válidas sob a pressuposição de que as leis da natureza são proposições genuínas) já contêm a solução dedutivo-empirista do problema da indução: ele constata que nenhuma ponte conduz da verificação empírica de enunciados factuais particulares à verificação empírica de enunciados factuais universais, mas que há uma que conduz da falsificação empírica de predições deduzidas à falsificação empírica de enunciados factuais universais, dos quais aquelas foram deduzidas. Segundo essa tese, *não se pode nunca* demonstrar que *enunciados factuais universais* são *verdadeiros, mas* pode-se demonstrar que são *falsos*.

Ao lado dessa aplicação do conceito de implicação mais importante para meus propósitos, uma segunda aplicação me parece digna de atenção: pode-se, com o auxílio desse conceito, esclarecer precisamente a importância fundamental da "primeira condição axiomática fundamental" do *critério de não contradição*.

Enquanto as outras condições axiomáticas fundamentais, por exemplo, a condição de independência (cf. Seção 25), podem ser inferidas simplesmente do conceito de sistema axiomático – da oposição entre princípios e teoremas –, [273] não é tão fácil, à primeira vista, dar uma justificação semelhante do critério de não contradição. No entanto, a condição de não contradição é mais fundamental que todas as outras condições axiomáticas fundamentais; sem dúvida, ela vem em primeiro lugar.

Poder-se-ia tentar justificar essas condições pelo fato de que uma proposição contraditória, uma "contradição" (assim como um sistema contraditório de proposições), é sempre *falsa a priori*. (A demonstração de uma contradição é, com efeito, o único método puramente lógico, analítico, para demonstrar que proposições são falsas: a negação de uma contradição é tautológica.) Embora essa observação seja correta, ela não basta para esclarecer o caráter fundamental do critério de não contradição. Pois se compararmos um *sistema de axiomas falso, mas não contraditório* (que foi empiricamente refutado por predições falsificadas), com um *sistema de axiomas contraditório*, existe entre eles uma diferença fundamental. Isso se manifesta, por exemplo, no fato de que se pode, sob determinadas circunstâncias, deduzir mesmo de uma teoria falsa (por exemplo, a astronomia geocêntrica) predições perfeitamente precisas em certos domínios (por exemplo, os eclipses), enquanto uma teoria contraditória é sempre inútil para tais propósitos.

Em que reside, então, a importância do critério de não contradição?

O objetivo de um sistema axiomático é estabelecer um número estritamente limitado de pressupostos a partir dos quais se podem obter, por caminhos puramente lógicos, todas as proposições de um domínio científico.

Pode-se dizer também:

Por meio do sistema de axiomas, uma determinada classe de proposições – os teoremas do sistema –, entre o número infinito de todas as proposições possíveis, é implicitamente (de maneira puramente lógica) *assinalada como verdadeira*[*2] e, com isso, uma outra classe, as proposições que contradizem o sistema, é *assinalada como falsa*.[*3]

Um sistema de axiomas *contraditório* não pode satisfazer essa tarefa fundamental:

De sistema de axiomas contraditório, pode-se deduzir *qualquer proposição* (e, portanto, seu contrário). Por meio de tal sistema de axiomas, *não se pode assinalar em geral nenhuma proposição*, pois todas as proposições seriam assinaladas como verdadeiras e como falsas.

Essa afirmação pode ser considerada demonstrada se pudermos, para qualquer proposição, apresentar a demonstração *de maneira puramente lógica* de que essa proposição é *implicada* por qualquer sistema de axiomas contraditório. (A dedução é, com efeito, a demonstração puramente lógica da existência de uma implicação.)

[274] Essa demonstração pode ser facilmente dada: um sistema de axiomas contraditório é *falso* por razões puramente lógicas. Uma proposição falsa – uma "conjunção" falsa de um sistema de proposições – implica, porém, *qualquer proposição* (conforme discutido anteriormente).

Um sistema de axiomas *empiricamente falso*, que não é contraditório, implica também qualquer proposição. No entanto, tal sistema de axiomas cumpre a tarefa de assinalar apenas uma classe bastante determinada de *proposição* como teoremas: apenas as proposições dessa classe determinada podem ser *deduzidas logicamente*, uma vez que apenas elas mantêm relação de implicação *analítica* com o sistema. Todas as outras proposições são também implicadas, uma vez que o sistema é falso, mas *sinteticamente*: elas *não podem ser deduzidas*, uma vez que a relação de implicação (a implicação *sintética*) não pode ser, no que concerne a elas, demonstrada de maneira puramente *lógica*.

O critério de não contradição pode ser justificado, portanto, pelo fato de que um sistema de axiomas contraditório – à medida que é conciliável com qualquer consequência – não assinala em geral nenhum teorema; nem pelo

---

*2   Supondo que os axiomas sejam verdadeiros.
*3   Supondo a mesma coisa.

fato de que é destituído de sentido, uma vez que permite deduzir qualquer proposição.

(Não [apenas] a tautologia, mas [também] a *contradição* "admite toda situação possível" em "todo o – infinito – espaço lógico"; em oposição direta à concepção de Wittgenstein.[4])

Note-se que a ideia da "primeira condição axiomática fundamental" é importante particularmente para a investigação do problema da demarcação: ela permite mostrar a existência de uma analogia formal precisa entre o critério de não contradição e o "critério de demarcação".[5]

As aplicações apresentadas aqui devem indicar a importância do conceito de implicação, em particular, a importância do conceito de implicação analítica. Uma vez que as leis da natureza, segundo a concepção da teoria do conhecimento dedutivo-empirista, devem ser consideradas pura e simplesmente como os *fundamentos da dedução*, não deve surpreender que o conceito de *implicação analítica* tenha uma grande importância para essa teoria do conhecimento: trata-se não mais do que do *conceito de dedução*.

O conceito de "implicação geral", que foi utilizado frequentemente – com fins polêmicos – neste trabalho, não é comparável ao conceito de implicação no que concerne à importância que esta tem para a teoria do conhecimento.

[275] A "implicação geral" afirma a existência de uma determinada relação entre *funções proposicionais*. Essa relação não pode evidentemente ser idêntica à relação de implicação. Pois a "implicação" é uma relação entre *valores de verdade* (os valores de verdade do implicante e do implicado); funções proposicionais não podem, porém, ter nenhum valor de verdade.

Entre os dois conceitos, existe, no entanto, uma grande analogia.

Se duas funções proposicionais estiverem em relação de "implicação geral", então todos os pares de proposições que podem ser formados a partir delas estão entre si em uma relação de "implicação"; supondo que os enunciados tenham sido formados a partir das duas funções proposicionais pela substituição do *mesmo* valor de argumento, que pode ser escolhido como se quiser.

A "implicação geral" afirma, assim, a existência de uma relação de implicação para *todos* os pares de enunciados formados desse modo: daí seu nome.

Pode-se mostrar facilmente que essa definição do conceito de "implicação geral" está perfeitamente de acordo com a definição dada anteriormente (a "im-

---

4 Ludwig Wittgenstein, *op. cit.*, proposições 4.462 e 4.463. Cf. também proposição 5.14.
5 [Cf. Apêndice: "Excerto-resumo (1932)", Seção V, texto relativo à nota 5; Karl Popper, *Logik der Forschung* (1934, 2.ed., 1966; e edições posteriores), Seção 24. Ver também "Posfácio do Editor", Seção 10, texto relativo à nota 16. (N. E. A.)]

plicação geral" é a afirmação de que todos os valores de argumento que satisfazem o implicante satisfazem também o implicado). As duas formulações não dizem nada mais do que: *se* um valor de argumento transforma o implicante em uma proposição verdadeira, *então* ele também transforma o implicado em uma proposição verdadeira.

Essa relação com o conceito de implicação permite ainda conceber as implicações gerais de outro modo que nas seções anteriores, a saber, como um *esquema para a construção de "implicações"*.

Essa concepção pode ser aplicada à de implicações gerais tanto sintéticas quanto analíticas e pode figurar com igual direito – isto é, como logicamente equivalente – ao lado das concepções apresentadas anteriormente.

A *implicação sintética geral* (que se recorde o exemplo da Seção 29: "'x é uma pedra lançada' implica de modo geral 'a trajetória do lançamento x é uma parábola'") foi interpretada até aqui como uma transformação de um enunciado factual comum – sobre todos os elementos de uma classe – ("As trajetórias de todas as pedras lançadas são parábolas") ou, o que significa o mesmo, como uma função proposicional ligada a uma definição ostensiva. Ao lado dessa concepção, figura com igual direito a interpretação segundo a qual a "implicação geral" deve ser considerada como um esquema para a formação de inúmeras "implicações" sintéticas. A afirmação da "implicação geral" consiste, então, no fato de que *cada* proposição formada a partir da função proposicional-implicante implica a proposição correspondente, que surge da função proposicional-implicada pela substituição dos mesmos valores de argumento. (Se esse valor de argumento não designa um lançamento de pedra, mas, por exemplo, um lançamento de bumerangue, o implicante é falso e a implicação, por isso mesmo, verdadeira.)

A *implicação geral analítica* ou *tautológica*, na qual o implicado aparece sob uma forma qualquer no implicante, foi apresentada nas passagens anteriores segundo duas concepções diferentes: como *juízo analítico* [276] acerca dos elementos de uma classe (função proposicional com definição ostensiva imprópria, tautológica) e como *inferência* de funções proposicionais. Ora, há uma terceira concepção: como esquema para a formação de implicações analíticas. As três concepções podem ser aplicadas ao exemplo "'Todos os x são y e Sócrates é um x' implica de maneira geral 'Sócrates é um y'". Concebida enquanto juízo analítico, essa implicação geral significa: pode-se enunciar também de Sócrates o que se pode enunciar de cada uma das classes de que Sócrates é elemento. Concebida enquanto inferência, ela significa: pode-se, por transformação lógica, inferir o implicado do implicante, quaisquer que sejam os valores de argumento que se substitua nas variáveis. Concebida enquanto esquema para a afirmação

Proposições estritamente universais e proposições particulares

de "implicações", ela significa: toda substituição transforma a implicação geral em uma implicação analítica verdadeira, no que se incluem os valores que não satisfazem o implicante.

Qualquer que seja a forma como se concebe a implicação, ela deve ser concebida em qualquer caso como um enunciado genuíno. Mesmo enquanto "esquema para a formação de implicações", ela formula uma afirmação (e é falsa se essa afirmação não é verdadeira), a saber, que nenhum implicado falso pode surgir por uma substituição (correta) sem que o implicante incluído seja falso.

(Enquanto enunciado genuíno, toda "implicação geral" pode – e igualmente toda "implicação" – ser o próprio implicante ou implicado de uma implicação, mas nunca o implicante ou o implicado de uma "implicação geral".)

A toda "implicação" formada a partir de uma "implicação geral" pode, obviamente, ser aplicada a "regra de inferência da implicação". Isto significa que o implicado da "implicação", que agora é um enunciado genuíno, pode ser separado dessa implicação (no caso em que a própria implicação, assim como o implicante, são supostos como verdadeiros). Pode haver uma "regra de inferência" análoga para a "implicação geral"?

Eu já respondi a essa pergunta na Seção 28. Eu mostrei ali (contra Carnap[6]) que não havia nenhuma regra que permitisse separar o implicado de uma implicação de qualquer modo que seja e que nem poderia haver.

Que não haja tal regra, isto é, que tal regra não tenha sido formulada pela logística até agora se trata de um fato. Mas talvez o sistema tenha aqui uma lacuna? Talvez tal regra possa ser estipulada?

O panorama sucinto sobre a "implicação geral" pode aqui, acredito eu, trazer clareza absoluta: as diferentes concepções da "implicação geral" são perfeita e logicamente equivalentes. Mas, apenas no caso de uma dessas concepções, a saber, a concepção da implicação geral como "inferência", poderíamos pensar em algo como uma "regra de inferência da implicação geral". No caso das duas outras concepções, a concepção como juízo habitual – analítico ou sintético – e como esquema para a formação de [277] implicações, vê-se imediatamente que tal analogia não entra em questão:

O "juízo habitual" não é outra coisa senão a separação do implicado, em virtude da "regra de inferência da implicação", para *aqueles* valores (para os elementos da classe) para os quais o implicante pode ser afirmado. Não se pode naturalmente aplicar uma vez mais uma "regra de inferência" análoga a esse implicado que separamos.

---

6 [(3.ed.) Ver Seção 28, texto relativo à nota *2. (N. E. A.)]

Vemos ainda mais claramente a impossibilidade de tal "regra de inferência" se considerarmos a concepção da implicação geral como "esquema para a formação de implicações". É preciso, com efeito, primeiro que implicações sejam formadas para aplicar a "regra de inferência da implicação" àquelas dentre elas cujo implicante é "afirmado". Mas essa última não vale para todas as implicações, mas para aquelas cujo implicante é afirmado. Uma regra de inferência análoga, que já foi aplicada à implicação geral, ao "esquema", equivaleria a um alargamento da "regra de inferência da implicação" a todas as implicações, no que se incluem aí aquelas cujo implicante é considerado falso – o que contradiz a definição da implicação.

Pode-se dizer, para resumir, que a oposição fundamental entre a "implicação" e a "implicação geral" se expressa simplesmente assim: há uma "regra de inferência da implicação", mas não uma regra de inferência [análoga] da "implicação geral".*4 O implicante e o implicado da "implicação geral" não podem justamente, enquanto funções proposicionais, ter um valor de verdade e não podem, pois, nem ser afirmados, nem negados.*5

32. A implicação geral e a distinção entre proposições estritamente universais e proposições particulares

A oposição entre as "proposições universais" e as "proposições analíticas" é fundamental para o *problema da indução*: ele não pode ser formulado sem essa distinção. Desde o início da investigação, portanto, deveriam ser distinguidas as proposições universais e as proposições particulares; desde a "colocação do problema" e da exposição do argumento de Hume. [278] Quase tudo que foi dito ali e depois desmoronaria se essa oposição se revelasse insustentável.

Não tivemos a oportunidade, desde então, de problematizar a oposição entre proposições universais e proposições particulares. Todo aquele que

---

*4 Isso não é inteiramente correto. Pois se pode da implicação geral (x) (Fx ⊃ Gx) inferir a implicação (x) Fx ⊃ (x) Gx, à qual a regra de inferência da implicação é aplicável.

*5 Isso é correto; mas se o implicante *generalizado* é afirmado (ou o implicante *generalizado* é negado), obtemos a generalização do implicado (respectivamente, a negação do implicante generalizado).

Proposições estritamente universais e proposições particulares

se ocupa com o problema da indução já a pressupõe – de maneira mais ou menos consciente. Mas, dada sua importância fundamental, seria inevitável examinar detalhadamente essa distinção se fosse levantada uma dúvida sobre sua legitimidade ou se aparecessem obscuridades.

Ora, isso é o que ocorre: na exposição da posição pseudoproposicional feita por Schlick se encontra uma observação que, sob reflexão, obriga a colocar em questão a distinção entre proposições universais e proposições particulares em toda sua extensão.

A observação de Schlick concerne ao conceito lógico de "implicação geral". Não era possível discutir essa observação antes, uma vez que qualquer discussão requereria que esse termo já houvesse sido compreendido.

Nas Seções 27 e 29, afirmou-se que tanto as proposições universais quanto as proposições particulares podem ser caracterizadas como implicações gerais. Utilizei como exemplos, entre outros, a proposição estritamente universal "As trajetórias de todas as pedras lançadas são parábolas" e a proposição particular, o relato condensado, "As trajetórias de todas as pedras lançadas que foram medidas *até agora* são parábolas".

Escritas na forma de implicações gerais, essas duas proposições se dizem: "'x é um lançamento de pedra' implica de maneira geral 'a trajetória do lançamento x é uma parábola'" (implicação geral estritamente universal) e "'x é um lançamento de pedra cuja trajetória já foi medida' implica de maneira geral 'a trajetória do lançamento x é uma parábola'" (implicação geral particular).

O *"positivismo estrito"* se dirige contra a concepção segundo a qual as leis da natureza são proposições estritamente universais. Ele argumenta (o "argumento estritamente positivista") que elas não podem ser verificadas para todos os casos.

Essa concepção (e esse argumento) se dirige evidentemente apenas contra as implicações gerais "estritamente universais"; ela é perfeitamente conciliável com as implicações gerais "particulares".

[279] Outra coisa ocorre com as *posições pseudoproposicionais*. Elas devem se dirigir contra *qualquer* concepção que pretende ver as leis da natureza como implicações gerais e mesmo contra *qualquer* forma de implicação geral, pois toda implicação geral é uma *proposição genuína*.

Desse modo, Schlick rejeita as implicações gerais. Uma observação na fundamentação que ele faz, porém, chama a atenção:

"As leis da natureza não são (na linguagem dos lógicos) 'implicações gerais', pois elas não podem ser verificadas para *todos* os casos [...]".[1]

Schlick justifica sua rejeição, como se vê, com o argumento "estritamente positivista". Ele pode se dirigir apenas contra as proposições "estritamente universais", mas nunca em geral contra as implicações gerais. A implicação geral é, porém, sempre um enunciado sobre "todos os casos" (todos os elementos) de uma classe, mas essa classe pode (como mostra o exemplo da implicação geral "particular") ser definida de tal modo que o enunciado *possa ser verificado para todos os casos*.

A observação de Schlick identifica, sem dúvida, "proposições estritamente universais" com "implicações gerais" (como, de resto, resulta de todo o contexto). Isso poderia bem ser também um pequeno tropeço, acerca do qual não valeria a pena gastar muitas palavras. Mas um exame mais detido revela que essa confusão tem raízes mais profundas:

Schlick *não poderia expressar* o conceito de "proposição estritamente universal" *na linguagem da logística*, pois a logística não dispõe de nenhuma ferramenta para apreender conceitualmente a oposição entre "proposições estritamente universais" e "proposições particulares".

Se isso for correto, a distinção entre proposições universais e proposições particulares não pode mais ser considerada como não problemática. Essa distinção é também o problema que será investigado nas próximas seções (33 a 35); em seguida, a discussão crítica das posições pseudoproposicionais que foi interrompida será finalmente retomada.

A investigação será conduzida aqui por meio de um breve panorama terminológico.

[280] A oposição entre proposições "estritamente universais" e proposições "particulares" (que se vincula a uma distinção de Kant; cf. Seção 7) deriva das exigências terminológicas do *problema da indução*.

As exigências de outra natureza, da antiga *teoria lógica do silogismo* (silogística), residem na divisão dos juízos em *universais* e *particulares*: os "juízos universais" são juízos sobre *todos* os elementos de uma classe, os "juízos particulares" são juízos sobre *alguns* elementos de uma classe. (Os

---

[1] Moritz Schlick, "Die Kausalität in der gegenwärtigen Physik", *Die Naturwissenschaften* 19 (1931), p.156.

"juízos particulares" – por exemplo, "Alguns homens são loiros" – podem sempre ser transformados em "juízos universais" – por exemplo, "Todos os homens que são loiros formam uma subclasse [não vazia] dos homens" – de tal modo que *essa* distinção só era essencial, de fato, para regras silogísticas.) O "juízo universal" da silogística significa, com isso, algo totalmente diferente da proposição "estritamente universal" na minha terminologia: ele significa exatamente a mesma coisa que a "implicação geral" da *logística*.

Como já foi mostrado anteriormente, todas as formas de proposições particulares, inclusive os *"juízos singulares"*, poderiam ser formulados como implicações gerais. A isso corresponde o fato de que a silogística inclui os "juízos singulares" (como assinala, por exemplo, Kant[2]) nos "juízos universais": eles também são enunciados sobre todos os elementos de uma classe (a saber, de uma classe que tem apenas *um* elemento).

A antiga lógica e a logística concordam, portanto, que a terminologia de ambas não vai de encontro às exigências do problema da indução: os "juízos universais" da antiga lógica e as "implicações gerais" da logística devem ser subdivididos, para o tratamento desse problema, em proposições "estritamente universais" (ou proposições "universais", se não houver nenhuma ameaça de confusão) e proposições "particulares".

Tal distinção não coloca dificuldade para a antiga lógica, que se vale da linguagem verbal. A logística, no entanto, que utiliza uma linguagem de sinais rigorosamente delimitada, não está, em sua forma atual, em condições de apreender a distinção. (O que o impede é, acredito eu, uma premissa indutivista presente já em seus pressupostos fundamentais.)

[281] Uma vez que as proposições "universais", assim como as proposições "particulares", podem ser formuladas como implicações gerais e que ambas, portanto, são enunciados sobre todos os casos de uma classe, a distinção entre elas – se for legítima – deve corresponder também a uma diferença entre as classes em questão.

Na próxima seção, deve-se apresentar os dois grupos de "classes" que estão na base dessa distinção: os conceitos universais e os conceitos individuais.

---

2 [Immanuel Kant, *Kritik der reinen Vernunft* (2.ed., 1787), p.96 e seg. (N. E. A.)]

33. Conceito universal e conceito individual: classe e elemento[1]

A distinção entre proposições universais e proposições particulares pode ser reduzida à distinção clássica entre conceitos universais (os universais) e conceitos individuais. Mas essa redução é apenas um deslocamento do problema, não uma solução, pois poder-se-ia igualmente reduzir a distinção entre conceitos universais e conceitos individuais àquela entre proposições universais e proposições particulares. Deve-se [282], pois, afirmar apenas que as duas distinções dependem uma da outra; que não se pode abandonar uma sem abandonar a outra.

A analogia entre as duas distinções é bastante ampla: da oposição entre proposições universais e proposições particulares surge o *problema da indução*; da oposição análoga entre conceitos universais e conceitos individuais surge a clássica *querela dos universais*. A vinculação entre esses dois problemas será precisada posteriormente.

A logística em sua forma atual não pode formular a oposição entre conceitos universais e conceitos individuais. Desse modo, ela tende a considerar essa distinção da antiga lógica como ilegítima e o problema dos universais com "pseudoproblema". Ela tenta substituir a distinção tradicional entre *conceitos universais e conceitos particulares* pela distinção entre *classe e elemento*.

---

1 [Esta seção era acrescida da seguinte nota:]
Esta (e as próximas duas seções, 34 e 35) é agora [1932] formulada diferentemente. Na Seção 36, são recapitulados os resultados mais importantes da investigação até aqui, para que se possa prosseguir sem dificuldades.
Breve indicação do conteúdo da [nova] Seção 33:
Na Seção 33, mostra-se que a logística e o "positivismo lógico", por exemplo, Carnap, conhecem apenas *classes* e *elementos*, mas não a distinção entre conceitos universais e conceitos individuais. Todo conceito universal pode, no entanto, ser concebido à vontade como *classe* de elementos ou também como *elemento* de uma classe. Uma vez que o positivismo lógico conhece apenas classes e elementos, ele identifica os "conceitos universais" com as classes, os "conceitos individuais" com os elementos e não pode, pois, facilmente sustentar a *relatividade* da distinção entre conceitos universais e individuais. [As primeiras frases dessa nota remetem a versões anteriores – e agora perdidas – das Seções 33, 34 e 35. A indicação do conteúdo para a nova Seção 33 concorda perfeitamente com a versão reformulada da Seção 33 e com a Seção 14 da *Lógica da investigação científica* (1934; 2.ed., 1966; e edições posteriores). (N. E. A.)] * Ver também Volume II (Fragmentos): [III.] "Passagem para a teoria dos métodos", Seção 7.

Proposições estritamente universais e proposições particulares

(Ao lado das "classes e seus elementos", entram em consideração como igualmente legítimas as "relações e seus membros", cf. Seção 26; não entraremos novamente em detalhe: tudo que se diz aqui sobre "classes" pode ser transposto, de modo equivalente, às "relações".)

Ao contrário dessas tentativas da logística, é preciso assinalar as duas distinções – conceito universal e conceito individual, de um lado, e classe e elemento, de outro – como *fundamentalmente diferentes*: embora apenas a distinção entre conceitos universais e conceitos individuais tenha interesse para a presente investigação, a exposição será construída a partir da oposição entre esse par conceitual e aquele de classe e elemento.

Segundo a concepção defendida aqui, a distinção entre conceito universal e conceito individual é *inequívoca* – um conceito universal não pode nunca ser um conceito individual –, enquanto a distinção entre classe e elemento não é *inequívoca*:

Toda classe pode sempre figurar como elemento, a saber, como elemento de uma classe de tipo superior.

Esse princípio acerca da distinção entre classe e elemento deverá ser esclarecido inicialmente por meio de exemplos. Em seguida, será preciso indicar que existe uma relação semelhante entre conceitos maiores e [283] conceitos menores (no sentido da antiga lógica), mas tudo isso para finalmente poder afirmar, apesar das objeções da logística, a *univocidade* da distinção entre conceitos universais e conceitos individuais.

Eu começo com os exemplos acerca da distinção entre classes e elementos.

O conceito químico de "ferro" pode ser concebido como uma classe, cujos elementos são "coisas" ("corpos físicos") que possuem determinadas propriedades químicas. (Na terminologia da logística, essa classe é determinada pela função proposicional "x tem as propriedades químicas do ferro".) Mas essa classe não tem apenas elementos: *ela própria* pode ser considerada como *elemento*, por exemplo, como elemento da classe dos "metais" (determinada pela função proposicional "x é um metal"). Mesmo essa classe pode figurar como elemento de uma classe etc. – Por outro lado, as "coisas férreas" individuais (os "corpos físicos"), isto é, os *elementos* da classe "ferro", podem, por sua vez, ser concebidos como uma *classe*. Cada corpo físico, por exemplo, como classe de seus "estados": um corpo físico ocupa uma determinada região no espaço durante um tempo determinado, isto é, uma região espaçotemporal. Se pensarmos nessa região como dividida em regiões espaciais instantâneas, podemos chamar tal segmento instantâneo de um "estado" do corpo físico. O "próprio corpo" é, pois, uma classe, cujos elementos são seus "estados".

Todo "estado" (individual) de um corpo físico poderia, por sua vez, ser concebido, por exemplo, como uma classe, cujos elementos são os "estados" das moléculas de uma determinada região espacial etc.

Desse exemplo, resultaria algo como a seguinte hierarquia de tipos (hierarquia de tipos de classes):

O "estado" de uma molécula, o "estado" de uma classe de moléculas (= "estado" do corpo físico: o próprio corpo físico como classe de seus estados; "o ferro" como classe de corpos físicos; "os metais" como classe de classes de corpos (do ferro, do cobre, do alumínio etc.). Essa hierarquia pode ser expandida.

O exemplo pode esclarecer o que eu queria designar com a expressão *"relatividade* da oposição entre classe e elemento", a saber: que *todo* conceito que pode ser concebido como uma *classe* pode sempre, de outro [284] ponto de vista, ser também interpretado como *elemento* de uma classe (de "tipo superior"). A distinção entre classe e elemento *não* é, portanto, *inequívoca*.

A ideia da *hierarquia de tipos* se tornou conhecida, sobretudo, pela "teoria dos tipos" de Russell (cuja crítica está fora do escopo deste trabalho). Em uma hierarquia, os conceitos são ordenados de tal modo que um determinado conceito aparece como uma classe de elementos que são conceitos de tipo inferior e, por outro lado, como elemento de classes que são conceitos de tipo superior. Mas, no interior de cada um dos tipos, as classes ainda podem ser ordenadas em função de sua extensão, conforme incluam mais ou menos elementos (de tipo inferior). Essa ordem segundo a extensão engendra, no interior de cada tipo, "conceitos maiores" e "conceitos menores", que estão incluídos nos conceitos maiores. A antiga lógica, que não levava em conta essa hierarquia de tipos, chamava essa ordem de "hierarquia de conceitos".

Poder-se-ia estipular, no interior do tipo dos corpos físicos, a seguinte "hierarquia de conceitos" como exemplo de hierarquia segundo as extensões:

"Barra de ferro fundido", "corpos de ferro fundido"; "corpos de ferro", "corpos de um metal pesado", "corpos de um metal", "corpos rígidos", "corpos físicos" etc.

Proposições estritamente universais e proposições particulares

Cada uma desses corpos é um conceito maior em relação ao conceito menor que o precede: mesmo essa distinção é *relativa*. A *relatividade* da distinção entre conceitos maiores e conceitos menores (entre "gênero" e "espécie") é *tudo o que pode ser afirmado aqui sobre essa distinção* (para poder opô-la à distinção "absoluta" completamente diferente entre conceitos universais e conceitos individuais).

A hierarquia de tipos tem, diga-se de passagem, mais dimensões que a hierarquia das extensões de conceitos, que sempre se move no interior de um tipo.

Hierarquias de conceitos e hierarquias de tipos podem ainda ser opostas segundo um exemplo.

Hierarquia de conceitos:

"Pastores alemães que vivem em Viena"; "pastores alemães que vivem na Áustria" etc. [...] "cães que vivem na Áustria"; "cães" [...] "mamíferos"[...] "animais". – Todas essas classes são do mesmo tipo; o que se pode reconhecer pelo fato de que, por exemplo, meu cão [285] Lux é elemento de cada uma delas. (Ou pelo fato de que se pode formular a seguinte implicação geral: "'x é um cão austríaco' implica de modo geral 'x é um animal'". Os mesmos argumentos podem ser substituídos.)

Hierarquia de tipos (exemplo de Carnap,[2] mas levemente modificado):

"Meu cão Lux" é um elemento da classe dos "cães que vivem em Viena", que, por sua vez, é um elemento da classe das "classes de animais de Viena"; "meu cão Lux" é, ele próprio, uma classe: a classe cujos elementos são os "estados do cão Lux"; um único "estado de Lux" é (segundo Carnap[3]) "uma classe cujos elementos são pontos do mundo perceptivo" etc.

Se a oposição entre classe e elemento (respectivamente entre conceito maior e conceito menor) é *relativa*, a oposição entre conceitos universais e conceitos individuais é, segundo a concepção da antiga lógica, à qual me vinculo inteiramente, *absoluta*:

Uma fronteira atravessa as hierarquias de tipos e as hierarquias de extensões de uma maneira tal que, atravessando *cada tipo individual*, ela o divide em duas partes. Essa fronteira divide o sistema inteiro de conceitos entre dois domínios, o domínio dos *universais* (exemplos: "raças de cães";

---

2 [Rudolf Carnap, *Der logische Aufbau der Welt* (1928), p.213. (N. E. A.)]
3 [Rudolf Carnap, *loc. cit.* (N. E. A.)]

"um grande cão marrom") e o domínio dos *conceitos individuais* (exemplos: "as raças de cães vienenses"; "meu cão Lux").

Cada um dos domínios apresenta hierarquias de tipos, de classes e de elementos; e apresenta hierarquias de conceitos, de conceitos de maior ou menos extensão.

Essa fronteira entre conceitos universais e conceitos individuais é, segundo a concepção defendida aqui, *inequívoca*: enquanto um e mesmo conceito pode ser interpretado, conforme o ponto de vista, tanto como classe quanto como elemento, a questão sobre se ele é um conceito universal ou um conceito individual de poder ser respondida em cada caso de maneira inequívoca.

Qual é, então, essa fronteira? Em que consiste a distinção inequívoca?

[286] Eu devo, antes de tudo, dizer que considero os conceitos de "conceito universal" e "conceito individual" como conceitos lógicos fundamentais indefiníveis. (Talvez se possa defini-los apenas se for pressuposta a distinção entre proposições universais e proposições particulares.)

Apesar de sua indefinibilidade, pode-se dar um *critério* simples e inequívoco de pertencimento a conceitos universais, ou a conceitos individuais.

Trata-se de uma regra lógica antiga segundo a qual conceitos universais não bastam nunca para caracterizar inequivocamente um indivíduo determinado: para caracterizar inequivocamente um indivíduo determinado, deve-se sempre recorrer a *nomes próprios* de qualquer forma que seja. Em função do que:

Conceitos universais poderiam ser definidos pelo fato de que sua definição não pode comportar *nenhum nome próprio*; enquanto os

Conceitos individuais, pelo fato de que *ao menos um nome próprio* deve ser utilizado (sob uma forma qualquer) em sua definição.

Eu também considero o conceito de nome próprio como indefinível: eu acredito que a paráfrase é suficiente. Um nome próprio é um sinal que poderia necessariamente ser vinculado ao objeto em questão (por exemplo, como a placa de identificação do cão) e é necessariamente utilizado apenas *uma vez* apenas para esse objeto. (Caso o objeto seja tal que haja algo a que esteja vinculado – pense-se um nome de país e coisas semelhantes –, poder-se-ia escrever o nome próprio nas fronteiras do país, ou ele é definido com o *auxílio* de um nome próprio genuíno – [exemplo:] "A reunião de 8 de fevereiro de 1893". Sobre as indicações de tempo, cf. a seguir.) Aos nomes próprios devem ser associadas as *indicações* diretas (demonstrativas), como "este cão aqui" ou "o dia de hoje" etc.

Para mostrar que o critério indicado diz respeito ao que se entende por conceitos universais e conceitos individuais, eu formulo aqui duas máximas que serão discutidas em seguida recorrendo a exemplos. – Eu espero que a confrontação com Carnap, que defende um ponto de vista diametralmente oposto, permitirá esclarecer a questão.

As duas máximas para a discussão são:

1. Um determinado *indivíduo* não pode nunca ser caracterizado inequivocamente sem a utilização de nomes próprios, apenas por conceitos universais.

[287] 2. Um *conceito universal* não pode nunca ser definido por nomes próprios ou por uma classe de indivíduos determinados.

Observação sobre a máxima 1.

Ainda que possa descrever com precisão meu cão Lux com conceitos universais, por exemplo, com um pastor alemão marrom de um ano, de olhos verdes etc., nunca se pode desse modo caracterizar o indivíduo inequivocamente. Eu posso continuar essa "especificação" tão longe quanto queira: ainda assim poderia dizer: todos os pastores alemães marrons de um ano etc. Mesmo que a descrição fosse tão precisa que não houvesse *na prática* nenhum outro cão que se adequasse a ela, não ganhei nada com isso: de um ponto de vista *lógico*, trata-se sempre de uma classe que é determinada pela descrição; mesmo que torne a descrição tão restrita que eventualmente nenhum outro cão individual se adequasse a ela.

Ocorre o contrário se recorro a um nome próprio: "*meu* cão" – "o belo pastor alemão da rua N em Viena" – "o cão que portava a identificação 17948 em Viena" etc.: tais designações podem ser inequívocas.

Indicações *precisas de lugar e tempo*, em particular, tornam possível a caracterização inequívoca. Esse ponto é importante: não se deve esquecer que deve se tratar de indicações *precisas* de lugar e tempo; elas, por sua vez, *reenviam sempre a nomes próprios*. O ponto de partida de um sistema de coordenadas espaçotemporal só pode ser estipulado por meio de nomes próprios (por exemplo, Greenwich ou o nascimento de Cristo) ou, o que dá no mesmo, por meio de indicações diretas (demonstrativas). (Apenas uma indicação em um sistema de coordenadas "individuais" estabelecido desse modo pode ser considerado um *principium individuationis*.) Pode-se, pois, caracterizar inequivocamente um homem, por exemplo, Napoleão, pela indicação de seu local e data de nascimento: com isso, utilizaram-se justamente conceitos individuais e nomes próprios.

Um determinado indivíduo – por exemplo, uma bolha que há uma semana enchi com gás explosivo em um experimento – ocupa uma certa região espaçotemporal, mas apenas se se tratar de um corpo físico. Aquela bolha veio à existência em um minuto determinado do ano de 1931 em um determinado lugar de Viena, tinha 6 cm (diâmetro) e explodiu três minutos depois.

[288] Mas seria errôneo achar que é a região espaçotemporal determinada por coordenadas que é característica dos conceitos individuais. O que importa é a caracterização do lugar pelos nomes próprios fornecidos por um sistema de coordenadas espaçotemporal. "Uma bolha cheia de gás explosivo com 6 cm de diâmetro que explodiu três minutos depois de sua aparição" seria um *conceito universal*, uma vez que faltaria uma determinação espaçotemporal pela indicação ou por um nome próprio.

Além disso, há indivíduos que não são corpos físicos, por exemplo, a batalha de Waterloo. Seria quase impossível querer indicar uma região espacial *precisamente delimitada* para ela e isso não corresponderia a esse tipo de conceito. Entretanto, é possível caracterizar essa batalha de maneira inequívoca por meio de indicações individuais de tempo e lugar ou pela utilização de nomes próprios – evidentemente, apenas se conhecermos o significado do conceito universal de "batalha".

E isso leva a um ponto importante.

Um conceito individual pode sempre ser um elemento de uma classe de tipo superior, seja ela um conceito universal, seja um conceito individual.

Assim, a batalha de Waterloo é um elemento da classe de "batalhas de Napoleão" (conceito individual), mas também um elemento das "batalhas entre exércitos equipados com armas de fogo" em geral (conceito universal). E meu cão Lux é tanto um elemento da classe dos "cães vivos hoje em Viena" (conceito individual) quanto um elemento da classe dos "cães" em geral.

Os *elementos de um conceito universal* ("cães") podem, pois, ser *conceitos individuais* ("Lux") e conceitos universais ("cães") podem ser *conceitos ordenadores* de conceitos individuais ("cães vienenses"). Isso é tão elementar quanto importante: sobre o fato de que os conceitos individuais podem ser subsumidos sob conceitos universais, ou sobre o fato de que eles podem ser elementos de conceitos universais, repousa a *aplicabilidade* dos conceitos universais. Eles estão aí, diga-se de passagem, apenas para serem aplicados a indivíduos (ou conceitos individuais).

É claro que os elementos (ou os conceitos subordinados) de um conceito universal podem ser conceitos individuais, mas não precisam sê-lo: "um elemento da classe cão" é certamente um conceito universal (sob o qual "meu cão Lux" pode ser subsumido, aquilo em função do que [289] esse conceito individual se torna, de um lado, um conceito subordinado e, de outro, um elemento).

É trivial que os conceitos universais podem manter os conceitos individuais uma relação "classe/elemento" ou "conceito ordenador/conceito subordinado". Isso, porém, não pode nunca ser um argumento segundo o qual a distinção entre conceitos universais e conceitos individuais *seria ambígua*, que ela seria *relativa*, assim como aquela entre classe e elemento.

Tudo o que foi dito nessa discussão da máxima 1 encontra sua melhor confirmação no procedimento efetivo das ciências:

Ali onde se trata de formular leis universais (das quais podem ser deduzidas sem limite predições particulares), a ciência, a "ciência teórica", utiliza unicamente conceitos universais (a fim de aplicá-los em seguida aos casos particulares, a fim de subsumir casos individuais). Mas ali onde se trata de descrever relações individuais, como, por exemplo, na geografia (ou na história), a ciência utiliza, além dos conceitos universais, *nomes próprios*. Não há ciência que pretenda caracterizar objetos individuais e que faz essa caracterização sem nomes próprios. Se, portanto, Carnap defende a tese de que "todo nome de objeto que figura em um enunciado científico pode fundamentalmente [...] ser substituído por uma caracterização estrutural"[4] (que se deve entender como uma caracterização puramente formal sem a utilização de nomes próprios), então se pode responder apenas que nenhuma ciência que tem a ver com conceitos individuais procede desse modo; a geografia, menos que todas as outras (à qual poderíamos aplicar seus exemplos[5]). Esta utiliza apenas "caracterizações" por meio de nomes próprios e não tem, como todas as "ciências individualizantes", o menor interesse pelas "caracterizações estruturais".

Observação sobre a máxima 2.

Embora os *conceitos universais* possam estar para com os conceitos individuais segundo a relação "classe/elemento", eles não podem nunca ser

---

4 Rudolf Carnap, *op. cit.*, p.20.
5 Rudolf Carnap, *op. cit.*, p.16 e segs.

definidos ou "constituídos"*¹ como classes de indivíduos determinados ou de conceitos individuais. [290] Todos os conceitos que podem ser definidos apenas com o auxílio de nomes próprios, são, eles próprios, conceitos individuais, mesmo que sejam classes de um tipo superior que desejemos.

Desse modo, os três homens que se encontram agora em meu quarto formam uma classe, a "classe dos homens que se encontram agora em meu quarto". Essa classe é evidentemente um conceito individual. Mesmo a "classe das classes de quaisquer três homens que estavam em trios em um quarto em Viena ao meio dia" é um conceito individual (ela é não nada mais que uma reunião, por soma, de determinadas classes individuais).

O fato de que um conceito individual possa não apenas designar elementos, mas também classes individuais, não pode ser, portanto, nunca um argumento contra a univocidade da distinção entre conceitos universais e conceitos individuais, mas é apenas uma consequência da relatividade da distinção entre classe e elemento. Apenas aquele que confunde as duas distinções pode concluir dessas relações uma "relatividade da distinção entre conceitos universais e conceitos individuais". (Essa confusão surge obviamente do fato de que a "pluralidade de indivíduos" não é distinguida da "universalidade".)

Segue-se da relatividade da distinção entre classe e elemento que inclusive indivíduos (como meu cão Lux) podem ser concebidos como classe, por exemplo, como classe de seus "estados". Mas "um estado de meu cão" é certamente um *conceito individual*, por oposição ao conceito universal "(um) estado de um cão", por exemplo. O conceito "um estado de um cão" não designa aqui um estado determinado, "individual", mas os estados que ele designa são caracterizados por ele como *elementos de uma classe individual*. "Um estado de meu cão Lux" é, portanto, um conceito muito indeterminado (um conceito "impróprio", segundo Carnap:⁶ cf. Seção 26), mas, ainda assim, um conceito individual, precisamente em oposição ao conceito universal impróprio "um estado de um cão".

[291] Analogamente, posso conceber (na geometria), por exemplo, uma esfera como uma classe de pontos. "Um ponto de uma esfera" é, pois, um

---

*1 "Constituídos" é um conceito fundamental em *Der logische Aufbau der Welt* [*A estrutura lógica do mundo*] (1928), de Rudolf Carnap.

6 [Rudolf Carnap, "Eigentliche und uneigentliche Begriffe", *Symposium: Philophische Zeitschrift für Forschung und Aussprache* 1 (1927), p.355 e segs.; cf. também R. Carnap, *Abriß der Logistik* (1929), p.71. Ver Seção 26, texto relativo à nota 1. (N. E. A.)]

conceito universal (impróprio). Mas mesmo "esta esfera aqui", "este globo", pode ser concebido como classe de seus pontos. "Um ponto deste globo" é, pois, naturalmente um conceito individual.

Pode-se nesse contexto dirigir uma série de críticas à logística. Em particular, seria preciso examinar melhor a tentativa de Carnap de "constituir" os principais conceitos universais da ciência a partir de um número limitado de vivências determinadas, individuais.[7] Quando Carnap tenta "constituir" uma determinada cor, por exemplo, "marrom" (conceito universal) como uma classe de determinadas vivências, que recordam uma e outra a cor marrom, dever-se-ia objetar que vivências que aparecem depois da constituição de tal conceito universal não podem mais cair sob esta classe; a classe, que é definida por meio de determinados indivíduos, é inutilizável para a subsunção.[8] Se a classe é constituída novamente depois de cada nova vivência, obtêm-se "conceitos universais" cuja extensão e conteúdo se modificam sem parar.

A causa está precisamente no fato de que uma classe de determinados indivíduos representa o que é comum aos indivíduos (ou, como diz Carnap, "o universal" desses indivíduos[9]). Mas esse algo comum, esse "universal", não é suficientemente universal para um conceito universal. A enumeração de todos os homens que, neste momento, em todos os países observam o campo pela janela e a reunião destes em uma classe não podem nunca constituir o conceito universal "a classe de todos os homens que olham pela janela", mas apenas o conceito individual de todos os homens que olham pela janela *agora* e *em todos os países do mundo*, uma classe cuja extensão (um número finito determinado) pode, em princípio, ser estabelecida precisamente. As classes individuais têm mais em comum do que as classes universais. Não apenas que esses homens olham agora: eles têm ainda inúmeras características e relações em comum, que não podem entrar no conceito universal. [292] Uma confrontação mais precisa com a tentativa de Carnap levaria muito longe. Apenas uma passagem deve ser discutida, pois Carnap se ocupa nela diretamente com a questão da distinção entre conceitos universais e conceitos particulares.

---

7 Rudolf Carnap, *Der logische Aufbau der Welt* (1928), [p.213 e segs. (N. E. A.)]
8 [Rudolf Carnap, *op. cit.*, p.213 e segs. (N. E. A.)]
9 [Rudolf Carnap, *op. cit.*, p.5 e seg. e 213. Ver texto relativo à nota 11. (N. E. A.)]

Eu empresto a citação da parte de *A construção lógica do mundo* que se ocupa com a "clarificação de alguns problemas filosóficos sobre a base da teoria da constituição". Carnap assinala que "os resultados obtidos pelo sistema da constituição" residem "apenas na *ordem* unificada *dos conceitos* a partir do qual *a questão do problema particular é concebida mais rigorosamente e aproximado de uma solução*".[10] A primeira "clarificação" já diz respeito a nosso problema:

> *Sobre a distinção entre conceitos individuais e conceitos universais.*
> Costuma-se dividir os conceitos em conceitos individuais e conceitos universais: o conceito de Napoleão é um conceito individual, o conceito de mamífero é um conceito universal. Do ponto de vista da teoria da constituição, essa divisão não tem direito à existência, ou melhor: ela não é inequívoca, todo conceito pode ser concebido conforme o ponto de vista como conceito individual e também como conceito universal [...] Agora, depois do conhecimento das formas da constituição [...] sabemos que (quase) *todos os chamados conceitos individuais são classes ou relações* tanto quanto os conceitos universais.
> Exemplo. Para explicar isso, serve a seguinte *sequência* descendente *de níveis de objetos* (ou conceitos). O cão (espécie) é uma classe à qual meu cão Luchs pertence; Luchs é uma classe cujos elementos são os "estados" de Luchs; um único estado de Luchs (como uma coisa percebida) é uma classe cujos elementos são pontos do mundo perceptivo; tal ponto é uma relação de vários termos, o quais são quatro termos em sequências (a saber, as coordenados de espaço e tempo) e uma ou mais qualidades sensoriais; uma qualidade sensorial é uma classe de "minhas vivências"; estas são vistas aqui como os elementos fundamentais.
> Segundo a concepção habitual, os conceitos do exemplo deveriam ser considerados em parte como conceitos individuais, em parte como universais. Mas aqui cada um deles (com exceção do último) é constituído como classe ou relação e o [293] seguinte é um elemento dessa classe ou um elemento dessa relação; cada um representa, então, um universal para outros objetos. A que se deve o fato de que, na maneira de ver habitual, a espécie cão, por exemplo, ou a qualidade sensível marrom sejam consideradas algo universal e, ao contrário, o cão Luchs, um determinado ponto no mundo e uma determinada vivência, como algo individual e que, às vezes, apenas estes

---

10 Rudolf Carnap, *op. cit.*, p.211.

sejam chamados de "objetos" e aqueles, ao contrário, sejam chamados de "meros conceitos"?[11]

A crítica dessa passagem resulta imediatamente do que foi dito até aqui.

As primeiras frases são, a meu ver, importantes principalmente porque os exemplos de Carnap ("mamífero", "Napoleão"), assim como os exemplos seguintes, mostram que ele utiliza os termos "conceito universal" e "conceito individual" no mesmo sentido em que são utilizados em geral (inclusive aqui). Não é que nós não falemos a mesma língua, mas que não falemos sobre a *mesma* distinção.

Carnap não a considera inequívoca, pois confunde essa distinção – que não pode ser apreendida pela logística – com a distinção logística entre classe e elemento. Isso é mostrado, sobretudo, por seus exemplos: ele passa de uma classe universal (cão) a seus elementos individuais ("meu cão Luchs"): não há nenhum problema nisso. Todos os conceitos seguintes, por exemplo, o "estado" desse cão determinado ou as vivências que "constituem" um determinado estado ou suas classes (e suas relações), na medida em que essas classes e relações são constituídas por determinadas vivências individuais, são *conceitos individuais*.

As considerações posteriores de Carnap são também insustentáveis. Ele acredita poder reduzir a distinção habitual, mas, segundo ele, não inequívoca, entre conceitos universais e conceitos individuais ao significado específico que a ordem espaçotemporal tem para nós: os "indivíduos" são caracterizados pelo fato de que nós atribuímos a eles uma região determinada, *conectada* na ordem espaçotemporal, enquanto os conceitos universais, por exemplo "a qualidade sensorial marrom possui regiões espaçotemporais não conectadas a ela".[12]

Mas mesmo a conceitos individuais, por exemplo, a classe dos homens nascidos na Áustria, mas que vivem há cinco anos no exterior, que [294] beberam um copo de leite aqui há um mês, correspondem regiões espaçotemporais *não conectadas*. E a escolha da ordem espaçotemporal como *principium individuationis* repousa única e exclusivamente*[2] sobre o fato de que um sis-

---

11 Rudolf Carnap, *op. cit.*, p.213.
12 [Rudolf Carnap, *op. cit.*, p.214. (N. E. A.)]
*[2] Ela repousa também sobre o fato de que indivíduos são, acima de tudo, coisas físicas.

tema determinado de coordenadas espaçotemporais fornece uma correlação simples com *nomes próprios*.

34. A proposição estritamente universal: problema da indução e problema dos universais[1]

Se a distinção entre conceitos universais e conceitos individuais for pressuposta, pode-se definir as proposições universais e as proposições particulares: aquelas como proposições sobre todos os elementos de uma classe, que são apenas por meio de *conceitos universais*; as últimas como proposições sobre indivíduos singulares ou [sobre] classes que são definidas com o auxílio de conceitos individuais (nomes próprios). Não penso que [295] se ganhe muito com essa definição; a distinção entre proposições universais e proposições particulares não deveria nunca ser obscura, inclusive seu significado para o problema da indução não deveria nunca ser obscuro. Já foi mostrado há muito que as proposições universais não podem nunca

---

1 Esta era anteriormente a Seção 35. No texto, é preciso considerar inteiramente o deslocamento.
[Esta seção era acrescida de uma página com a seguinte nota:]
34. A proposição estritamente universal
Esta seção é agora [1932] completamente reformulada.
Breve indicação do conteúdo da [nova] Seção 34:
A proposição estritamente universal pode (no caso de enunciados factuais) ser concebida como enunciados (não tautológicos) acerca de um *conceito universal* (ou acerca de todos os elementos de uma classe, que são designados por um conceito universal).
Conceito universal e proposição estritamente universal são *correlatos*.
A proposição estritamente universal pode – porque ela não é nunca definitivamente verificável, embora a dedução possibilita predições definitivamente verificáveis – ser chamada de *ficção heurística* (no sentido de Vaihinger). No entanto, deve-se constatar, contra Vaihinger, que esse conceito de ficção é um conceito *lógico* e não tem nada a ver com conceito de ficção psicológico.
O próprio Vaihinger assinala evidentementea que as *hipóteses* não são uma ficção, pois ele as considera definitivamente verificáveis ou porque elas são estipuladas com a esperança de representar estados de coisas universais.
[As primeiras frases dessa nota remetem a uma versão anterior – e agora perdida – da Seção 34. Cf. Seção 33, nota 1. A indicação de conteúdo para a nova Seção 34 concorda perfeitamente com a versão da Seção 34 apresentada aqui. (N. E. A.)]

ser verificadas. Mas deve ficar claro agora que *nem* todas as proposições particulares podem ser verificadas, mas que para muitas proposições particulares existe a possibilidade de verificação. (Um exemplo de uma proposição particular, em princípio, não verificável: "As trajetórias de todas as pedras – ou mesmo apenas de algumas – que foram lançadas hoje, e não foram *medidas*, são parábolas".)

Que as *leis da natureza* devam ser justamente proposições estritamente universais resulta da utilização da expressão "lei da natureza".

Reconhecemos como uma lei da natureza genuína apenas uma regra que se confirma sempre, em todas as circunstâncias. Se algum dia forem descobertos desvios em uma lei da natureza, deve-se formular uma nova lei da natureza que inclua esses desvios (e que inclua tanto quanto possível a antiga como um caso especial, uma aproximação dedutível[*1]).

A isso corresponde também o fato de que as "ciências nomológicas", as "ciências teóricas" (por exemplo, a física ou a geomorfologia ou a economia política) não têm nenhum interesse por nomes próprios, exceto quando se trata da verificação de predições deduzidas, que são justamente proposições particulares; essas ciências formulam leis da natureza. Como foi assinalado anteriormente, as "ciências individualizantes", ao contrário, trabalham com nomes próprios, com proposições particulares.

(Do ponto de vista da teoria do conhecimento, as ciências teóricas são incomparavelmente mais interessantes. Inclusive o problema da indução diz respeito apenas a elas.)

Todas essas considerações são, por assim dizer, exteriores ao debate: elas valem apenas se supusermos que as posições pseudoproposicionais estão equivocadas sobre o fato de que as leis da natureza são proposições genuínas.

[296] O que ocorre (se fizermos essa suposição) com a relação entre o problema da indução e o problema dos universais, do ponto de vista da teoria do conhecimento?

[*1] A observação entre parênteses é bastante importante: ela se refere ao que chamei posteriormente de "racionalidade das revoluções científicas". [Ver Karl Popper, "The rationality of scientific revolutions", in: *Problems of Scientific Revolution: Progress and Obstacles to Progress in the Sciences* (*The Herbert Spencer Lectures* 1973, ed. por Rom Harré, 1975), p.72 e segs. (= Karl Popper, *The Myth of the Framework: in Defense of Science and Rationality*, ed. por M. A. Notturno, 1994, p.1 e segs.). (N. E. A.)]

A ciência trata do conhecimento. Conhecimentos podem se expostos apenas por meio de proposições, não por meio de conceitos. Poder-se-ia dividir os teóricos do conhecimento e os lógicos em dois grupos: aqueles que preferem *proposições* e aqueles que se interessam por *conceitos*.[*2]

A este primeiro grupo também pertence, por exemplo, Russell (em particular, sua *"no class-theory"*,[1a] mas não os sistema de conceitos de Carnap): a logística concebe um "conceito" como classe de valores de argumento, que transformam uma função proposicional em uma proposição verdadeira. (Uma vez que ela não faz nenhuma distinção fundamental entre proposições estritamente universais e proposições particulares, ela também não pode, com essa concepção dos conceitos, fazer nenhuma distinção entre conceitos universais e conceitos individuais.)

O ponto de vista dedutivista-empirista deve também ser contado entre aqueles que se interessam preferencialmente por *proposições*.

Por isso, para ele, o problema dos universais só pode ser solucionado satisfatoriamente vinculado ao problema da indução.

Do ponto de vista dedutivista-empirista, os enunciados factuais se dividem, como foi justificado detalhadamente na Seção 31, em duas classes: as proposições particulares, que podem em geral (conforme discutido anteriormente) ser, por princípio, definitivamente verificadas ou falsificadas, e as proposições universais, que nunca podem, por princípio, ser verificadas definitivamente, mas que podem ser falsificadas.

A finalidade de uma proposição universal se limita, de acordo com esse ponto de vista, a servir de fundamento da dedução de proposições particulares, em particular, de predições. Mas para poder deduzir a proposição menor (implicado) de uma proposição maior (implicante), deve não apenas haver a relação de consequência (implicação analítica) entre a proposição maior e a proposição menor, mas a proposição maior deve *ser considerada verdadeira*.

[297] Para poder deduzir, devemos, portanto, *supor verdadeiras* proposições universais, ainda que saibamos que elas nunca podem ser verificadas e

---

[*2] Sobre essa importante divisão, cf. *Logik der Forschung* (2.ed., 1966; e edições posteriores), Seção 4, nota *1, e *Conjectures and refutations* (1963), p.27 e seg. [= *Vermutungen und Widerlegungen* (1994; 2.ed. (*Gesammelte Werke in deutscher Sprache* 10, 2009), p.27 e segs. Ver também Seção 35, texto relativo à nota *2. (N. E. A.)].

[1a] [(3.ed.) Cf. Rudolf Carnap, *Der logische Aufbau der Welt* (1928), p.45. (N. E. A.)]

Proposições estritamente universais e proposições particulares

que, no sentido do princípio empirista "Apenas e unicamente a experiência pode decidir acerca da verdade e falsidade de um enunciado factual", elas *nunca* podem, portanto, ser consideradas como *verdadeiras*.*³

A aparente dificuldade é fácil de ser superada. Um exemplo: eu chego em casa supondo que não há ninguém. Eu encontro a casa fechada por dentro com um trinco: uma vez que se pode deduzir de minha suposição, *desde que ela seja suposta como verdadeira*, que a trava deve estar aberta, eu concluo a falsidade de minha suposição. É legítimo, portanto, supor (provisoriamente) como verdadeiro, tendo em vista a dedução, um enunciado que *não é verdadeiro*.

Objetar-se-á talvez: tal enunciado particular revela-se como não verdadeiro apenas empiricamente, mas ele *poderia*, no entanto, ser verdadeiro. Um enunciado factual universal, porém, nunca pode, *por razões lógicas*, ser *reconhecido* como verdadeiro. É também legítimo, nessas circunstâncias, tendo em vista a dedução, estipulá-lo como verdadeiro, mesmo que apenas provisoriamente?

Essa ponderação é injustificada: o que fazemos quando pretendemos demonstrar a falsidade, por exemplo, de uma proposição matemática? Mostramos que suas consequências (seja em relação ao sistema como um todo, seja individualmente) conduzem a *contradições*. Demonstra-se que a proposição é contraditória, que ela não *pode* ser verdadeira por *razões lógicas*. No entanto, ela deve – para que as consequências contraditórias possam ser deduzidas dela – ser suposta (provisoriamente) como verdadeira. Não há nada a objetar, portanto, contra o fato de supor (provisoriamente) como verdadeira uma proposição que, por razões lógicas, não pode sê-lo.

Essa é a razão pela qual [ou, ainda, uma das razões pelas quais] costumamos considerar uma proposição universal, uma lei da natureza, enquanto ela se confirma, enquanto ela não foi falsificada, como verdadeira.

Mas ela não é nada mais que o fundamento da dedução e pode precisamente funcionar como fundamento da dedução apenas se for suposta (provisoriamente) como verdadeira.

[298] Enquanto proposições universais, as leis da natureza são, pois, suposições e, inclusive, *suposições por princípio provisórias*, que são consideradas verdadeiras enquanto não forem falsificadas.

---

*³   Essa passagem deveria dizer mais precisamente: "podem ser consideradas decididas como verdadeiras". (Mas isso é muito feio.)

Tais suposições são, porém, na terminologia de Vaihinger (que faz jus inteiramente a esse conceito) *ficções*.²

Vaihinger chama de ficções suposições "sabidamente" falsas.³ Eu prefiro dizer: suposições que *não podem por princípio ser verdadeiras**⁴ (uma vez que a palavra "sabidamente" também admite uma interpretação psicológica).

Se supusermos como *verdadeira*, por exemplo, uma proposição matemática falsa, contraditória, para poder deduzir consequências dela, essa suposição de que a proposição é verdadeira é, sem dúvida, uma *ficção genuína*.

Do mesmo modo, porém, todas as proposições universais, as leis da natureza, as hipóteses, são *ficções*.*⁵

O próprio Vaihinger rejeita a concepção de que as hipóteses são ficções com a justificativa de que elas são estipuladas para, se possível, ser provadas como verdadeiras: enquanto kantiano, ele acredita na possibilidade de *leis da natureza verdadeiras*.⁴ Mas nada se ajusta ao conceito de ficção posto em evidência por ele tão bem*⁶ quanto as leis da natureza (que – segundo a concepção defendida aqui – não podem ser distinguidas das hipóteses; a não ser pelo grau de sua confirmação).

Mas se os enunciados factuais universais forem hipóteses por princípio ficcionais, pois são sempre suposições provisórias, a *concepção ficcional dos universais* adquire um sentido claro:

Os universais são precisamente esses conceitos (os "conceitos artificiais" de Vaihinger⁵) que devemos introduzir para poder formular as proposições estritamente universais ficcionais que podem em princípio servir em qualquer lugar de fundamentos invariantes da dedução de predições.

[299] Do mesmo modo que os universais podem ser reduzidos às proposições universais (como "esses conceitos que podem figurar nas proposições estritamente universais"; o que corresponde novamente à concepção de

---

2 [Hans Vaihinger, *Die Philosophie des Als Ob* (3.ed., 1918). (N. E. A.)]
3 [Hans Vaihinger, *op. cit.*, p.130. (N. E. A.)]
*4 Essa é uma formulação ruim: no lugar de "ser verdadeiras", deveria estar "ser provadas como verdadeiras". Ver a "Introdução de 1978", [Seção 2: (5)-(7). (N. E. A.)]. Posteriormente, eu me distanciei totalmente da terminologia de Vaihinger: ela é inteiramente equivocada.
*5 Não: pois elas *podem* ser verdadeiras, sem nunca *poder ser provadas* como verdadeiras.
4 [Cf. Hans Vaihinger, *op. cit.*, p.143 e segs. (N. E. A.)]
*6 Isso é completamente falso; pois uma lei da natureza *pode* ser verdadeira.
5 [Hans Vaihinger, *op. cit.*, p.15 e segs. e 28 e segs. (N. E. A.)]

Ockham[6]), o caráter ficcional destes pode ser reduzido ao caráter ficcional das proposições universais, logo, ao fato de que *não se pode nunca estabelecer a verdade de um enunciado factual sobre universais*.

35. Observações sobre o problema dos universais[1]

Entende-se normalmente por problema dos universais a questão da "validade de conceitos universais", da "essência" destes, ou, ainda, a questão: "O que são conceitos universais?".

O problema é inadequadamente colocado dessa forma ou de maneira semelhante. A questão "O que são conceitos universais?" não pode ser respondida caso "conceito universal" seja um conceito indefinível. (Ele é, de resto, aquele que é mais frequentemente entendido psicologicamente, não no sentido da teoria do conhecimento.) A questão sobre sua essência é tão indeterminada que se deve perguntar primeiramente o que se entende por "essência". A questão sobre a validade tem, por fim, um [300] sentido genuíno se a remetemos às *proposições*: a validade de uma proposição é seu valor de verdade. Mas um *conceito* não pode nunca ser verdadeiro ou falso (no máximo, ele pode ser definido como não contraditório ou contraditório). Desse modo, aplicada a conceitos, a questão sobre a validade é extremamente obscura.

---

6 [Ver nota 1, assim como Seção 35, nota 5 e texto relativo a essa nota. (N. E. A.)]
1 [Essa seção era acrescida de uma página com a seguinte nota:]
35. Problema da indução e problema dos universais
Essa seção é agora reformulada.
Breve indicação do conteúdo da [nova] Seção 35:
O "problema dos universais" em sua formulação habitual é um pseudoproblema. Mas essa constatação é muito pouco satisfatória: o "método do pseudoproblema", isto é, o método que consiste em explicar os problemas como pseudoproblemas e, desse modo, "eliminá-los", é rejeitado: deve-se tentar encontrar e formular de maneira incontestável o problema genuíno, que está em quase todos os casos na base do "pseudoproblema" cuja formulação é insuficiente.
No caso do problema dos universais, chega-se a uma solução ficcionalista (análoga à das proposições universais).
[As primeiras frases dessa nova seção remetem a uma versão anterior – e agora perdida – da Seção 35. Cf. Seção 33, nota 1, assim como Seção 34, nota 1. A indicação de conteúdo dessa nova Seção 35 concorda perfeitamente com a versão apresentada aqui da Seção 35. (N. E. A.)]

Se quiséssemos nos contentar com essa maneira insatisfatória de colocar a questão e tratar o problema dos universais como *pseudoproblema*, eu consideraria também esse procedimento insatisfatório. Mesmo se completamos esse *método do pseudoproblema* (que remete a Wittgenstein[2]) fazendo considerações psicológicas sobre os motivos e sobre as causas psíquicas que conduzem à formulação do pseudoproblema tradicional, não se ganha, a meu ver, nada com isso. A constatação de que um problema é um pseudoproblema deve, para ser satisfatória, ser completada pela investigação do *problema genuíno* (não o problema psicológico, mas o problema genuíno da *teoria do conhecimento*) que está na base do problema insatisfatoriamente formulado.

Desse modo, a questão da validade das proposições universais está na base da questão da validade dos conceitos universais; e a questão das *relações entre conceitos universais e conceitos individuais* está na base da questão da essência dos conceitos universais; esta é a questão que vou examinar como "problema dos universais":

A distinção estrita entre conceitos universais e conceitos individuais é legítima ou não?

Considerada do ponto de vista dessa colocação da questão, todas as posturas em relação ao problema dos universais caem em dois grupos:

Primeiro grupo: a distinção estrita entre conceitos universais e conceitos individuais não é reconhecida: uns *podem ser reduzidos* aos outros.

Segundo grupo: reconhece-se que os conceitos universais e os conceitos individuais *não são redutíveis* uns aos outros.

No *primeiro grupo*, há duas concepções possíveis: uma tenta reduzir os (supostos) conceitos individuais a *conceitos universais* (concepção universalista), outra tenta reduzir [301] os (chamados) conceitos universais a *conceitos individuais* (concepção individualista).

A *concepção universalista* é dedutivista. Ela corresponde ao racionalismo dedutivista no que diz respeito à questão da validade de proposições universais (problema da indução).

A razão, o entendimento, conhece apenas o universal. O individual é "conhecido pelos sentidos, mas ele não é um conhecimento genuíno, pois conhecer sempre é reconhecer, descobrir, subsumir o universal (no parti-

---

[2] Ludwig Wittgenstein, *Tractatus logico-philosophicus* (1918/1922), proposição 6.53.

cular). Mesmo os chamados nomes próprios são universais: com o nome "Sócrates", designo uma série de percepções sensoriais diversas, nas quais reconheço sempre o mesmo universal, a "socraticidade" (Champeaux[3]). Apenas o universal é *essencial*; o individual, *acidental*. Pois é acidental de que lado exatamente vejo Sócrates; *conhecido*, apenas o universal. Quanto mais universal, mais essencial. (A "socraticidade" é acidental em relação à "humanidade" de Sócrates.)

A *concepção individualista* é indutivista. Ela corresponde ao empirismo indutivista (e foi, na realidade, desenvolvida pelo empirismo inglês, em particular por Berkeley). Para ela, até mesmo os chamados conceitos universais são redutíveis aos individuais, isto é, [aos] nomes próprios, [eles] são resumos abreviados de nomes próprios. Sobre a questão da validade de proposições universais, essa concepção deve supor, de maneira consequente, que não há proposições universais: as leis da natureza devem, pois, ou ser proposições particulares ("positivismo estrito"), ou não ser proposições ("posições pseudoproposicionais").

As duas concepções, universalismo e individualismo, devem naturalmente tentar *explicar* a distinção aparentemente irredutível entre [os (chamados) conceitos universais e] os (chamados) conceitos individuais, pois essa distinção não pode [ser] algo último, indefinível, para elas, mas ela deve poder ser redutível.

A explicação das duas posições é amplamente análoga: as duas reconhecem que podemos correlacionar os chamados indivíduos ou conceitos individuais a determinações espaçotemporais delimitadas, determinadas, [302] ao menos, a determinações temporais: a temporalidade dos individuais enquanto *principium individuationis*. Os chamados conceitos universais, ao contrário, são considerados como atemporais (analogamente à verdade ou falsidade de uma proposição que é atemporal; cf. Seção 16) ou, ainda que não precisamente delimitáveis temporalmente, como podendo ser correlacionais, em princípio, a diferentes sequências temporais (eventualmente também a regiões espaçotemporais).

As interpretações desse resultado, entretanto, divergem.

O racionalismo ensina (conforme à doutrina da evidência) que a razão conhece o universal, à medida que o apreende intuitivamente, o contempla.

---

3 [Wilhelm von Champeaux, 1070-1121; cf. Carl von Prantl, *Geschichte der Logik im Abendlande* II. (1861), p.128 e segs. (N. E. A.)]

O universal é [um] objeto cognoscível, ao menos tão objetivo quanto o individual, o acidental. Aos universais pertence a existência intuitiva. A atemporalidade do universal é interpretada como *eternidade* e a temporalidade dos individuais, como *efemeridade*. Desse modo, os universais obtêm uma *realidade superior* (Platão); eles se tornam a realidade "genuína", a essência; seu conhecimento: intuição de essência (*Universalia sunt realia*, realismo[*1]).

O apriorismo tende mais a compreender os universais como formas, que o entendimento que conhece impõe às impressões sensíveis. Elas são, pois, geradas pelo entendimento, não intuídas (segundo Kant, não há conhecimento intuitivo), não são "reais": reconhece-se a temporalidade de tudo o que é real, a atemporalidade transforma os universais em *ficções* irreais (ficcionalismo).

Algo correspondente vale para o convencionalismo dedutivista: os conceitos universais são construções lógicas. (As concepções *racionalistas*, que consideram o universal, assim como o individual, não como temporal, mas simplesmente como não precisamente delimitável temporalmente – pois presente em diferentes instantes temporais – correspondem à posição *universalia in rebus*.)

[303] O individualismo indutivista vê os conceitos universais ou apenas como abreviações de diversos nomes próprios, ou como determinadas construções de nomes próprios, nos quais os objetos individuais são ordenados segundo pontos de vista psicológicos (associação pela memória) ou pontos de vista formais (semelhança).

Eles não têm um significado independente. Sua "atemporalidade" consiste em que muitas regiões temporais podem corresponder a eles. Tudo o que foi dito sobre esses conceitos universais é, em princípio, inteiramente traduzível em enunciados sobre nomes próprios, objetos individuais, vivências determinadas (*universalia sunt nomia*, nominalismo extremo).

[*1] Posteriormente, eu chamei esse "realismo" de "essencialismo" ou também de "filosofia da essência". [Ver Karl Popper, "The poverty of historicism I.", *Economica* N.S., 11 (No. 42, Mai 1944), p.94. (*The poverty of historicism*, 1.ed., 1957, e edições posteriores, p.27, *Routledge Classics*, 2002, p.24; *Das Elend des Historizismus*, tradução alemã de Leonard Walentik, 1965, p.49 e seg. [1-6.ed., 1965-1987, p.22; 7.ed., *Gesammelte Werke in deutscher Sprache* 4, 2003, p.24 e seg.); cf. também Karl Popper, "Intellectual Autobiography", in: *The Philosophy of Karl Popper* I. (ed. Paul Arthur Schilpp, 1974), p.13; (= *Unended Quest: An Intellectual Autobiography* (1976), p.20; *Ausgangspunkte: meine intellektuelle Entwicklung*, tradução alemã de Friedrich Griese e do autor, 1979, p.22 e segs.). (N. E. A.)]

Dentre as concepções do *primeiro grupo*, o nominalismo é certamente o mais fechado: reduzir os conceitos universais aos nomes próprios é, de longe, mais satisfatório do que o inverso. Mas mesmo a concepção do positivismo estrito se distingue pela simplicidade e coerência: a questão é se o nominalismo extremo não é também um filosofema como é o positivismo estrito.

O segundo grupo de concepções reconhece os conceitos universais e individuais como *não redutíveis* uns aos outros.

Assim como as concepções do primeiro grupo, a atemporalidade dos conceitos universais e a temporalidade dos conceitos individuais é reconhecida. Esta última, porém, parece redutível ao fato de que determinadas regiões temporais só podem ser determinadas com o auxílio de nomes próprios. A particularidade dos individuais também é reconhecida à medida que os nomes próprios e os demonstrativos são colocados no mesmo plano.

Além disso, interpretações ficcionalistas e nominalistas também são possíveis. Mas, ao final, a disputa de opiniões perde toda acuidade:

Interpretações *realistas* e *ficcionalistas* não constituem uma oposição objetiva: a particularidade dos individuais é reconhecida e não é mais necessário minimizar sua importância, considerá-la acidental. Não há mais sentido em atribuir aos conceitos universais uma realidade *superior* e em enfrentar avaliações semelhantes. O valor, a importância, dos conceitos universais para o conhecimento pode ser enfatizado. Se for atribuída realidade aos conceitos universais, [304] reconhece-se que esse ponto de vista trata de *outro tipo de realidade* que não aquela dos objetos individuais: a realidade "habitual" que atribuímos a determinados homens, isto é, a realidade dos objetos individuais à qual podemos nos referir, está sujeita ao critério da temporalidade ("temporalidade do real"[4]). A "realidade" dos universais atemporais é de outra espécie; não há mais sentido em caracterizá-los como uma "realidade superior" (Platão), uma vez que o individual não é mais concebido como particularização, como caso especial do universal. Trata-se apenas de uma disputa verbal continuar chamando essa espécie particular de realidade de "realidade" ou de "irrealidade". O reconhecimento do fato de que os universais são de outra espécie que os objetos individuais chamados normalmente de reais é a única coisa *de fato essencial*; nisso, essa forma de realismo concorda com o ficcionalismo. Mas é preciso também abandonar a doutrina da

---

4 Moritz Schlick, [*Allgemeine Erkenntnislehre* (2.ed., 1925), §24, p.172 e segs. (N. E. A.)]

intuição intelectual que corresponde à doutrina da evidência. Considerando o uso corrente da linguagem, que chama os objetos individuais e os eventos de reais, é sem dúvida preferível enfatizar terminologicamente a diferença de natureza dos universais e falar de *irrealismo* ou *ficcionalismo*.

Mas mesmo a oposição ao nominalismo desaparece no momento que se reconhece que, no caso dos universais, não pode se tratar de *nomes próprios*.

Não há dúvida de que os conceitos universais sejam palavras, *nomes*, mas eles não são *nomes próprios* (mas termos ou nomes de espécies, desde que não se entende essa expressão no sentido de uma classe etc. de nomes próprios). Contra um nominalismo (ou terminismo) não há nada a objetar, desde que a expressão "nominalismo" seja empregada nesse sentido e que assinale o antagonismo com o realismo racionalista-metafísico. (O nominalismo de Ockham era desse tipo.[5])

[305] O mais importante a assinalar é que a "atemporalidade" dos conceitos universais (mais exatamente: o caráter temporalmente ilimitado de sua utilização) tem por consequência que, aos conceitos universais, sempre correspondem classes de indivíduos, as quais não podem ser *limitadas em sua extensão*.

A concepção do problema dos universais exposta aqui não é, a meu ver, completamente satisfatória. Isso se deve ao fato de que as concepções que acabo de discutir só podem funcionar satisfatoriamente em conexão com o *problema da indução*: o problema dos universais diz respeito a conceitos; *os conceitos estão aí, porém, apenas para serem usados nos enunciados do conhecimento.*[*2]

O tratamento do problema da indução confere à concepção chamada de *ficcionalismo* um sentido bem mais preciso.

No quadro do próprio problema dos universais, acho que podemos falar somente que as relações entre conceitos universais e conceitos individuais é tal que eles não podem ser reduzidos uns aos outros.

---

5 [Guilherme de Ockham 1300-1347 ou 1350; cf. Carl von Prantl, *Geschichte der Logik im Abendlande* III. (1867), p.343 e segs. Ver também Seção 34, texto relativo à nota 6. (N. E. A.)]

*2 Ver texto relativo à nota *2 da Seção 34.

[306] Capítulo X
De volta às posições pseudoproposicionais

36. Retorno à discussão das posições pseudoproposicionais

Um breve panorama deve rememorar o curso da investigação até aqui – desde o início da discussão das posições pseudoproposicionais.

As posições pseudorpoposicionais recusam às leis da natureza o caráter de proposições genuínas, às quais se pode atribuir valores de verdade. O problema da indução, a questão sobre a validade das leis da natureza, desapareceria, não seria um problema genuíno, mas um pseudoproblema, surgido pela má-compreensão das leis da natureza como proposições genuínas.

Essa ideia – que remonta a Wittgenstein e Schlick – conduz à nova colocação do problema: O que são as leis na natureza se não são proposições genuínas?

Aceitou-se a resposta[1] de que as leis da natureza são "instruções para a formação de enunciados", mas ela não pode ser satisfatória: tais instruções poderiam ser também *proposições genuínas*. A colocação do problema deveria

---

1 [Moritz Schlick, "Die Kausalität in der gegenwärtigen Physik", *Die Naturwissenschaften* 19 (1931), p.151. Cf. Seção 19, nota 1 e texto relativo a esta, assim como Seção 43, texto relativo à nota 10. (N. E. A.)]

ser complementada pela exigência de especificar as leis da natureza de tal forma que seu caráter pseudoproposicional fique fora de questão.

Desse modo, a investigação chega à formulação do pragmatismo consequente: a avaliação das leis da natureza deveria ser distinguida dos *valores de verdade* (absolutos), que podem ser atribuídos apenas a *proposições genuínas*, de tal modo que, em princípio, ela seja apenas provisória.

Na busca de uma determinação mais precisa da problemática ainda altamente incerta, oscilante, a investigação chegou ao conceito de "construção puramente pragmática", "ferramenta [307] e esquema" e, em seguida, aos esquema lógicos para a formação de enunciados, as *funções proposicionais*.

As leis da natureza são funções proposicionais? (primeira posição pseudoproposicional, Seção 23). Para poder observar panoramicamente essa colocação do problema, a discussão das posições pseudoproposicionais foi abandonada provisoriamente. A longa digressão que foi feita divide-se em duas grandes partes: a primeira parte se prendia à questão sobre se as leis da natureza são funções proposicionais e se ocupou com a *problemática do convencionalismo* (Seções 24 a 30). A segunda parte se prendia, principalmente, aos conceitos logísticos (de implicação geral e de implicação), para garantir uma *distinção entre proposições estritamente universais e proposições particulares*, fundamental para o problema da indução (Seções 31 a 35).

Se a investigação deve agora retomar a discussão crítica das posições pseudoproposicionais, ela deve retornar ao ponto em que foi deixada, isto é, à primeira posição pseudoproposicional, à questão:

As leis da natureza são pseudoproposições?

A discussão da problemática do convencionalismo não levou a nenhuma decisão inequívoca sobre essa questão, mas sim a resultados consideráveis.

Por um lado, ela mostrou que a concepção das leis da natureza como funções proposicionais a aproxima da *teoria do conhecimento convencionalista* e a torna *inaceitável aos empiristas*. Mas, além disso, essa posição pseudoproposicional, mesmo em sua aparente precisão lógica, *não* garante o caráter pseudoproposicional das leis da natureza: por um lado, todas as leis da natureza que não são axiomas de uma teoria, mas teoremas inferidos, não são pseudoproposições (mas, exatamente como as leis da natureza convencionalistas, juízos analíticos; cf. Seção 28). Por outro lado, as funções proposicionais vinculadas a definições ostensivas podem ser consideradas como enunciados factuais *genuínos*, e parece se colocar a questão sobre se a determinação de uma função proposicional como útil já não a correlaciona a um determinado domínio de valores de argumento. Mas isso significaria que ela é apenas aparentemente uma função proposicional, sendo, na realidade, uma proposição genuína (cf. Seção 29).

[308] Em suma, é preciso dizer que a investigação da problemática convencionalista poderia apenas reforçar o ceticismo em relação ao caráter pseudoproposicional das leis da natureza: não bastam as construções lógicas (logísticas) precisas, como as funções proposicionais, para fixar os alicerces soltos das posições pseudoproposicionais.

Mas tudo isso não deve ser considerado como crítica: todas essas reservas são quase tão vagas e indeterminadas quanto as posições contra as quais se dirigem. Elas devem, consequentemente, ser excluídas da crítica das posições pseudoproposicionais. Tal crítica das posições pseudoproposicionais deve se iniciar em um ponto inteiramente diferente.

O ponto ao qual uma crítica fundamental deve se dirigir será buscado apenas na próxima seção. Digamos aqui, por último, apenas que essa crítica deve se dirigir contra as *posições pseudoproposicionais em qualquer forma*.

Para dar a maior generalidade possível à crítica, entendida nesse sentido, é preciso reconhecer *expressamente como legítimas* (apenas provisoriamente, até sua refutação pela crítica fundamental) as posições pseudoproposicionais que parecem ser postas em questão pelas considerações desenvolvidas até aqui.

Eu penso, especialmente, nas seguintes posições pseudoproposicionais, que considero poderem ser de fato defendidas:

1. As leis da natureza são *funções proposicionais* (posição defendida *talvez* por Carnap; cf. Seção 23). Esse ponto de vista deve ser visto como isento de objeções. Apenas *uma coisa* é (e deve ser) pressuposta por ele: que a *avaliação* das funções proposicionais pela ciência natural não pode assumir um caráter tal que valores de verdade definitivos fossem associados a elas.

2. As leis da natureza são *funções proposicionais vinculadas a instruções pragmáticas* para a aplicação destas. Essa concepção estaria próxima do *empirismo*: as instruções pragmáticas impediriam uma interpretação convencionalista. A possível objeção de que essas instruções para a aplicação seriam idênticas às definições ostensivas (e as funções proposicionais, às proposições genuínas) não precisa ser considerada. [309] Deve-se admitir provisoriamente que tal concepção conduz à posição pseudoproposicional

isenta de objeções: assim como as funções proposicionais (enquanto esquemas) correspondem a ferramentas, aquelas instruções pragmáticas para a aplicação destas corresponderiam ao *modo de emprego* prático que atribuímos a uma ferramenta. Tal modo de emprego deveria ser chamado de útil ou inútil, mas não de verdadeiro ou falso definitivamente. (Com essa posição, procuro reproduzir o que poderiam querer dizer Wittgenstein e Schlick com "instruções para a formação de enunciados").[2]

3. Mas talvez as leis da natureza não tenham nada a ver com funções proposicionais? Para dar a maior generalidade possível à crítica, ela se dirigirá contra uma posição pseudoproposicional que é amplamente indeterminada, mas que *engloba todas as outras*: um ponto de vista que concebe as leis da natureza como "construções", que não são passíveis de uma determinação precisa, mas que não são, em todo caso, enunciados genuínos, pois eles podem, *em princípio, ser apenas provisoriamente avaliados*.

Se essa forma geral das posições pseudoproposicionais for refutada pela crítica, as outras também serão. Basta, portanto, que a crítica se volte para essa forma mais geral.

Todas as reservas contra o caráter pseudoproposicional das construções a serem examinadas devem, pois, ser colocadas de lado por ora. Apenas depois da crítica fundamental mostrar-se-á se essas reservas eram justificadas ou não.

37. Simetria ou assimetria na avaliação das leis da natureza?

A crítica das posições pseudoproposicionais deve ser *imanente*. Portanto, se a posição dedutivista-empirista é mobilizada nesta seção, isso não ocorre para pôr em evidência suas vantagens em relação às posições pseudoproposicionais; minha intenção é apenas encontrar, com seu auxílio, o ponto ao qual deve se dirigir uma crítica fundamental das posições pseudoproposicionais. [310] Pois *se* a concepção dedutivista-empirista estiver correta, ela deve poder ser utilizada como chave para a crítica de todas as outras concepções: ali onde as concepções incorretas se distanciam objetivamente das corretas, a crítica deverá ser colocada em marcha a fim de revelar as contradições imanentes (cf., sobre isso, Seção 9).

---

2 [Ver nota 1 e texto dessa nota. (N. E. A.)]

De volta às posições pseudoproposicionais

Tal chave, tal fio condutor, é quase inevitável no caso da crítica das posições pseudoproposicionais: desde que as posições pseudoproposicionais foram abandonadas, as dificuldades não pararam de crescer. As posições probabilistas e ainda mais as posições pseudoproposicionais se valeram de construções tão inacabadas, tão incertas, eu diria, tão invertebradas que a crítica deve primeiramente se preocupar em dar-lhe contornos mais precisos. Do contrário, seria quase impossível mostrar os problemas a que se chega com frequência pelo desenvolvimento consequente dos argumentos. Se não tiver mostrado nada mais, o exame até aqui das posições pseudoproposicionais mostrou certamente uma coisa: que se deve estimar uma chave, um princípio heurístico, por meio do qual se pode descobrir o lugar em que o adversário pode ser capturado, no qual ele resiste e não desaparece – como o "grande trapaceiro" de *Peer Gynt*[1] – quando se acredita tê-lo apreendido.

Eu gostaria de tornar a exposição um pouco mais subjetiva e relatar as considerações por meio das quais cheguei à minha crítica das posições pseudoproposicionais.

Quando ouvi falar pela primeira vez das *pseudoproposições* de Schlick, de suas "instruções para a formação de enunciados",[2] tornou-se claro para mim que só poderia se tratar aqui de uma disputa verbal, quer se chame as leis da natureza de "proposições", quer de "pseudoproposições", os problemas de fato não mudam.

[311] Eu achava muito mais importante no argumento de Schlick o fato de que ele fazia concessões bastante grandes ao *dedutivismo*. A própria expressão "instruções para a formação de enunciados" indica que a finalidade, o significado, das leis da natureza é buscada, sobretudo, na formação de predições, na possibilidade de deduzir enunciados particulares. Mas eu considerava a ênfase no caráter pseudoproposicional como uma indicação de que o prejuízo indutivista ainda não fora abandonado: a designação

---

1 [Henrik Ibsen, *Peer Gynt* (1867), p.80 e segs.; tradução alemã de Christian Morgenstern, in: *Henrik Ibsen Sämtliche Werke in deutscher Sprache* IV. (ed. por Georg Brandes, Julius Elias e Paul Schlenther, 1901), p.260 e segs. Acréscimo (3.ed.) Cf. Karl Popper, *Frühe Schriften* (*Gesammelte Werke in deutscher Sprache* 1, 2006), Nr. 5: "'Gewohnheit' und 'Gesetzerlebnis' in der Erziehung" ("Hausarbeit", 1927), §7,1: nota 37. (N. E. A.)]

2 [Moritz Schlick, "Die Kausalität in der gegenwärtigen Physik", *Die Naturwissenschaften* 19 (1931), p.151. Cf. Seção 19, nota 1 e texto relativo a essa nota. (N. E. A.)]

"pseudoproposição" não poderia significar outra coisa senão que Schlick ainda concordava com o positivismo estrito que não há enunciados factuais estritamente universais, mas *apenas enunciados factuais particulares*. Como ele próprio reconhecia que o ponto de vista estritamente positivista não bastava para dar conta do procedimento efetivo das ciências, do papel efetivo das leis naturais, ele era necessariamente levado às "instruções para a formação de enunciados".

Eu considerava pouco atrativa a disputa verbal sobre se as leis da natureza devem ser chamadas de "proposições" ou não. Se for correto que a posição pseudoproposicional, apesar de seus aspectos dedutivistas, ainda permanece no fundo indutivista, é preciso poder encontrar uma oposição *objetiva* à concepção dedutivista, ela deve cair na contradição fundamental do indutivismo: o *regresso infinito*.

À primeira vista, tal prova parece fora do horizonte: as posições pseudoproposicionais dão a impressão justamente de que foram concebidas para escapar do regresso infinito.

De onde surge o regresso infinito? Novamente do fato de que se tenta fundar sobre a experiência mais do que a experiência ensina. Isso, porém, não afeta a posição pseudoproposicional: ela sustenta reiteradamente uma utilidade *provisória* das leis da natureza e concorda, com isso, perfeitamente com o ponto de vista dedutivista, segundo o qual não considera possível uma justificação definitiva das proposições estritamente universais.

De fato, Schlick acredita ter superado todas as dificuldades desse modo:

> O problema da indução consiste, com efeito, na questão sobre a [...] justificação de proposições universais sobre a realidade, que são sempre [312] extrapolações das observações individuais. Nós reconhecemos com Hume que não há nenhuma [...] justificação para elas; não pode haver justificação, pois elas não são proposições genuínas.[3]

O ponto de vista de Schlick não seria no fundo simplesmente o ponto de vista dedutivista traduzido em linguagem pragmática?

Eu decidi examinar os dois pontos de vista *sem considerar a terminologia*, considerando unicamente suas diferenças objetivas. E, ao fazê-lo, eu notei o seguinte:

---

3 Moritz Schlick, *op. cit.*, p.156.

De volta às posições pseudoproposicionais

A concepção dedutivista-empirista é caracterizada pelo fato de que a avaliação das proposições universais revela uma *assimetria* patente.

Enquanto os enunciados factuais particulares podem, por princípio, ser *verificados ou falsificados* definitivamente, algo diferente ocorre no caso dos enunciados universais: eles podem certamente (enquanto fundamentos da dedução, cf. Seção 31) ser *falsificados* definitivamente, eles podem receber definitivamente um *valor de verdade negativo*, mas [não devemos] nunca [atribuir a eles um valor de verdade] positivo: o valor positivo é fundamentalmente de *outro tipo* que o negativo, ele é, se quisermos um valor pragmático, poderíamos chamá-lo de "valor de confirmação" (não se discutirá aqui a expressão): em todo caso, ele deve ser atribuído, *em princípio, apenas provisoriamente* às leis da natureza.

Contrariamente a essa *assimetria entre avaliação positiva e negativa*, todas as concepções indutivistas apresentam sem exceção uma *simetria da avaliação*: as *posições de proposição normal* acreditam que as leis da natureza podem ser verdadeiras ou falsas,[*1] as *posições probabilistas* acreditam que as leis da natureza podem ser *prováveis* ou *improváveis*. Ambas caem no regresso infinito (ou no apriorismo).

Mesmo a *"posição pseudoproposicional"* apresenta essa *simetria*: fica evidente aqui a separação objetiva buscada em relação ao ponto de vista dedutivista-empirista. Se este estiver correto, também no caso da posição pseudoproposicional a simetria deve levar a uma *contradição* interna.

[313] A busca de tal contradição se torna um *teste de confirmação da posição pseudoprosicional*.

Talvez se possa precisar o ponto crítico da posição pseudoproposicional? Para tanto, basta considerar mais detidamente a separação presente nessa simetria.

As *posições de proposição normal* (e as posições probabilistas) concordam com a concepção dedutivista-empirista a respeito do fato de que *valores negativos* definitivos podem ser atribuídos às leis da natureza. Mas elas também pretendem atribuir *valores positivos* a essas leis. *Nesse ponto* elas se separam da concepção dedutivista-empirista e *nesse ponto* elas caem imediatamente nas contradições do regresso infinito.

---

*1 Ao invés de "ser verdadeiras ou falsas", deveria ter escrito: "podem ser provadas como verdadeiras ou falsas".

As *posições pseudoproposicionais* concordam com o dedutivismo no que diz respeito à *avaliação positiva*: nos dois casos, a avaliação positiva é, em princípio, provisória. De fato, no que diz respeito ao lado positivo da avaliação nas posições pseudoproposicionais, não se pode revelar um regresso infinito ou mesmo uma contradição interna; mas *há uma mudança na avaliação negativa*: as posições pseudoproposicionais não admitem *nenhum valor negativo definitivo*, ao contrário da concepção dedutivista-empirista, que sustenta a possibilidade de uma *falsificabilidade empírica definitiva*.[*2]

Se a concepção dedutivista-empirista estiver correta, *nesse ponto*, isto é, na questão da *avaliação negativa* das leis da natureza, devem aparecer, no caso das posições pseudoproposicionais, todas aquelas contradições internas que são características do problema da indução. E essas dificuldades devem ser expostas *formalmente*: elas não dependem da *designação* "valor de verdade" ou "valor prático", mas apenas da questão sobre se a avaliação negativa tem o *mesmo* peso que a avaliação positiva ("simetria dos valores") – em princípio, apenas provisória –, ou se a avaliação negativa pode ter um peso *maior* que a avaliação positiva, sobre se ela pode ser qualificada por oposição à avaliação positiva ("assimetria dos valores").

[314] Essa colocação formal do problema, simetria ou assimetria da avaliação?, torna a crítica, de saída, independente da disputa sobre se as leis da natureza devem ser interpretadas como "proposições" ou como "pseudoproposições". Desse modo, ela permite uma crítica imanente das posições pseudoproposicionais.

38. A avaliação negativa das proposições universais – Crítica da interpretação estritamente simétrica das pseudoproposições

A posição pseudoproposicional que Schlick defende adota inequivocamente o ponto de vista da simetria entre a avaliação positiva e a avaliação negativa das leis da natureza: as avaliações positiva e negativa podem igualmente ser *apenas provisórias*.

[*2] No sentido de que, se determinados fatos particulares são reconhecidos, determinadas proposições universais devem ser falsas. Ver também a "Introdução de 1978", [Seção 2: (8) e segs.; cf. em particular (12). (N. E. A.)]

Essa interpretação mais simples das pseudoproposições – eu a chamarei de *interpretação "estritamente simétrica"* – poderia parecer à primeira vista como a única possível: se admitirmos a assimetria, se reconhecermos que a avaliação negativa das leis da natureza é, por princípio, de outro tipo que a avaliação positiva, de tal forma que ela não tem que ser provisória, mas pode ser *definitiva*, deveríamos, ao que parece, reconhecer que elas podem possuir um valor de verdade e ser, portanto, *proposições genuínas*.

Mas essa concepção poderia ser talvez *muito restrita*. Deve-se, portanto, admitir que uma refutação da interpretação estritamente simétrica das pseudoproposições *não* é capaz de solapar as posições pseudoproposicionais: elas são elásticas (ou indeterminadas) o suficiente para, se necessário, serem conciliáveis com uma interpretação assimétrica. Com efeito, na própria exposição de Schlick se encontram indicações que *talvez* apontem nessa direção: a de que podemos – com o auxílio de instruções, que, em princípio, *só* podem ser provisoriamente avaliadas (isto é, "instruções estritamente simétricas", instruções no sentido do pragmatismo consequente) – expressar uma determinada assimetria. (Isso poderia ser alcançado, por exemplo, exigindo um peso maior, uma "qualificação" particular para determinadas avaliações negativas.)

Essas interpretações "assimétricas" das pseudoproposições serão examinadas apenas na próxima seção. Apenas quando tiver sido resolvida a questão "simetria ou [315] assimetria das avaliações" é que sua crítica mostrará claramente que são, de fato, as contradições típicas da *indução* que as posições pseudoproposicionais não conseguem superar. Mostrar-se-á, então, na Seção 41 – o que ainda é difícil ver na presente seção – que a posição pseudoproposicional estritamente simétrica é *idêntica* ao ponto de vista do positivismo estrito. Sem dúvida, apenas *formalmente* idêntica, pois terminologia e interpretação são bastante diferentes.

A crítica será por ora – nesta seção e nas próximas duas – *puramente formal*. Ela é imanente (e se coloca fora de qualquer questão terminológica). Quando se fala de "valores de verdade", poderíamos, se quiséssemos, sempre substituir por "valor de utilidade definitivo ou particularmente qualificado"; assim como o termo "proposições universais" poderia ser substituído por "pseudoproposições": a argumentação não seria afetada por isso. Na maior parte das vezes, a substituição na exposição não é feita apenas por simplicidade e clareza.

Nesta seção, será criticada apenas a interpretação estritamente simétrica das pseudoproposições.

A questão da avaliação positiva das leis da natureza não conduz a nenhuma oposição objetiva entre a concepção dedutivista-empirista e as posições pseudoproposicionais. As leis da natureza e os enunciados factuais estritamente universais em geral – quer sejam considerados como proposições genuínas, quer como pseudoproposições – não podem nunca ser avaliados positivamente de maneira definitiva: "Observações posteriores podem, com efeito, ser um desmentido da suposta lei [...]".[1]

O que ocorre, porém, com a *avaliação negativa*?

Se refletirmos corretamente, poderíamos pensar que a assimetria (a qualificação particular da avaliação negativa) não pode ser contestada seriamente. O argumento segundo o qual a avaliação positiva definitiva é contestada já fala a favor disso: se "observações posteriores" *podem* ser "um desmentido da suposta lei", se a *experiência* em geral *pode* refutar a lei, ela pode também refutar *definitivamente* a lei, pois a ciência natural não reconhecerá nunca uma lei da natureza *contradita inequivocamente* por uma experiência.

[316] Este é, com efeito, o ponto de vista do dedutivismo:

A discussão do conceito de implicação (Seção 31) mostrou que os fundamentos da dedução não podem nunca ser verificados retrospectivamente *pela verificação* das consequências (predições) deduzidas a partir deles, mas que eles podem, no entanto, ser falsificados retrospectivamente *pela falsificação* das consequências. (Dito logicamente: se existe uma implicação, e o implicado é falso, segue-se a falsidade do implicante.)

Ora, a ciência natural faz um uso variado desse método (*modus tollens*). Ela pressupõe em geral que a lógica dedutiva é legítima e pode ser aplicada às leis da natureza enquanto proposições universais (genuínas). Mas, com isso, ela se coloca já no terreno da *assimetria*: ela introduz uma forma de avaliação negativa, qualificada de modo totalmente distinto da avaliação positiva. A avaliação negativa resulta de uma proposição empírica em função de uma dedução estritamente lógica; ela se diferencia da avaliação positiva do mesmo modo como as *inferências dedutivas* se diferenciam das *"inferências indutivas"*. (E enquanto a legitimidade da dedução não é colocada em questão, a inadmissibilidade das "inferências indutivas" é o fundamento das posições pseudoproposicionais, assim como da concepção dedutivista-empirista.)

---

[1] Moritz Schlick, "Die Kausalität in der gegenwärtigen Physik", *Die Naturwissenschaften* 19 (1931), p.150.

A objeção segundo a qual experiências não podem nunca refutar definitivamente as leis da natureza não pode (nessa forma) ser discutida aqui: ela conduz diretamente ao *convencionalismo*, à ideia de que as leis da natureza são *verdadeiras a priori* (precisamente porque experiências não podem refutá-las). Do ponto de vista empirista, portanto, ela conduz à ideia de leis da natureza que *não dizem* absolutamente *nada* (que, se quisermos, podem ser chamadas sem mais de pseudoproposições).

Mas essa objeção poderia ser levantada, e ela deve ser discutida de maneira mais detalhada.

Deve-se considerar o fato de que *toda uma série* de pressuposições está envolvida na dedução de predições: em geral, elas não são deduzidas de uma *única* "lei da natureza", mas de um sistema de proposições, de uma "teoria". A falsificação retrospectiva de predições diz respeito, pois, aos fundamentos da dedução tomados em conjunto, diz respeito à *"conjunção" das pressuposições*. Isso não significa, porém, que cada pressuposição individual foi falsificada, mas apenas que, entre as pressuposições, *ao menos uma* era falsa.

[317] A falsificação de predições deduzidas, considerada logicamente, nos deixa na incerteza acerca da questão sobre quais hipóteses contidas nos fundamentos da dedução são falsas.

Dessas considerações, extraiu-se (por exemplo, Duhem[2]) a conclusão de que não há propriamente falsificação de leis da natureza. Apenas *toda a teoria* pode ser rejeitada, com isso, não são *todas* as proposições da teoria que são rejeitadas. Ao contrário, deve-se sempre levar em conta que proposições individuais ou partes da teoria falsificada reaparecem em outro momento (ou em outro contexto): elas não podem, portanto, ser consideradas como falsificadas *definitivamente*.

O argumento parece ser justamente reforçado pelos resultados da presente investigação (a saber, pela prova de que as leis da natureza não podem ser verificadas). Se houvesse uma *verificação* das leis da natureza, poder-se-ia, por princípio, saber, acerca de todas as hipóteses individuais de uma teoria, se são verdadeiras. Se uma teoria for falsificada como um todo pela falsificação de suas predições, poderia acontecer de sabermos, acerca de todas as hipóteses de uma teoria, se são verdadeiras. Mas sabemos que

---

2 [Cf. Pierre Duhem, *Ziel und Struktur der physikalischen Theorien* (tradução alemã de Friedrich Adler, 1908), p.243 e segs. e p.266 e seg. Ver também Volume II (Fragmentos): [VII.] "O problema da metodologia", Seção 1, nota *1. (N. E. A.)]

nenhuma das hipóteses pode ser verificada definitivamente e esse conhecimento parece confirmar a ideia de que também nenhuma das hipóteses é falsificável definitivamente.

Se fosse assim, a concepção simétrica seria superior à concepção assimétrica, e, com isso, a posição pseudoproposicional seria superior à concepção dedutivista-empirista. Mas isso não ocorre.

Desconsideremos por ora a formação propriamente dita das teorias das ciências da natureza: se generalizarmos a questão, se perguntarmos sobre a falsificabilidade de enunciados factuais universais, não pode haver dúvida de que estamos autorizados a avaliar negativamente com base em experiências, ao menos, certos enunciados factuais universais.

A proposição "Todos os livros são encadernados em couro vermelho" é, sem dúvida, um enunciado factual universal e é, sem dúvida, *falso*. Como [318] ocorre a falsificação? Muito simples: essa proposição, vinculada à outra hipótese, "Isto é um livro", fornece o fundamento da dedução para a predição: "Este livro é encadernado em couro vermelho". Posso falsificar essa predição. Logo, uma de suas hipóteses deve ser falsa. A segunda hipótese era apenas um *enunciado factual particular*, que pode ser verificado definitivamente. Logo, a outra hipótese é *falsificada definitivamente*.

Podem ser levantadas objeções a essas considerações triviais? Eu não acredito: toda objeção deveria ser dirigida contra a verificabilidade definitiva de enunciados factuais particulares. (Tais reservas, porém, estão fora do problema da indução e não devem, como foi explicado na Seção 9, ser levadas a sério*[1]). O que se pode, então, tirar do exemplo? *Em primeiro lugar*, que é, por princípio, possível falsificar enunciados factuais universais. Proposições como "Todos os homens têm cabelos castanhos"; "Todos os elétrons são visíveis a olho nu"; "Quem ocupa um cargo público tem a competência para tanto" são refutadas justamente pela experiência. *Em segundo lugar*, que um enunciado factual universal é em todo caso falsificável quando, para deduzir predições, deve-se introduzir, além dele, enunciados factuais particulares definitivamente verificáveis enquanto hipóteses. Pode-se generalizar esse resultado dizendo que um determinado enunciado factual universal isolado pode ser falsificado retrospectivamente por predições deduzidas se

---

*[1]   Essa passagem soa quase como se tivesse sido escrita antes da análise da última parte da Seção 11 (o trilema de Fries). [(3.ed.) Ver "Posfácio do Editor", Seção 4. (N. E. A.)]

a verdade de outras hipóteses pode ser garantida de uma maneira qualquer. (Mas isso também acontece se essas hipóteses não forem enunciados factuais particulares, mas *juízos analíticos*, por exemplo: definições.)

Pode-se mostrar por meio de inúmeros exemplos que há também enunciados *científicos* desse tipo, que "leis da natureza" individuais também podem ser falsificadas definitivamente. A teoria de Galvani (refutada por Volta) é bem-conhecida. Se desconsiderarmos seus elementos vitalistas e metafísicos, obtemos uma lei da natureza com o seguinte conteúdo: esses eventos (elétricos) são, segundo uma lei, dependentes do fato de que os corpos utilizados nos experimentos provêm [319] dos *animais vivos* (ou de plantas). Volta falsificou essa lei ao substituir os corpos utilizados nos experimentos por líquidos inorgânicos (e obtendo com eles os mesmos eventos característicos).

Não se pode admitir a objeção segundo a qual as leis da natureza não podem nunca ser refutadas definitivamente, porque não se pode nunca saber a quais proposições da teoria a falsificação diz respeito: ela tem significado universal, primordial.

Apesar disso, essa objeção (duhemiana) não pode ser negligenciada. Ela pode ser entendida como uma provocação para precisar em uma direção determinada o conceito de "lei da natureza", assim como o conceito de "fundamento da dedução" (da ciência natural).

É preciso ainda admitir que muitas teorias são, de fato, tais que a objeção as afetaria. (Um exemplo clássico é a teoria newtoniana da propagação da luz. Apesar de sua refutação por Foucault, apesar da vitória da teoria de Huygens, certas ideias de Newton puderam reaparecer nas teorias modernas da luz fundadas na teoria dos *quanta*.) O que ocorre com essas "leis da natureza" que só podem figurar no contexto de tal teoria?

É verdade que essas hipóteses individuais não são certamente falsificáveis definitivamente (salvo se conseguirmos isolar do conjunto ao menos uma parte da hipótese [e testá-la separadamente]). Mas toda uma teoria, a "conjunção" das hipóteses, é, em todo caso, definitivamente falsificável. E é apenas isso que importa.

A discussão dessa objeção conduz, pois, ao seguinte resultado: construções teóricas complexas são falsificáveis apenas na totalidade (ou em grandes partes, vinculadas entre si); isso significa que a falsificação pode apenas dizer que *essa* teoria, *nessa* forma, deve certamente ser rejeitada – certos elementos sobre os quais ela repousa podem naturalmente reaparecer (em outros contextos).

Esse resultado é evidente do ponto de vista dedutivista. As leis da natureza são, para ele, fundamentos da dedução, são proposições estritamente universais, das quais se podem *deduzir predições*, que, por sua vez, são confirmáveis pela experiência. Uma hipótese (não independente) da qual não se podem deduzir de modo algum predições, [320] porque deve ser complementada por outras hipóteses (porque, sozinha, ela ainda é muito incerta), deve ser considerada como um fundamento da dedução (ou como uma lei da natureza) apenas vinculado a estas últimas. A proposição universal é, então, justamente a conjunção dessas hipóteses. Ela pode sem dúvida ser avaliada assimetricamente; ela é definitivamente falsificável.

O desenvolvimento das teorias físicas modernas mostra que a falsificação de determinadas predições pode levar edifícios teóricos inteiros à ruína. E ele mostra também por quais considerações *puramente lógicas* o físico procura isolar os fundamentos da dedução falsificados dos conjuntos teóricos (que se pense na teoria da relatividade *especial* de Einstein). Em todas essas considerações, procedemos segundo o *modus tollens*, segundo a assimetria.

Sem essa assimetria da avaliação seria impensável o caráter peculiar do desenvolvimento científico, o caráter das leis da natureza como *aproximações*. A avaliação positiva, em princípio, provisória é o pressuposto para que a ciência não permaneça estática. Mas apenas o princípio complementar da avaliação negativa qualificada pode trazer um *elemento de ordenação* a essa avaliação. Sem ele, haveria nas ciências naturais um conflito de sistemas, um caos, como na filosofia. Pois a ordenação não é produzida pelo consenso na formação positiva de hipóteses: aqui reina o conflito, um caos positivo. Mas a ciência inteira se rende a uma experiência *refutadora*. A avaliação negativa qualificada possibilita unidades na rejeição, na *eliminação*, das teorias inúteis. Ela possibilita a *seleção*, uma adaptação cada vez melhor: *aproximação*.

("E já é alguma coisa, se não se está de posse da verdade, ao menos ter descoberto o lugar onde ela certamente não está", diz o Jean Barois de [Martin] du Gard.[3])

---

3 [Roger Martin du Gard, *Jean Barois* (1913), p 441; 64.ed. [1930], p.443 e seg. (N. E. A.) A tradução alemã de 1930 desta obra, feita por Eva Mertens, 1930, p.440, foi reproduzida aqui, como assinala o organizador da edição alemã, com modificações, que Popper registrou em K_1, K_2, K_3 e K_4. (N. E. B.)]

Nunca a ciência natural irá considerar uma lei da natureza como definitivamente verificada, mas apenas *porque* ela não se restringirá nunca a uma nova experiência que *coloca em xeque* a lei da natureza.

[321] Essas considerações não procuram de modo algum refutar de maneira puramente lógica a posição estritamente simétrica da posição pseudoproposicional. Eu considero tão pouco possível uma *refutação puramente lógica* dessa posição quanto uma refutação lógica do *positivismo estrito*. Aqui, como lá, não se trata de mostrar uma contradição interna; se deve mostrar apenas que essa posição não faz jus ao *procedimento efetivo da ciência*. (A crítica é, por isso, "transcendental".) E assim como no caso do positivismo estrito, a posição pseudoproposicional estritamente simétrica também não parece contraditória, mas um *filosofema vazio*: quem quiser admitir a qualificação específica da avaliação negativa em face da qualificação positiva entende por lei da natureza outra coisa que as ciências naturais.

É preciso, portanto, tentar construir uma versão assimétrica da posição pseudoproposicional. Uma posição que faça jus à avaliação negativa das leis da natureza e, com isso, ao procedimento efetivo da ciência natural.

39. Um regresso infinito de pseudoproposições

Reconhecemos melhor que as contradições da posição pseudoproposicional são de fato as contradições do problema da indução se tentamos interpretar as posições pseudoproposicionais no sentido de uma assimetria entre avaliação positiva e avaliação negativa. E como foi mostrado na seção anterior, essa interpretação deve ser tentada se as posições pseudoproposicionais quiserem fazer jus ao procedimento efetivo da ciência natural.

A verdadeira tarefa da seção anterior era mostrar a necessidade de tal tentativa e, ao fazer isso, abrir caminho para a prova de que as posições pseudoproposicionais caem exatamente nas mesmas dificuldades (formais) que as posições de proposição normal:

Se a interpretação estritamente simétrica já apresenta determinadas analogias com a posição de proposição normal do positivismo estrito, as duas interpretações assimétricas revelam analogias ainda mais claras com as outras duas posições de proposição normal: ao indutivismo ingênuo (Bacon) corresponde a tentativa da presente seção (*interpretação "ingênua" das pseudoproposições*): mesmo [322] essa tentativa cai em um regresso infinito. E a tentativa de evitar esse regresso conduz (na próxima seção) a uma solução *apriorista*.

O valor dessa discussão reside nessa analogia entre posições pseudoproposicionais e posições de proposição normal: ela significa uma crítica e fornece ao mesmo tempo pistas para uma *interpretação* de todas as posições pseudoproposicionais.

Deve-se discutir aqui primeiramente a interpretação "ingênua" das pseudoproposições. A crítica que consiste em mostrar um *regresso infinito* pode ser chamada de imanente: a posição ("ingênua") é construída sem abandonar o ponto de vista pseudoproposicional enquanto tal; ela resulta da tentativa de evidenciar, com os meios das posições pseudoproposicionais, uma assimetria entre a avaliação positiva e negativa das leis da natureza, isto é, da tentativa de distinguir a avaliação negativa, de uma forma qualquer, enquanto especialmente qualificada.

Apenas para assinalar que essa tentativa trabalha com meios imanentes, eu utilizo continuamente a terminologia de Schlick na exposição das posições pseudoproposicionais.[1] O recurso às citações não deve, portanto, dar a impressão de que o próprio Schlick defendeu tal interpretação assimétrica, mas deve apenas mostrar que a posição exposta pode ser desenvolvida a partir de elementos que se encontram na obra dele – precisamente quando reintroduzimos a exigência (transcendental) da assimetria.

Segundo Schlick, as leis da natureza "não têm, se rigorosamente analisadas, o caráter de enunciados [...]",[2] mas apresentam "muito mais, 'instruções' para a formação [...] [de] enunciados".[3]

A avaliação positiva sempre provisória das leis da natureza se expressa no fato de que "[...] a utilidade de uma instrução não pode nunca ser mostrada absolutamente", "pois observações posteriores podem sempre mostrar que ela é inapropriada".[4]

---

1 Moritz Schlick, *op. cit.*, p.145 e segs.
2 Moritz Schlick, *op. cit.*; todas as outras citações desta seção também provêm desse texto.
3 Moritz Schlick, *op. cit.*, p.155.
4 Moritz Schlick, *op. cit.*, p.156.

[323] Podemos, portanto, interpretar as leis da natureza, no sentido dessa posição pseudoproposicional, como instruções, ou, se quisermos, como *imperativos* ou *postulados*. Mas, ao utilizar essas expressões, não se deve pensar naturalmente na filosofia racionalista: "[...] postulado, no sentido em que esse conceito aparece em filósofos anteriores, [...] significa [...] uma regra que devemos respeitar sob todas as circunstâncias".[5] Tais postulados não podem naturalmente ser leis da natureza, uma vez que sua avaliação é condicional, *provisória*.

Deve-se tentar evidenciar no interior dessas posições pseudoproposicionais a assimetria, a qualificação da avaliação negativa com os meios da própria posição. Para tanto, é preciso considerar o procedimento no caso da avaliação negativa pragmática: como se decide acerca da *inutilidade* de uma prescrição, de um postulado?

> [...] as próprias leis da natureza decidem acerca dos limites da utilidade: nisso reside o que há de novo na situação. Não há postulados no sentido da antiga filosofia. Todo postulado pode ser, ao contrário, limitado por uma contraprescrição extraída da experiência, isto é, ser reconhecido como inadequado e, por isso, suprimido.[6]

Se uma lei da natureza deve ser considerada – no sentido de uma posição de proposição normal – como falsificável, isso pode ser evidentemente interpretado, no sentido da posição pseudoproposicional, como significando que ele foi "limitado por uma contraprescrição extraída da experiência, isto é, reconhecido como inadequado e, por isso, suprimido".

Essa seria a avaliação negativa – mas ela seria tipicamente provisória (logo, também tipicamente simétrica). A *assimetria* pode evidentemente ser alcançada apenas por meio de uma *forma especialmente qualificada de "supressão"*.

Como se pode alcançá-la no sentido das "posições pseudoproposicionais"? Evidentemente, apenas por meio de uma *instrução* e, precisamente, de um "fio condutor para essa atividade que chamamos de ciência natural".[7]

---

[5] Moritz Schlick, *op. cit.*, p.155.
[6] Moritz Schlick, *loc. cit.*
[7] Moritz Schlick, *loc. cit.*

Essa instrução, esse "fio condutor", deveria prescrever que, em certos casos (isto é, nos casos em que a posição de [324] proposição normal falaria de verificação definitiva), se deve atribuir um *peso particular*, uma *qualificação particular* às contraprescrições extraídas da experiência, isto é, deveria exigir que tal contraprescrição, por sua vez, não possa ser pura e simplesmente limitada ou suprimida.

Mesmo esse fio condutor teria naturalmente apenas um caráter provisório, pragmático. Ele seria extraído da experiência, mas não completamente no sentido de que as leis da natureza são extraídas da experiência: ele seria extraído de experiências a respeito de leis da natureza. Ele não seria, como as leis da natureza, uma "regra de conduta que permite ao pesquisador se situar na realidade, encontrar proposições verdadeiras, esperar certos eventos",[8] mas seria uma regra de conduta que permite ao pesquisador se situar nas *leis da natureza* (isto é, nas regras de conduta), de esperar que uma lei da natureza seja inútil. Em suma, esse fio condutor seria de um *tipo superior* ao das leis da natureza.

A questão "simetria ou assimetria?" não se coloca mais em discussão, mas apenas a interpretação assimétrica. Mas eu gostaria de mostrar ainda, por meio de um exemplo, como é necessário tal fio condutor e até que ponto é evidente que, ali onde falta um fio condutor, nós rejeitamos novamente a contraprescrição e retornamos à antiga prescrição.

Um homem qualquer costuma respeitar a prescrição prática, o imperativo, de não se jogar, pela janela do primeiro andar, na rua, mas descer pela escada. Em caso de um incêndio que atinge também a escadaria, essa prescrição é considerada por ele como superada, suprimida, por uma contraprescrição, que diz: pule pela janela. A contraprescrição se revela em alto grau como útil (pois ela salva sua vida). Esse homem não terá a ideia de continuar a considerar como qualificada a contraprescrição que era tão útil para ele, mas retornará (até o próximo incêndio) à antiga prescrição e utilizará a escada.

O exemplo mostra que não é de modo algum óbvio atribuir um significado qualificado a uma contraprescrição e [325] que temos grande necessidade de um fio condutor, que nos indica em quais casos a contraprescrição de origem empírica deve ser considerada como qualificada em face de uma lei da natureza.

---

8 Moritz Schlick, *op. cit.*, p.156.

Dito na linguagem da posição de proposição normal: nos casos em que uma lei da natureza definitivamente falsificada se revela, no entanto, ainda empiricamente útil – e há sempre casos como este – a experiência falsificadora seria, sem tal fio condutor, considerada como superada pela nova experiência, pois a nova experiência mostra, com efeito, a utilidade da lei.

Se admitirmos a necessidade de tal fio condutor (ela não está, como foi apontado, em questão aqui), estamos imediatamente no meio de um regresso infinito. O "fio condutor" em questão é de um tipo superior ao das leis da natureza. Ele pode garantir a qualificação de "contraprescrições" (falsificações), que ele exige, apenas se ele próprio não puder ser em todo momento "limitado" ou suprimido, se ele próprio for qualificado. Mas não há "postulados no sentido da antiga filosofia" (qualificados *a priori*). O "fio condutor" tão importante "para essa atividade que chamamos de ciência natural" deve, consequentemente, ser protegido, por sua vez, por uma prescrição prática, que garante sua qualificação (e que é, com isso, de um tipo superior que ele) e assim por diante – *ad infinitum*.

40. Uma posição pseudoproposicional apriorista

Se a seção anterior, a exposição da interpretação assimétrica "ingênua" das pseudoproposições, já tinha, acima de tudo, por objetivo apontar as analogias entre posições pseudoproposicionais e posições de proposição normal, isso é ainda mais correto para a presente seção: a exposição da interpretação apriorista. Pois eu não duvido sequer por um instante que nenhum defensor das posições pseudoproposicionais escolherá de fato essa saída. Mas nós vimos por fim que os teóricos probabilistas caíam na via tão desprezada do apriorismo. Portanto, discutir brevemente também esse apriorismo parece ser o mais seguro para as posições pseudoproposicionais, uma saída possível do regresso infinito.

A situação é bastante simples:

Sob a alegação de fazer jus ao motivo transcendental, ao procedimento efetivo da ciência, um dos fios [326] condutores de tipo superior – ou simplesmente o primeiro entre eles (isto é, aquele que está um degrau acima das leis da natureza) – é posto como qualificado *a priori*. Essa prescrição, esse postulado, ou esse imperativo, se torna por isso mesmo uma prescrição obrigatória, um "postulado no sentido da antiga filosofia"[1] (uma espécie de imperativo categórico).

Não se pode esperar que alguém adote essa posição. Se já somos aprioristas, escolhemos evidentemente o ponto de vista da proposição normal: o postulado da cognoscibilidade do mundo que garante a possibilidade das leis da natureza verdadeiras, mas não um imperativo que exige não mais utilizar uma prescrição inútil e que garante, por assim dizer, a possibilidade de pseudoproposições falsas.

41. Interpretação da crítica apresentada até aqui; observações sobre a unidade entre teoria e prática

As considerações críticas das três últimas seções mostraram que as posições pseudoproposicionais estavam tão expostas aos perigos da indução quanto as posições de proposição normal. Apenas a versão estritamente simétrica da posição pseudoproposicional evita a desventura do regresso infinito e do *a priori*, de maneira totalmente análoga ao positivismo estrito. E, como este, também a interpretação estritamente simétrica das pseudoproposições não faz jus às exigências que devem ser feitas pela ciência natural a uma teoria do conhecimento.

Mas como se deve interpretar esse resultado?

Ora, diante de tudo que foi dito até aqui, não pode haver nada de inesperado. Na Seção 19, já apareciam suspeitas acerca do caráter pseudoproposicional das "instruções" de Schlick e, apesar de todos os esforços, não conseguimos eliminá-las totalmente. Mesmo as funções proposicionais, que parecem ser construções puramente lógicas, não escapavam da suspeita de que elas só podiam ser *avaliadas úteis* se fossem proposições genuínas.

[327] Apesar dessas suspeitas, as pseudoproposições não podiam ser apreendidas corretamente, sua identidade com proposições genuínas não podia ser estabelecida. Não estávamos nunca certos de que o adversário não pudesse escapar do ataque por um movimento evasivo. As posições eram muito indeterminadas para que pudéssemos dirigir um ataque decisivo contra o adversário. Apenas a comparação com a solução dedutivista-empirista (Seção 37) é que forneceu os meios para estabelecer oposições *formais*, à

---

[1] [Cf. Seção 39, nota 6 e texto relativo a esta. (N. E. A.)]

parte de qualquer tentação da disputa verbal – se "pseudoproposição" ou "proposição", se "útil" ou "verdadeira"; podemos estar certos de que não se trata apenas de oposições verbais, mas de oposições que têm uma natureza objetiva.

A investigação dessas oposições nas últimas seções nos forneceu um resultado que pode seguramente ser interpretado como uma confirmação de todas as nossas reservas: toda proposição científica genuína (Kant sabia disso), especialmente toda lei da natureza, pode ser formulada como instrução, como imperativo e (o que é mais importante) vice-versa:

As leis da natureza não são, como queria Schlick, instruções que se apresentam "sob o disfarce de proposições habituais",[1] mas as instruções de Schlick são *proposições genuínas, que se apresentam sob o disfarce pragmático de instruções.*

Deixemos por ora a "crítica da linguagem" – seus resultados já não são tão encorajadores; vamos ao que há de objetivo.

As leis da natureza de Schlick podem sempre ser avaliadas apenas *provisoriamente*. Mas aqui a interpretação das pseudoproposições como proposições genuínas (em roupagens pragmáticas) parece forçar uma dificuldade formal, objetiva: se as pseudoproposições devem ser formalmente idênticas às proposições genuínas, a elas devem ser atribuídos *valores de verdade* absolutos, definitivos!

A contradição desaparece se esclarecermos que as pseudoproposições devem ser interpretadas como a tradução pragmática de proposições *particulares* – ou, no melhor dos casos, como relatos condensados. A todo relato condensado deve ser atribuído um valor de verdade definitivo, mas o próprio relato é apenas provisório e pode sempre ser superado por uma nova experiência. [328] E exatamente a mesma coisa acontece com as pseudoproposições e avaliação pragmática destas: se uma pseudoproposição se confirmou até hoje, *esse* fato não pode nunca mais ser anulado; novas experiências podem naturalmente fazer a pseudoproposição parecer (provisoriamente) superada.

Com essa interpretação das pseudoproposições enquanto enunciados factuais particulares, a posição pseudoproposicional parece idêntica ao ponto de vista do positivismo estrito.

---

1 [Moritz Schlick, "Die Kausalität in der gegenwärtigen Physik", *Die Naturwissenschaften* 19 (1931), p.156. (N. E. A.)]

Se essa interpretação for correta, ela também deve poder ser transferida (segundo a concepção *dedutivista*) para a avaliação *positiva* das leis da natureza, por princípio, apenas provisória. E essa transferência é também de fato possível (e inclusive necessária): o *valor* pragmático provisório *de confirmação* das leis da natureza pode, sem objeção alguma, ser interpretado como um *relato provisório*, um relato sobre as verificações feitas até agora de predições deduzidas e (como foi dito na Seção 16) um relato avaliativo, que leva em conta a improbabilidade primária da lei da natureza (e inclusive outros fatores parecidos).

As "pseudoproposições" de Schlick (na interpretação "simétrica") conhecem apenas valores provisórios, são, portanto, *apenas* relatos condensados. Precisamente por essa razão, essa interpretação simétrica não é apenas análoga àquela do positivismo estrito, mas pode ser pura e simplesmente qualificada de *formalmente idêntica*. Ela se separa da concepção dedutivista exatamente no mesmo ponto que o positivismo estrito.

Mas Schlick combate o próprio positivismo estrito (cf. Seção 8) e justamente com o argumento segundo o qual, de simples relatos condensados, não se pode deduzir nenhuma *predição*. Não há aqui uma distinção objetiva entre o positivismo estrito e o ponto de vista pseudoproposicional de Schlick? As "instruções para a formação de enunciados" de Schlick são concebidas exatamente como instruções para a formação de predições (cf. Seção 19).

A isso, pode-se responder apenas o seguinte: cada um sabe como se deduz proposições de proposições, sabe que, nesse caso, as premissas devem ser supostas como *verdadeiras*. O ponto de vista dedutivista também leva isso em consideração. Mas Schlick não mostrou em lugar nenhum como se devem deduzir predições de *pseudoproposições*, que, em princípio, *só* podem ser *úteis*: mesmo a expressão "instruções para a formação de proposições" não permite ver como essa formação deve ocorrer a fim de extrair conclusões. Apesar da terminologia, ficamos [329] também aqui diante das mesmas dificuldades como no caso da posição estritamente positivista em que não sabemos como predições devem ser deduzidas de leis da natureza.

Como se deve interpretar desse ponto de vista o regresso infinito e o ponto de vista apriorista? Evidentemente, pelo fato de que devemos chegar a contradições internas se tentamos expressar as particularidades da avaliação negativa de proposições universais por meio de relatos condensados.

De volta às posições pseudoproposicionais

Eu gostaria de discutir com mais vagar esse ponto, uma vez que ele não é inteiramente evidente e ele esclarece o problema da indução de um novo ângulo.

O regresso (habitual) da indução (que figura na avaliação positiva) surge pelo fato de que se quer justificar pela experiência mais do que pode ser justificado pela experiência. O novo regresso, que figura na avaliação negativa, não pode surgir do mesmo modo: se vi *um* livro que não é encadernado em couro vermelho, *eu sei pela experiência* que a proposição "Todos os livros são encadernados em couro vermelho" é falsa. De onde surge a contradição interna?

Essa contradição surge do fato de que o ponto de vista pseudoproposicional parte da constatação de que *toda* avaliação de uma lei da natureza ou de uma regra para a investigação da natureza deve ser, por princípio, provisória. Em outras palavras, esse ponto de vista não admite em geral *proposições universais*. A experiência de que um livro não é encadernado em couro vermelho falsifica, porém, *apenas essa proposição universal*. Proposições particulares correspondentes, como "Todos os livros já observados por meu amigo N são encadernados em couro vermelho", *não* são falsificadas por minha observação. Se eu, ao partir única e exclusivamente dessa *minha* experiência, concluo, por exemplo, que meu amigo também viu livros que não eram encadernados em couro vermelho, esta é uma *inferência indutiva* típica (ilegítima), que imediatamente cai no regresso infinito. Isso não pode resultar senão do fato de que toda tentativa de fazer uma avaliação negativa *qualificada* também de proposições particulares – isto é, de conceder um significado universal à falsificação – leva às mesmas dificuldades que o problema da indução.

(Poder-se-ia tentar objetar contra isso que a particularidade, o maior peso, o caráter definitivo da falsificação deve se expressar de algum modo no caso dos *relatos condensados*. [330] E, de fato, *uma* observação falsificadora basta para falsificar todo o relato condensado, que afirma sobre *todos* os livros observados até agora a mesma coisa. Mas mesmo essa objeção só pode ser expressa por meio de uma proposição universal: ela fala justamente de *todos* os relatos condensados. Como ela afirma algo sobre o conteúdo de *todos* os possíveis relatos condensados, que falam de todos os livros já observados, ela é justamente um enunciado factual *universal*: ela parafraseia a afirmação de que é sempre e eternamente falso que *todos* os livros sejam encadernados em couro vermelho. Uma teoria do conhecimento que não reconhece enunciados factuais universais não pode, pois, exprimir essa ideia, isto é, ela não pode afirmar que todos os relatos condensados desse tipo foram falsificados: poderia sempre haver para ela relatos que não tivessem sido falsificados; falta o "médium do universal"[2] para uma inferência lógica).

O problema da indução surge, portanto, não apenas se queremos inferir proposições universais a partir de proposições particulares, mas ele pode também aparecer se queremos inferir proposições particulares de outras proposições particulares; esta é também a razão pela qual proposições particulares são impróprias para a dedução de predições: e isso vale também para as pseudoproposições de Schlick.

Mas as leis da natureza são, acima de tudo, fundamentos da dedução. Elas possuem as propriedades e apenas as propriedades que têm que possuir se forem fundamentos da dedução que podem ser provados não imediatamente, mas apenas empiricamente por meio de suas consequências. A assimetria dos valores de verdade está entre essas propriedades. *Cada* desvio em relação a esse esquema assimétrico conduz a todas as dificuldades do problema da indução. O exame do ponto crítico das posições pseudoproposicionais deve ser visto como uma confirmação da concepção dedutivista-empirista.

A tradutibilidade recíproca das formulações teórica e pragmática requer talvez algumas observações.

Poder-se-ia dizer:

[331] Se uma ferramenta é útil, há sempre uma proposição verdadeira, a saber, justamente a proposição que afirma a utilidade da ferramenta. Se ela foi útil em um caso específico, a proposição é particular. Se *supusermos* uma utilidade universal para casos "típicos", isto é, para uma classe universal de casos, isso pode ser expresso por uma proposição universal. Esta não pode, portanto, nunca ser, por princípio, [provada como] verdadeira, pois não sabemos se a ferramenta confirmar-se-á em todos os casos. Além disso, ela pode ser substituída por uma ferramenta incomparavelmente mais perfeita. Mas se ela se mostrou útil apenas uma vez, não podemos mais afirmar sua utilidade universal.

---

2 [Victor Kraft, "Die Grundformen der wissenschaftlichen Methoden", *Sitzungsberichte der Akademie der Wissenschaften in Wien, philosophich-historische Klasse*, 203. Band, "3. Abhandlung", p.220. Cf. Seção 8, texto relativo à nota 8. (N. E. A.)]

De volta às posições pseudoproposicionais

Esse exemplo mostra que é inteiramente equivocado estabelecer uma oposição insuperável entre construções pragmáticas e teóricas.

O próprio Schlick assinala o elemento pragmático de toda construção teórica, por exemplo, quando escreve: "Não devemos esquecer que observação e experimento são *ações*",[3] assim como em muitos outros lugares. Mas se ele considera poder solucionar o problema da indução com a estipulação de que as leis da natureza não são proposições genuínas, mas construções pragmáticas (instruções etc.), ele deve considerar que há, pois, uma oposição entre proposições genuínas e instruções, entre construções teóricas e construções pragmáticas. Em função disso, ele assinala a "diferença [...] entre uma proposição verdadeira e uma prescrição útil".[4]

Eu considero essa lacuna aberta entre "teoria" e "prática" um dos principais motivos para se duvidar da posição pseudoproposicional de Schlick. Não existe tal lacuna. Considerada de um ponto de vista biológico-pragmático, a ciência empírica, a *teoria não é* nada mais que uma via e, inclusive, *um desvio em direção à prática*; ela é um "método" (isto é, um "desvio"), mas um método econômico, um "meio desviante de produção" (um conceito de Böhm-Bauwerk,[5] que parece aqui [332] inclinado a reconciliar o princípio de economia de Schlick com o princípio biológico de economia de Mach, Spencer etc.[6]). Essa concepção poderia se confirmar não apenas na teoria do conhecimento, mas também sob outros pontos de vista (psicologia do conhecimento, sociologia etc.).

É certo que as posições pseudoproposicionais – a interpretação estritamente simétrica, o regresso infinito e o ponto de vista apriorista – podem ser interpretadas no sentido dado aqui. Mas isso é apenas uma *interpretação* da crítica – mesmo que, como acredito, uma interpretação realmente convincente.

Uma *prova* rigorosa de que as pseudoproposições devem ser concebidas nesse sentido não pode ser dada e não pode nem mesmo ser exigida: em

---

3 [Moritz Schlick, *loc. cit.*, ver Seção 19, texto relativo à nota 3. (N. E. A.)]
4 [Cf. Seção 21, nota 2 e texto relativo a esta. (N. E. A.)]
5 [Eugen Böhm-Bauwerk, *Kapital und Kapitalzins* II.: Positive Theorie des Kapitales (1889), p.15 e segs. e p.81 e segs.; *Positive Theorie des Kapitales* I. (4.ed., 1921), p.11 e segs. e 107 e segs. (N. E. A.)]
6 Moritz Schlick, *Allgemeine Erkenntnislehre* (2.ed., 1925), p.91.

uma disputa sobre a aplicação de uma *terminologia* (pragmática ou habitual), podemos demonstrar apenas a *aplicabilidade* de uma terminologia de maneira não contraditória, mas nunca uma *necessidade* de utilizar precisamente essa terminologia. A única coisa que se poderia mostrar em tal disputa verbal seria a adequação de uma terminologia ou a inadequação de outra.

E isso conduz à questão: quais *finalidades* as posições pseudoproposicionais perseguem com sua terminologia? Apenas a de solucionar o problema da indução? Ou há problemas ainda mais importantes por trás dessa concepção que tão resolutamente rejeita reconhecer as leis da natureza como proposições genuínas? A crítica até aqui, na medida em que era imanente, poderia atingir apenas o lado formal da questão. Não houve, pois, oportunidade de clarificar as razões que conduzem à estipulação da *terminologia* pseudoproposicional. Mas mesmo a questão terminológica não pode ser respondida satisfatoriamente sem que sejam reconhecidas as razões objetivas que permitem seu aparecimento.

Para poder investigar essa questão das razões últimas da terminologia pragmática separadamente das outras questões, pode-se sugerir a seguinte via:

A tradutibilidade recíproca das formulações pragmática e teórica foi utilizada até aqui como princípio heurístico [333] a serviço da *crítica* das posições pseudoproposicionais. Mas ela pode ser utilizada também no sentido oposto:

Deve ser possível também traduzir o ponto de vista dedutivista-empirista na formulação pragmática. Com isso, chegaríamos a uma posição pseudoproposicional que não seria atingida de nenhum modo pela crítica imanente-formal. Apenas uma objeção continuaria a existir: que se trata evidentemente de uma tradução na terminologia pragmática. Mas essa objeção (que não é imanente e que está no mesmo patamar da *interpretação* desta seção) deve ser evitada.

A discussão de tal posição pseudoproposicional deveria – ao que parece – ocorrer no domínio da terminologia, uma vez que as oposições formais forma reduzidas ao mínimo. Ela deveria poder reconhecer claramente as vantagens e desvantagens e poderia, se for realizada de maneira consequente, localizar as últimas razões por detrás da terminologia pseudoproposicional.

Na próxima seção, deve-se tentar construir essa "última posição pseudoproposicional".

42. Um último recurso para as posições pseudoproposicionais

Se for correto que a concepção dedutivista-empirista pode ser traduzida na concepção pragmática, os proponentes das concepções pseudoproposicionais não precisam se considerar derrotados.

Diante dessa "última posição pseudoproposicional", uma crítica dirigida inteiramente ao aspecto formal deveria ser malsucedida. Aqui se pode apenas perguntar quais razões falam a favor de chamar as leis da natureza a qualquer preço de "pseudoproposições". E também essa colocação do problema, a questão sobre a justificação dessa terminologia, mostrar-se-á frutífera.

A última posição pseudoproposicional, que constrói as leis da natureza segundo uma analogia formal com a concepção dedutivista-empirista, apesar de construí-la como pseudoproposições, tem algumas dificuldades para superar. Ela tem que estabelecer a *assimetria* da avaliação. Mas de que modo?

O regresso infinito mostrou que tal assimetria não pode nunca se constituir se *partirmos de valores de utilidade simétricos*. A nova posição deve, por isso, partir desde [334] o início de valores de utilidade assimétricos, ela deve estabelecer *a priori* que a avaliação negativa é uma avaliação *qualificada* em face da avaliação positiva (em princípio, provisória).

Mas para não cair desse modo no apriorismo, ela não deve afirmar a qualificação da avaliação negativa na forma de uma instrução (metodológica) – um fio condutor ou algo parecido – (o que equivaleria a uma instrução sintética *a priori*). Ela deve, ao contrário, introduzir *per definitionem* a "inutilidade" como uma forma *qualificada* de avaliação. Isso corresponde (tanto quanto possível) ao método dedutivista, que define as leis da natureza como fundamentos da dedução e, disso, deduz todo o resto. Mas enquanto a concepção dedutivista é simples e evidente, não se pode dizer o mesmo da definição correspondente das posições pseudoproposicionais: a definição que opõe a "inutilidade" enquanto avaliação qualificada à "utilidade" (em princípio, provisória) não é uma estipulação arbitrária, mas ela ameaça e borra o *caráter próprio da avaliação pragmática* enquanto uma avaliação por princípio provisória. Com isso, o pragmatismo consequente é abandonado: não se pode mais dizer qual é a distinção objetiva, e não apenas terminológica, entre a "inutilidade" assim definida e o *valor de verdade* genuíno de "falsidade", que só pode ser atribuído a proposições genuínas.

As desvantagens dessa última posição pseudoproposicional em relação à concepção dedutivista surgem, de um ponto de vista *formal*, do seguinte modo:

A assimetria dos valores de verdade resulta – no caos da concepção dedutivista – de uma análise do conceito (lógico) de fundamento da dedução não verificável imediatamente. O conceito de "instrução para a formação de enunciados" não tem, como o conceito de fundamento da dedução (de implicante), um conteúdo determinado, mas é um termo arbitrariamente introduzido. Suas propriedades particulares podem, pois, ser estabelecidas apenas por meio de definições arbitrárias, a saber, precisamente, por meio da definição que torna a avaliação negativa uma avaliação qualificada.

Mas teríamos descoberto, com isso, uma posição pseudoproposicional objetivamente isenta de objeções – ao menos, uma posição contra a qual não se pode levantar, do ponto de vista dedutivista-empirista, nenhuma objeção formal, [335] mas apenas *terminológica*. Ora, é possível se concentrar a investigação no domínio terminológico e perguntar quais razões poderiam nos fazer preferir a terminologia pseudoproposicional.

Quais vantagens poderiam privilegiar a escolha de uma terminologia pseudoproposicional para compensar as desvantagens bastante significativas que apresenta essa última posição pseudoproposicional em relação ao ponto de vista dedutivista?

Essa colocação terminológica do problema é aquela que está de fato na base, a meu ver, do *problema do conceito de sentido*, com o qual se ocupará a próxima seção. Mas estou consciente de que um defensor convicto das posições pseudoproposicionais dificilmente admitiria que colocássemos a questão desse modo.

Ele colocar-se-ia no ponto de vista segundo o qual não se pode falar aqui de vantagens e desvantagens de uma terminologia: a decisão entre os dois modos de expressão é, a seu ver, completamente inequívoca. A concepção das leis da natureza como proposições genuínas (no sentido do dedutivismo) não pode entrar em questão, pois essa concepção é manifestamente *falsa*. A oposição terminológica pode, por fim e inequivocamente, ser decidida em favor da terminologia pseudoproposicional e isso graças ao *conceito de sentido*.

Todo enunciado genuíno deve possuir um *sentido*. Mas, escreve Waismann, o sentido de uma proposição é o método de verificação desta. Na realidade, quem profere uma proposição deve saber sob quais condições chama a proposição de verdadeira ou falsa; caso não especifique isso, ele não sabe o que disse. Um enunciado que não pode ser definitivamente verificado não é verificável; ele carece precisamente de sentido [...].[1]

Com isso, seria encontrada uma decisão objetiva (não apenas terminológica), as leis da natureza seriam definitivamente ajuizadas: elas deveriam ser explicadas como pseudoproposições, pois que elas não sejam em princípio verificáveis [definitivamente] está fora de questão há muito tempo.

[336] O ponto de vista pseudoproposicional se apoia em última instância no *conceito de sentido*. Esconde-se por trás do conceito de sentido mais do que um problema meramente terminológico?

A introdução do conceito de sentido transforma a oposição terminológica em uma oposição objetiva ou o problema terminológico é apenas deslocado?

---

1 Friedrich Waismann, "Logische Analyse des Wahrscheinlichkeitsbegriffs", *Erkenntnis* 1 (1930), p.229.

[337] Capítulo XI
Posições pseudoproposicionais e o conceito de sentido

43. O conceito de sentido do positivismo lógico

O conceito de sentido recebe nos escritos dos positivistas lógicos uma importância ímpar. As posições pseudoproposicionais de Wittgenstein e Schlick são compreensíveis, sem dúvida nenhuma, apenas em relação ao *conceito de sentido*, que será exposto com detalhe aqui. (Utilizarei citações tanto quanto a construção de minha exposição permitir.)

Antes de poder se perguntar se uma proposição é verdadeira ou falsa, é preciso saber se ela tem um *sentido* ou se é um *contrassenso*. A (suposta) proposição "Sócrates é idêntico" é um *contrassenso*, e seria também um contrassenso perguntar se ela é verdadeira ou falsa.

Uma das ideias fundamentais de Wittgenstein é que a forma gramaticalmente correta de uma proposição não oferece nenhuma garantia de que ela seja *dotada de sentido*.

Com isso, surge o perigo de que combinações de sinais sem sentido – *pseudoproposições* – sejam consideradas como proposições genuínas, isto é, dotadas de sentido, por causa de sua forma gramaticalmente correta. Segundo Wittgenstein, tais equívocos desempenham um papel muito importante na filosofia:

A maioria das proposições e questões que se formularam sobre temas filosóficos não são falsas, mas contrassensos. Por isso, não podemos de modo algum responder a questões dessa espécie, mas apenas estabelecer seu caráter de contrassenso [...]
(Elas são da mesma espécie que a questão de saber se o bem é mais ou menos idêntico ao belo.[1])

É claro que as pseudoproposições, os pseudoargumentos, os pseudoproblemas, em suma, é claro que o *contrassenso* deve ser reconhecido enquanto tal e excluído da discussão [338] científica. Essa é a tarefa da filosofia: "Toda filosofia é 'crítica da linguagem'[...]."[2]
O sentido é o que torna a proposição uma proposição genuína, não a forma gramatical. Apenas o sentido é essencial para a proposição:

A proposição possui traços essenciais e casuais.
São casuais os traços que derivam da maneira particular de produzir o sinal proposicional. Essenciais, os que, por si sós, habilitam a proposição a exprimir seu sentido.
O essencial na proposição é, portanto, o que têm em comum todas as proposições que podem exprimir o mesmo sentido.[3]

Esse algo que constitui o caráter da proposição genuína, que, sozinho, é essencial à proposição, seu sentido, não é um elemento último, que não pode ser reduzido a nada mais: o conceito de sentido pode ser analisado logicamente:

A proposição com sentido (e *apenas* a proposição *com sentido*) representa um *estado de coisas* – realmente existente ou apenas pensado. E apenas por representar um estado de coisas é que a proposição tem um *sentido*: "Na proposição, uma situação é como que montada para teste. Pode-se dizer sem rodeios: esta proposição representa tal e tal situação – ao invés de: esta proposição tem tal e tal sentido".[4]

---

1 Ludwig Wittgenstein, *Tractatus logico-philosophicus* (1918/1922), proposição 4.003.
2 Ludwig Wittgenstein, *op. cit.*, proposição 4.003.* "Todavia, não no sentido de Mauthner", acrescenta Wittgenstein. [A referência é de Fritz Mauthner, *Beiträge zu einer Kritik der Sprache* I./III. (1906/1913); F. Mauthner, *Wörterbuch der Philosophie: Neue Beiträge zu einer Kritik der Sprache* I./II. (1910/1911). (N. E. A.)]
3 Ludwig Wittgenstein, *op. cit.*, proposições 3.34 e 3.341.
4 Ludwig Wittgenstein, *op. cit.*, proposição 4.031.

Posições pseudoproposicionais e o conceito de sentido

O sentido de uma proposição é aquilo que ela representa: "A proposição é uma figuração da realidade"; "A proposição só enuncia algo à medida que é uma figuração"; "O que a figuração representa é seu sentido."[5]

A proposição é verdadeira se o estado de coisas que ela representa ocorre; falsa, se ele não ocorre: "A realidade é comparada com a proposição". [339] "A proposição pode ser verdadeira ou falsa apenas à medida que for uma figuração da realidade."[6]

Entendemos o sentido de uma proposição se podemos especificar o estado de coisas que a proposição representa; se sabemos qual estado de coisas deve *ocorrer* se a proposição for *verdadeira*: "Entender uma proposição significa saber o que é o caso se ela for verdadeira. (Pode-se, pois, entendê-la e não saber se é verdadeira)".[7]

Apenas se pudermos especificar (ou se definirmos) qual estado de coisas uma proposição representa, sob quais circunstâncias ela deve ser "verdadeira", é que sabemos que entendemos o sentido da proposição:

Para poder dizer de uma proposição (a chamaremos aqui de "p") "[...] 'p' é verdadeira (ou falsa), já devo ter determinado em que circunstâncias chamo 'p' de verdadeira, e com isso determino o sentido da proposição".[8]

A seguinte observação de Waismann concorda perfeitamente com o conceito de sentido de Wittgenstein:

> Um enunciado descreve um estado de coisas. O estado de coisas ocorre ou não ocorre [...]. Se não se pode especificar de modo algum quando uma proposição é verdadeira, a proposição não tem sentido algum, pois o sentido da proposição é o seu método de verificação.[9]

Do ponto de vista do *problema da indução*, uma questão é particularmente importante: qual a relação do conceito de sentido do positivismo lógico com a distinção entre proposições universais e proposições particulares?

---

5 Ludwig Wittgenstein, *op. cit.*, proposições 4.01, 4.03 e 2.221. [(3.ed.) cf. Volume II (Fragmentos): [IV.] "O Método de Exaustão. – "Estado de Coisas" e "Fato". – A Diversidade Infinita", texto relativo à nota 6. (N. E. A.)]
6 Ludwig Wittgenstein, *op. cit.*, proposições 4.05 e 4.06. [(3.ed.) cf. Volume II (Fragmentos): [IV.], texto relativo à nota 7. (N. E. A.)]
7 Ludwig Wittgenstein, *op. cit.*, proposição 4.024.
8 Ludwig Wittgenstein, *op. cit.*, proposição 4.063.
9 Friedrich Waismann, "Logische Analyse des Wahrscheinlichkeitsbegriffs", *Erkenntnis* 1 (1930), p.229.

A última citação já é bastante problemática para as proposições universais: elas não podem ser verificadas em princípio. Ninguém pode especificar sob quais circunstâncias elas são verdadeiras, pois não pode haver tais circunstâncias (experimentáveis): *elas não representam nenhum estado de coisas empírico*.

[340] Poder-se-ia tentar falar de *estados de coisas universais* e particulares (de tal modo que proposições universais representariam estados de coisas universais, e proposições particulares, estados de coisas particulares). Mas enquanto podemos decidir com base na experiência se um estado de coisas particular existe ou não, nunca podemos *saber*, em princípio, se há algo como estados de coisas universais. A questão sobre se há estados de coisas universais, a questão sobre se há regularidades na natureza e a questão sobre se há um princípio de indução (cf. Seção 5) são equivalentes à questão sobre se uma lei da natureza pode ser empiricamente verdadeira:*[1] ela poderia ser verdadeira apenas se o estado de coisas universal (a regularidade) que ela representa *existisse* realmente.

A tese segundo a qual as leis da natureza não podem nunca ser [provadas como] *verdadeiras* equivale também, do ponto de vista do empirismo dedutivista, à tese segundo a qual não podemos estar autorizados por nenhuma experiência (e, portanto, não *a priori*) a sustentar que há *estados de coisas universais*.

(Podemos sustentar a existência apenas daqueles estados de coisas que são representados por proposições particulares, logo, apenas a existência de estados de coisas particulares.)

A concepção dedutivista concorda com o positivismo lógico acerca da questão sobre se há ou não estados de coisas universais, experimentáveis: ambas respondem negativamente à questão.*[2] (E é por isso que as leis da natureza são também, segundo a concepção do dedutivismo, *ficções*: pois elas não representam nenhum estado de coisas real. A afirmação de que há estados de coisas universais é racionalista. Ela conduz ao realismo no que diz respeito ao problema dos universais. – Mas curiosamente o positivista lógico Carnap fala sem mais de *estados de coisas universais* em oposição aos individuais; cf. a citação na Seção 23.)

---

*[1] Seria melhor dizer: "podem ser provadas como empiricamente verdadeiras".
*[2] Se a ênfase for dada às palavras "experimentável" e "empírico", essa proposição está correta. Disso se segue que a proposição "Há estados de coisas universais" é metafísica, mas não que as leis da natureza sejam ficções.

Posições pseudoproposicionais e o conceito de sentido

O positivismo lógico define o conceito de sentido por meio do conceito de estado de coisas: toda proposição com sentido representa um estado de coisas.

[341] Se não há estados de coisas universais, também não há proposições universais: as supostas proposições universais são *sem sentido*, são pseudoproposições.

Que o positivismo lógico defenda esse ponto de vista se manifesta já da maneira mais clara possível no fato de que ele explica as leis da natureza como pseudoproposições, isto é, em seu ponto de vista pseudoproposicional:

> Foi frequentemente notado que nunca se pode falar propriamente de uma verificação absoluta de uma lei, uma vez que sempre nos reservamos, por assim dizer, o direito de poder modificá-la a partir de outras experiências. Se eu puder dizer algumas palavras sobre a situação lógica, o que foi mencionado anteriormente significa que uma lei da natureza no fundo também não tem o caráter lógico de um "enunciado", mas representa, antes, uma "instrução para a formação de enunciados". (Devo essa ideia e esse termo a Wittgenstein.)[10]

A concepção segundo a qual as supostas "proposições universais" são *pseudoproposições* é uma consequência necessária do conceito de sentido de Wittgenstein. Isso será mostrado mais claramente em algumas citações: "A realidade deve, por meio da proposição, ficar restrita a um sim ou não. Para isso, deve ser completamente descrita por ela".[11]

Apenas uma proposição particular (na terminologia que utilizo) pode fixar por um sim ou não um estado de coisas particular (naturalmente, *não toda* proposição particular), pois não podemos nunca dizer (com certeza) de uma proposição universal que as coisas ocorrem realmente como ela afirma.

O problema das proposições universais é especialmente iluminado pelas passagens em que Wittgenstein fala da *possibilidade de responder a questões*.

---

10 Moritz Schlick, "Die Kausalität in der gegenwärtigen Physik", *Die Naturwissenschaften* 19 (1931), p.151, cf. também a citação na Seção 19. [Ver Seção 19, nota 1 e texto relativo a essa nota. (N. E. A.)]

11 Ludwig Wittgenstein, *op. cit.*, proposição 4.023.

Carnap escreve sobre as *questões*: "No sentido estritamente lógico, colocar uma questão consiste em que um enunciado é dado e [342] é colocada a tarefa de estabelecer ou a verdade desse próprio enunciado ou de sua negação".[12]

Se todo enunciado genuíno fixa pelo sim ou pelo não a realidade, toda questão genuína deve ser decidível pelo sim ou pelo não (do contrário, ela é um pseudoproblema). A mesma coisa é dita em Wittgenstein: "O *enigma* não existe. Se se pode em geral levantar uma questão, a ela também se *pode* responder". "E não é de admirar que os problemas mais profundos *não* sejam propriamente problemas."[13]

Se tentarmos conceber as leis da natureza no sentido do dedutivismo, como enunciados genuínos, e se tentamos conceber a questão sobre se elas são verdadeiras ou falsas como um problema genuíno, as concepções de Wittgenstein teriam curiosas consequências: todas as questões só seriam respondidas se todas as leis da natureza (concebíveis) fossem falsificadas: pois, uma vez que uma lei da natureza não é verificável, a questão sobre seu valor de verdade permanece sem resposta enquanto ela não for falsificada: a solução de todos os enigmas seria o fim da ciência teórica da natureza.

Mas é claro que a concepção de Wittgenstein (Carnap a chama de "tese orgulhosa da toda-poderosa ciência racional"[14]), segundo a qual todas as questões são em princípio respondíveis, implica que as leis da natureza são pseudoproposições e a questão sobre a verdade ou falsidade delas [é] um pseudoproblema.

É preciso constatar que nem todos os defensores do positivismo lógico assumiram o conceito de sentido de Wittgenstein em todas as suas consequências. Carnap, que assume a tese de Wittgenstein em *A construção lógica do mundo*, formula (em seu texto *Scheinprobleme in der Philosophie* [Pseudoproblemas na filosofia][15]) um conceito de sentido completamente diferente. Mesmo utilizando sua formulação mais restrita (por meio do conceito de "fundação" [*Fundierung*]), as leis da natureza deveriam ser reconhecidas como enunciados com sentido. O dedutivismo, evidentemente, não pode recorrer a esse conceito de sentido, pois Carnap define [343] o conceito de

---

12 Rudolf Carnap, *Der logische Aufbau der Welt* (1928), p.254.
13 Ludwig Wittgenstein, *op. cit.*, proposições 6.5 e 4.003.
14 Rudolf Carnap, *op. cit.*, p.261. [Ver também Carnap, *op. cit.*, p.255. (N. E. A.)]
15 Rudolf Carnap, *Scheinprobleme in der Philosophie: das Fremdphysische und der Realismusstreit* (1928), p.28 e seg.

"fundação" utilizando o conceito de "inferência indutiva", sem indicar o que entende por inferências indutivas. Para tratar do problema da indução, essa formação do conceito não pode entrar em questão.

Em suma, o conceito de sentido do positivismo lógico pode ser caracterizado do seguinte modo:

Toda proposição genuína descreve um estado de coisas: nisso reside o sentido dela. Se uma suposta proposição não descreve um estado de coisas, ela é uma *pseudoproposição*, ela é *sem sentido*. Não há estados de coisas universais, logo, também não há proposições universais. Todas as proposições com sentido podem ser decididas definitivamente – por um sim ou não.

(Enquanto na Seção 32 teve-se que constar que a logística e, com ela, o positivismo lógico não podem formular a distinção entre proposições estritamente universais e proposições particulares, vemos aqui que o positivismo lógico não deve uma resposta: ele conhece *essa* fronteira. Ele não conhece, é certo, a fronteira entre proposições universais e proposições particulares, mas sim a fronteira entre pseudoproposições e proposições genuínas, entre contrassenso e sentido.)

Se as leis da natureza são pseudoproposições, o problema da indução deve ser um pseudoproblema. Trata-se da questão sobre a validade das leis da natureza, mas não se pode colocar a questão sobre a validade de pseudoproposições.

44. Conceito de sentido e problema da demarcação – A tese fundamental do indutivismo

A *crítica* do conceito de sentido poderia continuar aqui e, na próxima seção, colocar-nos-íamos novamente (segundo o princípio heurístico já provado) a questão sobre quais razões sérias, quais problemas objetivos estão na base desse conceito de sentido. A resposta a essa questão mostra, porém, que o conceito de sentido conduz aos limites do problema da indução (inclusive, para além dele). A crítica do conceito de sentido não é apenas a *crítica conclusiva* das posições pseudoproposicionais, mas do *problema da indução* em geral.

Tendo isso em vista, a sequência das seções deve ser invertida. Apenas na próxima seção nos ocuparemos com a crítica do conceito de sentido, pois se essa crítica deve *concluir* a discussão, [344] ela deve pressupor também uma compreensão integral das razões objetivas últimas que são o pano de fundo do problema.

Interroguemo-nos, pois, sobre elas.

O "problema da demarcação" (segundo minha terminologia) é o que está por trás do conceito de sentido de Wittgenstein: o conceito de sentido desempenha na filosofia de Wittgenstein o papel de um *critério de demarcação*.

A solução do problema da demarcação, a determinação de um critério que permite traçar um limite entre ciência natural e metafísica, é (como se verá) precisamente a *tarefa* que o *Tractatus logico-philosophicus* se coloca.

Assim como Kant, que traça um limite para o *conhecimento* (o uso do entendimento ou da razão), Wittgenstein pretende "traçar um limite para o pensar".

Kant vê uma certa dificuldade no fato de que os próprios limites do conhecimento devem ser *conhecidos*. Mas ele não considera essa dificuldade muito séria. Com o auxílio de uma analogia sutil, ele tenta mostrar que nada se coloca, em princípio, no caminho da investigação das condições *internas* para determinar tais limites.

> A nossa razão não é um plano [...] cujos limites só são conhecidos de um modo geral, mas ela deve ser comparada a uma esfera cujo raio pode ser estabelecido pela curvatura do arco de sua superfície (pela natureza das proposições sintéticas *a priori*) [...]. Fora dessa esfera (o campo da experiência) não há objeto para ela.[1]

A mesma questão ocupa Wittgenstein, mas ele não considera evidentemente tal "medida interna", tal limitação do interior, possível:

> O livro pretende, pois, traçar um limite para o pensar, ou melhor – não para o pensar, mas para a expressão dos pensamentos: a fim de traçar um limite para o pensar, deveríamos poder pensar os dois lados desse limite (deveríamos, portanto, poder pensar o que não pode ser pensado).[2]

---

[1] Immanuel Kant, *Kritik der reinen Vernunft* (2.ed., 1787), p.790.
[2] Ludwig Wittgenstein, *Tractatus logico-philosophicus* (1918/1922), Prefácio; cf. também proposição 5.61.

[345] Em qual domínio mais amplo o limite é, pois, determinado? O critério de demarcação de Wittgenstein, o conceito de sentido, traça, como já sabemos, um limite no interior das proposições *gramaticalmente* corretas, isto é, no domínio da linguagem (mesmo que não no domínio do discurso *com sentido*): "O limite só poderá, pois, ser traçado na linguagem, e o que estiver além do limite será simplesmente um contrassenso".[3]

O problema da demarcação aparece em Wittgenstein como uma tarefa primordial da filosofia: "A filosofia limita o território disputável da ciência natural". "Cumpre-lhe delimitar o pensável e, com isso, o impensável. Cumpre-lhe limitar o impensável de dentro, através do pensável."[4]

O domínio do pensável, do que é dotado de sentido, é o domínio das proposições que representam "a existência e a inexistência dos estados de coisas"[5] (isto é, o domínio dos "enunciados factuais particulares" definitivamente verificáveis); trata-se do *território da ciência natural*: "A totalidade das proposições verdadeiras é toda a ciência natural (ou a totalidade das ciências naturais)".[6]

Para além do limite, para além do conceito de sentido, está o impensável, o contrassenso, o teatro de pseudoproblemas filosóficos, está a *metafísica* (a seguinte citação foi utilizada na seção anterior): "A maioria das proposições e questões que se formularam sobre temas filosóficos não são falsas, mas contrassensos. Por isso, não podemos de modo algum responder a questões dessa espécie, mas apenas estabelecer seu caráter de contrassenso."[7]

Essa exposição do problema, essa atividade de delimitação, purificação, esclarecimento, é a tarefa genuína da filosofia. Pois a própria filosofia não pode ensinar proposições verdadeiras: apenas a ciência natural o pode.

[346] A filosofia não é uma das ciências naturais [...]
O fim da filosofia é o esclarecimento lógico dos pensamentos.
A filosofia não é uma teoria, mas uma atividade. Uma obra filosófica consiste essencialmente em elucidações.

---

3 Ludwig Wittgenstein, *op. cit.*, Prefácio.
4 Ludwig Wittgenstein, *op. cit.*, proposições 4.113 e 4.114.
5 [Ludwig Wittgenstein, *op. cit.*, proposição 4.1. (N. E. A.)]
6 Ludwig Wittgenstein, *op. cit.*, proposição 4.11.
7 Ludwig Wittgenstein, *op. cit.*, proposição 4.003. [(3.ed.) cf. Seção 43, texto relativo à nota 1. (N. E. A.)]

O resultado da filosofia não é "proposições filosóficas", mas é tornar proposições claras.
Cumpre à filosofia tornar claros e delimitar os pensamentos, antes como que turvos e indistintos.[8]

A filosofia não pode propor proposições. (Se ela tenta fazê-lo, elas serão pseudoproposições metafísicas.) Só há proposições com sentido na ciência natural.

O método correto do filosofar, da atividade de clarificação e delimitação, consiste em mostrar as pseudoproposições metafísicas e os pseudoproblemas enquanto tais ("método do pseudoproblema"). Essa atividade é negativa, "estéril" (tal como a caracteriza H. Gomperz[9]), insatisfatória –, mas apenas ela corresponde à tarefa filosófica: se pretendemos falar *com sentido*, podemos apenas proferir proposições da ciência natural.

Pseudoproposições e pseudoproblemas surgem ao utilizarmos palavras vazias, que frequentemente são emocionalmente significativas para nós, mas sem sentido lógico:

Se uma proposição:

> [...] não tem sentido, isso se deve apenas a não termos atribuído *significado* a algumas de suas partes constituintes. (Ainda que acreditemos tê-lo feito.) Assim, "Sócrates é idêntico" não diz nada porque não atribuímos *nenhum* significado à palavra "idêntico" como adjetivo.[10]

Disso resulta o programa da atividade filosófica de demarcação, o programa do "método do pseudoproblema":

> O método correto da filosofia seria propriamente este: nada dizer, senão o que se pode dizer; portanto, proposições da ciência natural – portanto, algo que nada tem a ver com filosofia; e então, sempre que alguém pretendesse dizer algo de metafísico, mostrar-lhe que não conferiu significado a certos sinais em suas proposições. [347] Esse método seria, para ele, insatisfató-

---

8   Ludwig Wittgenstein, *op. cit.*, proposições 4.111 e 4.112.
9   [cf. Heinrich Gomperz, *Weltanschauungslehre* I.: *Methodologie* (1905), p.14 e segs. (N. E. A.)]
10 Ludwig Wittgenstein, *op. cit.*, proposição 5.4733.

rio – não teria a sensação de que lhe estivéssemos ensinando filosofia; mas *esse* seria o único rigorosamente correto.[11]

Nessa passagem se mostra de modo particularmente claro que Wittgenstein pretende de fato traçar um limite que faça precisamente o que espero de um critério de demarcação. Seu critério de sentido divide o campo da linguagem em dois domínios, separa sentido e contrassenso, proposições e pseudoproposições e – enquanto critério de demarcação – *ciência natural e metafísica*.

A verdadeira filosofia, que não pretende ensinar nada, não pertence a nenhum dos dois domínios. Ela é *atividade* de demarcação. Ela deve proteger o domínio do sentido, da ciência natural contra as pretensões da metafísica (e vice-versa), ela deve separar os domínios clara e distintamente.

Na fronteira entre sentido e contrassenso (e inclusive no lado do contrassenso), reside a lógica: "A explicação correta das proposições da lógica deve conferir-lhes um posição peculiar entre todas as proposições". "As proposições da lógica são tautologias". "As proposições da lógica, portanto, não dizem nada. (São proposições analíticas.)" "Tautologia e contradição não são figurações da realidade. Não representam nenhuma situação possível [...]". "Tautologia e contradição não têm sentido [...] (Nada sei, por exemplo, a respeito do tempo, quando sei que chove ou não chove.)"[12]

Mas, embora estejam além do limite, elas não estão no domínio da metafísica (do "contrassenso" genuíno), mas na *fronteira*: "Tautologia e contradição são os casos-limite da ligação de sinais, ou seja, sua dissolução." "Tautologia e contradição não são, porém, contrassensos [...]."[13]

Há, pois, duas formas de falta de sentido: o contrassenso (metafísico) e a falta de sentido das tautologias lógicas (e [348] matemáticas) que nada dizem. Se incluirmos a lógica, devemos distinguir três domínios no campo da linguagem:

As proposições com sentido da ciência natural – as tautologias sem sentido da lógica (e da matemática) – os contrassensos pseudoproposicionais da metafísica.

---

11 Ludwig Wittgenstein, *op. cit.*, proposição 6.53.
12 Ludwig Wittgenstein, *op. cit.*, proposições 6.112, 6.1, 6.11, 4.462 e 4.461.
13 Ludwig Wittgenstein, *op. cit.*, proposições 4.466 e 4.4611. [(3.ed.) cf. nota 3 e texto relativo a essa nota. (N. E. A.)]

Em todos eles, porém, funciona a atividade de clarificação e delimitação da filosofia: a "crítica da linguagem". Por meio dela, Wittgenstein determina esses limites.

Mas qual é o lugar das leis da natureza? Elas têm sentido? São elas sem sentido ou contrassensos? Ou pertencem elas talvez à atividade filosófica?

Vimos que uma consequência necessária do conceito de sentido está em ver as leis da natureza como *pseudoproposições*: elas *não* podem pertencer ao domínio das proposições com sentido.

A ênfase de Schlick em seu caráter pragmático poderia sugerir que elas estão no domínio da *atividade*, da filosofia. Mas isso não é possível; a própria filosofia é negativa, é "estéril". Ela própria não pode produzir nada. Essa solução não se coloca em questão.

As leis da natureza pertencem ao domínio-limite das tautologias sem sentido?

Muitas coisas falam a favor disso, ao menos da perspectiva do *convencionalismo*. Mas essa perspectiva é inconciliável com a concepção de Schlick: contra o convencionalismo, Schlick sublinha sem cessar o elemento *empirista*.

São metafísicas, então, as leis da natureza?

Se quisermos admitir, ao lado das tautologias sem sentido e dos contrassensos metafísicos, uma terceira forma, de falta de sentido, resta apenas a alternativa de explicar as leis da natureza como metafísicas.

Mas talvez fosse possível considerá-las um tipo especial de pseudoproposições (quer dizer, diferentes das pseudoproposições da metafísica sem sentido).

Não posso dizer com certeza se as leis da natureza são metafísicas (ou contrassensos) ou se formam um grupo específico de pseudoproposições. Apenas *uma coisa* é certa: que elas não podem ter sentido, que elas estão além do limite que o critério de demarcação traça para as ciências naturais. [349] Talvez elas pertençam a uma "atividade da ciência natural", mas em hipótese alguma à *teoria* da ciência natural. Já sabemos (cf. conforme discutido anteriormente): "A totalidade das proposições verdadeiras é toda a ciência natural (ou a totalidade das ciências naturais)".[14]

---

14 [Ludwig Wittgenstein, *op. cit.*, proposição 4.11. Cf. texto relativo à nota 6. (N. E. A.)]

Posições pseudoproposicionais e o conceito de sentido

Portanto, as leis da natureza não podem pertencer à ciência natural, pois elas não podem nunca ser [provadas como] *verdadeiras*. (Além disso, elas não pertencem nunca à "totalidade das proposições" em geral, mas são pseudoproposições.)

Enquanto, pois, as leis da natureza não pertencem à ciência natural, *todas* as proposições verdadeiras devem constar na ciência natural. Daí, por exemplo, a proposição: "À minha esquerda, está aberto o *Tractatus*" ou "Kant é, como Klopstock, mais elogiado que lido" ou "Um de meus amigos não cumpriu sua promessa de me visitar hoje".

Não entraremos nesta seção na crítica do próprio *conceito de sentido*: aqui não se contestará que as leis da natureza sejam pseudoproposições sem sentido.

Mas a questão que quero levantar aqui é se Wittgenstein realizou a tarefa que ele próprio colocou para sua atividade filosófica: fez ele a *demarcação* ou não?

Do ponto de vista da exposição do problema, do ponto de vista do problema da demarcação, a solução de Wittgenstein *não* pode ser admita pela seguinte razão: o *conceito de "ciência natural"* de Wittgenstein não tem nada a ver com as ciências naturais efetivamente existentes. Seu critério de demarcação exclui as leis da natureza de sua "ciência natural": com isso, ele exclui também a ciência natural existente de sua "ciência natural".

As leis da natureza pertencem àquilo que as próprias ciências naturais concebem com "científico". Mas talvez as leis da natureza não tenham uma importância *central* no domínio das ciências naturais? Talvez apenas as proposições [provadas como] *verdadeiras* (os enunciados factuais particulares) [350] devam ser chamadas de "científicas" e as leis da natureza só possam ser assim chamadas à medida que elas possam auxiliar na formação de tais proposições verdadeiras (na formação de predições particulares)?

Fosse assim, o conceito de sentido de Wittgenstein já não poderia ser inteiramente satisfatório enquanto critério de demarcação (ele seria muito confuso e indeterminado enquanto *resultado* da atividade filosófica, já que não se distingue precisamente entre leis da natureza e pseudoproposições metafísicas): mas haveria, apesar de tudo, uma determinada parte da ciência natural existente no interior do domínio delimitado de sua "ciência natural".

Mas ocorre de fato outra coisa: especialmente as ciências naturais mais desenvolvidas consistem quase exclusivamente em leis da natureza (proposições universais): "Não podemos esquecer que a descrição do mundo por meio da mecânica é sempre completamente geral. Nela, *nunca* se trata de falar, por exemplo, de pontos materiais *determinados*, mas sempre e somente de pontos materiais *quaisquer*".[15]

A mecânica, que Wittgenstein caracteriza aqui de maneira tão correta, é, segundo a perspectiva das ciências naturais, uma ciência natural. Mas ela não pode nunca ficar sob o conceito de ciência natural de Wittgenstein. A crítica filosófica da linguagem reconhece que seus supostos enunciados factuais estritamente universais são *pseudoproposições* estritas e os exclui das *proposições* científicas, delimita a "ciência natural" precisamente.

A "ciência natural" de Wittgenstein contém certamente inúmeras proposições verdadeiras que representam estados de coisas quaisquer, mas que nunca interessaram às ciências naturais e que provavelmente nunca interessarão.

Eu não pretendo de modo algum impedir Wittgenstein de determinar filosoficamente a ciência natural "genuína" por meio de sua formação conceitual. Eu não pretendo contestar que as leis da natureza são contrassensos, que pertencem ao impensável e indizível e não pertencem, portanto, à ciência natural. Deixo todas essas questões de lado.

Eu questiono aqui (de maneira inteiramente não filosófica e trivial) apenas *uma coisa*: Wittgenstein conseguiu fazer uma demarcação no sentido [351] das ciências naturais efetivamente existentes? O problema da demarcação é inequívoco: a tarefa consiste na separação pura dos domínios, na demarcação clara e precisa *dessa* ciência natural em relação à especulação *não científica* (como entendido por essa ciência), em relação à "metafísica".

Essa tarefa me parece resolvida.

O exame das posições pseudoproposicionais conduz a discussão do problema da indução ao problema da demarcação. Não apenas porque esse problema está por detrás do conceito de sentido do positivismo lógico: um olhar mais detido deixa claro que, em geral, o *problema da demarcação é o que está na base do problema da indução*.

A tarefa de determinar mais precisamente o caráter "empírico" peculiar da ciência natural (em oposição à metafísica "especulativa") é o proble-

---

15   Ludwig Wittgenstein, *op. cit.*, proposição 6.3432.

ma fundamental do *empirismo* e de toda teoria do conhecimento que está convencida do *valor* particular das ciências empíricas.

Esse valor reside, para o empirismo, no fato de que as ciências empíricas são capazes de comunicar *conhecimento fundamentado da realidade*. A teoria empirista do conhecimento (o empirismo) procura explicar essa capacidade pela especificidade do *método empírico* das ciências naturais (em oposição ao método metafísico).

Para tanto, ela deve, sobretudo, determinar essa especificidade do método empírico em oposição ao método metafísico em geral. O problema fundamental do empirismo é, pois, o *problema da demarcação*, a questão:

Qual método distingue a ciência natural da metafísica?

A resposta mais imediata, aparentemente mais óbvia, é: a ciência natural evita a especulação e *parte apenas da experiência*.

Essa resposta, porém, é a resposta do *indutivismo*.

O indutivismo não é nada mais que uma solução (primitiva) do problema da demarcação: por medo da metafísica (esse medo só se justifica enquanto não se dispõe de um critério de demarcação), o empirista (de orientação indutivista) se apega tanto quanto possível aos dados imediatos da experiência.

[352] O critério de demarcação indutivista é o método indutivo: podemos obter legítimos conceitos e proposições científicos (isto é, conceitos e proposições não metafísicos) *apenas da experiência*.

(O indutivismo levou, desde os dias de seu surgimento, a falsas demarcações. Bacon já confundia a formação de teorias com metafísica: por meio do apelo ao testemunho dos sentidos, ele recusava abandonar o ponto de vista geocêntrico: ver também os ataques de Mach contra o atomismo.)

Aqui não é o lugar de entrar mais detidamente nos esforços indutivistas e no problema da demarcação. Apenas *uma coisa* deve ser mostrada aqui: que o *prejuízo indutivista* também está na base do critério de demarcação do positivismo lógico. (É apenas desse modo que provamos que as posições pseudoproposicionais são de fato "indutivistas"; ver Seção 37.)

As soluções indutivistas não dizem respeito (como se sabe) tanto a *proposições* – que são afirmadas – e seu valor (objetivo), mas sim a conceitos – que devemos "possuir" – e sua "procedência" (psicológico-subjetiva) (ver também as Seções 11 e 33 a 35). A essa exposição do problema corresponderia, por exemplo, o seguinte critério de demarcação:

Todos os conceitos legítimos da ciência devem poder ser reduzidos a vivências elementares (percepções, impressões).

Se nos perguntarmos acerca do critério de demarcação análogo para proposições – o que mais nos interessa aqui – e evitarmos o *modo de expressão psicológico-subjetivo*, então o indutivismo deve resultar no seguinte critério, que chamo de *tese fundamental do indutivismo*:

Todas as proposições legítimas da ciência devem poder ser reduzidas a proposições empíricas elementares. Em outras palavras: a verdade de todas as proposições legítimas deve depender dos valores de verdade de determinadas proposições empíricas elementares.

(Por "proposições empíricas elementares" se deve entender a representação (objetiva) de estados de coisas mais simples, que podem ser imediatamente testados (em princípio, por todos os sujeitos) por meio de "percepções"; ver Seção 11.)

Enquanto a *indução*, a inferência de proposições universais de experiências particulares, é reconhecida como justificada, a "tese fundamental do indutivismo" se revela um *critério* [353] *de demarcação* perfeitamente utilizável, com o auxílio do qual as leis da natureza podem ser provadas como "legítimas". Mas se a inferência indutiva é reconhecida como ilegítima, contraditória (Hume), as leis da natureza não podem mais ser reduzidas a proposições empíricas elementares. Em outras palavras:

As proposições legítimas não podem mais se elevar à generalização, às leis da natureza. Elas são excluídas das leis da natureza pelo critério de demarcação (precisamente pela "tese fundamental"), o limite passa sob as leis da natureza: as proposições legítimas permanecem presas à experiência, isto é, ao particular.

E aqui podemos voltar ao critério de demarcação do positivismo lógico: Wittgenstein reduz *o conceito de proposição (dotada de sentido)* duas vezes. (As duas definições soam completamente correspondentes.) A primeira vez, com o auxílio do conceito de estado de coisas e do conceito de sentido; a segunda vez, o conceito geral de proposição é definido *formalmente*, a saber, como "função de verdade" de "proposições elementares".

O conceito de proposição elementar de Wittgenstein corresponde ao que chamei aqui de "proposição de experiência elementar": "A proposição mais simples, a proposição elementar, afirma a existência de um estado de coisas."[16]

---

16 Ludwig Wittgenstein, *op. cit.*, proposição 4.21.

Posições pseudoproposicionais e o conceito de sentido

Se o valor de verdade de uma proposição depende dos valores de verdade de outras proposições (à qual ela pode, pois, ser reduzida), ela é uma "função de verdade". As proposições às quais ela pode ser reduzida são seus "argumentos de verdade".

(Posso mencionar apenas brevemente a interessante *teoria formal das "funções de verdade"* de Wittgenstein – as "tabelas de verdade de Wittgenstein" já mencionadas na Seção 31.)

Se a "tese fundamental indutivista" for expressa nessa terminologia, chega-se à seguinte formulação:

Todas as proposições legítimas da ciência são funções de verdade de proposições elementares.

E, desse modo, o próprio Wittgenstein define o conceito (formal) de *"proposição"*: [354] "A proposição é uma função de verdade das proposições elementares. (A proposição elementar é uma função de verdade de si mesma.)" "As proposições elementares são os argumentos de verdade de uma proposição."[17]

Utilizada como critério de demarcação, essa formulação ultrapassa o limite entre as proposições (legítimas) da ciência natural e as pseudoproposições metafísicas no mesmo lugar que o *conceito de sentido* é utilizado como critério de demarcação. (Isto é – segundo minha terminologia – entre proposições particulares e proposições estritamente universais.) Por consequência, trata-se sempre do *critério de demarcação indutivista*, sem importar se ele figura na forma de conceito de sentido ou na forma da "tese fundamental indutivista".

As posições pseudoproposicionais são, portanto, indutivistas de fato, e estamos autorizados a chamar o para ela fundamental conceito de sentido de *"conceito de sentido indutivista"*.

Ainda não se tocou no *próprio conceito de sentido* com essas considerações; apenas na aplicação deste como critério de demarcação.

É possível que exista outro critério de demarcação mais apropriado (e também mais preciso), que faça jus perfeitamente à ciência natural existente, mas que mantenha válido o conceito de sentido indutivista enquanto tal. O "sentido" não seria, então, o limite entre ciência natural e metafísica,

---

17 Ludwig Wittgenstein, *op. cit.*, proposições 5 e 5.01.

mas as leis da natureza seriam, no entanto, as "pseudoproposições sem sentido".

Segundo essa concepção, o conceito de sentido não solucionaria certamente o problema da demarcação, mas ele teria ainda uma função na teoria do conhecimento: ele faria o problema da indução desaparecer, pois não se pode perguntar pela validade de pseudoproposições.

No quadro dessas investigações sobre o *problema da indução*, a discussão crítica das posições pseudoproposicionais conduz inevitavelmente a uma *crítica do próprio conceito de sentido indutivista*.

[355] 45. Crítica do dogma indutivista de sentido

O conceito de sentido do positivismo lógico, o conceito de sentido indutivista, é *dogmático*.

Para justificar essa afirmação e a rejeição que ela contém, não será sequer necessário se envolver em uma definição do [conceito] de "dogma" (ou de "dogmatismo"). A investigação bastará para mostrar como essa palavra é utilizada aqui e que ela é utilizada com justeza.

Para poder examinar o conceito de sentido indutivista, distingo duas interpretações possíveis desse conceito:

1. O conceito de sentido pode ser *reduzido* a outros conceitos (ele é definível).

2. O conceito de sentido é *indefinível* (ele é um conceito fundamental indefinível).

Consideremos a primeira interpretação:

Se o conceito de sentido wittgensteiniano for considerado como redutível, pode se tratar apenas de uma redução ao *conceito de estado de coisas* (de situação): "Pode-se dizer sem rodeios: esta proposição representa tal e tal situação – ao invés de: esta proposição tem tal e tal sentido".[1] (Essa passagem já foi citada.)

Aqui se deve supor – e é preciso se ater a isso – que o conceito de sentido é redutível. Com essa suposição, a formulação de Wittgenstein pode ser

---

1 [Ludwig Wittgenstein, *Tractatus logico-philosophicus* (1918/1922), proposição 4.031. Cf. Seção 43, texto relativo à nota 4. (N. E. A.)]

utilizada como uma "definição de uso", como uma regra de tradução: ela permite transformar todo enunciado em que a palavra "sentido" ocorre[*1] de tal forma que esse conceito seja eliminado e seja substituído pelo conceito de *estado de coisas* (naturalmente, de estado de coisas particular). Essa regra de tradução diria, pois, o seguinte: "Ter sentido" significa "representar um estado de coisas (particular)".

Com o auxílio dessa regra de tradução, a afirmação, por exemplo, "Todas as proposições (gramaticalmente corretas), que podem ser verificadas definitivamente – especialmente, todas as proposições verdadeiras – [356] *são dotadas de sentido*" poderia ser reformulada da seguinte forma: "Todas as proposições [...] que podem ser verificadas definitivamente [...] *representam um estado de coisas* (particular)".

Se for reconhecido o ponto de vista segundo o qual o conceito de sentido pode ser *per definitionem* reduzido ao conceito de estado de coisas (particular), a seguinte tradução também deve ser admitida:

A afirmação "Uma lei da natureza *não tem nenhum sentido*" ou "Uma lei da natureza *é sem sentido*" não diz nada mais que "Uma lei da natureza não *representa nenhum estado de coisas* (particular)".

Que uma lei da natureza não represente nenhum estado de coisas (particular) já sabemos há muito tempo. Não se pode colocar nem solucionar um problema pelo fato de se designar essa circunstância por expressões como "sem sentido", "contrassenso", "impensabilidade", "indizibilidade", "inexpressibilidade" etc. (todas essas expressões que podem, por sua vez, ser reduzidas ao conceito de sentido): a substituição de um modo de designação por outro é simplesmente uma questão de *terminologia*.

Pode-se contribuir para apresentar um problema de maneira clara ou [para] obscurecê-lo ao se escolher uma terminologia adequada ou inadequada, mas evidentemente tal renomeação sozinha não pode alterar nada em relação ao próprio problema.

Uma lei da natureza não representa nenhum estado de coisas (particular). Isso é certo. Mas ela também não pode representar um estado de coisas (particular) se for um *fundamento da dedução universal* utilizável. Se quisermos chamá-la, *por essa razão*, de "pseudoproposição" ou "sem sentido" ou "indizível" etc., não há nada fundamental a objetar contra essa

---

[*1] No sentido de "sentido de uma proposição".

terminologia. Apenas a prática mostra que ela é *muito* inapropriada, pois ela é *muito* enganadora.

Devemos nos ater ao seguinte: apenas a interpretação que *vê* o conceito de sentido como *definível* é discutida aqui. Se essa interpretação for admitida, não é possível dizer nada mais com a terminologia pseudoproposicional senão que as leis da natureza não representam nenhum estado de coisas (particular).

Mas, como sabemos, elas podem muito bem ser *falsas*. Essa terminologia não pode mudar nada em relação a isso.

Aqui se revela que a terminologia é *particularmente inadequada*: ela sugere a interpretação desautorizada segundo a qual [357] as leis da natureza em geral não podem ter nenhum valor de verdade (inclusive o negativo). Tal interpretação [*Deutung*] (no quadro *dessa* interpretação [*Interpretation*]) não é justificada por nada: se "ter sentido" não significa *nada mais* que "representar uma estado de coisas (particular)", isso não autoriza a concluir que *apenas* aquelas proposições que representam um estado de coisas (isto é: têm sentido) podem ser *falsas*.

Mas se *não* nos deixamos enganar pela designação "sem sentido" e admitimos que a proposição "Todas as maçãs são verde escuro" é *falsa*, essa terminologia talvez seja ainda mais inapropriada: chamaríamos *proposições falsas*, isto é, proposições, que têm um valor de verdade, de "sem sentido".

A terminologia, em particular, as expressões "contrassenso", "o impensável" etc., é evidentemente completamente inadequada, pois ela é carregada de *avaliações* (inclusive pejorativas) pelo uso corrente da linguagem. Mas essas avaliações não podem seguramente ser deduzidas da definição sóbria: "ter sentido" significa "representar um estado de coisas (particular)".

E o próprio Wittgenstein enfatiza essa avaliação; pense-se em seus exemplos para proposições sem sentido: por exemplo, na "questão de saber se o bem é mais ou menos idêntico ao belo".[2]

Essa avaliação pode, claro, nos conduzir a conclusões precipitadas – as quais não podem certamente ser justificadas pela terminologia ou apenas pela definição – de que as leis da natureza "sem sentido" em geral não

---

2 [Ludwig Wittgenstein, *op. cit.*, proposição 4.003. Cf. Seção 43, texto relativo à nota 1. (N. E. A.)]

podem ter nenhum valor de verdade e de que elas também não podem ser falsificadas.

(Um método que extrai mais do conceito definível do que era colocado pela definição – e que extrai em particular *avaliações* injustificadas – pode ser chamado de *"dogmático"*.)

Nesse caso, parece se tratar da ideia de que, na *"essência" do conceito de sentido*, se inclui que *apenas* uma proposição com sentido pode ter um valor de verdade. Seja como for, se quisermos *definir* o conceito de sentido por meio do conceito de estado de coisas (particular), [358] por meio dessa definição do termo, dispomos então de outro modo: não se pode perguntar novamente por sua "essência".

Por isso, essa interpretação que vê o conceito de sentido como definível, como redutível, não é mais sustentável.

A mesma argumentação poderia ser mobilizada contra a outra definição do conceito de sentido. Se definirmos, por exemplo, o "sentido de uma proposição" (ver a citação de Waismann[3]) como o "método de sua verificação", a afirmação "As leis da natureza são sem sentido" não poderia ser traduzida senão como "Não há nenhum método para verificar leis da natureza". Desse modo, não se dá nenhum passo adiante: não se pode alterar nada na situação lógica pela introdução de uma terminologia. Essa situação pode ser representada, portanto, *sem* a terminologia em questão.

O resultado, a rejeição da primeira interpretação (puramente terminológica), não é, pois, casual, não depende da definição particular do conceito de sentido por meio do conceito de estado de coisas.

Consideremos a segunda interpretação:

Aqui se deve por fim discutir a concepção que vê o conceito de *sentido* como um *conceito fundamental indefinível*. (Toda teoria do conhecimento deve admitir tais indefiníveis conceitos fundamentais para poder definir outros conceitos.)

A tentativa de definir agora (inversamente) o conceito de estado de coisas por meio do conceito de sentido não pode alterar nada na situação atual e certamente já não corresponde mais à argumentação de Wittgenstein. (Se

---

3 [Friedrich Waismann, "Logische Analyse des Wahrscheinlichkeitsbegriffs", *Erkenntnis* 1 (1930), p.229. Cf. Seção 42, texto relativo à nota 1; Seção 43, texto relativo à nota 9. (N. E. A.)]

definirmos, por exemplo, que "Um estado de coisas é aquilo que uma proposição com sentido representa", temos apenas uma regra linguística, uma regra de tradução, e chegamos aos mesmos resultados que no caso da interpretação puramente terminológica.)

Não nos resta senão admitir que nem o conceito de sentido pode ser definido por meio do conceito de estado de coisas (como tentara a primeira interpretação), nem o conceito de estado de coisas pode ser definido por meio do conceito de sentido. Os dois conceitos não podem ser reduzidos um ao outro por *definição*.

[359] Assim, o conceito de sentido indutivista deve ser visto como *indefinível*. Ele deve conter mais do que, por exemplo, é expresso na afirmação "Ter sentido significa: representar um estado de coisas (particular)". Todas as suas avaliações, que normalmente introduzimos pelas expressões com sentido/sem sentido; pensável/impensável; dizível/indizível etc., devem estar contidas nele – mesmo que não sejam determinadas por definição.

Mas se não é possível dar uma definição apropriada do conceito de sentido, como a afirmação de Wittgenstein "Ter sentido significa: representar um estado de coisas (particular)" pode ser *justificada*? A questão é importante, pois essa afirmação é fundamental para as *posições pseudoproposicionais*.

Em todo caso, tal afirmação *não* pode ser *tautológica*, não pode ser o resultado de uma *análise puramente lógica* do conceito em questão; essa proposição não seria, pois, uma análise conceitual, um juízo analítico, mas ela deveria ser vista como um *juízo sintético*. E inclusive ela deveria ser vista como um *juízo sintético a priori*, uma vez que não diz nada sobre os próprios estados de coisas empíricos (mas seriam, como os juízos sintéticos *a priori* de Kant, de tipo superior aos "enunciados factuais", à medida que diz algo sobre o conceito de estado de coisas e de proposições empíricas em geral).

As posições pseudoproposicionais (a concepção segundo a qual as leis da natureza são pseudoproposições) poderiam ser garantidas por um (ou mais) juízo sintético *a priori*, por exemplo, pelos seguintes juízos sintéticos já conhecidos, nos quais o conceito de sentido já deve ter sido compreendido como *avaliativo*, isto é, como oposto ao "contrassenso patente": "O *sentido da proposição consiste no método de sua verificação*" ou, por exemplo, "O sentido da proposição consiste em que a proposição determine um estado de coisas por um sim ou não".

Nenhuma experiência pode ensinar algo sobre a "essência" do conceito de sentido: aqueles juízos sintéticos seriam, portanto, sem dúvida, *a priori* e uma tentativa de justificá-los poderia conduzir apenas a uma teoria da evidência (por exemplo, na forma de um método fenomenológico da intuição de essência).

Pois esse apriorismo, ao contrário do apriorismo kantiano, não poderia ser justificado por algum "método transcendental". A análise dos pressupostos das ciências existentes não poderá nunca conduzir à perspectiva de que as leis da natureza são sem sentido.

[360] Mas uma filosofia que introduz juízos sintéticos *a priori*, sem, com isso, se limitar a considerações transcendentais, deve ser caracterizada sem dúvida nenhuma como racionalista e *dogmática* – no sentido de Kant.

O exame dessas duas interpretações possíveis me parece mostrar o uso ilícito, porque dogmático, do conceito lógico-positivista de sentido.

Mas ainda é possível uma *objeção* que destruiria toda essa argumentação e permitiria ao conceito de sentido indutivista ressurgir intacto de seus escombros.

A objeção constata, acima de tudo, que a argumentação desta seção *não* deve ser considerada *uma crítica imanente*: do ponto de vista do conceito de sentido indutivista, só pode ser reconhecido como válido (ou legítimo) um argumento que se apoia sobre um *estado de coisas* (particular) *da ciência natural*. Qualquer outra argumentação trabalha com pseudoargumentos, inclusive, aquela apresentada aqui.

Mas essa objeção pode ser ainda mais refinada. Não apenas minha crítica não é imanente, de tal modo que ela não permanece no terreno do conceito de sentido indutivista: à medida que pressupõe (mesmo que não explicitamente), como uma hipótese não provada, que sua argumentação é mais do que um contrassenso fraudulento, ela introduz sub-repticiamente um *conceito de sentido completamente diferente* enquanto hipótese não provada. É evidente, então, que ela – em função dessa *pressuposição* – enrede o conceito de sentido em contradições. O resultado da crítica – desde que ele não seja, enquanto pseudorresultado, sem sentido – não pode ser outro senão: o conceito de sentido indutivista contradiz os pressupostos da crítica e deve, pois, parecer contraditório se considerado a partir desses pressupostos.

A objeção esboçada aqui não deve ser vista apenas como uma objeção *possível*: do ponto de vista de Wittgenstein, ela deve ser levantada se o positivismo lógico não quiser ser acusado de uma inconsequência grosseira. (Isso será mostrado um pouco adiante.)

Mas que o ponto de vista de Wittgenstein *deva* conduzir, em suas últimas consequências, a essa objeção é a razão pela qual eu [361] chamo o conceito de sentido indutivista de um "dogma protegido", um dogma particularmente qualificado.

O dogmatismo de uma doutrina pode consistir em que proposições sejam formuladas e afirmadas como *verdadeiras* sem justificação suficiente ("dogma não protegido"). A *Ética* de Spinoza, por exemplo, seria dogmática nesse sentido: seus axiomas etc. devem ser admitidos como imediatamente evidentes, como fundados em si mesmos (ou qualquer coisa do gênero). No caso dessa forma de dogmatismo, seria, ainda assim, pensável que tal proposição (lógica ou empírica) é *refutada*, à medida que se mostra uma contradição, seja uma contradição interna, seja uma contradição com a experiência.

Mas há também uma forma de dogmatismo ("dogma protegido"), cujo "caráter dogmático" é ainda mais fortemente marcado: dogmas podem ser, de certa forma, garantidos por dogmas, de tal modo que devam permanecer *intocados* em todas as circunstâncias.

Tal proteção qualificada atinge, por exemplo, a dialética de Hegel.

Se Kant tivesse acreditado que toda metafísica especulativa, todo racionalismo dogmático, deve ser tornada impossível pela demonstração de que a razão pura especulativa deve se perder em contradições (e pseudoproblemas), ele não teria levado em conta *uma* possibilidade: a metafísica dogmática pode se proteger contra a objeção *ao* simplesmente avaliar a *contradição* de outro modo, a saber, positivamente.

Hegel não tenta refutar a demonstração kantiana, mas ele erige sua dialética imediatamente sobre o conceito de contradição, enquanto um fator produtivo necessário e produtivo de todo pensamento. Graças a essa tática, não apenas o ataque de Kant, mas também toda objeção pensável, perde seu direito. Ela sequer é rejeitada, pois ela não atinge o sistema (ela atinge sua própria antítese). Toda objeção pensável contra o sistema poderia consistir apenas em demonstrar suas contradições internas. Tal demonstração, porém, não significa um abalo no sistema dialético, mas justamente uma consolidação, uma confirmação.

Sob a proteção particular da dialética, o sistema fica fora, aquém, de qualquer discussão. Ele repousa sobre um "patamar superior da razão", ele destruiu todas as pontes (ou melhor: todas as escadas) que levam do nível da discussão até ele.

Posições pseudoproposicionais e o conceito de sentido

[362] Uma forma inteiramente análoga de dogmatismo é o *"credo quia absurdum"* de Tertuliano:*² se a absurdidade, a contradição interna, é elevada a motivo da crença, a crença está em um patamar que é inalcançável pelos argumentos. (E isso é inclusive a "essência" mais íntima da crença.)

É precisamente essa proteção qualificada que podemos obter introduzindo o *conceito de sentido indutivista*. Uma vez introduzido esse conceito, toda luta contra ele é vã: toda objeção é julgada como sem sentido. Pois nenhuma objeção que se dirige contra o conceito de sentido pode provir da "ciência natural [e, por isso, ter sentido], pois o próprio conceito de sentido não é um conceito da ciência natural. Ele está em um patamar mais elevado; ele permanece sempre inalcançável pelos argumentos que ele torna válidos.

Obviamente, ele também *não pode ser justificado com sentido*: "o método correto da filosofia" não consiste em justificar o conceito de sentido por meio de argumentos, mas apenas em rejeitar toda *objeção como sem sentido*, como uma pseudo-objeção. (Ele é, pois, um *método do pseudoproblema apologético*.) A entronização do conceito de sentido é sem sentido, se assumido por meio de argumentos. Ao menos, ela deve, ao final, ser reconhecida como um empreendimento sem sentido; desde que o tenhamos realizado completamente uma vez.

Esse conhecimento de que toda discussão do conceito de sentido, inclusive sua entronização argumentada, é *sem sentido*, trata-se da *última palavra* da argumentação filosófica. Em seguida, ela se cala: os navios foram incendiados, as pontes, destruídas, as escadas, jogadas fora.

E é assim que Wittgenstein conclui:

Minhas proposições elucidam dessa maneira: quem me entende acaba por reconhecê-las como contrassensos, após ter escalado através delas – por elas – para além delas. (Deve, por assim dizer, jogar fora a escada após ter subido por ela.)

---

*² Como me informou Troels Eggers Hansen, a atribuição a Tertuliano está ultrapassada; ver *Historisches Wörtebuch der Philosophie* I. (ed. por Joachim Ritter, 1971), p.66 e seg. [(3.ed.) Quintus Septimus Florens Tertulianus, nascido em 155 e morto depois de 220. "Credo quia absurdum est", cf. Fritz Mauthner, *Wörtebuch der Philosophie* II. (2.ed., 1914): assim como F. Mauthner, *Beiträge zu einer Kritik der Sprache* I.: *Zur Sprache und zur Psychologie* (3.ed., 1921/1923), p.707. (N. E. A.)]

[363] Deve sobrepujar essas proposições, e então verá o mundo corretamente.
Sobre aquilo de que não se pode falar, deve-se calar.[4]

Se o positivismo lógico jogou a escada fora depois que subiu por ela, ele está seguro contra todo ataque. Nenhum argumento pode atingi-lo, pode persegui-lo fora de sua esfera, no plano do discutível. O conceito de sentido é *absolutamente inatacável*, uma *crítica* imanente é *impossível* (inclusive uma justificação imanente).

Se a falta de sentido da *argumentação* (entronizada) for uma consequência necessária do conceito de sentido, o caráter inatacável do *resultado* é a outra e trata-se justamente da consequência que deve importar primordialmente ao dogmatismo.

Desse modo, Wittgenstein julga seu trabalho de maneira muito correta quando diz sobre ele: "Por outro lado, a *verdade* dos pensamentos aqui comunicados parece-me intocável e definitiva. Portanto, é minha opinião que, no essencial, resolvi de vez todos os problemas [...]".[5]

Seria, portanto, um erro querer ver uma contradição entre essa observação e as proposições conclusivas (citadas anteriormente) do *Tractatus* (pois proposições que são contrassensos não podem ser definitivamente verdadeiras). As duas observações são igualmente uma consequência do dogma de sentido: precisamente *porque* toda discussão do conceito de sentido é um contrassenso, a verdade intocável e definitiva de todos os resultados que se seguem dela pode ser sustentada: ela está "protegida".

Como todo dogma, a doutrina de Wittgenstein também fez escola e, com ela, a segurança que ele tinha acerca da solução definitiva de problemas.

Para mostrar que a *severidade de minha polêmica* é justificada, que ela depende inclusive da segurança particular própria à posição (a escola do positivismo lógico) contra a qual ela se dirige (mas talvez também de uma afinidade em determinadas avaliações, a saber, transcendentais), cito aqui uma passagem longa de um trabalho programático de Schlick;[6] a passagem

---

4 Ludwig Wittgenstein, *op. cit.*, proposições 6.54 e 7.
5 Ludwig Wittgenstein, *op. cit.*, Prefácio.
6 Moritz Schlick, "Die Wende der Philosophie", *Erkenntnis* 1 (1930), p.4 e segs.

se reporta à [364] filosofia de Wittgenstein, ao "método do pseudoproblema". Schlick escreve:

> Eu me permito essa remissão à anarquia de opiniões filosóficas tão frequentemente descrita a fim de não deixar nenhuma dúvida acerca do fato de que tenho perfeita consciência da extensão e da profundidade da convicção que gostaria de exprimir. Estou, de fato, convencido de que nós estamos no centro de uma virada na filosofia e que estamos, de fato, justificados em enxergar a disputa infrutífera dos sistemas como terminada. O presente tem, afirmo eu, os meios de tornar desnecessária, por princípio, toda disputa desse tipo; trata-se apenas de aplicá-los de maneira resoluta. Esses meios são elaborados discretamente, sem que a maioria dos professores e autores da filosofia percebam, e assim criou-se uma situação incomparável com todas as outras anteriores. Só se pode notar que a situação é peculiar e que a virada iniciada é realmente definitiva à medida que nos familiarizamos com os novos métodos e lançamos, dos pontos de vista aos quais ela conduz, um olhar retrospectivo sobre todas as tentativas que valeram até agora como "filosóficas".[7]

Schlick conclui esse trabalho com as seguintes palavras:

> [...] Desse modo, depois dessa grande virada, a filosofia mostra mais claramente do que antes seu caráter definitivo.
> É apenas em virtude desse caráter que a disputa dos sistemas pode ser finalizada. Eu repito que podemos, graças às perspectivas que esboçamos, ver hoje mesmo essa disputa como terminada [...]
> Certamente haverá várias batalhas na retaguarda, certamente muitos continuarão nos caminhos antigos por muitos séculos; autores de filosofia ainda discutirão por muito tempo antigas pseudoquestões, mas por fim ninguém mais os escutará e eles assemelhar-se-ão a atores que ainda atuam por algum tempo até perceberem que os espectadores pouco a pouco os deixaram. Então, não será mais necessário falar de "questões filosóficas", pois se falará de *todas* as questões filosoficamente, isto é, com sentido e claramente.[8]

---

7 Moritz Schlick, *op. cit.*, p.5 e seg.
8 Moritz Schlick, *op. cit.*, p.10 e seg.

[365] Quando o autor de *Teoria do conhecimento*[9] (uma obra que, na minha opinião, sempre ocupará um lugar eminente na literatura filosófica) defende uma concepção com tal determinação, resta apenas única coisa àquele que não pretende segui-lo nessa concepção: ele tentará "discutir" aquelas "antigas pseudoquestões" – por exemplo, o problema da indução – com os argumentos em relação aos quais não se pode permanecer surdo, que se deve "escutar". Ele tentará fazer uma "batalha na retaguarda" tão severa que seu oponente não possa se "retirar" enfarado (como ele planeja), mas que o obrigue a se virar de frente para ele.

Fica claro no trabalho citado que Schlick considera o problema da indução como uma "antiga pseudoquestão": segundo ele (assim como para Wittgenstein), não há questões "filosóficas" ou "epistemológicas" genuínas; designar tais questões aparentes de pseudoquestões [ou desmascará-las como tais], trata-se da única resposta "legítima" a elas.

Podemos por fim compreender a certeza surpreendente que se manifesta na exposição de Schlick da posição pseudoproposicional, isto é, precisamente em sua aplicação do método pseudoproposicional ao problema da indução, que resulta prontamente "sem objeto" (a passagem já foi parcialmente citada):

> Aquele que conhece notará que, por meio de considerações como as precedentes, o chamado problema da "indução" fica sem objeto [...] O problema da indução consiste, com efeito, na questão sobre a [...] justificação de proposições universais [...] Nós reconhecemos [...] que não há nenhuma [...] justificação para ela; não pode haver justificação, pois elas não são proposições genuínas.[10]

Nós sabemos agora que não há crítica imanente das posições pseudoproposicionais; não pode havê-las, pois elas são tão irrefutáveis quanto injustificáveis:

[366] Sob a proteção específica do conceito de sentido indutivista, elas ficam fora, aquém de qualquer discussão, inatingíveis por qualquer argumento admissível.

---

9 [Id., *Allgemeine Erkenntnislehre* (N. E. A.)]
10 Moritz Schlick, "Die Kausalität in der gegenwärtigen Physik", *Die Naturwissenschaften* 19 (1931), p.156.

Desse modo, depois de sua odisseia entre a Cila do regresso infinito e a Caríbde do apriorismo, o navio errante do indutivismo atraca no porto seguro do dogmatismo.

46. Enunciados factuais completamente decidíveis e enunciados factuais parcialmente decidíveis – A antinomia da cognoscibilidade do mundo (Conclusão da crítica às posições pseudoproposicionais)

A introdução do conceito de sentido transforma a oposição *terminológica* entre a concepção dedutivista-empirista e a "última" posição pseudoproposicional em uma oposição objetiva? Ou o problema terminológico é apenas deslocado?

Essa questão se impunha no final da Seção 42, por ocasião da introdução do conceito de sentido, do último e sem dúvida mais forte argumento das posições pseudoproposicionais: já parecia bastante difícil de acreditar que uma oposição que se afundava em uma mera disputa verbal, depois da vitória de todos os argumentos objetivos de um dos partidos ("assimetria"), pudesse reencontrar uma dignidade objetiva com a introdução de um novo conceito.

Tais questões podem ser respondidas agora mais precisamente.

Se tentarmos ver por trás do conceito de sentido (*indutivista*) mais do que um mero termo, uma mera designação para a classe de enunciados factuais particulares, não podemos afastar o dogmatismo.

Apenas a ("primeira") interpretação puramente terminológica do conceito de sentido é discutível. Mas, concebida desse modo, a introdução da expressão "dotados de sentido" para caracterizar apenas os enunciados factuais particulares se revela uma convenção extremamente inapropriada; tão inadequada quanto a terminologia pseudoproposicional em geral, desde que se retire os suportes objetivos ou, se quisermos, formais ("simetria"): esse "conceito de sentido" está encarregado de fazer avaliações não justificadas e é, por isso, equivocado.

Eu proponho, portanto, eliminar esse conceito do debate epistemológico. É preciso tentar exprimir de outro modo o que se quer dizer de fato com o conceito de "sentido". [367] E no momento que nos exprimimos de um modo diferente e livre de objeções, é relativamente indiferente se reintroduzimos o conceito de sentido ou não. De minha parte, sou da opinião de que é contrário ao uso linguístico chamar de "sem sentido" proposições universais, como: "Todos os corvos são pretos" ou "Todos os homens são mortais" (seja possível ou não prová-las como *verdadeiras*). E preferiria igualmente não chamar proposições manifestamente metafísicas – por exemplo, a metafísica de Schopenhauer – de "sem sentido", mas me contentar em chamá-las de "metafísicas", de "não científicas" (no sentido das ciências empíricas e do problema da demarcação) ou em chamá-las de "destituídas de sentido *empiricamente*" [enfatizando a palavra "empiricamente"]. Eu não acredito que um leitor de Schopenhauer admitirá facilmente que tudo o que leu é contrassenso nu e cru. Mas não quero entrar em um debate sobre a utilização "correta" do conceito de "sentido": o que ele poderia eventualmente proporcionar para a filosofia deve também poder ser obtido por outros meios.

Apenas o exame do *problema da demarcação*[1] poderá proporcionar acerca disso uma satisfação completa. Ele mostrará que toda demarcação desejada (dos enunciados factuais, da metafísica e da lógica) é possível sem utilizar o conceito de sentido ou qualquer conceito aparentado. Se isso for feito, nada mais há para objetar contra o conceito de sentido. Trata-se agora apenas de uma questão de *convenção*.

Mas o conceito de sentido de Wittgenstein determina um limite que tem interesse não apenas no contexto do problema da demarcação: o limite entre enunciados factuais "particulares" ("singulares") e enunciados factuais "estritamente universais", traçado com o auxílio do conceito de sentido indutivista, interessa, sobretudo, do ponto de vista do *problema da indução* e da discussão das *posições pseudoproposicionais*.

Enquanto as outras funções de demarcação, que o conceito de sentido indutivista deve preencher, só podem ser discutidas no contexto do problema da demarcação,[2] é preciso aqui (para trazer à [368] luz o que, no contexto dessas funções, entra no problema da indução) mais uma vez fazer uma recapitulação da distinção entre enunciados factuais particulares e enunciados factuais estritamente universais.

Nós já sabemos que apenas enunciados factuais particulares podem, em princípio, ser verificados *e* falsificados, enquanto os enunciados estritamente universais são, *em princípio, apenas falsificáveis*.

---

1 [Ver "Posfácio do Editor", Seção 10, nota 9 e texto relativo a essa nota. (N. E. A.)]
2 [Ver "Posfácio do Editor", Seção 10, nota 8 e texto relativo a essa nota. (N. E. A.)]

Posições pseudoproposicionais e o conceito de sentido

Essas propriedades podem ser utilizadas para distinguir com suficiente exatidão enunciados particulares de enunciados factuais estritamente universais. Para tanto, é necessário, acima de tudo, precisar essa terminologia "verificável em princípio" e "falsificável em princípio". Pois, sem tal precisão, a proposição "Enunciados factuais particulares são, em princípio, verificáveis *e* falsificáveis" não seria inequívoca. Segundo essa formulação, ela poderia, por exemplo, também ser entendida como se permitisse que um mesmo enunciado fosse as duas coisas: tanto verdadeiro quanto falso. E também como se permitisse à outra proposição, "Enunciados estritamente universais são, *em princípio, apenas* falsificáveis", ser interpretada equivocadamente como se afirmasse que enunciados factuais universais podem, em princípio, ser apenas falsos.

Eu preciso, portanto, que a expressão "verificável *em princípio*" deve ser entendida aqui como se significasse que *não há razões lógicas* que impeçam uma verificação empírica.

A proposição "Enunciados factuais particulares são, em princípio, verificáveis *e* falsificáveis" deve, pois, ser entendida como se significasse que não há razões lógicas que impeçam uma verificação ou falsificação empírica de enunciados factuais particulares. E, do mesmo modo, "Enunciados estritamente universais são, *em princípio, apenas* falsificáveis" deve significar que, por razões lógicas, a experiência pode decidir apenas acerca de sua falsidade, nunca, porém, acerca de sua verdade.

Nenhuma proposição lógica nos autoriza a dizer *a priori* que enunciados factuais universais são *falsos* (do contrário, eles próprios seriam contradições lógicas, e a experiência não poderia decidir acerca deles de modo algum), mas podemos certamente dizer *a priori* que sua *verdade não* pode ser *provada* pela experiência.

(Seria totalmente errôneo acreditar que essa perspectiva é inconciliável, por exemplo, com o "princípio do terceiro excluído"; antes, ela pressupõe esse princípio. Ela repousa de fato sobre o princípio analítico-hipotético, [369] a implicação tautológica: mesmo *se* um enunciado factual universal fosse verdadeiro, sua verdade não pode nunca ser provada empiricamente. – Diga-se de passagem: a chamada "crise do princípio do terceiro excluído" repousa inteiramente, a meu ver, sobre equívocos, sobre confusões de relações lógicas com relações psicológicas e empíricas.)

Se, por um lado, os enunciados factuais "estritamente universais" não podem nunca, por *razões lógicas*, ser certificados, verificados, pela experiência, por outro lado, são *razões lógicas* que mostram que eles podem ser refutados pela experiência: a forma dessa refutação (*modus tollens*) é uma forma de *dedução lógica*, é uma falsificação retrospectiva do implicante pelo implicado falsificado.

Se, por exemplo, Schlick diz (a passagem já foi citada) que "é essencial para um enunciado genuíno que seja, em princípio, verificável ou falsificável definitivamente",[3] essa formulação se adéqua em sua formulação verbal a enunciados factuais *universais*, a leis da natureza, pois eles são "falsificáveis em princípio". Em sua formulação verbal, os "enunciados" de Schlick concordariam com o que chamo de "enunciados factuais", compreenderia enunciados factuais particulares *e* universais. Mas essa concordância é apenas verbal: a *posição pseudoproposicional* de Schlick mostra que essa passagem tem outro significado, que ele pretende subsumir apenas os enunciados factuais particulares sob os "enunciados".

(De modo semelhante, as explicações correspondentes em Carnap[4] não são inteiramente inequívocas. O próprio Carnap precisa a expressão "em princípio", mas não estou completamente certo se suas explicações devem ser interpretadas no sentido de um ponto de vista pseudoproposicional.)

[370] Eu acredito que, com a precisão fornecida anteriormente, a distinção entre enunciados factuais particulares e universais pode ser estipulada com suficiente exatidão: os enunciados factuais "particulares" são, em princípio, verificáveis *e* falsificáveis, os universais, *apenas* falsificáveis.

E, com isso, está traçado aquele limite – no que diz respeito ao problema da indução – que o conceito de sentido indutivista deveria traçar.

Mas o conceito de sentido indutivista contém uma *valoração*. Essa valoração resulta da distinção indutivista apresentada ou ela está talvez completamente deslocada?

Mesmo essa questão só será abordada aqui no que concerne ao problema da indução.

Acima de tudo, é preciso constatar que a distinção dedutivista também inclui uma valoração e, sob um olhar mais detido, inclusive, *duas* valorações

---

[3] Moritz Schlick, "Die Kausalität in der gegenwärtigen Physik", *Die Naturwissenschaften* 19 (1931), p.156. [Cf. Seção 7, texto relativo à nota 1; Seção 18, texto relativo à nota 2. (N. E. A.)]

[4] Rudolf Carnap, *Der logische Aufbau der Welt* (1928), p.254.

(que se situam, em certo sentido, em planos diferentes). E essas valorações podem ser precisadas e justificadas.

Em primeiro lugar, a distinção dedutivista estipula que não se pode nunca provar a verdade de enunciados factuais universais. Eles não podem ter um valor de verdade positivo, *não podem "ser válidos"* [mais precisamente: ser privados como válidos]. Esta é uma limitação precisa e radical do "valor" do enunciado factual universal: ele pode ser valorado positivamente, mas seu valor positivo, seu valor de confirmação, não é definitivo. Ele é, como nós já sabemos, nada mais que um relato universal sobre as tentativas de verificação até agora ou, como eu preferiria dizer, sobre as *tentativas de falsificação* (malsucedidas) até agora.

Essa *primeira valoração*, que está contida na distinção dedutivista entre enunciados factuais particulares e universais, restringe sem dúvida o valor dos enunciados factuais universais, deprecia-os consideravelmente.

Mas isso não concorda perfeitamente com o que afirma o *ponto de vista pseudoproposicional*? Essa valoração depreciativa é outra coisa que a valoração (que chamei anteriormente de "pejorativa") expressa pelo conceito de sentido indutivista? Não é perfeitamente justificado *não* chamar essas construções lógicas ("de menor valor") [371] de "enunciados factuais", uma vez que pertencem a uma classe completamente diferente de construções lógicas do que aquela dos enunciados factuais particulares?

Desse modo, a questão terminológica se coloca para nós uma última vez: é adequado chamar as leis da natureza de "enunciados factuais", embora estes não possam nunca ser verificados empiricamente?

(A resposta a essa questão leva, ao mesmo tempo, à discussão da *segunda valoração* incluída na concepção dedutivista das leis da natureza.)

Meu ponto de vista na questão terminológica é: enquanto se puder falar em "justificação" no caso de tais questões, a designação das leis da natureza de "enunciados factuais" não apenas é adequada, mas inclusive *justificada*.

Em primeiro lugar, é imprescindível considerar as leis da natureza "proposições", "enunciados" (se quisermos evitar uma confusão terminológica). Em primeiro lugar, porque elas podem ter um valor de verdade empírico (a saber, *negativo*). Em segundo lugar, porque permitem deduzir predições genuínas, isto é, implicam enunciados genuínos. Em terceiro lugar, porque devem ser provisoriamente consideradas como verdadeiras (cf. Seções 31 e 34). Em quarto lugar, porque sua negação é implicada por predições falsificadas. Em suma: porque a teoria lógica da dedução é aplicável a elas, elas devem ser consideradas proposições ou enunciados em sentido lógico.

Mas talvez elas não sejam enunciados em sentido empírico, "enunciados factuais"? Talvez elas sejam apenas "estipulações livres", "determinações arbitrárias"?

Podemos certamente chamar as leis da natureza de "estipulações livres" ou "determinações arbitrárias", pois seu estabelecimento é tentativo e, considerado logicamente, não depende de modo algum da experiência. Mas não se pode perder de vista que elas não podem ser consideradas como "estipulações livres" no sentido de definições ou convenções. Elas não são, enquanto "estipulações", de modo algum *a priori* verdadeiras (elas também não são *a priori* falsas), mas podem *falhar na experiência*, podem ser *refutadas pela experiência*. E chamar de "enunciado factual" uma proposição universal empiricamente falsa, por exemplo, a proposição "Todos os homens têm cabelos loiros", certamente não me parece inadequado. E se chamamos de "enunciados factuais" proposições universais empiricamente falsificadas, [372] devemos chamar desse modo também aquelas que ainda não foram falsificadas. (Diga-se de passagem, o fato de que entre as chamadas "leis da natureza" talvez também haja aquelas que são convenções genuínas poderia ser apenas um argumento para não chamar estas de "leis da natureza".)

As seguintes considerações me parecem, no que diz respeito a essas questões terminológicas, ainda mais importantes que o eterno argumento da falsificabilidade:

Por que exatamente as leis da natureza não são verificáveis? Talvez porque elas sejam "empiricamente destituídas de sentido"? Ou por causa de seu "caráter ficcional"?

A invocação de seu "caráter ficcional" não pode fornecer nenhuma explicação, pois chamei as leis da natureza (*per definitionem*) de "ficcionais" apenas porque elas não podem, em princípio, ser provadas como verdadeiras.[*1]

Quais são, portanto, as razões lógicas que impedem uma verificação empírica das leis da natureza?

[*1] O "apenas porque" me parece ser incorreto, e a designação das leis da natureza de "ficções" deveria ser abandonada. Ver a "Introdução de 1978", [Seção 2: (7). (N. E. A.)]

Se compararmos a distinção, encontrada nesta seção, entre enunciados factuais particulares e enunciados factuais universais com aquela distinção (Seções 32 a 35) que remete à oposição entre conceitos individuais e conceitos universais, podemos constatar que as duas concordam perfeitamente:

Os enunciados factuais universais não são, portanto, definitivamente verificáveis, porque eles são enunciados sobre todos os casos de uma classe universal (conceito universal). Mas toda classe universal tem, em princípio, uma quantidade ilimitada de elementos (casos). A extensão de um conceito universal pode ser, porém, se comparada com a extensão de outro conceito universal, maior ou menor (conceito superior ou conceito inferior). Mas ela é, em princípio, *ilimitada*, em particular não limitada espacial e temporalmente a domínios determinados.

Tão numerosos quanto sejam os casos que caiam sob um conceito universal e sejam observados, sempre pode haver casos que ainda não foram observados.

[373] Esta é, pois, a razão lógica que impede uma verificação empírica: as leis da natureza afirmam certamente algo sobre casos empiricamente observados, elas não são de modo algum destituídas de sentido, elas formulam enunciados sobre a realidade empírica, mas não dizem *mais* do que pode ser testado empiricamente.

Isso é particularmente claro se as comparamos com proposições empiricamente destituídas de sentido. Na Seção 15, as proposições verdadeiras *a priori*, que têm probabilidade de hipóteses 1, foram chamadas de proposições "empiricamente destituídas de sentido". Pois esses juízos (analíticos) não dizem nada sobre a realidade; a experiência não pode decidir a seu respeito. Por isso, eles não podem ser chamados de "enunciados factuais" (mas, talvez, de "análises de conceitos").

Mas os enunciados factuais universais são, por assim dizer, o contrário dessas proposições empiricamente destituídas de sentido: eles dizem tanto mais sobre a realidade quanto maior sua improbabilidade primária: a chance de serem falsos é *ilimitada*; assim como o número de casos empíricos sobre os quais afirmam algo.

Na Seção 15, foi discutida apenas a probabilidade de hipóteses: evitou-se comparar as relações do espaço lógico de proposições *universais* com as relações do espaço lógico de proposições *particulares*. Mas é claro que entre os espaços lógicos dos enunciados factuais particulares e, consequentemente, também entre as relações de probabilidade deve haver relações inteiramente análogas àquelas dos enunciados universais. (Waismann,[5] a quem me referi ali, fala apenas destes últimos.) Uma predição particular que foi, por exemplo, deduzida de uma lei precisa (mais simples, primariamente mais improvável) [poderá] ser mais precisa (mais simples, primariamente mais improvável), ter um espaço lógico menor, que uma predição particular deduzida de uma lei menos precisa (primariamente mais provável, menos simples). As relações entre os espaços lógicos dos enunciados factuais particulares *entre si* correspondem exatamente às relações entre os espaços lógicos das hipóteses correspondentes.

Mas se, no que diz respeito às relações entre espaços lógicos, tentarmos comparar um enunciado factual universal com um enunciado factual particular (isto é, a probabilidade primária de hipóteses com a probabilidade primária de uma predição particular), devemos constatar que o enunciado factual universal é, em todos os casos, infinitamente [374] mais improvável que qualquer enunciado factual particular e seu espaço lógico é infinitamente menor. Mais exatamente: suas relações de probabilidade são uma ordem de grandeza completamente diferente. (Por causa de seu espaço lógico menor, uma proposição universal [vinculada a proposições particulares] pode implicar indefinidamente muitas proposições particulares, ela pode ser seu fundamento da dedução.)

O fato de que os enunciados factuais universais não são verificáveis depende, portanto, de sua maior improbabilidade primária. Dito de outro modo: eles estão longe de serem empiricamente destituídos de sentido.

Assim, inclusive o *valor cognitivo* de proposições universais é de uma ordem de grandeza completamente diferente que a de proposições particulares: pois o valor cognitivo de uma proposição aumenta com sua improbabilidade primária.

Esta é a razão pela qual preferimos muito mais as ciências naturais teóricas (ou "nomotéticas" [ou "nomológicas"]), isto é, aquelas que formulam *leis*, do que as ciências individualizantes (ou "idiográficas") e a razão pela qual atribuímos a elas o caráter de ciência em maior grau: sua "cientificidade" é, de fato, de uma ordem de grandeza completamente diferente que aquela das ciências individualizantes.

Essa *segunda valoração*, que reside na distinção entre enunciados factuais particulares e universais, coloca os enunciados factuais universais in-

---

5 [Ver Seção 15, nota 1. (N. E. A.)]

comparavelmente acima dos particulares. E inclusive a *primeira valoração* depreciativa deve ser revisada aqui. Ela não é capaz de comprometer de modo algum a valoração superior. Pois, embora os enunciados factuais universais não possam nunca ser verificados empiricamente, pois eles dizem muito sobre a realidade, o valor positivo – ou o valor de confirmação – deles não é, em caso algum, menor que o valor de verdade de um enunciado factual particular: o valor de confirmação de um enunciado factual universal tem sempre, ao mesmo tempo, o valor de verdade de um relato condensado.

O valor *incomparavelmente* superior, no sentido preciso do termo, da proposição universal para o conhecimento da realidade justifica sem dúvida a rejeição da terminologia pseudoproposicional e o reconhecimento da concepção habitual das leis da natureza por parte das ciências naturais, que as veem como proposições empíricas e, inclusive, como *enunciados factuais* particularmente importantes.

[375] Se for reconhecida a legitimidade da terminologia dedutivista, ao menos sua ausência de contradição e sua adequação, todas as considerações da Seção 41 se justificam. A disputa acerca das posições pseudoproposicionais e do conceito de sentido não pode levar a nada mais que uma crítica das posições de proposição normal, obviamente dificultada por uma terminologia original, mas inadequada.

Para assinalar o caráter empírico e as peculiaridades dos enunciados factuais particulares e universais, chamo os particulares de "completamente decidíveis" (empiricamente), os universais, de "parcialmente decidíveis" (empiricamente).

Essas expressões correspondem à simetria e à assimetria dos valores de verdade.

Um enunciado deve ser chamado de *completamente decidível* se uma decisão empírica pode ser, por princípio, tomada acerca de sua verdade *e* falsidade (ver Seção 11); *parcialmente decidível*, se a experiência pode decidir, por princípio, apenas acerca de *um* deles, sobre a verdade *ou* falsidade do enunciado.

("Por princípio" significa aqui, como antes: por razões lógicas).

Se um enunciado for completamente ou parcialmente decidível, ele pode ser chamado de "decidível" ou "empírico" ou "enunciado factual".

Todo *enunciado factual* é *decidível*, os enunciados factuais *particulares* são *completamente decidíveis*, os *universais* são *parcialmente decidíveis*.

Ao lado das leis da natureza *apenas falsificáveis*, há ainda outros enunciados *parcialmente decidíveis*: aqueles que são, por princípio, *apenas verificáveis*, isto é, não falsificáveis. Trata-se das *negações* dos enunciados factuais estritamente universais. A proposição "Não é verdade que todos os corvos são pretos" pode, por princípio, ser *apenas* verificada, mas não falsificada definitivamente.

Essas proposições podem ser também formuladas positivamente, na forma de "proposições de existência". Por exemplo, aquela proposição "Não é verdade que todos os corvos são pretos" (ou "Nem todos os corvos são pretos") é perfeitamente equivalente à formulação "*Há* corvos que têm uma cor diferente do preto". Toda proposição de existência desse tipo, isto é, toda proposição que afirma haver algo sem limitar o domínio dessa afirmação a um domínio particular, [376] é equivalente à negação de uma proposição universal. (Eu chamo essa proposição de existência de "[proposição de existência] universal", por oposição, por exemplo, à proposição "Há – no momento presente – *em Viena* corvos brancos". Tal proposição também pode ser falsificada, sendo, portanto, completamente decidível.)

Enquanto as leis da natureza podem ser apenas *postas em xeque* pela experiência, suas negações, as proposições de existência universais, podem ser *apenas confirmadas* pela experiência. (Uma falsificação equivaleria à verificação de uma lei da natureza.) Sua improbabilidade primária é, por isso, bastante pequena, assim como seu valor cognitivo: ele é ainda menor que o valor cognitivo de um enunciado factual *particular*. Pois todo enunciado factual *particular* que refuta uma lei da natureza confirma sua negação, a proposição de existência; ele a implica [inequivocamente] e tem, com isso, espaço lógico menor e valor cognitivo maior.

Entretanto, essas proposições de existência universais parcialmente decidíveis são de grande interesse científico; dito de maneira mais precisa: a experiência, o enunciado factual particular que as confirma, é particularmente interessante, uma vez que falsifica uma lei da natureza.*2

---

*2 Aparentemente, eu ainda estava inclinado nessa época a considerar científicas as proposições de existência universais parcialmente decidíveis, enquanto posteriormente (ver Volume II (Fragmentos): [III.] "Passagem para a teoria dos métodos", Seção 4, nota 1, e *Lógica da investigação científica*, 1934) considero essas proposições metafísicas (exceto quando são parte de uma teoria falsificável), uma vez que seu conteúdo empírico é muito pequeno (precisamente nulo) [Cf. Karl Popper, *Logik der Forschung* (1934, 2.ed., 1966; e edições posteriores), Seção 15 e Seção 23, texto relativo à nota *1. (N. E. A.)]

Tais proposições de existência e a confirmação destas podem em geral desempenhar um papel muito importante na ciência pelo simples fato de que podem ser deduzidas de leis da natureza e de que essa confirmação pode ser capaz de corroborar uma lei da natureza; que se pense, por exemplo, na descoberta de novos elementos (segundo o sistema periódico), que se apresenta como uma verificação de proposições de existência desse tipo.

As proposições de existência não são completamente desinteressantes, inclusive, para a crítica do conceito de sentido wittgensteiniano. Pois, uma vez que são verificáveis, poder-se-ia acreditar que elas podem representar um estado de coisas (particular), isto é – segundo o *Tractatus* –, ter sentido. Este seria "o método de sua verificação".[5a] Mas não se veria por que o sentido de uma lei da natureza [377] não poderia residir no *método de sua verificação*;[*3] ainda mais à medida que todas as investigações experimentais e demais investigações acerca de uma lei da natureza podem muito bem ser concebidas como tentativas de falsificar a lei da natureza. Mas, sem dúvida, Wittgenstein não reconhecerá as proposições de existência parcialmente decidíveis como dotadas de sentido. Elas fixam a realidade "com um sim ou não"[5b] (precisamente com um "sim"), mas não com um sim *e* não, e, com isso, caem por terra as consequências acerca do "sentido" das leis da natureza.

(O conceito de decidibilidade parcial e, em particular, as proposições exclusivamente verificáveis lembrarão muito o "intuicionismo" matemático de Brouwer.[6] A meu ver, as considerações, que conduzem ao conceito de

---

5a [(3.ed.) Cf. Seção 42, nota 1 e texto relativo a esta; assim como Seção 43, nota 9 e texto relativo a esta. (N. E. A.)]

*3 Eu suponho que deveria haver aqui não "verificação", mas "falsificação". Mas a observação não pode (tendo em vista a rejeição claramente afirmada anteriormente do conceito de sentido) ser considerada uma sugestão para substituir o conceito de sentido de verificabilidade pelo de falsificabilidade. [(3.ed.) Sobre Wittgenstein e a questão sobre o sentido das proposições de existência parcialmente decidíveis, ver Seção 43, nota 11 e texto relativo a esta. (N. E. A.)]

5b [(3.ed.) Cf. Seção 43, nota 11 e texto relativo a esta. (N. E. A.)]

6 [Luitzen Egbertus Jan Brouwer, *Intuitionisme en Formalisme* (1912; "Intuitionism and formalism", tradução inglesa de Arnold Dresden, *Bulletin of the American Mathematical Society* 20, 1913, p.81 e segs.); "Über die Bedeutung des Satzes von ausgeschlossenen Dritten in der Mathematik, insbesondere in der Funktionentheorie", *Journal für die reine und angewandte Mathematik* 154 (1924), p.1 e segs.; "Zur Begründung der intuitionistischen Mathematik", *Mathematische Annalen* 93 (1925), p.244 e segs.; 95 (1926), p.453 e segs.; e 96 (1927), p.451 e segs.; "Mathematik, Wissenschaft und Sprache", *Monatshefte für Mathematik und Physik* 36 (1929), p.154 e segs. Ver também L. E. J. Brouwer, *Collected Works I: Philosophy and Foundations of Mathematics* (ed. por Arend Heyting, 1975). (N. E. A.)]

decidibilidade parcial, são aplicáveis, em princípio, *apenas* às proposições empíricas, o que faz caírem por terra também as consequências céticas e místicas de Brouwer. Assim, o fato de que a decidibilidade parcial foi inicialmente atribuída a proposições não empíricas – às quais ela é inaplicável – e, além disso, às proposições de existência menos importantes parece uma curiosidade notável. Minhas investigações, assim como o conceito de decidibilidade parcial, pressupõem a lógica aristotélica, incluindo o *tertium non datur*. Meu ponto de vista "dedutivista" corresponde – tanto quanto posso julgar – ao ponto de vista "implicacionista" de [Karl] Menger,[7] traduzido empiricamente, é claro. E o papel do conceito de sentido em Wittgenstein [378] não corresponde também ao do conceito de sentido intuicionista de Brouwer? Do dogmatismo ao ceticismo e ao misticismo, há apenas um passo.)

Eu acredito ter circunscrito todo o domínio de funções desempenhadas pelo conceito de sentido indutivista no quadro do problema da indução. É preciso considerar ainda *uma* única questão: a questão da existência ou inexistência de "estados de coisas universais".

As leis da natureza são decidíveis (a saber, parcialmente decidíveis), são enunciados factuais; elas dizem algo (e inclusive muito) sobre o experimentável, elas podem colidir com a experiência. E, sem dúvida, *elas também representam algo*: um *estado de coisas* (estritamente) *universal*, cuja existência, é claro, nunca pode ser afirmada.

Desse modo, a existência de um estado de coisas universal permanece uma "ficção".*[4] Mas pelo menos permanece uma ficção (no sentido precisado na Seção 34): é *pensável* que haja estados de coisas universais. Wittgenstein afirma a impossibilidade de pensar, a indizibilidade etc. de tudo que é "sem sentido" e, segundo seu conceito de sentido, o conceito de estado de coisas universal em geral é, com isso, *impensável*. Com a rejeição do conceito de sentido, esses argumentos também ruem.

Ainda assim, é preciso laçar um olhar sobre as consequências dessa teoria da impossibilidade de pensar estados de coisas universais. O estado

---

7 [Karl Menger, "Der Intuitionismus", *Blätter für Deustche Philosophie* 4 (1930), p.325. (N. E. A.)]

*4 Eu considero isso falso ou, ao menos, terminologicamente errôneo. Como pode haver estados de coisas universais – mesmo quando *não* podemos *saber certamente* se os há –, não devemos chamá-los de ficcionais.

de coisas universal, que a proposição "Todo homem tem cabelo louro" representa, pode ser chamado de "impensável" apenas se declaramos o conceito de uma classe ilimitada, infinita etc. como "irrealizável", "impensável", "contrassenso" etc. Mas, nesse caso, o conceito de transfinito ruiria e, com ele, os números transfinitos e a maior e mais importante parte da matemática. (E consequentemente o conceito de sentido de Wittgenstein admite *apenas números finitos*.)

Se não considerarmos o conceito de uma classe ilimitada como impensável, a compreensão de estados de coisas universais é *pensável*. (Pensa-se precisamente que "assim por diante sempre", que, por exemplo, também "os homens restantes" são louros sem exceção. – [379] Tais ideias são, de fato, muito comuns: "Sempre foi assim e sempre será assim".)

As leis da natureza representam, portanto, estados de coisas universais. Mas seu "caráter ficcional" não consiste de modo algum no fato de que tais estados de coisas universais (por razões lógicas e outra razões *a priori*) não podem existir ou que nós sabemos que eles, de fato, não existem; mas, ao contrário, sabemos, por razões lógicas, apenas que não podemos nunca fornecer uma *certificação empírica* (e trata-se apenas de uma tal certificação) sobre a existência ou inexistência delas.

Aqui, tocamos – pela segunda vez nesta investigação – novamente na *antinomia do cognoscibilidade do mundo* (ver Seção 10).

A *tese* dessa antinomia (formulada com o auxílio do conceito de estado de coisas) diz: há *estados de coisas universais*, estados de coisas universais existem. (A tese é idêntica ao "primeiro" princípio de indução formulado na Seção 5.) A maneira como essa tese é fundamentada – se de maneira abertamente racionalista ou se, como em Kant, de maneira *a priori*, de forma que o entendimento prescreve suas leis à natureza – é relativamente indiferente. Pois *a tese é racionalista*:[*5] ela afirma acerca da realidade algo sobre o qual a experiência não pode decidir *de modo algum* (nem em um sentido positivo, nem em um sentido negativo), a saber, que há *regularidades* na natureza, que, portanto, o mundo *deve* ser, em princípio, cognoscível (pois conhecer no sentido da ciência natural teórica é descobrir regularidades).

A *antítese* da antinomia diz: não há estados de coisas universais, *apenas estados de coisas particulares* existem. A antítese é defendida por Wit-

---

[*5] Hoje, não diria "racionalista", mas "metafísica". Já na *Lógica da investigação científica* (1934), eu defendi essa metafísica realista.

tgenstein. Ela já é perceptível em desenvolvimentos anteriores, mas deve ser mostrada aqui de maneira mais precisa.

Segundo Wittgenstein, não há regularidades ou, o que dá no mesmo: há regularidades *apenas na lógica*: "A investigação da lógica significa a investigação de *toda regularidade*. E fora da lógica é tudo um acaso."[8]

[380] Não é completamente desinteressante o fato de que essa antítese já esteja presente nos pressupostos do *Tractatus*, que já esteja prejulgada em suas primeiras proposições. Para mostrá-lo, interrompamos brevemente a discussão da antinomia da cognoscibilidade do mundo.

Deve-se mostrar aqui que já os pressupostos fundamentais de Wittgenstein encerram a possibilidade de que haja algo como estados de coisas universais ou regularidades.

Wittgenstein distingue "estados de coisas" ["situações"*[6]] e "fatos". Um "estado de coisas" pode "existir" ou "não existir", pode "ser o caso" ou "não ser o caso". Se um "estado de coisas" efetivamente ocorre, ele é precisamente um "fato": "A existência ou inexistência de estados de coisas é a realidade".[9]

O conceito de estado de coisas é introduzido em Wittgenstein por meio do conceito de fato e seu *conceito fundamental* de "ser o caso": "O que é o caso, o fato, é a existência de estados de coisas".[10]

O conceito de "ser o caso" não apenas é o primeiro desses conceitos a ser introduzido em Wittgenstein, mas ele é concebido de maneira tão geral que inclui tudo o que é da ordem dos fatos, todo o que pode existir.

Mas já esse conceito em Wittgenstein não é suficientemente geral, suficientemente indeterminado para admitir a possibilidade de que também possam existir estados de coisas universais, de que também possam existir regularidades. Wittgenstein define, já no início, seu conceito de "ser o caso" com a proposição: "Algo pode ser o caso ou não ser o caso e tudo o mais permanecer na mesma."[11]

---

8 Ludwig Wittgenstein, *Tractatus logico-philosophicus* (1918/1922), proposição 6.3.

*6 Eu não acredito que Wittgenstein tivesse em vista *originalmente* uma distinção entre "estado de coisas" e "situação", tal como ela surge na bem-sucedida tradução para o inglês (*"atomic facts"* e *"state of affairs"*). [(3.ed.) Cf., por exemplo, proposição 2.0121 e proposição 2.0122 (*"atomic facts"* e *"circumstances"*). (N. E. A.)]

9 Ludwig Wittgenstein, *op. cit.*, proposição 2.06.
10 Ludwig Wittgenstein, *op. cit.*, proposição 2.
11 Ludwig Wittgenstein, *op. cit.*, proposição 1.21.

Essa proposição é inconciliável com a suposição de que regularidades também possam "ser o caso": os fatos (o que "é o caso") estão, consequentemente, em Wittgenstein uns ao lado dos outros sem ligação: [381] "O mundo resolve-se em fatos".[12]

Wittgenstein introduz, pois, seu conceito de "ser o caso" de tal forma que não há lugar para estados de coisas universais. (Isso concorda com nossa constatação anterior de que Wittgenstein reconhece apenas estados de coisas *particulares*, de que sua expressão "estado de coisas", traduzida em nossa terminologia, significa sempre "estado de coisas particular".)

Mas talvez pudesse haver, ao lado desse "ser o caso", no mundo de Wittgenstein, ainda uma outra forma de existência ou, por exemplo, de "ser assim", que desse lugar para algo como regularidades? Inclusive essa possibilidade é excluída pela formulação por meio da qual Wittgenstein introduz sua expressão "ser o caso". Pois o *Tractatus* começa com as seguintes palavras: "O mundo é tudo que é o caso".

A imagem de mundo da antítese, a imagem de mundo do "positivismo lógico", se "decompõe" desse modo em uma espécie de mosaico; esse mundo não é composto de coisas, mas de "fatos" dispostos uns ao lado dos outros como um mosaico.

A fim de não mais segmentar essa imagem, cito as proposições decisivas do início do *Tractatus* em sua sequência correta: "O mundo é tudo que é o caso". "O mundo é a totalidade dos fatos, não das coisas" [...]. "O mundo resolve-se em fatos". "Algo pode ser o caso ou não ser o caso e tudo o mais permanecer na mesma".[13]

Do que se segue de maneira consequente aquele resultado: "[...] E fora da lógica é tudo um acaso".[14]

Wittgenstein defende, assim, de fato – mesmo que não de maneira expressa –, a *antítese* da antinomia da cognoscibilidade do mundo. *Inclusive a antítese é racionalista* [ou melhor: *metafísica*]. Pois tudo o que nos é dito acerca do mundo são *juízos sintéticos a priori*. Nossas ciências empíricas da realidade não nos dizem nada. (Trata-se, diria Kant, de uma "tentativa de extrair uma metafísica da lógica".) Mas nós não podemos saber nada

---

12 Ludwig Wittgenstein, *op. cit.*, proposição 1.2.
13 Ludwig Wittgenstein, *op. cit.*, proposições 1, 1.1, 1.2 e 1.21.
14 Ludwig Wittgenstein, *op. cit.*, proposição 6.3.

de tudo isso; sequer podemos saber se as leis da natureza são verdadeiras, se existem estados de coisas universais.

[382] A maneira como essa antítese é fundamentada passa a ser relativamente indiferente: seja de maneira abertamente racionalista, por meio de uma teoria da evidência, isto é, ao recorrer, por exemplo, ao fato de que estados de coisas universais são impensáveis (ou indizíveis); seja, mais ao feitio do racionalismo, por meio de uma análise de nosso conhecimento ou representação – por exemplo, uma "reflexão sobre a essência da expressão, da representação, isto é, de toda linguagem 'possível' nos sentido mais geral da palavra";[15] uma "reflexão" que resulta em que toda representação, enquanto uma "figuração", só pode representar algo com o qual essa figuração possa ser comparada ou possa estar em uma "relação afiguradora". Seja lá como se tente fazer essa fundamentação (Wittgenstein sugere dois caminhos): ela não pode alterar o caráter racionalista [ou metafísico] da antítese.

Isso pode ser visto melhor se seguirmos as *consequências* surpreendentes dessa antítese (cuja finalidade exige que *abandonemos* o terreno de uma crítica *imanente* de Wittgenstein).

Pois, se a antítese é verdadeira – trata-se para ela apenas de uma validade *a priori* –, todos os enunciados factuais universais devem ser *a priori falsos*. Pois, se sabemos *a priori* que não há estados de coisas universais, isso só pode significar que *todas* as proposições que representam tais estados de coisas são falsas. Isso significaria também que as *negações* de todas as leis da natureza concebíveis, isto é, todas as proposições de existência universais apenas concebíveis, devem ser *a priori verdadeiras*. Não apenas se poderia afirmar *a priori* que todo evento concebível pode se produzir efetivamente, mas seria possível também afirmar *a priori* que todo evento concebível e todo consequência concebível *deve* (alguma vez) se produzir com uma necessidade *a priori*. Tudo que é *concebível* (todos os estados de coisas particulares) seria *a priori* igualmente *real*.

A *experiência* não poderia nunca decidir sobre o fato de não haver estados de coisas universais, de não haver regularidades desse tipo (nem regularidade estatística nem qualquer ordem concebível) – *nós não poderíamos produzir* essa "experiência", não poderíamos "experimentar" a falsificação

---

15 Moritz Schlick, "Die Wende der Philosophie", *Erkenntnis* 1 (1930), p.7. [(3.ed.) Cf. Seção 9, nota 4 e texto relativo a essa nota. Sobre o que se segue, cf. Ludwig Wittgenstein, *op. cit.*, proposições 2.1513 e 2.1514. (N. E. A.)]

empírica da derradeira [383] lei da natureza concebível em geral (a verificação da derradeira proposição de existência concebível). (O caos teria nos engolido – por assim dizer – muito antes que nosso cosmos se dissolvesse.)

Assim, a antítese, a proposição segundo a qual não há regularidades, seria a única lei da natureza, o único enunciado factual universal, um *juízo sintético a priori*.

Wittgenstein escapa das consequências da antítese, mas apenas por meio de seu dogma do sentido: este último simplesmente impede que se fale de estados de coisas universais e coisas do gênero. (À medida que essa interdição não é respeitada, a crítica *não é imanente*.) Mas uma interdição da fala não pode eliminar essas consequências do mundo, e ela dificilmente favorece a discussão filosófica.

Mas como se deve resolver a antinomia da cognoscibilidade do mundo? Pela constatação, pela proposição lógica, analítica, verdadeira *a priori*:

Não podemos saber – empírica e logicamente – nada acerca da existência em geral de estados de coisas universais, sequer se não existem.

Nós podemos, então, formular leis da natureza *como se* existissem estados de coisas universais. E podemos formulá-los *apenas* desse modo, *apenas* como suposições provisórias: por isso – e apenas nesse sentido –, eles são "ficções". E nós *devemos* também formulá-los se *conhecemos* (no sentido das ciências teóricas), se queremos fazer predições e testá-las.

A formulação, utilizada diversas vezes por mim, segundo a qual as leis da natureza "não *podem* ser verdadeiras", não pode ser entendida como a constatação da *impossibilidade* de que uma lei da natureza seja verdadeira. Ela deve apenas constatar a impossibilidade lógica de que se possa alguma vez *decidir* acerca da verdade das leis da natureza. Pois "apenas a experiência pode decidir acerca da verdade e da falsidade de um enunciado factual". ("Tese fundamental do empirismo".[15a])

Parece-me importante que a constatação de que a experiência não poderia decidir acerca dessa questão não é, ela própria, uma afirmação metafísica, racionalista. Ela *não é empírica* (mas antes lógica), porém é certamente *empirista*: ela corresponde inteiramente à [384] "tese empirista fundamental". Apenas a resposta positiva ou negativa à questão é racionalista (metafísica).

15a [(3.ed.) Ver Seção 2: b. (N. E. A.)]

A indecidibilidade empírica dessa questão acerca da existência de regularidades, a *incognoscibilidade da existência de estados de coisas universais*: esse conceito corresponde na teoria do conhecimento dedutivista-empirista precisamente à *incognoscibilidade da "coisa em si"* de Kant.

(Assim como me pergunto, acima de tudo, sobre a validade de *proposições*, ao invés da gênese de *conceitos*, deve-se perguntar aqui sobre *estados de coisas* e, consequentemente, se eles existem, ao invés de se perguntar sobre *coisas* e, consequentemente, como elas são.)

A analogia entre a incognoscibilidade das "coisas em si" e a incognoscibilidade dos estados de coisas universais é quase perfeita.

A única diferença consiste em que, na "coisa em si" de Kant, não parece haver uma distinção entre universal e particular. (Mas na interpretação de Schopenhauer essa quebra da analogia desapareceria.)

No resto, a analogia é perfeita. E não apenas isso. Os problemas típicos, que engendram o conceito kantiano, são elucidados, acredito eu, apenas por meio do conceito de incognoscibilidade de estados de coisas universais.

A possibilidade de pensar a "coisa em si" – o que é afirmado por Kant, mas que é um dos pontos mais controversos de sua teoria – deve ser afirmada também no caso dos estados de coisas universais. A *experiência* não pode decidir acerca da coisa em si – ela também não o pode acerca da existência de estados de coisas universais. E os dois conceitos desempenham o papel de *conceitos-limite* indispensáveis.

Kant mostra que o racionalismo (dogmatismo) considera a própria coisa em si cognoscível, assim surgem as *antinomias* da razão pura. E sem dúvida alguma é dogmático, é *racionalista*, afirmar algo sobre a existência e a inexistência de estados de coisas universais: mesmo esse racionalismo conduz a *antinomias*. A "antinomia do incognoscibilidade do mundo" se resolve pelo reconhecimento do caráter de limite dos estados de coisas universais incognoscíveis, assim como se resolvem as antinomias de Kant por meio do reconhecimento do caráter de limite das coisas em si incognoscíveis (pelo idealismo transcendental).

[385] E o "idealismo material" (como diz Kant[15b]) ou, o que dá no mesmo, a *recusa positivista da coisa em si*, não corresponde à inspirada teoria de Wittgenstein, ao positivismo lógico, que pretende saber que não há estados de coisas universais?

15b [Immanuel Kant, *Kritik der reinen Vernunft* (2.ed., 1787), p.274. (N. E. A.)]

Desse modo, a tendência do positivismo é sempre a mesma. O próprio positivismo lógico não atribui à lógica nossa incapacidade de conhecer ("o que não se pode saber com certeza é impensável"), mas sua "tese da toda-poderosa ciência"[16] não é nada mais que o dogma positivista geral: "o que não se pode saber com certeza *não existe*".

O positivismo *objetifica*, portanto, nossa *incapacidade de conhecer com certeza*, ele a atribui ao "mundo" objetivo (que o positivismo lógico considera – em franca oposição à ciência natural – como um mosaico de "fatos" desvinculados). Poderíamos dizer: ele atribui nossa ignorância à criação.

E aqui se manifesta novamente seu racionalismo.

Em todas as suas variantes – que mudam conforme o acento nos conceitos de "percepção", "conhecimento", "pensamento", "saber", "linguagem" etc. –, o positivismo professa sempre a mesma coisa: trata-se da *identidade do pensamento* (recentemente: da linguagem) *e do ser* (ainda caracterizada na *Teoria do conhecimento* de Schlick[17] como "extravagante").

---

16 [Cf. Rudolf Carnap, *Der logische Aufbau der Welt* (1928), p.261. Acréscimo (3.ed.) Ver Seção 43, notas 13 e 14 e textos referentes a essas notas. (N. E. A.)]

17 [Cf. Moritz Schlick, *Allgemeine Erkenntnislehre* (2.ed., 1925), p.307 e segs. (N. E. A.)]

[386] Capítulo XII
Conclusão

47. Confirmação dialética e confirmação transcendental da solução

A crítica das tentativas de solução do problema da indução está completa. O que se alcançou com ela?

Mesmo a polêmica mais severa nestas investigações deve, acima de tudo, servir a fins positivos. Mas em que consiste esse valor positivo da polêmica e como se deve avaliá-lo?

Eu vejo o valor da exposição crítico-polêmica, em primeiro lugar, no fato de que ela é um *teste confirmatório* da solução positiva. Evidentemente, essa forma de confirmação não deve ser superestimada. Seu valor consiste, no essencial, apenas no fato de que torna a solução proposta passível de ser discutida.

Pode-se chamar também esse teste confirmatório crítico-polêmico de *confirmação dialética*, pois – para caracterizar esse método com as palavras de H. Gomperz – "toda tentativa de solução [...] emerge de *contradições* nas quais estava enredada uma outra tentativa de solução com seus próprios pressupostos ou com conceitos das ciências particulares ou a prática" e porque ele se esforça em mostrar que a solução proposta "contém em si os elementos legítimos das tentativas de solução anteriores que foram 'superadas'".[1]

Mas não gostaria (ao contrário de Gomperz, de quem – até certo ponto – copiei o procedimento) que esse método de confirmação dialética fosse reconhecido como uma espécie de "verificação" da solução proposta, mas, como já foi indicado, simplesmente como uma prova de que ele *pode ser discutido*.

Há, com efeito, uma outra forma de confirmação que, ainda que eu não queira chamá-la de "verificação", [387] mereceria, entretanto, esse nome; uma forma de confirmação que é completamente análoga à confirmação das leis da natureza pela verificação das predições deduzidas. Eu chamo essa segunda e mais importante forma de "confirmação transcendental".

O conceito e o método da "confirmação transcendental" podem ser apenas brevemente esboçados aqui; em seguida, será discutida um pouco mais detidamente a "confirmação transcendental" da solução dedutivista-empirista, a título de conclusão da investigação sobre o problema da indução.

Antes de tudo, é preciso deixar claro em que medida se pode falar, no caso da teoria do conhecimento defendida aqui, de uma "verificação" ou "confirmação".

A solução proposta por mim ao problema da indução consiste propriamente em algumas definições e em algumas proposições derivadas delas, isto é, inteiramente em juízos analíticos. Já por isso não se pode falar de uma verificação, pois juízos analíticos são verdadeiros *a priori*.

Mas o que se tem o direito de perguntar é se todas as definições estão isentas de contradição e são adequadas.

Se elas evitam as contradições, isso pode em parte ser estabelecido pela confirmação dialética, a saber, por aquelas contradições que fazem ruir os sistemas anteriores.

A questão da adequação pode ser, portanto, precisada, ao nos perguntarmos se as definições (e os conceitos fundamentais) do sistema fazem jus ao procedimento efetivo da ciência.

A definição, em particular, das leis da natureza como "fundamentos da dedução parcialmente decidíveis para a inferência de predições completamente decidíveis"[1a] corresponde ao procedimento das ciências particulares?

---

1   Henrich Gomperz, *Weltanschauungslehre I: Methodologie* (1905), p.296 e seg.
1a [(3.ed.) Cf. Seções 2 e 46. (N. E. A.)]

Conclusão

A análise do conceito de conhecimento, a identificação do valor de conhecimento e da improbabilidade primária, é justificada pelo método das ciências particulares?

Apenas essas questões podem, em última instância, decidir se a solução é aplicável e apropriada. Comparado a essa confirmação, que pode ser chamada com justiça de "transcendental" (cf. Seção 9), o teste confirmatório "dialético" é subalterno, pois tem um significado meramente preparatório.

[388] Como já foi mostrado (nas Seções 25 e seguintes), pode-se compreender a questão sobre a confirmação, sobre a aplicabilidade de uma teoria *científico-natural*, da seguinte maneira: certos conceitos reais podem ser vinculados sem contradição à teoria estipulada pelo sistema de axiomas? Pode-se compreender também a teoria como um sistema de definições implícitas, isto é, de juízos analíticos, e pode-se perguntar se a vinculação de conceitos reais por definições ostensivas conduz a contradições; ou se perguntar se a teoria é aplicável, como exigem as definições ostensivas.

A questão da confirmação da teoria do conhecimento é inteiramente análoga. O sistema e, em particular, o conceito de "lei da natureza" podem ser vinculados sem contradição às ciências naturais e seu método? Essa questão pertence, por assim dizer, a um procedimento de confirmação ou de falsificação de "tipo" superior, isto é, situado um degrau acima do método de confirmação das leis da natureza.

Mas como se deve decidir aqui? O teórico do conhecimento de orientação indutivista dirá provavelmente que o método indutivo da ciência (tal como é exposto, por exemplo, em *Die Mechanik in ihrer Entwicklung* [A mecânica e seu desenvolvimento], de Mach[1b]) prova a inaplicabilidade da teoria do conhecimento dedutivista. O dedutivista pode, por sua vez, invocar, ao contrário, Duhem[1c] e *As formas fundamentais dos métodos científicos*, de Kraft. (Ver a referência no final da Seção 24.[1d]) Não parece muito promissor que cheguemos a uma decisão objetiva por meio da "confirmação transcendental".

Mas acredito, na verdade, ter dado um passo adiante essencial. A teoria do conhecimento dedutivista-empirista permite levar ainda mais adiante a

---

1b [(3.ed.) Ernst Mach, *Die Mechanik in ihrer Entwicklung* (8.ed., ed. por Joseph Petzoldt, 1921). (N. E. A.)]

1c [(3.ed.) Pierre Duhem, *Ziel und Struktur der physikalischen Theorien* (tradução alemã de Friedrich Adler, 1908). (N. E. A.)]

1d [(3.ed.) Ver Seção 24, nota 4. (N. E. A.)]

analogia entre a confirmação transcendental e a confirmação de uma lei da natureza por meio da verificação de predições.

Poder-se-ia falar de uma *formação e verificação de predições da teoria do conhecimento*.

[389] Como já foi indicado diversas vezes, é possível deduzir uma *teoria geral dos métodos* (eu prefiro utilizar essa expressão, por causa de sua forma dedutiva e *teórica*, ao invés da expressão "metodologia"). Pode-se *decidir*, ao menos em parte, acerca das afirmações da teoria dos métodos a respeito do procedimento das ciências empíricas, por meio do procedimento efetivo das últimas (verificado ou falsificado).

Ainda mais promissoras para a "confirmação transcendental" me parecem ser as consequências críticas da teoria dos métodos, a *crítica dos métodos*.

As consequências da teoria dos métodos levam, na verdade, a criticar o procedimento de certas ciências "empíricas"; em parte, ele é caracterizado como metafísico, em parte, como estéril (porque dominado pela premissa indutivista). Ao mesmo tempo, a crítica dos métodos dá indicações para a reforma dos métodos concernidos.

A teoria dedutivista do conhecimento poderia provar sua fecundidade desse modo; e a mera possibilidade de se desenvolverem consequências frutíferas para os métodos científicos é algo que não se pode afirmar imediatamente acerca de uma teoria do conhecimento. (Apenas tal método poderia, do ponto de vista da teoria dedutivista do conhecimento, ser chamado de *método* transcendental.)

Se essa prova é bem-sucedida, se a reforma dos métodos é feliz e conduz a resultados utilizáveis nas ciências particulares, só então a confirmação transcendental pode ser considerada bem-sucedida, satisfatória.

Não é possível no quadro deste trabalho levar a cabo essa confirmação transcendental; isso deve ser deixado à investigação das ciências particulares. Apenas os *traços fundamentais* da teoria geral dos métodos podem – após a investigação do problema da demarcação – ser agrupados.[2] Mas mesmo a indicação da possibilidade de tal tentativa promissora de confirmação me parece abrir novas perspectivas para a teoria do conhecimento.

[390] Assim, nos resta apenas, enquanto única tentativa de confirmação no quadro deste trabalho, a confirmação meramente preliminar que é a *confirmação dialética*.

---

2 [Ver "Posfácio do Editor", Seção 10, nota 4 e texto relativo a ela. (N. E. A.)]

Conclusão

Mas ela também é necessária. Pois apenas por meio de tal confirmação é que uma nova tentativa de confirmação pode justificar suas pretensões, ser levada a sério. Com efeito, sem um exame mais detido, não se pode sempre ver imediatamente se uma "solução", se não for muito rudimentar, evita aquelas dificuldades que já foram superadas por posições anteriores (e ainda menos se evita todas as dificuldades).

Mas a maneira mais fecunda de proceder nessa investigação é, sem dúvida, a dialética. Ela permite não apenas esclarecer questões com que ainda não se tinha deparado em uma mera exposição positiva da solução, mas ela também levanta sempre a questão sobre se aqueles pontos a respeito dos quais pode-se apoiar com justiça a argumentação das tentativas de solução anteriores (isto é, sem contradição interna ou externa) têm lugar na nova solução. Ela obriga, assim, a fazer jus tanto quanto possível às tentativas de solução anteriores, para não perder suas realizações positivas, mas "conservá-las afirmativamente na filosofia enquanto momentos de um todo" (Hegel[3]).

A crítica do positivismo lógico feita neste trabalho mostra precisamente a importância do método dialético.

Pois, nem nas posições probabilistas, nem nas posições pseudoproposicionais, o positivismo é superado em pontos essenciais do estado do problema legado por Hume e Kant. E tão significativa quanto seja sua oposição ao apriorismo *patente* (mas crítico) de Kant, sua rejeição completamente sumária de Kant levou a um apriorismo *oculto* (e acrítico) e a um racionalismo, o que tornou a posição do problema inextricavelmente confusa.

O positivismo esquece-se de examinar (dialeticamente) a posição do problema que conduz ao apriorismo. Como desconhece essa posição, ele não é capaz de evitar o apriorismo.

[391] Com seu programa transcendental, Kant mostrou o caminho para a teoria do conhecimento, para a crítica dos métodos. Considerado do ponto de vista da história do problema, o fato de o positivismo ter tentado de modo sistemático lançar descrédito sobre o projeto de Kant foi, sem dú-

---

3 [Georg Wilhelm Friedrich Hegel, *Vorlesungen über die Geschicht der Philosophie* I. (ed. por Karl Ludwig Michelet, in: *Werke: Vollständige Ausgabe durch einem Verein von Freunden des Verewigten* XIII., 1833), p.50. *Acréscimo* (3.ed.) Heinrich Gomperz, *op. cit.*, "Zum Geleit", p.VI: "Toda filosofia se tornou necessária, e nenhuma foi deposta, mas todas são conservadas afirmativamente na filosofia enquanto momentos de um todo. Hegel". (N. E. A.)]

vida, muito prejudicial para o desenvolvimento da teoria do conhecimento (e também da "concepção científica do mundo").

(Que se leia, por exemplo, a exposição histórica[4] feita no Congresso de Praga a respeito da "Teoria do conhecimento das ciências exatas". – Procura-se em vão o nome de Kant entre os inúmeros nomes de filósofos de todos os tempos. Termina-se por descobrir: em uma ousada reviravolta, Franz Brentano é responsabilizado por *"manter o meio termo kantiano"*.[5] – Só se pode perguntar uma coisa: por que precisamente Brentano? Tal avaliação acerca de Kant não dá a impressão, ao contrário, de que há mais positivistas do que poderíamos ser devotos?)

Para apoiar minha tomada de posição favorável a Kant – mas não em favor do apriorismo de Kant –, gostaria de citar aqui uma observação longa da *Crítica da razão pura* ("Do uso regulativo das ideias da razão pura"). A passagem poderia figurar como epígrafe deste trabalho. Em todo caso, ela é apropriada neste contexto, em que se trata da confirmação dialética e, com isso, da justificação histórica, para pôr uma ideia kantiana sob a luz adequada.

> [...] se, entretanto, o universal é tomado apenas *problematicamente*, [...] o particular é certo, mas a universalidade da regra para essa consequência ainda é um problema, de modo que para muitos casos particulares, que são todos eles certos, busca-se na regra se eles decorrem dela; e nesse caso, em que todos os casos particulares que podem ser dados parecem seguir-se dela, infere-se a universalidade da regra, mas também, depois disso, todos os casos que em si também não estão dados. Gostaria de chamar esse de uso hipotético da razão.
>
> O uso hipotético da razão [...] não é propriamente *constitutivo*, ou seja, constituído de tal modo que, caso se [392] julgasse com todo esforço, seguir-se-ia a verdade da regra universal que fora tomada como hipótese; pois como se poderia saber todas as possíveis consequências que, seguindo-se do mesmo princípio adotado, provariam a sua universalidade? Na verdade, tal uso da razão é somente regulativo, para, tão longe quanto seja possível,

---

4 [Otto Neurath, "Wege der wissenschaftlichen Weltauffassung", *Erkenntnis* 1 (1930), p.106 e segs. [In: *Bericht über die 1. Tagung für Erkenntnislehre der exakten Wissenschaften* (1929), *Erkenntnis* 1 (1930), p.93 e segs. (N. E. A.)]

5 Otto Neurath, *op. cit.*, p.120. [O grifo não consta no original. (N. E. A.)]

trazer unidade aos conhecimentos particulares e, assim, aproximar a regra da universalidade.

Assim, o uso hipotético da razão se dirige à unidade sistemática dos conhecimentos do entendimento, mas é esta que constitui a *pedra de toque da verdade* das regras. Inversamente, a unidade sistemática (como mera ideia) é apenas uma unidade *projetada*, que em si mesma tem de ser considerada não como dada, mas como problema; e que vale para encontrar um princípio para o uso múltiplo e particular do entendimento e para estendê-lo também, desse modo, a todos os casos que não estão dados, tornando-os concatenados.[6]

Eu coloquei essa citação apenas aqui pois, talvez, apenas neste ponto, ela possa ser inteiramente apreciada. Ela também apoiará minha concepção segundo a qual o fio da discussão na teoria do conhecimento deve ser amarrado ali onde a metafísica pós-kantina o rompeu: em Kant.

(Pois, como se fala muito aqui do método dialético, que remonta a Hegel – mesmo que seja empregado e avaliado de uma maneira diferente de Hegel –, devo aqui expressar resolutamente minha convicção de que os metafísicos pós-kantianos e, particularmente, Hegel tiveram uma influência muito desfavorável na teoria do conhecimento. Eles sem dúvida são culpados pelo fato de que o debate epistemológico a respeito de Kant, inicialmente muito promissor, tropece tão rapidamente – com exceção da escola de Fries.)

Para retornar à consideração dialética do positivismo moderno: é preciso reconhecer também seus grandes méritos.

O positivismo moderno se esforçou para estabelecer novamente uma relação estreita da teoria do conhecimento e da filosofia da natureza com a ciência natural. (Ele retomou, portanto, mais uma vez o programa transcendental de Kant, ao qual, com exceção do positivismo, apenas o convencionalismo tentou fazer jus.) E mesmo que [393] o positivismo não tenha sido capaz de escapar dos desfiladeiros do problema da indução, solucionar o problema da indução (e, em particular, evitar o apriorismo), ele combateu – e esse é seu principal mérito – o apriorismo do modo mais impressionante possível (em particular, o conceito racionalista de causalidade) e, com isso, de fato vinculou o debate na teoria do conhecimento novamente a Kant. E ele sem dúvida atacou Kant no ponto correto: o positivismo (e, em parte,

---

6   Immanuel Kant, *Kritik der reinen Vernunft* (2.ed., 1787), [p.674 e seg. (N. E. A.)]

também o pragmatismo) tem o mérito de ter sido a única teoria do conhecimento moderna a batalhar em favor de um *empirismo* estrito.

O mérito do positivismo moderno deve, portanto, ser plenamente reconhecido. Em particular, seus esforços, em parte exemplares, em favor de um modo de expressão simples, inteligível e preciso, do que depende a fecundidade do debate da teoria do conhecimento.

Deve-lhe ser objetado que, sendo infiel às próprias orientações, ele cai em todas aquelas que combate, inclusive na tentativa de solucionar problemas por meio de novas palavras. O próprio positivismo mostra também (para citar uma observação com a qual Gomperz chama a atenção para a importância do *método dialético*) "que, por trás de todo radicalismo aparente que pretende romper com a tradição e retornar aos fatos da experiência, sempre se esconde na verdade uma *recepção acrítica* das concepções conceituais tradicionais".[7]

Para concluir a crítica ao indutivismo e, ao mesmo tempo, complementar e resumir a confirmação dialética, é preciso lançar um breve olhar sobre as posições tratadas (e, em parte, aquelas que apenas foram mencionadas até agora).

Esse olhar evita repetir todo o desenvolvimento dialético: *apenas a solução* resultante das contradições internas das outra posições pode ser assinalada.

É preciso sublinhar brevemente os pontos que, nas diversas posições, devem (por razões lógicas ou transcendentais) ser rejeitados, [394] assim como aqueles que devem ser mantidos. Com isso, é preparada a *exposição conclusiva da solução* que se segue imediatamente. Ela mostrará que evita os elementos a serem "rejeitados" e unifica em si os demais.

Segundo a ordem da exposição (a partir da Seção 3), começo com uma discussão do:

Racionalismo (ver Seções 3, 9). Deve-se rejeitar a afirmação dogmática de princípios "evidentes" (e, ainda mais, o que se contesta é a legitimidade de toda resposta – apodítica ou assertórica – à questão de saber se há enun-

---

7 Heinrich Gomperz, *Weltanschauungslehre* I.: *Methodologie* (1905), p.35 [O grifo não consta no original. *Acréscimo* (3.ed.) Karl Popper, *Frühe Schriften* (*Gesammelte Werke in deutscher Sprache* 1, 2006), Nr. 6: "Zur Methodenfrage der Denkpsychologie" (1928), §2, texto relativo à nota 42. (N. E. A.)]

ciados factuais universais que possam ser [*provados*] verdadeiros). É preciso admitir o método puramente dedutivo, a teoria lógica da dedução.

O empirismo: deve-se rejeitar o método indutivo. Transforma-se em princípio (isto é, em definição do conceito de "enunciado factual") o fato de que apenas a "experiência" pode decidir acerca do valor de verdade de um enunciado factual (ver Seções 3, 31, 46).

O intuicionismo: a verdade de um enunciado factual particular (em particular, em física, a coincidência de pontos) pode ser decidida apenas "intuitivamente" (pela intuição, a percepção). Mas esse aspecto do "intuicionismo" não é problemático. (Ele não entra no problema da indução, sequer o intuicionismo *matemático* de Kant ou Brouwer.)

Aqui, interessa apenas uma forma de intuicionismo, que inclusive enunciados factuais *universais*, leis da natureza, podem ser "apreendidos intuitivamente".

A separação estrita da teoria do conhecimento e da psicologia do conhecimento permite fazer jus a essa concepção.

Ela deve ser rejeitada se levanta pretensões relativas à teoria do conhecimento: não há intuição (ou evidência) que garanta a verdade de uma lei da natureza.

Mas de um ponto de vista histórico-genético, do ponto de vista da psicologia do conhecimento, o intuicionismo pode ter direito à cidadania. A teoria do conhecimento dedutivista está mais próxima de uma psicologia do conhecimento intuicionista do que de uma psicologia indutivista (por exemplo, sensualista). Pois, segundo a concepção dedutivista, nenhuma via racional, nenhum método científico conduz de experiências [395] às leis da natureza; apenas a via que conduz desta às experiências é racional.

A formulação (ou descoberta) de uma lei da natureza inclui, pois, em cada caso, um elemento racional (um elemento de *adaptação intuitiva, criadora* no sentido de Bergson[7a]). Ou, como diz Einstein: "Nenhuma via lógica [conduz] das percepções aos princípios da teoria [...], mas apenas a intuição apoiada na empatia com a experiência".[8]

7a [(3.ed.) Henri Bergson, *L'evolution créatice* (1907; *Schöpferische Entwiklung*, tradução alemã de Gertrud Kantorowicz, 1912). (N. E. A.)]

8 Albert Einstein, "Motive des Forschens", in: *Zu Max Plancks sechzigsten Geburtstag: Ansprachen, gehalten am 26. April 1918 in der Deutschen Physikalischen Gesellschaft* (1918), p.31 [= "Prinzipien der Forschung", in: A. Einstein, *Mein Weltbild* (1934), p.168 e seg. (N. E. A.)]

A *teoria da indução* de Bacon (e Mill). Deve-se rejeitar a indução entendida no sentido da teoria do conhecimento: não há método indutivo racional. Admite-se que histórica e geneticamente as ciências empíricas se desenvolvem em direção a uma universalidade cada vez maior. O fato dessa direção "ascendente" ou, se quisermos, "indutiva" do desenvolvimento científico deve não apenas ser reconhecido, mas também explicado. (Sobre isso, ver Seção 48.)

A *teoria humeana do hábito* pertence ao domínio da psicologia do conhecimento indutivista, não da teoria do conhecimento. (Eu a considero – o que não vem ao caso aqui[9] – errônea também do ponto de vista psicológico.) Reconhecemos plenamente a *argumentação de Hume* contra a legitimidade de toda indução na teoria do conhecimento: *não há indução*.

O *positivismo estrito* deve ser rejeitado à medida que vê as leis da natureza como enunciados factuais particulares, como relatos condensados (ver Seção 8). Reconhecemos que apenas enunciados factuais particulares podem ter um valor de verdade positivo [demonstrado] e que mesmo a avaliação positiva de uma lei da natureza – seu valor de confirmação – pode ser interpretado como o valor de verdade de um relato condensado [396] (um relato sobre tentativas de falsificação frustradas; ver Seções 41 e 46).

O apriorismo deve ser rejeitado à medida que afirma a validade (na teoria do conhecimento) de enunciados factuais universais (juízos sintéticos *a priori*). Reconhecemos sua concepção de que leis da natureza são enunciados factuais estritamente universais (ver Seções 7 e 32), que não têm nenhum valor indutivo. Admitimos também, acima de tudo, a exposição transcendental da questão, que considera a validade das leis da natureza (sua "possibilidade") o problema fundamental da teoria do conhecimento (pois o conhecimento só é possível por meio de leis; ver Seções 10 e 11). Reconhecemos também o apriorismo psicológico (ver Seção 4, conclusão) do ponto de vista segundo o qual enunciados factuais universais não são válidos *a priori*, mas são pré-formados *figuram* antecipadamente *a priori* (mesmo que não tenham validade).

---

9 [Ver Seção 4, nota 23 e texto relativo a essa nota. Cf. também Karl Popper, *Conjectures and Refutations* (1963), p.42 e segs. (= *Vermutungen und Widerlegungen*, 1997, p.59 e segs.; 2.ed., *Gesammelte Werke in deutscher Sprache* 10, 2009, p.62 e segs.); Karl Popper, *Logik der Forschung* (1934, 2.ed., 1966; e edições posteriores), Novo Apêndice *X: (1); Karl Popper, "Replies to my critics", in: *The Philosophy of Karl Popper* II. (ed. Paul Arthur Schilpp, 1974), 1023 e segs. (N. E. A.)]

Conclusão

As posições probabilistas devem ser rejeitadas à medida que acreditam contribuir com algo positivo para o problema da indução (na teoria do conhecimento) ao introduzir o conceito de probabilidade; deve-se rejeitar, em particular, a concepção de que, entre verdade e falsidade, há um valor (objetivo) de "probabilidade" ou algo do tipo. Reconhecemos a crença subjetiva na probabilidade (probabilidade secundária de hipóteses), que se apoia em valores de confirmação objetivos (ver Seções 12 a 16). Reconhecemos também o ponto de vista segundo o qual as leis da natureza são enunciados factuais e não são definitivamente verificáveis (não são, portanto, "proposições normais", isto é, proposições "completamente decidíveis").

As posições pseudoproposicionais devem ser rejeitadas como incertas e, ao mesmo tempo, dogmáticas. Reconhecemos que elas constatam – com Hume – que as leis da natureza não podem ter valor de verdade positivo [definitivo], que sua justificação *empírica* é logicamente impossível e sua avaliação positiva é, por princípio, provisória, pragmática. (Reconhecemos também a consideração que Wittgenstein faz do *problema da demarcação* como problema fundamental da teoria do conhecimento.)

O pragmatismo (como o próprio Schlick constata; ver Seção 16) deve ser rejeitado por *identificar* verdade e confirmação, mas reconhecemos sua afirmação de que a avaliação positiva das leis da natureza reside apenas em sua *confirmação pela verificação das predições deduzidas* e que uma não confirmação deve ser identificada com uma *falsificação*, assim como deve ser assinalada aqui nossa ampla [397] concordância com os argumentos pragmatistas (ver Seção 41).

O convencionalismo deve ser rejeitado por ver nos fundamentos [teóricos] da dedução simplesmente "determinações" sobre as quais a experiência não pode decidir (algo mais preciso sobre isso só pode ser apresentado no quadro do problema da demarcação[10]). Ele é admissível à medida que vê nelas "estipulações livres" que têm por finalidade fundar um sistema teórico (dedutivismo). Admitimos, além disso, que nem todo "axioma" de uma teoria científica é decidível. – É preciso remeter aqui expressamente à posição de Kraft (ver Seção 24, final).

O ficcionalismo de Vaihinger, por fim, deve ser rejeitado à medida que não pretende atribuir às leis da natureza o caráter de ficções (ponto de vista

---

10 [Ver "Posfácio do Editor", Seção 10, nota 18 e texto relativo a ela. (N. E. A.)]

ao qual, é claro, chega também por meio de uma formulação um pouco psicologista do conceito de ficção; ver Seção 34). Ele é aceito quando assinala a importância fundamental das ficções heurísticas: as leis da natureza são *ficções heurísticas,* são – eu remeto à citação de Kant nesta seção – ideias reguladoras (princípios).

Com esse resumo, é desnecessária uma exposição detalhada da solução, ou, mais exatamente, a solução positiva é tal que uma exposição detalhada não teria propósito.

As discussões até aqui talvez tenham eliminado os prejuízos mais importantes que impedem uma compreensão da solução.

De qualquer forma, a solução proposta, à medida que apenas foram dados os pressupostos para ela, pode ser comunicada sem esforço em um mínimo de espaço (no quarto de página de Kirchhoff[11]) – e inclusive com algumas observações secundárias:

[398] Ao problema da indução, à questão da validade de enunciados factuais universais, responde-se dizendo que enunciados factuais universais em geral não podem ter valor de verdade positivo [definitivo], mas apenas negativo [definitivo].*[1]

A solução deve ser apresentada mais detidamente da seguinte forma:

O problema da indução surge da aparente *contradição entre a exigência fundamental do empirismo* (apenas a experiência pode decidir acerca da

---

11 [Parece que Gustav Robert Kirchhoff (1824-1887) escreveu em algum lugar que toda descoberta científica "pode ser comunicada em um quarto de página. O editor não conseguiu, porém, localizar essa passagem nas publicações de Kirchhoff. *Acréscimo* (3.ed.) Cf. Alexander Moszkowiski, *Einstein: Einblicke in seine Gedankenwelt* (1921), p.211: "'Cada nova verdade científica deve ser elaborada de tal forma que possa ser comunicada em um quarto de página de escrita normal'. Kirchhoff disse isso e forneceu a prova suficiente disso, ainda que não o tenha feito por escrito. Quando ele e Bunsen enviaram as primeiras publicações sobre a análise espectral, a publicação tinha forma curta de três páginas impressas". Robert William Bunsen, 1811-1899. Ver G. Kirchhoff, "Ueber die Fraunhofer'schen Linien", *Annalen der Physik und Chemie* 109, Vierte Reihe 19, 1860, p.148-150; assim como "Posfácio do Editor", Seção 17. (N. E. A.)]

*1 Aqui, foram apresentadas algumas formulações questionáveis, embora há pouco tenham sido apresentadas formulações corretas. (Ver Seção 46, texto entre as notas 7 e *5 e a dissolução da antinomia da cognoscibilidade do mundo, Seção 46, por volta do final.) Eu deveria ter escrito, por exemplo, "que podemos atribuir [...] a enunciados factuais universais". (Essas formulações equivocadas estão ausentes nos desenvolvimentos dos próximos parágrafos.)

verdade e da falsidade de enunciados científicos) e a concepção humeana acerca da *ilegitimidade de decisões indutivas* (*não há justificação empírica de proposições universais*).

Essa contradição existe apenas quando se admite que enunciados factuais devem ser *"completamente decidíveis" empiricamente*, isto é, que a experiência pode decidir não apenas acerca de sua falsidade, mas também acerca de sua verdade.

Se forem admitidos enunciados factuais "parcialmente decidíveis", a contradição se esvai:

Enunciados factuais universais são empiricamente *falsificáveis*, eles podem *ser colocados em xeque pela experiência*.

Desse modo, o método da indução (que já havia sido demonstrado como inadmissível) se torna também *supérfluo*: o método da comprovação empírica (decisão parcial) pela experiência é o da *dedução de predições completamente decidíveis* (proposições empíricas elementares, "enunciados de base empíricos").

Não há indução no sentido lógico ou no sentido da teoria do conhecimento.

As ciências naturais teóricas são "sistemas hipotético-dedutivos" (Kraft[12]). As leis da natureza são proposições (princípios) desses sistemas, conjunções desses princípios: [399] elas têm as propriedades lógicas de *fundamentos da dedução* que não podem ser testados imediatamente, mas *apenas* por meio de suas consequências empíricas.

Elas não podem, com isso, nunca *ser demonstradas como verdadeiras*: elas permanecem sempre "ideias reguladoras problemáticas" (Kant[13]), "ficções heurísticas" (Vaihinger[14]). Elas podem se *confirmar* enquanto fundamentos da dedução; se não se confirmarem, elas foram *falsificadas*. – Seu valor de conhecimento (e seu valor de confirmação) aumenta com a probabilidade primária de sua falsificação, isto é, com sua *improbabilidade primária*.

---

12 [(3.ed.) Ver Seção 24, nota 4 e texto relativo a essa nota. (N. E. A.)]
13 [(3.ed.) Ver nota 6 e texto relativo a essa nota. (N. E. A.)]
14 [(3.ed.) Ver "Introdução de 1978", Seção 2: (7); Seção 21, nota 1 e texto relativo a essa nota; Seção 34, nota 1; assim como notas *4, *5, *6 e texto relativo a essas notas. (N. E. A.)]

48. O problema da indução foi solucionado?[1]

Não será discutida aqui a questão sobre se a solução proposta por mim para o problema da indução é correta; a tarefa do trabalho inteiro é, precisamente, justificar essa convicção. E, como foi dito na seção anterior, apenas a discussão crítica pode decidir – e não tanto a discussão "dialética" quanto a discussão "transcendental".

Mas o que ainda precisa ser discutido é a questão sobre quão satisfatória é a solução proposta.

[400] O problema foi completamente elucidado? Ou ainda continua a incomodar?

Eu vejo, acima de tudo, duas questões que ainda não foram tratadas pela solução proposta, que surgem por trás do problema da indução: o *problema da demarcação* e a questão da *quase indução*.

As duas questões não podem de modo algum estar coordenadas uma à outra. Elas são de importância totalmente diferente, estão em níveis completamente diferentes.

Considerado do ponto de vista da teoria do conhecimento, o *problema da demarcação* é, na verdade, o único *problema fundamental*. O problema da indução surge apenas do problema da demarcação: o "método indutivo" desempenha o papel de critério de demarcação (ver Seção 44): [ele] deve ser o elemento característico da [ciência] empírica, da ciência factual.

Assim, o problema da demarcação não é o único importante, o *único problema fundamental* que está trás do problema da indução, mas o único problema fundamental da teoria do conhecimento em geral: isso foi reconhecido da maneira mais clara possível por Wittgenstein. Dito de outro modo: uma teoria do conhecimento "correta", que seja capaz de evitar todos os desvios

---

1 [Esta seção era acrescida de uma folha com a seguinte nota:]
48. O problema da indução foi solucionado?
Esta seção foi reformulada [1932].
Breve indicação de conteúdo da [nova] seção 48:
Observações à quase indução.
Visão panorâmica sobre o problema da demarcação.
O critério de demarcação é formulado:
Uma proposição constitui um enunciado empírico sobre a realidade se é empiricamente falsificável, isto é, se pode entrar em conflito com a experiência.
[Não se pode decidir se as primeiras proposições dessa nota indicam a versão apresentada da Seção 48 ou uma versão anterior – e agora perdida. (N. E. A.)]

Conclusão

polêmicos, que não precise se envolver com a situação do problema histórico-dialético, deveria – assim como no livro inspirado de Wittgenstein – tratar *certamente* do problema da demarcação; o problema da indução e o conceito de indução não precisariam figurar nela.

Pois não há indução no sentido da teoria do conhecimento.

Essa tese fundamental do dedutivismo diz duas coisas:

Em primeiro lugar, que não há lógica indutiva, que as inferências indutivas genuínas não podem ser justificadas; que a indução não pode ser, pois, um método científico, isto é, um procedimento de fundamentação científica.

Em segundo lugar, ela diz – do contrário a afirmação seria transcendentalmente insignificante – que a ciência empírica *não faz, de fato, uso de tal procedimento indutivo,* mas procede dedutivamente.

Essa segunda afirmação parece ser bastante arriscada.

É concebível que o procedimento indutivo das ciências empíricas seja uma mera alucinação do teórico do conhecimento indutivista, à qual não corresponde nada no procedimento efetivo das ciências empíricas?

[401] Aqui, tocamos naquela questão que só receberá uma resposta satisfatória na *investigação da quase indução*[2] (no quadro da teoria geral dos métodos).

Ainda assim, me parece desejável discutir aqui o conceito de quase indução tanto quanto convém para mostrar que esse conceito não cobrir um retorno escondido ao indutivismo.

Para tanto, precisamos a terminologia.

É possível percorrer as proposições, [ou] o domínio de uma ciência, em diferentes direções. A direção que vai dos princípios mais gerais às proposições particulares (isto é, a direção dedutiva) pode ser chamada, de maneira neutra, de *descendente*, indo de cima para baixo; a direção contrária (isto é, a direção indutiva) pode ser chamada de *ascendente*.

Em geral, a *direção do raciocínio dedutivo*, a direção da dedução, é naturalmente a *descendente*. Mas não se deve esquecer que mesmo *deduções puras podem ir na direção ascendente* (isto é, na direção indutiva). Já vimos um exemplo de tais deduções que seguem na direção ascendente, na falsificação

---

2 [Cf. Karl Popper, *Logik der Forschung* (1934, 2.ed., 1966; e edições posteriores), Seção 85; Karl Popper, *op. cit.* (2.ed., 1966; e edições posteriores), "Índice de matérias": Quase indução, Conclusões dedutivas de orientação indutivas. Ver também "Posfácio do Editor", Seção 10, nota 22 e texto relativo a essa nota. (N. E. A.)]

retroativa do implicante pelo implicado, no *modus tollens* (por exemplo, ver Seções 31 e 38).

Essa "falsificação retroativa" é sem dúvida uma dedução genuína. (Isso se evidencia bem no fato de que, segundo as regras da lógica dedutiva, o implicado negado pode ser escrito como implicante, e o implicante negado, como implicado.*¹) É igualmente certo que essa conclusão dedutiva segue a direção ascendente ("indutiva"): a conclusão vai de um enunciado factual particular a uma lei da natureza (mais precisamente à falsidade desta).

Chamo de "quase indutivos" tais métodos estritamente dedutivos (dedutivistas), que seguem na direção ascendente, na direção "indutiva".

[402] *Quase indução* é, consequentemente, todo procedimento metodológico que, apoiado em métodos puramente dedutivos, progride na direção ascendente. (As possibilidades de quase indução não se esgotam no *modus tollens*.)

A quase indução é tratada na teoria geral dos métodos: métodos quase indutivos são, como mostra o exemplo do *modus tollens*, uma parte importante dos métodos dedutivistas-empiristas. Eles podem ser deduzidos de princípios da teoria geral dos métodos.

Seu exame mostrará que, na realidade, o procedimento quase indutivo era o que conduzia à teoria do conhecimento indutivista. Compreende-se também que o "método indutivo" foi considerado como *critério de demarcação*: no método quase indutivo da ciência empírica, com frequência se expressa de maneira mais evidente a oposição em relação à metafísica racionalista que procede dedutivamente; assim, a metafísica racionalista ignora, por exemplo, a falsificação retroativa. Mas seria completamente errôneo ver no método quase indutivo o critério de demarcação.

Não se pode dizer aqui nada mais detalhado sobre a quase indução. A teoria geral dos métodos só poderá ser esboçada após o exame do *problema da demarcação*.³ Pois não apenas o critério de demarcação é o princípio fundamental da teoria geral dos métodos, mas também todos os outros pressupostos resultam imediatamente do exame do problema da demarcação.

E para retornar a ele: toda uma série de questões levantadas pelo exame do problema da indução só são explicadas suficientemente pelo exame do problema da demarcação. Isso foi frequentemente indicado. Eu recordo ape-

---

*1   Isto é, se "$p \supset q$" é analítico, "$\sim q \supset \sim p$" também é analítico.
3   [Ver "Posfácio do Editor", Seção 10, nota 4 e texto relativo a essa nota. (N. E. A.)]

Conclusão

nas a discussão do conceito de sentido indutivista (Seção 44) e do convencionalismo (Seções 24 e 30). Mas mesmo a crítica do positivismo estrito será esclarecida pelo exame do [403] problema da demarcação, assim como a crítica do apriorismo e a "antinomia da cognoscibilidade do mundo".[4]

A tarefa fundamental do problema da demarcação é traçar um limite entre a ciência empírica e toda especulação racionalista provinda da razão pura. E não apenas a tarefa, a exposição do problema, foi caracterizada por Kant no título de sua obra fundamental como a tarefa mais importante da teoria do conhecimento: ver-se-á que a solução de Kant para o problema da demarcação mostrou a via correta.

---

4 [Cf. Volume II (Fragmentos): [V.] "Esboço de uma teoria dos métodos empírico-científicos (Teoria da experiência)", Seção 2; Karl Popper, *Logik der Forschung* (1934, 2.ed., 1966; e edições posteriores), Seção 78. Ver "Posfácio do Editor", Seção 10, notas 8, 15 e 17 e textos relativos a notas. (N. E. A.)]

[404] Apêndice

Exposição esquemática da crítica do problema da indução

O propósito da exposição esquemática que se segue é especificar de maneira panorâmica, para cada uma das posições, quais são seus pressupostos e por quais deles elas se diferenciam de outras posições. (O método desse tipo de exposição esquemática foi elaborado pela primeira vez por Leonard Nelson.[1]) As tabelas formam um resumo relativamente completo da crítica do problema da indução.

Para mostrar como se devem ler esses esquemas, fornecemos uma *análise* da primeira tabela ("Os três grupos de posições indutivistas"). As tabelas seguintes devem ser lidas conforme o mesmo esquema.

---

1 [Cf. Leonard Nelson, "Die kritische Methode und das Verhältnis der Psychologie zur Philosophie: Ein Kapitel aus der Methodenlehre", *Abhandlungen der Friesschen Schule neue Folge* 1, (1904), p.56 e seg. (= *Gesammelte Schriften* I., 1970, p.53 e seg.); "Über das sogennante Erkenntnisproblem", §47, 57, 109 e 168, *Abhandlungen der Friesschen Schule neue Folge* 2, (1908), p.524, 535, 647 e 784 (= *Gesammelte Schriften* II., 1973, p.156, 165, 255 e 366). (N. E. A.)]

Análise da Tabela I

(a), (b), (c) são os três pressupostos que, juntos, não são conciliáveis. Pares deles, porém, são conciliáveis.

Se admitirmos (a) e (b), devemos abandonar (c): chegamos à posição (1). Se admitirmos (a) e (c), devemos abandonar (b): chegamos à posição (2). O mesmo leva do abandono de (a) à posição (3).

Podemos ler a tabela em duas direções:

[405] A) Partimos das *consequências* (*posições*) e vemos quais dois *pressupostos* estão na base de cada posição e, respectivamente, qual dos pressupostos a posição em questão deve abandonar.

B) Partimos dos *pressupostos* e vemos quais são as duas *consequências* (*posições*) às quais cada um deles pode conduzir e como a escolha de uma das duas consequências conduz a aceitar e, respectivamente, abandonar um dos dois outros pressupostos.

[406] Tabela I
Os três grupos de posições indutivistas
(Seção 6)

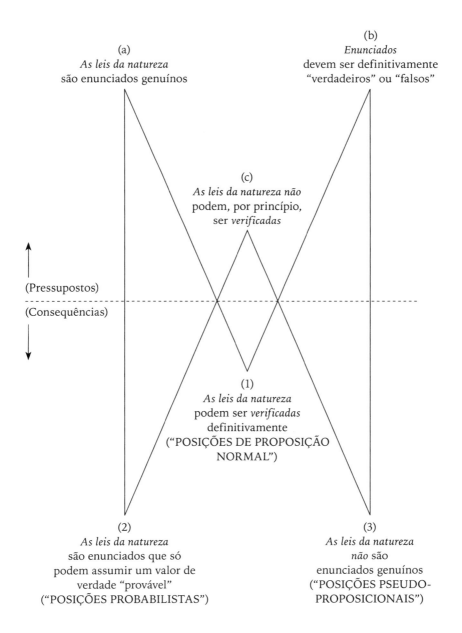

Livro I

[407] Tabela II
As "posições de proposição normal"
(Seção 7 e, particularmente, Seção 8)
Pressuposto geral: as leis da natureza são enunciados factuais (juízos sintéticos) verificáveis (completamente decidíveis)

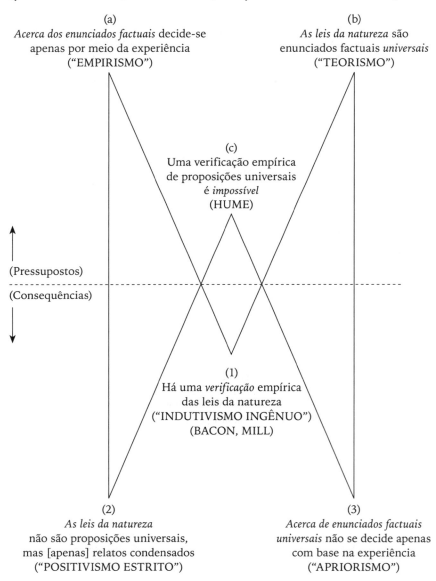

(a)
Acerca dos enunciados factuais decide-se apenas por meio da experiência
("EMPIRISMO")

(b)
As leis da natureza são enunciados factuais *universais*
("TEORISMO")

(c)
Uma verificação empírica de proposições universais é *impossível*
(HUME)

(Pressupostos)
- -
(Consequências)

(1)
Há uma *verificação* empírica das leis da natureza
("INDUTIVISMO INGÊNUO")
(BACON, MILL)

(2)
As leis da natureza não são proposições universais, mas [apenas] relatos condensados
("POSITIVISMO ESTRITO")

(3)
Acerca de enunciados factuais universais não se decide apenas com base na experiência
("APRIORISMO")

Nota: Na Tabela IV, aparece um outro conceito de "empirismo" e "teorismo".

[408] Tabela III
As *posições probabilistas* superam "dialeticamente" a contradição das posições de proposição normal
(Seção 12)
(O argumento de Hume – Tabela II, c – é pressuposto)

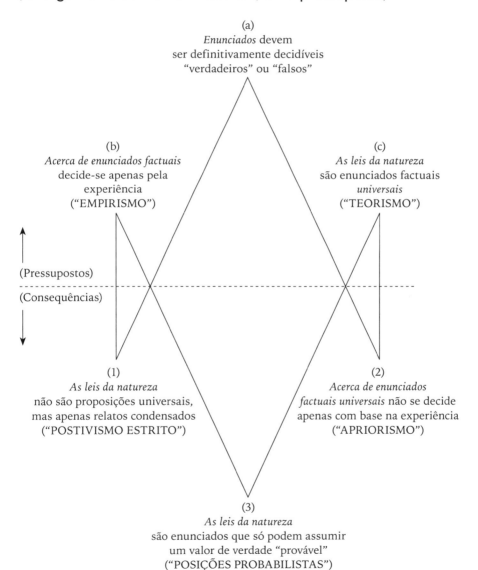

(a)
Enunciados devem ser definitivamente decidíveis "verdadeiros" ou "falsos"

(b)
Acerca de enunciados factuais decide-se apenas pela experiência
("EMPIRISMO")

(c)
As leis da natureza são enunciados factuais *universais*
("TEORISMO")

(Pressupostos)
- -
(Consequências)

(1)
As leis da natureza não são proposições universais, mas apenas relatos condensados
("POSTIVISMO ESTRITO")

(2)
Acerca de enunciados factuais universais não se decide apenas com base na experiência
("APRIORISMO")

(3)
As leis da natureza são enunciados que só podem assumir um valor de verdade "provável"
("POSIÇÕES PROBABILISTAS")

Nota: Conferir a nota à Tabela II.

[409] Tabela IV
As "posições pseudoproposicionais"
(Seção 18)

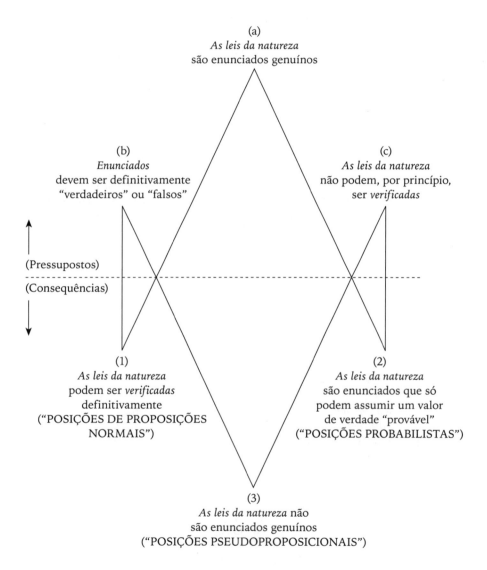

Nota: Essa tabela é equivalente à Tabela I; apenas a ordenação é diferente: as posições pseudoproposicionais figuram aqui como a "solução dialética" da contradição entre posições de proposição normal e posições probabilistas.

[410] Tabela V
Posições pseudoproposicionais e convencionalismo
(Seção 24)
(O "teorismo" é pressuposto)

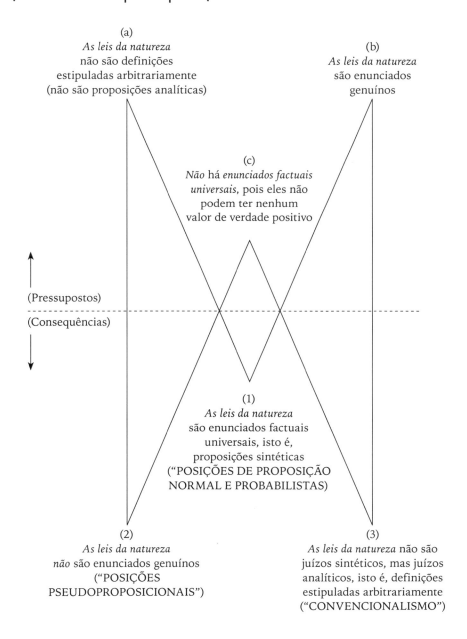

Livro I

[411] Tabela VI
O convencionalismo inferido a partir das posições de proposição normal (Tabela II)
(Seção 24)
(O argumento de Hume – Tabela II, c – é pressuposto)

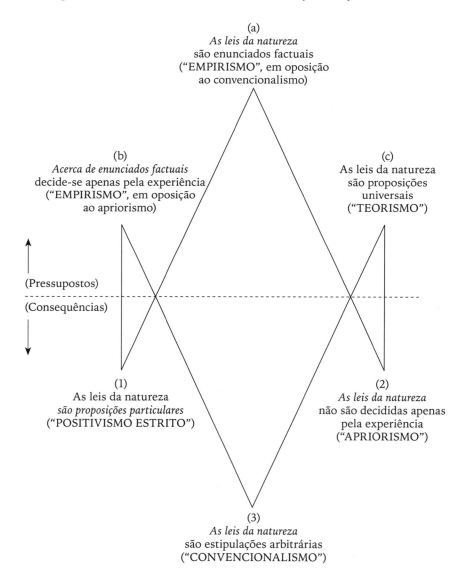

Nota: Conferir também os conceitos de "Empirismo" e "Teorismo" na Tabela II.

[412] Tabela VII
Solução

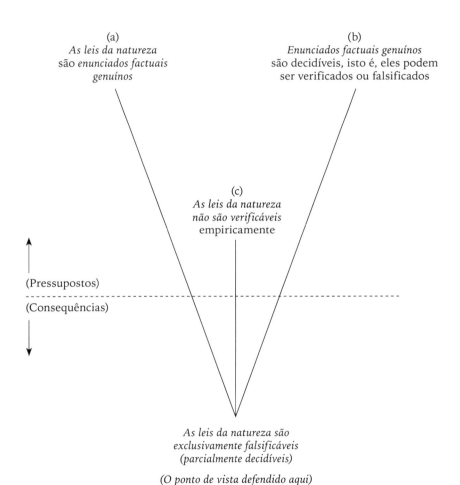

Livro II

O problema da demarcação
Experiência e metafísica

Os dois problemas fundamentais
da teoria do conhecimento
Volume II (Fragmentos)

[415] *Primeira* Parte: Fragmentos de 1932
Esboço de uma introdução

Há uma ciência filosófica?
(Considerações introdutórias sobre o problema da demarcação)

1. Uma investigação *científica particular* – por exemplo, física – pode sem mais começar colocando o problema. Pode-se, por assim dizer, "entrar sem bater"; há uma "morada" aí: um edifício científico, uma situação do problema universalmente reconhecida. O pesquisador científico individual pode, pois, contar que o leitor (de quem ele pode supor que domina os pressupostos específicos da área) conseguirá por si próprio situar o trabalho no contexto da ciência.

Em uma situação completamente distinta, encontra-se o filósofo. Ele não se coloca diante de um edifício, mas sim diante de um campo de ruínas. Ele não pode se apegar a uma situação do problema *universalmente reconhecida*, pois não há tal coisa que possa ser universalmente reconhecida – trata-se inclusive do último brado da moda filosófica afirmar que não pode haver em geral algo como um problema filosófico genuíno.

Assim, ao filósofo que não se reconhece em nenhuma das escolas em disputa e que não pretende se resignar ao triste estado da discussão filosófica, não resta senão começar pelo começo.[1]

2. Mas isso poderia não ser tão simples. Ainda não demos o primeiro passo – ao menos, não acreditamos tê-lo dado – e já parece que fomos muito longe: à direita e à esquerda, nos deparamos com a ordem: "Parado aí!".

[416] É o *positivismo* moderno ("lógico" ou "logístico"), de um lado, e a *visão filosófica de mundo* moderna, de outro, que – apesar de tudo o que os separa – combatem do mesmo modo certos pressupostos que já introduzimos implicitamente em nossas proposições.

Pois essas proposições já incluem evidentemente uma tomada de posição, a saber, que o estado da filosofia descrito *não é saudável* e que uma cura, uma reforma, uma *reconstrução científica*, da filosofia é *possível* e *necessária*.

Mas é precisamente isso que é combatido tanto pelo "positivismo" moderno quanto pela "visão filosófica de mundo" moderna; ambos defendem a concepção de que *não há e não pode haver uma ciência filosófica* – se entendermos por "ciência" (no sentido das diferentes ciências individuais) um edifício *objetivamente justificável*; para ambos, não há ciência fora (ou acima) das ciências individuais (entre as quais seria preciso contar também a *lógica*, normalmente considerada como parte da filosofia).

3. O *positivismo* moderno (pensamos, sobretudo, em Wittgenstein) vê nos *problemas tradicionais da filosofia*, em parte, *problemas* genuínos, *que não pertencem na verdade à filosofia* (mas que devem ser tratados, por exemplo, pela lógica ou pela matemática, pela física ou pela psicologia empírica); em parte, ele não os vê – à medida que se trata de *problemas filosóficos típicos*, como, por exemplo, o problema da realidade, o problema da causalidade, o problema do livre-arbítrio – como problemas genuínos, mas como *pseudoproblemas*: eles não podem ser colocados de maneira exata e a falsa impressão de que esses "problemas" são questões genuínas provém apenas de obscuridades e equívocos linguísticos. O fato de não poder haver uma *teoria* filosófica, uma *ciência* filosófica é apenas uma consequência dessa concepção: ali onde não há questões também não pode haver respostas.

---

1 [A primeira seção deste "Esboço de uma introdução" é uma versão anterior do "Prefácio" (Viena, Outono de 1934) a Karl Popper, *Logik der Forschung* (1934, 2.ed., 1966; e edições posteriores). (N. E. A.)]

Esboço de uma introdução

"A filosofia não é uma teoria, mas uma atividade", diz Wittgenstein.[2] Essa *"atividade"* do filosofar, ao renunciar a toda *afirmação* filosófica, se limita a simplesmente [417] clarificar os equívocos e abusos, por meio dos quais surgiu o problema filosófico a ser eliminado.

Segundo essa concepção, não há *sistema* filosófico, nem sistema dos erros filosóficos e dos pseudoproblemas (embora haja abusos linguísticos *típicos* e *tradicionais*), pois não se pode nunca saber quais novos abusos linguísticos virão à luz algum dia. Ao contrário, há uma espécie de método do filosofar, um método da atividade filosófica: trata-se da *reflexão sobre as regras do uso da linguagem* (a gramática em sentido mais amplo), pois são essas regras sozinhas que determinam o "sentido" e o "significado" de nossas proposições e palavras.

A concepção do positivismo moderno esboçada aqui verá, pois, necessariamente nesse esforço de *reconstrução científica da filosofia*, que sugerimos desde o início, precisamente o erro fulcral de toda filosofia até agora. Essa concepção explica também por que até agora todas as tentativas desse tipo falharam. E ela explica também (por meio da teoria da ausência de sistemas de "problemas" filosóficos, isto é, dos abusos linguísticos) a anarquia existente nos sistemas filosóficos.

4. Ainda que por outra via, a *visão filosófica de mundo* moderna chega a resultados semelhantes (pensamos aqui em Scheler, Heidegger, Jaspers[2a]). Ela reconhece a legitimidade dos problemas filosóficos, ela faz afirmações filosóficas, ela vê na filosofia uma *teoria* – mas uma teoria *diferente* das ciências objetivamente justificáveis: ao renunciar consciente e, em parte, explicitamente ao caráter científico, ela vê nas obras dos filósofos as confissões de *concepções de mundo individuais e subjetivas*. Singularidade, profundidade, intuição original são os elementos por meio dos quais a produção filosófica se torna significativa e valiosa – não a objetividade científica, ou a possibilidade de comprovação racional e crítica. O filósofo deve renunciar a toda tentativa de justificação da teoria exposta, ante as objeções. Ele não deve convencer por razões, como o cientista, [418] mas pelo fato de que exprime

---

2   [Ludwig Wittgenstein, *Tractatus logico-philosophicus* (1918/1922), proposição 4.112. Ver Volume I: Seção 44, texto relativo às notas 7 e 8. (N. E. A.)]

2a [(3.ed.) Max Scheler 1874-1928; Martin Heidegger 1889-1976; Karl Jaspers 1883-1969. (N. E. A.)]

o que o move profundamente (e os que "estão no mesmo caminho", como diz Jaspers[3]).

Assim como o positivismo moderno, a filosofia da visão de mundo pode explicar a anarquia dos sistemas filosóficos existentes, pois também para ela não pode haver sistema filosófico conclusivo, nem sequer um sistema conclusivo ou definitivo de problemas filosóficos, pois não se pode nunca saber quais novos problemas filosóficos aparecerão algum dia.

E, do mesmo modo, a moderna filosofia da visão de mundo deve ver na tentativa de reconstrução científica da filosofia, proposta desde o início, o erro primordial da filosofia até agora. A orientação pela *ciência* (individual[*1]) – a busca por uma justificação objetiva, por um sistema que seja o único válido e predominante – é o que produz os fenômenos danosos: a incompreensão mútua e a intolerância das escolas filosóficas, que quase nunca fazem jus ao conteúdo da visão de mundo dos outros sistemas, mas apenas criticam suas "justificações" racionais (necessariamente) incompletas.

5. Se levarmos a sério nossa intenção de começar do começo, não podemos passar ao largo dessas objeções do positivismo e da filosofia da visão de mundo. Nós não podemos apenas pressupor sem mais, de maneira acrítica, a possibilidade de uma discussão filosófico-científica.

[419] Aquilo que devemos, pois, discutir criticamente é o *problema*: *há uma ciência filosófica?*

Mas essa maneira de colocar o problema permite escapar das objeções discutidas? Evidentemente que não: a própria questão sobre o caráter científico da filosofia não é científica, mas um problema filosófico; a possibilidade de seu exame crítico é, por isso, contestada.

---

3 [Cf. Karl Jaspers, *Philosophie* I.: *Philosophische Weltorientierung* (1932), p.VII: "No filosofar, manifesta-se uma crença sem qualquer revelação, recorrendo àquele que está no mesmo caminho; não se trata de um guia objetivo em diração à confusão; ele apreende apenas o que já é uma possibilidade sua". Ver também Julius Kraft, *Von Husserl zu Heidegger: Kritik der phänomenologischen Philosophie* (1932), p.113, nota 65. (N. E. A.)]

*1 Muitos anos mais tarde, essa orientação pela ciência foi chamada e combatida como "cientificismo". Ver também meu livro *Das Elend des Historizismus* (1944/1945, tradução alemã de Leonard Walentik, 1965), p.48 e 53. [= 7.ed. (*Gesammelte Werke in deutscher Sprache* 4), 2005, p.53 e 58; Karl Popper, "The poverty of historicism II", *Economica* N.S., 11 (1944), p.120 e segs. e 123. (*The poverty of historicism*, 1.ed., 1957, e edições posteriores, p.60 e 66; *Routledge Classics*, 2002, p.55 e 60. (N. E. A.)]

6. Não precisamos, porém, temer aqui tais objeções. Ao contrário: uma objeção do positivismo ou da filosofia da visão de mundo contra nosso problema e contra a possibilidade de sua discussão científica dar-nos-ia a oportunidade de criticar, de nossa parte, as duas concepções.

Pois as duas concepções já tomam partido em relação ao problema do caráter científico da filosofia – seja apenas implicitamente, seja explicitamente. Elas respondem ao problema, e de maneira negativa. (Se elas não reconhecem e discutem o problema explicitamente, isso significa apenas *uma coisa*: que a resposta dada por elas é *acrítica* – e que simplesmente se resignam ao estado anárquico da filosofia.)

Se essas concepções aplicarem suas respostas negativas a esse problema, elas caem necessariamente em contradições e paradoxos (do tipo do raciocínio cretense).

Com efeito, se o positivismo reporta sua tese, segundo a qual "Não há problemas filosóficos e, portanto, não há afirmações filosóficas", também ao nosso problema, ela se torna contraditória, uma vez que ela própria é uma afirmação filosófica e reconhece, portanto, um problema filosófico (precisamente nosso problema). O positivismo deve, pois, proceder com parcimônia (e justamente de modo que não afete nossa exposição do problema).

De modo similar, a *filosofia da visão de mundo* enredar-se-ia em contradições caso se voltasse contra nossa maneira de colocar o problema. Pois ela só pode fazê-lo levando em conta a própria tese, segundo a qual a filosofia não formula proposições científicas (justificáveis) como uma proposição científica (justificável) e se servindo desta. Mas essa proposição é contraditória (pois é, em todo caso, uma proposição "filosófica"). Se ela não a conceber como proposição científica, mas sim como uma confissão da visão de mundo, ela não pode objetar nada contra nossa exposição do problema. Pode-se afirmar inclusive a [420] proposição oposta (não contraditória), a saber, aquela de que pode haver proposições (e discussões) científico-filosóficas.

(Estamos aqui às voltas com uma contradição clássica, em que se mostra o parentesco estreito entre *ceticismo* e *misticismo*; em nosso caso, entre positivismo e filosofia da visão de mundo. Esta é a contradição que Sócrates deve ter pressentido quando, segundo a tradição, acrescentou "e sequer isso" à sua proposição "Eu sei que nada sei".[4])

---

4 [Ver "Introdução de 1978", Seção 1, nota 1 e texto relativo a esta. (N. E. A.)]

Não se deve acrescentar nenhum significado polêmico a essas observações. Elas devem apenas mostrar que não podem ser levantadas objeções sérias contra a *exposição do problema*: Há uma ciência filosófica?

Mas esse problema merece algum interesse particular?

7. Não teríamos estendido tanto essas observações introdutórias se não estivéssemos convencidos que esse problema merece o maior interesse possível: pode-se, na verdade, considerá-lo como a chave para os problemas fundamentais da filosofia.

Essa mera exposição do problema leva à concepção seguinte (provisória, não inteiramente exata, mas intuitiva):

Temos um domínio diante de nós ([o] das ciência particulares), cujo caráter científico deve ser incontestável. Além disso, temos um segundo domínio (a filosofia), cujo caráter científico deve ser problemático.

Nós podemos agora formular o problema da seguinte maneira: onde se deve nesse segundo domínio, filosófico, traçar o limite entre ciência e visão de mundo (respectivamente, entre ciência e abuso linguístico)? Deve ele ser traçado de tal forma que seu domínio fique fora desse limite, ele passará por dentro do domínio da filosofia ou o domínio da filosofia estará inteiramente dentro da ciência?

Ora, se quisermos examinar esse problema cientificamente, devemos modificar ligeiramente essa concepção: devemos introduzir um terceiro domínio (de certo modo, sobre ou entre esse dois domínios), justamente o domínio ao qual o exame em questão [421] nos levou. Esse domínio (é o que devemos admitir provisoriamente, já que expomos o problema) será, por um lado, suposto como científico, mas, por outro lado, como filosófico. Ele está, pois, de certo modo, na fronteira do domínio que é suposto como científico e do domínio que é suposto como filosófico, cujo caráter científico é questionado.

Mais precisamente: a tarefa desse terceiro domínio é simplesmente examinar as fronteiras que ladeiam o primeiro e o segundo domínios – determinar por onde passam as fronteiras da ciência.

Chamaremos esse terceiro domínio, o domínio da investigação filosófica suposta como científica, de *teoria do conhecimento*: além disso, caso seja revelada a existência de um domínio filosófico fora da ciência, chamá-lo-emos de "metafísica" – seja ele avaliado negativamente (como faz o positivismo), seja positivamente (como o faz a filosofia da visão de mundo).

Por causa disso, também podemos formular nosso problema "Há uma ciência filosófica?" da seguinte forma: Por onde passa o limite entre ciência e metafísica? Ou, em uma formulação que não apela tanto à nossa concepção intuitiva:

Há um critério que permita distinguir afirmações científicas de afirmações metafísicas?

Se chamarmos tal critério de *"critério de demarcação"* e a questão sobre o critério de demarcação de *"problema da demarcação"*, podemos dizer:

A questão "Há uma ciência filosófica?" leva a formular o "problema da demarcação" como o problema filosófico mais geral.

[422] I. Exposição do problema

1. O problema da demarcação

Em quê as ciências *empíricas* se diferenciam das ciências *não empíricas* e dos domínios *extracientíficos*?

Há um critério que trace uma demarcação entre as ciências empíricas e os domínios não empíricos? Um critério por meio do qual certas proposições ou sistemas de proposições sejam caracterizados como empíricos e outros, como não empíricos?

Chamo a questão acerca de um tal *critério de demarcação* de *"problema da demarcação"*.

O problema da demarcação é o problema fundamental da teoria do conhecimento: todas as questões da teoria do conhecimento podem ser reduzidas a esse problema.

2. Alcance do problema da demarcação

No lugar da questão:
O que é o conhecimento?

(que, nessa forma, pode conduzir a uma disputa estéril sobre definições nominais – definições são sempre arbitrárias) poderíamos colocar, inicialmente, a questão mais precisa:

O que é o conhecimento *científico*?

Uma vez que *conhecimentos* científicos sempre podem ser apresentados na forma de *proposições* ou *sistemas de proposições* (de tal forma que podemos dizer: *conhecimentos* científicos são *proposições* ou *sistemas de proposições*), pode-se reformular a questão "O que é o conhecimento *científico*?" da seguinte forma:

Quais proposições são conhecimentos científicos? Ou: Por que certas proposições são caracterizadas como "científicas"? Ou: Por qual critério é possível demarcar a ciência dos domínios extracientíficos?

[423] Vê-se que as diferentes formulações representam generalizações do problema da demarcação formulado anteriormente.

Assim como a questão "O que é conhecimento?", esse problema da demarcação generalizado (em sua formulação abreviada "O que é ciência?") é muito indeterminado, muito geral, para servir como questão fundamental da investigação. Pois ele é, inicialmente, apenas uma *questão de terminologia*, a saber, de determinações definicionais daquilo que se quer *chamar* de "científico" e "extracientífico". Se queremos ou não considerar uma *metafísica* como ciência é apenas questão de convenção – ao menos, enquanto não se tem argumentos objetivos para proporcionar certas investigações, certas demarcações. (E a denominação permanece, pois, secundária; apenas aquela delimitação e os argumentos que falam a favor dela são importantes.)

O perigo de nos perdermos em querelas terminológicas é menor se restringirmos a questão novamente, se, par a par do problema da demarcação generalizado, não perguntarmos acerca de um critério da ciência em geral, mas sim – par a par do próprio *problema da demarcação* – acerca de um critério da ciência *empírica*. Em geral, estamos de acordo sobre quais ciências devemos chamar de "empíricas" e quais não. (À medida que nosso uso da linguagem concordar, a questão perde o caráter terminológico arbitrário.)

O *problema da demarcação generalizado*, a questão acerca de um critério de cientificidade (*O que é ciência?*), foi introduzido aqui como restrição e, por assim dizer, substitutivo da questão: *O que é o conhecimento?* De maneira análoga, o próprio *problema da demarcação*, a questão acerca de um critério de cientificidade (*O que é ciência empírica?*), corresponde à questão "O que é o conhecimento empírico?" ou: "O que é a experiência?".

Pode-se conceber o próprio *problema da demarcação* também como uma forma (de um certo ponto de vista, mais precisa) do *problema da experiência*.

A principal fronteira que o critério de demarcação deve traçar é aquela entre ciência empírica e metafísica.

(O próprio conceito de "metafísica" é controverso; *definição provisória*: chamamos enunciados factuais não empíricos de "metafísicos". São metafísicas, portanto, todas as afirmações não empíricas, [424] que dizem algo sobre objetos existentes, reais; além disso, todas as afirmações não empíricas que têm a pretensão de serem empíricas – e ultrapassam, pois, os limites que foram traçados pelo critério de demarcação.)

Consideradas historicamente, todas as ciências empíricas provêm das ciências não empíricas, da "metafísica" especulativo-filosófica. E, as menos desenvolvidas entre elas, ainda portam as vestes de seu passado metafísico. A demarcação em relação à metafísica é, para estas, consequentemente, da maior importância.

Se quiséssemos circunscrever o campo mais restrito do problema da demarcação, a melhor maneira seria com as palavras-chave: *"experiência"* e *"metafísica"*.

3. O problema da indução

É possível *observar* apenas *eventos singulares* e sempre um *número limitado* de tais eventos, por isso, pode-se confirmar imediatamente pela observação apenas *proposições particulares* (*singulares*), isto é, proposições a respeito de eventos singulares ou a respeito de um número limitado de tais eventos. Entretanto, há nas ciências empíricas *proposições universais* (*gerais*), isto é, proposições que fazem afirmações sobre um *número ilimitado* de eventos; as chamadas *"leis da natureza"* sobretudo.

O *problema da indução* é a questão acerca da *validade* (ou acerca da *justificação*) de proposições universais das ciências empíricas. Em outra formulação: *Proposições empíricas* (enunciados factuais que se fundam na experiência) podem ser *válidas universalmente*?

4. Alcance do problema da indução

O problema da indução – o problema (da validade) dos *enunciados factuais universais* – é uma determinada forma do problema da *regularidade natural* (ou do *problema da causalidade*).

"Explicar" ("explicar de maneira causal") eventos quaisquer significa *inferir lógica e dedutivamente* proposições que descrevem esses eventos a partir de proposições universais (leis da natureza, teorias).

[425] (Se um determinado *evento singular* for explicado, as proposições inferidas devem ser proposições *particulares*; para sua dedução, é preciso, além do sistema teórico, isto é, das proposições universais (premissas), pressupor ainda proposições particulares, uma vez que não se pode concluir proposições particulares de proposições universais sem a substituição de condições particulares.)

Mas como se pode sempre propor, para qualquer proposição dada (a menos que seja contraditória), diferentes proposições universais das quais a proposição pode ser deduzida, é óbvio que qualquer evento pode sempre, em princípio, ser explicado (causalmente) de diferentes maneiras.

(A tarefa mais difícil – a despeito de se poder sempre, em princípio, solucioná-la de maneiras diversas – é construir, de proposições dadas, uma teoria explicativa para todo um *sistema* de premissas deduzidas.[1])

---

1 [A conclusão desta seção não pôde ser encontrada e deve ser considerada perdida. (N. E. A.)]

[426] [II.] Sobre a questão da eliminação do psicologismo subjetivista

A concepção dedutivista, transcendentalista e objetivista de ciência,[1] que é defendida aqui, se diferencia fundamentalmente de toda concepção indutivista, psicologista e subjetivista de ciência, defendida, por exemplo, pelo positivismo moderno, por meio do seguinte argumento: o indutivismo (positivismo) vê nossas percepções (eventualmente também outras vivências) como o fundamento de todo conhecimento, de toda ciência. Esse tema fundamental é comum a todas as vertentes positivistas, apesar das muitas variações. Assim, muitas vertentes chegam ao ponto de ver as *proposições* científicas "apenas" como construções lógicas de vivências; outras, por seu turno, veem os *conceitos* da ciência empírica "apenas" como construções lógicas (classes de classes, classes de relações) de vivências. O caráter transcendentalmente inadmissível dessa concepção e a dificuldade lógica de tratar de maneira logicamente racional os elementos irracionais, como são nossas vivências, acabam por levar o positivismo não a abandonar sua posição fundamental, mas a substituir as vivências irracionais por construções racionais, a saber, *enunciados* de percepção ("*enunciados* protocolares").

---

1 [(3.ed.) Cf. Apêndice: "Excerto-resumo (1932)", Seção VII, bem como "Posfácio do Editor", Seção 6, notas 12, 20, 22 e 23 e o texto relativo a estas. (N. E. A.)]

O fundamento da ciência não é mais nossas vivências irracionais, mas nossa expressão linguística racionalizada dessas percepções.

O positivismo acredita superar desse modo o psicologismo [e o] subjetivismo, ligados ao material irracional inicial. Uma comparação com a concepção dedutivista mostra quão pouco bem-sucedido ele é. Segundo a concepção dedutivista, a *ciência* objetiva não deve ser confundida [427] com nossas vivências (supostas hipoteticamente pela psicologia), que chamamos de "saber".

O estudo de nosso saber subjetivo, de nossas convicções adquiridas por meio de vivências, é assunto para *psicologia* do conhecimento (e irrelevante para a *teoria* do conhecimento). Ela supostamente defenderá a proposição trivial segundo a qual nosso saber, essas convicções vivenciais – à medida que podem ser explicadas em geral – devem ser vistas como causadas por outras vivências, em particular, as chamadas "vivências perceptivas", sejam elas apenas a percepção de um evento ou a percepção de sinais escritos, sons ou coisas do tipo.

Considerada subjetiva e psicologicamente, a ciência também é um sistema de proposições visíveis e audíveis, cujas percepções (e elaboração mental) nos auxiliam na formação de convicções subjetivas.

O modo objetivo de considerar as coisas, próprio à teoria do conhecimento, é inteiramente diferente.

A teoria do conhecimento dedutivista vê a ciência não como um sistema de convicções, mas apenas como um sistema hipotético-dedutivo de proposições, estabelecido segundo determinadas proposições.

Esse sistema tem o caráter de objetividade ou [de] testabilidade intersubjetiva, isto é, ele é testável por quem quer que queira (e possa) se colocar esse propósito. Esse caráter de objetividade, de testabilidade intersubjetiva pertence tanto às suas inferências dedutivas quanto aos últimos enunciados de base deduzidos, às predições singulares deduzidas de substituições *hic et nunc*. Os testes pelos diferentes sujeitos podem ocorrem de maneiras totalmente diferentes. Eles são assunto desses próprios sujeitos, que querem formar para si uma convicção. Isso vale tanto para as deduções quanto para os últimos enunciados de base deduzidos. A tarefa da ciência é apenas dar uma forma "clara" a suas deduções (o que não significa senão: uma forma intersubjetivamente testável) e também fazer deduções até que se chegue a proposições (instruções para a observação) que possam ser testadas por qualquer um ("enunciados de base não problemáticos"[2]). [428] Determinar de que modo os testes subjetivos são feitos em cada caso é tarefa da psicologia do conhecimento, para cujas proposições valem as mesmas regras que qualquer outra ciência empírica, hipotético-dedutiva.

Esse ponto de vista é universalmente reconhecido no que diz respeito às deduções lógicas da ciência. Ninguém pretende, por exemplo, que as diferentes ciências levem em consideração os sentimentos de convicção psicológicos, que podem acompanhar o teste de deduções, e que elas invoquem esses sentimentos enquanto fundamentos da dedução lógica. (Apenas vertentes indutivistas declaradas tentam às vezes apoiar a dedução por meio da menção de sentimentos de convicção físicos.)

Mas não se reconhece de modo algum o ponto de vista do dedutivismo segundo o qual a ciência deve se deter nos enunciados de base não problemáticos – isto é, facilmente testáveis por qualquer um – e segundo o qual o teste contínuo, ainda que não apresente dificuldades particulares (caso em que a dedução científica deve continuar a ser feita até que se chegue a proposições não problemáticas), não é mais assunto da ciência.

A concepção dominante (indutivista-positivista) considera a ciência não como um meio graças ao qual qualquer um pode formar por si mesmo suas convicções, mas como um sistema de convicções; não como um sistema de proposições que satisfaz certas condições formais e deve ser modificado, em certos casos, segundo certas regras formais precisas, mas como um sistema de proposições "verdadeiras" ou, ao menos, "prováveis" – entendidas essas palavras no sentido de nossos sentimentos de convicção [subjetivos].

Mesmo a variante do positivismo, que substitui as percepções e sentimentos de convicção por enunciados protocolares,[3] compartilha essa concepção. Vê-se isso claramente no fato de que os enunciados de percepção ou protocolares não são nada mais que enunciados de sujeitos singulares e a respeito de vivências determinadas. A ciência se constrói sobre eles [assim se supõe], seja de forma indutiva, seja de tal modo que eles sejam deduzidos de hipóteses vinculadas a enunciados protocolares, [429] predições que são novamente comparadas com enunciados protocolares. De qualquer forma, os enunciados protocolares formam, pois, os relatos de percepção subjeti-

---

[2] [(3.ed.) Ver Volume I: Seção 11, texto relativo à nota 56c. (N. E. A.)]
[3] [(3.ed.) Ver "Posfácio do Editor", Seção 5, texto relativo à nota 9, e Seção 6, notas 12, 13 e 14 e texto relativo a estas. (N. E. A.)]

vos, a base da própria ciência: eles são parte integrante do sistema científico que se apresenta, por assim dizer, como sistema de construções lógicas erigidas sobre enunciados protocolares.

O teórico do conhecimento dedutivista não se interessa *enquanto tal*[*1] pela questão sobre se há vivências perceptivas subjetivas ou "apenas" enunciados protocolares. Ele pode, pois, ao menos provisoriamente, cada vez que se trata de observações subjetivas, falar de enunciados protocolares. Ao utilizar essa expressão, ele diria: cada sujeito comprova a ciência com o auxílio de seus próprios enunciados protocolares. Por um lado, cada sujeito comprova a dedução e apresenta o protocolo de que ela lhe parece "conclusiva" ou "não conclusiva". Por outro lado, ele comprova os últimos enunciados de base não problemáticos deduzidos a respeito de eventos facilmente observáveis e fornece o protocolo a respeito de se eles parecem concordar com suas observações, isto é, parecem ser "verdadeiros", ou se não parecem concordar com suas observações, isto é, parecem "falsos". Mas todas essas comprovações por meio de todos esses enunciados de base não pertencem mais à ciência a ser comprovada: elas pertencem àquilo que foi chamado anteriormente de "formação de convicções subjetivas". Elas pertencem, pois, à psicologia do conhecimento hipotético-dedutiva, uma ciência factual – que deve determinar se o método descrito corresponde aos fatos – para [a qual] aplicam-se as mesmas regras metodológicas que para qualquer outra ciência empírica.

[*1] Quer dizer: se ele não se interessa diretamente pela *psicologia* do conhecimento (como na segunda metade desse parágrafo).

[430] [III.] Passagem para a teoria dos métodos[1]

1. Uma objeção contra o critério de falsificabilidade

Uma objeção se impõe – e a justo título, como foi mostrado – contra a solução proposta ao problema da demarcação[2] e ao problema da indução:

Essa objeção poderia ser formulada da seguinte forma: admitamos que as teorias das ciências naturais representem sistemas não verificáveis; elas não apenas são *não verificáveis*, mas elas também são *não falsificáveis*. Todo sistema teórico pode, com efeito, ser protegido, de diferentes maneiras, contra uma falsificação empírica: pode-se introduzir hipóteses auxiliares, com o auxílio das quais são "explicadas" as observações que ameaçam o sistema, isto é, que podem ser conciliadas com o sistema; ou pode-se modificar as chamadas "definições ostensivas" (ou o que as substitui se, como é o caso aqui com a concepção que defendemos, não se trabalha com "definições ostensivas"), dito de outro modo: modificar o significado empírico que foi atribuído aos conceitos ([ou] termos) que ocorrem na teoria; por fim, pode-

---

[1] [Conforme o Volume I, Seção 30, nota 1, foi sugerido colocar este capítulo como apêndice àquele volume; este não era, porém, o plano original; ver Posfácio do Editor, Seção 10, notas 4, 5 e 19, assim como o texto relativo a estas. (N. E. A.)]

[2] [Ver "Posfácio do Editor", Seção 10, notas 4 e 5, assim como o texto relativo a estas. (N. E. A.)]

-se simplesmente *eliminar* as observações ameaçadoras, declarando-as, por exemplo, "mentirosas" ou "não científicas", "não objetivas" ou algo do tipo. Por meio de cada um desses procedimentos – e ainda mais por meio de todos eles –, é sempre possível preservar uma teoria da falsificação. A referência à unilateral falsificabilidade das teorias não resiste e não é capaz [431] de preparar o caminho para uma solução dos problemas da teoria do conhecimento. Também não existe nenhuma assimetria entre valores de verdade positivo e negativo, entre verificação e falsificação. A solução proposta para o problema da indução deve ser rejeitada, pois as leis da natureza não são de modo algum "parcialmente decidíveis", mas totalmente indecidíveis. A solução proposta para o problema da demarcação deve ser rejeitada, pois as teorias científicas da natureza não são falsificáveis, o que tem por consequência que elas deveriam ser excluídas da ciência pelo critério de demarcação (de tal modo que os argumentos levantados contra o critério de sentido de Wittgenstein[3] voltar-se-iam contra a concepção defendida aqui).

A objeção apresentada (ela será chamada no que se segue de "objeção convencionalista contra a falsificabilidade") tem *grande importância* para as considerações subsequentes.

Essa objeção *é justificada sem, com isso, atingir a concepção defendida aqui*: é certo que um sistema teórico dado não pode nunca ser simplesmente qualificado de absolutamente "falsificável"; há sempre procedimentos por meio dos quais a falsificação pode ser evitada. *Mas também há procedimentos* por meio dos quais se obtém o contrário, *por meio dos quais o sistema teórico é tornado "falsificável"*.

Aqui se mostra nitidamente a oposição entre a concepção da teoria do conhecimento como teoria dos métodos e todas as outras concepções acerca da teoria do conhecimento, em particular, também uma concepção que pretende examinar a teoria do conhecimento não como metodologia, mas apenas como análise lógica do conhecimento.

Se não são apenas as propriedades lógicas de uma teoria que a tornam falsificáveis, mas determinados procedimentos, isto é, determinadas *decisões metodológicas*, isso significa que a demarcação não é puramente lógica, mas um assunto metodológico e, consequentemente, o problema da demarca-

---

3 [Cf. Volume I: Seção 44; Apêndice: "Excerto-resumo (1932)", Seção V; Karl Popper, *Logik der Forschung* (1934, 2.ed., 1966; e edições posteriores), Seção 4. Ver também "Posfácio do Editor", Seção 10, nota 9 e texto relativo a essa nota. (N. E. A.)]

ção não é puramente lógico, mas um problema metodológico. Isso significa igualmente que o critério de demarcação não é um critério puramente lógico, mas [432] deve ser um critério metodológico, um critério, pois, que não diz respeito apenas à teoria dada e sua construção lógica, mas também ao tratamento ao qual a ciência submete a ciência. A "objeção convencionalista contra a falsificabilidade" [como a chamei] tem, pois, um significado triplo para esta investigação:

a) à medida que essa objeção é justifica, ela pode ser invocada *contra toda* tentativa não metodológica de demarcação e, nesse sentido, ela é utilizada aqui.

b) ela permite manter a tese do caráter metodológico da teoria do conhecimento, assim como formular e tratar o problema da demarcação como um problema metodológico concreto.

Esse ponto é importante, pois, desse modo, a aplicação do método transcendental se torna possível e o problema da demarcação se torna uma questão *decidível* (isto é, *parcialmente decidível*), cuja solução não repousa sobre puras estipulações arbitrárias sobre conceitos de "metafísica" e "ciência empírica", mas sobre aquelas determinações cujo propósito e fecundidade podem ser julgados pelo sucesso do método científico.

c) A objeção propõe fundar a teoria dedutiva do método científico sobre a questão: *por meio de quais determinações metodológicas uma teoria se torna falsificável?* As respostas a essa questão, que podem ser obtidas por meio da análise lógica e da dedução, formam os teoremas da metodologia.

No que se segue, esses três pontos serão enumerados e tratados com mais detalhe; os pontos (a) e (b) nas próximas seções, o ponto (c) no capítulo "Esboço de uma teoria dos métodos empírico-científicos".[4]

[433] 2. Crítica das teorias do conhecimento não metodológicas

As considerações desse capítulo supõem que o critério de falsificabilidade realize a demarcação de uma maneira objetivamente exata, isto é, [de tal modo] que os resultados metodológicos que podem ser inferidos desse critério sejam confirmados de maneira transcendental.

---

4 Possivelmente, [V.] "Esboço de uma teoria dos métodos empírico-científicos (Teoria da experiência)", do Volume II (Fragmentos), é um esboço desse capítulo. (N. E. A.)]

Trata-se de mostrar aqui que, uma vez feita essa suposição, toda tentativa não metodológica de demarcação deve se revelar insuficiente; dito de outro modo: que o critério empírico de falsificabilidade não pode ser substituído por um critério não metodológico e, em particular, por um critério lógico. O argumento que prova isso é essencialmente a "objeção convencionalista contra a falsificabilidade". Para levar a cabo essa prova, é preciso supor uma teoria do conhecimento que esteja de acordo com aquela defendida aqui exceto em um ponto: justamente as considerações metodológicas. Tal teoria do conhecimento seria, acima de tudo, dedutivista: ela veria as leis da natureza, os sistemas teóricos, como fundamentos para a dedução de enunciados factuais particulares, para a dedução de predições completamente decidíveis.

Essa concepção parece em certo sentido conduzir a um critério de demarcação mais cômodo que a concepção defendida no presente trabalho. Ela sugere, com efeito, que *devem ser chamadas de empiricamente científicas aquelas e apenas aquelas proposições que são completamente decidíveis ou que implicam proposições completamente decidíveis*. Dito de outro modo: são empiricamente científicos os enunciados de observação e os enunciados a partir dos quais podem ser deduzidos de maneira estritamente dedutiva enunciados de observação.

Tal critério de demarcação parece à primeira vista ser equivalente ao critério de falsificabilidade. Pois se é possível deduzir de uma teoria consequências completamente decidíveis, a teoria é evidentemente (como já foi indicado anteriormente[1]) falsificável em virtude do *modus tollens*: a falsificação de consequências deduzidas de uma teoria de maneira puramente lógica [434] invalida as premissas, falsifica, portanto, a teoria.

Uma teoria do conhecimento que formula tal critério de demarcação – isto é, o critério de demarcação segundo o qual "São empíricas as proposições que implicam enunciados de observação (como todo enunciado desse tipo implica a si mesmo, essa formulação[*1] inclui os enunciados de observação) – estaria tão próxima quanto possível, de um modo lógico (isto é, não *metodológico*), da concepção defendida aqui. Não há até o momento, ao que sei, nenhuma teoria do conhecimento que tenha – explícita ou apenas implicitamente – defendido tal critério de demarcação. As formulações que

---

1 [Cf. Volume I: Seção 31. (N. E. A.)]
*1 Assim como o critério de falsificabilidade.

Hahn me transmitiu em uma discussão com ele parecem-me ser as mais próximas; menos próximas, parecem-me algumas formulações de Carnap. (Confrontações com os dois pontos de vista serão feitas a seguir...[2]) Mas, mesmo que o critério de demarcação que acaba de ser formulado devesse ser explicitamente defendido por uma teoria do conhecimento qualquer, ele não seria *de modo algum equivalente* ao critério de demarcação defendido aqui:

Esse critério de demarcação distinguir-se-ia daquele defendido nesta investigação, acima de tudo, por não conseguir separar os sistemas convencionalistas e tautológicos dos sistemas empíricos, nem caracterizar o *método empírico* (que só pode ser apreendido por uma exposição metodológica da questão), nem, consequentemente, explicar o conceito de experiência (sobre o qual H. Gomperz fala corretamente que "[...] quase todas as controvérsias podem ser também formuladas como controvérsias sobre o alcance do conceito"[3]); o conceito de experiência que encontra sua explicação nesta investigação pelo fato de ser substituído por conceito metodológico, a saber, o *conceito de método empírico-científico*.

[435] Para poder justificar essas objeções contra um critério unicamente lógico de demarcação, começaremos (na próxima seção) por uma confrontação – mesmo que apenas provisória – das ideias *convencionalistas* e *empiriristas*.

3. Observações sobre a questão: convencionalismo ou empirismo?

O *empirismo indutivista* ingênuo defende normalmente a concepção insustentável segundo a qual seria possível falar de sistemas teóricos (sistemas de enunciados factuais *universais*) "verdadeiros" ou "falsos" exatamente no sentido que se fala de enunciados de observação (enunciados factuais *particulares*) "corretos" e "incorretos", "verdadeiros" e "falsos". Ele considera, pois, os enunciados factuais universais como *completamente decidíveis*, não apenas como falsificáveis, mas também como verificáveis (indutíveis).

---

2 [Essas "confrontações" já não podem mais ser encontradas e devem ser consideradas perdidas; ver "Posfácio do Editor", Seção 10, nota 19 e texto relativo a essa nota. Cf. Hans Hahn, "Logik, Mathematik und Naturerkennen", *Einheitswissenschaft* (1923), p.22 e seg. (N. E. A.)]

3 Cf. Henrich Gomperz, *Weltanschauungslehre I.: Methodologie* (1905), p.35.

O *convencionalismo* se dirige, com pleno direito, contra essa concepção ingênua. Ele assinala que não se pode falar de uma determinação inequívoca dos princípios teóricos pelos enunciados de observação. *Diversos* sistemas teóricos, que permitem explicar (colocar em relação dedutiva) um sistema de enunciados de observação, devem ser possíveis.

Existe, portanto – conclui o convencionalismo –, uma certa liberdade de escolha em relação à estipulação dos princípios do sistema teórico: os princípios do sistema são estipulações livres entre as quais não é a "experiência" que decide, mas considerações estéticas e práticas. Todos os sistemas teóricos que permitem explicar (vincular dedutivamente) um dado sistema de enunciados de observação são, ao que parece, perfeitamente equivalentes do ponto de vista prático. A escolha de um ou outro entre eles só pode ser feita de um ponto de vista que leva, por exemplo, em consideração qual sistema, em sua construção lógica, é mais prático em sua aplicação ou mais simétrico, mais elegante etc. Esse ponto de vista é conhecido pelo nome de "princípio de economia" ou "princípio de simplicidade".

O convencionalismo, como já foi notado, é justificado à medida que se opõe à concepção indutivista ingênua segundo a qual as teorias [436] são empiricamente verificáveis e podem ser determinadas de maneira inequívoca pelas observações: existe sem dúvida alguma uma certa liberdade entre os sistemas teóricos e só podemos decidir entre dois sistemas teóricos, cujas consequências são *completamente equivalentes*, segundo pontos de vista estético-pragmáticos. (Essa decisão não tem, de resto, segundo a concepção defendida aqui, nenhuma importância particular: teorias equivalentes em todas as suas consequências podem ser, elas próprias, chamadas de equivalentes, o que significa que elas se diferenciam apenas por suas formulações.)

Mas a concepção convencionalista vai muito mais além: ela se opõe igualmente à concepção segundo a qual as teorias são empiricamente *falsificáveis* e entra, com isso, em oposição com a concepção defendida aqui de um empirismo *dedutivista*. Os argumentos que o convencionalismo pode invocar acerca dessa questão já foram mencionados anteriormente ("objeção convencionalista contra a falsificabilidade").

O convencionalismo *deve* chegar a essa rejeição da falsificabilidade. Os princípios, os "axiomas" da teoria são, de fato, "estipulações livres", isto é, definições implícitas dos conceitos fundamentais que aparecem nela. Definições são *irrefutáveis*; elas não podem ser [julgadas] "verdadeiras" ou "falsas", mas apenas "práticas" ou "não práticas" ("simples" e "complicadas" ou outras coisas do gênero).

O exemplo mais conhecido: se decidirmos estipular uma determinada geometria métrica (por exemplo, a geometria euclidiana), essa estipulação não pode nunca entrar em contradição com as observações. Pois, por meio dessa estipulação, define-se o que é um "padrão de medida" (ou um "corpo rígido"). Os instrumentos de medida devem sempre ser corrigidos de tal forma que as medidas correspondam às fórmulas métricas da geometria escolhida. Mas, com isso, uma falsificação é impossível: um resultado de mediação que contradiz as fórmulas métricas da geometria escolhida nos obriga apenas a uma correção dos instrumentos de medição, mas nunca a uma modificação dos axiomas escolhidos. Como mostra particularmente Dingler, essa ideia (que remonta a Poincaré) pode ser generalizada. Como constata Carnap, é preciso haver três tipos de estipulações: a "lei espacial" (métrica geométrica), a "lei temporal" (medição temporal) e "lei dos efeitos" (determinação [437] da métrica de certas intensidades fundamentais – por exemplo, as de "massa" ou de "carga"). Mas com essas estipulações, que apresentam definições irrefutáveis, o sistema da física teórica estaria determinado em seus traços fundamentais.[1]

Poderíamos caracterizar a concepção convencionalista dizendo que, nas ciências naturais, o *teórico não pode nunca ser instruído pela "experiência"*; apenas o pesquisador pode ser instruído pela experiência, mas mesmo este não o pode ser no que respeito à validade de proposições científicas, mas no que diz respeito ao sucesso prático-experimental das teorias.

Em oposição a essa concepção, o "empirismo" (inclusive aquele defendido aqui, portanto) pode ser caracterizado de maneira geral pelo fato de que considera as ciências naturais (inclusive as teóricas) como capazes de *se deixar instruir por "experiências" (observações)*.

---

1 [Ver Rudolf Carnap, "Über die Aufgabe der Physik und die Anwendung des Grundsatzes der Einfachheit", *Kant-Studien* 28 (1923), p.90 e segs.; *Acréscimo* (3.ed.) Hugo Dingler, *Physik und Hypothese Versuch einer induktivenWissenschaft nebst einer kritischen Analyse der Fundamente der Relativitätstheorie* (1921), p.25 e segs. Cf. Volume I: Seção 30, nota 9 e texto relativo a essa nota; Volume II (Fragmentos): [VII.] "O Problema da Metodologia", Seção 2, nota 1 e texto relativo a essa nota; assim como Karl Popper, *Frühe Schriften* (*Gesammelte Werke in deutscher Sprache* 1, 2006), Nr. 7: "Axiome, Definitionen und Postulate der Geometrie" ("Lehrbefähigungsarbeit", 1929), §24. (N. E. A.)]

Mas concepção convencionalista é, por princípio, *sempre aplicável*. Como observa Carnap, "pode-se, para qualquer sistema de axiomas, chegar àquilo que chamamos de 'acordo com a realidade'".[2]

Por isso, não se pode nunca decidir pela análise lógica, se um dado sistema científico é "convencionalista" ou "empirista". Essa questão, enquanto questão sobre as propriedades lógicas do sistema, não pode sequer ser colocada, porque todo sistema pode ser entendido, sem contradição, no sentido do convencionalismo. Se houver, consequentemente, sistemas em geral, para os quais se possa dar, além da interpretação convencionalista sempre possível, também uma interpretação empirista, essa "interpretação" empirista, evidentemente, pode consistir apenas no fato de se *decidir não* obter em todas as circunstâncias "aquilo que chamamos de 'acordo com a realidade'". [438] Dito de outro modo: em introduzir *decisões metodológicas* por meio das quais se *exclui certos procedimentos*, por meio das quais uma teoria é colocada em consonância com a realidade. (Por exemplo: no caso de resultados de medição que contradizem a geometria escolhida, não corrigimos em todas as circunstâncias os instrumentos de medição, mas, por exemplo, apenas se um erro nos instrumentos de medição [ou nos resultados de medição] também pode ser constatado por outros métodos.)

Sistemas científicos não podem ser distinguindos "em si mesmos" em convencionalistas e empiristas; enquanto "tudo vai bem" na ciência, isto é, enquanto todas as medições levam apenas aos resultados esperados, aos *resultados preditos*, tal distinção não é pertinente. Apenas quando resultados inesperados aparecem é que a distinção se torna importante. O empirismo exige, portanto, um revisão do sistema e, em determinadas circustâncias, inclusive uma *reconstrução* completa. Mas o convencionalista não verá nenhuma razão para renunciar às próprias estipulações; eventos "inesperados" não são, para ele, propriamente inesperados, mas, sob determinado ponto de vista, evidentes, uma vez que as correções de seus instrumentos de medição só podem ocorrer por ocasião de tais eventos e que os intrumentos de medição, por outro lado, são definidos como "resultados de correções".

A oposição entre convencionalismo e empirismo só se torna pertinente no caso de uma "crise" científica – precisamente pelo fato de que a existência daquela é negada pelos convencionalistas e afirmada pelos empiristas. *Apenas as decisões metodológicas segundo as quais a ciência procede em caso de*

---

2 Rudolf Carnap, *op. cit.*, p.106.

"crise" caracterizam o "método científico", caracterizam um concepção de ciência que se deixa instruir pela experiência.

A ciência empírica não é determinada, portanto, por seus resultados. Não são as proposições enquanto tais que têm caráter científico, mas apenas o *método*.

4. O caráter empírico da linguagem comum – A concepção lógica como pressuposto da concepção metodológica

Se admitirmos – como na Seção 2 – a aplicabilidade do critério de demarcação metodológico de falsificabilidade, toda tentativa puramente lógica de demarcação deve ser considerada como fracassada, [439] pois ela não pode nunca ser considerada equivalente à metodológica: ela não consegue traçar o limite entre os sistemas empíricos e os sistemas convencionalistas-tautológicos.

A "objeção convencionalista contra a falsificabilidade" tem, pois, o mérito de chamar a atenção para a não equivalência dos métodos lógico e metodológico da teoria do conhecimento.

Entretanto, uma fronteira lógica, uma separação lógica das proposições em enunciados factuais particulares e universais, proposições metafísicas e proposições lógicas (como foi feito anteriormente... na "tabela de proposições"[1]), constitui, em certo sentido, o fundamento para a demarcação metodológica. Essa tabela é justificada – desde que se entenda por

---

1 [Resta apenas o esboço seguinte dessa "Tabela de proposições" (ver Posfácio do Editor, Seção 10, nota 11 e texto relativo a esta):]

"falsificação empírica" (ou "verificação") precisamente aquilo que deve ser precisado pela metodologia empírica, pela teoria da "experiência".

Isso deve ser levado em consideração no momento que aplicamos a tabela a construções tão complexas quanto são as teorias científicas. Assim, uma teoria científica da natureza só pode ser falsificada, na maioria das vezes, enquanto um todo; ela tem, pois, enquanto um todo, o caráter de um enunciado factual universal. Se, por acaso, nela aparecerem, por exemplo, [440] proposições que parecem "proposições de existência", essas proposições não devem de modo algum ser caracterizadas como elementos metafísicos na teoria empírica, pois elas constituem apenas um constituinte da teoria, isto é, dos enunciados factuais universais.

Mas se aplicarmos a "tabela de proposições" a domínios mais específicos, em particular, a proposições de nossa linguagem cotidiana, medidas de precaução surpreendentemente não são necessárias. A proposição "Todos os homens têm (naturalmente) uma cor de cabelo que varia do loiro claro (branco) ao castanho escuro (preto)" é facilmente reconhecível como falsificável, isto é, como enunciado empírico genuíno; um *"estratagema convencionalista"* – por exemplo, que não consideramos a observação de homens com cabelo azul ou verde como falsificação, mas que tais homens não são reconhecidos como "homens" ou que seus cabelos não são reconhecidos como "cabelos" ou que sua cor verde não é reconhecida como "verde" – não deve em geral ser temido no caso dessas proposições da linguagem cotidiana. Do mesmo modo, reconhece-se facilmente que a proposição "Esta pedra está triste" (ou "Todos os cristais estão tristes") é metafísica, uma vez que não há evidentemente observações falsificadoras.

É certo que um "estratagema convencionalista" é sempre possível no caso das proposições da linguagem cotidiana. Mas o fato de que o *uso corrente da linguagem* exclui em geral, com suficiente precisão, um estratagema convencionalista demonstra que esse uso da linguagem é *empirista*: os métodos que utilizamos normalmente quando testamos proposições de nossa linguagem cotidiana são, pois, métodos empiristas (sem, com isso, serem, como se supõe normalmente, métodos indutivistas): a aplicabilidade prática da linguagem na vida cotidiana depende certamente de que nos deixemos instruir pela "experiência".

Embora a utilidade da "tabela de proposições" dependa em cada caso de estipulações metodológicas – sejam elas formuladas explicitamente apenas em uma metodologia, sejam elas, como no caso da linguagem cotidiana, estabelecidas implicitamente pela prática –, as considerações lógicas que conduzem à estipulação da tabela constituem, no entanto, em certo sentido, também o pressuposto para a delimitação metodológica: mesmo não sendo possível demonstrar que as proposições empíricas são falsificáveis, ainda assim é possível estipular que todas as proposições que *não* implicam enunciados de observação, assim como todas as contradições, não são empíricas.

[441] As relações entre a demarcação meramente lógica e a demarcação metodológica podem ser, pois, caracterizadas da seguinte maneira: a análise lógica basta para caracterizar certas proposições como não empíricas, mas ela não basta nunca para caracterizar outras proposições como empíricas. Assim, o fato de que uma proposição não possa ser determinada como não empírica pela análise lógica é uma condição necessária, mas não suficiente, para caracterizar essa proposição como "empírica".

5. Para a crítica das teorias do conhecimento não dedutivas e não transcendentais

Argumentos ainda mais decisivos, relacionados à "objeção convencionalista contra a falsificabilidade" (cf. Seção 1 desta parte), podem ser invocados em favor do método dedutivo-transcendental defendido aqui. Esses argumentos também se dirigem contra o método lógico de demarcação e assinalam, portanto, as vantagens do método metodológico, transcendental.

Mas eles o fazem de um modo diferente que o anterior: o que deve ser assinalado aqui é a importância do caráter dedutivo da metodologia, que faz dela um sistema *decidível* (a saber, parcialmente decidível, falsificável) de proposições.

A princípio, o problema da demarcação é justamente apenas um problema *definicional*: o critério de demarcação define com precisão o que deve ser chamado de "ciência empírica" e o que não deve.

Para a maioria das teorias do conhecimento, há, por isso, o perigo de "solucionar" o problema da demarcação com definições nominais estéreis.

Evidentemente, toda teoria do conhecimento, que de algum modo pretende levar em consideração a ciência efetivamente existente, tentará formular suas definições de tal forma que a demarcação corresponda ao que qualquer um chama de "ciência" e o que qualquer um chama de "metafísica" (Wittgenstein também não o conseguiu.)

Mas há também domínios que são litigiosos; em relação a eles, as opiniões são bastante divididas entre saber se devem ser contados como ciência ou como metafísica. Justamente aqui a demarcação se torna interessante [442] e importante; mas justamente aqui a teoria do conhecimento parece poder proceder apenas de maneira completamente *arbitrária*. Pois sua tarefa é determinar o que se entende por, o que se quer dizer quando se fala de "ciência empírica" e de "metafísica". Enquanto houver, porém, um domínio-limite, essa tarefa não se coloca inequivocamente e, com isso, não pode fundamentalmente ser solucionada de maneira inequívoca: os diferentes critérios de demarcação representam apenas diferentes posições na disputa de opiniões, mas não podem resolver a contenda.

O que foi dito aqui acerca do problema da demarcação vale, em princípio, para toda definição científica. Entretanto, em inúmeras ciências, preferimos uma definição a outras e isso não porque ela corresponde melhor a nossas inclinações subjetivas, mas por razões objetivas: nós nos decidimos a favor de uma definição por causa da *fecundidade* (teórica).

Desse modo, Karl Menger escreve, por exemplo: "Toda definição com determinada precisão inclui, pois, algum grau de *arbitrariedade*, cuja justificação deve ser fornecida em última instância pela *fecundidade* da definição".[1]

Mas em que deve consistir a fecundidade de uma definição? Se não concebermos a teoria do conhecimento como uma ciência dedutiva, como uma metodologia dedutiva, é difícil ver em que medida uma definição arbitrária poderia se distinguir de outra por sua fecundidade. Ora, nessa situação se encontra o positivismo lógico, seja se (com Wittgenstein e Schlick) não vê a teoria do conhecimento como teoria, mas como uma atividade de clarificação e de atribuição de sentido, seja se (com Carnap) chama as proposições da teoria do conhecimento de "metalógicas" ou "semânticas" e defende a "tese da metalógica", segundo a qual "as proposições filosóficas dotadas de sentido são proposições metalógicas, isto é, que falam das formas da linguagem".[2]

[443] Se concebermos a teoria do conhecimento dessa maneira ou de uma semelhante, não podemos evitar a arbitrariedade tendenciosa. Pois

---

1 Karl Menger, *Dimensioinstheorie* (1928), p.76.
2 Rudolf Carnap, "Die physikalische Sprache als Universalprache der Wissenschaft", *Erkenntnis* 2 [1932], p.435. [(3.ed.) Cf. Volume I: Seção 44, nota 8 e texto relativo a essa nota; Seção 45, notas 6, 7 e 8, assim como o texto relativo a essas notas; Seção 46, nota 15 e texto relativo a essa nota. (N. E. A.)]

Passagem para a teoria dos métodos

para todas as "atribuições de sentido" ou "definições de crítica da linguagem" que se queira fazer no que concerne ao problema da demarcação, já deveríamos pressupor o que entendemos propriamente pelas palavras "ciência empírica", "metafísica" etc.

Algo totalmente diferente ocorre se consideramos nossas definições arbitrárias como a base de uma *teoria dedutiva*.

> A finalidade de uma definição rigorosa é constituir o ponto de partida de um sistema dedutivo. Definições são dogmas, apenas as deduções a partir delas são conhecimentos. Consequentemente, para uma definição em geral, trata-se de uma *exigência de conteúdo que ela constitua, à medida que se revela fonte do conhecimento, o ponto de partida de uma teoria abrangente e esteticamente perfeita*.[3]

(A exigência de perfeição estética não deveria, evidentemente, satisfazer a metodologia desenvolvida aqui.)

Menger acrescenta:

> A satisfação dessa exigência *de conteúdo* representa a única *justificação possível de qualquer definição*. Se se tratar especificamente da definição de um conceito caracterizado por um nome emprestado da linguagem cotidiana, a satisfação da exigência formal (secundária para o conceito em si mesmo) fornece uma *justificação para a denominação do conceito*.[4]

Se uma definição puder ser justificada por sua fecundidade, isto é, pelo fato de que leva a consequências interessantes, isso significa, no caso particular de uma teoria *empiricamente aplicável*, que ela – e as definições sobre as quais ela se apoia – leva a consequências empiricamente decidíveis, mas também significa que a teoria é decidível (exclusivamente falsificável) e, no caso análogo de uma teoria transcendental da definição, [leva] em suas consequências a afirmações metodológicas decidíveis, de tal modo que o *sucesso científico* das predições deduzidas pode justificar a definição ou mostrar que ela é inapropriada.

[444] Portanto, o *sucesso* do "método empírico" deduzido decide o destino das afirmações e das definições da teoria do conhecimento.

---

3 Karl Menger, *loc. cit.*
4 [Karl Menger, *loc. cit.* (N. E. A.)]

6. Há uma metodologia?

O ponto de vista defendido aqui sobre a importância da metodologia não deveria permanecer inconteste. Podemos, com efeito, supor que não apenas a afirmação sobre a importância da metodologia será contestada, mas inclusive seu *direito à existência*, pois, na opinião da maioria dos teóricos do conhecimento, não pode haver absolutamente nenhuma ciência fora das ciências empíricas particulares, em especial, nenhuma disciplina "filosófica" debaixo das ciências particulares.[*1]

Em primeiro lugar, no que concerne à *importância* da metodologia, é provável que seja impossível discutir objetiva e seriamente sobre essa questão. Com frequência, objeta-se a outras disciplinas teóricas, em particular aquelas de grande abstração, que elas são insignificantes, por exemplo, a geometria n-dimensional. A maneira como se julga uma ciência é, até certo ponto, uma questão de gosto. Ainda assim, é possível invocar ao menos dois argumentos (*ad hominem*) a favor da importância da metodologia. Em primeiro lugar, que não são senão as velhas polêmicas filosóficas, tão frequentemente consideradas insolúveis, que são colocadas sob uma forma nova e decidível. Em segundo lugar, não é muito provável que ela seja capaz de influenciar uma ciência tão desenvolvida como a *física* moderna; ao contrário, ela provavelmente só pode aprender com a física.[*2] Mas ela poderia ter influência sobre as ciências menos desenvolvidas (biologia, psicologia, sociologia). Essas ciências, [445] que frequentemente tentaram, com razão, se orientar pelo método físico, sofrem sem dúvida de uma análise metodológica insuficiente da física e, em particular, de uma análise superficial das relações entre teoria e experimento, isto é, do chamado "método experimental". Trata-se aqui não apenas da principal tarefa *prática* para a metodologia auxiliar, mas também provavelmente da oportunidade mais importante de esta se confirmar teoricamente.

[*1] Esse era, de fato, o ponto de vista do Círculo de Viena: a matemática e a lógica consistem em proposições analíticas; a ciência natural consiste em proposições sintéticas verificáveis – todo o resto é sem sentido. Essa era também a principal objeção contra minha teoria do conhecimento. Ver em particular Moritz Schlick, "Die Wende der Philosophie", *Erkenntnis* 1 (1930), p.4 e segs., citado anteriormente no Volume I, seção 45, texto relativo à nota 6.

[*2] Isso era tomado seriamente, mas se revelou um tanto pessimista.

Mais importante que a objeção da insignificância é, sem dúvida, a objeção que coloca em questão a possibilidade de uma metodologia em geral.

A própria apresentação dessa objeção pode ser vinculada à "objeção convencionalista contra a falsificabilidade". Se for mostrado de fato que a objeção convencionalista não se sustenta, que também há sistemas de proposições que, sem decisões metodológicas suplementares, são *empiricamente falsificáveis apenas por sua forma lógica*, as considerações das últimas seções, que deveriam mostrar a necessidade das decisões metodológicas, se tornam inválidas. A análise lógica bastaria, então, para demonstrar o caráter empírico de uma proposição.

Pode-se apoiar essa argumentação no exemplo dado anteriormente[1] ("Todos os homens têm cabelos loiros, ruivos ou castanhos.") Se tal proposição é falsificável ou não, poder-se-ia argumentar, não depende de decisões metodológicas, mas simplesmente do significado que se atribui às diferentes palavras que aparecem nela, isto é, das *definições* dos *conceitos* que ocorrem nela. Se empregarmos a proposição, uma vez, em um sentido empirista e, outra vez, em um sentido convencionalista, não é mesma proposição que empregamos, mas apenas a mesma cadeia de palavras. A análise lógica mostra justamente que o convencionalista, que declara diante de um homem de cabelos verdes "Isto não é um homem" etc., simplesmente *define* o conceito de "homem" diferentemente do empirista. Deve ser, portanto, sempre possível fornecer uma explicação do caráter empírico ou não empírico de um sistema proposicional pela análise lógica dos conceitos empregados ou por definições rigorosas desses conceitos. Uma metodologia não é necessária, pois [446] as "decisões metodológicas" seriam no melhor dos casos equivalentes às definições lógicas.

Contra essa argumentação, a metodologia pode ser defendida por três contra-argumentos. Cada um deles me parece ser em si mesmo suficiente para defender o ponto de vista metodológico contra a objeção apresentada.

1. Mesmo se as razões objetivas indicadas fossem válidas, elas não bastariam para apoiar as consequências antimetodológicas. Pois mesmo que as decisões metodológicas fossem substituídas por definições, poderia muito bem haver uma ciência equivalente ao que se chama aqui de "metodologia". Aquelas definições por meio das quais deve ser garantido o caráter empírico dos conceitos e das proposições correspondentes teriam, claro, algo

---

[1] [(3.ed.) Ver Seção 4. (N. E. A.)]

em comum: precisamente o traço que as caracteriza como "empíricas". As definições apresentariam, pois, regularidades, que se poderia e deveria formular em regras de definição. A teoria das regras de definição seria, porém, *equivalente* à lógica (a teoria das regras de inferência) e à "metodologia" (a teoria da aplicação de proposições) – equivalente justamente apenas quando fosse capaz de fornecer aquilo que a metodologia fornece.

2. Mas que tal equivalência, uma substituição das decisões metodológicas pelas regras de definição, não possa ser obtida vê-se pelo que se segue: não são definições, mas apenas decisões metodológicas que podem impedir a ciência de ignorar pura e simplesmente as observações que não lhe convém. A ciência empírica é evidentemente caracterizada pelo fato de que, no caso de contradição entre a teoria e as observações efetivas, ela não procura nunca um meio definitivo de dizer "tanto pior para os fatos" – mesmo que ocorra frequentemente de pesquisadores individuais não quererem admitir os fatos que contradizem suas teorias.[2] Seria, [447] sem mais, *concebível* fazer desse procedimento de certos cientistas empíricos um método, isto é, de surgir uma "ciência" que reconheça apenas aqueles fatos que se adéquam a suas teorias e que elimina as observações que os contradizem como simplesmente "não científicas", "contraditórias", "irreais". É claro que não chamaríamos tal procedimento de "empírico-científico". A ciência empírica é, pois, caracterizada evidentemente pelo fato de que procede diferentemente. Mas é difícil ver como essa diferença no método poderia ser expressa nas definições dos conceitos utilizados. (Para utilizar nosso exemplo: a resposta convencionalista "Mas isto não é um homem" pode modificar a definição do conceito [homem] – mas não a resposta "Se você acredita que há aqui um homem com cabelos verdes, você sofre de alucinações patológicas".)

3. O principal contra-argumento só pode ser indicado aqui e não pode de modo algum ser justificado de maneira satisfatória. Ele pode ser formulado por meio da tese segundo a qual é em geral impossível definir comple-

---

2 [(3.ed.) Cf. Leonard Nelson, "Ist metaphysikfreie Naturwissenschaft möglich?", *Abhandlungen der Friesschen Schule neue Folge* 2, (1908), p.247 (= L. Nelson, *Gesammelte Schriften* III., 1974, p.239 e seg.): "[...] tal comportamento equivale de modo alarmante à resposta curta que aquele hegeliano deu à afirmação de que a dedução especulativa de seu mestre estaria em contradição com os fatos: 'tanto pior para os fatos'". Ver também Karl Popper, *Frühe Schriften* (*Gesammelte Werke in deutscher Sprache* 1, 2006), Nr. 5: "'Gewohnheit' und 'Gesetzerlebnis' in der Erziehung" (1927), §8, notas 25 e 26, assim como os textos dessas notas; e "Posfácio do Editor", Seção 18. (N. E. A.)]

tamente conceitos, isto é, defini-los de tal modo que sua aplicação empírica seja determinada de maneira inequívoca.

Segundo essa concepção, ocorre exatamente o contrário do que supõem os defensores da definição: a aplicação de um conceito não é determinada por definição, mas a aplicação do conceito determina o que chamamos de sua "definição" ou seu "significado". Dito de outro modo: há apenas *definições de uso*.

Essa concepção deve ser explicada ainda por algumas observações:

a) As chamadas "definições explícitas" não devem evidentemente ser negadas. Mas elas são, como se sabe, apenas regras que permitem converter conceitos entre si, isto é, apenas regras de abreviação para a expressão linguística, regras de que podemos, em princípio, prescindir (uma vez que o *definiendum* pode justamente ser substituído *per definitionem* pelo *definiens*).

[448] b) Ao desconsiderarmos, portanto, as definições explícitas dispensáveis, podemos defender a tese segundo a qual *todos os conceitos são sempre definidos apenas implicitamente*; figurem eles nos princípios mais elevados – nos axiomas de uma teoria ou nas últimas consequências deduzidas –, eles são sempre definidos unicamente pelo modo como são utilizados em proposições.

c) Os conceitos se tornam "empíricos" pela aplicação empírica do sistema de proposições, nas quais eles ocorrem. Podemos chamar de "conceitos de base empíricos" os conceitos que aparecem nos "enunciados de base empíricos", isto é, em cada uma das consequências singulares de nível inferior do sistema dedutivo (enunciados de observações, enunciados de experiência elementares). Pela utilização empírica desses enunciados, os conceitos que aparecem neles são também aplicados empiricamente. Os enunciados de base empíricos (e sua aplicação empírica) são, com isso, as definições (de uso) implícitas dos conceitos empíricos de base.

d) Segundo a concepção dedutivista-empirista, um sistema pode ser chamado, portanto, de empírico se ele próprio for falsificável pela falsificação empírica das consequências que foram deduzidas dele. Essas consequências – os enunciados factuais (singulares) – são justamente (caso possam ser imediatamente testadas de maneira empírica) os enunciados de base empíricos. Disso se segue que os conceitos fundamentais que aparecem nos axiomas de uma teoria empírica devem poder ser eliminados por meio da dedução (por substituição), uma vez que nas últimas consequências ocorrem apenas conceitos de base empíricos.

e) Não há definições ostensivas no sentido antigo, isto é, definições por meio das quais algo real é correlacionado a um conceito (não a um nome próprio, mas a universais). As definições que se*3 considera enquanto tais são, na maioria das vezes, definições explícitas nas quais ocorrem conceitos de base empíricos primitivos enquanto *definiens*, justamente conceitos habituais da linguagem cotidiana (empírica).

f) Do mesmo modo, não há conceitos empiricamente definíveis ou constituíveis.*4

[449] Se a concepção esboçada aqui estiver correta, é impossível determinar o modo de aplicação de proposições por meio de definições de conceitos. Pois aquilo que chamamos normalmente de significado de um conceito é – justamente ao contrário – determinado pela aplicação das proposições nas quais os conceitos ocorrem.

Mas investigar esse modo de aplicação é a tarefa da metodologia.

7. Conceito universal e conceito individual – Classe e elemento

Segundo a concepção defendida aqui, não é possível por razões lógicas "constituir" empiricamente conceitos científicos. Os conceitos das ciências empíricas são, antes, sempre definidos apenas implicitamente pelas proposições nas quais ocorrem. Essa definição implícita é, enquanto tal, apenas uma definição lógico-formal; ela não dá nenhum significado aos termos definidos implicitamente (termos definidos implicitamente são variáveis). Os termos definidos implicitamente recebem um "significado determinado" (ou, ainda, um "significado" empírico) apenas pelo uso empírico das proposições nas quais ocorrem.

A concepção errônea, segundo a qual é possível definir empiricamente conceitos – seja explicitamente (por constituição), seja pelo apontar (por uma chamada definição ostensiva) –, pode ser refutada pela indicação da lacuna intransponível entre os universais (conceitos universais) e individuais (nomes próprios).

---

*3 Inclusive eu, no volume I. [Ver, por exemplo, Seção 29. (N. E. A.)]
*4 "Constituir", "constituível", "constituição" são conceitos que desempenham um papel central em *A estrutura lógica do mundo* (1928), de Rudolf Carnap. Ver Volume I, Seção 33.

A distinção entre "universais" e "individuais" é elementar. Exemplo: "mamífero" ou "máquina de escrever" são universais, "Napoleão" ou "uma pintura de Holbein" são individuais.

Os universais são caracterizados pelo fato de que nomes próprios não ocorrem em sua definição, os individuais são caracterizados pelo fato de que são definidos por meio de nomes próprios.

Devem ser considerados "nomes próprios" não apenas nomes próprios no sentido da linguagem cotidiana, mas também toda indicação concreta determinada (por exemplo, um *gesto* ou um *pronome demonstrativo*, como "este quadro aqui" ou "este homem aqui"). O método mais comum para substituir nomes próprios por outros nomes próprios consiste em fornecer *coordenadas espaçotemporais determinadas*. Pode-se, [450] desse modo, evitar a introdução de novos nomes próprios ou reduzir todos os nomes próprios aos nomes próprios "nascimento de Cristo" e "Greenwich".

O fato de que não se pode, por meio de uma classe de nomes próprios, nem definir um conceito universal, nem definir um nome próprio pela especificação de conceitos universais é trivial.

Por exemplo, seria vão definir o conceito universal "cão" pela enumeração de um número, por maior que seja, de nomes de cães (ou pela indicação "este cão aqui", "este outro cão aí" etc.): o conceito universal "cão" engloba não apenas os cães vivos, nem apenas os cães que já viveram e os cães que vivem agora; o que é próprio desse conceito é que engloba aqueles cães que não foram mobilizados para sua definição. O conceito universal é, portanto, um sinal para uma classe de elementos, *por princípio, numericamente ilimitada*.

Seria igualmente vão definir [inversamente], pela especificação do conceito universal "cão" *sem introdução de nomes próprios*, um sinal, um conceito que teria a mesma extensão do nome próprio "meu cão Rustan". Eu posso justamente pela especificação progressiva chegar ao conceito: "um [cão] terra-nova", "um terra-nova esguio", "um grande terra-nova esguio com pelo preto brilhante", "um grande terra-nova esguio com pelo preto brilhante comprido e patas brancas" etc. Mas enquanto continuar na especificação descritiva, continuo a descrever ainda uma classe com *um número ilimitado de elementos*.

Não há, portanto, passagem entre conceitos individuais e conceitos universais no sentido de que individuais são definíveis por meio de universais e universais, por meio de individuais. Há entre eles apenas uma relação de substituição: todo conceito individual pode não apenas ser elemento de uma classe individual, mas pode também ser elemento de uma classe universal (mas não o contrário). O conceito individual "meu cão Rustan", por exemplo, não é apenas um elemento da classe "os cães de Viena" (conceito individual), mas também um elemento da classe dos cães (conceito universal); e o conceito individual "os cães de Viena" é, por sua vez, um elemento do conceito universal "a classe das classes de cães" (ou também "a [451] classe das classes de cães que moram em cidades"), e não apenas um elementos da classe individual "a classe das classes de cães que moram em grandes cidades europeias". Podemos, portanto, formar, de um lado, uma hierarquia de classes de universais e, de outro lado, uma hierarquia de classes de noções individuais. O tipo da classe de um conceito universal é, com isso, comparável ao tipo da classe de um conceito individual, uma vez que todo conceito individual pode, por um lado, figurar como elemento de um conceito universal de tipo superior e, por outro lado, como elemento de um conceito individual de tipo superior.

Uma vez que nossas vivências concretas têm sempre uma natureza individual, toda tentativa de construir universais a partir de vivências ("constituir" universais como classes ou relação de classes de vivências) é tão vão quanto a tentativa de correlacionar conceitos universais à realidade (ou aos objetos da realidade) pelo gesto de apontar, por definições ostensivas ou algo do tipo.

Os defensores da "teoria da constituição" e das "definições ostensivas" deveriam, portanto, esquecer de maneira consequente a distinção entre conceitos individuais e conceitos universais, ou rejeitar essa distinção como equívoca ou algo parecido. Isso é o que faz, por exemplo, Carnap em *A construção lógica do mundo*.[1]

8. Sobre a objeção da crítica da linguagem contra a possibilidade de uma metodologia

Segundo a concepção de Wittgenstein, à qual Schlick se vincula especificamente, *apenas* enunciados fatuais particulares (singulares) são "proposições com sentido" (isto é, apenas aquelas proposições que figuram um "estado de coisas" singular, um determinado "fragmento da realidade").

---

1 [Cf. Rudolf Carnap, *Der logische Aufbau der Welt* (1928), p.213. (N. E. A.)]

Fora dessas proposições [incluindo suas funções de verdade], há ainda as tautologias lógicas vazias de sentido (quando não são contrassensos) e contradições. Todas as outras proposições são "sem sentido".

Já foi mencionado que as leis da natureza e, com elas, quase toda a ciência natural são implicitamente declaradas sem sentido. Aqui, discutir-se-á apenas o fato de que, com o [452] conceito wittgensteiniano de sentido, toda a filosofia e toda metodologia evidentemente parece ser declarada sem sentido.

Para Wittgenstein, a filosofia não é, portanto, uma teoria, um sistema de proposições, mas uma atividade (de demarcação, de clarificação). Segundo Schlick, ela consiste nos atos de clarificação e atribuição de sentido. Em uma formulação breve e impactante, costuma-se[*1] declarar na escola de Wittgenstein: "Não se pode dizer nada acerca da linguagem".

Tanto quanto esse ponto de vista parece uma consequência do conceito de sentido, tão inconsequente ele parece se considerarmos a concepção de linguagem do próprio Wittgenstein. Pois, segundo Wittgenstein, as próprias proposições são estados de coisas; e inclusive estados de coisas que mantêm uma relação projetiva com os estados de coisas da realidade. Poder-se-ia muito bem pensar que aqueles estados de coisas da realidade que chamamos de "proposições formuladas linguisticamente" podem também, por sua vez, ser representados; assim como, de uma pintura que mantém uma relação projetiva com outra, se pode, por sua vez, fazer uma pintura que mantém uma relação projetiva análoga com a primeira.

(Assinalemos que com essa observação não se quer dar o aval à teoria da linguagem de Wittgenstein, à teoria da relação projetiva entre proposição e estado de coisas.)

Carnap elabora, em sua *Semântica*,[1] uma concepção que permite "falar da linguagem". Ele formula, entre outras, a "tese do semantismo", que diz

---

*1 Por volta dos anos 1931-1933. [(3.ed.) Cf. Seção 5, nota 2 e texto relativo a esta. (N. E. A.)]

1 [Eu presumo que essa referência de Popper diz respeito à primeira versão (1932) da *Sintaxe lógica da linguagem*, de Rudolf Carnap (1934), à qual Carnap alude no final de seu Prefácio de Maio de 1934 (p.VII). A referência concorda, de fato, com o §85 da *Sintaxe lógica* publicada, mas não na terminologia. Eu suponho que Carnap (ver Rudolf Carnap, *Erkenntnis* 3 (1932), p.177 e segs.; *Logische Syntax der Sprache*, 1934, p.1 e seg.) utilizava o termo "semântica" ali onde na posterior versão publicada da *Sintaxe lógica* ele fala de "sintaxe" (cf. p.9: "Terminologische Bemerkungen"). Popper se recorda que Carnap levou um manuscrito anterior da futura *Sintaxe lógica*

que toda proposições filosófica com sentido é uma proposição semântica, isto é, uma proposição que fala da forma da linguagem.

[453] Mas as proposições semânticas não se reduzem em Carnap *apenas às proposições da filosofia*. Ele mostra, ao contrário, que a maior parte dos tratados científicos tem uma natureza semântica. Ele analisa, pois, um tratado de física (o início do "Zur Elektrodynamik bewegter Körper" [Sobre a eletrodinâmica dos corpos em movimento], de Einstein, de 1905[1a]): as proposições analisadas se revelam sem exceção serem proposições semânticas. (A única exceção aparente é uma passagem na qual são enunciadas leis físicas. Mas mesmo essa passagem não constitui uma exceção, à medida que essas leis são dadas apenas para justificar e clarificar uma tese semântica formulada imediatamente antes.) A análise de Carnap é tanto mais valorosa, pois apresenta de maneira clara o caráter dogmático do positivismo wittgensteiniano, que não se orienta pela ciência natural e a destrói: ela mostra que mesmo os tratados de física não consistem apenas em enunciados factuais (particulares) "com sentido", mas que consistem em proposições de tipo ainda mais superior: precisamente, em proposições que falam sobre leis naturais, por exemplo, sobre as relações entre leis naturais. O fato de que proposições "filosóficas" – por exemplo, as proposições (decisões) da metodologia geral das ciências naturais – frequentemente não são de um tipo inferior que as proposições que ocorrem nos próprios tratados cien-

---

para Tirol em 1932, mas ele não se recorda dos detalhes. O manuscrito de Popper que Carnap leu naquela época (ver Karl Popper, *Conjectures and Refutations*, 1963, p.253 e seg. = *Vermutungen und Wiederlegungen*, 1997, p.368 e seg.; 2.ed., *Gesammelte Werke in deutscher Sprache* 10, 2009, p.391; "Intelectual autobiography", in: *The Philosophy of Karl Popper I.*, ed. Paul Arthur Schilpp, 1974, p.71 = Karl Popper, *Unended Quest: An Intellectual Autobiography*, 1976, p.89 e seg. = *Ausgangspunkte: meine intellektuelle Entwicklung*, tradução alemã de Friedrich Griese e do Autor, 1979, p.123; também "Replies to my critics", in: *The Philosophy of Karl Popper II.*, ed. Paul Arthur Schilpp, 1974, p.968 e seg.) termina com as "tabelas" do apêndice. Isso explicaria que ele faça referência aqui, nessa "Passagem para a teoria dos métodos", à primeira redação do livro de Carnap. Como este posteriormente distinguiu nitidamente "sintaxe" e "semântica", é importante que as referências de Popper no presente livro à *Semântica* de Carnap sejam entendidas como referências à *Sintaxe lógica*. Ver "Observações Editoriais", Seção 2, nota 14 e texto relativo a esta, assim como "Posfácio do Editor", Seção 19. (N. E. A.)]

1a Rudolf Carnap, *Logische Syntax der Sprache* (1934), §85, p.256 e segs.; a análise se refere também a Albert Einstein, "Zur Elektrodynamik bewegter Körper", *Annalen der Physik*, 4. Folge, 17 (1905), p.891 e seg. (N. E. A.)]

tíficos é bastante trivial. Como, segundo Carnap, todas as proposições de tipo superior às leis da natureza são chamadas de "proposições semânticas", nada há para se objetar contra sua "tese do semantismo".

[454] Na verdade, todas as proposições que são chamadas aqui de metodológicas (assim como as proposições das considerações de Carnap *sobre a semântica*) devem ser caracterizadas como proposições *sobre* relações formais entre sistemas de teorias científicas (ou entre as teorias científicas e os enunciados factuais singulares por meio dos quais as teorias são testadas); elas são, pois, proposições puramente semânticas no sentido de Carnap. (O que não quer dizer que damos o aval aqui ao ponto de vista de Carnap.) Nesse momento, é preciso fazer ainda algumas observações gerais sobre o método de crítica da linguagem da escola de Wittgenstein.

O método de crítica da linguagem de Wittgenstein se opõe ao método psicológico da antiga teoria do conhecimento. Ele nota com razão que se método encerra perigos semelhantes aos perigos do antigo método.[2] Mesmo nesse método há a ameaça de se deixar desviar da via principal, de se confundir o meio com o fim.

Mas esse fim é, como mostram especialmente o prefácio e a conclusão do livro de Wittgenstein, principalmente o fim ou problema da teoria do conhecimento, que é chamado aqui de problema da demarcação. E se o próprio Wittgenstein – com sua tese de que não há problemas filosóficos, mas apenas problemas científicos – não se posicionou contra essa concepção, poderíamos sem dúvida chamá-lo de problema da demarcação (na forma do "problema do sentido"), colocando-o, como fazem os filósofos desde Kant, no centro de suas considerações filosóficas.

A meu ver, ele e sua escola se desviaram dessa via principal. Com o método de crítica da linguagem, o positivismo lógico se perdeu assim como a antiga filosofia se perdera com o método psicológico. Os críticos da linguagem se encontram continuamente em oposição à ciência positiva e essa oposição os empurra de uma posição a outra. Desse modo, o método transcendental se impõe a eles: ao invés de aplicar conscientemente este último, é empregado o método de crítica da linguagem, cujas falhas transcendentais são tão flagrantes que essa filosofia em seu desenvolvimento é levada por uma série de [455] falhas a uma direção que já não faz jus às exigências me-

---

2 [Ludwig Wittgenstein, *Tractatus logico-philosophicus* (1918/1922), proposição 4.1121. (N. E. A.)]

todológicas. Àquele que está ciente de que todas as considerações da crítica da linguagem são estipulações disfarçadas, esse desenrolar parece óbvio. Sejam quais forem as formulações linguísticas, com sentido e sem sentido, legítimo e ilegítimo, permitido e proibido, não se pode considerá-las como propriedades das construções linguísticas no mesmo sentido que, por exemplo, o verde é propriedade de uma folha ou que a utilidade (ou inutilidade) é propriedade de uma ferramenta (em relação a um determinado fim). Todas essas caracterizações repousam muito mais sobre estipulações arbitrárias ("gramaticais", "lógicas" ou "semânticas"). Há apenas duas limitações possíveis à arbitrariedade dessas estipulações: em primeiro lugar, a orientação pela linguagem cotidiana. Essa possibilidade atinge pontos decisivos, pois a crítica da linguagem é uma crítica da linguagem cotidiana, que quer criar um uso da linguagem mais preciso e determinado que este. Em segundo lugar: a orientação pelas necessidades e modos de proceder da ciência. Esse *método transcendental* é o único possível para limitar a arbitrariedade ingênua, os prejuízos e as tendências, ali onde demarcações, estipulações e definições mais rigorosas devem ser substituídas pela linguagem cotidiana.

Mesmo o que a escola de Wittgenstein chama de método de crítica da linguagem pode chegar, em última instância, apenas a estipulações transcendentais, desde que se supere o ponto de vista naturalista ingênuo, isto é, o ponto de vista segundo o qual determinadas combinações de palavras seriam por natureza dotadas de sentido (legítimas, permitidas) e outras, por sua vez, seriam por natureza sem sentido (ilegítimas, proibidas).

Não deixemos de mencionar que a concepção de Wittgenstein e de Schlick, segundo a qual a filosofia consistiria em atos de clarificação, de atribuição de sentido etc., se encontra em certo sentido justificada pelos métodos metodológicos da teoria do conhecimento. Pois foi mostrado que os termos científicos recebem um "significado" (e, com isso, se quisermos, as proposições recebem um "sentido" determinado) apenas por meio de sua utilização, governada por decisões metodológicas. E as proposições metodológicas são atos, ações, à medida que são decisões livres – decisões que devem evidentemente ser justificadas de maneira dedutiva e transcendental.

[456] (A concepção naturalista não me parece ainda inteiramente superada na *Semântica* de Carnap;[3] notadamente na passagem em que Carnap

---

3 [Ver nota 1 e Rudolf Carnap, *op. cit.*, §82, p.243; cf. também Karl Popper, *Logik der Forschung* (1934; 2.ed., 1966; e edições posteriores), Seção 10, nota 6. (N. E. A.)]

discute a questão da falsificação: "Se duas fórmulas contraditórias entre si forem dedutíveis, o sistema deve ser modificado. Mas não há regras estritas para determinar quais fórmulas concretas e gerais deveriam em cada caso de contradição ser suprimidas ou modificadas".[4] Carnap conclui de modo inteiramente correto: "Como se vê, *não há refutação* (falsificação) em sentido estrito para uma lei, mas apenas uma, por assim dizer, refutação suficiente do ponto de vista prático".[5] Se substituirmos nessa passagem a concepção naturalista pela concepção defendida aqui, segundo a qual todas essas relações podem ser regidas ou mesmo modificadas, ao invés de "mas não há regras estritas", Carnap teria que escrever evidentemente, seja "mas não é possível formular regras estritas por razões lógicas", seja "mas não se formulou regras estritas até o momento". E, do mesmo modo, a passagem seguinte deveria dizer: "Como se vê, não há, na falta de estipulações apropriadas, refutação [...] em sentido estrito". Mas tal formulação não naturalista conteria, ao mesmo tempo, a exigência de introduzir as estipulações apropriadas que garantiriam a refutação; uma exigência que Carnap não pode levantar por causa de sua concepção naturalista.)

Assim, a crítica da crítica da linguagem conduz também à justificação da exigência de uma metodologia dedutivo-transcendental.

---

4 [(3.ed.) Cf. Rudolf Carnap, *op. cit.*, §82, p.245. (N. E. A.)]
5 [(3.ed.) Cf. Rudolf Carnap, *op. cit.*, §82, p.246. (N. E. A.)]

[457] Eddington diz que a mente esgota; nós podemos dizer que as teorias esgotam.[1]

[IV.] O método de exaustão – "Estado de coisas" e "fato" – A diversidade infinita

A expressão "método de exaustão" remonta a Dingler.[2] Ele é sem dúvida o único de todos os teóricos modernos do método a ter assinalado claramente que, com nossas questões teóricas, nós avançamos em direção à realidade e que, com o auxílio de nossas teorias, nós a "exaurimos". Mas nós só apreendemos o que tem lugar em nosso recipiente (da teoria).

O convencionalismo pôde chegar a essa ideia, porque não tem fundamentalmente nada a ver com o indutivismo. Em uma concepção indutivista convicta, essa ideia pode ter outras consequências.

Nós já apontamos anteriormente o fato de que um conceito individual não pode nunca ser definido pela especificação de conceitos universais.[3]

---

1 [Arthur Stanley Eddington 1882-1944. Cf. Arthur Stanley Eddington, *Das Weltbild der Physik und ein Versuch seiner philosophischen Deutung* (tradução alemã de Marie Freifrau Rausch von Traubenberg e Hermann Diesselhorst, 1931), p.237 e segs. (N. E. A.)]

2 [Hugo Dingler 1881-1954. Cf. Hugo Dingler, *Grundlinien einer Kritik und exakten Theorie der Wissenschaften insbesondere der Mathematischen* (1907), p.29 e seg. (N. E. A.)]

3 [Ver [III.] "Passagem para a Teoria dos Métodos", Seção 7; [VIII.] "Observações sobre o Chamado Problema da Liberdade da Vontade", Seção 2; assim como [IX. "O Problema da Liberdade da Vontade"], Seção 5; cf também Volume I: Seção 33. (N. E. A.)]

Esse fato lógico implica o que podemos chamar de irracionalidade ou diversidade infinita da realidade.[3a]

A impossibilidade de definir conceitos individuais apenas com universais tem por consequência que não podemos supor acerca de nenhuma descrição, por precisa que seja, [458] que ela determina inequivocamente um objeto ou um evento. Ao contrário: devemos supor que a descrição mais precisa que possamos dar em um certo momento de um objeto ou de um evento diz respeito, em princípio, também a outros objetos e eventos em número ilimitado, pois a extensão da classe definida por essa descrição permanece, em princípio, ilimitada.

Podemos exprimir esse fato do seguinte modo: toda descrição feita efetivamente por nós contém um número infinitamente grande de especificações. Como a classe de todos os objetos descritos por um número infinitamente grande de especificações é infinita, um número infinito de especificações seria necessário para especificar um conceito individual, um indivíduo. Podemos exprimir esse fato também de uma forma realista dizendo que objeto individual pode ser "perfeitamente descrito" apenas por um número infinito de características, de tal modo que toda "descrição efetiva" retém arbitrariamente um domínio finito do número infinito de características e, por isso, mínimo em relação ao que não é descrito. Continuando a nos exprimir de maneira realista, podemos chamar esse fato de *diversidade infinita*. Mas é preciso notar que se trata de um fato lógico que é apenas expresso de maneira realista: por mais uniforme que fosse nosso mundo, ainda subsistiria essa "diversidade infinita".[3b] Ela está ligada a nosso modo

---

3a [(3.ed.)] A expressão "diversidade infinita" remonta a Edgar Zilsel (1891-1944); cf. Edgar Zilsel, *Das Anwendungsproblem: ein philosophischer Versuch über das Gesetz der großen Zahlen und die Induktion* (1916), p.22: "Trata-se de fincar os pés na diversidade da natureza, exprimi-la de maneira mais precisa e radical com a firmação: não há duas coisas, dois eventos ou acontecimentos completamente idênticos;... eu gostaria de chamar... essa afirmação... de modo compreensível e breve de doutrina da *diversidade infinita*". Ver nota 3b e texto desa nota; assim como E. Zilsel, *op. cit.*, p.23 e seg., 26 e seg., 28 e segs., 73, 81, 132 e 155 e segs. Cf. "Posfácio do Editor", seção 5, nota 4 e texto relativo a essa nota, e Seção 20, texto relativo à nota 14. (N. E. A.)]

3b [(3.ed.)] Possivelmente uma referência a Moritz Schlick, *Allgemeine Erkenntnislehre* (2.ed., 1925), p.365: "... uma riqueza tão grande quanto possível de condições materiais... (Diversidade material, como E. Zinsel chama em seu livro 'O problema da aplicação'...". Cf. Edgar Zinsel, *op. cit.*, p.81. Ver "Posfácio do Editor", Seção 20, texto relativo às notas 12 e 14. (N. E. A.)]

de caracterização do mundo; à distinção entre conceitos universais e conceitos individuais, mas não à diversidade empírica dos objetos reais.

Há entre proposição e fato uma relação análoga àquela entre conceito e objeto.

A proposição representa um estado de coisas. Esse estado de coisas que a proposição representa (segundo H. Gomperz[4]) pode ser distinguido do fato, do fragmento irracional de realidade que a proposição designa e do qual o estado de coisas constitui um "momento parcial racional". [459] (Exemplos de Gomperz.[5]) Podemos enunciar as características de todo objeto. Toda proposição, que enuncia uma característica, representa um estado de coisas.

O fato de que um objeto tem um número infinito de características corresponde, pois, à circunstância de que um fato comporta um número infinito de estados de coisas enquanto momentos parciais racionais.

Esse segundo modo de expressão, que se refere a fatos, estados de coisas e proposições, sem dúvida, é mais importante que aquele que fala de objetos, características e conceitos.

Mas, assim como um objeto não consiste em características e as características se revelam como algo atribuído por nós aos objetos, do simples fato de que – de um ponto de vista puramente lógico – elas se revelam sempre como escolhidas *arbitrariamente* (escolhidas entre uma quantidade infinita de características possíveis), do mesmo modo os estados de coisas se revelam como coordenadas importadas por nós da realidade não racionalizada.

O empirismo indutivista ingênuo considera as proposições como figurações da realidade.[6] Ele acredita, portanto, que as proposições representam o que é chamado aqui de "fato" e desconsidera a distinção entre "estado de coisas" e "fato".[7]

Ele considera não os fatos, mas os estados de coisas como, em algum sentido, "dados" ou "observáveis".

---

4 H. Gomperz, *Weltanschauungslehre* II.: *Noologie*, erste Hälfte: *Einleitung und Semasiologie* (1908), p.76.
5 [Cf. H. Gomperz, *op. cit.*, p.74 e segs. (N. E. A.)]
6 [(3.ed.) Ludwig Wittgenstein, *Tractatus logico-philosophicus* (1918/1922), proposições 4.01, 4.03 e 4.031. Ver Volume I: Seção 43, texto relativo às notas 4 e 5. (N. E. A.)]
7 [(3.ed.) Ludwig Wittgenstein, *op. cit.*, proposições 4.05 e 4.06. Ver Volume I, Seção 43, texto relativo à nota 6. (N. E. A.)]

Um ponto de vista menos ingênuo, que distingue estado de coisas e fato, se encontra, ao proceder indutivamente, diante do seguinte enigma: como os estados de coisas racionais se descolam dos fatos irracionais?

Não há fundamentalmente nenhuma dificuldade aqui para o dedutivismo. Suas proposições teóricas etc. são construções inteiramente racionais.

Para ele, o fato de que um estado de coisas se revela um momento parcial racional de um fato significa nada mais que a possibilidade de que os fatos possam contradizer os estados de coisas racionais – dito de outro modo, em termos biológico-pragmáticos: que as reações possam se revelar apropriadas ou inapropriadas.

[460] [V.] Esboço de uma teoria dos métodos empírico-científicos (Teoria da experiência)[1]

Princípio de falsificabilidade

As proposições ou sistemas de proposições empiricamente científicos se caracterizam por serem empiricamente falsificáveis.

As proposições empíricas singulares, os enunciados factuais particulares também podem ser empiricamente verificados; sistemas teóricos, leis da natureza, enunciados factuais universais são, por princípio, exclusivamente falsificáveis.

A teoria dos métodos esmiúça o que se deve entender por "falsificação empírica" ou "verificação empírica", assim como as condições (as "decisões metodológicas") por meio das quais a falsificabilidade empírica das proposições empíricas ou sistemas de proposições deve ser garantida.

1. Princípio de continuidade

Enquanto um sistema qualquer de hipóteses não puder ser considerado falsificado, a despeito da aplicação das regras seguintes, ele é considerado con-

---

[1] [Cf. [III], Seção 1, nota 4 e texto relativo a essa nota. Em K_2, o que se segue ao título está escrito a lápis:] Ausência de contradição.

firmado. A regra é: todos os *meios admissíveis* para evitar uma falsificação devem ser aplicados.

2. Tese contra o positivismo estrito

Podemos chamar de positivismo estrito a concepção segundo a qual as leis da natureza não são enunciados factuais universais, [461] mas apenas relatos condensados, isto é, resumos de enunciados factuais particulares, dito de maneira mais exata: funções de verdade de uma quantidade finita de "proposições empíricas elementares". Amplamente equivalente a essa concepção (mas levando em conta o dedutivismo) seria a decisão metodológica de limitar, numérica, espacial ou temporalmente, as tentativas de teste [(ou) falsificação] de uma teoria e se abster de outras tentativas de falsificação. Por meio de tal decisão, poderia ser estabelecida a simetria do valores de verdade: a teoria não seria apenas falsificável, mas também definitivamente verificável. Essa "versão estritamente positivista" do dedutivismo é excluída pela decisão metodológica seguinte:

A série de tentativas de falsificação de uma teoria é, por princípio, ilimitada. (Não há tentativa de falsificação que fosse caracterizada por ser a última.)

Essa proposição deve garantir para os sistemas teóricos a (*exclusiva*) *não verificabilidade* (a *assimetria* dos valores de verdade).

Apenas graças a ela está garantido (o que é equivalente) o caráter de "universalidade estrita" dos "enunciados factuais universais"; dito de outro modo: essa proposição é uma regra de uso para as proposições universais (ela regula o uso das proposições por meio das quais é definida implicitamente a palavrinha "todos").

3. Primeira tese contra o convencionalismo: princípio de fechamento do sistema

A falsificação de um sistema teórico sempre pode ser evitada pela introdução de uma hipótese auxiliar. Se quisermos, portanto, garantir a falsificabilidade por meio de decisões metodológicas, essas decisões devem limitar a introdução de hipóteses auxiliares. A primeira dessas limitações pode ser enunciada no "princípio de fechamento do sistema":

O sistema de princípios de uma "teoria empírica" é fechado, isto é, a introdução de um [novo] princípio teórico (que não pode ser deduzido do sistema de princípios) equivale a uma *falsificação* do sistema teórico.

[462] A introdução de um novo princípio deve, pois, se seguir unicamente das regras que serão posteriormente dadas para a reconstrução de uma teoria falsificada.

Se a tese contra o "positivismo estrito" (enquanto indicação de uso para as proposições universais) garante a assimetria, a não verificabilidade das teorias, o "princípio de fechamento do sistema" fornece em certa medida a primeira metade de uma definição de uso para o conceito de *"falsificação"* de um sistema teórico.

4. Segunda tese contra o convencionalismo: princípio de limitação das hipóteses auxiliares singulares (hipóteses *ad hoc*)

Mesmo um sistema fechado de princípios teóricos pode a qualquer momento escapar da falsificação: a falsificação se dá, com efeito, nos casos de não ocorrência de *predições* (*singulares*) deduzidas, mas para a dedução destas últimas, deve ser introduzida, além das premissas teóricas universais, também uma *premissa singular*. Mas pode-se sempre fazer a dedução sem a utilização de uma premissa singular na medida em que essa premissa precisa apenas assumir a forma: *hic et nunc* há um caso que pertence à classe dos casos que podem ser substituídos na regra deduzida.[1] A afirmação da proposição *hic et nunc* segundo a qual a substituição é legítima pode sempre ser contestada, mas, com isso, a legitimidade da dedução das predições é contestada e sua falsificação não pode mais falsificar o sistema teórico.

As proposições por meio das quais a legitimidade da substituição é contestada podem ser tanto proposições universais quanto proposições particulares. Exemplos: (proposição universal) "No campo gravitacional todos os padrões de medida se contraem"; (proposição particular) "Este padrão de medida é falso".

As proposições universais desse tipo devem ou ser dedutíveis dos princípios do sistema ou elas constituem um princípio novo e não dedutível do

---

1 Cf. "Excerto", p.20 [= Apêndice: "Excerto-resumo (1932)", Seção VIII, A. O método em uma primeira aproximação].

sistema e devem ser, portanto tratadas segundo o "princípio do [463] fechamento do sistema". As proposições desse tipo, que dizem respeito apenas às premissas singulares, podem ser chamadas de "hipóteses *ad hoc*".

Hipóteses *ad hoc* são, na maioria das vezes, afirmações do tipo: "os instrumentos de medição são defeituosos", "o observador sofre de alucinações" ou, simplesmente, "há um erro".

Hipóteses *ad hoc* são legítimas sob certas circunstâncias, e sua utilização não deve ser eliminada, mas apenas limitada de maneira determinada pelas decisões metodológicas. Essa limitação resulta imediatamente do "princípio de fechamento do sistema", que permanece inaplicável sem tal limitação, ou ainda da distinção das hipóteses *ad hoc* e das hipóteses auxiliares universais que estão submetidas ao princípio de fechamento do sistema. Com efeito, se não limitarmos a utilização de hipóteses *ad hoc*, esse uso ilegítimo equivaleria à utilização de uma hipótese auxiliar universal e seria, então, um meio de contornar o princípio de fechamento do sistema. (Seria possível, por exemplo, substituir em cada caso particular a hipótese auxiliar "Todos os instrumentos de medida dão indicações falsas sob tais e tais circunstâncias" pela hipótese *ad hoc* "Este instrumento de medida particular dá uma indicação falsa neste caso particular".) Para evitar esse estratagema, é preciso introduzir a decisão metodológica:

Hipóteses *ad hoc* são legítimas apenas se for possível demonstrar seu caráter não universal, singular, ou, mais precisamente, se suas possíveis generalizações diretas são falsificadas.

Exemplo: as hipóteses *ad hoc* "Este relógio – que normalmente funciona – sob tais e tais circunstâncias indica a hora de maneira errada" ou "Este homem – que é normalmente um bom observador – sob tais e tais circunstâncias alucinou (ou mentiu)" só podem ser reconhecidas como hipóteses *ad hoc* se as proposições universais "Todos os relógios – que normalmente funcionam – sob tais e tais circunstâncias indicam a hora de maneira errada" ou "Todos os homens – que normalmente são bons observadores – sob tais e tais circunstâncias alucinam (ou mentem)" podem ser consideradas falsificadas, isto é, refutadas por contraexemplos.

Se essa hipótese *ad hoc* se revela legítima (como não universal), a dedução de uma predição particular em questão pode ser considerada inválida; o caso particular em questão [464] perde, com isso, seu significado científico. Tal maneira de proceder parece tanto mais justificada conforme a regra de uso – formulada anteriormente – para a admissibilidade das hipóteses *ad hoc* contenha implicitamente a condição de que novos testes devem ser feitos.

É importante que, cada vez que seja necessária a introdução de uma hipótese *ad hoc*, todo o sistema apareça como tendo sido colocado em questão; justamente enquanto a legitimidade da hipótese *ad hoc* pareça garantida por tentativas de falsificação correspondentes.

A *objetividade* da falsificação parece ser garantida pelo princípio de limitação das hipóteses *ad hoc*, juntamente com o princípio de continuidade. Dito de outro modo: a teoria deve ser considerada como falsificada se sua falsificação é, em princípio, testável.

Ao mesmo tempo, esse princípio fornece, por assim dizer, a segunda metade da definição de uso do conceito de falsificação de um sistema teórico. Ele confere, com efeito, um lugar privilegiado à avaliação negativa, à falsificação. Pois se, apoiados no princípio de continuidade e auxiliados por hipóteses *ad hoc*, tentarmos evitar a falsificação, isso apenas ocorre se outra hipótese, a hipótese *ad hoc generalizada* (que está igualmente submetida ao princípio de continuidade), por sua vez, puder ser falsificada. A possibilidade de evitar a falsificação repousa, por sua vez, em (outra) falsificação. Se essa segunda falsificação não acontecer, a primeira assume o controle. A "objeção convencionalista contra a possibilidade da falsificação"[1a] é, consequentemente, em princípio, superada por essa estipulação metodológica, isto é, pelo princípio de limitação das hipóteses *ad hoc*. Desde que um sistema permita em geral deduzir predições empiricamente testáveis, a objeção segundo a qual esse sistema não seria, por princípio, falsificável se revela contraditória em virtude mesmo do princípio de limitação das hipóteses *ad hoc*. Pois esse princípio dá uma definição de uso do conceito de "falsificação" de tal modo que da não falsificabilidade de qualquer hipótese (isto é, [465] inclusive das hipóteses *ad hoc* generalizadas) resultaria a falsificação de outras hipóteses (a saber, a falsificação do sistema teórico inicial), o que justamente é contraditório.[2]

1a [(3.ed.) Ver Volume II (Fragmentos), [III], Seção 1. (N. E. A.)]

2 [Em K_1, seguem aqui as três anotações manuscritas seguintes:]
[A.] Pode-se dizer também: uma teoria é falsificável se ao menos é possível a) opor a um de seus enunciados deduzidos de nível inferior de generalidade uma proposição contraditória e b) indicar um método que permita fazer *experimenta crucis*.
[B.] Uma teoria só pode ser refutada por uma proposição *singular* se for testável intersubjetivamente – por exemplo, pelo exame de uma peça de museu (acompanhada dos documentos que digam respeito a ela etc.).
[C.] Se a proposição *universal* (confirmada) *p*, por meio da qual uma teoria *T* foi refutada, fosse, por sua vez, refutada, isso não restituiria a teoria original *T*, pois a proposição *p* deve ser integrada no novo edifício teórico, assim como os enunciados que confirmam *T*.

[466] *Segunda* Parte: Fragmentos de 1933

Orientação

A situação da filosofia atual é caracterizada pela oposição entre os defensores da *"metafísica"* e da *"antimetafísica"*.

No centro dessa disputa está a questão da relação da filosofia com as ciências empíricas.

O metafísico se mantém muito distante das ciências empíricas. Em particular, as transformações por que passaram as ciências naturais nos últimos tempos e que abalaram os sistemas em seus fundamentos parecem-lhe um sintoma alarmante da crise interna e uma consequência do distanciamento da investigação empírica de seus fundamentos filosóficos, pois as ciências empíricas só podem receber sua fundamentação última da filosofia.

O antimetafísico admira o desenvolvimento tumultuado das ciências naturais modernas. Quanto mais fundo esse desenvolvimento abala os fundamentos delas, tanto mais claramente parece se impor o caráter empírico, não filosófico das ciências naturais; as ciências empíricas se libertam das premissas inibidoras de seu passado metafísico. Assim, o antimetafísico pode ver na atitude da metafísica em relação à ciência natural moderna apenas a presunção destituída de compreensão. A ciência empírica é autônoma. Ela não precisa de nenhuma filosofia para sua "fundamentação". Com isso, desaparece a necessidade de uma ciência filosófica que subsumiria as ciências particulares. Os chamados problemas da filosofia se revelam como pseudoproblemas destituídos de sentido ou mesmo contrassensos. Como Kant[1] ("Não se pode ensinar filosofia, apenas a [467] filosofar"), mas de maneira mais radical que este, o antimetafísico declara que a filosofia não é uma teoria, mas uma atividade.[2]

A tarefa dessa atividade filosófica é a luta contra a metafísica, contra a filosofia como teoria. Seu resultado não deve ser a construção de uma nova filosofia, mas a luta para que a construção de uma teoria seja deixada exclusivamente à ciência natural. Embora esse tipo de filosofar não pretenda construir uma teoria, mas lute contra toda construção de uma teoria filosófica, seria totalmente superficial caracterizá-lo como destrutivo ou algo do tipo: ele não combate um ponto de vista, mas mostra que ele não está sequer disponível. E ele não luta, portanto, a favor do reconhecimento de um novo ponto de vista, mas pela construção de uma nova consciência intelectual. A consciência de dizer o que se pode dizer; dizer o que é e o que não é e de se calar sobre o indizível.

---

1 [Immanuel Kant, *Kritik der reinen Vernunft* (2.ed., 1787), p.865 e seg. (N. E. A.)]
2 [Ver Ludwig Wittgenstein, *Tractatus logico-philosophicus* (1918/1922), proposição 4.112. *Acréscimo* (3.ed.) Ver Volume I: Seção 44, texto relativo à nota 8. (N. E. A.)]

[468] [VI.] Filosofia

[Introdução]

Há uma ciência filosófica? Há, além das ciências empíricas, da lógica e da matemática, outras ciências que tenham um caráter específico, notadamente "filosófico"?

Eu acredito que colocar a questão já significa respondê-la. Ao falar da ciência empírica, da lógica, da matemática, das reações dessas ciências entre si, ao perguntar se há uma "ciência", já se constitui um sistema de conceitos, que pertencem a um domínio que devemos certamente identificar com a "filosofia". O conceito de "ciência empírica" não é um conceito da ciência empírica. O conceito de "lógica" não é um conceito da lógica. O conceito de "matemática" não é um conceito da matemática. Todos esses conceitos são conceitos de uma teoria da ciência.

Seria preciso dizer obviamente que também o conceito de uma "teoria da ciência" não é um conceito da teoria da ciência. E isso é inteiramente correto. Chegamos a uma espécie de hierarquia de tipos de investigações subordinadas umas às outras, em que cada uma examina o caráter da investigação subordinada.*¹ Mas isso não apresenta dificuldades: não há nenhum tipo de

---

*1 É evidente que o que eu tinha em mente era uma hierarquia de metateorias. Aparentemente, escrevi essa passagem antes de tomar conhecimento das expressões

regresso infinito, pois a validade das proposições da ciência subordinada não é de modo algum deduzida das ciências que estão acima dela. Cada uma dessas ciências deve cuidar de si mesma. (Conferir a crítica de Nelson.[1])

[469] Sob o nome de "filosofia" pode-se entender todo tipo de coisa; entre outras, inclusive a especulação metafísica. Nossa tese é a seguinte: afirmamos que também há algo como uma ciência filosófica; que ela é uma teoria da ciência e que sua principal tarefa é examinar o que é a ciência ("ciência" aqui no sentido das ciências que são subordinadas a ela). Em suma, a "ciência filosófica" é a ciência demarcatória.[2]

Acreditamos já ter mostrado por nossa investigação que dessa ideia resulta que a filosofia científica é uma *metodologia*.

Mas gostaria de ir mais adiante: eu afirmo que quase todos os empreendimentos que passaram por filosófico-científicos ou eram empreendimentos metodológicos ou hipóstases metafísicas de considerações metodológicas.[3] Com efeito, essa ideia se revela imediatamente como um princípio heurístico extremamente fecundo, tanto para considerações metodológicas quanto para a clarificação dos chamados problemas filosóficos.

Ao falarmos aqui de filosofia, isto é, da filosofia enquanto metodologia, enquanto ciência demarcatória, nós nos encontramos já em certa medida em um estágio superior (e, constatando isso, em um estágio ainda mais acima) e assim por diante *ad infinitum*. Já havíamos atingido esse estágio anteriormente, em nossa investigação sobre o caráter da metodologia.[4] A filosofia enquanto metodologia não é uma ciência empírica, na medida em que não é necessário chegar a um acordo sobre questões metodológicas. Por trás da filosofia, da metodologia, está um comportamento prático, uma valoração prática. Ela não é, portanto, nem ciência empírica nem lógica pura. Se quisermos, podemos chamá-la de metafísica (por causa de sua indecidibilidade objetiva), apesar de que seria melhor reservarmos [470] essa ex-

---

"metalinguagem" e "metaciência". [(3.ed.) Ver "Introdução de 1978", Seção 2: (2) e (3). (N. E. A.)]

1 [(3.ed.) Ver Volume I: Seção 11: texto relativo à nota 42a. (N. E. A.)]
2 [Cf. Volume II (Fragmentos), "Esboço de uma Introdução", Seção 7. Acréscimo (3.ed.) K$_2$ à margem das duas primeiras frases dessa "tese": Sugestão! (N. E. A.)]
3 [Ver Seção 11, nota 3 e texto relativo a esta de Popper, *Logik der Forschung* (1934, 2.ed., 1966; e edições posteriores), Seção 11, nota 3 e texto desa nota; ver também "Posfácio do Editor", Seção 10, nota 7 e texto relativo a esta. (N. E. A.)]
4 [Ver Volume II (Fragmentos), [III.] Passagem para a teoria dos métodos. (N. E. A.)]

pressão muito mais para as afirmações indecidíveis de caráter teórico – isto é, que pretendem reproduzir fatos, mas que, guiadas apenas por juízos de valor, sem se dar conta traçam fronteiras de maneira arbitrária e convencional. (Mesmo a valoração transcendental pressupõe juízos de valor sobre as ciências que devem ser reconhecidas como ciências e como bem-sucedidas. Apenas em relação ao que chamamos de "avaliação dialética" ocorre algo diferente: ela faz desaparecer problemas abertos, o que mostra que esses problemas surgiam da pressuposição da mesma valoração. Pois inclusive sobre a mesma base valorativa comum podem surgir problemas, mas neste caso apenas questões solucionáveis, decidíveis sobre a base valorativa comum.)

1. Problema da indução e problema da demarcação

Kant foi certamente o primeiro a ter de fato colocado a demarcação entre ciência e metafísica no centro de suas considerações filosóficas, mesmo que não a tenha rigorosamente formulado e compreendido claramente. Não iremos discutir aqui em detalhe sua tentativa de solução, mas apenas sublinhar *uma* ideia: a doutrina das antinomias. A ideia fundamental, livre de certas limitações formais, é a de que se pode discutir sobre afirmações metafísicas *ad infinitum* sem chegar a uma decisão. Kant não chega a dizer que se poderia sempre construir, contra *qualquer* metafísica *que se queira*, uma que lhe seja oposta e mostrar que não se pode chegar a uma decisão entre essas duas metafísicas opostas, mas uma ampliação de sua ideia levaria a essa formulação.

Podemos simplesmente considerar essa discussão sem fim entre adversários da metafísica, a possibilidade de construir permanentemente, contra toda tese, uma antítese e novamente uma réplica contra esta, como a marca do caráter metafísico de uma afirmação: a aparição de tal antinomia não é para nós motivo para solucionar a antinomia (como Kant tentou), mas um motivo para recusar a questão em seu todo como metafísica: quem se interessar pode se ocupar com ela e talvez só consiga dar [471] à questão uma forma não metafísica que permita uma decisão sobre essa nova questão modificada.

O caráter antinômico da metafísica não é utilizado aqui por nós como definição, ele resulta, antes, de nosso critério de demarcação de falsificabilidade: se uma proposição teórica, isto é, que não é verificável nem falsificável, deve sempre se possível indicar uma proposição que a contradiga e que, do mesmo modo, não seja falsificável. Pois se a proposição que a contradiz fosse falsificada, ela seria também verificada: aqui reside a raiz do caráter antinômico da metafísica.[1]

A concepção segundo a qual a filosofia é a ciência demarcatória e seu principal problema é o problema da demarcação é amparada de maneira decisiva pela possibilidade de mostrar que o problema da indução pode ser reduzido ao da demarcação: o prejuízo indutivista surge apenas pelo fato de que se exige e espera a verificação para as teorias; e se espera a verificação por acreditar que só assim se pode escapar da disputa sem fim da metafísica. Prender-se à experiência imediata para não cair na metafísica foi sempre um motivo do indutivismo, mas justamente esse esforço poderia apenas lançá-lo na mais selvagem aventura metafísica: indução sem juízos sintéticos *a priori* é impensável.

Seu esforço para se agarrar ao que é certo, para se prender às convicções, lançou o indutivismo na outra aventura, o subjetivismo, acabando em um solipsismo, ainda que suavizado pela palavra "metodológico".[2] Ora, a ciência não exige a certeza, mas apenas predições bem-sucedidas, não convicções, mas a testabilidade objetiva. Desse modo, podemos mostrar que os dois principais problemas da *Crítica da razão pura*, o problema humeano da indução e o problema kantiano da demarcação em relação [472] à metafísica, são apenas *um* problema, a saber, o problema da demarcação. Hume teria visto o problema da indução desse modo, ao menos ele vê a tarefa da filosofia como sendo a de demarcação.[3]

---

1 [Ver Volume I, Seção 10, texto relativo à nota 6; ver também Posfácio do Editor, Seção 10, nota 13 e texto relativo a esta. (N. E. A.)]

2 [Ver Hans Driesch, *Ordnungslehre: Ein System des nichtmetaphysischen Teils der Philosophie* (2.ed., 1923), p.23; Rudolf Carnap, *Der logische Aufbau der Welt* (1928), p.86 e seg. Cf. Volume I: Seção 11, nota 54 e texto relativo a essa nota; assim como Karl Popper, *Conjectures and Refutations* (1963), p.265 e segs. (= *Vermutungen und Wiederlegungen*, 1997, p.385 e segs.; 2.ed., *Gesammelte Werke in deutscher Sprache* 10, 2009, p.408 e segs.). (N. E. A.)]

3 [Ver Karl Popper, *Logik der Forschung* (1934, 2.ed., 1966; e edições posteriores), Seção 4, nota 2 e texto dessa nota, assim como a nova nota *3 e texto em que é citada a última página da *Enquiry Concerning Human Understanding* [*Investigação sobre o entendimento humano*] (1748). (N. E. A.)]

[473] [VII.] O problema da metodologia

1. Metodologia e possibilidade de uma falsificação

Nós começamos examinando as proposições teóricas para saber se elas permitiriam, em função de sua forma lógica, uma verificação estrita por proposições particulares. Nós chegamos, a esse respeito, a um resultado negativo. Ao invés de tentar contornar de alguma forma esse resultado e substituir a verificação estrita por uma verificação não estrita, por meio da qual nós seríamos enredados nas dificuldades do problema da indução, nós renunciamos a uma verificação, seja ela qual for, e nos limitamos à falsificação. As tentativas de falsificação parecem oferecer a única possibilidade de teste empírico de uma teoria.

Deveríamos, portanto, nos dedicar a um exame lógico da falsificabilidade de uma teoria. Nós poderíamos ter apresentado a falsificabilidade de uma teoria como uma relação entre esta e os enunciados de base empíricos possíveis. A questão seria, com isso, deslocada logicamente em direção ao problema dos enunciados de base.

Ao introduzir o conceito de "hipótese falsificadora",[1] poderíamos ter tornado a falsificação até certo ponto independente dos enunciados de base.

---

1 [Cf. Karl Popper, *Logik der Forschung* (1934, 2.ed., 1966; e edições posteriores), Seção 22; ver também "Posfácio do Editor", Seção 10, nota 25 e texto relativo a esta. (N. E. A.)]

Mas os enunciados de base, assim como os problemas ligados a ele, permanecem sempre no pano de fundo.

Para enfrentar esses problemas, deveríamos introduzir regras metodológicas, cuja função seria fixar os limites do arbitrário, em certo sentido inevitável, das decisões tomadas sobre os enunciados de base.[2]

[474] Toda a questão parece finalmente ter se deslocado, em última instância, em direção à questão dessas regras metodológicas. Qual a possibilidade que temos de justificar essas regras?

Podemos chegar à mesma questão por outro caminho.

Nós partimos até aqui dos pressupostos lógicos da falsificabilidade e vimos que, seguindo desse modo, fomos lançados no domínio metodológico. Mas, ainda que consideremos esse ponto o centro de toda a questão, não há dúvida de que o problema comporta, ao lado do aspecto lógico, também um aspecto prático. Foi frequentemente assinalado, primeiramente por Duhem,[3] que as dificuldades do teste científico de uma teoria não concernem apenas ao aspecto positivo da questão, à verificação, mas também à falsificação. Isso, acima de tudo, porque a falsificação retrospectiva das hipóteses teóricas pela falsificação de predições deduzidas, isto é, pelo *modus tollens*, dizia respeito do mesmo modo ao conjunto dos pressupostos da dedução, o que fazia que continuasse arbitrário quais dentre eles são considerados falsificados e quais são mantidos.*[1]

Seja essa concepção justificada ou não, é preciso assinalar, de qualquer forma, que a assimetria entre verificação e falsificação afirmada por nós

---

2   [Cf. Volume I: Seção 11 por volta do final; ver também nota 6 e texto relativo a esta; assim como "Posfácio do Editor", Seção 10, nota 20 e texto relativo a esta. (N. E. A.)]

3   [Pierre Duhem, *Ziel und Struktur der physikalischen Theorien* (tradução alemã de Friedrich Adler, 1908), p.243 e segs., 266 e segs. (N. E. A.)]

*1 As dificuldades lógicas discutidas aqui e nos dois próximos parágrafos são conhecidas na literatura epistemológica anglo-saxônica pelo nome de "Tese Duhem-Quine". Tanto Quine quanto eu descobrimos as dificuldades independentemente um do outro e do próprio Duhem e atribuímos independentemente um do outro a prioridade de Duhem. Mais tarde (em *Lógica da investigação científica*, 1934), eu esqueci algumas coisas que havia descoberto acerca de Duhem ou, talvez, elas tenham caído em função de radicais cortes, sendo este o porquê de eu ter me esquecido delas. [Cf. Volume I: Seção 38, texto da nota 2. Ver também Willard Van Orman Quine, "Two dogmas of empiricism", *The philosphical review* 60 (1951), p.38 e segs.; W. V. O. Quine, *From a logical point of view* (1953; 2.ed., 1961), p.41 e segs. (N. E. A.)]

não é afetada por considerações desse tipo, quer a falsificação, pelas razões lógicas consideradas, enfrente dificuldades insuperáveis, quer não: as dificuldades são em todo caso de um tipo completamente distinto das dificuldades no caso da verificação. A verificação é logicamente [475] impossível, a falsificação enfrenta, no pior dos casos, dificuldades práticas. Isso já se vê no fato de que certamente há um raciocínio estritamente lógico, o *modus tollens*, indo na direção indutiva (isto é, de proposições particulares para as proposições universais), enquanto não há um *modus ponens* que vá nessa direção.

Mas mesmo se for admitida a assimetria afirmada por nós, seria sempre possível objetar [contra nós] que essa assimetria não existe na prática e que a situação prática compensa a situação lógica. Em todo experimento que fazemos a fim de testar uma teoria, entra em jogo um número tão grande de pressupostos teóricos que é quase impossível analisar todos esses pressupostos. Em toda leitura de ponteiro, fazemos uso de hipóteses da ótica geométrica – da hipótese do corpo rígido, da hipótese da validade da teoria euclidiana em domínios limitados, da "hipótese substancialista" e de um grande número de outras hipóteses. Todas essas pressuposições são, de um ponto de vista lógico, igualmente concernidas pela falsificação: não que cada hipótese particular seja falsificada pela falsificação da predição deduzida, mas sua afirmação simultânea – sua conjunção – é falsificada. O pior é que não podemos saber nunca, em função da impossibilidade primária de uma verificação, qual dessas pressuposições é falsificada de tal modo que resta a possibilidade, para cada uma delas, que precisamente sobre *ela* se faça incidir a falsificação.

Essa situação é atenuada pela "quase indução"[4] ou – para falar de modo ainda mais geral – pela possibilidade de mostrar que uma falsificação diz respeito apenas a certas hipóteses, uma vez que, ao abandonar a hipótese acrescida, não há falsificação. Embora esse fato não seja negligenciável, ele não muda muita coisa em relação à indeterminação fundamental, pois dificilmente se pode colocar em questão que seja possível às vezes salvar a hipótese acrescida [476] modificando as outras hipóteses. Essa situação explicaria que muitos defendem a concepção segundo a qual as coisas se

---

4 [Cf. Volume I: Seção 48, nota 2 e texto relativo a esta; ver também "Posfácio do Editor", Seção 10, nota 22 e texto relativo a esta. (N. E. A.)]

apresentam bastante mal para a falsificação e que não se poderia falar de uma falsificação inequívoca e exata de uma teoria.

Aqui, entram nossas considerações metodológicas.

Cumpre opor imediatamente com toda a clareza nosso ponto de vista àquele discutido aqui: consideramos completamente equivocado abordar praticamente, de um ponto de vista – diríamos – científico [naturalista[5]], o que ocorre no momento em que se testa teorias e em outras situações do mesmo tipo na ciência, assim como abordar certas dificuldades ou inconvenientes do mesmo modo que se aborda, por exemplo, as leis da natureza. É certamente possível, a nosso ver, adotar tal ponto de vista em relação à metodologia científica e se colocar, por exemplo, como tarefa examinar a situação de maneira puramente descritiva e tomar ciências dos fatos. Mas tal investigação não seria uma teoria da ciência. (Ela deveria, antes, ser considerada [como] uma investigação de sociologia do conhecimento.)

A tarefa da teoria da ciência, da metodologia, tal como é entendida aqui, é inteiramente outra. Procedemos de maneira analítica e descritiva apenas à medida que examinamos relações lógicas. No resto, partimos do princípio de que está amplamente em nosso poder influenciar a situação e enquadrar a ciência em um método que consideramos adequado.

Apliquemos isso a nosso problema: a assimetria lógica entre verificação e falsificação é fundamental para nós. Ela existe apenas no caso dos enunciados universais, mas não é válida em toda extensão para os enunciados de base, pois não podemos falar de tal assimetria em geral em relação a enunciados de base, que supomos serem capazes de permitir uma decisão empírica. Aqui, no caso dos enunciados de base, está em nosso poder proceder *de tal modo*, isto é, estipular regras metodológicas por meio de [477] decisões arbitrárias, de modo que os enunciados, se não forem verificáveis, se tornam ao menos exclusivamente decidíveis, a saber, falsificáveis.

E, do mesmo modo que solucionamos os problemas da base empírica, cortando o nó górdio com o auxílio de nossas decisões metodológicas, devemos proteger, por meio de nossas decisões metodológicas, a falsificabilidade ante as objeções de Duhem e outros pensadores convencionalistas.

---

5 [Cf. Karl Popper, *Logik der Forschung* (1934, 2.ed., 1966; e edições posteriores), Seção 10; ver também Volume II (Fragmentos): [III.] "Passagem para a teoria dos métodos". Seção 8, nota 3 e texto relativo a esta. (N. E. A.)]

O problema da metodologia

No exame dos problemas da base empírica, pudemos justificar a influência de certas decisões metodológicas mostrando a necessidade imperiosa de introduzir certas decisões: uma vez que a dedução [de outros enunciados de base] não põe nunca um fim *natural* ao "regresso" infinito, deveríamos pôr um fim arbitrário, pelo simples fato de que na ciência não se trata de examinar continuamente questões que já foram respondidas de maneira suficientemente clara de um ponto de vista prático.[6] Do mesmo modo, podemos usar inicialmente como arma contra a objeção convencionalista de Duhem esboçada anteriormente o fato de que, sem as diretivas metodológicas gerais que regulam nosso procedimento e nosso tratamento das leis da natureza, não poderíamos de modo algum avançar.

Um exemplo particularmente trivial da necessidade de tais diretivas metodológicas seria o seguinte:

Costumamos admitir como óbvio o fato de testarmos continuamente uma teoria a partir do momento que foi proposta até que nós a tenhamos rejeitado, em particular, até que se apresentem novas possibilidades de teste, por exemplo, pelo aprimoramento da precisão das medições ou pela amplificação de seu domínio de aplicação. Nesse hábito científico, que o metodólogo naturalista provavelmente ignoraria ou, quando muito, constaria, está oculta, como em toda a atitude prática em relação à ciência, uma regra prática metodológica. [478] Que assim seja vê-se facilmente no fato de que nós poderíamos também proceder de tal maneira que testaríamos uma teoria *uma vez* (ou sequer o faríamos) e poderíamos decidir nos dar por satisfeitos. Tal método não estaria evidentemente "no espírito da ciência", ele seria "não científico". Mas isso são apenas palavras. Queremos mostrar aqui que esse "espírito da ciência", examinado de uma ponto de vista lógico, pode ser apreendido nas regras metodológicas práticas da atitude prática ante a ciência.

Assim, as regras metodológicas indicam, de uma certa maneira, o que é uma atitude científica. Mas não caímos aqui novamente no modo naturalista de considerar as coisas? Não somos forçados a extrair as regras metodológicas do comportamento efetivamente observável do cientista?

---

6 [Cf. Volume I: Seção 11 por volta do final; Apêndice: "Excerto-resumo (1932)", Seção IX; Karl Popper, *op. cit.*, Seções 29 e 30. Ver também "Posfácio do Editor", Seção 10, nota 20 e texto relativo a esta. (N. E. A.)]

[2.] Critério de demarcação e metodologia

Acreditamos poder evitar, de fato, o modo naturalista de considerar os métodos científicos. Pretendemos tentar deduzir os métodos científicos a partir da suposição de que nossa teoria é correta, isto é, fundamentalmente [da suposição] do critério de demarcação.

O critério de demarcação não é, na realidade, nada mais do que uma definição daquilo que entendemos por "ciência" e por "metafísica". Se a metodologia deve, por assim dizer, descrever o espírito científico de um ponto de vista naturalista, ela poderia fazê-lo procedendo também de maneira dedutiva, isto é, tentar, apoiada em alguma hipótese, deduzir sistematicamente essa descrição. Para tanto, poderia ser útil, talvez, a hipótese segundo a qual a tarefa da ciência é erigir um edifício teórico tão distante quanto possível da metafísica. Essa metodologia naturalista dedutiva deveria deduzir, a partir de sua hipótese, consequências tão ricas quanto possível e poderia testar essas consequências recorrendo à atitude metodológica real do cientista, isto é, à experiência metodológica, por assim dizer.

Mas nós rejeitamos tal método científico-natural [ou naturalista] na metodologia. Para dizê-lo de maneira breve: não pretendemos nos submeter a uma decisão empírica, [479] cuja base seria a atitude efetiva do cientista; não pretendemos deduzir tudo o que o cientista efetivamente faz, mas os métodos que o conduzem *ao sucesso*.

Nós vinculamos uma teoria dedutiva dos métodos ao critério de demarcação, do modo indicado anteriormente, mas não concebemos essa teoria nem de um modo empirista, nem de um modo naturalista, mas, antes, por assim dizer, como uma doutrina prática que é confirmada se é bem-sucedida praticamente.

Mas em que consiste o sucesso científico? Estamos longe de acreditar que tal questão possa ser respondida de maneira teórica. Nós afirmamos, ao contrário, que a resposta depende daquilo que se considera cientificamente valioso. A teoria dos métodos se torna, assim, uma doutrina que parte de determinados valores científicos ou, se quisermos utilizar uma palavra mais neutra, de determinados objetivos ou fins científicos. Tais objetivos ou tais fins podem ser diversos. Considero impossível uma decisão racional entre eles. Pode-se, por exemplo, considerar que a finalidade da ciência é a produção de uma teoria tão segura quanto possível e, até mesmo, o estabelecimento de uma teoria absolutamente segura. Àquele que busca tais fins, o desenvolvimento da física a partir da virada do século deve parecer um colapso da ciência. É possível facilmente se defender contra tal colapso por meio de decisões metodológicas: decide-se manter em todas as circunstâncias um determinado sistema, como mais útil e mais simples, e apenas completá-lo, se necessário, com hipóteses auxiliares. Este é mais ou menos o convencionalismo de Dingler.[1] Não pretendemos nos dirigir de maneira naturalista contra tal avaliação do fato de que a ciência atual não procede desse modo. Ao contrário, ante tal objeção naturalista, nós a confrontaríamos ao lado de Dingler e daríamos razão a ele sobre esse ponto, a saber, que a estipulação de princípios últimos está sempre em nosso poder e não pode nunca [480] nos ser simplesmente imposta pelos fatos. Se fizemos, entretanto, o elogio da ciência natural moderna, não foi porque gostamos da ciência efetivamente tal como é, mas – dito grosseiramente – porque a ciência nos satisfaz tal como é. Nós *avaliamos* de modo diferente de Dingler. Nosso objetivo não é construir um sistema de conhecimentos fundados de maneira segura, mas é, ao contrário, penetrar mais profundamente nas conexões insuspeitadas da natureza. Nunca estamos tão seguros de darmos um passo [na direção] desse fim como quando é possível, de maneira surpreendente, refutar um enunciado considerado até agora como seguro.

Nós não aprovamos os métodos da ciência natural moderna porque ela é moderna, mas os aprovamos porque ela nos conduz, por meio de suas teorias ousadas, a novos conhecimentos empíricos, a enunciados de base tão inesperados, aos quais não teríamos chegado sem o auxílio dessas teorias grandiosas e simples, beirando o paradoxo ou a contradição.

Não podemos invocar nada em favor de nossa avaliação além do fato de que nossa imagem de mundo como um todo corresponde a ela; de que ela corresponde ao papel biológico que a ciência tem em nossa visão de mundo. Ela é o elemento mais avançado, o destacamento de peões da adaptação, por isso, ela deve se submeter à adaptação. E se a ciência moderna concorda amplamente com nosso ideal metodológico da ciência (ela não concorda inteiramente com esse ideal e nisso se reconhece claramente nossa posição fundamental não naturalista), isso se explica, em nossa imagem de mundo, como um efeito da seleção.

---

1 [Cf. Hugo Dingler, *Die Grundlagen der Physik: syntetische Prinzipien der mathematischen Naturphilosophie* (2.ed., 1923); H. Dingler, *Der Zusammenbruch der Wissenschaft und der Primat der Philosophie* (1926). (N. E. A.)]

Nós partilhamos, pois, com o convencionalismo o ponto de vista segundo o qual os fundamentos últimos de todo conhecimento devem ser buscados em um ato de livre estipulação, isto é, na estipulação de um objetivo, que não pode, por sua vez, ser justificado racionalmente. Trata-se, em outra forma, da ideia de Kant do primado da razão prática.[2]

---

2 [(3.ed.) Cf. Immanuel Kant, *Kritik der praktischen Vernunft* (1788), p.215 e segs. (N. E. A.)]

[481] [VIII.] Observações sobre o chamado problema da liberdade da vontade

[1. Introdução]

O chamado problema da liberdade da vontade se coloca com toda precisão apenas no interior de uma imagem "determinista" de mundo, isto é, apenas a partir do momento em que – dito grosseiramente – a física nos projeta uma imagem na qual o mundo se assemelha a um relógio. A moderna física quântica, com seus enunciados de probabilidade "indeterministas", parece ter contribuído menos para solucionar o problema do que para obscurecê-lo. Dito mais exatamente, esse obscurecimento não provém naturalmente da própria física, mas de interpretações ilegítimas.

Eu acredito que veremos mais claramente a questão da liberdade da vontade se, abstraindo-a completamente da física contemporânea, nos perguntarmos como o problema se apresenta se imaginarmos uma física totalmente determinista.

Apresentemos o problema do modo mais preciso possível, ainda que apenas *"ad hominen"*: se considerarmos como uma consequência de uma imagem determinista de mundo que, por exemplo, as criações de [Johann] Sebastian Bach ou de Michelangelo não são mais do que os resultados de processos físicos necessários, os produtos de uma máquina física automática, algo nos impede de reconhecer tal consequência. Se pensarmos todos os fenômenos físicos do mundo como determinados pela combinação de condições iniciais e leis da natureza, devemos de bom ou de mau grado admitir que as obras de [Johann] Sebastian Bach e de Michelangelo já estavam incluídas aí *in nuce*, isto é, caímos inevitavelmente em uma metafísica da harmonia pré-estabelecida.

Mas isso é apenas um aspecto do problema: nós próprios vivenciamos em inúmeros instantes situações nas quais temos a sensação de que [482] algo depende de nossa decisão, enquanto em outros casos temos a sensação de que nossas decisões e nossos atos são determinados por todo tipo de circunstâncias exteriores. A sensação da importância de nossa decisão se manifesta, sobretudo, naqueles casos em que temos clara consciência, como se costuma dizer, de "uma responsabilidade". Embora essa sensação subjetiva, a meu ver, não desempenhe um papel tão importante no problema da liberdade da vontade, se o considerarmos mais detidamente, quanto às reflexões anteriores, deveríamos, entretanto, exigir uma formulação satisfatória que leve em consideração de maneira apropriada o "problema da responsabilidade".

Parece-nos possível dar uma explicação satisfatória desses problemas sem pressupor uma física indeterminista; ao contrário: se pressupusermos uma física indeterminista, caímos na situação duvidosa de "solucionar" facilmente mais do que queremos; se suprimimos a "ligação causal" entre nossas vivências, decisões etc., chegamos a uma teoria da "liberdade da vontade", mas nunca a uma teoria da responsabilidade, pois toda responsabilidade pressupõe a *capacidade de imputação* e um rompimento da determinação causal da vivência significaria em geral apenas a incapacidade de imputação.

O caminho para esse tratamento do problema me parece ser indicado pela crítica positivista do conceito de causa.[1]

---

1 [No manuscrito, esse parágrafo começa com "P.18 [...]"; o editor não conseguiu decifrar essa referência.
Acréscimo (3.ed.) Possivelmente, uma referência a Max Planck, *Positivismus und reale Außenwelt* (1931), p.30 e segs. (a partir da p.30, linha 18) (= Max Planck, *Vortäge und Erinnerungen*, 1949, p.243 e segs., linha 3 em diante): "A solução do conhecido dilema reside, acredito [...], em uma dimensão completamente distinta [isto é, '[...] a questão da liberdade da vontade [...] não tem [...] nada a ver com a oposição entre física causal e física estatística' (p.30). Uma prova mais direta é dada especificamente pelo fato de que a [...] alternativa apresentada sobre se a vontade humana é livre ou determinada de modo estritamente causal repousa sobre uma disjunção logicamente ilegítima". Ver "Posfácio do Editor", Seção 20.

Observações sobre o chamado problema da liberdade da vontade

[483] O conceito de causalidade histórico e metafísico está intimamente ligado, se o consideramos historicamente, ao conceito de *gênese*, de criação, de produção, de engendramento *de algo por alguém*. A palavra alemã *"Ur-sache"*, a especulação iônica sobre a matéria primordial e outras coisas parecidas remetem claramente a esse método de "explicação". Mesmo em nossa atitude instintiva em relação aos processos naturais está claramente incluído um elemento animista. Esse instinto causal, como se poderia chamá-lo, inclui uma espécie de empatia na causa: a causa é considerada como ativa, como agente, ela "produz o efeito".

A crítica dessa concepção animista da causalidade, que ainda desempenha um certo papel na filosofia moderna, é muito antiga. Do médico cético Sexto Empírico (por volta de 200 d.C.), passando pelo árabe Al-Ghazali (século XI d.C.), por Nicolau de Autrecourt (século XIV), Malebranche e Joseph Glanvill (século XVII) até Hume, os críticos do conceito de causalidade assinalam que a afirmação de uma necessidade causal no curso dos eventos não pode ser justificada nem lógica nem empiricamente:[2] não podemos nunca observar que um evento causa outro, mas apenas que *um evento de tal tipo costuma se seguir regularmente de um evento de tal tipo*.[3]

Conforme esse conceito de causalidade elucidado pelo conceito positivista de causalidade, nós adotamos, neste livro, o ponto de vista segundo o qual falaremos de "causalidade" etc. apenas para dizer que podemos predizer um evento a partir de leis da natureza e de condições iniciais.[4] Se dissermos, apoiando-nos nessa concepção, que dois eventos estão em uma "relação causal", isso só pode significar que, a partir de uma lei e do primeiro evento, podemos concluir o segundo evento.[*1]

[484] As consequências dessa concepção da causalidade me parecem, em certa medida, solucionar por si mesmas o chamado problema

---

Sobre "responsabilidade" e "capacidade de imputação", cf. Moritz Schlick, "Die Kausalität in der gegenwärtigen Physik", *Die Naturwissenschaften* 19 (1931), p.161: "A liberdade ética, que pressupõe o conceito de responsabilidade, não está em contradição com a causalidade, mas seria inclusive supérflua sem ela [...]" (com referência a M. Schlick, *Fragen der Ethik*, 1930, capítulo 7). (N. E. A.)]

2 [(3.ed.) Cf. Volume I: Seção 11, texto relativo à nota 29a. (N. E. A.)]
3 [(3.ed.) Idem, texto relativo à nota 29b. (N. E. A.)]
4 [(3.ed.) Cf. Volume I: Seção 3, nota *3 e texto relativo a esta. (N. E. A.)]
*1 Essa é uma formulação do que chamamos hoje de "modelo dedutivo" (*deductive model*) da explicação causal. Ver também *Logik der Forschung* (1934, 2.ed., 1966; e edições posteriores), Seção 12. Ali, o que é chamado de "condição inicial", aqui, parece ser chamado de "primeiro evento".

da liberdade da vontade, e resta apenas tirarmos resolutamente todas as consequências.

No quadro da concepção descrita, a hipótese determinista pode ser caracterizada mais ou menos assim: supomos que todo evento é predizível com o grau de precisão requerido, ainda que não conheçamos ainda todas as leis da natureza necessárias para tanto, mas desde que os enunciados sobre o "evento causador", sobre as condições iniciais tenham a precisão suficiente.

2. O "acontecimento" e o "fragmento de realidade"

A concepção descrita torna claro que nós só podemos concluir proposições (predições sobre eventos) de proposições (leis da natureza, proposições sobre eventos).

Toda proposição deixa uma determinada "margem de manobra" à realidade, o que nós poderíamos igualmente exprimir, se quiséssemos evitar a formulação metafísica-realista, da seguinte forma: toda proposição existencial, tão precisa quanto seja, está sempre em relação lógica com tantas outras proposições possíveis quanto se queira, de tal modo que é compatível com elas e que, por sua vez, há entre elas tantas proposições existenciais quanto se queira em relação de proximidade espaçotemporal com a primeira proposição existencial.

Não há, portanto, proposição existencial nem conjunção de proposições existenciais que nos descrevam inequivocamente um "fragmento da realidade" qualquer, por menor que este seja. Toda proposição desse tipo, por assim dizer, dá ao contrário respostas a questões que nos interessam diretamente. E enquanto só podemos, em princípio, [dar respostas a um número finito de questões, é sempre possível] "pensar" um número infinito de questões, ou podemos sempre indicar regras e esquemas em virtude dos quais podemos construir um número ilimitado de questões acerca de qualquer domínio espaçotemporal, de tal modo que podemos dizer também que apenas uma parte ínfima das questões possíveis pode ser colocada e respondida.

A isso nos referimos intuitivamente quando dizemos que toda descrição, por mais precisa que seja, deixa uma margem de manobra à realidade. Nós podemos acrescentar que essa margem [485] de manobra não pode nunca ser reduzida de modo perceptível, pois, falando de modo figurado, apenas um número infinito de proposições pode limitar a margem de manobra de modo perceptível.

[486] [IX. O problema da liberdade da vontade[1]]

5. Individuais e universais

Se não podemos nunca descrever um "fragmento da realidade" nem mesmo de uma maneira apenas relativamente completa, sempre podemos, entretanto, nomeá-lo; designá-lo por meio de noções individuais. Aqui tocamos novamente no problema dos universais. Nós já constatamos anteriormente[2] que é impossível substituir um conceito individual por inúmeros universais a fim de caracterizar um indivíduo univocamente. Encontramos a mesma oposição na relação entre "evento" e "fragmento da realidade", pois se pudéssemos descrever de maneira inequívoca um "fragmento da realidade", nós poderíamos substituir a denominação por uma descrição.

Todo acontecimento cientificamente predizível deve, por princípio, poder ser repetido, reproduzido: trata-se de uma exigência fundamental que resulta do princípio da objetividade da ciência. Um fenômeno consi-

---

[1] [As Seções de 1 a 4 já não podem ser encontradas e devem ser consideradas perdidas; ver Posfácio do Editor, Seção 10, nota 30. (N. E. A.)]

[2] [Ver Volume I: Seção 33; Volume II (Fragmentos): [III.] "Passagem para a teoria dos métodos", Seção 7; assim como [IV.] "O método de exaustão – "Estado de coisas" e "fato – A diversidade infinita.". Cf. também [VIII.] "Observações sobre o chamado problema da liberdade da vontade", Seção 2. (N. E. A.)]

derado como "fragmento da realidade" é, por princípio, individual, apenas nomeável e, consequentemente, também não é repetível. Em relação aos indivíduos concretos, nossas descrições científicas não representam nada mais que traços abstratos.

Encontramos, mais uma vez e sob outra forma, a imagem da rede de teorias com a qual nós tentamos captar a realidade[3] [487]: a rede tem malhas e o espaço entre as malhas é sempre tão grande quanto a porção de realidade que possa escapar. Tão fina quanto teçamos a rede, a realidade é sempre mais fina. Apenas o que é mais grosso fica preso na rede.

Pretendemos mostrar que, em todos os momentos que o problema da liberdade da vontade parece se colocar, trata-se sempre de acontecimentos individuais em toda sua singularidade.

Em primeiro lugar, o exemplo de Bach. Podemos admitir sem mais que todo *acontecimento parcial descritível*, no momento de concepção e de registro [de composição], é, por princípio, repetível. Mas ninguém supõe que haverá dois Bachs completamente idênticos ou duas composições completamente idênticas. A afirmação, que poderia passar por determinista, segundo a qual um indivíduo completamente idêntico em um contexto completamente idêntico reagiria do mesmo modo não é, portanto, naquilo que importa, testável, ela é causal-metafísica. Dois acontecimentos que se produzem em tempos diferentes não podem ser completamente idênticos (ao menos segundo a concepção determinista), pois o segundo é influenciado pelo primeiro. E se nós supomos que eles se situam fora da esfera da realidade, uma identidade no sentido determinista seria certamente pensável, mas poderíamos sempre objetar que a identidade não pode nunca ir além de nossa descrição. A posição determinista leva diretamente em suas consequências a supor que haveria diversas esferas da realidade, que são totalmente separadas umas das outras e que são absolutamente idênticas quanto ao resto; suposição esta que mostra claramente seu caráter metafísico. Se as esferas

---

3 [Cf. Novalis (Friedrich von Hardenberg 1772-1801), *Dialogen* (1798), "Dialog 5": "Hipóteses são redes, apenas capturam aquele que lança..." (publicado em *Novalis Schriften* II., ed. por Friedrch Schlegel e Ludwig Tieck, 1802, p.429); Karl Popper, *Logik der Forschung* (2.-10.ed., 1966-1994). P. XI (=11.ed., *Gesammelte Werke in deutscher Sprache* 3, 2005, p.XV). Ver também "Notas Editoriais", Seção 5; e "Posfácio do Editor", Seção 10, nota 30, N. E. A.] *Eu já tinha a imagem da rede de teorias muito antes de encontrá-la em Novalis – para minha grata surpresa. Mas me parece que essa passagem faz referência a Novalis.

da realidade não são completamente separadas, o determinismo não pode nunca estabelecer uma identidade a título de hipótese, nem mesmo quando a descrição não identifica uma diferença.

Tudo que é individual parece, pois, à medida que é individual, como cientificamente indescritível.[*1]

[488] Não há, portanto, nenhuma oposição entre uma concepção que supõe a predizibilidade completa de tudo o que é descritível e uma concepção que supõe a impredizibilidade de tudo que é individual.

6. Teoria dos dois mundos

A solução kantiana para o problema da liberdade da vontade, que se esforça para conciliar um determinismo da natureza com um indeterminismo que concede espaço para a responsabilidade e para a ação criadora, repousa sobre a teoria dos dois mundos. Ele diferencia o mundo da "natureza" do mundo das "coisas em si". A natureza é ordenada pela atividade da consciência cognoscente – pela ciência, diríamos hoje –; o mundo das coisas em si é incognoscível. Mas enquanto cidadão desse mundo das coisas em si, o indivíduo não está submetido às leis reconhecidas pela ciência, ele não está submetido a elas enquanto coisa natural. Por toda parte em que fazemos considerações científicas, reina, pois, uma regularidade que não podemos conhecer no que concerne ao mundo das coisas em si e que não podemos, pois, afirmar dele.

Essa concepção frequentemente criticada e certamente contraditória parece, entretanto, ter um núcleo correto. Devemos simplesmente, à medida que se trata da presente questão, colocar no lugar da "natureza" kantiana esse extrato que é apreendido por meio das redes das teorias. E no lugar do mundo das "coisas em si", não um mundo inacessível à nossa consciência – que nos é tanto impossível de conhecer quanto um mundo nunca vivenciável –, mas, ao contrário, o mundo concreto vivido por nós nas experiências individuais não repetíveis.

[*1] Essa ideia remonta à minha primeira publicação de 1925. [Ver Karl Popper, "Über die Stellung des Lehrers zu Schule und Schüler: gesellschaftliche oder individualistische Erziehung?", *Schulreform* 4 (1925), p.204 e segs. (in: *Frühe Schriften, Gesammelte Werke in deutscher Sprache* 1, 2006, Nr. 1, texto relativo à nota 4). Cf. também Seção 6, nota *2 e texto relativo a esta. (N. E. A.)]

Se abordamos desse ponto de vista o problema da liberdade da vontade, a queatão se coloca da seguinte forma: tanto quanto possamos repetir os acontecimentos (e inclusive, em princípio, tão frequentemente quanto queiramos poder repeti-los, ao produzir as mesmas condições iniciais), poderemos formular teorias e testá-las. Nós sempre podemos ser mais precisos, sempre colocar questões mais específicas, sempre fazer análises mais minuciosas, sem nunca chegar a um termo: a ciência não tem um domínio-limite (exemplo kantiano da [489] esfericidade do domínio da ciência[1]). A ciência pode, em princípio, responder a todas as questões teóricas que nós podemos em geral formular sobre o mundo; toda questão pode ser formulada de tal modo que seja respondida apenas com sim e não. Mas, ao formular uma questão teórica, nós construímos por meio de universais um "acontecimento" pensável que pode ser repetido, e todo acontecimento que pode ser repetido, pode, em princípio, ser investigado. (Aqui seria o lugar em que consideraríamos a moderna física quântica. Fundamentalmente, ela criou aqui uma situação inteiramente outra, mas nós adotamos nesta investigação uma imagem determinista de mundo [clássica*[1]].)

Mas com todas as nossas interrogações teóricas, não nos aproximamos nunca do indivíduo. Nem mesmo de uma pedra individual: podemos descrever a pedra, predizer talvez uma de suas trajetórias com uma precisão tão grande quanto queiramos, mas nunca uma pedra foi lançada precisamente desse modo e tudo que não pode ser repetido permanece impredizível e também não pode ser questionado.

O fato de termos o hábito de considerar muito mais as pedras no sentido das ciências naturais e os homens, indivíduos deve-se simplesmente a que nos interessamos pelas pedras como meios e por indivíduos como fins. Todas as nossas ações têm fins, fins últimos; a ciência tem a ver apenas com meios que podemos empregar regular e racionalmente a fim de atingir certos fins.

Naturalmente, os homens podem se tornar objetos como as pedras. Mas aqui, justamente ao contrário das pedras, é significativo que só pode-

---

[1] [Cf. Immanuel Kant, *Kritik der reinen Vernunft* (2.ed., 1787), p.790; ver também Volume I: Seção 44, texto relativo à nota 1. (N. E. A.)]

*[1] Cf. meu trabalho "Indeterminism in quantum physics and in classical physics", *The British Journal for the Philosophy of Science* 1 (1950), p.117 e segs., e 1 (1950), p.173 e segs.

mos apreender cientificamente tipos,*² fenômenos típicos descritíveis por meio de universais e que podem ser repetidos, e nunca indivíduos ou aquilo que é puramente individual.

[490] Com isso, se resolve a questão das obras primas únicas, com isso, se explica o que nós entendemos pela originalidade artística. Com isso, se explica também o problema da responsabilidade.

Em todo lugar em que falamos de responsabilidade, pensamos na dimensão de um acontecimento que não é científica e que não pode ser repetida. Todo acontecimento individual não pode, por princípio, ser repetido, mas o que é típico nele é repetível. Se nos interessarmos apenas por esse elemento típico, não consideramos o evento individual como único, de tal forma que não aparece nunca o que chamamos de responsabilidade.*³

Um físico se sente responsável por suas afirmações científicas. Mas ele não sente responsabilidade por cada experimento facilmente repetível. Se, por exemplo, confiarmos a ele um aparelho caro, ele sentirá uma responsabilidade: ele sabe que o aparelho não pode sem mais ser obtido, ser fabricado novamente. A responsabilidade se torna ainda maior se se tratar, por exemplo, de uma obra de arte única, insubstituível, e se torna a maior possível se se tratar de indivíduos humanos. Poderíamos dizer que a responsabilidade é proporcional à impossibilidade de repetição do evento em questão; impossibilidade de repetição em relação àquilo que nos interessa no evento em questão: o que nele é repetível ou o que não é.

Para resumir, poderíamos dizer: entendemos por causalidade a regularidade, a predizibilidade; só podemos falar da determinação causal de eventos típicos suscetíveis de serem repetidos; mas não podemos nunca aplicar a ideia de regularidade, no sentido das ciências naturais, ali onde temos interesse pelo que é individual. Se nós aplicarmos a ideia também ali, iremos além daquilo que a ciência nos permite; nós aplicamos o antigo conceito animista e genético de causa: nós fazemos metafísica da causalidade.

---

*2 Aqui ocorre novamente o ponto de vista que assumi em minhas primeiras publicações. Cf. Seção 5, nota *1. [(3.ed.) Ver *Frühe Schriften* (*Gesammelte Werke in deutscher Sprache* 1, 2006), Nr. 1, texto relativo à nota 3. (N. E. A.)]

*3 Essa afirmação – segundo a qual "responsabilidade" está *sempre* vinculada à individualidade – não me parece correta. Eu tinha, talvez, minhas razões, mas não posso mais reconstruí-las.

A concepção não metafísica*4 do conceito de causalidade deve levar a que não se aplique a ideia de regularidade ali onde nós nos [491] interessamos pelo que é individual, mas apenas ali onde nos interessamos pelo que é típico, e vemos que, precisamente contra essa utilização falsa e contra essa metafísica da causalidade, nós bradamos instintivamente quando sentimos como intolerável a aplicação de considerações deterministas a ações criadoras únicas.

É típico que músicos frequentemente descendam de famílias de músicos: se considerarmos o caso de Bach desse modo, o consideramos com um interesse científico. O evento no caso de uma composição musical pode certamente ser investigado psicologicamente, do mesmo modo que o evento no caso de uma intuição científica. Mas o evento "composição da *Paixão segundo São Mateus*" não pode ser investigado cientificamente, pois ele não pode nunca ser reproduzido. Não podemos descrevê-lo, podemos apenas nomeá-lo; descrevê-lo apenas à medida que é típico e repetível. Se dissermos desse evento que ele é determinado de maneira causal, nós podemos pensar (e com razão) que tudo o que podemos descrever acerca desse evento supostamente é passível de ser investigado psicologicamente, mas vamos adiante e afirmamos, por exemplo, que um indivíduo perfeitamente semelhante a Bach, exatamente na mesma situação, teria escrito igualmente a *Paixão segundo São Mateus*, de tal modo que avançamos afirmações não falsificáveis e, por isso, metafísicas. Não encontramos nem um indivíduo perfeitamente semelhante a Bach, nem uma situação exatamente igual àquela em que ele escreveu a *Paixão segundo São Mateus*.

Não se deve afirmar aqui de forma alguma que a análise feita aqui toca exatamente no que se entende por problema da liberdade da vontade.

---

*4 Essas observações foram escritas com um tom um tanto antimetafísico que não concorda inteiramente com a atitude muito menos antimetafísica de meus trabalhos efetivamente publicados ("Ein Kriterium des empirischen Charakters theoretischer Systeme", *Erkenntnis* 3, 1933, p.426 e seg.; e *Logik der Forschung*, 1934). Mas defendi depois (e defendo ainda hoje) o ponto de vista segundo o qual fazemos um progresso quando podemos tornar uma teoria metafísica falsificável e, com isso, científica. [Para uma versão anterior de "Ein Kriterium des empirischen Charakters theoretischer Systeme (Vorläufige Mitteilung)", ver Apêndice: "Excerto-resumo (1932)", Seção V. Essa "Comunicação provisória" foi publicada novamente na *Lógica da investigação científica* (2.ed., 1966; e edições posteriores), Novo Apêndice *I. (N. E. A.)]

Ocorre o mesmo aqui que ocorria com o problema da simplicidade:[2] pode-se sempre afirmar que é uma [492] outra questão que foi solucionada.[3] Mas, como lá, podemos sempre mostrar também que nossa colocação do problema recobre em parte o problema que está na base da discussão: a aplicação ao problema da responsabilidade foi desde então uma das questões fundamentais, assim como a questão da ação criadora. E a analogia entre nossa solução e a de Kant (sem retomar, com isso, a metafísica de Kant) mostra bem que se tratava, ao menos, de um problema bastante semelhante.

Essa questão também deve ser solucionada pela via da demarcação entre ciência e metafísica.

7. Modificação da problemática pela física quântica?

Pressupomos até aqui uma física determinista. As ideias fundamentais de nossa concepção não nos parecem poder ser alteradas pela moderna física quântica, a ideia (defendida inicialmente por Medicus,[1] e defendida posteriormente de maneira alusiva por Niels Bohr[2]) segundo a qual a solução do problema da liberdade da vontade deveria ser alcançada pelo abrandamento da causalidade física não me parece, como já foi indicado,[3] atingir o núcleo da questão.

A consideração contrária é a que me parece discutível: não uma contribuição das ideias físicas para a solução do problema da liberdade da vontade, que, de um ponto de vista lógico, é evidentemente[*1] um problema da teoria do conhecimento, mas, ao contrário, uma contribuição das considerações da teoria do conhecimento, que não apenas são aplicáveis ao problema

---

2 [Ver Volume I: Seção 15; Karl Popper, *Logik der Forschung*, capítulo V (2.ed., 1966; e edições posteriores: capítulo VII). (N. E. A.)]
3 Cf. Volume I: Seção 15, nota *1 e texto relativo a esta.
1 Fritz Medicus, *Die Freiheit des Willens und ihre Grenzen* (1926). [(3.ed.) Ver, por exemplo, p.84 e segs. (N. E. A.)]
2 Niels Bohr, "Light and life", [in: *IIe Congrès international de la lumière: Biologique, biophysique, therapeutique, Copenhague 15-18 Août 1932* (ed. por A. Kissmeyer, 1932); "Licht und Leben" (trad. alemã de Hertha Kopfermann), *Die Naturwissenschaften* 21 (1933), p.249 e seg.
3 [Ver Volume II (Fragmentos): [VIII.] "Observações sobre o chamado problema da liberdade da vontade", Seção [1]. (N. E. A.)]
*1 Hoje, isso não me parece ser tão evidente.

da liberdade da vontade, mas, como vimos, a qualquer evento, [493] àquelas questões físicas em que não se trata tanto de problemas físicos imediatos (dedução de predições), mas de [sua] interpretação.

Mesmo se a ciência fosse capaz, como supomos até aqui, de responder, em princípio, qualquer questão teórica, isto é, toda questão que diz respeito a conexões regulares e predição de eventos, ela não poderia, mesmo assim, dar nenhuma resposta a questões não teóricas, determinadas pelo interesse voltado a indivíduos.

Ora, como me parece, apoiando-nos na física quântica, que a física não pode, por princípio, dar nenhuma resposta a determinadas questões teóricas [ou apenas uma resposta probabilista, como "a probabilidade é ½"], poderíamos nos perguntar em que medida esse limite do conhecimento físico coincide com a aparição de eventos individuais não repetíveis. Poderíamos ser tentados a argumentar mais ou menos do seguinte modo: a física encontra um limite, um limite do questionamento teórico, e esse limite é o indivíduo, cuja análise não pode ser mais levada a cabo de um ponto de vista físico, o elemento individual sobre o qual repousam todos os eventos físicos.

Poderíamos dizer: se formulamos um enunciado sobre o comportamento de certos tipos de personalidades em certas situações, nós não formulamos um enunciado a respeito de indivíduos singulares, mas a respeito de certos valores médios presentes em todos eles. Do mesmo modo, a física não pode formular enunciados a respeito de individuais, mas apenas a respeito de classes de particulares e a respeito de seus valores médios.

Poderíamos exprimir essa concepção também da seguinte forma: a distinção entre individuais e universais é ainda mais restrita do que havíamos pensado inicialmente.

É certo que ainda podemos, em princípio, colocar novas questões que podem ser respondidas pela ciência, que o número dessas questões é ilimitado e que, desse modo, nós não nos aproximamos nunca do indivíduo. Mas a outra concepção, a saber, que, ao considerarmos, por exemplo, dois eventos ou dois corpos semelhantes, nós nos aproximaremos progressivamente, ao continuar a divisão, de novas diferenças, comporta um erro: ela trabalha, em primeiro lugar, com a falsa suposição de que nossas observações, em princípio, podem sempre continuar a ser refinadas. Como essa suposição é falsa, [494] já que há limites absolutos para os refinamentos de nossas observações, poderia, em certa medida, acontecer de dizermos de dois eventos ou corpos que ele são perfeitamente idênticos nos limites acessíveis em geral à nossa observação. Que tal enunciado não satisfaria a distinção entre noções individuais e universais foi mostrado, por outro lado, pelo fato de que nós podemos certamente atingir os limites da precisão na observação, mas nunca encontrar aí o idêntico, mas sempre a diferença individual, de tal modo que os limites da observação se tornam, ao mesmo tempo, os limites da formação de predições científicas.

Eu considero mesmo tal concepção igualmente metafísica e isso pelas razões já indicadas anteriormente (Seção...[4]): ela extrai da situação atual conclusões que vão muito longe e o faz claramente ignorando a situação lógica que caracteriza os enunciados de probabilidade. Entretanto, eu gostaria de notar que tal concepção é para mim de longe mais simpática que a concepção contrária, a saber, a aplicação da física quântica ao problema da liberdade da vontade. E ela me parece, se buscarmos uma "explicação" para o caráter talvez permanentemente indeterminista da física quântica, ainda mais simpática que aquela forma de indeterminismo, defendida por certos físicos quânticos, que trabalha com uma explicação metafísico-causal, com a ideia de uma perturbação incalculável do objeto observado pelo sujeito de observação. Ela pode apenas "explicar" essa "explicação": a incalculabilidade da perturbação aparece como uma consequência da unicidade da situação.

---

4 [Essa seção já não pode ser encontrada e deve considerada perdida; ver "Pósfácio do Editor", Seção 10, nota 30. Cf. Volume II (Fragmentos): [IV.] "O método de exaustão. – "Estado de coisas" e "fato". – A diversidade infinita", notas 3a e 3b, assim como o texto relativo a essas notas; e Karl Popper, *Logik der Forschung* (1934, 2.ed., 1966; e edições posteriores), Seções 76 e 78. (N. E. A.)]

[495] [X.] O problema do caráter aleatório dos enunciados de probabilidade

[Introdução]

Apenas quando nos situamos no terreno da interpretação frequentista[1] dos enunciados de probabilidade é possível formular rigorosamente o singular paradoxo presente em todas as considerações probabilistas, que, na maioria das vezes, exige que se formule uma explicação precisa por parte da teoria do conhecimento.

O paradoxo consiste no seguinte: há determinadas classes de eventos que costumamos exprimir de um modo singular e estranho. Se, com efeito, para determinadas séries de eventos,[*1] pertencentes a tal classe, nos revelamos incapazes de formular predições sobre os eventos singulares dessa série, nós concluímos, a partir da impossibilidade de predizer o evento singular, a possibilidade de fazer uma predição sobre toda a série, a saber, uma predição frequente.

---

1 [Ver Karl Popper, *Logik der Forschung* (1934), capítulo VI (2.ed., 1966; e edições posteriores: capítulo VIII). Acréscimo (3.ed.) Cf. "Posfácio do Editor", Seção 13, nota 14 e texto relativo a esta. (N. E. A.)]

*1 Eu deveria ter substituído aqui e nas próximas três seções "série de eventos" por "sequência de eventos".

Assim, no caso de um lançamento de dados, nós concluímos imediatamente, do fato de que não podemos fornecer nenhum método racional a fim de fazer uma predição sobre um lançamento determinado (apenas um vidente seria capaz de predizer o próximo lançamento, não conhecemos um método teórico racional para tal predição), que é possível fazer uma predição para toda a série de lançamentos de dados, isto é, uma predição de frequência. No caso de certos eventos para os quais faltam as predições individuais (nós poderíamos pensar igualmente [496] tanto na teoria atômica quanto nas estatísticas de mortalidade), nós admitimos em geral sem dificuldade que aqui, precisamente por essa razão, a estatística ou aplicação do cálculo de probabilidades não falham.

Sempre tivemos a sensação desse paradoxo singular, que consiste em deduzir, da impossibilidade de determinadas predições, outras predições. A teoria subjetiva da probabilidade,[2] na falta de uma visão clara da interpretação frequentista, não podia formular rigorosamente esse paradoxo. Entretanto, era claro para ela que a particularidade dos enunciados de probabilidade consiste em concluir um saber de um não saber (problema da indiferença[3]). A teoria frequentista de [R. von] Mises[4] vê com toda precisão a vinculação entre o caráter aleatório dos eventos singulares e a possibilidade de aplicar o cálculo de probabilidades às séries de eventos. Ela mostra claramente como certas proposições do cálculo de probabilidades (o teorema especial de multiplicação e as proposições que dependem dele) desse caráter aleatório dependem dos eventos singulares e mostra, portanto, que essa conclusão paradoxal tem, na verdade, uma certa legitimidade. Mas ela

---

2 [Ver Karl Popper, op. cit., Seção 48. (N. E. A.)]

3 [John Maynard Keynes, A Treatise on Probability (1921; Über Wahrscheilichkeit, tradução alemã de Friedrich M. Urban, 1926), capítulo IV; ver também Karl Popper, op. cit., Seção 57, nota 2 e texto relativo a essa nota. (N. E. A.)]

4 [Richard von Mises, "[Karl] Marbes 'Gleichförmigkeit in der Welt' und die Wahrscheilichkeitsrechnung", Die Naturwissenschaften 7 (1919), p.168 e segs., 186 e segs. e 205 e segs.; "Fundamentalsätze der Wahrscheinlichkeitsrechnung", Mathematische Zeitschrift 4 (1919), p.1 e segs.; "Grundlagen der Wahrscheinlichkeitsrechnung", Mathematische Zeitschrift 5 (1919), p.53 e segs., e 7, p.323 e segs.; Wahrscheinlichkeit, Statistik und Wahrheit (1.ed., 1928; 4.ed., revista por Hilda Geiringer, Library of Exact Philosophy 7, 1972); "Über kausale und statistische Gesetzmäßigkeit in der Physik", Die Naturwissenschaften 18 (1930), p.145 e segs. (= Erkenntnis 1, 1930, p.189 e segs.); Vorlesungen aus dem Gebiete der angewandten Mathematik I.: Wahrscheinlichkeitsrechnung und ihre Anwendung in der Statistik und theoretischen Physik (1931). Ver também Karl Popper, op. cit., Seção 50. (N. E. A.)]

não explica o paradoxo e não pode nem mesmo compreendê-lo, pois ela fala desde o início apenas das séries de eventos às quais o cálculo de probabilidades deve, por definição, poder ser aplicado: séries para as quais devem poder, por definição, ser formuladas predições de frequência.

Se quiséssemos expressar isso na terminologia de von Mises, nosso paradoxo residiria no fato de que nós podemos, sob certas [497] condições, que não são idênticas à exigência de von Mises de um limite da frequência relativa, concluir, da vigência do caráter aleatório, a existência de tal limite. Uma explicação do paradoxo seria possível, pois, se continuássemos empregando a terminologia de von Mises, apenas se fosse possível mostrar que podemos construir o cálculo de probabilidades unicamente com o auxílio do axioma do acaso, sem um axioma da convergência, ou com o auxílio de outros axiomas mais fracos que este.

Podemos formular essa tarefa também do seguinte modo: trata-se de mostrar quando e sob quais condições nós estamos justificados a concluir tautologicamente do caráter aleatório, isto é, da impossibilidade de uma predição individual, a impossibilidade de uma predição de frequência.

6. Coletivos do primeiro gênero para séries prolongáveis indefinidamente[1]

Pretendemos examinar em que medida nós podemos nos libertar da limitação explícita a classes[2] finitas, sem com isso, entretanto, retomar o conceito de limite na definição de enunciado de probabilidade.

A fim de evitar o conceito de limite, pretendemos inicialmente tornar claro mais uma vez quais objetivos são alcançados com a introdução do conceito de limite.

Certamente *um* dos principais objetivos é chegar à introdução de um valor inequívoco com o qual podemos calcular, substituindo as frequências relativas empíricas que variam a cada série de tentativas. Esse objetivo nos parece poder ser alcançado por um meio diferente da introdução do

---

[1] [As Seções 1-5 já não podem ser encontradas e devem ser consideradas perdidas; ver "Posfácio do Editor", Seção 2. (N. E. A.)]

[2] [Cf. Karl Popper, *Logik der Forschung* (1934, 2.ed., 1966; e edições posteriores), Seções 52 e segs.; ver nota 1, assim como "Posfácio do Editor", Seção 10, texto relativo à nota 26. (N. E. A.)]

conceito de limite. Devemos, para tanto, apenas pensar que o limite de sequências de probabilidade não pode nunca ser alcançado, mas é introduzido [apenas] hipoteticamente. [498] A ocasião para a introdução é, em geral, a descoberta de frequências empíricas que parecem convergir para um certo limite, mas isso não nos interessa aqui; sua discussão pertence obviamente ao conjunto de problemas da teoria do conhecimento.[3] A única coisa que nos importa é que o limite seja introduzido hipoteticamente.

Queremos esclarecer aqui como é possível, mesmo no caso de uma classe finita, que fixemos hipoteticamente a frequência relativa (a partir de quaisquer pressuposições sobre essa classe finita). Podemos nesse caso, por enumeração, determinar se nossas hipóteses ou suas pressuposições eram corretas, ou, se erramos, quão grande é nosso erro. Podemos, por exemplo, contar, entre o número de pressuposições a partir das quais nós formulamos tal hipótese, uma enumeração empírica parcial ou total da classe [considerada]; ou certas pressuposições acerca da composição da classe a respeito da qual podemos saber algo, seja teoricamente, seja empiricamente. Falaremos de uma frequência relativa hipotética ali onde nossa estimativa de uma frequência é determinada por razões empíricas, desde que façamos apenas tal estimativa e calculemos com ela, pois nosso cálculo é válido apenas sob a pressuposição de tal estimativa de frequência e pouco importa de onde a tiremos. No lugar de limite hipotético, nós falaremos, pois, simplesmente de frequência relativa hipotética.

A *segunda* função do conceito de limite é evidentemente possibilitar uma aplicação do conceito de frequência para séries infinitas. Devemos, porém, ter claro que, em determinadas circunstâncias, podemos também inferir classe infinitas, com o auxílio do cálculo de probabilidades, a saber, ali onde uma passagem ao limite pode ser feita por meio de um teste (épsilon). Em geral, porém, não se trata, no cálculo de probabilidades, de sequências infinitas, mas de seus fragmentos finitos que podem ser prolongados indefinidamente e são, pois, semelhantes a potências. Se formos obrigados a definir nosso conceito de probabilidade para sequências infinitas, [então] [499] não evitaremos o problema do limite, pois a frequência relativa de uma sequência infinita terá em geral o valor de uma fração, o infinito pelo infinito, será, portanto, indeterminada; terá um valor determinado apenas ao ser abordada através da passagem ao limite. Mas uma vez que, como

---

3 [Cf. Karl Popper, *op. cit.*, Seção 51, texto relativo à nota 2, e Seção 66. (N. E. A.)]

foi dito, se trata em geral apenas de segmentos finitos, nós obtemos esses fragmentos finitos com nosso conceito de frequência relativa hipotética. No caso de uma sequência que pode ser prolongada indefinidamente, nós diríamos que temos razões (que permanecem por ora incertas) para admitir que uma certa frequência relativa hipotética aparecerá [aproximativamente] em cada segmento finito dessa sequência.

A *terceira* razão que leva à introdução do conceito de limite é esclarecida pela formulação anterior. Uma característica do cálculo de probabilidade é justamente que nós não esperamos a frequência relativa correspondente à frequência relativa hipotética em *qualquer* segmento finito, mas apenas em segmentos finitos *longos*. Devemos, pois, ou modificar nosso conceito de frequência relativa hipotética e dizer que nós não esperamos sempre a mesma frequência relativa hipotética, mas desvios que se tornam menores se a sequência aumenta, ou devemos fornecer regras suplementares específicas para o uso desse conceito. Pretendemos tomar esse último caminho: trata-se evidentemente apenas de especificar os casos em que podemos, no momento de um teste empírico da frequência relativa hipotética de valores, esperar valores menos precisos e quando podemos esperar valores mais precisos.

Por fim, o conceito de espaço da frequência relativa em von Mises tem outro significado formal perfeitamente determinado: sua teoria é construída de tal modo que podemos, a partir da existência de um limite da frequência relativa e do princípio do acaso, concluir a existência de um tal limite e a validade do princípio do acaso no caso dos *coletivos derivados*, isto é, o limite da frequência relativa tem a função formal de ser transmitido (ou, para empregar um termo jurídico, [a existência de] um limite da frequência relativa é "hereditária"). Ora, o conceito de limite é, na realidade, como se pode mostrar, indiferente em relação a esse função. Nossa frequência relativa hipotética também [500] pode (especialmente em conjunção com determinadas exigências aleatórias) executar os mesmos serviços.

Gostaríamos de estipular que, com nosso conceito de frequência relativa hipotética, chegamos ao seguinte: a teoria de von Mises exclui do cálculo de probabilidades, como já vimos anteriormente, o problema da *estimativa* de probabilidade: o cálculo de probabilidades infere, de determinadas probabilidades supostas, outras probabilidades. Poderíamos admitir essa concepção, sem com isso, como a nosso ver a concepção de von Mises sugere, chegar a uma concepção empírico-dogmática da estimativa de probabilidade.

A teoria de von Mises é, com efeito, segundo sua gênese, formulada de maneira indutivo-empirista,[4] e certos indícios apontam ainda hoje essa origem. Ainda que os problemas de estimativa de probabilidade sejam eliminados no cálculo de probabilidade, von Mises dá frequentemente a entender que são (e devem ser) séries de tentativas que nos ajudam na estimativa de probabilidade.[5] Mesmo que esses indícios desapareçam significativamente nos últimos escritos e o caráter hipotético da estimativa seja fortemente assinalado, essa tendência indutivo-empirista da concepção de von Mises fez escola (pensamos, entre outros, em Reichenbach[6]).

Nós levamos a sério a separação feita por von Mises entre os problemas de estimativa e o cálculo de probabilidades. O *cálculo* de probabilidades é, de fato, para nós [como para von Mises] o cálculo de novas probabilidades a partir de certas distribuições iniciais, mas nós não excluímos os problemas de estimativa da *teoria* das probabilidades em geral. A clara constatação de que as estimativas de probabilidade entram no cálculo de probabilidades a título de hipótese é justamente o que nos permite colocar claramente a questão [501] de saber quais suposições nós devemos fazer ao formular essas hipóteses. Nós não nos prendemos nem a uma teoria empirista nem a uma teoria "apriorista" e deixamos aberta a possibilidade, no caso das chamadas probabilidades "aprioristas",[7] de aceitar as frequências estatísticas calculadas como princípio fundamental de nossa estimativa – não ignorando evidentemente o fato de que uma certa hipótese da constância deve acompanhar esse dados empíricos. (Essa hipótese consistirá, por exemplo, em supor que as frequências permanecem aproximativamente constantes enquanto certas "condições limítrofes" empiricamente testáveis não mudam.) De outro lado, nós temos perfeitamente a possibilidade de

---

4 [Cf. Richard von Mises, "[Karl] Marbes 'Gleichförmigkeit in der Welt' und die Wahrscheilichkeitsrechnung", *Die Naturwissenschaften* 7 (1919), p.172 e segs.; "Fundamentalsätze der Wahrscheinlichkeitsrechnung", *Mathematische Zeitschrift* 4 (1919), p.76; "Grundlagen der Wahrscheinlichkeitsrechnung", *Mathematische Zeitschrift* 5 (1919), p.60 e segs. (N. E. A.)]

5 [Richard von Mises, *Wahrscheinlichkeit, Statistik und Wahrheit* (1.ed., 1928; 4.ed., revista por Hilda Geiringer, *Library of exact philosophy* 7, 1972). (N. E. A.)]

6 Hans Reichenbach, "Kausalität und Wahrscheinlichkeit", *Erkenntnis* 1 (1930), p.167 e segs.; "Axiomatik der Wahrscheinlichkeitsrechnung", *Mathematische Zeitschrift* 34 (1932), p.613 e segs. (N. E. A.)]

7 [Ver Karl Popper, *op. cit.*, Seção 57, nota 3 e texto relativo a essa nota. (N. E. A.)]

satisfazer a chamada probabilidade *"a priori"*, isto é, avaliar hipoteticamente certas frequências relativas, não a partir de séries de tentativas empíricas, mas sim a partir de leis da natureza, assim como a partir de um princípio de indiferença clarificado.[8] Assim, em relação a nossa concepção, desaparece a objeção que, como indicamos anteriormente,[9] torna a teoria de von Mises inaceitável para Waismann: este objeta a von Mises que sua teoria não pode explicar por que, sem fazer lançamentos, nós suporemos, acerca de um dado cujo centro de gravidade não coincide com seu centro geométrico, as frequências de que saiam cada uma de suas diferentes faces serão diferentes daquela de um dado perfeito.[10]

Nós observamos que mesmo o conceito clássico de probabilidade concorda com o conceito de limite de von Mises, que a probabilidade 1 é um valor fixo (ao contrário da frequência empírica em condições constantes) e tem, em segundo lugar, a propriedade da "hereditariedade".

Os problemas de estimativa discutidos anteriormente não são problemas do cálculo de probabilidades, que nos apresenta uma inferência de uma frequência relativa hipotética a partir de uma frequência relativa hipotética, mas ainda assim são questões desse conjunto lógico-matemático de problemas que as pressuposições da [502] estimativa examina. Nós pretendemos examinar mais detalhadamente esse problema da estimativa e nos perguntar, inicialmente, para quais tipos de "séries de eventos prolongáveis indefinidamente" ou "classes de eventos" nós podemos fazer em geral tal estimativa ou introduzir uma frequência relativa hipotética.

Complemento. Uma frequência relativa hipotética constante permite uma estrita passagem ao limite; essa estrita passagem ao limite fornece, por sua vez, naturalmente apenas uma frequência relativa hipotética, mas para classes infinitas. Isso é, de resto, trivial. Se a frequência relativa hipotética é constante para todos os subconjuntos finitos de uma classe infinita, trata-se apenas de um modo de expressão diferente ao fazer a passagem ao limite e ao dizer que a frequência relativa hipotética tem também o mesmo valor para a classe infinita.

---

8 [Cf. [Introdução], nota 3 e texto relativo a esta. (N. E. A.)]
9 [Ver nota 1 e "Posfácio do Editor", Seção 10, nota 30. (N. E. A.)]
10 [Friedrich Waismann, "Logische Analyse des Wahrscheinlichkeitsbegriffs", *Erkenntnis* 1 (1930), p.230 e segs. (N. E. A.)]

7. Condições para coletivos do primeiro gênero prolongáveis indefinidamente

A *primeira* condição que devemos impor a uma classe de "eventos" se quisermos aplicar a ela o cálculo de probabilidades é que a classe seja infinitamente contável; isso se deve ao próprio conceito de frequência relativa: nós devemos aqui poder contar os eventos, eles devem, pois, ser descontínuos. As características podem ser descontínuas ou contínuas. Fala-se no primeiro caso de um coletivo "aritmético", no segundo, de um coletivo "geométrico"[1] (nós voltaremos a falar depois[2] sobre a teoria dos coletivos aritméticos e geométricos). Com essa exigência, torna-se possível "numerar" os diferentes eventos de um subconjunto.

[503] A *segunda* condição está ligada ao problema da constância de frequências relativas. Podemos frequentemente, sem saber nada específico sobre a distribuição das frequências relativas, saber algo sobre sua constância ou sua mudança. Um exemplo esclarece isso: imaginemos um jato de água dirigido perpendicularmente a um muro; refletimos sobre a frequência por minuto do encontro de uma gota de água com uma parte determinada do muro. É claro que suporemos, sem saber tudo sobre essa frequência, que ela aumentará com a pressão da água (ou com um aumento de gotas de água por minuto) e diminuirá com a pressão. Além disso, nós suporemos que, com pressão constante, essa frequência diminuirá com o aumento da distância em relação ao muro. Esse tipo de consideração mostra que nós podemos saber se certas condições influenciam a frequência e em que sentido o fazem – sem ter que saber quais valores a frequência em questão assume de fato sob tais condições. De resto, nosso exemplo também mostra que não podemos contar com a constância de tais condições: não é um problema muito difícil da teoria das probabilidades calcular, dadas certas hipóteses, o percurso das funções de probabilidade, por exemplo, no caso das condições que se alteram de maneira contínua. Mas o que nós supomos também nesse caso é que, pela a constância das condições em questão, em uma fase qualquer de sua alteração, a frequência se torna igualmente constante. Por constância da frequência não se deve entender uma

---

1 [Cf. Richard von Mises, "Fundamentalsätze der Wahrscheinlichkeitsrechnung", *Mathematische Zeitschrift* 4 (1919), p.72; "Grundlagen der Wahrscheinlichkeitsrechnung", *Mathematische Zeitschrift* 5 (1919), p.70 e segs. *Vorlesungen aus dem Gebiete der angewandten Mathematik* I.: *Wahrscheinlichkeitsrechnung und ihre Anwendung in der Statistik und theoretischen Physik* (1931), p.28 e segs. (N. E. A.)]

2 [Ver "Posfácio do Editor", Seção 10, nota 27 e texto relativo a essa nota. (N. E. A.)]

constância absolutamente fixa. O que se quer dizer é muito mais: nós supomos uma relação com aquelas condições de frequência de tal modo que nós sabemos que uma modificação das condições influencia continuamente a frequência em um sentido inteiramente determinado, a saber, de tal modo que o espaço lógico das variações, que se mostram constantes para condições constantes, será coberto de maneira inequívoca em uma certa direção. Nós chamamos condições desse tipo de condições limítrofes. O que nós devemos pressupor de um coletivo é, então, o seguinte: suas condições limítrofes devem ou não se alterar de maneira incontrolável, isto é, [504] devemos saber se elas são constantes ou se se alteram e como se alteram, ou devemos saber, à medida que se alteram de maneira incontrolável ou desconhecida, que sua alteração não é regular, mas "aleatória". Dito de outro modo: a alteração das condições limítrofes incontroláveis não pode se desenrolar continuamente em uma direção determinada, mas deve *poder* assumir todos os valores possíveis da série de tentativas. As condições de tentativa devem não apenas não privilegiar nenhum valor nem alguma direção do desenrolar, mas elas devem ser tais que impeçam que um valor seja privilegiado.

Observação. A terminologia deve ser levemente modificada: nós devemos falar, ao invés de condições limítrofes, de condições pertinentes; nós chamaremos de condições limítrofes as condições pertinentes que não se compensam, chamaremos as outras de "condições que se compensam".

O importante é que fique claro que nós não podemos naturalmente examinar todas as condições pertinentes e que nós estipulamos precisamente por hipótese que todas essas condições que não consideramos no cálculo se compensam. O que é decisivo é o *caráter hipotético* de todo o procedimento. Se as estimativas hipotéticas forem injustificadas, isso se mostra na não concordância dos resultados calculados e dos resultados observados.

Se fizermos essas duas suposições sobre uma série de eventos, nós já pressupomos com isso que o cálculo de probabilidades desenvolvido anteriormente[3] é aplicável a essa série de eventos.[4]

---

3 [Cf. Seção 6, nota 1; ver também "Posfácio do Editor", Seção 10 nota 28 e texto relativo a essa nota. (N. E. A.)]
4 [Aqui o manuscrito continua:]
Observações sobre a Seção 5. Discussão dos pressupostos "não vazios"
[Em relação a Karl Popper, *Logik der Forschung* (1934; 2.ed., 1966; e edições posteriores), Seção 58, nota 4 e texto relativo à nota 4 e *3, parece ficar claro que a

[505] 8. O problema das sequências aleatórias

As duas pressuposições da seção anterior não são equivalentes. A [primeira] suposição de uma classe contável é necessária para poder em geral formular frequências relativas hipotéticas evidentes. A segunda suposição se refere, de certo modo, ao sucesso desse teste. Nós podemos esperar um sucesso de uma predição de probabilidade, isto é, de uma predição sobre a frequência relativa de uma série de eventos, apenas se tivermos boas razões para supor que conhecemos as condições limítrofes ou, respectivamente, que elas são ou constantes, ou cambiáveis de maneira regular determinada e conhecida por nós. Se o cálculo de probabilidades se revela inaplicável com sucesso a um domínio que satisfaça a primeira condição, nossas pressuposições eram falsas em relação à segunda condição, isto é, havia alterações regulares das condições limítrofes que não levamos em consideração no cálculo.

Nós podemos, para as nossas duas considerações, desconsiderar o caso das alterações regulares das condições limítrofes e limitá-las às probabilidades constantes, isto é, ao conhecimento das condições limítrofes. O conceito de condições limítrofes contém, porém, apenas o seguinte: se essas condições são constantes, a probabilidade relativa permanece restrita a certos limites. A suposição de uma constância das condições limítrofes é tão geral que sequências de eventos com diferentes caracteres são incluídas nessa suposição. Ela não limita de modo algum a aplicação do cálculo de probabilidades às sequências que têm o caráter particular aleatório, que foi discutido anteriormente. Mesmo uma sequência regular – por exemplo, 0,1,0,1,0,1 ou 0,0,1,1, 0,0,1,1, 0,0,1,1 ou ainda uma sequência de simples unidades –, em suma, as mais diversas sequências formadas regularmente, é tão acessível ao cálculo quanto as sequências aleatórias dos jogos de azar. Isso se deve ao fato de que até aqui não fizemos nada mais do que aplicar o conceito de frequência relativa a sequências prolongáveis indefinidamente. [506] Nós utilizamos para isso o conceito de frequência relativa hipotética e, como fundamento para a

---

expressão "não vazios" se refere à questão sobre se o conceito coletivo é "vazio" (contraditório) ou "não vazio" (livre de contradições). As "observações" e a discussão anunciadas aqui já não podem ser encontradas e devem ser consideradas perdidas; ver também seção 6, nota 1, e "Posfácio do Editor", Seção 10, nota 29 e texto relativo a essa nota. (N. E. A.)]

aplicação a sequências prolongáveis indefinidamente, o conceito de condições limítrofes constantes. Esse conceito é aqui diretamente aplicável sem problemas às sequências cujo caráter regular nós conhecemos. O problema ao qual gostaríamos de nos dirigir aqui é o seguinte:

As sequências *aleatórias* particulares, como as que concorrem nos jogos de azar, permitem uma aplicação ampla do teorema especial da multiplicação, e precisamente da seguinte forma: se nós, ao invés de considerarmos todos os membros da sequência, consideramos, por exemplo, todos os segundos membros ou todos os terceiros membros (na terminologia de [R. von] Mises,[1] trata-se da operação de seleção), a distribuição da frequência relativa não se altera em relação a essa seleção enquanto classe de referência. Diz-se que o coletivo é insensível à seleção dos lugares. Conforme a experiência, os coletivos empiricamente dados de jogos de azar são ainda insensíveis a um outro tipo de seleção de lugares: trata-se da seleção que obtemos ao tornarmos o lugar a ser escolhido regularmente dependente de uma propriedade qualquer do resto da sequência (em particular, [de uma propriedade] de sua vizinhança). Se selecionarmos, por exemplo, os lugares cujo sucessor é 0 ou aqueles cujos dois predecessores são 0 e os dois sucessores são 1, o coletivo se revela insensível para a classe de referência produzida por tal seleção de lugares, isto é, as mesmas frequências relativas aparecem (naturalmente apenas aproximativamente) na nova classe de referência como no coletivo de origem.

Complemento. Quanto mais preciso nosso conhecimento das condições relevantes, quanto mais condições relevantes entrarem nas condições limítrofes e quanto mais importantes elas forem, tanto menores se tornam as variações da [507] frequência relativa e tanto menor é a dispersão. Problema: Há aqui uma passagem para a regularidade estrita?

As condições que se compensam não desempenham absolutamente nenhum papel na primeira estimativa de probabilidade. O exame da dispersão

---

1 [Cf. Richard von Mises, "[Karl] Marbes 'Gleichförmigkeit in der Welt' und die Wahrscheilichkeitsrechnung", *Die Naturwissenschaften* 7 (1919), p.171 e segs.; "Grundlagen der Wahrscheinlichkeitsrechnung", *Mathematische Zeitschrift* 5 (1919), p.57 e segs.; *Wahrscheinlichkeit, Statistik und Wahrheit* (1.ed., 1928), p.38 e seg. (4.ed., revista por Hilda Geiringer, *Library of Exact Philosophy* 7, 1972, p.45 e seg.); *Vorlesungen aus dem Gebiete der angewandten Mathematik* I.: *Wahrscheinlichkeitsrechnung und ihre Anwendung in der Statistik und theoretischen Physik* (1931), p.74 e seg. (N. E. A.)]

se refere a uma probabilidade de ordem superior. A primeira estimativa de probabilidade repousa exclusivamente sobre as condições limítrofes. Para a probabilidade *a posteriori*, basta o que foi dito até aqui.

(Acusou-se von Mises de não compreender seu conceito de seleção de lugares com suficiente precisão.[2] Eu considero essa acusação imprópria.[3])

Quais as relações entre o caráter irregular particularmente intuitivo das sequências aleatórias e da aplicabilidade da operação de seleção – ou do teorema especial da multiplicação – e essa operação?

Essa questão nos leva de volta àquela que chamamos justamente de paradoxo do cálculo de probabilidades. Como podemos concluir a aplicabilidade do cálculo de probabilidades (em nosso caso, o teorema especial da multiplicação) do fato de que não podemos formular nenhuma predição racional para um membro qualquer da sequência?

A resposta seguinte seria óbvia: se nós podemos formular uma predição a partir do desenrolar da série de tentativas, o resultado depende evidentemente (ao menos segundo nossa hipótese) do percurso da série de tentativas; uma seleção que leve em conta essa dependência deveria levar (novamente, ao menos segundo nossa hipótese) a uma série que já não tem o caráter aleatório da sequência de origem, mas consiste, por exemplo, em puras *unidades*. Mas essa resposta não é satisfatória por duas razões.

Em primeiro lugar, porque ela não explica o caráter insensível da nova frequência relativa: ela explica certamente porque, [508] se não podemos fazer predições, não chegamos pela seleção de lugares a nenhuma sequência estritamente regular, mas ela não explica porque as frequências relativas permanecem as mesmas.

Em segundo lugar, essa resposta leva em conta apenas a construção da série, a sucessão dos membros da série. A resposta aplicar-se-ia também, consequentemente, a uma série cujos membros se seguissem de maneira aleatória, mas que seria constituída de simples elementos eventuais, todos predizíveis.

---

2 [Cf. Herbert Feigl, "Wahrscheinlichkeit und Erfahrung", *Erkenntnis* 1 (1930), p.256. (N. E. A.)]

3 [Cf. Karl Popper, *Logik der Forschung* (1934, 2.ed., 1966; e edições posteriores), Seção 58, notas 2 e *1, assim como o texto relativo a essas notas. (N. E. A.)]

O problema do caráter aleatório dos enunciados de probabilidade

(Aqui reside um ponto importante, pois, na verdade, as considerações de probabilidade são aplicáveis não apenas a séries aleatórias de eventos, para as quais não dispomos de nenhum meio de predição, mas também a séries de eventos constituídas de elementos em si mesmos predizíveis, mas de modo que não existe entre esses elementos nenhuma conexão regulando-as. É importante que este seja o caso mais geral. O cálculo de probabilidades enquanto teoria das sequências construídas de maneira aleatória é muito mais geral que a teoria da probabilidade enquanto teoria dos jogos de azar.)

Apêndice
[511] Excerto-resumo (1932) de *Os dois problemas fundamentais da teoria do conhecimento*

Observação preliminar

Este pequeno escrito é um resumo do manuscrito de meu livro (planejado em dois volumes): *Os dois problemas fundamentais da teoria do conhecimento*, Volume I: O problema da indução (experiência e hipótese), Volume II: O problema da demarcação (experiência e metafísica).

Na presente nota, as Seções I a V, VII, IX e X são tiradas do Volume I, já pronto para a publicação, em parte literalmente (por exemplo, a Seção I), em parte acrescidas de complementos. A Seção V aparecerá, com o título "Um critério do caráter empírico dos sistemas teóricos", enquanto "comunicação provisória", no próximo volume da revista *Erkenntnis*.[1] Ela pode ser considerada como o *resumo* mais curto de minhas ideias fundamentais.

---

1 [*Erkenntnis* 3 (1933), p.426 e seg.; Karl Popper, *Logik der Forschung* (2.ed., 1966; e edições posteriores), Novo Apêndice *I. A Seção V é uma versão *anterior* dessa "comunicação provisória". Ver "Posfácio do Editor", Seção 6, notas 8, 9 e 15-17, assim como o texto relativo a estas. (N. E. A.)]

As tabelas em apêndice devem substituir as investigações críticas detalhadas, que dão ao livro sua fisionomia, mas que não puderam ser retomadas aqui.[2]

I. Exposição do problema

O problema da indução e o problema da demarcação. Duas questões estão no centro desta investigação: o problema da indução e o problema da demarcação.

[512] O *problema da indução*

Podemos observar apenas determinados eventos e apenas um número limitado de eventos. Entretanto, as ciências empíricas formulam *proposições universais*, por exemplo, as leis da natureza; proposições estas que devem ser válidas para um número ilimitado de eventos. Com que direito tais proposições podem ser formuladas? O que se quer dizer com tais proposições? Essas questões indicam os contornos do problema da indução: por "problema da indução" designa-se aqui a questão da validade ou da justificação das proposições universais das ciências empíricas. Dito de outro modo: enunciados factuais, que se baseiam na experiência, podem ser válidos universalmente? Ou dito de modo mais direto: é possível saber mais do que se sabe?

O *problema da demarcação*

As ciências empíricas, como mostra sua história, surgiram quase todas do seio da metafísica: a última forma pré-científica delas foi uma forma especulativo-filosófica. Até mesmo aquela mais desenvolvida entre elas, a física, talvez não tenha até hoje se livrado completamente dos últimos resquícios de seu passado metafísico. Apenas em tempos recentes é que ela foi submetida a um intenso processo de purificação: raciocínios metafísicos (por exemplo, o espaço absoluto e o tempo absoluto de Newton, o éter em repouso de Lorentz) foram impiedosamente eliminados. – Assim como a física, as ciências menos desenvolvidas (por exemplo, a biologia, a psicolo-

---

2 [Esse "Apêndice em tabelas" foi omitido aqui, pois é idêntico ao do Volume I: "Apêndice: A crítica do problema da indução exposta esquematicamente". Ver "Posfácio do Editor", Seção 6, texto relativo à nota 5. (N. E. A.)]

gia, a sociologia) sempre estiveram presas a elementos metafísicos de peso desigual e isso continua assim até hoje. Com efeito, até mesmo a concepção de que a metafísica deve ser eliminada como "não científica" é contestada por muitos defensores de tais ciências.

A rejeição da metafísica é justa ou não? O que se quer dizer exatamente com os termos "metafísica" e "ciência empírica"? Podem-se estipular aqui distinções rígidas, estabelecer limites determinados? Essas questões – que indicam os contornos do problema da demarcação – têm uma importância geral e decisiva. Toda forma de empirismo deve exigir, sobretudo da teoria do conhecimento, a certificação da [513] ciência empírica contra as pretensões da metafísica:

A teoria do conhecimento deve estabelecer um critério rígido e universalmente aplicável que permita distinguir enunciados das ciências empíricas de afirmações metafísicas ("critério de demarcação"). – Chamo de "problema da demarcação" a questão sobre o critério de demarcação. Dito de outro modo: como se pode, em caso de dúvida, decidir se temos diante de nós uma proposição científica ou "apenas" uma afirmação metafísica? Ou dito de modo simples: quando uma ciência não é uma ciência?

Considero essas duas questões, o *problema da indução* e o *problema da demarcação*, os dois problemas fundamentais da teoria do conhecimento em geral. O interesse maior será dedicado ao problema da demarcação: ele não tem, de modo algum, apenas uma importância teórico-filosófica, mas tem maior atualidade para as ciências particulares, especialmente para a prática científica das ciências menos desenvolvidas. Considerado do ponto de vista filosófico e epistemológico, ele figura como o problema fundamental ao qual podem ser reduzidas *todas as outras questões* da teoria do conhecimento, incluindo o problema da indução.

Essas questões *da teoria do conhecimento* são completamente diferentes, por exemplo, das questões da *psicologia* sobre como nosso conhecimento, de fato, se dá. Não se trata de perguntar sobre o modo como chegamos a nossos enunciados científicos, como eles surgem, mas sim sobre sua *fundamentação*, sobre sua *justificação*, sobre sua *validade*: as questões de *teoria do conhecimento*, enquanto questões de *justificação* e de *validade* (Kant: "*quid juris?*"), devem ser distinguidas estritamente das *questões de fato* ("*quid facti?*") da *psicologia* do conhecimento (e de questões histórico-genéticas), isto é, de questões de *descoberta* do conhecimento.

A concepção segundo a qual a teoria do conhecimento deve se preocupar apenas com questões de validade, e não com questões de fato, torna-se, em certa medida, um método universal para as ciências empíricas. Pois método, na ciência, não é o modo como se *descobre*[1] algo, mas um procedimento por meio do qual se *justifica* algo.

[514] II. O método transcendental da teoria do conhecimento

A teoria do conhecimento é uma *metodologia* geral *da ciência empírica*. Ela não determina os métodos da ciência empírica de maneira meramente descritiva, mas tenta explicar os métodos da ciência empírica, isto é, *inferi-los dedutivamente* de um pequeno número de princípios ou definições. Ela é, pois, uma *teoria dos métodos*.

A mais importante dessas definições é a do conceito de "ciência empírica", que remete ao "critério de demarcação", isto é, ao critério de distinção entre sistemas empírico-científicos e sistemas metafísicos.

Outros conceitos importantes da teoria dos métodos (que podem, em parte, ser introduzidos e, em parte, definidos) são, por exemplo, os conceitos de "teoria", "predição", "dedução", "falsificação empírica".

As proposições fundamentais da teoria dos métodos são controversas. Como se pode decidir essa disputa? De duas maneiras:

1. Por *meios lógicos*, soluções contraditórias podem ser eliminadas.

2. Por meio do *método transcendental*: os resultados da teoria dos métodos são comparados com os métodos efetivamente utilizados com sucesso pelas ciências empíricas. As teorias do conhecimento que não são capazes de apresentar o procedimento metodológico efetivo de modo satisfatório devem ser consideradas – e nisso consiste o método transcendental – como falhas.

As diversas teorias do conhecimento devem, pois, entrar em concorrência transcendental. Pois muitas teorias do conhecimento parecem coerentes e satisfatórias, mas falham se são colocadas diante dos problemas metodológicos que são levantados por outras teorias do conhecimento. Mas é preciso notar que apenas a *falha transcendental* é decisiva, isto é, uma contradição com um procedimento de fundamentação efetivamente existente.

---

1 [Ver Volume I: Seção 1, nota *1, assim como notas 1 e 2 e o texto relativo a estas. (N. E. A.)]

(Essa crítica transcendental pode ser concebida como *crítica imanente*, uma vez que ela deve, conforme seu conceito, descrever os métodos. – É preciso distinguir esse procedimento da *crítica transcendental*, usual na teoria do conhecimento, mas ilegítima,[1] [515] que consiste em rejeitar uma teoria do conhecimento como contraditória, pois ela estaria em contradição com os pressupostos teóricos de uma concepção estranha.)

A concorrência leva à descoberta de *oposições* entre as teorias, sendo possível às vezes uma decisão transcendental entre elas. (O método da concorrência pode ser chamado de "método dialético".)

Segundo a concepção indicada aqui, a teoria do conhecimento é uma ciência teórica, na qual há estipulações livres (por exemplo, definições), que não consistem, entretanto, *em meras convenções arbitrárias*, mas em proposições que são refutáveis pela comparação com o procedimento efetivo de fundamentação da ciência.

Ela está para a ciência assim como esta, para a realidade efetiva; o método transcendental é um análogo do método empírico.

A teoria do conhecimento é uma ciência da ciência, é uma ciência secundária, uma ciência de tipo superior.

A fim de não deixar nenhuma dúvida quanto à concepção defendida aqui acerca do conceito de "transcendental", formulemos a tese fundamental do transcendentalismo:

As afirmações e as construções conceituais da teoria do conhecimento devem ser submetidas à comprovação crítica do procedimento de fundamentação efetivo das ciências empíricas; e apenas essa comprovação – transcendental – pode decidir acerca do destino de tais afirmações.

III. Dedutivismo e indutivismo

As teorias do conhecimento podem ter uma orientação *dedutivista* ou *indutivista*, conforme a importância que concedam à dedução (a inferência lógica) e à indução (generalização). O *racionalismo clássico* (Descartes, Spinoza), por exemplo, tem uma orientação estritamente dedutivista (seu modelo é a dedução geométrica), o empirismo clássico, ao contrário, tem

---

1 [Cf. Volume I: Seção 9, nota *1 e texto relativo a esta. (N. E. A.)]

uma orientação *indutivista*. [516] O indutivismo radical (por exemplo, Mill) recusa a importância da dedução; um ponto de vista dedutivista análogo, que recusa a importância da indução, é a ideia fundamental da concepção defendida aqui.

A tese desse *dedutivismo consequente* pode ser formulada da seguinte forma: não há nenhuma indução de qualquer tipo que seja; a concepção bastante difundida segundo a qual a generalização é um método científico se assenta sobre um *erro*. As únicas inferências permitidas indo na direção indutiva são as inferências dedutivas do *modus tollens*. (As deduções de todos os tipos são permitidas, mas suas premissas são sempre hipotéticas.)

Essa ideia de uma teoria do conhecimento estritamente "dedutivista" pode ser levada a cabo e conduz, se sustentada de maneira consequente, a soluções simples de todos os problemas da teoria do conhecimento colocados até hoje.

A concepção defendida aqui combina o *dedutivismo* com o *empirismo*, isto é, parte-se do ponto de vista da *tese empirista fundamental* segundo a qual apenas a experiência pode decidir acerca da verdade ou falsidade de quaisquer enunciados factuais.

(A "experiência" é, portanto, um método determinado de decisão acerca das proposições ou dos sistemas de proposições.)

IV. O teorismo – A objetividade científica

Chamo de "teorismo" o ponto de vista (que representa uma consequência do dedutivismo) segundo o qual a tarefa da ciência natural (da ciência da realidade em geral) não é a representação de fatos individuais, mas a formação e o teste de teorias. (Esse ponto de vista concorda objetivamente com aqueles que, na antiga terminologia, consideravam que a tarefa a ciência era a *explicação sistemática* dos fatos.) O teorismo pode (segundo Kant) ser sustentado pelo conceito de objetividade científica.

A *objetividade científica* consiste em que os resultados científicos podem ser testados, em princípio, por qualquer um que tem uma formação crítica suficiente (*testabilidade intersubjetiva*). (Toda tentativa de *explicar* que, [517] de fato, há tais conhecimentos testáveis intersubjetivamente conduz à insolúvel "antinomia da incognoscibilidade do mundo", isto é, à metafísica.)

Testabilidade, e inclusive testabilidade intersubjetiva, pressupõe a formação de teorias (hipóteses). Pois é testável apenas o que é, em algum sentido, repetível, isto é, testável é apenas uma regularidade presumida.

A objetividade científica pressupõe, com isso, a formação de teorias e o teste de teorias ("Teorismo"). Conhecimento científico (como Kant já sabia) é possível apenas se permite encontrar leis que se confirmem.

O *teorismo empirista*, que é defendido aqui, é o ponto de vista segundo o qual teorias empírico-factuais devem ter sempre o caráter de hipóteses, de suposições provisórias.

V. Breve indicação da solução dos dois problemas fundamentais da teoria do conhecimento[1]

1. (Questão preliminar.) O "problema (humeano) da indução", a questão sobre a validade das leis naturais, surge de uma (aparente) contradição entre a "tese fundamental do empirismo" (apenas a "experiência" pode decidir acerca da verdade ou falsidade de um enunciado factual) e a descoberta humeana da *ilegitimidade das provas indutivas (generalizantes)*. – Influenciado por Wittgenstein, Schlick[2] acredita poder solucionar essa contradição pela suposição de que as leis naturais "não são enunciados genuínos", mas "instruções para a formação de enunciados", isto é, uma certa forma de "pseudoproposições". Essa tentativa de solução (ao que me parece, puramente terminológica) compartilha com todas as tentativas antigas (por exemplo, com o "apriorismo", o "convencionalismo" etc.) um [518] pressuposto não justificado, a saber, que todas as *proposições genuínas* devem ser "completamente decidíveis" (verificáveis *e* falsificáveis), isto é, tanto uma verificação empírica (definitiva) quanto uma falsificação empírica devem ser *logicamente possíveis*. – Se eliminarmos esse pressuposto, a contradição do "problema da indução" é solucionada facilmente: as leis naturais ("teo-

---

[1] Esta seção é (com exceção da última frase) idêntica à nota "Ein Kriterium des empirischen Charakters theoretischer Systeme" (ver "Observação preliminar"). [A Seção V é uma versão anterior dessa "nota"; ver "Observação preliminar", nota 1. (N. E. A.)]

[2] Moritz Schlick, "Die Kausalität in der gegenwärtigen Physik", *Die Naturwissenschaften* 19 (1931), p.156. [(3.ed.) Ver também *op. cit.*, p.151; assim como Volume I: Seção 19, nota 1 e texto desta nota. (N. E. A.)]

rias") podem, sem contradição, ser consideradas como enunciados factuais "parcialmente decidíveis" (isto é, não verificáveis por razões lógicas, mas *exclusivamente falsificáveis*), que podem ser testados metologicamente por meio de tentativas de falsificação.

Essa tentativa de solução tem a vantagem de também abrir caminho para a solução do segundo (e genuíno) problema fundamental da "teoria do conhecimento":

2. (Questão principal) Esse problema, o "problema da demarcação" (a questão kantiana sobre os limites do conhecimento científico), pode ser definido como a questão acerca do critério de *diferenciação entre afirmações "empírico-científicas" e afirmações "metafísicas"* (proposições e sistemas de proposições "empírico-científicos" e proposições e sistemas de proposições "metafísicos"). – Conforme a tentativa de solução de Wittgenstein,[3] o "conceito de sentido" realiza a demarcação: toda "proposição com sentido" (enquanto "função de verdade de proposições elementares") deve ser redutível logicamente a enunciados observacionais (singulares) (e pode ser inferida destes); se uma suposta proposição se revela como impossível de ser inferida, ela é "sem sentido", "metafísica", ela é uma "pseudoproposição": *a metafísica é sem sentido*. Com esse critério de demarcação, o positivismo pareceu ter realizado uma superação da metafísica mais radical que a antiga superação da metafísica. Mas esse radicalismo, ao recusar a metafísica, recusa também a ciência natural: as leis da natureza também não podem ser inferidas dos enunciados observacionais (problema da indução!); com a aplicação consequente do critério de sentido wittgensteiniano, elas também não seriam nada mais do que "pseudoproposições sem sentido", do que "metafísica". Com isso, essa tentativa de demarcação falha. – No lugar do dogma de sentido e seus pseudoproblemas, pode entrar o *"critério de falsificabilidade"* como critério de demarcação (isto é, uma [519] decidibilidade ao menos *exclusiva*): só dizem algo sobre a "realidade empírica" as proposições que podem ser colocadas em xeque por ela, isto é, as proposições acerca das quais podemos dizer em quais condições elas devem ser consideradas como empiricamente refutadas.

Assim, o fato de admitir proposições *parcialmente decidíveis* soluciona não apenas o "problema da indução" (há apenas um tipo de inferência

---

3 Ludwig Wittgenstein, *Tractatus logico-philosophicus* (1918/1922). [(3.ed.) Cf. Volume I: Seção 44. Acerca da questão kantiana sobre os limites do conhecimento científico, ver Volume I: Seção 44, nota 1 e texto relativo a esta, assim como Volume II (Fragmentos), [IX], Seção 6, texto relativo à nota 1. (N. E. A.)]

indo na direção indutiva, a saber, o *modus tollens* dedutivo), mas também o "problema da demarcação" (tanto quanto todos os problemas que estão na base da "teoria do conhecimento"); o "critério de falsificabilidade" permite demarcar com suficiente precisão as "ciências empíricas", os sistemas científicos dos sistemas metafísicos (mas também dos sistemas convencionalista-tautológicos), sem, entretanto, ter que declarar a metafísica (da qual surgem – consideradas historicamente – as ciências empírico-científicas) como "sem sentido". – Poder-se-ia definir, portanto, as "ciências empíricas" (segundo uma variação generalizadora da conhecida fórmula de Einstein[4]) com a seguinte proposição: *Na medida em que as proposições de uma ciência se referem à realidade, elas devem ser falsificáveis, e uma vez que elas forem falsificáveis, elas não se referem à realidade.*

A análise lógica mostra que o critério da *"falsificabilidade"* (*exclusiva*) desempenha um papel precisamente análogo nos sistemas empírico-científicos ao papel desempenhado pela *"não contradição"* nos sistemas científicos em geral: um sistema de princípio *contraditório* é compatível com qualquer proposição que se queira (e, portanto, com qualquer conjunção de proposições que se queira),[5] não diferenciando, pois, nenhuma proposição no conjunto de todas as proposições possíveis; do mesmo modo, um sistema não falsificável é compatível com toda "proposição empírica" concebível, não diferenciando nenhuma proposição no conjunto de todas as proposições "empíricas" possíveis.

[520] VI. Pressupostos da falsificabilidade – Construção das teorias

São falsificáveis em sentido estrito apenas sistemas teóricos inteiros, não proposições individuais. É possível, no entanto, sob determinadas condições e certos pressupostos, testar sistemas parciais de teorias relativamente isolados. Esse caso é da maior importância metodológica ("Quase indução", "certificação gradual").

---

4   Albert Einstein, *Geometrie und Erfahrung* (1921), p.3 e seg. [(3.ed.) Cf. Volume I: Seção 2, texto relativo à nota 1; assim como Seção 30, texto relativo à nota 12. (N. E. A.)]

5   [Esse parêntese foi introduzido em K_1, julho de 1933. Ver "Posfácio do Editor", Seção 6, notas 16 e 17, assim como o texto relativo a estas. (N. E. A.)]

Além disso, apenas um sistema *fechado* é falsificável. Se admitirmos hipóteses *ad hoc*, a teoria pode sempre, em princípio, ser contra toda falsificação e se tornar empiricamente destituída de sentido, ou ainda convencionalista-tautológica ou metafísica.

Se a condição de falsificabilidade for dada, a condição para o sistema se fechar assume uma forma mais precisa: ele é substituído pelo princípio de uso mais econômico possível de hipóteses.

Os princípios das teorias (tanto não empíricas quanto empíricas) podem ser concebidos como definições implícitas dos conceitos fundamentais que ocorrem nelas. Isso é evidente para as teorias não empíricas, mas, no caso das teorias empíricas, considera-se normalmente que os conceitos fundamentais devem ser concebidos como constantes não lógicas ou algo parecido e que algo na realidade é correlacionado a eles. Essa concepção é insustentável nessa forma (em particular, a concepção dada de definições ostensivas). Pois que um conceito fundamental possa ser correlacionado a seu objeto na realidade significaria que conceitos universais designam objetos identificáveis (isto é, a tese *"universalia sunt realia"* em uma forma primitiva).

As coisas se passam de tal forma que mesmo os conceitos universais das ciências *empíricas* são definições implícitas. A correlação com a realidade não ocorre no caso de conceitos universais, mas apenas no caso da *teoria em sua totalidade, com todos os seus conceitos* (pelo fato de que é indicado em quais circunstâncias ela deve ser considerada como refutada). Dito de outro modo: a correlação ocorre pelo método de decisão sobre as *consequências* particulares da teoria, pela decisão sobre as predições deduzidas *nas quais os conceitos fundamentais já não ocorrem*. (A correlação é a *aplicação* da [521] teoria, a *prática*, ela repousa sobre decisões práticas – uma observação que torna urgente uma discussão da distinção entre os pontos de vista transcendental e da psicologia do conhecimento.)

VII. Método transcendental e método psicológico – A eliminação da base subjetivo-psicológica

Quase todas as teorias do conhecimento existentes até agora (poderíamos mencionar como única exceção o convencionalismo e, mesmo este, com grandes ressalvas) confundem, no que diz respeito à questão da base de nossos conhecimentos empíricos, elementos transcendentais e elementos psicológicos. A razão para isso é bastante simples (e foi assinalada com grande precisão por Fries): se não quisermos introduzir proposições *dogmaticamente*, devemos justificá-las. Se, no caso da questão sobre a justificação de proposições, evitamos respostas psicologistas, isto é, subjetivas, vamos ao infinito. Pois, se não quisermos evocar sua convicção, a percepção, a evidência, o conhecimento imediato ou coisas parecidas (tudo que é subjetivo, psicologista), podemos *justificar proposições apenas por meio de proposições*, que, se não forem introduzidas dogmaticamente, precisam, por sua vez, evidentemente ser justificadas. (Fries constrói sobre essa consideração sua teoria do "conhecimento imediato";[1] a percepção ou a intuição, por exemplo, são para ele um conhecimento imediato, que não precisam de outra justificação e às quais se reduzem as proposições.) Todas as teorias positivistas procedem de maneira similar, mesmo em suas formas mais recentes (as proposições elementares de Wittgenstein,[2] os enunciados protocolares de Carnap[3] – sejam eles considerados [522] "dentro"[4] ou "fora"[5] da linguagem do sistema; portanto, também os enunciados protocolares de Neurath[6]).

Todas essas concepções não resistem à crítica transcendental. Pois essa crítica mostra que percepções e observações (mais precisamente: enunciados de percepção e enunciados observacionais) não são nunca reconhecidos,

---

1 [(3.ed.) Ver Volume I: Seção 11, nota 39 e texto relativo a esta; assim como Novo apêndice *II: "A teoria do conhecimento imediato de Nelson e Fries". (N. E. A.)]
2 [(3.ed.) Ludwig Wittgenstein, *Tractatus logico-philosophicus* (1918/1922), proposições 4.21, 4.211, 4.22, 4.25, 4.26, 4.3, 5, 5.01, 5.134, 5.135; Rudolf Carnap, "Über Protokollsätze", *Erkenntnis* 3 (1932), p.228; ver também Volume I: Seção 44, notas 16 e 17, assim como o texto relativo a estas. (N. E. A.)]
3 [(3.ed.) Rudolf Carnap, *op. cit.*, p.215 e segs. Ver Carta de Popper a Carnap, 23 de outubro de 1932 (Arquivo Popper, Fasc. 282,24), p.[3]; assim como "Posfácio do Editor", Seção 6, notas 12-15 e texto relativo a essas. (N. E. A.)]
4 [(3.ed.) Rudolf Carnap, *op. cit.*, p.222 e segs.: "Segunda forma da linguagem: enunciados protocolares dentro da linguagem do sistema". (N. E. A.)]
5 [(3.ed.) Rudolf Carnap, *op. cit.*, p.216 e segs.: "A primeira forma da linguagem: enunciados protocolares fora da linguagem do sistema". (N. E. A.)]
6 [(3.ed.) Rudolf Carnap, *op. cit.*, p.215 e seg., p.223 e seg., 226 e 228. Otto Neurath, "Protokollsätze", *Erkenntnis* 3 (1932), p.204 e segs. Ver Carta de Popper a Carnap, 23 de outubro de 1932 (Arquivo Popper, Fasc. 282,24), p.[3]. (N. E. A.)]

não são nunca levados a sério se não forem intersubjetivamente testáveis – mesmo que tenham atrás de si a convicção subjetiva mais forte (que se pense nos relatos sobre a serpente marinha![7]). Elas não entram na ciência sequer a título de material provisório, *quando muito*, entram como incitações ou colocações de problemas.

Na ciência, convicções subjetivas, de qualquer espécie que seja, não podem nunca ter significado metodológico, mas apenas histórico-genético; isso resulta do conceito de objetividade científica (ver IV): proposições são científicas apenas se são "objetivas", isto é, intersubjetivamente testáveis. (As tentativas que recorrem a proposições elementares ou enunciados protocolares têm evidentemente por objetivo eliminar toda base subjetiva da ciência, ainda que não por razões transcendentais ou por razões objetivas, mas por tendências fisicalistas. Entretanto, elas não conseguem levar a cabo essa eliminação, ao contrário, apenas traduzem meramente as proposições de percepção psicológicas em relatos fisiológicos sobre os enunciados perceptivos de pessoas fisiológicas; elas não são nada mais que uma reconstrução fisicalista da teoria psicologista da base perceptiva das ciências empíricas.)

A única eliminação possível da base psicologista subjetiva da ciência consiste evidentemente em supor determinadas proposições como verdadeiras *arbitrariamente, por convenção,* [523] isto é, sem nenhuma outra justificação científica. A ciência recorre a tais proposições quando ela pretende declarar outras proposições (sistemas teóricos) como confirmadas ou falsificadas. Elas formam, portanto, a base, os pontos extremos (arbitrários) da inferência dedutiva; elas são proposições em que se cessa a dedução a partir de teorias, elas são as premissas do *modus tollens*. (Elas não devem ser *explicitamente* estipuladas como verdadeiras ou falsas; isso acontece na maioria das vezes apenas pelo fato de que as regras de inferência lógicas são aplicadas a elas, sobretudo aquela do *modus tollens*.)

Uma concepção como a defendida anteriormente deve suscitar obviamente a mais dura oposição. Ela parece à primeira vista escancarar a porta a uma estipulação dogmática de enunciados de base ou (o que não seria evidentemente melhor) para transformar a ciência empírica em um sistema de convenções e, com isso, borrar a distinção entre sistemas teóricos empí-

---

7 [(3.ed.) Cf. Volume I: Seção 11, texto relativo à nota 53a. (N. E. A.)]

ricos e não empíricos, isto é, entre sistemas convencionalista-tautológicos (exemplo: a matemática, a geometria pura) e a ciência empírica (exemplos: a física matemática, e geometria física).

É preciso responder a essa objeção com uma precisão (e um problema): a estipulação convencionalista dos enunciados de base não é arbitrária no sentido de que qualquer proposição poderia ser tomada como enunciado de base; ela é arbitrária apenas no sentido de que convenções podem ser qualificadas de arbitrárias à medida que são proposições cujo valor de verdade resulta não de uma *justificação*, mas de uma *decisão*. Tais decisões, por meio das quais os enunciados de base da ciência empírica são estabelecidos, não são de modo algum "arbitrárias", mas regidas de modo bastante determinado por princípios metodológicos. É decisivo apenas que não se trata de proposições *justificadas*, mas de proposições *decididas*, e que a *regulamentação metodológica de tomada de decisão* é algo totalmente diferente da *justificação de uma proposição*.

A questão decisiva é, portanto, a seguinte: por meio de quais regras metodológicas ou estipulações de seus enunciados de base a ciência empírica se distingue?

Como chegamos a uma concepção correta da ciência empírica entre convencionalismo e positivismo? Pois evidentemente o ponto de vista desenvolvido significa (do [524] ponto de vista do positivismo) uma concessão considerável ao convencionalismo. Mas como, de outro lado, o empirista deve permanecer em pé, é preciso – do ponto de vista convencionalista – uma aproximação com o positivismo, obviamente não com suas teorias, mas com algumas de suas orientações, a saber, suas orientações empiristas.

Nota histórica. (A concepção defendida aqui[8] está quanto a isso mais próxima da concepção kantiana e friesiana do que do positivismo. Pois essa concepção tem a vantagem de reconhecer que deve haver certas proposições últimas e inclusive *objetivas* da ciência – justamente os enunciados de percepção de que se trata aqui na discussão da base empírica, mas também de outras – que não são suscetíveis de uma derivação objetiva. O método kantiano-friesiano reconhece, portanto, a oposição de princípio entre os enunciados de base últimos, que ainda constituem um elemento da investigação científica objetiva, e aquele algo psicológico – o "conhecimento

---

8 [(3.ed.) Cf. Volume II (Fragmentos): [II.] "Sobre a questão da eliminação do psicologismo subjetivista". (N. E. A.)]

imediato"[9] – sobre o qual se apoiam os enunciados de base. Essa concepção reconhece igualmente a descontinuidade metodológica entre as proposições resultantes de um processo lógico de dedução e os próprios enunciados de base que repousam sobre alguma intuição irracional ou algo parecido, isto é, algo análogo ao ponto de vista defendido aqui, segundo o qual a justificação de uma proposição pela dedução lógica é diferente da regulamentação metodológica de uma decisão. O positivista, por usa vez, subjetifica a ciência, pois sua tendência é introduzir nas *relações de justificação* aquele próprio elemento psicológico sobre o qual devem repousar os enunciados de percepção. Mesmo o positivismo tradicional reconhece ao menos a oposição entre o "dado", que é irracional e subjetivo, e as proposições, que exprimem imediatamente esse dado e que são, portanto, racionais, ainda que ainda sejam *subjetivas*. Mas o positivismo moderno tem a tendência de suprimir inclusive essas oposições. Ele substitui o dado pelos enunciados elementares ou protocolares,[10] ou simplesmente ignora o "dado", mas procura garantir o caráter do possível imediatismo para [525] seus enunciados protocolares etc., isto é, ele introduz como base, na ciência, proposições cujo teste objetivo é inteiramente impossível e cujo caráter subjetivo é inclusive assinalado tanto quanto possível, em suma, ele tenta erigir a ciência sobre uma base subjetiva, que é ou solipsista – "base autopsicológica"[11] –, ou construída a partir de enunciados subjetivos de diversos sujeitos. Ele trai, portanto, claramente seu raciocínio *indutivista* original. – A concepção kantiano-friesiana tem em comum com a nossa o fato de que se chega ao final ao método científico-objetivo e, então, algo diferente começa – ainda que não distinga suficientemente essa outra coisa do método objetivo fundado cientificamente; o positivismo acolhe, ao contrário, os elementos na ciência, que perde, com isso, seu caráter objetivo. – Dever-se-ia notar ainda que ele se esforça pra evitar o subjetivismo por meio de uma tradução behaviorista de tudo que é psicológico em "linguagem física". Mas, como essa tradução ainda repousa sobre a antiga concepção da base psicológica, não se ganha nada com essa modificação no modo de expressão.)

---

9 [(3.ed.) Ver nota 1 e texto relativo a esta. (N. E. A.)]
10 [(3.ed.) Ver notas 2, 3 e 6, assim como o texto relativo a estas. (N. E. A.)]
11 [(3.ed.) Rudolf Carnap, *op. cit.*, p.222; Otto Neurath, *op. cit.*, p.212. (N. E. A.)]

VIII. O método de falsificação empírica

A questão acerca do "caráter empírico" da ciência foi respondida (V) por meio do critério de falsificação. Com isso, a questão acerca do *fundamento empírico* do conhecimento pode ser substituída pela questão acerca do *método de falsificação empírica*.

A. Primeira aproximação ao método. As teorias permitem inferências dedutivas mesmo sem substituição de condições singulares (ou seja, em um determinado caso singular apresentado); isto é, deduções de leis da natureza *com um grau inferior de generalidade* a partir de leis da natureza *com um grau superior de generalidade*. (Pode-se, por exemplo, deduzir dos princípios da mecânica a seguinte lei da natureza: [526] todas as trajetórias de projéteis – no campo gravitacional vazio e homogêneo – são parábolas e, a partir disso, por meio de hipóteses complementares, a lei da natureza com um grau inferior de generalidade: projéteis lançados a tal e tal velocidade descreverão na atmosfera curvas balísticas de tal e tal tipo.) Leis da natureza com um grau de generalidade suficientemente baixo (por exemplo, todos os tiros disparados com um canhão com tais e tais características, segundo um ângulo determinado, com essa carga determinada etc. terão seu ponto de impacto – sem vento e em terreno plano – nessa distância determinada – por exemplo, 2 456 m – admitindo-se uma margem de erro de tal e tal grandeza – por exemplo, ± 15 m) podem ser chamadas de "proposições gerais imediatamente testáveis"; elas *não* são (como fica evidente segundo V) *verificáveis*, mas *apenas falsificáveis* (e provisoriamente confirmáveis). As proposições gerais chamadas aqui de *imediatamente testáveis* são leis da natureza, mas com um grau de generalidade tão baixo que, para o propósito de formular uma *predição particular*, um *caso individual particular* é determinado com uma precisão suficiente ao se dizer: *hic et nunc* é um caso que pertence à classe dos casos descritos na lei da natureza. Não é mais necessário que sejam substituídas condições particulares suplementares, tais como a individualização espaçotemporal, pois todas as outras condições já podem ser substituídas sem negar o caráter da proposição *geral* (lei da natureza). A falsificação empírica de tais proposições gerais imediatamente testáveis, em virtude do *modus tollens*, retroage de maneira falsificadora sobre todo o sistema. – A falsificação de *uma* proposição geral imediatamente controlável falsifica todo o sistema, embora um *conjunto indefinido* de proposições gerais imediatamente testáveis possa resultar do sistema.

B. *Segunda aproximação ao método*. Como ocorre a comprovação (a confirmação provisória ou falsificação) de tais proposições gerais imediatamente testáveis?

Uma proposição particular, a saber, uma predição, pode ser deduzida por substituição do *hic et nunc* (um tiro que foi disparado aqui efetivamente há 10 minutos); em nosso exemplo: "A distância do ponto de impacto em relação ao canhão é de, no mínimo, 2 441 m e no máximo de 2 471 m".

Se a predição se realiza, a teoria é provisoriamente confirmada. Se a predição não se realiza, se uma proposição particular *corretamente deduzida* [527] é falsa, a "proposição geral imediatamente testável" é falsificada e, com ela, todo o sistema teórico.

É preciso observar nesse caso que a dedução correta não requer apenas a dedução lógica formalmente correta, mas também a justificação da última substituição, isto é, a verdade da proposição particular: "Foi de fato disparado aqui um tal [...]". Assim, apesar de se tratar até aqui de proposições *gerais* em princípio *não falsificáveis* (e, no melhor dos casos, exclusivamente falsificáveis), para que uma falsificação retroativa das teorias seja de maneira geral possível, é preciso haver, como se vê, proposições *particulares* completamente decidíveis.

C. *Terceira aproximação ao método*. O que ocorre com essas proposições (singulares) "completamente decidíveis"? (Proposições particulares são enunciados acerca de uma região espaçotemporal *determinada*.)

Em primeiro lugar, é claro que, se houver proposições *particulares* falsificáveis, deve haver também proposições *particulares* verificáveis (ao contrário do que ocorre com proposições gerais). Exemplo: pela falsificação da proposição "Meu relógio está certo" verifica-se a proposição "Meu relógio está errado". (Entretanto, a falsificação da proposição "Todos os relógios estão certos" *não* é a verificação da proposição geral "Todos os relógios estão errados", mas apenas da proposição *não geral* "Nem todos os relógios estão certos" ou "Há relógios que estão errados" etc.)

Se as proposições particulares forem decidíveis *em geral*, deve haver também tanto proposições particulares falsas quanto proposições particulares verdadeiras; e já não há obstáculo para o fato de que as teorias sejam retroativamente falsificadas (de maneira indicada em B).

(Para retomar mais uma vez nosso exemplo: deve-se poder constatar tanto a *verdade* da proposição segundo a qual o canhão está – dentro de uma certa margem de erro – em um certo ângulo com o horizonte, segundo a qual o terreno em volta é, aproximadamente, plano etc. quanto a *falsidade* da proposição segundo a qual o ponto de impacto do tiro se situa entre 2 456 m ± 15 m).

Dificilmente haverá uma dúvida de que a verificação e a falsificação de proposições particulares *desse tipo* não colocam nenhum *problema metodológico* para a prática científica.

Poderíamos nos contentar com isso, mas o equívoco epistemológico se coloca justamente aqui; em particular, o psicologismo de todos os tipos intervém precisamente nesse ponto e afirma que a verdade e a falsidade de tais proposições particulares se fundam em [528] "percepções" ou "enunciados protocolares". (Qualquer verdade nessa afirmação é do ponto de vista da psicologia do conhecimento, mas não da teoria do conhecimento; sobre isso, ver X.)

D. Quarta aproximação ao método. As proposições particulares (singulares), que intervêm na ciência como verdadeiras ou falsas (e, com isso, tornam as teorias falsificáveis), podem, por sua vez, ser justificadas, por princípio, apenas por proposições particulares científicas (portanto, objetivas). Disso se segue que essas proposições (cf. VII), que devem ser estabelecidas como "verdadeiras" ou "falsas" por convenção, por decisão, devem ser procuradas entre as proposições particulares.

Mas quais proposições particulares são elas? E como são regulamentadas as decisões?

A melhor maneira de encontrar uma resposta para essas questões será considerar o procedimento efetivo da ciência.

Nós descobrimos aí, em primeiro lugar, que as proposições particulares têm apenas um papel de estações, pequenos pontos de parada no teste das proposições *universais*. Em segundo lugar, descobrimos que essas estações (como já foi indicado anteriormente) não colocam nenhum outro problema prático-metodológico.

Se quisermos continuar a análise na teoria do conhecimento, devemos, pois, nos deter nesses casos (relativamente raros) nos quais se colocam questões prático-metodológicas. Trata-se evidentemente dos casos em que aparece a DÚVIDA sobre se uma proposição particular deve ser estipulada como verdadeira (ou falsa); dito de outro modo, se um fato existe ou não.

O que faz o cientista natural quando duvida de um fato? O que posso fazer quando duvido se o tinteiro está "realmente" diante de mim ou não? Eu posso a) considerá-lo por todos os lados, b) pegá-lo, c) perguntar a outras pessoas etc. – Se consideramos tudo isso *não psicológica*, mas sim *metodologicamente* (sobre o ponto de vista psicológico, ver X), podemos constatar que também aqui o *método hipotético dedutivo* de teste é aplicado. *Se* o tinteiro está realmente aqui, *então* – concluo eu – deve-se poder vê-lo de outros lados, deve-se poder tocá-lo, outros devem poder vê-lo etc. – Com essas considerações, dá-se mais valor ao *ver, sentir* etc.; com isso, procede-se não segundo a teoria do conhecimento, mas segundo a psicologia do conhecimento. Aqui, o acento deve ser colocado, sobretudo, nas palavras [529] "se e então": *o método de teste de uma proposição particular* (que exige certificação adicional) *consiste em, a partir da proposição particular* (e do sistema teórico), *inferir e testar outras proposições particulares.*

Esse método é também aplicado no exercício prático da ciência quando dúvidas aparecem. Se nós temos, por exemplo, uma dúvida sobre se um determinado corpo – digamos – é feito de ouro (uma determinada proposição é testada), nós deduzimos dessa suposição e de leis químicas (com grau de generalidade relativamente baixo) determinadas "proposições gerais imediatamente testáveis", fazemos o experimento (isto é, efetuamos as condições enunciadas por essas proposições gerais) e testamos as predições.

Os enunciados particulares (*objetivos*) se comportam, pois, em relação a certos enunciados particulares como hipóteses; toda proposição *objetiva*, isto é, intersubjetivamente testável, contém elementos teóricos, hipotéticos e nomológicos; afirma uma determinada relação regular de outras proposições particulares[1] (senão ela não seria testável); pode-se, consequentemente, chamar as proposições particulares *científicas*, logo, *objetivas*, logo, *intersubjetivamente testáveis* de *leis da natureza com menor grau de universalidade*.

O teste objetivo e metodológico de tais proposições particulares objetivas só pode levar, por sua vez, a proposições do mesmo tipo, sendo os *pontos finais* da dedução, as proposições com as quais nos satisfazemos, *arbitrários e, por princípio, desprovidos de outro fundamento.*

(Isso vale também quando se aplica, por exemplo, enunciados observacionais, enunciados protocolares ou algo parecido no teste hipotético-dedutivo. Assim, meu enunciado segundo o qual eu vejo um tinteiro tem,

---

[1] E, em princípio, em número ilimitado, de tal modo que mesmo proposições particulares objetivas não são, em princípio, inteiramente testáveis; eu me referi precisamente a isso em minha "crítica do positivismo estrito" (Seção 8) e em minha "exposição do apriorismo" (Seção 9) de meu livro [Volume I] ("Transcendência da representação em geral").

para a ciência, apenas um valor hipotético: considerado cientificamente, ele é uma hipótese psicológica – uma lei da natureza *com o menor grau de universalidade* –, que é testada por meios psicológicos – por exemplo, por questões e novos [530] enunciados –, mas nunca pode ser provado objetivamente; ver também X. – De fato, o método científico objetivo de dedução para na maioria das vezes – ou quase sempre? – nas hipóteses fisicalistas, raramente em hipóteses psicológicas. Especificamente são escolhidas proposições que são *testáveis intersubjetivamente do modo mais fácil possível*, aquelas sobre as quais qualquer um pode facilmente formar sua própria convicção subjetiva. A ciência objetiva não se constrói sobre ela, mas leva-a em consideração na *estipulação arbitrária dos pontos finais*. Logo, não enquanto *fundamento lógico relativo ao conteúdo*, mas apenas enquanto *regulamentação metodológica da tomada de decisão*).[2]

A teoria garante, portanto, seu caráter *empírico* por meio de uma regulamentação metodológica das estipulações. A mais importante dessas regulamentações é que apenas proposições *particulares* podem ser estipuladas como verdadeiras e que, em caso de dúvida, não é nunca a proposição teórica, de grau superior, a mais geral, que decide,[*1] mas a comprovação por meio de uma nova dedução, que é levada a cabo até que nos consideremos suficientemente certos.

A base empírica da ciência objetiva *não* é, pois, *algo absoluto* (dado); a ciência não se constrói sobre a rocha dura. Seu solo se assemelha mais a um pântano, seus fundamentos são pilares fincados *de cima para baixo* no pântano, não em um fundamento natural "dado", mas tão fundo quanto seja necessário, até que se *decida* ter chegado fundo o suficiente, que os pilares deverão (segundo o cálculo) sustentar o edifício. Quando o edifício se torna muito pesado, os pilares devem, às vezes, ser modificados, às vezes, fincados ainda mais profundamente.

A objetividade da ciência deve pagar o preço da relatividade (e quem quiser o absoluto deve permanecer no subjetivo).[3]

---

2 K_3 à margem: equação pessoal! [(3.ed.) Ver Volume I: Seção 11, nota 55a e texto relativo a esta, assim como texto relativo à nota 56a. (N. E. A.)]

*1 Que a proposição geral "não decida nunca" não significa que não levemos em consideração uma proposição geral bem confirmada.

3 Max Born [*Die Relativitätstheorie Einsteins und ihre physikalischen Grundlagen* (1920), Introdução] e Hermann Weyl [*Philosophie der Mathematik und Naturwissenschaft* (1927), p.83], asim como Robert Reininger, *Das Psycho-Physische Problem* (1916), p.290 e segs. [Ver Volume I: Seção 11, texto relativo às notas 15, 16 e 58. (N. E. A.)]

[531] IX. Os princípios metodológicos da estipulação convencional de determinados enunciados de base como "verdadeiros" ou "falsos"

1. (Princípio fundamental.) Apenas proposições particulares e intersubjetivamente testáveis podem ser estipuladas como verdadeiras ou falsas. (Empirismo = base singularista.)

2. A estipulação só pode ocorrer se nenhuma dúvida metodológica é admissível.

3. Existe sempre tal dúvida se:

a) a proposição particular falsifica uma "proposição universal imediatamente testável" bem confirmada.

b) as margens de erro que foram calculadas se tornam desfavoráveis.

c) as condições para o teste intersubjetivo são objetivamente desfavoráveis, isto é, se dificuldades de observação se apresentarem.

d) existe um enunciado (de "sociologia da ciência"), por sua vez, intersubjetivamente bem testável, segundo o qual o teste intersubjetivo deu lugar tanto a aprovações (subjetivas) quanto a rejeições (subjetivas) ou a dúvidas (subjetivas), isto é, segundo o qual nenhuma concordância intersubjetiva é alcançável.

Nota sobre a): a contradição entre uma proposição particular objetiva ou, *ao contrário, bem confirmada*, e as proposições universais da teoria não deve figurar como um obstáculo absoluto para sua estipulação (mas seria apenas um motivo para testá-la), do contrário, não haveria em geral falsificação.

4. Se uma dúvida metodológica admissível se apresenta, a proposição particular em questão não pode ser estipulada como "verdadeira" ou "falsa", mas deve ser testada novamente como uma hipótese ou uma lei da natureza (com o menor grau de universalidade).

5. Em particular, é preciso testar as últimas substituições que conduzem da proposição *universal* imediatamente testável à predição.

6. Todos esses testes se fazem pela dedução de proposições particulares intersubjetivamente testáveis, isto é, de outras predições particulares, e segundo os mesmos princípios; desde que o ponto 3a), enquanto razão para uma dúvida metodológica legítima, é suprimido, uma vez que sejam suprimidas as outras razões (b a d) *e* que possa ser indicada como proposição falsificadora uma "proposição testável a qualquer em todo instante". Tais

proposições são: (a) uma teoria testável que contradiga a primeira [532] (de tal modo que entre as duas teorias ao menos *um experimentum crucis* bem-testável seja possível); (b) uma lei da natureza com um grau inferior de generalidade (uma proposição universal imediatamente testável); (c) uma proposição particular [em] que seja indicado o *hic et nunc*, mas que seja testável por meio de *corpora delicti* (que também sejam descritos por meio de proposições particulares sobre regiões espaçotemporais), por exemplo, documentos de arquivos, peças de museus e coisas parecidas. (O princípio de conservação de energia poderia, assim, ser refutado por um *perpetuum mobile* exposto em um museu, mesmo que não se pudesse construir esse aparelho – isto é, indicar um experimento imediatamente testável a todo instante.)

Esses princípios metodológicos podem ser resumidos condensadamente como um REALISMO METODOLÓGICO: ainda que nenhuma tese "realista" possa ser *explicitamente formulada* na ciência (o realismo é colocado em xeque pela "antinomia da cognoscibilidade do mundo"), seu procedimento metodológico consiste em proceder como se houvesse *leis universalmente válidas* (regularidades, estados de coisas universais) e como se a tarefa da ciência fosse sua exposição.[1] Mas a tese de que *há leis da natureza* é, *do ponto de vista da teoria do conhecimento, equivalente ao realismo*.[2]

X. Justificação do psicologismo

O modo psicologista de considerar o conhecimento não é *completamente* injustificado, ele o é apenas na *teoria do conhecimento*. Ele tem perfeitamente lugar na psicologia do conhecimento. (*Essa* questão é completamente independente do método psicologista, "behaviorismo = fisicalismo" ou "introspecção" etc.) A psicologia do conhecimento examinará, entre outras coisas, como e quando se produzem as vivências convictivas, se e como elas dependem de "percepções" etc.

[533] *Os resultados dessas investigações, as afirmações de psicologia do conhecimento* (em particular, as afirmações gerais e as teorias) *são testados* – uma vez que apresentam afirmações científicas, isto é, testáveis intersubjetiva-

---

1 [Ver Volume I: Seções 10 e 46. (N. E. A.)]
2 K_3 à margem: Obs[ervação]: teste intersensual e "realismo metod[ológico]". [(3.ed.) Cf. Volume I: Seção 11, nota 53b e texto relativo a esta, assim como texto relativo à nota 56c. (N. E. A.)]

mente – *exatamente conforme os mesmos métodos* que todas as outras afirmações científicas:

Do simples fato de que as afirmações de psicologia do conhecimento são afirmações científicas – e devem, pois, ser *testáveis metodologicamente* – resulta que o ponto de vista metodológico não pode nunca conduzir à psicologia do conhecimento como última justificação.

Entre os resultados da psicologia do conhecimento, é preciso mencionar a maneira como se apresenta psicologicamente a "intersubjetividade", a saber: que os próprios sujeitos, a fim de se convencerem, testam (isto é, refazem as medições), mas que esse teste não possui nenhuma força absoluta de convencimento se não puder ser repetido ou comparado com outros resultados. O fato de que isso ocorra para o sujeito por meio de "percepções" (de sinais linguísticos e outras reações) etc., que, portanto, *para todo sujeito* o sentimento de convicção resulte de outras vivências próprias e não de vivências estranhas – esse ponto de vista da psicologia do conhecimento é *bastante trivial*[1] para poder ser chamado de "solipsismo metodológico"[2] ou algo parecido. Mesmo essa qualificação é equivocada ou falsa, uma vez que trai claramente o ponto de vista psicológico-subjetivo da *teoria* do conhecimento.

Observação final

Entre as questões restantes de que trata meu livro mencionado na "observação preliminar" e que não têm lugar nesta nota, menciono *a metodologia dedutiva*,[1] que trata, entre outros:

[534] 1) dos graus de confirmação e da "quase-indução";[2]

2) do conceito de confirmação e do conceito de simplicidade; do "princípio de uso mais econômico possível de hipóteses" decorrente do conceito de maior ou menor falsificabilidade (precisão ou conteúdo do enunciado).

---

1 Eu enfatizei isso frequentemente contra Carnap. [(3.ed.) Cf. Volume I: Seção 11, texto relativo à nota 54; assim como "Posfácio do Editor", Seção 6, texto relativo à nota 23. (N. E. A.)]
2 [Ver Volume II (Fragmentos): [VI.] "Filosofia", Seção 1, nota 2. (N. E. A.)]
1 [Ver "Posfácio do Editor", Seção 10, texto relativo à nota 21, assim como notas 22 e 23 e texto relativo a estas. (N. E. A.)]
2 [(3.ed.) Ver Livro I, Seção 48, nota 3 e texto relativo a essa nota. (N. E. A.)]

Novo apêndice
[537] *I. Elogio de Xenófanes[1]
[Esboço de 1933]

> Xenófanes [...] tornou-se uma figura na história da filosofia grega por engano.
>
> Harold F. Cherniss[2]

Essa observação um tanto arrogante sobre Xenófanes feita por um importante historiador da filosofia é, infelizmente, típica desde que o grande Heráclito fez uma observação parecida há 2 500 anos (D-K 40):

---

1 [Ver "Posfácio do Editor", Seção 8. Cf. também Karl Popper, *The World of Parmenides: Essays on the Presocratic Enlightenment* (ed. Arne F. Petersen com a colaboração de Jørgen Mejer, 1998, p.47: (a) (= *Die Welt des Parmenides: Der Ursprung des europäischen Denkens*, tradução alemã de Sibylle Wieland e Dieter Dunkel, 2001, Nr. 2: "Der Unbekannte Xenophanes: Ein versuch, seine Große nachzuweisen". (N. E. A.)]
2 "Xenófanes... has become a figure in the history of Greek philosophy by mistake..."; Cf. Harold F. Cherniss, "The characteristics and effects of presocratic philosophy", *Journal of the History of Ideas* 12 (1951), p.335 (reeditado em: *Studies in Presocratic Philosophy* I: *The Beginning of Philosophy*, ed. por David J. Furley e R. E. Allen, 1970, p.18).

Muito saber não ensina sabedoria. Do contrário, teria ensinado Hesíodo e Pitágoras; ou Xenófanes e Hecateu.

Mas justamente essa observação um tanto arrogante nos atesta não apenas que Heráclito considerava Xenófanes, do mesmo modo que a Hesíodo e Pitágoras, um dos que sabiam muito, mas também que o considerava, juntamente com os outros três, um dos destacados pensadores contemporâneos a ele. Cherniss faz um juízo que anula o de Heráclito, um dos maiores pré-socráticos, apesar do fato de que ele próprio nunca terá seu nome na história de qualquer filosofia, nem por engano.[3]

[538] 1. Vida[4]

2. Doutrina[5]

Um discípulo de Anaximandro e um colega de Anaxímenes; além de historiador antes de Heródoto.

3. Obra

4. Antropomorfismo[6]

5. Teologia[7]

6. Hipotetismo crítico[8]

---

3 [Cf. Karl Popper, *op. cit.*, p.33 e seg. e 57, nota 1 (= *Die Welt des Parmenides*, 2001, p.73 e seg. e 395, nota 1). (N. E. A.)]
4 [Cf. Karl Popper, *op. cit.*, p.33, 35 e segs., 53 e segs. e 57, notas 6 e 7 (= *Die Welt des Parmenides*, 2001, p.73, 77 e seg., 83, 105 e segs. e 396, notas 6 e 7). (N. E. A.)]
5 [Cf. Karl Popper, *op. cit.*, p.35 e segs. e 54 e segs. (= *Die Welt des Parmenides*, 2001, p.77 e seg. e 106 e segs.) (N. E. A.)]
6 [Cf. Karl Popper, *op. cit.*, p.43 e seg., 45 e seg., 61 e seg. e 59, nota 23 (= *Die Welt des Parmenides*, 2001, p.90 e seg., 93 e seg., 112 e seg. e 398, nota 23). (N. E. A.)]
7 [Cf. Karl Popper, *op. cit.*, p.43 e segs., 53 e seg. (= *Die Welt des Parmenides*, 2001, p.89 e segs. e 105 e seg.) (N. E. A.)]
8 [Cf. Karl Popper, *op. cit.*, p.45 e segs. e 59, notas 24 e 27 (= *Die Welt des Parmenides*, 2001, p.93 e segs., 83 e 398 e seg., notas 24 e 27). (N. E. A.)]

7. Avaliação[9]

Xenófanes acredita em uma verdade absoluta e objetiva, porém não há saber seguro para "nós mortais",[10] mas apenas para Deus.

---

9 [Cf. Karl Popper, *op. cit.*, p.46 e segs. e 59, nota 27, e 62 e segs. (= *Die Welt des Parmenides*, 2001, p.94 e segs. 114 e segs. e 399, nota 27). (N. E. A.)]
10 [Cf. Volume I: Seção 11, texto relativo às notas 28a e 28b. (N. E. A.)]

[539] *II. A teoria do conhecimento imediato de Nelson e Fries[1] [Esboço de 1933]

1. Quando, por volta de 1930, comecei a escrever *Os dois problemas fundamentais*, ainda não havia os *Gesammelte Schriften* [*Escritos reunidos*], de Leonard Nelson. Sua publicação[2] facilitou o estudo de Nelson e de Fries.

Encontrei no volume II, páginas 261 a 501, um pequeno ensaio de Nelson, "Die Unmöglichkeit der Erkenntnistheorie" [A impossibilidade da teoria do conhecimento], que ele apresentou em 11 de abril de 1991 em Bolonha, ao qual se seguiram uma discussão e uma conclusão.[3] Na discussão, Leonard Nelson foi questionado por meu professor Heinrich Gomperz[4] e pelo filósofo norte-americano F. C. S. Schiller[5] "[...] como eu poderia conci-

---

1 [Ver Posfácio do Editor, Seção 8. (N. E. A.)]
2 [Nelson, *Gesammelte Schriften in neun Bänden*. (N. E. A.)]
3 [Para a discussão do Congresso Internacional de Filosofia de Bologna, ver VVAA, *Atti del IV Congresso Internazionale di Filosofia di Bologna 5-11*. Textos posteriormente publicados em Nelson, *loc. cit.* Ver também Volume I, Seção 11, nota 38 e texto relativo a esta. (N. E. A.)]
4 [Gomperz apud VVAA, *Atti del IV Congresso*, v.1, p.285, 295 (=Nelson, Schlußwort, *op. cit.*, v.2, p.499-80.). (N. E. A.)]
5 [Schiller apud VVAA, *Atti del IV Congresso*, v.1, p.279-80. (=Nelson, *loc. cit.*). (N. E. A.)]

liar essa concepção com a existência de confusões sensoriais, em particular as alucinações e ilusões".[6]

[540] A questão é bastante importante. [...] Minha resposta, que aqui só pode ser breve, é a seguinte. "Confusões sensoriais", no sentido de que a própria percepção erra, não existem, elas existem apenas no sentido de que a percepção pode nos levar a fazer um *juízo* errôneo.[7]

Essa resposta de Nelson me parece conceder tudo aos críticos.

2. Do que se trata aqui?
Nelson e Fries afirmam que há algo que eles chamam de "conhecimento imediato":[8] trata-se de um conhecimento *verdadeiro*; trata-se explicitamente de um conhecimento que *não* está sujeito *ao erro*.[9] Como exemplo mais importante de tal "conhecimento imediato", ele introduz "a percepção" (ou "a intuição").[10] Esse conhecimento é sempre comparado por Fries e Nelson ao *"juízo"*.[11] [541] "O juízo" é, segundo Fries e Nelson, uma afirmação for-

---

6 [Nelson apud VVAA, *Atti del IV Congresso*, v.1, p.295 (= Nelson, *op. cit.*, v.2, p.499). (N. E. A.)]
7 [Ibid. O destaque não figura no original. (N. E. A.)]
8 [Ver Volume I, Seção 11, nota 39 e texto relativo a esta. Ver também Nelson, Über das sogenannte Erkenntnisproblem, p.464 e 524-5. (N. E. A.)]
9 [Ver Nelson, Die Unmöglichkeit der Erkenntnistheorie, p.262-3, assim como Nelson apud *Atti del IV Congresso*, v.1, p.294 e segs.: "O senhor Schiller me entendeu muito bem quando afirma que eu limito a possibilidade de erro ao julgamento e a de impor conhecimento imediato à vontade".]
10 [Ver Volume I, Seção 11, texto relativo às notas 39 e 52. "A percepção [...] não precisa de conceitos e, em geral, de nenhuma representação problemática de seus objetos, mas ela própria já é originalmente uma representação assertórica. Em outras palavras: ela é um *conhecimento imediato*" (Nelson, Die Unmöglichkeit der Erkenntnistheorie, p.262). Ver também Albert e Popper, *Briefwechsel 1959-1994*, p.129, 131, 136. (N. E. A.)]
11 ["[...] o critério de verdade do juízo reside [...] no conhecimento imediato, que é retomado pelo juízo. O valor do juízo é, portanto, um elemento completamente inessencial para sua verdade" (Nelson, Über das sogenannte Erkenntnisproblem, p.143). "[...] o critério de verdade dos juízos não pode ser, por sua vez, um juízo, mas ele próprio não precisa residir fora do conhecimento; ele reside justamente no conhecimento imediato, que não consiste, por sua vez, em juízos" (Nelson, Die Unmöglichkeit der Erkenntnistheorie, p.262-3. (N. E. A.)]

mulada linguisticamente: uma proposição, uma proposição afirmativa, um enunciado proposicional [*Satzaussage*].

3. Eis aqui alguns exemplos conhecidos de ilusões de ótica, que refutam essa tese fundamental.

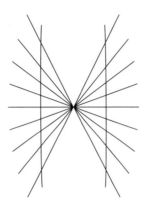

Figura A: a ilusão de Hering[12]
As duas linhas paralelas são retas, mas parecem curvas.

[542]

Figura B: a ilusão de Müller-Lyer[13]
As duas linhas têm o mesmo comprimento, mas a linha à esquerda parece mais comprida.

---

12 [Arquivo Popper, Fasc. 485,13. p.12 (primeira versão: Fasz. 485,12: p.N4). Ver Figura 25 de Hering, *Beiträge zur Physiologie*, p.74; Figura 44 de Gregory, The confounded eye. In: _____. *Illusion in Nature and Art*, p.91. A versão manuscrita desse novo apêndice é uma fotocópia de Arquivo Popper, Fasc. 485, 12, p.90-1 [p.N4]. (N. E. A.)]

13 [Arquivo Popper, Fasc. 485,13: p.13 (primeira versão: Fasz. 485,12: p.N4). Ver Tabela IX: Fig. 2a até g de Müller-Lyer, Optische Urtheilstäuschungen, *Archiv für Anatomie uns Physiologie*, p.263 e segs. Ver também Popper e Eccles, Dialogue VIII. In: _____. *The Self and Its Brain*, p.513-4; Figura 9 de Deregowski, "Illusion and culture". In: Gregory e Gombrich, *Illusion in Nature and Art*, p.74. A versão manuscrita desse novo apêndice é uma fotocópia de [Arquivo Popper, Fasc. 485, 12, p.174-5 [p.N4]. (N. E. A.)]

4. Todos esses exemplos são percepções subjetivas, que são subjetivamente falsas. Nós as percebemos falsamente, embora elas não tenham, enquanto objetos, tais características objetivamente demonstráveis – por meio de medições. Nossas vivências perceptivas imediatas são errôneas, elas não concordam com os fatos objetivamente mensuráveis.

5. Naturalmente, há ainda inúmeras outras ilusões,[14] em particular com um caráter menos drástico – supostamente ilusões que afetarão algumas pessoas mais fortemente que outras: todas as *percepções subjetivas são interpretações ou intuições*; muitas são ilusões demonstráveis universal e objetivamente e outras, não. Nelson tinha certamente razão que frequentemente interpretações corretas são incomuns. Mas não podemos pressupor – ou, em todo caso, ainda não podemos pressupor – quando nós eventualmente estaremos errados.

[543] 6. Eu gostaria de mencionar ainda as seguintes figuras.

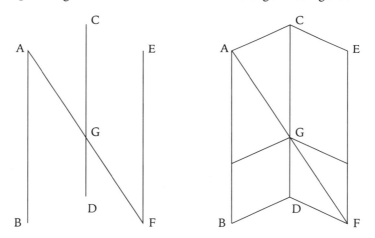

Figura C: o experimento de Rubin[15]

---

14 [Ver §2, notas 46, 47 e 48, assim como os texto relativos a estas, e §3, nota 29 e texto relativo a esta de Popper, "Zur Methodenfrage der Denkpsychologie" (1928); Gregory, *op. cit.*, p.49 e segs.; Deregowski, *op. cit.*, p.161 e segs. (N. E. A.)]

15 [Arquivo Popper, Fasc. 485,13: p.14. Ver Rubin, Visual figures apparently incompatible with geometry, *Acta Psychologica*, v.7, n.2/4, p.366 e segs. "As duas figuras são tiradas de Rubin, com pequenas modificações" (Popper e Eccles, *op. cit.*, p.63). A versão manuscrita desse novo apêndice é uma fotocópia de Arquivo Popper, Fasc. 485, 12, p.63. [p.N7]. (N. E. A.)]

7. Aqui, podemos ver que as duas figuras à esquerda e à direita têm as mesmas duas linhas laterais, que estão igualmente afastadas da linha do meio e são cortadas pela mesma linha perpendicular que vai de cima para baixo e da esquerda para a direita. A figura à direita se diferencia *apenas* pelas seis linhas perpendiculares curtas. O conhecimento de que isso ocorre – tanto o conhecimento intuitivo quanto o conhecimento racional, geométrico, de que isso ocorre – não altera nada na percepção. Pode ser também que nosso saber intuitivo seja *contraditório*: nós vemos, ao mesmo tempo, em uma e mesma intuição que a figura à direita e a figura à esquerda têm uma estrutura idêntica e que essa estrutura fundamental em ambas é distinta.

[544] 8. Podemos dizer também: a percepção não é em geral um conhecimento correto, mas apenas um *auxílio* ao conhecimento: frequentemente muito *bom*, às vezes, não tão bom e, em outros casos, bastante enganoso.

9. Em todo caso, desaparece aqui o exemplo principal a favor da existência de algo objetivo e "imediato" – logo, de um tipo de conhecimento intuitivo-imediato; e torna-se também duvidosa – infelizmente! – a existência de um "conhecimento imediato" na ética.[16] Isso é muito lamentável.

10. Por outro lado, isso concorda com o fato de que, na ética, Nelson não tem razão em um ponto importante – e inclusive em um ponto decisivo: ele acredita no *princípio de liderança* de Platão.[17]

O *mais sábio deve governar* (no sentido de que: ele deve ser a última instância na cidade).[18]

---

16 ["Apenas se há um *conhecimento imediato*, e inclusive [...] *racional, ético*, ao qual os juízos éticos possam ser reduzidos, é possível uma fundamentação científica da ética" (Nelson, *Vorlesungen über die Grundlagen der Ethik*, v.1, p.52). (N. E. A.)]

17 [Nelson, Demokratie und Führerschaft. In: _____. *Gesammelte Schriften*, v.9, p.387 e segs. "Toda tentativa de fazer concessões aos prejuízos democráticos e buscar controles para vigiar o líder [*Führer*], por desconfiança em relação ao princípio de liderança, pode contribuir apenas para bloquear a força do partido e para dividir seus feitos [...] A preocupação de que um mau uso do poder total pelo líder poderia desviar o partido de seus objetivos deve ser considerada de outro modo. O único meio para isso é a perfectibilidade dos métodos de escolha e formação do líder" (Ibid., p.412). (N. E. A.)]

18 ["A ideia de um treinamento dos homens de Estado não é nova. Esta é a ideia antiga clássica de Platão, segundo a qual homens apropriados devem ser formados

Minha crítica é a seguinte. Mesmo que exista alguém que seja o mais sábio e que esse princípio – caso se possa encontrar o mais sábio – não apresentasse nenhuma outra dificuldade, a impossibilidade de encontrar objetivamente o mais sábio[19] leva [545] praticamente *ad absurdum*. Por isso, deve-se rejeitar também qualquer princípio de liderança: ele só pode fazer que os ambiciosos disputem o governo, enquanto os sábios não tenham nada a ver com a disputa. Enquanto princípio racional, prático (como Nelson o considera), o princípio de liderança não deve ser levado a sério.

O erro temeroso de Nelson o levou, acredito eu, à morte, depois que ele, em 1927, viu a realização prática do princípio de liderança na Rússia.[20] Ele ficou enfraquecido fisicamente e morreu, acredito eu, de desespero.[21] Seu argumento, sua imagem de mundo moralista, foi destruído. Mas ele morreu como um grande mestre ético. Seus discípulos permaneceram fiéis a ele e não se deixaram levar pelo regime nazista e seu terrível princípio de liderança. A pureza de sua pessoa sobreviveu.

11. A solução do enigma político é que se deve desistir de procurar uma solução para o problema político que seja a melhor ou mais certa. A forma de governo democrática é a pior, disse Churchill, exceto todas as outras formas de governo.[22] E a questão de Platão "Quem deve possuir o poder político?"[23] é insolúvel e, por isso, é colocada erroneamente. Devemos subs-

---

para a política" (Ibid., p.562). "[...] permito-me chamar, com Platão, de governo dos sábios. Apenas este torna possível, além da livre discussão, um *regime* de livre discussão" (Ibid., p.512). (N. E. A.)]
19 [Popper, *Die offene Gesellschaft und ihre Feinde*, v.1, p.362, 367 (N. E. A.)]
20 ["A estadia de Nelson em Moscou começou em 21 de abril [1927] e durou aproximadamente 5 semanas" (Franke, *Leonard Nelson*, p.214). Ver também sobre *Bericht über Rußlandreise*, de Nelson, proferido em 17 de julho de 1927, Ibid., p.213. (N. E. A.)]
21 ["No início de 1927, Nelson adoeceu com uma gripe [...]" e ele faleceu "em 29 de outubro de 1927 [...] na clínica da Universidade de Göttingen" (Ibid., p.223). (N. E. A.)]
22 ["Muitas formas de governo foram tentadas e serão tentadas neste mundo de pecado e infortúnio. Ninguém acha que (a democracia) seja perfeita e a mais sábia. Com efeito, já se disse que a democracia é a pior forma de governo, exceto todas as outras formas que foram tentadas de tempos em tempos [...]" (Churchill, [Discurso proferido no parlamento em 11 de novembro de 1947]. In: James (org.), *Winston Churchill*, v.7, p.7566). (N. E. A.)]
23 [Platão, *Leis*, 690 b-c. Ver capítulo 5, nota 28 e texto relativo a esta de Popper, *op. cit.*, p.92, 327, assim como capítulo 7, epígrafe e III, primeiro parágrafo de Ibid., p.144, 151. (N. E. A.)]

tituí-la pela questão "Como podemos evitar que um governo ruim (se tivermos a má sorte de não ter um bom) provoque tanto dano?". Resposta: isso é o que uma boa constituição pode alcançar de melhor.

[546] 12. Para, finalmente, retornar ao conhecimento e à percepção: todos os organismos são ativos na aquisição do conhecimento. Um cego deve adquirir seu conhecimento de modo totalmente diferente, e Helen Keller, que era cega e surda, tinha que proceder de modo totalmente diferente e mais ativo a fim de adquirir com sua professora uma linguagem e, em seguida, seu conhecimento com o auxílio dessa linguagem. Nós todos devemos receber percepções sensoriais quando crianças – sobretudo para controlar movimentos rápidos. Mas se trata de um aparato completamente distinto quando os sentidos não são completos; e eles dependem inteiramente daquilo que devemos e queremos, de como nossa necessidade está para o conhecimento e o aprendizado. E não apenas nossa consciência trabalha ativamente em nosso conhecimento, mas inclusive a fisiologia de cada organismo trabalha ativamente. E o que as ilusões de ótica mostram é que essa atividade conduz a algo totalmente análogo à formação de hipóteses – só que elas estão instaladas tão rígida e dogmaticamente em nossa fisiologia que em muitos casos nós surpreendentemente somos incapazes de corrigi-las.

13. Aqui termina minha crítica da teoria do conhecimento imediato de Fries e Nelson. Nosso mundo humano seria mais simples se pudesse haver conhecimento imediato – isento de erro! Nós devemos nos contentar com o fato de que nos foi confiada a tarefa da crítica eterna, da eterna busca.

Mas uma observação interessante talvez deva ser introduzida. Nelson e Fries ensinaram que nossa posse de conhecimento *a priori* (e, segundo eles, isento de erro) é uma tarefa demonstrável *empírica e psicologicamente*. Pois nós *refutamos* empírica e psicologicamente o fato de que a percepção é uma forma de conhecimento isenta de erro, como supunham Nelson e Fries.

A descoberta de um domínio psicológico-experimental, o das ilusões de ótica, iniciada por Franz Müller-Lyer, pavimentou um caminho para a claridade.

[547] Observações editoriais[1]

1. Introdução 531
2. As cópias manuscritas originais e a redação do manuscrito 533
3. A revisão dos manuscritos por Popper em 1975 537
4. Título e sumário 537
5. As epígrafes 539
6. Volume II: O problema da demarcação 540
7. A segunda edição 541
8. A terceira edição 542
9. Panorama de todas as intervenções editoriais 542
10. Agradecimento 543

1. Introdução

A presente edição de *Os dois problemas fundamentais da teoria do conhecimento* inclui tudo[2] que pôde ser encontrado das cópias manuscritas origi-

---

[1] (3.ed.) As Seção 1-6 remetem ao "Posfácio do Editor" (janeiro de 1979) das duas primeiras edições (1979 e 1994), assim como a Seção 10 do "Posfácio do Editor" a seguir. Elas foram revistas e atualizadas. Cf. também "Observações Editoriais", Seção 8.
[2] Ver Seção 2, notas 7, 10 e 12, assim como a Seção 5.

nais. Apesar de esforços incansáveis[3] para localizar as partes que faltam dos manuscritos, não é possível apresentar uma edição completa dessa obra em dois volumes, escrita entre 1930 e 1933. O Volume I: *O problema da indução* parece estar preservado completamente,[4] enquanto um manuscrito completo do Volume II: *O problema da demarcação* não pôde ser encontrado. Há apenas alguns poucos esboços desse volume e [548] a versão drasticamente abreviada, publicada em 1934 sob o título de *Lógica da investigação científica*.[5] Esse livro e duas pequenas comunicações (feitas entre 1933 e 1934) sobre "indução" e "demarcação" na revista *Erkenntnis*[6] são tudo o que até agora (janeiro de 1979) foi publicado do conteúdo de *Os dois problemas fundamentais da teoria do conhecimento*.[7]

Minha intenção era seguir com a maior precisão possível as cópias manuscritas que restaram. Mas para obter um texto publicável a partir muitos

---

3 Ver Seção 6, nota 2 e o texto relativo a esta.
4 Ver "Posfácio do Editor", Seção 10, nota 31 e texto relativo a esta.
5 Karl Popper, *Logik der Forschung: zur Erkenntnistheorie der modernen Naturwissenschaften* (*Schriften zur wissenschaftlichen Weltaufassung*, ed. por Philipp Frank e Moritz Schlick, Band 9, Wien: Verlag von Julius Springer – publicado com a indicação de ano 1935 no início de dezembro de 1934). O texto está incluído em *Logik der Forschung* (2.-10.ed., 1966-1994: *Die Einheit der Gesellschaftswissenschaften*, ed. por Erik Boettcher, Band 4, Tübingen: J. C. B. Mohr (Paul Siebeck); 11.ed., 2005: *Gesammelte Werke in deutscher Sprache* 3, Tübingen: Mohr Siebeck).
6 Karl Popper, "Ein Kriterium des empirischen Charakters theoretischer Systeme (Vorläufige Mitteilung)", *Erkenntnis* 3 (1933), p.426 e seg.;"'Induktionslogik' und 'Hypothesenwahrscheinlichkeit'", *Erkenntnis* 5 (1935), p.170 e segs. Essas duas comunicações foram republicadas em *Logik der Forschung* (2.ed., 1966; e edições posteriores), Novo Apêndice *I. Para uma versão anterior da "comunicação provisória" de 1933, ver aqui o Apêndice: "Excerto-resumo (1932)", Seção V. Cf. também "Posfácio", Seção 6, notas 8, 9 e 15-17, assim como o texto relativo a estas. (Karl Popper, "Zur Kritik der Ungenauigkeitsrelationen", *Die Naturwissenschaften* 22, 1934, p.807 e segs. é um resumo de *Logik der Forschung*, Seção 77. Essa primeira comunicação foi republicada em *Frühe Schriften*, *Gesammelte Werke in deutscher Sprache* 1, 2006, Nr. 8.)
7 Algumas dos resultados de Popper foram relatados já no final de 1932 por Rudolf Carnap (R. Carnap, "Über Protokollsätze", *Erkenntnis* 3 (1932), p.223 e segs.). Cf. Apêndice: "Excerto-resumo (1932)", Seção VII, texto relativo às notas 3 e 8; assim como "Posfácio", Seção 6. Ver também Karl Popper, *Conjectures and refutations* (1963), p.254 (= *Vermutungen und Widerlegungen*, 1997, p.370; 2.ed., *Gesammelte Werke in deutscher Sprache* 10, 2009, p.392); Karl Popper, "Intelectual autobiography", in: *The Philosophy of Karl Popper I*. (ed. Paul Arthur Schilpp, 1974), p.71 (= Karl Popper, *Unended Quest: An Intellectual Autobiography*, 1976, p.89 e seg.; *Ausgangspunkte:*

manuscritos inacabados e, em muitos casos, incompletos foi necessário empreender algumas modificações. Nas próximas quatro seções destas Observações Editoriais forneço uma descrição precisa dessas modificações, assim como um panorama das [549] cópias manuscritas que estavam disponíveis a mim. A sexta seção inclui um breve relato sobre o destino do segundo volume.[8]

2. As cópias manuscritas originais e a redação do manuscrito

O manuscrito, tal como ele se apresentava no início de 1934,[1] consistia em duas partes de tamanhos mais ou menos iguais: Volume I (*O problema da indução*) e um Volume II quase acabado (*O problema da demarcação*), e perfazia mais de 1100 páginas datilografadas. Além disso, existia uma série de versões anteriores de partes do segundo volume, assim como o Excerto-resumo (1932). Antigas cartas, permitem constatar que foram feitas quatro cópias do Volume I (K_1 e três cópias em carbono: K_2, K_3 e K_4).[2] Não se sabe se, do mesmo modo, também foram feitas 4 cópias do Volume II e do Excerto-resumo (1932), mas isso deve ser considerado bastante provável. Desse material manuscrito bastante extenso, foi possível encontrar apenas as seguintes cópias manuscritas, que foram utilizadas conjuntamente[3] na elaboração desta edição de *Os dois problemas fundamentais*:

Página de rosto K_1.

Ausgangspunkte: meine intellektuelle Entwicklung, tradução alemã de Friedrich Griese e do Autor, 1979, p.123); Karl Popper, "Replies to my critics", in: *The Philosophy of Karl Popper* II. (ed. Paul Arthur Schilpp, 1974), p.969 e seg.; Karl Popper, *Logik der Forschung* (1934, 2.ed., 1966; e edições posteriores), Seção 29, nota 1 e Novo Apêndice *I: 1, nota 3 (Acréscimo de 1957).

8 (3.ed.) Para um panorama acerca das diversas referências ao Volume II, que se encontram nas cópias manuscritas remanescentes e em uma nota na *Lógica da investigação científica*, ver "Posfácio", Seção 10. Cf. "Posfácio", Seção 2, assim como Karl Popper, *Frühe Schriften* (*Gesammelte Werke in deutscher Sprache* 1, 2006), "Posfácio do Editor", Seção II: "Die Geschichte der frühen Manuskripte".

1 Isso remete a uma carta do autor [a L. Susan Stebbing 1885-1943] de 3 de fevereiro de 1934. Ver "Posfácio do Editor", Seção 11, nota 15 e texto relativo a esta.

2 K_2, K_3 e K_4 designam sempre uma cópia em carbono; a numeração, porém, não indica sua sequência. Ver "Posfácio", Seção 1, nota 16 e texto relativo a esta.

3 Ver as notas 7, 10 e 12, assim como a Seção 5. Cf. também "Posfácio", Seção 3.

As epígrafes:[4]
Novalis: K_1; Schlick (1930) e Kant (1786): K_2 e K_3; Kant (1781): K_3.
[550] [Apresentação 1932]:[5] K_1; Apresentação [1933]:[6] K_2.
Volume I: O problema da indução:[7]
Conteúdo: K_1, K_2, K_3 e K_4; Seções 1-33 e 36-47: K_1, K_2, K_3 e K_4; Seções 34, 35 e 48: K_1, K_2 e K_3; Seções 33-35 e 48: "Indicações do conteúdo":[8] K_1, K_2, K_3 e K_4; Apêndice: "A crítica do problema da indução exposta esquematicamente" ["Apêndice em tabelas"]: K_1, K_2, K_3 e K_4.[9]
Volume II (Fragmentos): O problema da demarcação:[10]
"Esboço de uma introdução": K_2; I.: K_2; [II.]-[V.]: K_1 e K_2; [III.], Seção 4, nota 1 ("Tabela de proposições"): esboço manuscrito; "Orientação": K_1; [VI.]: K_1 e K_2;[11] [VII.]: K_2; [VIII.]: K_1, K_2 e K_3; [IX.]: K_1 e K_2; [X.]: K_1.

---

4 Ver Seção 5.
5 Essa versão da *Apresentação*, incluída no Volume I (K_4), pode ser reconstruída a partir da "Apresentação [1933]" com o auxílio das "Textkritische Anmerkungen" [Para essas "Notas críticas", ver 3.ed. alemã, 2010. As "Notas Críticas", que têm um caráter eminentemente estilístico, salvo algumas exceções, foram suprimidas na presente edição por sugestão direta de Troels Eggers Hansen ao tradutor. (N. T.)].
Uma versão anterior do segundo parágrafo da [Apresentação 1932], seção [1], está incluída em uma carta a Egon Friedell (1878-1938) de 30 de junho de 1932; ver "Posfácio", Seção 7, nota 4 e texto relativo a esta. Nessa carta, encontra-se o seguinte parágrafo interessante (cf. "Prefácio de 1978", texto da nota 5):
"Meu livro é um teoria do conhecimento, mais precisamente: uma teoria dos métodos. Ele é um filho do tempo, um filho da crise – ainda que, sobretudo, da crise da *física*. Ele afirma a *permanência da crise*; se estiver correto, a crise é o estado normal de uma ciência racional altamente desenvolvida".
6 A *Apresentação [1933]* era um dos três anexos em uma carta a Julius Kraft (1898-1960) de 11 de julho de 1933. Cf. "Posfácio", Seção 7 e Seção 10, texto relativo à nota 30b.
7 Além das cópias manuscritas mencionadas aqui, incluí uma versão anterior das Seções 1 e 2, juntamente com páginas avulsas de versões anteriores das seções em questão.
8 Ver Volume I: Seção 33, nota 1; Seção 34, nota 1; Seção 35, nota 1; e Seção 48, nota 1.
9 "Tabela VII": K_1, K_2 e K_3.
10 Quase todos os fragmentos do Volume II foram encontrados em uma pasta com o título "Lógica da investigação científica: versão original". Além desses fragmentos, a pasta incluía uma quantidade grande de seções, na maior parte, incompletas, de versões anteriores de *Logik der Forschung*. Como essas diferem apenas levemente da versão publicada em 1934, elas não foram incorporadas nesta edição de *Os dois problemas fundamentais*. Ver "Posfácio", Seção 3, texto relativo à nota 15, assim como notas 16 e 19 e o texto relativo a estas; cf. também "Posfácio", Seção 5.
11 Os primeiros quatro parágrafos não estão em K_2.

Excerto-resumo (1932): K_1, K_2 (com "Apêndice em tabelas") e K_3.[12]
Novo Apêndice:[12a]
*I: K_1; *II: versão manuscrita e K_1.

[551] Enquanto elaborava o manuscrito de *Os dois problemas fundamentais* entre 1930 e 1933, Popper aparentemente inseria, via de regra, suas inúmeras emendas e acréscimos em uma das cópias em carbono (designada aqui sempre por K_2), depois incluída nas duas outras cópias em carbono (K_3 e K_4) e em K_1. O texto das quatro cópias manuscritas não é, porém, inteiramente idêntico, na medida em que ocorria de emendas e acréscimos em K_2 não serem incluídos nas três cópias restantes ou em apenas uma ou duas delas. Há também emendas e acréscimos em cada uma das cópias K_1, K_3 e K_4 que não foram incluídos nas três outras cópias ou apenas em uma ou duas delas.

A partir de uma comparação cuidadosa das cópias manuscritas, estabeleci um manuscrito (MS) que inclui a totalidade das emendas e acréscimos. Nos relativamente poucos casos (encontrei 28 casos) em que não fica claro qual das duas possíveis versões deveria ser considerada definitiva, a versão que não utilizei foi registrada nas Notas Críticas, indicadas no texto e nas notas com as letras pequenas ($^{a,b,c,\ldots}$)*. Ao longo desse trabalho de compilação, todas as citações e referências à literatura utilizada, assim como referências a outras seções, foram checadas, e os erros encontrados – assim como erros ortográficos – foram corrigidos sem mais; além disso, a forma das referências bibliográficas foi padronizada.

Nos manuscritos originais, não havia notas de rodapé e todas as referências a outras seções eram fornecidas no corpo do texto entre parênteses. Conforme a convenção adotada na *Lógica da investigação científica*, as referências a outras seções do livro permaneceram no corpo do texto, enquanto referências à literatura utilizada são colocadas em notas de rodapé. Meus acréscimos a essas notas são indicados por colchetes e, via de regra, por "(N. E. A.)". Ao longo da edição das cópias manuscritas originais, descobri muitas citações cujas referências ou faltavam completamente ou nas quais apenas o nome do autor citado é dado; em todos esses casos, as referências ausentes foram determinadas e incluídas em notas de rodapé. Essas notas

---
12 Em K_1 e K_2, há uma versão anterior da "Observação Preliminar"; ver "Posfácio", Seção 6.
12a Ver "Posfácio", Seções 3 e 8.
  * [Para as "Notas Críticas", ver 3.ed. alemã, 2010. (N. T.)]

são – como minhas próprias notas – indicadas por colchetes e, via de regra, por "(N. E. A.)".

[552] Ao contrário do Volume I e do Excerto-resumo (1932), em que a sequência das seções é fornecida nas cópias manuscritas originais, nos fragmentos remanescentes do Volume II – exceto o subtítulo "I. Exposição do Problema" – não há indicação inequívoca a que parte do Volume II elas pertencem. A sequência dos fragmentos na presente edição foi, por isso, escolhida por mim, considerando as informações sobre o Volume II que se encontram no Volume I, assim como nos fragmentos remanescentes do Volume II e no Excerto-resumo (1932).[13]

Inclusive a divisão do Volume II (Fragmentos) em "Primeira Parte: Fragmentos 1932" e "Segunda Parte: Fragmentos 1933" é um tanto incerta. Evidentemente, em função do modo como os fragmentos foram datilografados, assim como em função de seu conteúdo, parece que as duas partes pertencem cada uma a uma fase diferente de elaboração do Volume II. Mas não se pode excluir a possibilidade de que seções da "Primeira Parte" remontem ao ano de 1933; do mesmo modo, pode-se também pensar que seções dos fragmentos na "Segunda Parte" remontem ao ano 1932. Como é bastante provável que alguns dos fragmentos na "Primeira Parte" tenham sido escritos já em 1932[14] e como é bastante certo que alguns dos fragmentos na "Segunda Parte" foram escritos apenas em 1933,[15] decidi desconsiderar a incerteza em relação às datas 1932 e 1933 nos títulos: "Primeira Parte: Fragmentos 1932" e "Segunda Parte: Fragmentos 1933".

---

13 Ver "Posfácio", Seção 10.
14 Cf. Karl Popper, "Intelectual autobiography", in: *The Philosophy of Karl Popper I.* (ed. Paul Arthur Schilpp, 1974), p.67 (= Karl Popper, *Unended Quest: An Intellectual Autobiography*, 1976, p.85; *Ausgangspunkte: meine intellektuelle Entwicklung*, tradução alemã de Friedrich Griese e do Autor, 1979, p.116 e seg.), que indica que Popper deve ter iniciado o trabalho no Volume II em 1932. Ver também Volume II (Fragmentos): [III.] "Passagem para a teoria dos métodos", Seção 8, nota 1 (depois de datilografar esta, encontrei uma carta de Popper a Carnap de 16 de janeiro de 1933, em que Popper havia emprestado o último capítulo de um manuscrito intitulado "Semântica" – esta deve ser a versão prévia da *Sintaxe lógica da linguagem*, de Rudolf Carnap (1934), a que este faz menção no final de seu prefácio de maio de 1934 (Carnap, *Logik Syntax der Sprache*, p.VII). Ver "Posfácio", Seção 19.
15 Cf. Volume II (Fragmentos): [IX. "O problema da liberdade da vontade"], Seção 7, nota 2. Ver também "Posfácio", Seção 5, texto relativo à nota 13.

[553] 3. A revisão dos manuscritos por Popper em 1975

O manuscrito (MS) preparado pelo editor foi revisado pelo autor em 1975[1] e, a partir disso, resultaram muitas novas notas e acréscimos. Conforme a convenção adotada na *Lógica da investigação científica* (a partir da segunda edição de 1966), as novas notas de Popper são indicadas com um asterisco (*) acima do número e seus acréscimos às notas restantes são indicados com um asterisco; seus acréscimos ao texto – que são ou emendas estilísticas ou adições que contribuem para clarificar a argumentação ou melhorá-la[2] – são indicados por colchetes. Muitas das novas notas do autor e alguns de seus acréscimos às notas no MS foram elucidadas bibliograficamente pelo editor e menções a outras seções e notas, fornecidas; essas adições são todas indicadas por colchetes e por "(N. E. A.)".

A fim de melhorar ainda mais, o autor eliminou aqui e ali uma palavra, substituiu uma palavra por outra ou inverteu a ordem de palavras no texto original. Essas modificações provêm das Notas Críticas, às quais remetem as pequenas letras no texto ([a,b,c,...]).

As melhorias estilísticas englobam muitas modificações na pontuação, assim como a omissão de uma grande quantidade de aspas desnecessárias para a compreensão do texto e que atrapalhariam muito a leitura. Do mesmo modo, os itálicos em palavras e a divisão do texto em parágrafos foram modificados aqui e ali. *Tais* modificações no [554] manuscrito (MS) elaborado pelo editor não são indicadas nas "Notas Críticas", pois seria bastante estranho e geraria uma grande quantidade de notas pouco interessantes.

4. Título e sumário

Segundo o plano original, *Os dois problemas fundamentais* deveria ser publicado em dois volumes mais ou menos iguais em tamanho. O título comum escolhido pelo autor para os dois volumes é aquele que aparece na página de rosto do Volume I (K_1) e os títulos escolhidos para cada um

---

1   O Volume II (Fragmentos): "Segunda Parte: Fragmentos 1933" foi adicionado apenas em 1976/1977; o trabalho na edição desses fragmentos procedeu exatamente da mesmo forma que o trabalho na edição das cópias manuscritas restantes.
2   Ver "Introdução de 1978", Seção 2.

dos dois volumes são aqueles que figuram no Excerto-resumo (1932) (K_2).[1] Como não foi possível encontrar mais do que alguns fragmentos do Volume II, não foi possível, como planejado inicialmente, preparar dois volumes, e *Os dois problemas fundamentais* são publicados agora em um volume. Por isso, o editor e o autor consideram mais apropriado designar no Sumário e nas páginas entre as partes (pág. [1] e [413]) o Volume I de Livro I e o Volume II (Fragmentos) de Livro II. De acordo com o plano original, menciona-se nas notas o Volume I e o Volume II (Fragmentos), e essas designações figuram tanto no Sumário quanto nas páginas entre as partes.

Originalmente, o Sumário estava dividido da seguinte maneira no Volume I (K_1, K_2, K_3 e K_4):

I. Exposição do problema. Seção 1. II. Dedutivismo e indutivismo. Seções 2-4. III. O problema da indução. Seções 5-6; *As posições de proposição normal*: Seções 7-11; *As posições probabilistas*: Seções 12-17; *As posições* [555] *pseudo-proposicionais*: Seções 18-48; Apêndice: A crítica do problema da indução exposta esquematicamente.[2]

A fim de tornar *Os dois problemas fundamentais* mais claros e, ao mesmo tempo, dar a ele uma aparência mais parecida com a *Lógica da investigação científica*, o autor, em sua revisão (1975) do manuscrito MS, juntamente com o editor, introduziu uma divisão do volume I (Livro I) em capítulos.[3] Teria sido mais consistente colocar os números e a maior parte dos títulos desses capítulos entre colchetes para deixar claro que eles não se encontravam nas cópias manuscritas originais, mas, como seria pouco estético, prescindiu-se disso.[4]

---

[1] Ver Apêndice: "Observação Preliminar". Na versão anterior da Observação Preliminar, que está no Excerto-resumo (1932) (K_1 e K_2), os títulos correspondentes são: Os dois problemas fundamentais da teoria do conhecimento (Os pressupostos filosóficos da ciência natural); Volume I: O problema da indução (O problema da regularidade natural); Volume II: O problema da demarcação (Experiência e metafísica). *Acréscimo* (3.ed.) Cf. Seção 2, nota 12 e texto relativo a esta; assim como "Posfácio", Seção 6 e Seção 10, nota 30a.

[2] Diferentemente desta edição de *Os dois problemas fundamentais*, nas cópias manuscritas originais, a "Análise da Tabela I" vem depois da "Tabela I".

[3] Capítulo VIII e Capítulo IX: ver Volume I, Seção 36, sétimo parágrafo.

[4] Quando os números dos fragmentos do Volume II são colocados entre colchetes, isso ocorre para deixar claro que sua sequência é incerta. Como já mencionado, ela foi escolhida pelo editor; inclusive o título de [IX] se deve ao editor.

5. As epígrafes

No manuscrito preparado pelo editor (MS), *Os dois problemas fundamentais* são introduzidos por quatro epígrafes. As três primeiras epígrafes são:

> Hipóteses são redes, apenas capturo aquele que lança [...]
>
> Novalis (1789)[1]

> A sugestão [...] de que o homem finalmente solucionou seus problemas mais teimosos [...] não dá ao pensador nenhum consolo, pois o que ele teme é justamente que a filosofia nunca chegue a um "problema" genuíno.
>
> Schlick (1930)[2]

> [556] Eu sou, de minha parte, a favor de uma opinião inteiramente contrária e afirmo que, em assuntos em discussão por algum período de tempo, sobretudo na filosofia, nunca se tratava no fundo de uma disputa verbal, mas sempre de uma disputa genuína sobre coisas.
>
> Kant (1786)[3]

Essas epígrafes foram utilizadas na *Lógica da investigação científica*,[4] razão pela qual o autor e o editor concordaram em fornecer apenas a quarta

---

1 Novalis (Friedrich von Hardenberg 1772-1801), *Dialogen* (1798), "Dialog 5" (publicado em *Novalis Schriften* II., ed. por Friedrich Schlegel e Ludwig Tieck, 1802, p.429). Cf. Volume II (Fragmentos): [IX. "O problema da liberdade da vontade"], Seção 5, nota 3 e texto relativo a esta.
2 Moritz Schlick, "Die Wende der Philosophie", *Erkenntnis* 1 (1930), p.5.
3 Immanuel Kant, "Einige Bemerkungen von Herrn Professor Kant", in: Ludwig Heinrich Jakob, *Prüfung der Mendelssohnschen Morgenstunden oder aller spekulativen Beweise für das Daseyn Gottes in Vorlesungen von Ludwig Heinrich Jakob* (1786), p.LIII.
4 Novalis (1798): Karl Popper, *The Logic of Scientific Discovery* (1959; e edições posteriores), p.[11]; *Logik der Forschung* (2.-10.ed., 1966-1994), p.[XI] (11.ed., *Gesammelte Werke in deutscher Sprache* 3, 2005, p.[XV]).
Schlick (1930) e Kant (1786): *Logik der Forschung* (1934), p.[III] (2.-10.ed., 1966-1994, p.[XIII]; 11.ed., *Gesammelte Werke in deutscher Sprache* 3, 2005, p.XVII); *The Logic of Scientific Discovery* (1959; e edições posteriores), p.13.
Acréscimo (3.ed.) Cf. carta de Popper a Hansen, 9 de dezembro de 1974.

epígrafe nesta edição de *Os dois problemas fundamentais*: Kant (1781)[5] – e esta em uma forma mais curta que aquela que se encontra em K_3.[6]

6. Volume II: O problema da demarcação

Apenas algumas poucas seções dos esboços do Volume II, que Popper escreveu entre 1932 e 1933, puderam ser encontradas; todos esses fragmentos foram retomados na presente edição de *Os dois problemas fundamentais*. A versão definitiva, que se sabe ter sido quase terminada no início de 1934[1] e ter praticamente a mesma extensão do Volume I, não pôde ser encontrada. Acerca do destino desse volume [557], se pode suspeitar apenas que ele – juntamente com muitos outros dos antigos manuscritos de Popper – supostamente permaneceu completamente intacto por mais de dez anos depois da Segunda Guerra Mundial; é provável que o Volume II tenha sido perdido em função de uma série de eventos infelizes.[2]

Embora a busca pelo Volume II não tenha tido o resultado esperado, a busca por esses manuscritos foi bastante útil para a edição de *Os dois problemas fundamentais*. Graças à grande ajuda que recebi de Robert Lammer, de Viena, foram obtidas suas cópias do Volume I (K_3 e K_4), [Apresentação 1932], Apresentação [1933], assim como diversas cartas antigas e pequenos manuscritos. Nesse ínterim, devo também um grande agradecimento a Paul K. Feyerabend, de Berkeley, Califórnia.

---

5 Immanuel Kant, *Kritik der reinen Vernunft* (1.ed., 1781), p.XIII.
6 (3.ed.) K_3: Arquivo Popper, Fasc. 210,4 A/B. Cf. carta de Popper a Hansen, 9 de dezembro de 1974: "A epígrafe de Kant de 1781 é impossível: as últimas cinco linhas afirmam muito. Mas ela poderia ser utilizada até as palavras 'dediquei toda minha atenção ao rigor' [...]".
As últimas cinco linhas dizem: "[...] e me arrisco a dizer que não deve haver uma única tarefa metafísica que não tenha sido aqui solucionada, ou para cuja solução eu não tenha pelo menos fornecido a chave".
1 Ver Seção 2, nota 1 e texto relativo a esta.
2 (3.ed.) Ver "Posfácio do Editor", Seções 12 e 13; assim como Karl Popper, *Frühe Schriften* (*Gesammelte Werke in deutscher Sprache* 1, 2006), "Posfácio do Editor", Seção II: "Die Geschichte der frühen Manuskripte".

7. A segunda edição

Após a publicação de *Os dois problemas fundamentais da teoria do conhecimento*,[1] Popper não parou de trabalhar em seu antigo livro. Ele escreveu esboços para dois novos apêndices[2] e em sua *"master copy"* (MC[3]) ele sempre anotava inúmeras correções e emendas. Na segunda edição, foram feitas modificações no texto e algumas novas notas[4] foram adicionadas. Na presente terceira edição, essas notas são indicados por "[2.ed.]" e as modificações no texto – como todas as outras modificações no texto original – são colocadas entre colchetes [ ] ou elas são identificadas nas "Notas Críticas".

A maior parte das modificações se encontra no Volume I: Seção 11 e, em particular, nas notas 27, 28 e 28a até 28c. A razão para essas modificações foi que no texto da primeira edição, assim [558] como no manuscrito, as traduções de Xenófanes eram de Wilhelm Nestle.[5] As traduções do próprio Popper,[6] feitas posteriormente, foram citadas em uma nota.

Apesar dos manuscritos originais, uma nova versão da tradução de Popper[7] substitui agora a de Nestle. A fim de evitar um deslocamento nas quebras de página, o texto teve que ser levemente modificado, mas essas modificações são, no essencial, de natureza estética e estilística.[8]

---

1 Em novembro de 1979.
2 Ver Seção 8 e "Posfácio", Seção 8.
3 Havia inclusive *duas* "master copies": MC [1] e MC [2]; ambas se encontram na "Karl-Popper Sammlung, Universitätsbibliothek Klagenfurt".
4 Ver Volume I: Seção 4, nota *3a, e Seção 11, notas 27, 28, 28a até 28c; assim como "Posfácio do Editor" (1979), Seção 6 (= "Posfácio do Editor", 3.ed., Seção 10), nota *1 *Acréscimo* (1983).
5 Wilhelm Nestle 1865-1959. Ver *Die Vorsokratiker* (seleção traduzida e editada por Wilhelm Nestle, 1908), p.111-2.
6 D-K B 16, 15, 35, 18, 38, 34, 23 e 24. Sobre essas traduções, ver Popper, *The world of Parmenides: Essays on the Presocratic Enlightenment* (ed. Arne F. Petersen com a colaboração de Jørgen Mejer, 1998), Index of translations, p.308 e seg. (= *Die Welt des Parmenides: Der Ursprung des europäischen Denkens*, tradução alemã de Sibylle Wieland e Dieter Dunkel, 2001, p.452).
7 D-K B 16, 15, 18, 34, 23, 25, 26 e 24.
8 Ver "Notas Críticas ao Texto" [Para as "Notas Críticas", ver 3.ed. alemã, 2010. (N. T.)].

8. A terceira edição

Desde 1979, reuni informações sobre *Os dois problemas fundamentais*, mas o trabalho para uma terceira edição revista e melhorada ficou suspenso até alguns meses após a publicação dos *Frühe Schriften* [*Escritos de juventude*] de Popper.[1] Iniciei por uma nova checagem do texto. Como foi descrito na Seção 2 destas Observações Editorias, foi estabelecido um manuscrito (MS) no início dos anos de 1970 a partir de uma comparação precisa das cópias manuscritas,[2] que reunia todas as melhorias e emendas. A fim de garantir que nada fosse inadvertidamente deixado de fora ou modificado, eu comparei a segunda edição com o MS. Apenas alguns poucos erros foram encontrados e todos corrigidos na terceira edição.

Muito material novo foi adicionado: os esboços de Popper (1993) para um novo apêndice – *I. sobre Xenófanes e *II sobre a teoria do "conhecimento imediato" de Nelson e Fries – são publicados pela primeira vez aqui; em muitas notas, novas informações foram adicionadas e notas inteiramente novas foram inseridas. No lugar do Posfácio do Editor (1979), preparei um novo [559] posfácio. As Seções 1 a 5 e os parágrafos 1 e 2 da Seção 6 do antigo posfácio foram retomados nestas Observações Editoriais. O restante da antiga Seção 6 se encontra agora na Seção 10 do novo posfácio. Por fim, novos índices e uma correspondência de paginação foram preparados.*

9. Panorama de todas as intervenções editoriais

Resumo mais uma vez meu relato anterior sobre o trabalho editorial – como na primeira e segunda edições[1] – com o seguinte panorama:

Texto
Palavras ou grupos de palavras *entre colchetes* são acréscimos, que não estavam nas cópias manuscritas originais. Alguns poucos desses acréscimos

---

1 Em Karl Popper, *Gesammelte Werke in deutscher Sprache* 1 (publicado no final de setembro de 2006).
2 Ver Seção 2.
* [O último parágrafo desta seção foi suprimido na tradução, uma vez que trata de particularidades tipográficas irrelevantes para a presente edição brasileira. (N. T.)]
1 Ver 1ª e 2ª Edições, p.[VI].

são do editor,[2] os outros foram introduzidos pelo autor por ocasião de sua revisão do manuscrito preparado (MS) ou sua revisão da primeira edição.

As Seções 27 a 29 (inclusive) e 31 figuram, por desejo do autor, em caracteres menores. Ele pretende se distanciar claramente dessas seções.[3]

Notas

Notas com números: elas remontam seja às cópias manuscritas originais, seja ao trabalho do editor. Acréscimos a [560] notas foram introduzidos com asterisco (*) pelo autor (1975).

Notas com um asterisco (*) antes do número: elas remontam ao trabalho do editor.

Notas indicadas com "[2.ed.]": essas notas foram introduzidas pelo editor (1994).

Todas as notas e todos os acréscimos às notas, que remontam ao trabalho do *editor*, são indicados por colchetes e, via de regra, também por "(N. E. A.)"; se foram introduzidas pela primeira vez na terceira edição, elas são acrescidas de "(3.ed.)".

Para poder manter a numeração das notas das edições anteriores, muitas vezes – conforme o padrão de Popper – foram introduzidas letras aos números.

10. Agradecimento

Primeira edição: O trabalho de edição de *Os dois problemas fundamentais*, que iniciei em 1972, foi bastante facilitado pelo auxílio que recebi de diversos lados. Margit Hurup Grove, Jeremy Shearmur e Martin N. Hansen me ajudaram na solução da maioria dos problemas. Robert Lammer, Paul K. Feyerabend e Arne Friemuth Petersen estiveram ao meu lado na triagem dos manuscritos. Gunnar Andersen e Ernst A. Nilsen auxiliaram na tradução de minhas próprias contribuições. Eu agradeço muito a todos eles. Acima de tudo, devo um agradecimento grande a Karl Popper, pois me con-

---

2 Todos esses acréscimos foram aprovados pelo autor.
3 Ver a "Introdução de 1978", Seção 2: (16).

fiou essa importante tarefa e porque revisou o manuscrito preparado por mim e o melhorou aqui e ali. (Essas modificações são sempre registradas.)

Terceira edição: Durante o trabalho nessa nova edição de *Os dois* [561] *problemas fundamentais da teoria do conhecimento*, tive a sorte de receber diferentes ajudas e apoios.

Eu devo um grande agradecimento a Melitta Mew e Georg Siebeck, que me confiaram essa tarefa. Melitta Mew, enquanto administradora do espólio, e o Fundo Beneficente Karl Popper, indicado por ela, apoiaram meu trabalho e me permitiram fazer longas citações das cartas de Popper. Georg Siebeck esteve ao meu lado com sua ajuda e conselhos durante todo o trabalho, inclusive na tradução para o alemão de meu posfácio e das Seções 7 a 10 destas "Observações Editoriais". Eu agradeço a ambos por seu grande auxílio e encorajamento.

Durante meu trabalho, tive acesso à biblioteca do Instituto Filosófico da Universidade de Copenhague; recebi muitos dos livros e revistas consultados na seção de empréstimos da Faculdade de Ciências da Natureza e da Saúde da biblioteca da Universidade de Copenhague. Agradeço a todos.

Como meu posfácio assinala, Popper parece ter depositado em novembro de 1932 um exemplar de seu Excerto-resumo (1932) em um cartório em Viena. Em minha busca por esses manuscritos, recebi informações preciosas de arquivos em Viena. Agradeço a Hannes Tauber e Petra Janschitz, do Arquivo Municipal e Provincial de Viena, Christian Sonnweber, do Tabelionato de Viena, Baixa Áustria e Burgenland, Peter Treichl, do Arquivo Notarial de Assuntos Distritais de Viena, e Stefan Sienell, do arquivo da Academia Austríaca de Ciências. Também em minha busca pela primeira versão da *Sintaxe lógica da linguagem*, de Rudolf Carnap, que Popper teria emprestado de Carnap em 1932 e que ele menciona, recebi informações preciosas de arquivos e bibliotecas. Agradeço a Brigitte Parakenings, do Arquivo Filosófico da Universidade de Constança, Godelieve Bolten, do Arquivo do Círculo de Viena no Arquivo da Holanda do Norte em Haarlem, Robert Kaller, do Instituto do Círculo de Viena em Viena, e Robert D. Montoya, do Departamento de Coleções Especiais na Biblioteca de Pesquisa Charles E. Young da Universidade da Califórnia em Los Angeles.

A muito bem organizada Coleção Karl Popper da Universidade de Klagenfurt foi de especial importância para meu trabalho no presente volume, assim como o *Frühe Schriften* de Popper. [562] Visitei a coleção várias vezes.

As condições de trabalho ali são excelentes: tem-se acesso a muitos livros e revistas que o próprio Popper utilizou em seu trabalho – inclusive a alguns livros e revistas de seu tempo de Viena. Além disso, tem-se acesso a cópias de todos os manuscritos e cartas, que são mantidos nos Arquivos Popper do Instituto Hoover da Universidade de Stanford. Pude resolver muitos problemas complicados em Klagenfurt e agradeço pelo grande auxílio e encorajamento que recebi de Manfred Lube e Lydia Zellacher.

Meu trabalho nessa nova edição de *Os dois problemas fundamentais* se beneficiou em grande medida da ajuda especial que tive de Carl Henrik Koch no Instituto Filosófico da Universidade de Copenhague, assim como da diversão com Malachi Hacohen em Durham (EUA). Karl Milford em Viena, assim como Hans-Joachim Niemann em Poxdorf, David Miller em Warwick, Jeremy Shearmur em Wamboin (Austrália) e Flemming Steen Nielsen em Copenhague encorajaram muito todo o trabalho. Sou muito grato a todos eles.

No início dos anos de 1970, Jeremy Shearmur e Margit Hurup Grove me auxiliaram a obter alguns dos manuscritos impressos neste volume. Agradeço a ambos por esse apoio.

Sem o apoio de amigo de juventude de Popper, Robert Lammer, a história dos primeiros manuscritos nunca viria à luz; agradeço a ele por sua ajuda e também a Paul K. Feyerabend por sua presteza ao intervir em toda a busca.

Acima de tudo, sou profundamente grato a Karl Popper. Ele me permitiu examinar seus antigos documentos e confiou a mim a edição de seus manuscritos de *Os dois problemas fundamentais da teoria do conhecimento*. Durante o trabalho, ele me auxiliou de diversos modos, prontamente respondeu minhas muitas questões e complementou o livro com uma introdução (1978) e com muitas novas notas. Essa terceira edição inclui novas contribuições de Popper: os esboços de novos apêndices, que ele planejou para a segunda edição (1994) e nos quais trabalhou em seus últimos anos.

Troels Eggers Hansen
Roskilde, fevereiro de 2010.

[563] Posfácio do editor

1. Introdução 548
2. A história da transmissão dos primeiros manuscritos 556

I. Sobre *Os dois problemas fundamentais da teoria do conhecimento* 562
    3. Panorama sobre os manuscritos no Arquivo Popper....................562
    4. Volume I..567
    5. Volume II (Fragmentos) 570
    6. Excerto-resumo (1932) e a Comunicação provisória (1932/1933) .. 572
    7. Apresentação 578
    8. Novo Apêndice: esboços de 1993 580

II. A questão do segundo volume 585
    9. Observação preliminar 585
    10. O que o segundo volume contém ou deveria conter...................586
    11. Cartas de 1932 a 1934 591
    12. O "segundo pacote"..596
    13. Discussão da "questão de segundo volume" 598
    14. Observação final...602

III. Sobre algumas das novas notas e acréscimos....................................603
    15. O tratamento da tuberculina de Koch 603
    16. A revista *Kosmos: Handweiser für Naturfreunde*...............................604

17. O quarto de página de Kirchhoff 605
18. "Tanto pior para os fatos" 606
19. A *Semântica* de Carnap 607
20. Planck e Popper acerca do chamado problema da liberdade da vontade 609

[564] 1. Introdução

"O trabalho *de mais de sete anos* está colocado em meu livro!"[1] – é assim que Popper se refere à obra de 1933, planejada em dois volumes, acerca do problema da indução e o problema da demarcação. Suas esperanças de publicação em breve seriam desapontadas. Ela só foi publicada quarenta e seis anos depois, e não do modo como fora originalmente planejada. *Os dois problemas fundamentais da teoria do conhecimento*, segundo seu título, passaram por uma situação difícil. Sob as condições econômicas do início dos anos de 1930, era impossível publicar uma obra tão extensa e quando isso se tornou possível, muitos anos depois, alguns dos manuscritos de Popper – incluindo uma parte de *Os dois problemas fundamentais* – estavam desaparecidos.

Apesar dos sete anos anunciados, a verdadeira elaboração dos manuscritos mal havia começado antes de Popper ter tido a oportunidade, entre o final de 1929 e o início de 1930, de discutir suas ideias com Herbert Feigl.[2] Não sabemos se a primeira versão do manuscrito tratava dos dois problemas fundamentais. Essa versão está desaparecida, e algumas poucas linhas

---

1   Carta de Popper a Berti (Bertold Paul Wiesner, nascido em 1901), de 7 de janeiro de 1933 (erroneamente 1932; Arquivo Popper, Fasc. 362,8). Ver carta de Popper a Julius Kraft, por volta de 20 de setembro de 1932 (Fasc. 316,23); carta de Popper a Hans Buske de 30 de novembro de 1932 (Fasc. 281,8); assim como carta de Popper a Kelley L. Ross de 24 de dezembro de 1992 Coleção Karl Popper da Universidade de Klagenfurt, Fasc. Varia; e http://www.friesian.com/ross/Popper.html; agradeço a Manfred Lube por essa indicação). Cf. também Seção 11, texto relativo à nota 19.
2   Herbert Feigl 1902-1988. Ver Karl Popper, "A theorem of truth-content", in: *Mind, Matter, and Method: Essays in Philosophy of Science in Honour of Herbert Feigl* (ed. por Paul K. Feyerabend e Grover Maxwell, 1966), p.343; "Intellectual autobiography", in: *The philosophy of Karl Popper* I (ed. Paul Arthur Schilpp, 1974), §16, p.65 e 165, nota 102 (= *Unended Quest: An Intellectual Autobiography*, 1976, §16, p.82 e 211, nota 102; *Ausgangspunkte: meine intellektuelle Entwicklung*, tradução alemã de Friedrich Griese e do autor, §16, 1979, p.112 e seg. e 303, nota 102.

de sua autobiografia[3] são tudo que Popper escreveu sobre isso. Ele escreve que recebeu um auxílio valioso de seu amigo Robert Lammer,[4] que reviu cada parágrafo [565] e fez objeções "contra cada ponto que, segundo sua opinião, não estava claro de modo cristalino".

Na versão remanescente do Volume I, o artigo de Moritz Schlick, "A causalidade na física atual", desempenha um papel importante; ele foi publicado em 13 de fevereiro de 1931 na revista *Die Naturwissenschaften*.[5] Antes dessa data, Popper mal teria começado a escrever. De acordo com Popper,[6] o primeiro volume estava concluído já no início de 1932, com uma extensão aproximada de 400 páginas datilografadas.[7] Ao longo de 1932, ele foi consideravelmente aumentado e, em novembro de 1932, ele tinha por volta de 550 páginas.[8] O manuscrito publicado no presente volume tem 550 páginas e um Apêndice em Tabelas de 9 páginas.

---

3 Karl Popper, *op. cit.*, §16, p.66 (= *Unended Quest*, §16, p.83 e segs.; *Ausgangspunkte*, §16, p.114 e seg.).

4 Robert Lammer, diretor escolar, nascido em 26 de dezembro de 1902, falecido em 13 de julho de 1985. Entre 1925 e 1927, Lammer e Popper estudaram juntos durante quatro semestres do Curso de Formação de Professores Hochshulmäßigen do Instituto de Pedagogia da Cidade de Viena (Viena VII, Burggasse 14-16). Cf. carta de Lammer a Popper de 21 de agosto de 1974: "[...] Eu devo confessar a você que fiquei envergonhado por ter sido mencionado em um contexto tão distinto. Não tivesse eu sido tão desagradável, aquele livro teria sido publicado há 50 anos, e não seria agora tão trabalhosa a busca por antigos fragmentos [...]". (Arquivo Popper, Fasc. 318,13). Assim como carta de Lammer a Hansen de 30 de novembro de 1975: "[...] '*Os dois problemas fundamentais da teoria do conhecimento*'[...], em cuja edição eu e meu amigo Dr. Karl Popper cooperamos por quase dois anos [...]". Ver nota 3; assim como "Prefácio de 1978".

5 Moritz Schlick, "Die Kausalität in der gegenwärtigen Physik", *Die Naturwissenschaften* 19 (1931), p.145 e segs. Sobre a questão da redação do primeiro volume, é bastante importante a referência de Popper ao "relato programático" sobre o "positivismo lógico" publicado em 21 de maio de 1933. Ver Volume I: Seção 3, nota 7 e texto relativo a esta.

6 Karl Popper, *op. cit.*, §16, p.67 (= *Unended Quest*, §16, p.85; *Ausgangspunkte*, §16, p.116). Ver carta de Popper a [Moritz Schlick] de 16 de março de 1933 (Arquivo Popper, Fasc. 17,6): "O primeiro volume já está pronto há mais de um ano [...]"; assim como carta de Popper a [L. Susan Stebbing] de 3 de fevereiro de 1934 (Fasc. 352,15 e 217,6); cf. Seção 11, texto relativo à nota 16.

7 Carta de Popper a Egon Friedell de 30 de junho de 1932 (Arquivo Popper, Fasc. 297,22; ver também os esboços desta carta, Fasc. 17,6). Cf. Seção 7, nota 4 e texto relativo à nota 3; assim como Seção 3, nota 11 e texto relativo a esta.

8 Carta de Popper a Hans Buske de 30 de novembro de 1932 (Arquivo Popper, Fasc. 281,8). Cf. Seção 6, nota 6 texto relativo a esta.

Segundo cartas daquela época, o trabalho no Volume II parece ter começado no início de 1932.[9] Apenas fragmentos deste volume foram conservados. Neste caso, não se trata, porém, de fragmentos de um manuscrito concluído e revisto;[10] "esboços" é uma designação[11] que se aplica a essas partes do manuscrito que compreendem 107 páginas datilografadas.

[566] Popper trabalhou em *Os dois problemas fundamentais* durante seu emprego como professor de escola.[12] O trabalho na escola era "estressante";[13] ele não deixava muito tempo livre e tornava frequentemente necessário "fazer as coisas [...] obrigatoriamente durante o trabalho noturno".[14]

O manuscrito foi datilografado pela esposa de Popper, a sra. Hennie Popper,[15] que também ocupava um cargo de professora ao longo de todo o dia. Nos anos de 1980, ela me contou que, durante esse trabalho, eles frequentemente faziam passeios nos arredores de Viena. Popper levava a máquina de escrever e, na pequena pousada em que eles normalmente paravam, ele era conhecido como o "homem com o gramofone".

Entre os anos 1932 e 1934, Popper se esforçou para conseguir uma publicação. Com a esperança de obter uma carta de recomendação, ele enviou

---

9 Carta de Popper a [Moritz Schlick] de 16 de março de 1933 (Arquivo Popper, Fasc. 17,6). Assim como carta de Popper a [L. Susan Stebbing] de 3 de fevereiro de 1934 (Fasc. 352,15 e 217,6).
10 A partir de indicações de fonte no Volume I ao Volume II e no interior do Volume II (Fragmentos), pode-se inferir a estrutura. Ver este Posfácio, Seção 10, notas 4 e 5, assim como os textos relativos a estas.
11 Ver Seções 5 e 13.
12 Ver Seção 11, nota 6.
13 Ver Seção 11, nota 4, assim como o texto relativo à nota 6.
14 Ver Seção 13, nota 7 e texto relativo a esta. Cf. também carta de Popper a Julius Kraft, por volta de 20 de setembro de 1932 (Arquivo Popper, Fasc. 316,23), p.[3 e seg.].
15 Josefine Anna Henninger: nascida em 17 de março de 1906, falecida em 17 de novembro de 1985. Entre os anos de 1925 e 1927, ela foi aluna durante quatro semestres do Curso de Formação de Professores Hochshulmäßigen (cf. nota 4) e se casou com Popper em 11 de abril de 1930. Ver Karl Popper, *Frühe Schriften* (*Gesammelte Werke in deutscher Sprache* 1, 2006), "Apêndice", Seção 1, notas 16 e 20; "Posfácio do Editor", Seção VIII: carta a Albert Krassnigg, de 6 de julho de 1970 (Arquivo Popper, Fasc. 317,1); assim como "Tabela de tempo", nota 25.
Aqui e ali, exercícios de datilografia como: "qwert yuiop asdfg hjkl [...]" (Cf. Volume I: 8,13; 8,14; 9,13; 11,2; 11,46 e 14,1). A certa altura, na Seção 11, terceiro parágrafo (MS: 11,2), ele escreve também seu nome: "[...] corresponde ao fato de que [...] Josefine Henninger [...] Josefine Henninger [...] Josefine Hennin [...] Kant chama a 'experiência', o 'entendimento' etc. de 'fontes do conhecimento' [...]".

seu manuscrito a amigos e personalidades conhecidas. Nesse meio tempo, ele não tinha mais nenhum exemplar à disposição. Ele escreve, então, em 20 de setembro de 1932 a seu amigo Julius Kraft:[16]

> [...] Dois exemplares não estão [...] há muito tempo disponíveis: um deles, o Prof. *Feigl*[17] levou consigo para os Estados Unidos, a fim de tentar encontrar lá um tradutor; o segundo está com o mesmo propósito na Inglaterra e está sendo neste momento lido por Joseph Needham[18] [...] Os dois exemplares que possuo estão em Berlim com *Polanyi*[19] [567] e em Viena com *Friedell*.[20]

Ele obteve um reconhecimento grande por seu manuscrito. Nesse sentido, Herbert Feigl escreve a ele que considera seu sistema de teoria do conhecimento "o mais completo, mais saudável e próximo da ciência que existe hoje".[21] E de Egon Friedell recebe a seguinte nota: "Livros como o seu são raramente escritos".[22]

Por intermédio de Julius Kraft, Popper entrou em contato com o editor Hans Buske em Leipzig e, em 30 de novembro de 1932, ele lhe enviou um exemplar do manuscrito.[23] Henrich Gomperz[24] escreve a J. C. B. Mohr (Paul

---

16 Julius Kraft 1898-1960. Carta de Popper a Julius Kraft, por volta de 20 de setembro de 1932 (Arquivo Popper, Fasc. 316,23).
17 Herbert Feigl 1902-1988.
18 Joseph Needham 1900-1995.
19 Michael Polanyi 1891-1976.
20 Egon Friedell 1878-1938. Cf. "Prefácio de 1978", nota 5 e texto relativo a esta; assim como "Observações Editoriais", Seção 2, nota 5.
21 Carta de Popper a Julius Kraft, por volta de 20 de setembro de 1932 (Arquivo Popper, Fasc. 316,23); cf. também carta de Heinrich Gomperz a Popper de 27 de dezembro de 1932 ("Cópia"; Fasc. 300,9): "[...] O Dr. Herbert Feigl me disse no verão que seu primeiro volume inclui a única teoria do conhecimento a ser levada a sério à qual ele se referiria se fosse pedido a isso; [...]". E no mesmo lugar Gomperz escreve sobre o "Excerto-resumo (1932)": "[...] Eu acho que você fornece de fato o que o momento pede [...]". Heinrich Gomperz (1873-1942).
22 Carta de Popper a Julius Kraft, por volta de 20 de setembro de 1932 ("Arquivo Popper", Fasc. 316,23).
23 Hans Buske 1904-1956. Carta de Karl Popper a Hans Buske de 30 de novembro de 1932 (Arquivo Popper, Fasc. 281,8).
24 Carta de Heinrich Gomperz a [Oskar] Siebeck de 21 de dezembro de 1932 (Arquivo Popper, Fasc. 300,9 e 312,16): "Excertos – *Cópia* de uma carta mais longa [...]". O original se encontra no arquivo da Editora Mohr Siebeck, Tübingen. Cf. também carta de Oskar Siebeck a Gomperz de 24 de dezembro de 1932 (Fasc.

Siebeck) em Tubinga, e o próprio Popper se dirige a Otto Lange,[25] o diretor da editora vienense Julius Springer. Nos anos de 1930, a situação econômica da editora era difícil e, por isso, fracassaram todas as tentativas para que fossem publicados *Os dois problemas fundamentais* segundo o plano original de Popper. Também não foi possível encontrar um tradutor nos Estados Unidos ou na Inglaterra.[26]

[568] A consulta junto à editora Springer e o apoio de Carnap, Schlick e outros o levaram por fim a outra direção. Em 30 de junho de 1933,[27] Popper acertou com a Springer a publicação de um livro muito mais curto com o título de *Lógica da investigação científica*. Ele foi publicado no início de dezembro de 1934,[28] com o subtítulo "Sobre a teoria do conhecimento da ciência natural moderna". Apenas muitos anos depois, em 1979, é que pôde ser publicado o que foi encontrado do plano original dos manuscritos de *Os dois problemas fundamentais* pela editora J. C. B. Mohr (Paul Siebeck) em Tubinga.

Por quanto tempo Popper continuou trabalhando em sua obra *Os dois problemas fundamentais*? Em algum momento ele completou seu grande plano para o livro ou ele teve que deixá-lo inacabado? E o que aconteceu com os manuscritos? Quanto de *Os dois problemas fundamentais* foi perdido? Muito pouco é o que podemos saber com segurança acerca dessas questões e do trabalho de Popper em *Os dois problemas fundamentais*. Não há indícios

---

211,4) e carta de Gomperz a Popper de 27 de dezembro de 1932 (Fasc. 300,9: "Cópia"); assim como carta de Popper a [Oskar] Siebeck de 30 de dezembro de 1932 (Fasc. 312,16). Oskar Siebeck 1880-1936.

25 Otto Lange 1887-1967. Carta de Popper a Herbert Feigl, no final de novembro de 1932 (Arquivo Popper, Fasc. 294,6 e 211, 4): "[...] eu tinha [...] a intenção de encaminhar uma publicação na coleção, na própria (editora) Springer [...] Logo depois da conversa com a editora Springer, recebi uma carta do Prof. Julius Kraft (o discípulo de Nelson), Frankfurth, com a solicitação de enviar o manuscrito à editora *Buske* (a seu editor) [...]".

26 Ver carta de Popper a Bertold (Berti) Wiesner de 22 de maio de 1932 (Arquivo Popper, Fasc. 362,8); assim como Seção 11, nota 15 e texto desta.

27 Carta de Popper a Julius Kraft, por volta de 20 de setembro de 1932 (Arquivo Popper, Fasc. 316,23): "[...] Eu assinei na semana passada um contrato editorial com a Springer [...] Eu estou bastante contente, por um lado, com essa mudança repentina nos acontecimentos. Por outro lado, é uma pena que tenha que deixar o plano de meu livro, e publicar em uma coleção até agora exclusivamente positivista". Cf. Malachi H. Hacohen, *Karl Popper: the formative years 1902-1945* (2000), p.223: nota 42 e texto relativo a essa nota.

28 In: *Schriften zur wissenschaftlichen Weltauffassung 9* |editada por Schlick e Frank (N. E. B)| (com a indicação de ano: "1935").

Posfácio do editor

precisos sobre a época de sua elaboração; quase tudo o que é importante nessas questões deve ser composto a partir informações dispersas, que pode ser encontradas em manuscritos remanescentes e em cartas frequentemente sem data. Por causa do caráter particular dessa transmissão, minha documentação e sua interpretação foram um tanto complexas.

A história dos primeiros manuscritos de Popper é curiosa e é muito improvável que algum dia nós tenhamos um relato completo sobre o que aconteceu com os manuscritos. No final de janeiro de 1937, pouco antes de ir com sua esposa para a Nova Zelândia, Popper deixou com um amigo uma coleção extensa de manuscritos. Alguns anos depois da Segunda Guerra, a maior parte desses manuscritos – possivelmente todos eles – ainda estava intacta; hoje, porém, muitos desses primeiros manuscritos já não podem ser localizados e devem ser considerados destruídos. Em meu posfácio aos *Frühen* [569] *Schriften* [Escritos de juventude], eu relatei o que pude constatar a respeito dessa situação e o destino dos manuscritos. O ponto fundamental para todo meu relato posterior é que os manuscritos e cartas que chegaram a nós são apenas uma parte dos primeiros manuscritos de Popper e que aparentemente é impossível encontrar o que está perdido. Por isso, faço um resumo breve na sequência dessa introdução dessa história trágica. Em seguida, na primeira parte deste posfácio, faço um pequeno relato da história da transmissão desses manuscritos particulares que são ora publicados como *Os dois problemas fundamentais da teoria do conhecimento*.

No início de agosto de 1932, Popper viajou com Rudolf Carnap e Herbert Feigl para Burgstein, em Tirol. Ele levou um manuscrito grosso sobre "o problema da indução", assim como uma breve "comunicação provisória" sobre seu "critério do caráter empírico dos sistemas teóricos", que ele havia proposto alguns dias antes à revista *Die Naturwissenschaften*. Esse encontro ocorreu quando Popper justamente reescrevia a "conclusão" da Seção 11 sobre Kant, Fries e Nelson e isso foi muito importante para ele. Em Burgstein, ele pôde apresentar suas ideias e participar de diversas discussões; por exemplo, da discussão sobre o manuscrito de Otto Neurath, "Protokollsätze" [Enunciados protocolares]. Depois do encontro, Carnap escreveu um artigo, "Über Protokollsätze" [Sobre enunciados protocolares]; esse artigo pressupunha algumas das ideias de Popper e as atribuía a ele inequivocamente. O próprio Popper preparou um "Excerto-resumo" (1932) de *Os dois problemas fundamentais da teoria do conhecimento* e ele parece ter depositado um exemplar em um cartório. Em função dos manuscritos e cartas remanescentes, eu faço um relato sobre esses acontecimentos; eu apresento também uma versão anterior e inédita do prefácio ao resumo de Popper. Cartas que se referem ao encontro em Burgstein e ao resumo, assim como cartas a Julius Kraft e ao editor Hans Buske, lançam uma nova luz sobre a nova formulação da conclusão da Seção 11 do primeiro volume, mas também a alguns rascunhos do segundo volume sobre *o problema da demarcação*.

Popper concluiu esse volume? Ou ele escreveu apenas rascunhos soltos, sem conexão – provavelmente não mais do que os que chegaram a nós, publicados agora em *Os dois problemas fundamentais da teoria do conhecimento*?

Em meu posfácio (1978/1979) à [570] primeira edição, respondi a essa questão apenas superficialmente. Eu me limitava naquele momento a mencionar ao leitor a importante carta de 3 de fevereiro de 1934[29] e os planos de Popper para o segundo volume, como eles relacionam com os manuscritos remanescentes, com uma carta a Julius Kraft e com uma nota em *Lógica da investigação científica*,[30] o que naquele momento parecia ser o resultado da busca pelo Volume II. Nesta nova edição de *Os dois problemas fundamentais*, tive a oportunidade de documentar com mais precisão e avaliar o que sabia naquele momento e aquilo que nesse meio tempo descobri.

As evidências à disposição são muito diferentes e independentes umas das outras. Entre elas estão a longa carta de 3 de fevereiro de 1934 e o relato feito muitos anos depois por Robert Lammer sobre o desparecimento misterioso daquilo sobre cujo conteúdo Popper lhe falara. Nenhuma dessas evidências nos coloca na posição de responder a questão *de uma vez por todas*. Na avaliação daquilo que se pode razoavelmente *supor*, todas essas evidências devem ser, claro, consideradas. Neste posfácio, procedi segundo as melhores intenções e convicções; não fui contra minhas próprias intenções.[31]

Essa terceira edição de *Os dois problemas fundamentais* foi complementada com muitas novas notas e acréscimos.[32] Alguns dos problemas que tive

---

29 Ver as "Observações Editoriais", Seção 2, nota 1 e texto relativo a esta; assim como Seção 11 deste posfácio, nota 15 e texto desta.
30 Ver a Seção 10 deste posfácio.
31 Malachi Hacohen tem uma visão contrária; ver sua discussão fundamental e ponderada da questão do segundo volume em Malachi Hacohen, *op. cit.*, cap. 5 e 6. Cf. também Karl Popper, *Logik der Forschung* (11.ed., *Gesammelte Werke in deutscher Sprache* 3, 2005); "Posfácio do Editor", p.549 e seg.
32 Ver, por exemplo, as várias referências ao trabalho de qualificação docente (1929) de Popper, "Axiome, Definitionen und Postulate der Geometrie", in: Karl Popper, *Frühe Schriften* (*Gesammelte Werke in deutscher Sprache* 1, 2006), Nr. 7.

que deixar sem solução por trinta anos: por exemplo, tentar encontrar de onde Popper havia retirado as ilustrações para sua argumentação ou quais questões da discussão na época provavelmente o incitaram.

[571] Um exemplo: Popper ilustra sua crítica do positivismo estrito com uma breve referência ao tratamento da tuberculina de Robert Koch. Onde ele teria descoberto esse tratamento fracassado e supostamente desconhecido naquele momento? Essa questão me leva a uma hipótese sobre quando ele elaborou pela primeira vez a seção sobre o positivismo estrito.[33] É evidente que seu conhecimento sobre o tratamento da tuberculina era um fruto inesperado da recensão para a *Pädagogische Zeitschriftenschau* [Revista Pedagógica].[34] O todo exige uma clarificação, assim como uma nota, sobre um rascunho remanescente do Volume II.

O problema da liberdade da vontade é o tema de dois rascunhos para o segundo volume. Aqui, Popper sugere uma solução que se vincula à distinção *inequívoca* entre conceitos universais e conceitos individuais, uma ideia fundamental de sua teoria do conhecimento. Um desses rascunhos contém uma referência intrigante ao tratamento do problema da liberdade da vontade, que parece ter uma importância fundamental para a discussão de Popper. Eu suponho que ele se refira a um artigo de Max Planck. O que Planck faz aí com o problema da liberdade da vontade concorda amplamente com o tratamento de Popper do problema; as duas soluções são, porém, muito diversas. Tudo isso será discutido mais precisamente neste posfácio.

O posfácio que escrevi em 1978 e 1979 para a primeira edição de *Os dois problemas fundamentais* não inclui tudo o que tinha descoberto naquela época sobre os manuscritos e sua história trágica. Para a terceira edição, revi o material disponível e reelaborei tudo o que veio a meu conhecido nos trinta anos que se passaram desde então. O posfácio apresentado aqui é a somatória daquilo que sei – ou que suponho com boas razões – sobre o grande plano do livro e seu destino.

---

33 Ver Seção 4 deste posfácio, nota 2.
34 Ver Karl Popper, *op. cit.*, Nr. 4.

[572] 2. A história da transmissão dos primeiros manuscritos

Na noite de Natal de 1936, Popper recebeu um telegrama no qual era oferecida a ele uma vaga de professor na Universidade de Canterbury, em Christchurch, Nova Zelândia.[1] Para poder chegar lá no início do ano acadêmico (em março), ele e sua esposa deveriam deixar Viena em quatro semanas. Eles puderam levar apenas o essencial, todo o resto deveria ficar espalhado – simplesmente não havia tempo para qualquer outra coisa.[2] Popper escrevera muito nos anos anteriores[3] e havia reunido, portanto, uma enormidade de manuscritos.[4] Muitos deles estavam escritos à mão e inacabados. Alguns deles ainda existem, pouco sabemos sobre outros.[5] Popper pôde levar consigo apenas poucos manuscritos, todos os outros tiveram que ser deixados. Ele os guardou em um guarda-roupas,[6] que ficou na casa de um amigo, o professor de nível fundamental Johann *Otto Hass*.[7]

Otto Haas – um socialista convicto – estudara com Popper e Robert Lammer[8] no primeiro dos quatro semestres do Curso de Formação de Professores Hochshulmäßigen (1925-1927) do Instituto de Pedagogia da Cidade de Viena. Junto com seus irmãos, ele viveu em um conjunto habitacional em

---

1 Ver Karl Popper, *Ausgangspunkte: Meine intellektuelle Entwiklung* (tradução alemã de Friedrich Griese e do autor, 1979), p.155.
2 Carta de Karl Popper a Troels Eggers Hansen de 20 de agosto de 1974 ("Arquivo Popper", Fasc. 303,3).
3 Cf., por exemplo, Popper, *Ausgangspunkte* (nota 1), p.100, 102, 106, 111, 114 e 117.
4 Ver nota 6; assim como carta de Robert Lammer a Hansen de 30 de novembro de 1975 e carta de Lammer a Popper de 15 de janeiro de 1976 (Arquivo Popper, Fasc. 318,13).
5 Ver, por exemplo, Sumário e Introdução de Karl Popper, "Gewohnheit" und "Gesetzerlebnis" in der Erziehungin: *Frühe Schriften* (*Gesammelte Werke in deutscher Sprache* 1, 2006), Nr. 5, nota 9 e texto relativo a esta de Id., Zur Methodenfrage der Denkpsychologie, *op. cit.*, Nr. 6, "Einleitung", *probleme der Erkenntnistheorie* (1930-1933; Erstausgabe: 1979; 2.ed., 1994); Posfácio do Editor, Seção 6 (= este posfácio, Seção 10).
6 Carta de Popper a Hansen, [26 de fevereiro de 1976] (Arquivo Popper, Fasc. 303,5): "[...] Eu transportei [...] dois guarda-roupas, um cheio de MSS, [...] até a casa de meu amigo Otto Haas, em janeiro de 1937".
7 Dr. Otto Haas, nascido em 6 de janeiro de 1906, falecido em 30 de agosto de 1944 em Viena VII., Landesgerichtsstraße 11.
8 Ver Seção 1, nota 4.

Posfácio do editor

Viena XX, Wiarskystraße 18, na [573] casa de sua mãe.[9] Robert Lammer, mas também Popper passaram muitas vezes por essa casa.[10] Ali, Popper deixou em janeiro de 1937 *todos* os manuscritos que não levou consigo.

Em 20 de junho de 1942, Otto Haas foi preso[11] e, em 30 de agosto de 1944, foi executado por traição.[12] Sua mãe foi presa em 23 de setembro de 1942 e passou seu tempo de cárcere em uma prisão na Alemanha Central. Ela voltou a pé apenas no verão 1945 para sua casa em Viena na Wiarskystraße.[13]

O que aconteceu com os manuscritos de Popper? Eu suponho que ficaram intactos[14] até agosto de 1953 em Viena, na casa da família Haas; alguns, talvez todos os manuscritos, foram transferidos do guarda-roupas para a escrivaninha de Otto Haas. Posteriormente, alguns foram devolvidos a Popper em 1953 ou 1954; a maior parte, entretanto, parece ter desaparecido em 1961 sem deixar vestígios. Contei essa história trágica em meu "Posfácio do Editor" aos *Frühen Schriften* de Popper.[15] É preciso contar aqui apenas o que é importante para *Os dois problemas fundamentais*.

Em 1948, Popper se encontrou no Fórum Europeu da Universidade Austríaca em Alpbach, Tirol, com o jovem filósofo vienense Paul K. Feyerabend,[16] a fim de obter os antigos manuscritos e, quando este último foi de

---

9 Conselheira Philomena Haas, nascida em 14 de julho de 1881, falecida em 24 de novembro de 1973; Viena XX., Wiarskystraße 18/2/1/6. ("Wiener Stadt- und Landesarchiv: Melde-Archiv").

10 Ver carta de Lammer a Paul K. Feyerabend de 26 de novembro de 1974. Cf. também Paul Schärf, *Otto Haas: ein revolutionärer Sozialist gegen das Dritte Reich* (1967), p.9.

11 Schärf, *op. cit.*, p.12 e 16.

12 Schärf, *op. cit.*, p.21: "O veredito dizia [...] morte por guilhotina".

13 Schärf, *op. cit.*, p.12 e 16.

14 Ver meu Posfácio do Editor, Seção II, in: Karl Popper, *Frühe Schriften*, nota 34.

15 Ver meu Posfácio do Editor, Seção II, in: Karl Popper, *op. cit.*. Cf. também meu relato "The search for Popper's early manuscripts: 1974-1976 (maio de 1995)", na Coleção Popper da Biblioteca da Universidade de Klagenfurt; esse relato inclui, entre outras coisas, toda a correspondência.

16 Paul K. Feyerabend, nascido em 13 de janeiro de 1924, falecido em 11 de fevereiro de 1994. Cf. Paul K. Feyerabend, "Lebenslauf", in: *Zur Theorie der Basissätze*, Dissertation, "Universität Wien", 1951; idem, *Zeitverschwendung* (1995; tradução alemã de Joachim Jung, 1995), p.98 e seg. e 120 e segs.

Londres para Viena no verão de 1953,[17] Popper deu a ele [574] uma carta endereçada a seu antigo amigo Robert Lammer. Nela, Popper escreveu sobre os manuscritos e pediu a Lammer para que apresentasse Feyerabend à sra. Philomena Haas.[18]

Em Viena, Feyerabend visitou Robert Lammer, deu a ele a carta e eles foram juntos à casa da sra. Haas. Muitos anos depois, Lammer escreveu de maneira detalhada segundo sua memória o que aconteceu naquele momento.[19] Ele conta que apresentou Feyerabend à sra. Haas e pediu que desse a Feyerabend os manuscritos que Popper havia deixado aos cuidados de seu filho, para que ele pudesse levá-los a Popper. A sra. Haas levou Lammer e Feyerabend até o escritório de seu falecido filho, destrancou a escrivaninha e os deixou examiná-la. Na gaveta, havia uma grande quantidade de papéis escritos à mão e datilografados.

Eles encontraram aí, entre outras coisas, um pacote com o título "Para Robert Lammer!! Dr. Karl Popper". Eles o abriram completamente; ele continha um manuscrito de *Os dois problemas fundamentais da teoria do conhecimento*; e eles encontraram ainda um segundo pacote com o mesmo título. Os dois pacotes eram idênticos. Robert Lammer escreveu o seguinte sobre isso:

> Eu fiquei surpreso e perguntei à sra. Hass se havia uma explicação para isso. Ela disse imediatamente que se tratava de uma duplicata do mesmo trabalho. Infelizmente, eu me poupei naquele momento de abrir a pasta e verificar o conteúdo. A sra. Haas tomou a pasta imediatamente de minhas mãos e a colocou de volta na gaveta.[20]

A primeira pasta foi levada por Robert Lammer com o consentimento da sra. Haas.[21]

---

17 Feyerabend, *Zeitverschwendung*, p.134.
18 Carta de Lammer a Popper, de 15 de janeiro de 1976 (Arquivo Popper, Fasc. 318,13).
19 Carta de Lammer a Feyerabend, de 26 de novembro de 1974; carta de Lammer a Popper, de 3 de agosto de 1975 (Fasc. 318,3); carta de Lammer a Hansen, de 30 de novembro de 1975 e carta de Lammer a Popper, de 15 de janeiro de 1976 (Fasc. 318,3).
20 Carta de Lammer a Hansen, de 30 de novembro de 1974. Ver Seção 12.
21 Carta de Lammer a Popper, de 3 de agosto de 1975 (Fasc. 318,3).

Posfácio do editor

Mais de uma década depois – depois de sua aposentadoria –, Robert Lammer quis ler novamente esse manuscrito em cuja elaboração ele ajudara por quase dois anos;[22] nesse momento, ele descobriu que só tinha metade do trabalho, a saber, o primeiro volume: "O problema da indução".[23]

[575] Pouco tempo depois, o próprio Popper foi a Viena. Robert Lammer contou-lhe o que acontecera na visita à sra. Haas e sobre a segunda pasta endereçada a ele. Popper se lembrou de ter deixado na casa de Otto Haas a segunda metade do livro, "O problema da demarcação", em uma pasta igualmente endereçada a ele. Mas Popper nunca recebeu essa pasta de volta.[24]

Por isso, Lammer visitou a sra. Haas, explicou a ela a situação e pediu que lhe desse também esse segundo manuscrito. Ela disse a ele que "[...] o Dr. Feyerabend tinha voltada a visitá-la repetidas vezes e levado todos os manuscritos existentes [...] em nome do Dr. Popper".[25]

Basta sobre a história contada por Robert Lammer sobre suas visitas à sra. Haas. Em meu posfácio aos *Frühen Schriften*, de Popper, contraponho-a aos relatos de Feyerabend.

Feyerabend escreveu muitas cartas[26] a Popper, nas quais a busca pelos manuscritos tem um papel de menor importância. Ocasionalmente, suas cartas incluíam informações sobre manuscritos encontrados;[27] mas ele não relata quase nada sobre cada um dos passos de sua busca. Feyerabend não menciona que foi até a casa da sra. Haas com Lammer, nem que foi apresentado com a ordem expressa de Popper, nem que eles encontraram muitos manuscritos na escrivaninha de Otto Haas. Em um cartão postal – escrito provavelmente em agosto de 1953 –, ele comunica a Popper somente que visitou a sra. Haas e que listou provisoriamente os manuscritos.

---

22 Ver nota 1 e nota 20 de Popper, *Ausgangspunkte*, p.114-5.
23 Carta de Lammer a Feyerabend, de 16 de novembro de 1974.
24 Ver notas 20 e 23; assim como Seção 12, nota 5.
25 Ver nota 20.
26 Ver Arquivo Popper, Fasc. 294,15 e 16.
27 De Feyerabend para Popper: Cartão-postal, [agosto de 1953] (Fasc. 294,15); cartas: 10 de setembro [de 1953] (Fasc. 295,15), 25 de janeiro [de 1954] (Fasc. 294,16), 12 de março [de 1954] (Fasc. 294,16) e, especialmente, 10 de junho [de 1954] (Fasc. 294,16): "O que encontrei são partes do 'Abgrenzungsproblem' [*Problema da demarcação*], a saber: (1) – 16)]" [Alguns desses manuscritos foram dados a Popper – outros a mim, ver nota 36 e texto relativo a esta.]

Feyerabend visitou a sra. Haas mais de uma vez e, em 10 de junho [de 1954], escreve: "A sra. Haas não possui mais nenhum material".[28] Isso concorda com o que a sra. Haas disse a Robert Lammer alguns anos depois. Mas as cartas remanescentes não contêm informações sobre a extensão completa dos manuscritos pesquisados por ele.

[576] Em outubro de 1953 e em fevereiro de 1954, Feyerabend parece ter enviado alguns manuscritos a Popper e, segundo o relato de Popper,[29] o próprio Feyerabend lhe trouxe um exemplar do primeiro volume de *Os dois problemas fundamentais da teoria do conhecimento*.[30]

Em 1974, Robert Lammer se mudou; nesse momento, ele juntou o pacote com o título "Para Robert Lammer!! Dr. Karl Popper", que ele havia recebido da sra. Haas anteriormente. Robert Lammer contou a Popper sobre a descoberta, ouviu falar sobre meu trabalho de edição em *Os dois problemas fundamentais* e enviou-me os manuscritos.[31] Isso desencadeou uma nova busca por manuscritos anteriores.

A partir do momento que Robert Lammer me enviou a primeira parte dos manuscritos de *Os dois problemas fundamentais*, a ideia de que também a segunda parte da obra deveria existir não o deixou sossegado.[32] Em 26 de novembro de 1974, ele escreveu uma longa carta a Feyerabend e lembrou toda a busca na casa da sra. Haas. Ficou claro que Feyerabend continuamente pegou os manuscritos – inclusive o segundo que era endereçado a Lammer e pediu que Feyerabend lhe enviasse.

"É verdade que peguei todos os MSS da sra. Haas", escreveu Feyerabend de volta, mas era praticamente certo que ele nunca tivera um exemplar completo de *Os dois problemas fundamentais*.[33] Feyerabend prometeu ajudar e procurou várias vezes ao longo de 1975 em seus documentos, mas o segun-

---

28 Ver Karl Popper, *Frühe Schriften* (*Gesammelte Werke in deutscher Sprache* 1, 2006), "Nachwort des Herausgegebers", Seção II, nota 34.
29 Ver Karl Popper, *op. cit.*, "Nachwort des Herausgegebers", Seção II, nota 35.
30 Ver Karl Popper, *op. cit.*, "Nachwort des Herausgegebers", Seção II, nota 36.
31 Carta de Popper a Lammer, de 14 de junho de 1974 (Fasc. 318,13); carta de Popper a Hansen, de 14 de junho de 1974 (Fasc. 303,3) e carta de Lammer a Hansen, de 12 de setembro de 1974.
32 Cartas de Lammer a Hansen, de 11 de junho de 1975 e 9 de julho de 1976; ver também carta de Lammer a Popper, de 25 de julho de 1974 (Fasc. 318,13).
33 Carta de Feyerabend a Lammer, de 2 de julho de 1975; ver também cartas de 18 de janeiro de 1975, 20 de abril de 1975 e 24 de julho de 1975.

do pacote não apareceu. Ele só encontrou um segundo exemplar do primeiro volume e o enviou a Robert Lammer,[34] que o deu a mim posteriormente.

Eu também escrevi a Feyerabend por causa do segundo volume que faltava.[35] Em função disso, recebi em julho de 1975 um manuscrito da *Lógica da* [577] *investigação científica* e um conjunto de antigas cartas e pequenos manuscritos. Isso era tudo que ele tinha.[36]

Em seguida, alguns dos manuscritos forma encontrados. Mas o que aconteceu com os outros manuscritos na escrivaninha de Otto Haas? O que aconteceu, por exemplo, com os inúmeros manuscritos não datilografados? E o que aconteceu com aquele segundo manuscrito endereçado a Robert Lammer?

No final de novembro de 1975, Robet Lammer escreveu a mim uma longa e detalhada carta sobre sua visita com Feyerabend à casa da sra. Haas; ele também colocou sua correspondência completa com Feyerabend à minha disposição. Por essa razão, escrevi novamente a Feyerabend e contei a ele o que sabia. Algumas semanas depois, soube do final da história dos primeiros manuscritos de Popper.[37]

Alguns dos manuscritos mantidos na casa da sra. Haas foram enviados por Feyerabend a Popper; ele guardou o resto na casa de seu pai, com quem ele vivia naquele momento.[38] Quando se mudou para Bristol em 1955 e para Berkeley em 1958, ele teve que deixar lá todas as suas coisas. Quando contou a Popper sobre isso, este não teve interesse em ter de volta seus antigos

---

34 Cartas de Feyerabend a Lammer, de 20 de abril de 1975 e 24 de julho de 1975; carta de Lammer a Feyerabend, de 23 de maio de 1975. Ver também Seção 12 deste posfácio, nota 3.
35 Cartas de Hansen a Feyerabend, de 24 de maio de 1975 e 16 de julho de 1975; carta de Feyerabend a Hansen, [de 30 de maio de 1975].
36 De Feyerabend para Hansen: dois pacotes e duas cartas, de 15 e 16 de julho de 1975; assim como [29 de julho de 1975]. Carta de Hansen a Feyerabend, de 24 de julho de 1975. (Cópias do conteúdo completo dos dois pacotes se encontram na Coleção Popper de Klagenfurt.) Ver Karl Popper, *op. cit.*, "Nachwort des Herausgebers", Seção VI, notas 13, 29 e 41, assim como o texto relativo a estas, de Ibid.
37 Carta de Hansen a Feyerabend, de 7 de dezembro de 1975; carta de Feyerabend a Hansen, de 16 de dezembro de 1975.
38 Paul Feyerabend, nascido em 7 de dezembro de 1883, falecido em 4 de março de 1961 (moradia em Viena XV., Alliogasse 14).

manuscritos[39] e tudo ficou em Viena. Em 1961, seu pai morreu, a casa foi vendida e as coisas de Feyerabend foram enviadas a ele. Isso certamente ocorreu de maneira descuidada, de tal modo que algumas de suas coisas desapareceram; é possível que alguns dos manuscritos de Popper tenham desaparecido nesse momento. Também é possível que manuscritos tenham sido vítimas do fogo [578] quando da morte de seu pai. Ele enviou a mim e a Robert Lammer tudo que ele tinha – disso ele estava certo e esse foi o fim da história.

I. Sobre *Os dois problemas fundamentais da teoria do conhecimento*

3. Panorama sobre os manuscritos no Arquivo Popper

Meu Posfácio do Editor[1] à primeira edição de 1979 continha um apanhado das cópias manuscritas[2] que foram utilizadas para esta edição. Desde então, manuscritos e correspondências de Popper foram transferidos para o Instituto Hoover da Universidade de Stanford e tornou possível a pesquisa. Para poder utilizar os antigos manuscritos, apresento na sequência onde (Arquivo Popper)[3] eles podem ser encontrados. Além disso, dou algumas indicações sobre a história dos diferentes manuscritos da presente edição.

---

39 Cf. carta de Lammer a Hansen, de 9 de julho de 1976 (recebida em 18 de agosto): "Segundo as próprias palavras de Popper, é *absolutamente incorreto* que ele tenha dito não ter mais interesse em seus antigos manuscritos. Ele considera possível, porém, que estivesse sobrecarregado com trabalho novo e tenha esquecido de perguntar a Feyerabend sobre os manuscritos de Viena. Está excluída a possibilidade de que Feyerabend tenha levado os manuscritos a ele ou os oferecido e de que ele não tinha mais interesse neles".

1 Na presente edição: Observações Editoriais.
2 Com a indicação das seções; ver as Observações Editoriais, Seção 2.
3 Arquivos Popper do Instituto Hoover da Universidade de Stanford; na Coleção Karl Popper da Biblioteca da Universidade de Klagenfurt, tem-se acesso a cópias de todos os manuscritos e cartas que são mantidos nos Arquivos Popper. Ver *Karl Popper: A Register of His Papers in the Hoover Institution Archives*, Hoover Institution, Stanford University, 1990.

Volume I: O problema da indução

Nos início dos anos de 1930, surgiram os manuscritos do Volume I em quatro exemplares: K_1 e três cópias em carbono (K_2, K_3 e K_4).[4] Um desses exemplares[5] foi levado por Popper quando ele [579] e sua esposa viajaram de Viena para a Nova Zelândia no final de janeiro de 1937.[6] Os outros exemplares foram deixados por ele na casa de seu amigo, o professor escolar Otto Haas.[7] Como foi dito na Seção 2, os velhos amigos de Popper Robert Lammer e Paul K. Feyerabend visitaram em agosto de 1953 a mãe de Otto Haas, que ainda estava viva. Nessa oportunidade, eles examinaram as gavetas da escrivaninha de Otto Haas; entre os muitos manuscritos, eles encontraram dois pacotes com o título "Para Robert Lammer!! Dr. Karl Popper". Apenas um deles foi levado por Robert Lammer;[8] ele incluía um exemplar do Volume I. O conteúdo do outro pacote é desconhecido e, muito provavelmente, ele desapareceu nesse meio tempo.

Em março de 1954, Feyerabend contou a Popper[9] que em sua busca por manuscritos encontrou outro exemplar do Volume I. Nessa época, Feyera-

---

4 Ver Seção 1, texto relativo à nota 16; Observações Editoriais, Seção 2, nota 2 e texto relativo a esta, e texto relativo à nota 3; assim como meu relato "The search for Popper's early manuscripts": 1974-1976 (maio de 1995), Seção II na Coleção Karl Popper da Biblioteca da Universidade de Klagenfurt (daqui em diante Coleção Popper/Klagenfurt).

5 Arquivos Popper do Instituto Hoover da Universidade de Stanford ou as fotocópias desse arquivo na Coleção Popper/Klagenfurt (daqui em diante: Arquivo Popper), Fasc. 209,5A/B – em *Register* (nota 3) chamado erroneamente de *preliminary draft*. (Com sumário e epígrafe: Schlick (1930) e Kant (1786), Fasc. 109,5A. O Apêndice em Tabelas e esboços desse apêndice se encontram no exemplar do primeiro volume e em um dos três exemplares do Excerto-resumo (1932), Fasc. 210,2; ver Seção 6, nota 5 e texto relativo a esta. O esboço do Apêndice em Tabelas também se encontra nesse exemplar do primeiro volume; ser Seção 6, nota 21 e texto relativo a esta.)

6 No início dos anos 1940, as Seções 9 a 11 no Volume I foram em parte traduzidas para o inglês por Peter Munz (1921-2007) (Arquivo Popper, Fasc. 210,1). Ver carta de Jeremy Shearmur a Hansen, de 11 de fevereiro [erroneamente: maio] de 1976 (Fasc. 303,5).

7 Ver Seção 2, notas 6 e 7 e texto relativo a estas, assim como texto relativo à nota 8.

8 Arquivo Popper, Fasc. 210,4A/B – em *Register* (nota 3) chamado erroneamente de "*preliminary draft*". Esse exemplar foi enviado em 13 de setembro de 1974. (Com epígrafe 1: Schlick (1930) e Kant (1786) e epígrafe 2: Kant (1781). Fasc. 210,4A.)

9 Carta de Feyerabend a Popper. 12 de março [de 1954] (Arquivo Popper, Fasc. 294,16).

bend morava na casa de seu pai;[10] ele guardou ali esse exemplar até que – supostamente depois da morte de seu pai – foi enviado a ele em Berkeley.[11] Muitos anos depois, eu recebi esse exemplar. A carta dá a entender que outro exemplar, no qual faltavam as Seções 9 a 15, foi enviado a Popper um pouco antes.[12] [580] As seções que faltam, juntamente com algum material irrelevante, apareceram posteriormente em seus documentos na London School of Economics and Political Science.[13]

Nesse meio tempo, todos os quatro exemplares foram seguramente guardados no Arquivo Popper:[14]

K_1: Fasc. 210,8; 212,2-5,7; 214,2
K_2: Fasc. 209,5A/B
K_3: Fasc. 210,4A/B
K_4: Fasc. 209,4A/B.

Se levarmos em consideração o que sucedeu com os manuscritos de Popper, não se pode excluir que outras versões – talvez inclusive posteriores – de seções particulares tenham se perdido.

---

10   Viena XV, Alliogasse 14. (Paul Feyerabend 1883-1961).
11   Arquivo Popper, Fasc. 209,4A/B – em *Register* (nota 3) chamado erroneamente de *"preliminary draft"*. Esse exemplar foi enviado em abril de 1975 a Robert Lammer, que o deu a mim em 11 de junho de 1975. Segundo Feyerabend, faltam as Seções 34, 35 e 48. (Com Sumário, Fasc. 209,4A. A [Apresentação 1932] se encontra nesse exemplar do primeiro volume.)
12   Arquivo Popper, Fasc. 212,2-5,7 e 214,2 – em *Register* (nota 3) chamado de *final draft*. Esse exemplar de fotocópias das Seções 9 a 15 do exemplar no Fasc. 209,5A/B (ver nota 5 e texto relativo a esta) foram enviados a Hans Albert em Heidelberg em 1968; a pedido de Popper, ele foi reenviado a mim em abril de 1971. Ver Morgenstern e Zimmer (orgs.), *Hans Albert/Karl Popper Briefwechsel*: carta de Popper e Albert, de 24 de novembro de 1968; cartas de Albert a Popper de 2 e 26 de dezembro de 1968; cartas de Popper a Albert, de 15 de janeiro e 13 de abril de 1971; carta de Albert a Popper, de 24 de abril de 1971. (Página de rosto com epígrafe: Novalis [1798] e Sumário, Fasc. 212,2. Feyerabend escreve que faltam as Seções 8 a 15; ver nota 9.)
13   Arquivo Popper, Fasc. 210,8 – em *Register* (nota 3) chamado erroneamente de *"preliminary draft"*. Provavelmente, o próprio Feyerabend entregou essa pasta a Popper. Ver Karl Popper, *Frühe Schriften* (*Gesammelte Werke in deutscher Sprache* 1, 2006), "Nachwort des Herausgegebers", Seção II, nota 36.
14   Para uma descrição mais precisa desses exemplares, ver Observações Editoriais, Seção 2; assim como meu relato (nota 4), Seção II.

Volume II (Fragmentos): O problema da demarcação

Em janeiro de 1972, Popper encontrou em sua casa em Penn uma pasta com o título "Logik der Forschung: Ur-Version" [Lógica da investigação científica: primeira versão].[15] Todos os fragmentos do Volume II se encontravam nessa pasta, mas cópias de alguns fragmentos também estavam disponíveis em uma pasta com o título "Hausarbeit" [dever de casa].[16] Além desses fragmentos, [581] a pasta "Ur-Version" continha algumas versões anteriores da *Lógica da investigação científica*, na maioria dos casos, inacabadas.

Em junho de 1954, Feyerabend conta em uma carta a Popper[17] sobre sua busca na casa da sra. Haas. Ele listava o conjunto dos manuscritos que supunha pertencer a "O problema da indução"; algumas partes dos manuscritos publicadas aqui como "Volume II (Fragmentos)" derivam dessa lista.[18] Podemos supor, portanto, que em janeiro de 1937 todos os fragmentos do segundo volume foram guardados na casa de Otto Haas e que os fragmentos publicados aqui foram entregues por Feyerabend a Popper por volta de 1954.

Em 1972, foram feitas duas fotocópias do conteúdo da pasta chamada "Ur-Version". Uma ficou com Popper, a outra foi recebida por mim. Quando os papéis de Popper foram entregues ao Instituto Hoover da Universidade de Stanford em 1986, essa pasta foi para lá em duas versões: o original e uma das duas fotocópias. Infelizmente, elas não se encontram no mesmo lugar no arquivo; além de a pasta "Hausarbeit" ter sido desmontada. Por

---

15 Ver Seção 9, nota 2 e texto relativo a esta; assim como Observações Editoriais, Seção 2, nota 10.
16 Além de "Gewohnheit und Gesetzerlebnis in der Erziehung" (Arquivo Popper, Fasc. 12,11); in: Karl Popper, *Frühe Schriften* (*Gesammelte Werke in deutscher Sprache* 1, 2006, Nr. 5), essa pasta inclui "Raum und Zeit" (Fasc. 15,23; in: Karl Popper, *op. cit.*, Nr. 7), uma cópia dos fragmentos [VIII.] (Fasc. 4,9) e um envelope com o título Philos./Willensfr./Univ. u. Individualien (Fasc. 15,2): nesse envelope se encontra uma cópia dos três fragmentos [VI], [VIII] e [IX]. Ver Karl Popper, *op. cit.*, Posfácio do Editor, Seção VI, nota 46 e texto relativo a esta.
17 Carta de Feyerabend a Popper, de 10 de junho [de 1954] (Arquivo Popper, Fasc. 294,16).
18 Esboço de uma Introdução, I., [III] e Orientação.

isso, é bastante difícil montar os diferentes fragmentos.[19] A seguinte lista registra seu lugar no arquivo:

    Esboço de uma Introdução: Fasc. 213,1A
                      I: Fasc. 213, 1A
                  [II]: Fasc. 17,9; 213,1A e B
                  [III]:[20] Fasc. 17,9; 17,10; 18,1; 213,1A
                  [IV]: Fasc. 18,1; 213,1A e B
                  [V]: Fasc. 17,10; 18,1; 213,1A
    Orientação: Fasc. 213,1B
                  [VI]: Fasc. 15,2; 213,1B
                  [VII]: Fasc. 213,1B
                  [VIII]: Fasc. 4,9; 15,2; 213,1B
                  [IX]: Fasc. 15,2; 213,1B
                  [X]: Fasc. 213,1B

[582] Excerto-resumo (1932) de *Os dois problemas fundamentais da teoria do conhecimento*

Nos documentos de Popper na London School of Economics and Political Science e em sua casa em Penn, foram encontrados, no total, três exemplares do que foi publicado aqui com o título Excerto-resumo (1932);[21] eles foram inteiramente doados ao Instituto Hoover da Universidade de Stanford:

Excerto-resumo (1932): Fasc. 210,2

Não se sabe se esses exemplares são idênticos aos dois na carta de Feyerabend de junho de 1954.[22] Mas podemos concluir dessas cartas que, ao menos, dois exemplares desse "resumo" foram deixados na casa de Otto Haas em janeiro de 1937.

---

19 Ver nota 15. (Um dos dois exemplares da pasta *Ur-Version* é chamado erroneamente de *final draft* em *Os dois problemas*, Fasc. 213,1A/B.)
20 Volume II (Fragmentos), [III], Seção 4, nota 1: esboço do Apêndice em Tabelas, ver nota 5. Cf. também Posfácio, Seção 6, nota 20 e texto relativo a esta, assim como texto relativo à nota 21.
21 Ver nota 5 e Seção 6.
22 Ver nota 17.

Apresentação
Há duas versões dessa apresentação:

[Apresentação 1932][23]: Fasc. 209,4A
Apresentação [1933][24]: Fasc. 316,23

Ambas foram deixadas na casa de Otto Haas em janeiro de 1937.

Novo apêndice

*I. Elogio de Xenófanes: na presente edição, publica-se um esboço datilografado datado de 30 de junho 1993[25]:

[Esboço de 30/6/1993 (datilografado)]: Fasc. 485,13.

[583] *II. A teoria do conhecimento imediato de Nelson e Fries: Aqui, é publicada uma versão datilografada:

[Esboço 1993 (manuscrito)]: Fasc. 485,12.
[Esboço de 30/6/1993 (datilografado)]: Fasc. 485,13.

4. Volume I

Toda a argumentação, a clara divisão, assim como as indicações de fonte, faz do "Volume I: O problema da indução" um manuscrito com unidade. Aparentemente, não falta nada e não há nada incluído que não pertença a ele.

---

23 Ver nota 11; Observações Editoriais, Seção 2, nota 5 e texto relativo a esta; Textkritische Anmerkungen [Ver 3.ed. alemã, 2010. (N. T.)]; assim como este posfácio, Seção 7.
24 Essa versão da Apresentação era um dos três anexos na carta a Julius Kraft, de 11 de julho de 1933 (Arquivo Popper, Fasc. 316,23). Ver Observações Editoriais, Seção 2, nota 6 e texto relativo a esta; Posfácio do Editor, Seção II, nota 43 e texto relativo a esta de Popper, *Frühe Schriften*; assim como este Posfácio, Seção 7.
25 Para um manuscrito quase acabado sobre Xenófanes, previsto como Parte I de um Novo Apêndice (1991), ver Seção 8, final, assim como nota 1 e texto relativo a esta.

No início de 1932, Popper considerava o Volume I como "acabado"[1] e ele iniciou o trabalho no Volume II. Entretanto, ele ainda trabalhou no Volume I, reescreveu algumas seções, como, por exemplo, as Seções 33, 35 e 48.[2] Mesmo a bastante extensa Seção 11 sofreu modificações: a conclusão foi reformulada e ideias completamente novas sobre a "base empírica" foram incorporadas. O fato de que algumas ideias de Popper ainda se desenvolviam durante a preparação do manuscrito tem como consequência algumas inconsistências. Elas poderiam, entretanto, ser facilmente deixadas de fora sem alteração na divisão do manuscrito com a reformulação de algumas passagens.[3] O próprio Popper chamou a atenção para algumas dessas inconsistências no Volume I[4] quando ele [584] reviu em 1975 o manuscrito preparado para a impressão, que eu o enviei.[5]

Nenhuma das versões anteriores da Seção 11 sobreviveu; também não é possível reconstruir completamente o que Popper reformulou na conclusão. A única coisa que temos são as seguintes notas a lápis em um acréscimo a essa seção:[6]

1) Falsificação = processo de seleção, em relação à aplicação, logo, em relação à prática

---

[1] Ver este Posfácio do Editor, Seção 11, nota 16 e texto relativo a esta; e Seção 1, nota 6 e texto relativo a esta.

[2] Ver nota 1 dessas seções – em especial, nota 1 da Seção 34. Cf. também carta de Popper a Hans Buske, de 30 de novembro de 1932 (Arquivo Popper, Fasc. 281,8): Em 4 Seções (33, 34, 35 e 48), eu trabalhei na abreviação; [...]; carta de Popper a Berti (Bertold Paul Wiesner, nascido em 1901), de 7 de janeiro de 1933 (erroneamente 1932; Fasc. 362,8): NB.; e este posfácio, Seção 11, nota 16 e texto relativo a esta. (A partir da Seção 15, nota 6 e texto relativo a esta, parece ser possível concluir que o texto relativo à nota 3 da Seção 8 do Volume I foi reescrito *depois* de 1 de abril de 1932.)

[3] No manuscrito do Volume I, se encontram referências escritas à mão e datilografadas à Seção 11. Uma das referências datilografadas diz respeito à "base empírica", devendo, pois, se referir à reformulação da "conclusão". Ver Volume I, Seção 2: b), sétimo parágrafo: "Entre as leis da natureza, as teorias, os enunciados factuais universais e as proposições empíricas particulares (a base empírica; cf. Seção 11) há [...]".

[4] Ver Volume I: Seção 38, nota *1 e texto relativo a esta. Cf. também Seção 47, nota *1 e texto relativo a esta.

[5] Ver Observações Editoriais, Seção 3.

[6] Ver Arquivo Popper, Fasc. 209,5A: "Endpage, 11.82" (Cópia: "11/82").

2) Paralelismo entre lógica e percepção.
   Vivência conclusiva – evidência da percepção
   As duas não são fundamentos para a verdade, mas "causas" ou "motivos" para um tratamento (a saber, para tocar o livro).[7]

3) Problema da racionalização do irracional
   Ciência racional
   "Realidade irracional".
   O "mundo" é descrito pela física; ela não descreve nada como mundo de proposições, mas como mundo de elétrons.
   O livro científico consiste, porém, de elétrons; estes estão em uma relação conosco descritível pela ciência, atuam sobre nós casualmente (regularmente) e influenciam nosso agir (por exemplo, lutar com o livro) etc.

Por fim, Popper ilustra sua crítica à teoria da percepção de Jakob Friedrich Fries por meio da chamada "questão do basilisco" e ele se refere a um artigo na revista *Kosmos* [*Cosmos*]. Ele não pôde ler esse artigo *antes* de março de 1932;[8] essa passagem deve ter sido escrita, portanto, *depois* de março de 1932.

No início de agosto de 1932,[9] Carnap, Feigl e Popper, juntamente com suas esposas, se encontraram em Burgstein (Tirol). Na discussão ocorrida ali, Popper expôs suas ideias sobre a justificação e os erros do "psicologismo"; isso se constata por uma [585] carta a Feigl, supostamente do final de novembro de 1932.[10] Ele escreve que um resumo daquilo que apresentou sobre esse tema em Burgstein se encontra no exemplar incluído do "excerto"; Popper deve estar se referindo aqui às Seções VII e X. Uma passagem retomada quase literalmente da Seção X[11] se encontra na conclusão da Seção 11 do Volume I; disso parece ser possível concluir que Popper já trabalhara na reformulação da seção *antes* do encontro em Burgstein.

---

7   Cf. Volume I: Seção 11, texto relativo à nota 55b, assim como Seção 12, por volta do final.
8   Ver Volume I: Seção 11, nota 53 e texto relativo a esta. Cf. também este Posfácio, Seção 16.
9   Ver este Posfácio, Seção 16, nota 11 e texto relativo a esta.
10 Ver este Posfácio, Seção 6, nota 20 e texto relativo às notas 22 e 23. Cf. Apêndice, Excerto-resumo (1932), Seção X, nota 1 e texto realtivo a esta.
11 Ver Apêndice: Excerto-resumo (1932), Seção X, texto relativo à nota 1; e Volume I, Seção 11, texto relativo à nota 54.

Em 6 de novembro de 1932, Popper supostamente deposita no Cartório Público Ludwig Willig um exemplar do Excerto.[12] Como algumas partes da conclusão se encontram quase literalmente na Seção VIII[13] do Excerto, a reformulação dessa parte da conclusão foi muito provavelmente incluída antes dessa data. Popper parece, no entanto, não ter ficado completamente satisfeito com seu trabalho; apenas em dezembro de 1932 é que ele considera a conclusão e, com isso, sua crítica do apriorismo como acabada e a envia ao editor Hans Buske[14]. Mas antes, em 30 de novembro de 1932, Popper envia uma carta e um exemplar do Volume I – *sem a conclusão* – a Buske.[15] Como explicação, ele provavelmente acrescenta a seguinte nota:[16]

A conclusão da Seção (11)
foi agora completamente reformulada (e pode, neste momento, ser enviada). Como, no entanto, toda a Seção (11) é apenas um excurso complementar, a Seção seguinte (12) se vincula à Seção (10): a conclusão que faltava é, por isso, dispensável.

[586] 5. Volume II (Fragmentos)

Como é dito na seção 13,[1] nos textos impressos no Livro II *não* há manuscritos longos e ordenados. Eles são apenas *esboços*[2] ao segundo volume sobre o problema da demarcação. Alguns desses textos parecem ter sido escritos com grande pressa; eles podem ser considerados apenas como apontamentos de ideias que ainda aguardavam uma elaboração mais fundamental.

---

12 Ver este Posfácio, Seção 6, nota 1 e texto relativo a esta.
13 Ver Apêndice, Excerto-resumo (1932), Seção VIII, texto relativo à nota 3; assim como Volume I, Seção 11, texto relativo às notas 15, 16 e 58.
14 Ver carta de Popper a Julius Kraft, início de dezembro de 1932 (Arquivo Popper, Fasc. 316,23). Cf. este Posfácio, Seção 1, nota 23 e texto relativo a esta.
15 Ver carta de Popper a Hans Buske, de 30 de novembro de 1932 (Arquivo Popper, Fasc. 281,8). Cf. também nota 14 e texto relativo a esta.
16 Arquivo Popper, Fasc. 209,4A (K_1) e 209,5 (K_2). Ver este Posfácio, Seção 3, notas 5 e 11, assim como os textos relativos a estas.
1 Cf. também Seção 1, texto relativo à nota 11.
2 Com exceção talvez de [III] "Passagem para a teoria dos métodos"; ver Volume I, Seção 30, nota 1, assim como este Posfácio, Seção 10, nota 6 e texto relativo a esta.

Um exemplo típico disso é [IV.] O Método de Exaustão. – "Estado de Coisas" e "Fato" – A Diversidade Infinita.[3] Popper não indica nem que a expressão "diversidade infinita" remonta a Edgar Zilsel,[4] nem que é Wittgenstein[5] que é criticado no final nesse esboço.

O fato de que Popper tivesse pressa também pode ser constatado em [VIII.] Observações sobre o Chamado Problema da Liberdade da Vontade. Na Seção 2 desse esboço, faltam algumas palavras no manuscrito, que são decisivas para a argumentação; e na Seção [1] encontra-se uma referência enigmática,[6] à qual voltarei na Seção 20 deste posfácio. Além disso, há uma passagem longa copiada quase literalmente do Volume I, Seção 11.[7] Inclusive na [Introdução] a [VI.] Filosofia, Popper copiou um texto do Volume I: "Cada uma dessas ciências deve cuidar de si mesma".[8]

Não sabemos muito sobre a história de elaboração desses esboços. Em alguns poucos casos, sabemos quando foram escritos pela primeira vez. Desse modo, [II.] "Sobre a questão da eliminação [587] do psicologismo subjetivista" deve ter sido escrito depois de Popper ter retornado do encontro em agosto de 1932 em Burgstein (Tirol) com Rudolf Carnap e Herbert Feigl; entre outras coisas, eles discutiram ali o manuscrito de Otto Neurath, "Protokollsätze".[9] Inclusive a Seção de [III.] Passagem para a Teoria dos Métodos" deve ter sido escrita depois da volta de Popper desse encontro; Carnap teria levado uma primeira versão da posterior *Sintaxe*[10] para

---

3   Ver, por exemplo, [IV], texto relativo à nota 5. Esse esboço parece estar vinculado estritamente a [VIII.] "Observações sobre o chamado problema da liberdade da vontade" e a [IX. "O problema da liberdade da vontade"]. Cf. também este Posfácio, Seção 20.
4   Ver [IV], notas 3a e 3b, assim como o texto relativo a estas.
5   Ver [IV], notas 6 e 7, assim como o texto relativo a estas.
6   Ver [VIII.], [1. Introdução], nota 1 e texto relativo a esta.
7   Ver [VIII], [1. Introdução], notas 2 e 3, assim como o texto relativo a estas.
8   Ver [VI], Filosofia, [Introdução], nota 1 e texto relativo a esta. A indicação "Comparar com a crítica de Nelson" se refere ao Volume I: Seção 11, texto relativo à nota 42a: "*Essa teoria do conhecimento* [...] adota o ponto de vista segundo o qual *cada ciência* – sejam as ciências particulares ou a teoria do conhecimento – *deve cuidar de si mesma* [...]".
9   Ver este Posfácio, Seção 6, notas 11 e 12, assim como os textos relativos a estas.
10 Rudolf Carnap, *Logische Syntax der Sprache* (1934). Ver [III.] "Passagem para a teoria dos métodos", Seção 8, nota 1; assim como este Posfácio, Seção 19, texto relativo à nota 2.

Bugstein, e Popper teria emprestado o último capítulo desse manuscrito e citado na Seção 8.[11]

[V.] Esboço de uma Teoria dos Métodos Empírico-científicos (Teoria da Experiência) foi escrito depois que Popper supostamente acabou em novembro de 1932 seu Excerto-resumo (1932).[12]

A Seção 7 de [IX.] O Problema da Liberdade da Vontade finalmente, deve ter sido escrita depois de 31 de março de 1933.[13]

6. Excerto-resumo (1932) e a Comunicação provisória (1932/1933)

Entre os manuscritos de Popper encontra-se um envelope[1] com o título:

Importante!
Cópia da nota depositada!

Dentro, encontra-se um "Excerto-resumo de *Os dois problemas fundamentais da teoria do conhecimento*" com 32 páginas datilografadas, consistindo em "Sumário" e dez seções, assim como uma "Observação preliminar" e uma "Observação final". Nesse envelope, encontra-se uma página escrita à mão:

[588] Os dois problemas fundamentais da
teoria do conhecimento
Nota depositada no Cartório Público
~~Vienense~~ Dr. Ludwig Willig em Viena
~~Academia das Ciências em~~
16 de novembro de 1932
por
Dr. Karl Popper
Endereço: Viena XIII., Anton Langerg. 46

---

11 Ver Seção 19, nota 4 e texto relativo a esta; cf. também [III.] "Passagem para a teoria dos métodos", Seção 8, notas 1a, 4 e 5, assim como os textos relativos a estas.
12 Ver este Posfácio, Seção 6, nota 19; assim como nota 10 e texto relativo a esta.
13 Ver [IX. "O problema da liberdade da vontade"], Seção 7, nota 2.
1   Arquivo Popper, Fasc. 210,2. Ver nota 5.

Posfácio do editor

Disso se conclui que a intenção original de Popper era depositar esse "excerto" na Academia de Ciências de Viena; não sabemos por quais razões ele abandonou esse plano.

J. Dr. Ludwig Willig (1862-1939) foi cartorário em Viena de 1º de setembro de 1904 a 30 de setembro de 1936 (data da anistia); seu escritório ficava em Viena I, Peterplaz 7 – portanto, a apenas alguns minutos da casa dos pais de Popper em Bauernmarkt 1. Já entre os anos de 1928 e de 1929, Popper se valera dos serviços do escritório do Dr. Willig para autenticar diferentes documentos.[2] Em 16 de novembro de 1932 – segundo a página escrita à mão –, ele voltou lá, desta vez para colocar sob custódia um exemplar de seu "excerto". Com a esperança de encontrar o manuscrito, consultei esse arquivo; não se pôde encontrar nem exemplares do "excerto" nem outros manuscritos de [589] Popper.[3] Também não foi possível encontrar nenhum manuscrito no Arquivo da Academia Vienense de Ciências.[4] Inclusive não há nesses arquivos nenhum indício de que Popper algum dia tenha depositado algo e posteriormente retirado.

Além do exemplar no envelope (K_3), dois outros exemplares do "excerto" sobreviveram (K_1 e K_2).[5] K_2 estava em um envelope com título escrito à

---

2 Rigorosum-Zeugnisse (Z. 10,035), Viena, em 19 de julho de 1928 (L. Willig, em 18 de julho de 1928); Reifezeugnis, Viena, em 7 de julho de 1922 (L. Willig, em 16 de janeiro de 1929); Zeugnis de der Reife für Volksschulen, Viena, em 27 de junho de 1924 (L. Willig, em 16 de janeiro de 1929); Zeugnis do Curso de Formação de Professores Hochschulmäßigen no Instituto de Pedagogia da Cidade de Viena, Viena, em 11 de julho de 1927 (L. Willig, em 16 de janeiro de 1929); e Lehrbefähigungszeugnis für Hauptschulen, Viena, em 20 de abril de 1929 (L. Willig, em 23 de abril de 1929). Ver Karl Popper, *Frühe Schriften* (*Gesammelte Werke in deutscher Sprache* 1, 2006), "Apêndice" 1, notas 8 e 9; "Apêndice" 2, notas 1 e 9; e "Linha do tempo": 1927, 11 de julho.

3 Segundo o relato de Peter Treichl, Arquivo do Tabelionato de Assuntos Civis do Distrito de Viena (1040 Viena, Schawarzenbergplatz 11), a Hansen em 13 de fevereiro de 2007. (Não se pode excluir a possibilidade de que alguns dos antigos documentos do Cartório do Dr. Willig – incluindo o excerto de Popper – não tenham permanecido no Arquivo do Cartório. Em 9 de dezembro de 1938 o próprio Dr. Willig já não podia supervisionar o depósito: de 2 a 30 de agosto de 1938, ele ficou hospedado no sanatório e faleceu em 28 de janeiro de 1939.)

4 1010 Viena, Dr.-Ignaz-Seipel Platz 2. (Entre 1918 e 1947, a Academia se chama Academia de Ciências de Viena.)

5 Arquivo Popper, Fasc. 210,2. Cf. carta de Feyerabend a Popper, de 10 de junho [de 1954]: 3) e 14) (Arquivo Popper, Fasc. 294,16); assim como Seção 3, texto relativo às notas 21 e 22.

mão, "Exemplar/Academia"; esse exemplar contém um apêndice idêntico ao do Volume I: "Apêndice: a crítica do problema da indução exposta esquematicamente". Além disso, K_2 contém uma versão da "Observação Preliminar" posterior àquela dos exemplares K_1 e K_3. Na primeira edição de 1979 de *Os dois problemas fundamentais* e na segunda edição de 1994 foi impressa apenas essa *segunda* versão da Observação Preliminar.

A versão *prévia* da Observação Preliminar (K_1 e K_3) diz o seguinte:

Observação Preliminar.
A presente nota é um excerto do manuscrito de meu livro (planejado em dois volumes):

"Os dois problemas fundamentais da teoria do conhecimento"
(Os pressupostos filosóficos da ciência natural[6]);
Vol. I: O problema da indução (o problema da regularidade natural[7]),
Vol. II: O problema da demarcação (experiência e metafísica)

[590] Na presente nota, as Seções I a VII, assim como a Seção X, foram retiradas do Volume I, pronto para impressão, em parte inclusive literalmente, às vezes com complementos. A Seção V foi enviada (com exceção da última frase, uma forma que concorda com a da presente versão) à revista *Erkenntnis* com o título "Ein Kriterium des empirischen Charakters theorischer Systeme" [Um critério do caráter empírico dos sistemas teóricos], depois que a publicação da mesma nota (apenas em uma formulação mais

---

Eu descrevo aqui 3 exemplares (K_1, K_2 e K_3) que encontrei nos arquivos de Popper da London School of Economics and Political Science. Além desses três exemplares e o envelope com o título Exemplar/Academia, Fasc. 210,2 contém também uma página escrita à mão com o título ACADEMIA/APÊNDICE/VIENA e a anotação: Os dois problemas fundamentais/da teoria do conhecimento/Nota depositada no/Cartório Púbico, Dr. Ludwig/Willig em Viena/16 de novembro de 1932/ por/Dr. Karl Popper/Endereço: Viena XIII.,/Anton Langerg. 46; provavelmente essa página foi escrita muitos anos depois de 16 de novembro de 1932 (ver texto relativo à nota 1).

6 Julius Kraft teria sugerido esse título a Popper, ao invés de *Os dois problemas fundamentais da teoria do conhecimento*, ou, ainda, *O problema da regularidade natural*; ver carta de Popper a Hans Buske, de 30 de novembro de 1932 (Arquivo Popper, Fasc. 281,8).

7 Ver Observações Editoriais, Seção 4, nota 1 e texto relativo a esta.

curta) foi recusada pela revista *Die Naturwisesnschaften* (Envio em 28 de julho de 1932[8]).[9] As Seções VIII e IX[10] remontam, em grande parte, não ao Volume I, mas aos esboços para o Volume II. ~~Como apêndice, apresenta-se o Sumário do Volume I (não mencionado na presente nota), que contém discussões críticas.~~

A partir da correspondência de Popper com Rudolf Carnap, constata-se quando a versão preliminar (K_1 e K_3) da Observação Preliminar foi escrita.

[591] No início de agosto de 1832, Carnap, Feigl e Popper se encontraram, juntamente com suas esposas, em Burgstein (Tirol).[11] Popper levou consigo o Volume I de *Os dois problemas fundamentais*, assim como a "Nota",

---

8 Ver carta de Popper a Dr.-Ing. Arnold Berliner, de 30 de julho de 1932 (Arquivo Popper, Fasc. 276,11): "Prof. Feigl teve a bondade de enviar-lhe um curto manuscrito meu para as 'notas'". Arnold Berliner (1862-1942) foi o fundador e o editor da revista *Die Naturwissenschaften*.

9 Ver carta de Popper a Michael Polanyi, de 18 de outubro de 1932 (Arquivo Popper, Fasc. 339,1): "Como você tentou apenas uma vez, como escreveu, ler meu trabalho, envio-lhe em anexo uma exposição das ideias fundamentais em forma curta (2 ¼ páginas). Gostaria de publicar essa exposição como nota na revista *Die Naturwissenschaften*, mas ela foi recusada (com a observação de que ela não se adéqua ao contexto da revista)".

10 Provavelmente, essas seções remontam em grande parte aos esboços ao Volume II, [terceira parte]: "Linhas fundamentais da teoria geral dos métodos"; ver este Posfácio, Seção 10, texto relativo à nota 6a, assim como notas 4 e 5 e textos relativos a estas. Cf. Volume II (Fragmentos): [V.] Esboço de uma teoria dos métodos empírico-científicos (Teoria da experiência), Seção 4, nota 1. Cf. também este Posfácio, Seção 5, texto relativo à nota 12.
Na versão posterior (K_2) da Observação Preliminar, diz-se erroneamente que a Seção IX foi retirada do Volume I, pronto para impressão; parece que seguir-se disso que as Seções VI e VIII foram tiradas dos esboços para o Volume II. Possivelmente, as Seções VI, VIII e IX remontam todas em grande parte não ao Volume I, mas aos esboços para o Volume II. Cf. a versão posterior (K_2) da Observação Preliminar em apêndice: Excerto-resumo (1932); assim como nota 14 e texto relativo a esta.

11 Ver Karl Popper, *Conjectures and Refutations* (1963), p.25 e seg. (= *Vermutungen und Widerlegungen*, 1997, p.368 e seg.; 2.ed., *Gesammelte Werke in deutscher Sprache* 10, 2009, p.391); Karl Popper, "Intelectual autobiography", in: *The Philosophy of Karl Popper I*. (ed. Paul Arthur Schilpp, 1974), p.71 (= Karl Popper, *Unended Quest: An Intellectual Autobiography*, 1976, p.89 e seg.; *Ausgangspunkte: meine intellektuelle Entwiklung*, tradução alemã de Friedrich Griese e do Autor, 1979, p.123); assim como Karl Popper, "Replies to my critics", in: *The Philosophy of Karl Popper* II. (ed. Paul Arthur Schilpp, 1974), p.968 e seg.

que ele, pouco antes, enviara à *Die Naturwissenschaften*. Em Burgstein, falou-se sobre a nota, mas o assunto principal da discussão parece ter sido o manuscrito de Otto Neurath, "Protokollsätze", que seria publicado na *Erkenntnis*. Popper escreveu sobre isso:[12]

> Em Burgsein, por ocasião de nossos debates sobre o manuscrito de Neurath, eu defendi, entre outras coisas, a seguinte formulação:
> Em meu "sistema" não há algo como "enunciados elementares", "atômicos" ou "protocolares". Se eu puder, no entanto, a fim de apresentar as oposições mais precisamente, utilizar a terminologia atual do Círculo de Viena, eu deveria dizer: *não* há em geral enunciados protocolares – se entendermos por enunciados protocolares quaisquer proposições formalmente ou materialmente privilegiadas,[13] ou, se quisermos, toda proposição singular pode ser considerada como suficientemente assegurada por decisão, e com isso assumir qualquer função que o positivismo atribui aos enunciados protocolares –, *nenhum* é mais acessível (por exemplo, por sua forma lógica) que outro. Em quais proposições se para, isso se divide segundo a situação metodológica de determinados princípios metodológicos (que eu formulo no contexto do problema da demarcação[14]).

Muito tempo depois do retorno de Burgstein, Popper recebeu o manuscrito de Carnap, "Über Protokollsätze", no qual ele não apenas discute o artigo de Neurath, mas relata algo sobre as ideias de Popper. Em 23 de outubro de 1932, Popper escreve a Carnap uma carta *muito* [592] detalhada sobre esse manuscrito que ele recebera aparentemente alguns dias depois de 14 de outubro de 1932: neste dia, Popper escreve justamente a Carnap,[15] sem esperar seu artigo. Em sua carta detalhada, Popper sugere algumas modificações e enfatiza sua independência em relação a Neurath; ele conclui sua carta com "um grande pedido":

---

12 Carta de Popper a Carnap, de 1º de novembro de 1932 (Arquivo Popper, Fasc. 282, 24).
13 Cf. Apêndice, Excerto-resumo (1932), Seção VII: Nota histórica; assim como Volume II (Fragmentos), [II] "Sobre a questão da eliminação do psicologismo".
14 Cf. Apêndice, Excerto-resumo (1932), Seção IX.
15 Cartas de Popper a Carnap, de 14 de outubro e 23 outubro de 1932 (Arquivo Popper, Fasc. 282, 24).

Posfácio do editor

Eu acrescento a esta carta um exemplar de "Ein Kriterium des empirischen Charakters theorischer Systeme" (do qual você talvez se lembre de Tirol). Ele não é inteiramente fácil de ser entendido, pois é um resumo em forma curta, cujo alcance não é facilmente visível. Entretanto, gostaria de pedir a você para publicá-lo na *Erkenntnis*, por exemplo, como "comunicação provisória" ou como uma "nota" ou algo parecido, e inclusive, se possível, no mesmo número em que está sua referência a mim. Trata-se uma nota *MUITO curta* que não tomará muito espaço.

Popper ficou muito feliz ao receber apenas alguns dias depois a carta de aceitação por Carnap da "Comunicação provisória" com sugestões de melhoria. Com a já mencionada carta de 1 de novembro de 1932, Popper enviou a Carnap uma versão corrigida do manuscrito.

Na primeira versão (K_1, K_3) da Observação Preliminar ao Excerto, Popper escreve que a nota na revista *Erkenntnis* não é suficiente para o que foi proposta. Portanto, as duas versões (K_1, K_3) foram escritas *entre* as duas cartas de 23 de outubro e 1º de novembro. A segunda versão foi escrita muito provavelmente depois de 16 de novembro; então, neste dia, Popper depositou supostamente um exemplar do "excerto", cuja Observação Preliminar ainda estava na primeira versão.

Na segunda versão (K_2), da Observação Preliminar, Popper escreve que a "Comunicação provisória" deve ser publicada "no próximo volume da revista *Erkenntnis*"[16]. Com isso, ele provavelmente queria dizer o volume em que o artigo de Carnap seria publicado. A nota curta de Popper [593] foi publicada apenas em 5 de setembro de 1933, enquanto os artigos de Carnap e Neurath já haviam sido publicados em 30 de dezembro de 1932 na *Erkenntnis*[17].

Em sua carta de 1º de novembro de 1932 a Carnap, Popper escreve: "Eu espero poder enviar a você em breve o esboço de meu artigo ('Zur

---

16 Ver Apêndice: Excerto-resumo (1932), Observação preliminar, texto relativo à nota 1.
17 Otto Neurath, "Protokollsätze", *Erkenntnis* 3 (1932), p.204 e segs.; Rudolf Carnap, "Über Protokollsätze", *Erkenntnis* 3 (1932), p.223 e segs.; Karl Popper, "Ein Kriterium des empirischen Charakters theoretischer Systeme (Vorläufige Mitteilung)", *Erkenntnis* 3 (1933), p.426 e seg.; essa comunicação foi republicada na *Lógica da investigação científica* (2.ed.; e edições posteriores), Novo Apêndice *I. Cf. Hans Reichenbach, "Bemerkung", *Erkenntnis* 3 (1933), p.427 e segs.

Diskussion über die Protokollsätze' [Para a discussão sobre os enunciados protocolares]), que também apresentará o dedutivismo e o problema da demarcação".[18] Tal artigo nunca foi publicado e nunca veio à luz nem um manuscrito nem um esboço.

O "excerto" deve ter ficado pronto com a segunda versão da Observação Preliminar, no mais tardar em 16 de novembro de 1932.[19] Não se sabe quando Popper começou a trabalhar nele, mas, a partir de uma carta a Herbert Feigl,[20] sabemos ao menos que partes dele foram escritas depois do encontro em Burgstein. Ele escreve ali:

> P.S. No "excerto" não estão incluídas coisas muito importantes, por exemplo, o "problema da simplicidade" e a "Tabela de proposições";[21] você encontrará aí observações sobre "psicologismo",[22] sua justificação e seus erros, que resumo, como disse em Burgstein.[23]

[594] 7. Apresentação

Há duas versões da Apresentação: [Apresentação 1932] e Apresentação [1933]; exceto a indicações introdutórias com título e extensão do Volume I, elas estão publicadas nas edições alemãs de *Os dois problemas fundamentais*.[1]

---

18 Cf. também carta de Popper a Feigl, no final de novembro de 1932 (Arquivo Popper, Fasc. 294,6): "Além de algumas correções e esboços, fiz apenas uma compilação de uma parte de meus resultados positivos, que talvez possam dar apoio a meu artigo da *Erkenntnis*. Eu envio uma cópia desse 'excerto'; quem sabe você tem algo sobre isso!". Ver também carta de Popper a Carnap, de 23 de outubro de 1932, no final: "meu artigo para discussão".
19 Ver nota 1 e texto relativo a esta.
20 Carta de Popper a Herbert Feigl, no final de novembro de 1932 (Arquivo Popper, Fasc. 294,6 e 211,4).
21 Ver Volume II (Fragmentos), [III]: "Passagem para a teoria dos métodos", Seção 4, nota 1 e texto relativo a esta.
22 Ver Apêndice: Excerto-resumo (1932), Seções VII e X; assim como Volume II (Fragmentos), [II]"Sobre a questão da eliminação do psicologismo".
23 Cf. Excerto, Seção X, nota 1 e texto relativo a esta.
1 Ver Observações Editoriais, Seção 2, notas 5 e 6, assim como o texto relativo a estas; e Textkritische Anmerkungen [Ver 3.ed. alemã, 2010. (N. T.)]. Cf. também este Posfácio, Seção 3, notas 11 e 23, assim como texto relativo a estas.

Posfácio do editor

Em maio de 1932, Popper enviou a Berti (Bertold Paul Wiesner) "uma breve apresentação"[2] – provavelmente [Apresentação 1932]. Um exemplar dessa versão se encontra em um dos quatro exemplares do Volume I;[3] as indicações introdutórias são as seguintes:

Título do livro:
"O problema da indução"
("Os dois problemas fundamentais da teoria do conhecimento")

Autor:
D. Karl Popper, Viena XIII., Anton Langergasse 46

Extensão:
cerca de 400 páginas datilografadas (cerca de 200 páginas impressas)[4]

Em julho de 1933, Popper envia um exemplar da Apresentação [1933] em um embrulho[5] a Julius Kraft[6] com a esperança de poder publicar o Volume I (ou uma versão mais curta dele) nos "Abhandlungen", isto é, nos *Abhandlungen der Friesschen Schule (neue Folge)* [Tratados da escola friesiana (nove série)]. Para a Apresentação [1933] foram modificadas as seguintes indicações:

Título do livro:
Os dois problemas fundamentais da teoria do conhecimento
Vol. I. O problema da indução
(Experiência e hipótese)
Vol. II. O problema da demarcação
(Experiência e metafísica)

---

2   Carta de Popper a Berti (Bertold Paul Wiesner, nascido em 1901) de 22 de maio de 1932 (Arquivo Popper, Fasc. 362,8).
3   Ver Seção 3, nota 11 e texto relativo a esta.
4   Cf. carta de Popper a Egon Friedell, de 30 de junho de 1932 (Arquivo Popper, Fasc. 297,22; ver também os esboços desta carta, Fasc. 17,6): "Meu livro se esforça para ser *rigorosamente* científico e tem – infelizmente – 400 páginas datilografadas".
5   Ver Seção 10, texto relativos às notas 30b e 31.
6   Carta a Julius Kraft, de 11 de julho de 1933 (Arquivo Popper, Fasc. 316,23).

[595] Autor:
D. Karl Popper, Viena XIII., Anton Langergasse 46.

O primeiro volume terminado tem cerca de 550 páginas datilografadas (cerca de 350 páginas impressas).

Em sua carta de 30 de novembro de 1932 ao editor Hans Buske,[7] Popper diz que a extensão é de cerca de 550 páginas datilografadas, mas ele acrescenta que não seria possível nenhuma abreviação para 500 páginas. Ele anexa "uma breve apresentação"; considerando o título mencionado na carta, tratava-se muito provavelmente de um exemplar da [Apresentação 1932]. No exemplar anexado dessa versão, alterava provavelmente "cerca de 400 páginas datilografadas (cerca de 200 páginas impressas)" para "cerca de 500 páginas datilografadas (cerca de 250 páginas impressas)".

8. Novo Apêndice: esboços de 1993

Para a segunda edição de *Os dois problemas fundamentais da teoria do conhecimento*, Popper planejou escrever dois novos apêndices: um sobre Xenófanes e um sobre a teoria do "conhecimento imediato" de Nelson e Fries.

Em 1985, Popper parece ter iniciado o trabalho sobre Nelson e Fries; eu recebi dele notas provisórias. Por ocasião dessa nova edição, ele escreveu um "Novo Apêndice (1986) sobre a teoria (friesiano-nelsoniana) da percepção ou 'intuição'", que era previsto pela nota 39 da Seção 11 no Volume I. Eu recebi uma cópia do apêndice e enviei a ele, por desejo seu, referências bibliográficas.

Não sei quando Popper começou o trabalho no apêndice sobre Xenófanes. Apenas por uma carta de Georg Siebeck[1] a respeito da segunda edição é que soube que Popper planejava novos apêndices. Anexado a essa carta, havia um manuscrito "quase pronto" sobre Xenófanes, programado como Parte I de um "Novo Apêndice (1991)", que deveria consistir em duas

---

7 Carta de Popper a Hans Buske, de 30 de novembro de 1932 (Fasc. 281,8).
1 Carta de Georg Siebeck a Hansen, de 27 de março de 1991.

partes: I. Xenófanes e II. Percepção imediata. Em razão do material que havia enviado, Popper quis terminar a Parte II. [596] Infelizmente, Popper não conseguiu terminar o trabalho sobre Xenófanes e sobre Fries e Nelson; desse modo, a segunda edição de *Os dois problemas fundamentais* foi publicada em 1994 sem o "Novo Apêndice (1991)".

Muitos anos depois, iniciei a preparação da terceira edição de *Os dois problemas fundamentais* e, em maio de 2007, visitei a Coleção Popper da Universidade de Klagenfurt a fim de iniciar minha busca no Arquivo Popper. Para minha grata surpresa, descobri tanto um esboço para um Apêndice (de 30 de junho de 1993) sobre Nelson e Fries[2] quanto um esboço para um Apêndice (de 30 de junho de 1993) sobre Xenófanes.[3]

Em junho de 1993, Georg Siebeck visitou Popper e levou um gravador. Em função das notas manuscritas, Popper ditou os apêndices nesse aparelho, e Siebeck, "[...] alguns dias depois, em acordo por escrito, enviou-lhe".[4] No Arquivo Popper o que descobri foram essas cópias nas quais Popper fez diversas correções.

O apêndice sobre Nelson e Fries: *II. A Teoria do Conhecimento Imediato de Nelson e Fries" parece estar quase completo, o apêndice sobre Xenófanes: *I Elogio de Xenófanes está, ao contrário, incompleto. Ele consiste simplesmente em uma parte de uma introdução e os subtítulos para sete seções planejadas.

Em uma carta de 24 de dezembro de 1992, Popper escreveu a Kelley L. Ross[5] que queria melhorar *Os dois problemas fundamentais*:

> I wanted to revise it by adding a new postscript on the theory of *Immediate Knowledge*. In fact, this is one of my most pressing tasks [...] My hypothesis so far was that Nelson is ununderstandable because he is wrong: if genuine *Erkenntnis* is something that is always true (and only our *Urteile* can – and are – often mistaken) – then, I suggest, *Erkenntnis* in Nelson's sense just

---

2 Arquivo Popper, Fasc. 485,13 (e manuscritos não datilografados, Fasc. 485,12).
3 Arquivo Popper, Fasc. 485,13.
4 Carta de Georg Siebeck a Hansen, de 1º de junho de 2007.
5 Coleção Karl Popper da Biblioteca da Universidade de Klagenfurt, Fasc. Varia (ver também http://www.friesian.com/ross/Popper.html). Cf. este Posfácio, Seção 1, nota 1.

does not exist. But I would be glad if I could see where I am in error with this *Urteil*.

I take this to be extremely important. But it is almost as important to have received a letter from a man who takes philosophy (or anything) seriously. I thought the breed had died out.*

[597] Em seus últimos anos, Popper trabalhou sobre Xenófanes e escreveu diversos esboços sobre isso; a maioria deles foi publicada em 1998 como "The unkown Xenophanes" [O Xenófanes desconhecido].[6] Em complemento ao esboço bastante lacunar (1993) ao Novo Apêndice *I, registro as passagens correspondentes dessa publicação póstuma. Na sequência, publica-se o apêndice inacabado de 1991.

Novo Apêndice
(1991)

I. Xenófanes (571 a.C., † por volta de 575[1])
Xenófanes de Cólofon, uma das colônias iônicas na Ásia menor, pertence à segunda ou terceira geração da escola milésia[2] – àquele movimento espi-

---

* Trad.: "Eu gostaria de revisá-lo adicionando um novo Posfácio sobre a teoria do conhecimento imediato. Com efeito, essa é uma das minhas tarefas mais prementes [...] Minha hipótese até agora era que Nelson é ininteligível porque ele está errado: se *Erkenntnis* [*conhecimento*] genuíno é algo que é sempre verdadeiro (e apenas nossos *Urteile* [*juízos*] podem – e estão – frequentemente errados) – então, sugiro eu, *Erkenntnis* no sentido de Nelson não existe. Mas eu ficaria feliz se você pudesse ver onde estou errado neste *Urteil* [veredito]. Eu considero isso muito importante. Mas é quase tão importante quanto receber uma carta de um homem que leva a filosofia (ou qualquer outra coisa) a sério. Eu achei que essa espécie estava extinta". (N. T.)
6 Karl Popper, *The world of Parmenides: essays on the presocratic enlightenment* (ed. Arne F. Petersen com a colaboração de Jørgen Mejer, 1998), p.33 e segs. (= "De unbekannte Xenophanes: ein Versuvh, seine größe nachzuweisen", in: *Die Welt des Parmenides: Der Ursprung des europäischen Denkens*, tradução alemã de Sibylle Wieland e Dieter Dunkel, 2001, p.72 e segs. e 395 e segs.
1 [No original, erroneamente "mais ou menos 460". (N. E. A.)]
2 Sotião diz que ele foi um discípulo de Anaximandro, portanto, um discípulo de Tales e um jovem colega de Anaxímenes. Isso concordaria muito bem com o em-

Posfácio do editor

ritual do qual a civilização europeia descende. Os outros membros dessa escola, dos temos notícia, foram Tales, o fabuloso fundador; Anaximandro, certamente o maior de todos esses grandes pensadores; seu discípulo Anaxímenes e o discípulo deste, Xenófanes; finalmente Anaxágoras de Clazomenas e Pitágoras de Samos. Heráclito, [598] um contemporâneo de Xenófanes e Pitágoras, esteve claramente sob a influência dos milésios, cujo último certamente foi Leucipo.[3] Nós podemos considerar esses grandes homens como os portadores do esclarecimento iônico.

O esclarecimento iônico foi o resultado de um choque de culturas (*culture clash*): as pequenas cidades-Estado coloniais gregas se espalhavam pela costa, de onde elas podiam observar os vastos impérios orientais, como os lídios e os medos. O choque de culturas foi belicoso, até que, após a repentina tomada do Reino Medo pelos persas (Ciro II 549 a.C.), o Reino

---

prego do nome *ápeiron* (= sem forma, indeterminado [...]) para a substância originária. Surpreendentemente, o emprego por Xenófanes da palavra *ápeiron* ainda é amplamente malcompreendido; aparentemente, sob a influência de Empédocles (que induz a um equívoco de Aristóteles), o seguinte fragmento de Xenófanes (D-K B 28) é frequentemente malcompreendido (e erroneamente traduzido, como mostrou detalhada e corretamente Felix M. Cleve em seu livro notável *The Giants of Pre-Sophistic Greek Philosophy: An Attempt to Reconstruct Their Thoughts* I, 2.ed., 1969, p.11 e segs.):

Aos nossos, vê-se o limite superior da Terra
Limitado pelo ar; o inferior dirige-se para o indeterminado.

É claro que Xenófanes defende aqui Anaximandro contra Anaxímenes, que faz a Terra pairar como uma tampa no ar (ou no vapor). (Ver também meu livro *Auf der Suche nach einer besseren Welt* [1984], 7.ed., Serie Pipper, p.229). [Cf. Karl Popper, *The World of Parmenides: Essays on the Presocratic Enlightenment* (ed. Arne F. Petersen com a colaboração de Jørgen Mejer, 1998), p.37 e segs., 58: nota 13 e 145: nota 8 (= *Die Welt des Parmenides: Der Ursprung des europäischen Denkens*, tradução alemã de Sibylle Wieland e Dieter Dunkel, 2001, p.79 e segs., 397: nota 13 e 423: nota 8. N.E.]

3 Os milésios eram cosmólogos – eles pretendiam explicar a estrutura da construção do mundo, tanto a matéria quanto o projeto. Tales acreditava que a matéria é a água, na qual a terra boia como uma pedra de gelo. Anaximandro acreditava que transforma o *ápeiron* em diferentes matérias (e ele desenha também um projeto – um mapa); Anaxímenes explica que é o ar que, pela condensação e liquefação, assume diferentes formas. Heráclito é um inovador radical. Sua matéria fundamental é o fogo: ele apenas se modifica – ele é dinâmico. O mundo para ele não é nada mais que uma casa habitável, na qual arde um forno acolhedor: seu mundo, sua

dos Lídios também foi invadido. Os persas apareceram antes das cidades-
-Estado gregas, antes mesmo que os gregos entendessem que eles não tinham nada a ver com os medos, mas com seus sucessores (e povos mais antigos). Foceia, uma cidade vizinha ao norte de Cólofon, a cidade natal de Xenófanes, foi sitiada e, após uma longa resistência, a maior parte dos habitantes decidiu fugir pelo mar (546 a.C.). Xenófanes, que supostamente lutou,[4] se juntou aos focences. Esse foi o ponto decisivo de sua longa vida enquanto poeta, pensador e rapsodo (D-K B 8[5]):

[599] Sessenta e sete anos se passaram desde que eu
Vagando meu espírito para cá e para lá pela Hélada
Tinha então vinte e cinco anos,
Se puder relatar tudo com correção.

Xenófanes foi o primeiro dos imigrantes políticos que trouxeram o novo esclarecimento e a nova ciência para a Grécia. Pitágoras, Anaxágoras, Leucipo e Heródoto o sucederam. Mas pelo que sabemos (todas as nossas informações sobre esse período são um tanto incertas), o poeta Xenófanes

---

casa está em chamas! Pitágoras é um revolucionário em outra direção: ele sugere uma geometria do mundo! Anaxágoras é um materialista concreto, um químico, que trabalha com muitos elementos (sempre divisíveis) – *não* atômicos; e Leucipo, por fim, introduz a parte primordial indivisível, que se move no espaço vazio, no nada: os átomos e o vazio. Com isso, ele funda, de fato, uma teoria dos átomos.

4 Que Xenófanes tenha lutado me parece provável pelos seguintes versos (D-K B 22):
   É ao pé do fogo que deves dizer tais palavras, no inverno
   Quando, saciado, fala e bebe vinho
   E mordiscando nozes: De onde tu vens?
   Quem era teu pai? Quantos anos tu tens, meu caro?
   E quantos anos tinhas quando tu, o medo, chegaste?
Como nós sabemos (a partir do seguinte fragmento D-K B 8) que Xenófanes tinha 25 anos quando o medo chegou, segue-se a questão desafiadora de que ele era seu próprio senhor. (Seu ano de nascimento, 571 a.C., dá o ano exato do cerco de Foceia, 546 a.C.) [D-K B 22: Cf. Karl Popper, *op. cit.*, p.54 e seg., 59 e seg.: nota 30 (= *Die Welt des Parmenides*, p.107 e seg., e 400: nota 30. (N. E. A.)]

5 [Cf. Karl Popper, *op. cit.*, p.54 e seg., 59 e seg.: nota 30 (= *Die Welt des Parmenides*, p.107 e seg., e 400: nota 30. (N. E. A.)]

foi o primeiro de quem sobreviveu mais do que uma ou duas frases. (D-K apresenta 41 fragmentos de Xenófanes.)

Xenófanes compôs duas grandes epopeias, das quais nada sobreviveu a não ser seus títulos: *A fundação de Cólofon* e *A fundação de Eleia*. A primeira é sobre sua cidade natal, cuja catástrofe "quando os medos chegaram" ele não conseguiu esquecer. Ele supostamente participou da fundação de Eleia (pelos focenses, depois que fracassou sua fundação de Alalia na Córsega). Xenófanes teve, como ele próprio se queixa, uma vida muito movimentada. [Ainda falta a conclusão]

II. Percepção imediata

[Ainda falta]

II. A questão do segundo volume

9. Observação preliminar

Teria Popper preparado um manuscrito acabado e coerente, ou quase acabado, do problema da demarcação, que ele teria podido publicar como segundo volume de *Os dois problemas fundamentais da teoria do conhecimento*?

Essa questão deve ser distinguida da questão acerca da versão anterior e mais longa da *Lógica da investigação científica*.[1] [600] "A questão do segundo volume" se refere exclusivamente ao grande plano do livro de Popper. Teria Popper completado, ou quase completado o livro? Ou ele teve que se concentrar na *Lógica da investigação científica*[2] e abandonou o plano original

---

1 Karl Popper, "Intellectual autobiography", in: *The Philosophy of Karl Popper* I. (ed. Paul Arthur Schilpp, 1974), §16, p.67 (= *Unended Quest: An Intellectual Autobiography* (1976), §16, p.85; *Ausgangspunkte: meine intellektuelle Entwicklung* (tradução alemã de Friedrich Griese e do autor, 1979), §16, p.117. Ver Seção 14.

2 No Arquivo Popper se encontra uma pasta com o título "Logik der Forschung: Ur--Version" (Fasc. 213,1A/B; 17,9, 17,10 e 18,1). Esse título não remonta aos anos de 1930; e o conteúdo não tem a ver supostamente com tal versão original da *Lógica da investigação científica*. Ver Seção 3, texto relativo à nota 15; assim como Obser-

do livro, que consistia em um primeiro volume acabado e uma coleção de esboços ainda relativamente independentes para diferentes partes do segundo volume?

Nos manuscritos remanescentes e em algumas cartas, encontramos muitas informações sobre o Volume II. Elas não são, no entanto, acessíveis; por isso, organizei as referências encontradas por mim nas Seções 10 a 14. Na apresentação e esclarecimento me limitei ao que é útil e significativo para responder a questão acerca do segundo volume.[3]

10. O que o segundo volume contém ou deveria conter[1]

A partir da versão bastante abreviada do Volume II, que foi publicada em dezembro de 1934 com o título de *Lógica da investigação científica*,[2] pode-se obter um bom quadro de grande parte do segundo volume. Na drástica abreviação, faltam seções inteiras, acerca de cujo conteúdo não há qualquer informação.[3] Como complemento ao Livro II (aqui: Volume II, Fragmentos), é fornecido aqui um panorama sobre [601] a estrutura e o conteúdo do Volume II, tal como se pode obter de diferentes referências.

A partir de referências no Volume I[4] e dos esboços remanescentes ao Volume II[5] parece se seguir que o Volume II, após a Introdução e I. Exposição do problema", contém ou deveria conter as três partes seguintes, nesta ordem:

---

vações Editoriais, Seção 2, nota 10. Cf. também este Posfácio, Seção 12, texto relativo à nota 7; e Seção 14, notas 3 e 5, assim como os textos relativos a estas.

3 Para uma discussão fundamentada e bem-documentada de *Os dois problemas fundamentais* e a *Lógica da investigação científica*, ver Malachi H. Hacohen, *Karl Popper: the Formative Years 1902-1945* (2000), capítulos 5 e 6; cf. também este Posfácio, Seção 1, nota 31 e texto relativo a esta.

1 Nas duas primeiras edições (1979 e 1994) de *Os dois problemas fundamentais*, essa seção era uma parte do Posfácio do Editor (janeiro de 1979), Seção 6; cf. "Observações Editoriais", Seção 8, assim como Seção 1, nota 1.

2 Ver Observações Editoriais, Seção 1, nota 5. *Acréscimo* (3.ed.): Cf. também este Posfácio, Seção 11, texto relativo à nota 17; e Seção 13, notas 2, 4, 12, 13 e 14, assim como texto relativo a estas.

3 Ver nota 7.

4 Ver Volume I, Seção 47, texto relativo à nota 2; Seção 48, texto relativo à nota 3.

5 Ver Volume II (Fragmentos), [III], Seção 1, texto relativo à notas 2, 3 e 4; Seção 4, texto relativo à nota 1; assim como Seção 5, primeiro parágrafo.

A. Investigações sobre o Problema da Demarcação
B. Passagem para a Teoria dos Métodos[6]
C. Linhas fundamentais da teoria geral dos métodos.[6a]

A. *Investigações sobre o Problema da Demarcação* contém ou deveria conter, entre outras:

(1) uma tentativa de "mostrar que os problemas da teoria do conhecimento clássica ou moderna (de Hume a Russell e Wittgenstein, passando por Kant) poderiam ser reduzidos ao 'problema da demarcação', à questão acerca do critério da ciência empírica";[7]
(2) uma discussão das "funções demarcadoras, que o conceito de sentido indutivista deve cumprir"[8] – mostra-se que "toda demarcação desejada (dos enunciados factuais, da metafísica e da lógica) é possível, sem empregar o conceito de sentido ou qualquer outro conceito que se queira";[9]
(3) uma investigação da "questão sobre se [...] todos os juízos sintéticos são enunciados factuais" e "uma *análise mais detalhada do conceito de enunciado factual*, da realidade empírica etc.";[10]
[602] (4) uma "Tabela de proposições";[11]
(5) uma indicação de que Kant tinha razão quando chega à conclusão em sua *teoria das antinomias*[12] de "que em tais casos, nos quais existe uma

---

6 Como se conclui da nota 1 da Seção 30 do Volume I, Popper considerou colocar a "Passagem para a teoria dos métodos" como um apêndice ao Volume I; esse não era, porém, o plano original (cf. nota 5).
6a (3.ed.) Cf. este Posfácio, Seção 6, nota 10 e texto relativo a esta.
7 Ver Karl Popper, *Logik der Forschung* (1934, 2.ed., 1966; e edições posteriores), Seção 11; sobre essa "tentativa", Popper se refere aqui a "um trabalho ainda não publicado". Cf. Volume II (Fragmentos): I., Seção 1; [VI.], [Introdução], texto relativo à nota 3.
8 Ver Volume I, Seção 46, texto relativo à nota 2; Seção 48, texto relativo à nota 4.
9 Ver Volume I, Seção 46, texto relativo à nota 1; cf. também Volume II (Fragmentos): [III], Seção 1, nota 3 e texto relativo a esta.
10 Ver Volume I, Seção 3, texto relativo à nota 3; Seção 10, texto relativo à nota 12; Seção 11, texto relativo à nota 55.
11 Ver Volume II (Fragmentos), [III], Seção 4, nota 1 e texto relativo a esta. *Acréscimo* (3.ed.): Cf. também este Posfácio, Seção 3, nota 5; assim como Seção 6, nota 20 e texto relativo à nota 21.
12 Cf. Immanuel Kant, *Kritik der reinen Vernunft* (2.ed., 1787), p.448 e segs.; ver também Immanuel Kant, *Prolegomena* (1783), §51 e segs.

antinomia indecidível, as duas afirmações não são justificáveis e, por isso, devem ser rejeitadas como não científicas (dogmático-metafísicas)";[13]
(6) uma discussão da "antinomia entre realismo e idealismo";[14]
(7) uma fundamentação da concepção segundo a qual "tanto tese quanto antítese da antinomia da cognoscibilidade do mundo devem ser demonstradas como metafísicas pela teoria do conhecimento";[15]
(8) uma indicação da "existência de uma analogia formal exata entre o critério de ausência de contradição e o 'critério de demarcação' [...]";[16]
(9) uma crítica do positivismo estrito e do apriorismo;[17]
(10) "uma crítica fundamental, definitiva do convencionalismo".[18]

B. *Passagem para a Teoria dos Métodos* parece incluída integralmente.[19]

C. *Linhas Fundamentais da Teoria Geral dos Métodos* contém ou deveria conter:

(1) a regulamentação metodológica dos enunciados de base (deduzidos "do princípio do realismo metodológico");[20]
[603] (2) "teoria dedutiva dos métodos,[21] que, entre outras coisas, trata: 1. da certificação gradual e da 'quase-indução';[22] 2. do conceito de confir-

---

13 Ver Volume I: Seção 10, texto relativo à nota 6; cf. também Volume II (Fragmentos): [VI.], Seção 1, texto relativo à nota 1.
14 Ver Volume I, Seção 10, texto relativo à nota 7.
15 Ver Volume I, Seção 10, texto relativo à nota 13; Seção 48, texto relativo à nota 4.
16 Ver Volume I, Seção 31, texto relativo à nota 5; cf. também Excerto-resumo (1932), Seção V, texto relativo à nota 5.
17 Ver Volume I, Seção 48, texto relativo à nota 4. Cf. também Volume II (Fragmentos), [V], Seção 2.
18 Ver Volume I, Seção 24, texto relativo à nota 1; Seção 30, texto relativo à nota 1; Seção 47, texto relativo à nota 10. Cf. também Volume II (Fragmentos), [III]; e [V], Seções 3 e 4.
19 Ver Volume II (Fragmentos), [III], Seção 2, nota 2 e texto relativo a esta; Seção 8, notas críticas a e b.
20 Ver Volume I, Seção 11, texto relativo à nota 56; Apêndice, Excerto-resumo (1932), seção IX. Cf. também Volume II (Fragmentos), [VII], Seção 1, texto relativo às notas 2 e 6.
21 Ver Apêndice, Excerto-resumo (1932), Observação final, texto relativo à nota 1.
22 Cf. também Volume I, Seção 48, texto relativo à nota 2; Volume II (Fragmentos), [VII], Seção 1, texto relativo à nota 4.

Posfácio do editor

mação[23] e do conceito de simplicidade; do 'princípio de uso mais econômico possível de hipóteses', derivado do conceito de falsificabilidade maior ou menor (precisão ou conteúdo do enunciado)".

As informações restantes sobre o conteúdo do Volume II se apoiam em referências, que não indicam explicitamente como devem ser ordenadas nas três partes mencionadas anteriormente. No que se segue, essas referências são ordenadas por sua localização.

Volume I. A partir do Volume I, conclui-se que o Volume II contém ou deveria conter:

> [...] uma indicação de que a definição transcendental do conhecimento leva em suas "últimas consequências diretamente ao dedutivismo".[24]

Volume II. A partir dos esboços, conclui-se que ele contém ou deveria conter:

(1) uma "introdução do conceito de 'hipótese falsificadora' [...]";[25]

(2) uma teoria da frequência para classes finitas;[26]

(3) uma "teoria dos coletivos aritmético-geométricos";[27]

(4) um "cálculo de probabilidades";[28]

(5) uma "discussão dos pressupostos 'não vazios'".[29][30]

---

23 Cf. também Volume I, Seção 16, texto relativo à nota 2.
24 Ver Volume I, Seção 10, texto relativo à nota 15.
25 Ver Volume II (Fragmentos), [VII], Seção 1, texto relativo à nota 1.
26 Ver Volume II (Fragmentos), [X], Seção 6, texto relativo às notas 1 e 2.
27 Ver Volume II (Fragmentos), [X], Seção 7, texto relativo à nota 2.
28 Ver Volume II (Fragmentos), [X], Seção 7, texto relativo à nota 3.
29 Ver Volume II (Fragmentos), [X], Seção 7, nota 4.
30 No Volume II (Fragmentos), há cinco referências, que também devem ser interpretadas como referências a seções do Volume II; ver [IX.], Seção 5, nota 1 e texto relativo às notas 2 e 3; Seção 7, texto relativo à nota 4; [X], Seção 6, texto relativo à nota 9.

[604] *Apêndice: Excerto-resumo (1932)*. A partir da "Observação Preliminar", conclui-se que as Seções VI e VIII são retiradas, no que diz respeito ao conteúdo, dos esboços perdidos ao Volume II.[30a]

Apresentação [1933]. Essa versão da apresentação era um dos três anexos a uma carta a Julius Kraft de 11 de julho 1933.[30b] Os dois outros anexos, que não podem ser encontrados, são descritos no seguinte apêndice à Apresentação, no qual, ao final, são fornecidas algumas informações sobre o conteúdo do Volume II:

Observações sobre os anexos. São anexadas duas folhas a essa apresentação, uma com o título: "Esboço a um *Prefácio* e a uma *Introdução*[31] – Indicação do *conteúdo* do livro" (etc.), a segunda com o título: "Excerto" (etc.).[32]
A folha "Excerto" contém uma observação preliminar de orientação.
É preciso observar sobre esses anexos que eles dão apenas uma imagem muito incompleta do livro.
Em particular, as investigações introdutórias críticas do livro, que devem fornecer a indicação de que os problemas que o autor sustenta ser os "problemas fundamentais da teoria do conhecimento", de fato, estão na base das questões e discussões importantes da teoria do conhecimento, são apenas fornecidos na forma de um apêndice em tabelas.[33] É preciso mencionar, acerca dessas investigações críticas, especialmente, a discussão com Hume, Kant, Fries, assim como os "teóricos da probabilidade" (Reichenbach, Kaila etc.). Mesmo os resultados positivos só puderam ser parcialmente considerados no "excerto". Permaneceram desconsideradas, sobretudo, a teoria [605] do grau de regularidade de uma hipótese,[*1] a

---

30a (3.ed.) Cf., porém, Observação Preliminar (K_1 e K_3): As Seções VIII e IX remontam em grande parte não ao Volume I, mas aos esboços do Volume II. Ver Observações Editoriais, Seção 2, nota 12 e texto relativo a esta; assim como este Posfácio, Seção 6, nota 10 e texto relativo a esta.
30b (3.ed.) Ver este Posfácio, Seção 7, texto relativo às notas 5 e 6.
31 Esses esboços talvez sejam idênticos ao Esboço de uma Introdução e Orientação do Volume II (Fragmentos).
32 Esse excerto é, sem dúvida, idêntico ao Apêndice, Excerto-resumo (1932).
33 Ver Apêndice, Excerto-resumo (1932), Observação preliminar, nota 2 e texto relativo a esta.
*1 Acréscimo (1983). A expressão "regularidade de uma hipótese" designa (como o final da página 178 e as páginas seguintes mostram) o que chamei posteriormente

teoria da relação entre lei e acaso, a investigação sobre as *leis da "forma da causalidade"* e da forma dos "enunciados de probabilidade", a investigação sobre o "problema da simplicidade" e o "princípio de economia".

11. Cartas de 1932 a 1934

Em apenas algumas poucas cartas, Popper menciona o Volume II de *Os dois problemas fundamentais* ou a "tentativa de solução positiva"[1] que este volume deveria conter. Além disso, em duas cartas, ele faz observações tão curtas que se poderia pensar que ele se refere simplesmente a um volume planejado. Ele escreve em uma carta detalhada a Julius Kraft[2] simplesmente o seguinte: "Mas o verdadeiro conteúdo do trabalho, que para mim é o tema principal e que prevalece no segundo volume [...]"; e em uma carta (provavelmente a Moritz Schlick)[3] encontra-se a observação: "Por isso, eu considero, por exemplo, o segundo volume do livro como muito mais importante que o primeiro". Uma carta a Herbert Feigl,[4] inclusive, leva à suposição de que, no que se refere ao segundo volume, ele não foi além de alguns esboços:

> Desde nosso retorno a Viena,[5] comecei a trabalhar pouco. A escola[6] neste ano está particularmente estressante, nossa carga de ensino foi aumentada. Além de algumas correções e esboços, fiz apenas uma compilação de uma parte de meus resultados positivos,[7] que talvez [606] possa fornecer

---

de "teor" de uma hipótese ou teoria – na realidade, uma ideia central de minha teoria do conhecimento. K. R. P.

1   Carta a Julius Kraft, de 26 de maio de 1933 (Arquivo Popper, Fasc. 316,23); cf. também carta de Popper a Egon Friedell, de 21 de maio de 1932 (Esboço; Fasc. 17,6).
2   Carta a Julius Kraft, de 20 de setembro de 1932 (Arquivo Popper, Fasc. 316,23).
3   Carta a [Moritz Schlick], de 16 de março de 1933 (Arquivo Popper, Fasc. 17,6).
4   Carta a Hebert Feigl, do final de novembro de 1932 (Arquivo Popper, Fasc. 295,6 e 211,4).
5   Ver este Posfácio, Seção 6, nota 11 e texto relativo a esta.
6   Knabenhaupt-(Bürger-)schule, Viena XIV., Schweglerstraße 2-4. Ver Karl Popper, *Frühe Schriften* (*Gesammelte Werke in deutscher Sprache* 1, 2006), Zeittafel, 1930.
7   Ver Seção 6, nota 10 e texto relativo a esta.

uma base para o artigo da *Erkenntnis*.[8] Eu anexo uma cópia desse excerto; quem sabe você tenha algo sobre isso!

Eu suponho que você[9] não possa fazer nada a respeito do meu livro; do contrário, você teria me escrito. Você o leu (talvez uma parte)? Já pela elaboração posso dizer que o livro, embora tenha suas vantagens, enfatiza muito pouco os resultados positivos – desconsiderando o fato de que o tema principal, o problema da demarcação e as ideias metodológicas positivas, é frisado brevemente neste *primeiro volume*. Sequer uma vez é discutido o critério de falsificabilidade, embora seja certamente, como você sabe, minha ideia genuína e mais antiga, e todas as discussões críticas do primeiro volume não são mais do que frutos dessa única ideia fundamental.

Pouco depois, em 30 de junho de 1933, Popper assinou um contrato com a editora Julius Springer para a *Lógica da investigação científica*,[10] e ele comunica essa boa notícia a Julius Kraft em uma carta.[11] A essa carta é anexada, entre outras coisas, uma cópia do Excerto-resumo (1932). Popper enfatiza[12] que esse excerto e os outros anexos "dão apenas uma imagem muito incompleta do livro". As "investigações críticas detalhadas [...] são fornecidas apenas na forma de um apêndice em tabelas" e, acerca dos resultados positivos,

> [...] permanecem desconsideradas, sobretudo, a teoria da regularidade gradual de uma hipótese, a teoria da relação entre lei e acaso, a investigação sobre as *leis da "forma da causalidade"* e da forma dos "enunciados de probabilidade", a investigação sobre o "problema da simplicidade" e o "princípio de economia".

---

[8] Carta de Popper a Carnap, de 1º de novembro de 1932 (Arquivo Popper, Fasc. 282, 24): Eu espero poder enviar a você em breve o esboço de meu artigo (Para a discussão sobre os enunciados protocolares), que também apresentará o dedutivismo e o problema da demarcação. Esse artigo não pôde ser encontrado e deve ser considerado perdido. Ver Seção 6, nota 18 e texto relativo a esta.

[9] De 1931 a 1937, Herbert Feigl lecionou como *lecturer* e *assistant professor* na Universidade do Estado de Iowa, EUA; ver Friedrich Stadler, *Studien zum Wiener kreis: Ursprung, Entwiklung des Logischen Empirismus im Kontext* (1997), p.674.

[10] Ver Seção 1, nota 27 e texto relativo a esta.

[11] Carta de Popper a Julius Kraft, de 11 de julho de 1933 (Arquivo Popper, Fasc. 316,23).

[12] Essas observações são reproduzidas no final da Seção 10.

Posfácio do editor

Disso parece se seguir que Popper trabalhou nesses resultados *antes* mesmo do outono de 1932.

[607] Com exceção dessa carta a Julius Kraft e um "P.S."[13] à carta a Herbert Feigl mencionada, não há nas cartas remanescentes indicações concretas sobre esses "resultados positivos". E apenas em uma única carta há algo sobre quão longe ele conseguiu ir com seu trabalho no Volume II. No início de 1934, Popper responde à filósofa inglesa L. Susan Stebbing[14] em uma carta[15] e relata sobre seu grande plano para o livro:

Dr. Karl Popper

Viena, 3 de fevereiro de 1934.
XIII. Anton Langergasse 46.

Prezada sra. Professora,
respondo com muito prazer sua carta de 24 de janeiro. Alegra-me saber que você tem interesse por meu livro *"Os dois problemas fundamentais da teoria do conhecimento"* e que você se empenha tão fortemente para tornar possível uma publicação em inglês.

Gostaria, sobretudo, de pedir a você que esteja certa de que eu, desde o início, estou de acordo com tudo aquilo que você considera benéfico.

Eu estou muito satisfeito que você tenha encontrado uma tradutora que tenha conhecimento do assunto e se interessa pelo livro. É evidente que a tradutora deve receber um honorário pela tradução do livro; eu peço a você para tratar com o editor a esse respeito.

---

13 Ver nota 4; assim como Seção 6, texto relativo à nota 20. Nesse P.S., Popper menciona que o Excerto-resumo (1932) não contém, entre outras, coisas muito importantes: o problema da simplicidade e a tabela de proposições; eles foram, portanto, elaborados no final de novembro de 1932 e provavelmente inclusive antes de 16 de novembro de 1932. Cf. Seção 6, nota 5; assim como Seção 10, nota 11 e texto relativo a esta.

14 L. Susan Stebbing: 2 de dezembro de 1885 – 11 de setembro de 1943.

15 Carta de Popper a [L. Susan Stebbing] de 3 de fevereiro de 1934 (Fasc. 352,15 e 217,6). Cf. também Karl Popper, "Intellectual autobiography", in: *The Philosophy of Karl Popper* I (ed. Paul Arthur Schilpp, 1974), §16, p.67 (= *Unended Quest*, §16, p.85; *Ausgangspunkte*, §16, p.116 e seg. (Em julho de 1975, Paul K. Feyerabend me enviou uma coleção de antigas cartas e pequenos manuscritos; a carta de L. Susan Stebbing provém dessa coleção. Cf. Posfácio do Editor, Seções II, notas 42 e 43, assim como texto relativo a estas de Karl Popper, *Frühe Schriften*.)

Você perguntou se o 2º Volume do livro já existe e se os capítulos que faltam do 1º Volume, que você leu, já foram escritos. O 2º Volume está quase acabado, mas algumas passagens ainda precisam ser reelaboradas. O 1º Volume, do qual você tem uma cópia, foi preparado por mim ao longo de mais de dois anos. Você compreenderá que eu, nesse meio tempo, fiz diversas melhorias importantes nesse 1º Volume. [608] Algumas melhorias que ainda quero fazer não estão prontas. O último capítulo,[16] sobre o qual você perguntou, já está escrito.

Você gostaria de ser informada sobre quais passos dei em relação à publicação. A situação atual na Alemanha e na Áustria é muito desfavorável para uma publicação, entretanto, encontrei um editor, a editora Julius Springer em Viena. Por causa da situação desfavorável, a editora Springer não quer publicar um livro tão extenso. Eu tive que abreviá-lo drasticamente. Todo o 1º Volume, que você conhece, foi deixado de lado, e fiz um breve resumo do 2º Volume (por volta de 200 páginas), que contém apenas as reflexões mais importantes sobre a lógica do conhecimento. Desse modo, ele acabou resultando em um livro inteiramente novo. O título desse novo livro será provavelmente: *Lógica da investigação científica*. Ele será publicado na coleção editada pelo Prof. Schlick, "Escritos sobre a concepção científica do mundo",[17] em maio deste ano.[18]

Eu fiquei muito feliz com sua sugestão de uma tradução inglesa pela seguinte razão: o livro tem em sua forma original muitas vantagens e eu não gostaria de ter que abrir mão do antigo plano e de publicar o livro (com emendas) na antiga forma.[19] Mas atualmente é quase impossível encontrar um editor na Áustria ou na Alemanha que publicasse um livro de filosofia tão extenso. Uma tradução inglesa, portanto, é a única possibilidade de publicar o livro, no qual trabalhei por tantos anos, na forma em que foi concebido e que corresponde a ele: como um livro de teoria do conhecimento. O novo livro, que será publicado em maio, contém quase que exclusivamente questões lógicas. Quase não há uma palavra ali sobre as correntes da teoria do conhecimento, em particular sobre a crítica do positivismo.

---

16 Cf. Volume I, Seção 48, nota 1.
17 A coleção *Schriften zur wissenschaftlichen Weltauffassung* era editada por Philipp Frank e Moritz Schlick.
18 *Logik der Forschung* foi publicada no início de dezembro de 1934; ver n.8, nota 6 de Karl Popper, *Frühe Schriften*. Ver Também este Posfácio, Seção 1, nota 28 e texto relativo a esta.
19 Cf. Seção 13, nota 10 e texto relativo a esta.

Você me perguntou se eu estou de acordo em pedir ao Prof. Schlick uma carta de recomendação. O Prof. Schlick conhece o livro e deu à editora Springer uma carta de recomendação. Eu não gostaria de pedir ao Prof. Schlick antes do início de março uma nova carta de recomendação, porque eu vou entregar a ele no início de março o manuscrito do novo livro: *Lógica da investigação científica*. [609] Antes de ter entregue, eu não gostaria de pedir mais uma vez algo a ele. Se você precisar nesse meio tempo de uma carta de recomendação para o editor, talvez você possa utilizar uma carta de recomendação do Prof. Gomperz, da qual anexo uma cópia.[20] Trata-se de uma carta que o Prof. Gomperz escreveu a um editor na Alemanha, com a sugestão para publicar meu livro. Eu gostaria de observar que, embora meu livro não tenha sido publicado, foi publicada na revista *Erkenntnis* (Volume 3, páginas 223 a 228) pelo Prof. Rudolf Carnap[21] uma discussão e avaliação de alguns argumentos do meu livro, a qual você talvez possa indicar a um editor. Anexo também uma cópia desse artigo, embora um breve excerto.

Eu espero ter respondido as suas questões e que você esteja satisfeita. Eu ficaria muito grato se você pudesse me escrever novamente caso haja perspectivas de encontrar um editor. Eu falei ontem com o Prof. Schlick, que me pediu de agradecer a você e dizer-lhe que deve uma carta e que escreverá muito em breve.

Por favor, agradeça à M. Gabain[22] por mim.

Meus sinceros agradecimentos por seus grandes esforços e seu grande interesse.

Nessa carta, há duas passagens de grande importância para a "questão do segundo volume", a saber: o quarto e quinto parágrafos; eu voltarei a isso a seguir, na Seção 13.

---

20 Ver Seção 1, nota 21.
21 Rudolf Carnap, Über Protokollsätze, *Erkenntnis* 3 (1932), p.223 e segs. Ver Seção 6, nota 17 e texto relativo a esta, assim como texto relativo à nota 15.
22 Provavelmente, Marjorie Gabain (anteriormente Marjorie Warden). Diversos livros de Jean Piaget (1896-1980) foram publicados pela editora Kegan Paul & Co. com sua tradução (ver *International Library of Psychology and Scientific Method*) – por exemplo, nos anos 1926, 1928, 1930 e 1932. Sobre M. Gabain e a tentativa de uma publicação da *Lógica da investigação científica* em inglês, ver a 11.ed. desse livro em Popper, *Gesammelte Werke in deutscher Sprache* 3, 2005, p.551.

12. O "segundo pacote"

Quando Popper e sua esposa deixaram Viena no final de janeiro de 1937 rumo à Nova Zelândia, ele guardou quase todos os seus manuscritos na casa de seu amigo Otto Haas. Em agosto de 1953, Paul K. Feyerabend e Robert Lammer, a pedido de Popper, visitam a sra. Philomena Haas, a mãe de Otto Haas, o qual falecera nesse meio tempo. Como foi relatado detalhadamente na Seção 2, [610] eles encontraram na escrivaninha de Otto Hass dois pacotes completamente idênticos, portando o título "Para Robert Lammer!! Dr. Karl Popper". Robert Lammer recebeu apenas um dos pacotes; como ele ressaltou posteriormente, ele recebeu um exemplar do Volume I. O outro pacote foi deixado sem um exame detido e está, desde então, desaparecido. Tudo que sabemos sobre a descoberta desses dois pacotes, sabemos a partir das cartas de Robert Lammer.[1]

Em 1974, Robert Lammer pediu a Paul K Feyerabend para enviar-lhe esse segundo pacote;[2] alguns meses depois, ele recebeu um pacote totalmente diferente daquele que havia pedido.[3] O que recebeu continha um outro exemplar do Volume I; com isso, vieram à tona *todos* os quatro exemplares que tinham ficado prontos nos anos 1930.[4]

É muito improvável que algum dia saibamos o que havia no "segundo pacote" desaparecido. Mas nós sabemos que ele não continha um exemplar a mais do Volume I. Robert Lammer contou que Popper disse a ele nos anos de 1960 que no pacote deveria haver um exemplar do Volume II; e, em janeiro de 1937, havia deixado também um exemplar desse volume.[5]

---

1 Ver Seção 2, nota 19 e texto relativo a esta. Cf. também meu já mencionado relato "The search for Popper's early manuscripts: 1974-1976". Esse relato inclui, entre outras coisas, toda a correspondência.
2 Carta de Lammer a Feyerabend, de 26 de novembro de 1974; Carta de Lammer a Hansen, de 30 de novembro de 1975: "Esse segundo manuscrito [...] sem dúvida existiu e eu, Dr. Feyerabend e a Sra. Haas o vimos. Comparamo-lo com o primeiro. Não há dúvida quanto a isso [...]".
3 Carta de Lammer a Hansen, de 30 de novembro de 1975: "O datiloscrito que o Dr. Feyerabend me enviou posteriormente a meu pedido e que, em seguida, encaminhei a você [...] certamente não era esse *Double*, [...]". Ver Seção 2, nota 34 e texto relativo a esta.
4 Ver Seção 1, nota 16 e texto relativo a esta.
5 Carta de Lammer a Feyerabend, de 26 de novembro de 1974: "Quando perguntei posteriormente ao Dr. Popper, ele me respondeu que deixou para mim a 2ª parte

Posfácio do editor

Embora isso não prove que o "segundo pacote" contivesse um exemplar do Volume II, a opinião do autor deve ser levada em consideração – e, do mesmo modo, a seguinte informação sobre o pacote que a sra. Haas deu a Robert Lammer.

[611] Neste pacote – o *"primeiro* pacote" – havia as seções do Volume I em envelopes, numeradas da seguinte forma:[6]

$1_1, 2_1, 3_1, [\ldots]$

(Os outros exemplares do Volume I consistem, em parte, também em seções em envelopes; alguns desses envelopes estão numerados, mas nenhuma das numerações tem índices.)

Desconsiderando essa numeração das seções, é muito provável que o *"segundo* pacote" contivesse um manuscrito cujas seções estivessem numeradas da seguinte forma:

$1_2, 2_2, 3_2, [\ldots]$

Seja verdade ou não, Popper parece ter diferenciado os dois manuscritos com tal numeração.

O "segundo pacote" continha um manuscrito do Volume II? Ou continha uma versão anterior e mais longa da *Lógica da investigação científica*? A última alternativa é possível, mas pouco provável.[7] Por que Popper teria deixado em janeiro de 1937 tal manuscrito a Robert Lammer? Provavelmente, ele já conteria um exemplar da versão impressa.[8]

Parece-me melhor a hipótese de que o "segundo volume" contivesse um exemplar do Volume II. Isso concorda com o relato de Robert Lammer sobre a busca na casa da sra. Lammer e sobre seu encontro com Popper[9] alguns anos depois.

---

do livro em uma pasta idêntica na casa de Otto Haas. Tratava-se sem dúvida do 2º fascículo, que a Sra. Haas não me deu, achando que era apenas uma duplicata do mesmo trabalho". Ver Seção 2, texto realtivo à nota 24.

6 Com exceção das Seções 34, 35 e 48.
7 Ver este Posfácio, Seção 9, nota 2, assim como Seção 14, nota 3 e texto relativo à nota 5.
8 Ver Seção 11, nota 18.
9 Ver nota 5.

13. Discussão da "questão do segundo volume"

Os textos publicados como "Volume II" *não* são fragmentos de um manuscrito mais longo, acabado e coerente; eles são simples *esboços* para o segundo volume sobre o problema da demarcação. Esse volume nunca veio à tona – nem fragmentos [612] dele. Por isso, o Volume II não deveria ser apresentado como "Volume II (Fragmentos)", mas como "Volume II (Esboços)".

Nesses esboços remanescentes, assim como no Volume I e no Excerto--resumo (1932), se encontram referências ao "problema da demarcação" e à "teoria geral dos métodos". Na Seção 10,[1] "O que o segundo volume contém ou deveria conter",[2] listei todas elas e segundo uma ordenação que obtive a partir de algumas delas. Disso e dos esboços remanescentes, obtém-se uma imagem do que fora planejado no Volume II. As referências listadas na Seção 10 são, portanto, fundamentais para uma compreensão do plano do livro de Popper, isto é, a importância dessa seção não se limita à "questão do segundo volume".

Devido a isso, o que sabe acerca dos manuscritos deixados por Popper em 1937 na casa de Otto Haas, é muito improvável que *todo* o material para o Volume II tenha sido preservado. Ao contrário: as referências bastante específicas que são listadas na Seção 10 anterior fazem parecer muito provável que ele preparou diversos esboços tal como hoje se encontram no Arquivo Popper. Mas ele concluiu o Volume II de *Os dois problemas fundamentais* ou não? A partir da carta detalhada de Popper a L. Susan Stebbing, de 3 de fevereiro de 1934,[3] conclui-se clara e positivamente:

> Você perguntou se o 2º Volume do livro já existe e se os capítulos que faltam do 1º Volume, que você leu, já foram escritos. O 2º Volume está quase acabado, mas algumas passagens ainda precisam ser reelaboradas [...]
> Você gostaria de ser informada sobre quais passos dei em relação à publicação [...] [Eu] encontrei um editor, a editora Julius Springer em Viena. Por

---

1 Na primeira e segunda edições: Posfácio do Editor, Seção 6.
2 Essas referências, tomadas em si mesmas, não são uma *prova* de que Popper já tivesse escrito, como ele menciona; por isso, as expressões "contém ou deveria conter" são bastante importantes.
3 Ver este Posfácio, Seção 11, nota 14, assim como nota 15 e texto relativo a esta.

causa da situação desfavorável, a editora Springer não quer publicar um livro tão extenso. Eu tive que abreviá-lo drasticamente. Todo o 1º Volume, que você conhece, foi deixado de lado, e [613] fiz um breve resumo do 2º Volume (por volta de 200 páginas), que contém apenas as reflexões mais importantes sobre a lógica do conhecimento.[4] Desse modo, ele acabou resultando em um livro inteiramente novo [...]

Isso significa: no início de fevereiro de 1934, Popper teria o manuscrito de "o problema da demarcação" quase completo – um manuscrito que ele poderia completar em pouco tempo e que poderia apresentar, ao final, como o Volume II de seu grande livro *Os dois problemas fundamentais da teoria do conhecimento*. O quase completo Volume II contém mais considerações e aplicações da lógica do conhecimento do que o "livro inteiramente novo" *Lógica da investigação científica*, cujas 200 páginas são um "excerto breve" do que tem o manuscrito descrito, mais ou menos a extensão do Volume I,[5] isto é, por volta de 500 páginas.

Popper se expressa de maneira muito clara acerca do fato de que outro acordo foi fechado. O que ele escreve a L. Susan Stebbing deve ser exatamente o que ele queria comunicar a ela. Se ele tivesse, ao contrário, apenas uma pequena e incoerente coleção de esboços desse manuscrito, ele não teria assinalado seus feitos, mas simplesmente dado informações falsas sobre sua obra. Por que ele o teria feito? Ela escreve a ele a respeito de uma possível tradução inglesa; ela relata acerca de seu contato com uma tradutora, que tem "conhecimento do assunto e se interessa pelo livro". Por que ele responderia à cordialidade dela com uma mentira? Por que ele arriscaria que ela pedisse a ele para dar uma olhada em um manuscrito que *ainda não existia*?

O que aconteceu, com o "segundo pacote" que ele deixou em janeiro de 1937 para Robert Lammer? Continha ele uma coleção de esboços para o Volume II? Ou continha uma versão original da *Lógica da investigação científica*? As duas coisas não são muito prováveis; em ambos os casos, o pacto

---

4 Essa descrição concorda muito bem com o relato na autobiografia; ver Karl Popper, "Intellectual autobiography", in: *The Philosophy of Karl Popper* I. (ed. Paul Arthur Schilpp, 1974), §16, p.67 (= *Unended Quest: An Intellectual Autobiography* (1976), §16, p.85; *Ausgangspunkte: meine intellektuelle Entwicklung* (tradução alemã de Friedrich Griese e do autor, 1979), §16, p.117).

5 Ver Seção 1, notas 7 e 8, assim como o texto relativo a estas.

seria muito tênue. Não se deve contar que algum dia saberemos ao certo o que o "segundo pacote" continha; como foi dito na Seção 12, [614] sabemos apenas uma coisa: o pacote *não* continha outro exemplar do Volume I.

Se supusermos que Popper terminou ou quase terminou um manuscrito do Volume II, suas cartas e o fato de ter deixado *dois* pacotes para Robert Lammer são muito mais fáceis de compreender. Se considerarmos que ele havia começado seu trabalho no Volume II no início de 1932 e o que ele já havia feito,[6] essa suposição é bastante realista.

Por outro lado, deve-se também considerar que as condições de trabalho de Popper eram difíceis. Segundo suas próprias palavras, frequentemente era difícil levar a cabo alguma coisa. Em maio de 1933, ele escreve a Carnap:[7]

> No momento, estou sob a pressão de minhas obrigações extracientíficas, sobretudo, meu trabalho na escola.[8] Eu chego a trabalhar, mas o trabalho consiste apenas em refletir sobre algumas frases, às vezes também leio e escrevo algo aqui e ali. Eu simplesmente não encontro tempo para um trabalho contínuo; depois de algumas tentativas frustradas de tentar, como antes, me forçar ao trabalho noturno, tive que abrir mão desse método. Consegui fazer *muito* pouco no inverno passado e não fiz quase nada do meu programa de trabalho.

Não sabemos por quanto tempo Popper continuou a trabalhar em *Os dois problemas fundamentais*; sabemos apenas que no final de março de 1933,[9] ele ainda estava trabalhando no segundo volume. Pouco depois de ter fechado o contrato com a editora Julius Springer, Popper escreve a Julius Kraft[10] sobre a *Lógica da investigação científica*:

---

6 O Volume I, por exemplo, foi escrito em um ano. Ver Seção 1, notas 5 e 6, assim como texto relativo a estas.
7 Carta de Popper a Rudolf Carnap, de 7 de maio de 1933 (Arquivo Popper, Fasc. 282,24 e 211,4). Cf. também Seção 11, texto relativo à nota 5.
8 Ver Seção 11, nota 6 e texto relativo a esta.
9 Ver Volume II (Fragmentos): [IX. "O problema da liberdade da vontade"], Seção 7, nota 2. Popper se refere aqui a *Die naturwissenschaften* 21 (1933), p.249-50.
10 Carta de Popper a Julius Kraft, de 11 de julho de 1933 (Arquivo Popper, Fasc. 316,23).

Por um lado, eu estou naturalmente muito feliz com essa mudança repentina nos acontecimentos. Por outro lado, fico triste em ter que deixar de lado o meu verdadeiro plano do livro e publicar em uma coleção até agora exclusivamente positivista.

[615] Segundo a carta a L. Susan Stebbing,[11] Popper, entretanto, ainda não parece ter aberto mão de seu plano original em fevereiro de 1934:

Eu fiquei muito feliz com sua sugestão de uma tradução inglesa pela seguinte razão: o livro tem em sua forma original muitas vantagens e eu não gostaria de ter que abrir mão do antigo plano e de publicar o livro (com emendas) na antiga forma [...] Uma tradução inglesa, portanto, é a única possibilidade de publicar o livro, no qual trabalhei por tantos anos, na forma em que foi concebido e que corresponde a ele: como um livro de teoria do conhecimento.

As ideias de Popper se desenvolviam rapidamente ao longo do trabalho no Volume I,[12] exatamente como ao longo do trabalho no Volume II e na *Lógica da investigação científica*. Sobre o trabalho nesse "livro inteiramente novo",[13] Popper escreve:[14]

Ele contém a primeira *fundamentação* lógica e de teoria do conhecimento *do cálculo de probabilidades matemático*. [...] Esse trabalho é afetado por dificuldades matemáticas maiores do que eu esperava inicialmente; daí o grande atraso na conclusão de meu manuscrito [...]

Por isso, a *Lógica da investigação científica* é mais do que uma versão drasticamente abreviada do Volume II.

---

11 Ver nota 3.
12 Cf. Seção 4, texto relativo às notas 2, 3 e 4.
13 Ver texto relativo à nota 4.
14 Carta de Popper a Julius Kraft, provavelmente primavera de 1934 (Arquivo Popper, Fasc. 316,23).

14. Observação final

Com a última observação da Seção 13, deixamos a "questão do segundo volume" e nos aproximamos de outras questões sobre o trabalho de Popper na *Lógica da investigação científica*: quais ideias novas surgiram ao longo do trabalho nesse "livro inteiramente novo"? A versão publicada da *Lógica da investigação científica* é uma versão de uma série de versões originais acabadas ou quase acabadas: versão original$_1$, versão original$_2$ etc.?

[616] A partir da autobiografia de Popper[1] e de uma entrevista de 1991,[2] tem-se a impressão de que a *Lógica da investigação científica* é de fato a última de uma série de versões. Mas a *Lógica da investigação científica* é o resultado de esforços extraordinários;[3] talvez a história das versões originais seja apenas uma representação grosseira do que realmente aconteceu. Talvez, entre os muitos manuscritos guardados,[4] houvesse uma versão original quase completa (pois uma completa nunca tenha existido ou já não estava mais intacta[5])?

---

1 Karl Popper, "Intellectual autobiography", in: *The Philosophy of Karl Popper I*. (ed. Paul Arthur Schilpp, 1974), §16, p.67 (= Karl Popper, *Unended Quest: An Intellectual Autobiography*, 1976, §16, p.85; *Ausgangspunkte: meine intellektuelle Entwicklung*, tradução alemã de Friedrich Griese e do Autor, §16, 1979, p.117).

2 A entrevista com Popper foi feita em 31 de agosto de 1991 por Hans-Joachim Dahms e Friedrich Stadler na casa de Popper em Kenley, Surrey (EUA); ver Friedrich Stadler, *Studien zum Wiener kreis: Ursprung, Entwicklung des Logischen Empirismus im Kontext* (1997), p.525, 542.

3 Carta de Jeremy Shearmur a Hansen, de 10 de setembro de 1975 (Fasc. 303,4): "Karl e Hennie: 'Havia mais de duas versões antes de a obra ser editada. Havia uma pressão constante do editor para preparar uma cópia, e tanto Popper quanto eu trabalhávamos lecionando; portanto, realmente não havia tempo para enviar e fazer circular cópias – não havia um momento que pudéssemos dizer "está acabado" e encaminhar. Havia tanta pressa que uma ou duas notas se perderam na versão final e só foram restituídas/reconstruídas na segunda edição" (Shearmur reporta assim os comentário de Karl e Hennie Popper a minha carta de 29 de agosto de 1975, Fasc. 303,4). Cf. carta de Shearmur a Hansen, de 11 de fevereiro (erroneamente: maio) e 14 de fevereiro de 1976 (Fasc. 303,5); assim como carta de Hansen a Popper, de 29 [de janeiro] de 1976 (Fasc. 217,6 e 303,5). Ver Friedrich Stadler, *op. cit.*, p.542: "P: note que era de fato assim, tudo sob dura pressão, e eu estava esgotado e tudo possível [...]".

4 Ver Seção 2, texto relativo à nota 10, assim como nota 15 e texto relativo a esta.

5 Ver carta de Paul K. Feyerabend a Popper, de 10 de junho [de 1954] (Arquivo Popper, Fasc. 294,16); Feyerabend supõe que os manuscritos que ele lista nesta carta como 5) sejam [...] uma versão anterior e expandida [...] da *Lógica da investigação científica*, Seções 1-8. Cf. este Posfácio, Seção 2; e Seção 12, texto relativo à nota 7.

Neste posfácio a *Os dois problemas fundamentais*, não se trata de debater o trabalho de Popper na *Lógica da investigação científica*. Eu me limito a ampliar as informações sobre o Volume II a partir dos manuscritos e cartas remanescentes e discutir a "questão do segundo volume" à luz dessas informações. A meu ver, essas informações dificilmente podem ser conciliadas com a opinião de que Popper, antes de ter que concentrar todos os esforços [617] na *Lógica da investigação científica*, teria preparado apenas uma pequena e bastante incoerente coleção de esboços ao volume planejado sobre o segundo problema fundamental: *o problema da demarcação*.

III. Sobre algumas das novas notas e acréscimos

15. O tratamento da tuberculina de Koch

Em sua "crítica do positivismo estrito", Popper escreve: "[...] que não possamos de modo algum garantir empiricamente a verdade de um enunciado factual estritamente universal tem *consequências práticas* para os métodos científicos (e para a nossa vida em geral)"[1] e introduz o exemplo do *tratamento da turberculina de Koch*. De onde ele soube desse tratamento? É muito improvável que tenha lido a primeira conferência de Koch sobre isso em um congresso em Berlim em 1890 ou seu artigo na *Deutschen medizinischen Wochenschrift* [Semanário Médico Alemão].[2] Ele poderia, no entanto, ter lido em 1932 – o bacilo da tuberculina havia sido descoberto cinquenta anos antes – um artigo sobre Robert Koch, no qual se fala também sobre o tratamento fracassado da tuberculina.

Em 1932, Popper publica uma *Pädagogische Zeitschriftenschau*,[3] que consistia em resumos extremamente breves de 257 artigos de 74 revistas; *Volksgesundheit* [Saúde Pública] é uma delas.[4] A "nota jornalística" de Popper contém alguns resumos de artigos publicados em 1932,[5] mas nenhum deles é da *Volksgesundheit*. Mas não podemos excluir que Popper tenha, em

---

1 Ver Volume 1, Seção 8, texto relativo à nota 3.
2 Ver Volume 1, Seção 8, nota 3.
3 Ver Karl Popper, *Frühe Schriften* (*Gesammelte Werke in deutscher Sprache* 1, 2006), Nr. 4, assim como "Nachwort des Herausgegebers", Seção III, 4.
4 Karl Popper, *op. cit.*, Nr. 4: [220] e [226].
5 Ver, por exemplo, [49.], [68.], [116.], [123.] e [192.].

sua busca por artigos para a "nota jornalística", folheado alguns números das revistas apresentadas. Ele pode ter se deparado com o artigo "Robert Koch, o descobridor do bacilo da tuberculina", de Max [618] Neuburger.[6] Ali, sobre o tratamento da tuberculina, é dito: "O entusiasmo original dos médicos e da população pela tuberculina diminuiu [...] cada vez mais e se converteu ao final no seu contrário".[7] Com um tom semelhante, Popper escreve: "Com bastante frequência, observações posteriores revelam a falsidade de uma suposta lei, a inexistência de uma suposta regularidade"[8] e acrescenta: "pense-se, por exemplo, no tratamento da tuberculina de Koch".

16. A revista *Kosmos: Handweiser für Naturfreunde*

Contra a teoria da percepção de Fries, Popper assinala: "[...] que percepções e observações [...] não são nunca levadas a sério pela ciência se não forem *objetivas*, testáveis intersubjetivamente – mesmo que um sentimento de convicção mais forte subjetivamente estiver em sua base". Como suporte para essa afirmação, ele menciona a chamada "questão do basilisco" e se refere ao artigo na revista *Kosmos*.[1] Provavelmente, alguém indicou a ele esse artigo, mas me parece mais plausível que ele próprio tenha se deparado com o artigo, pois acredito que lesse a *Kosmos* com frequência – uma revista mantida pela Biblioteca Pedagógica Central da Cidade de Viena, utilizada com frequência por ele. Na edição da dissertação de Popper, "Zur Methodenfrage der Denkpsychologie" [Sobre a questão do método da psicologia cognitiva] (1928),[2] me veio a ideia de folhear números antigos da *Kosmos*.

[619] Em sua "crítica do fisicalismo", Popper – sem referências bibliográficas – introduz como exemplo a "teoria química das eras geo-

---

6 *Volksgesundheit: Zeitschrift für soziale Hygiene (Organ der Österreichen Gesellschaft für Volksgesundheit)*, Jahrgang VI (4, 1932), p.61 e segs.; sobre o tratamento da tuberculina, ver p.65 e seg. Cf. Seção 4, nota 2.
7 Ver Max Neuburger, *op. cit.*, p.66.
8 Ver Volume I, Seção 8, texto relativo à nota 3.
1 29. Jahrgang (2, 1932; 3, 1932). Ver Volume I: Seção 11, nota 53 e texto relativo a essa nota. (Cf. Hans Flucher, *Kosmos* 29, 2, p.67: "[...] em *uma* coisa concordo [...] com todos os desconfiados: é melhor desconfiar de toda a questão do basilisco do que se opor com grande entusiasmo. Pois isso pode útil para um tratamento objetivo desse problema e levar a uma solução satisfatória").
2 Popper, Zur Methodenfrage der Denkpsychologie (Dissertation, 1928), in: *Frühe Schriften (Gesammelte Werke in deutscher Sprache* 1, 2006), Nr. 6.

lógicas"³. De onde ele conhecia essa teoria que está na base da "teoria do ácido carbônico" de Svante Arrhenius? É muito improvável que Popper conhecesse o tratado de Arrhenius de 1896⁴ ou suas publicações sobre essa teoria.⁵ Mas Arrhenius faleceu em 2 de outubro de 1927 e Popper pode ter se deparado com um artigo sobre isso. Ao examinar a *Kosmos*, encontrei esse artigo; ele foi publicado no número de fevereiro de 1928,⁶ portanto, no momento que Popper trabalhava em sua dissertação.⁷ A "teoria do ácido carbônico" é descrita ali,⁸ e o autor se refere a um livro importante de Arrhenius.⁹ Naquele momento, a literatura na Biblioteca Pedagógica Central da Cidade de Viena também reunia outras referências para a discussão de Popper da "teoria química das eras geológicas".¹⁰

17. O quarto de página de Kirchhoff

No Volume I, Seção 47, Popper escreve que a solução proposta para o problema da indução é "comunicada em um mínimo de espaço (no quarto de página de Kirchhoff) [...]". Eu suponho que Gustav Robert Kirchhoff (1824-1887) *escreveu* em algum lugar que toda descoberta do conhecimento poderia ser comunicada "em um quarto de página"; mas eu [620] não consegui localizar essa passagem nas publicações de Kirchhoff.¹ Provavelmente, essa afirmação foi feita apenas a colegas e alunos.

---

3 Ver Karl Popper, *op. cit.*, §2,2: texto relativo às notas 4 e 5.
4 Svante Arrhenius, "Über den Einfluß des atmosphärischen Kohlensäuregehalts auf die Temperatur der Erdoberfläche", *Bihang till Kugl. Vetenskapsakademiens Handlingar* 22, Afd. 1, Nr.1 (1896). (Também em: *Philosophical Magazine* (5) 41, 1896, p.237 e segs.)
5 Ver Ernst H. Riesenfeld, *Svante Arrhenius* (1932), p.41 e seg. e 98 e segs.
6 Rudolf Lämmel, "Arrhenius" kosmische Theorie, *Kosmos: Handweiser für Naturfreunde* 25. Jahrgang (2, 1928), p.49 e segs.
7 Ver Posfácio do Editor, Seção IV, nota 13 de Popper, op.cit.
8 Rudolf Lämmel, *op. cit.*, p.49: "A mudança apontada pelos geólogos entre épocas quentes e eras geladas repousa [...] [segundo Arrhenius] [...] em oscilações no teor do ácido carbônico, que aumenta o carbono por meio de erupções vulcânicas e o funcionamento da indústria [...]".
9 Svante Arrhenius, *Das Werden der Welt* (tradução alemã de L. Bamberger, 7.ed., 1921). Ver Rudolf Lämmel, *loc. cit.*
10 Ver Karl Popper, *op. cit.*, §2,2: texto relativo às notas 4 e 5.
1 Ver Volume I, Seção 47, nota 11 e texto relativo a esta.

Segundo Alexander Moszkowski (1851-1934), Kirchhoff disse: "toda nova verdade científica deve ser obtida de tal forma que possa ser comunicada no espaço de um quarto de página".[2] O músico e escritor Moszkowski estudou em Heidelberg, onde Kirchhoff foi professor de física de 1854 a 1874;[3] ele pode ter ouvido ali essa afirmação.

Saber-se que Popper se interessou muito por Einstein, portanto é provável que tenha lido o livro bastante difundido de Moszkowski[4] sobre ele.

18. "Tanto pior para os fatos"

Na Passagem para a Teoria dos Métodos, Seção 6, a ciência empírica é "caracterizada pelo fato de que, no caso de contradição entre a teoria e as observações efetivas, ela não procura nunca um meio definitivo de dizer 'tanto pior para os fatos' [...]".[1]

Em seu "Hausarbeit" (1927), Popper atribui essa afirmação a Hegel e diz que ele glosa melhor que ninguém a angústia do pensamento dogmático.[2] Eu não consegui encontrar isso em nenhum lugar em Hegel, mas eu encontrei a afirmação em Fritz Mauthner. Este também atribui[3] essa afirmação a Hegel, sendo provável, portanto, que Popper citasse Mauthner em 1927.[4]

[621] Quando Popper escrevia *Os dois problemas fundamentais*, ele estudou Leonard Nelson a fundo, em especial seu tratado "Über das sogennante Erkenntnisproblem" [Sobre o chamado problema do conhecimento], que foi publicado no segundo volume dos *Abhandlungen der Friesschen Schule (neue Folge)* em 1908[5]. No mesmo volume, também foi publicado outro tratado de

---

2 Ver Alexander Moszkowski, *Einstein: Einblicke in seune Gedankenwelt* (1921), p.211; assim como Volume I, Seção 47, nota 1: *Acréscimo* (3.ed.). (Devo a Manfred Lube a referência a Moszkowiski.)
3 Ver Albert Einstein, *The Collected Papers of Albert Einstein* 10 (2006), p.449, nota [8].
4 Cf., por exemplo, Albert Einstein, *op. cit.*, p.XLI e 467, nota [2].
1 Volume II (Fragmentos): [III]: "Passagem para a teoria dos métodos", Seção 6, texto relativo à nota 2.
2 Ver Karl Popper, *Frühe Schriften (Gesammelte Werke in deutscher Sprache* 1, 2006), Nr. 5: "'Gewohnheit' und 'Gesetzerlebnis' in der Erziehung", §8,2: nota 26.
3 Ver Karl Popper, *op. cit.*, §8,2: nota 25.
4 Ver Karl Popper, *loc. cit.*
5 Cf., por exemplo, Volume I, Seção 11, texto relativo às notas 35a, 38, 40a, 40b, 40c, 41, 42 e 42a; assim como Volume II (Fragmentos), [VI.] "Filosofia", [Introdução], texto relativo à nota 1.

Nelson: *"Ist metaphysikfreie Naturwissenschaft möglich?"* [É possível a ciência natural sem metafísica?], e é muito provável que Popper também tenha lido esse tratado em que Nelson atribui a afirmação anterior não a Hegel, mas a um "hegeliano".[6] Eu suponho que Popper cite Nelson aqui.

19. A *Semântica* de Carnap

Na última seção da Passagem para a Teoria dos Métodos, Popper escreve:[1]

> Carnap elabora, em sua *Semântica*, uma concepção que permite "falar da linguagem". Ele formula, entre outras, a "tese do semantismo", que diz que toda proposição filosófica com sentido é uma proposição semântica, isto é, um proposição que fala da forma da linguagem.

Em 5 de setembro de 1973, eu perguntei a Popper sobre essa referência. Ele se recordava que Carnap levou para Tirol um primeiro manuscrito de sua *Sintaxe*, mas ele não conseguiu se lembrar de detalhes.[2] Alguns anos depois, encontrei uma carta de 16 de janeiro de 1933 a Carnap,[3] da qual se conclui que Popper leu o último capítulo de tal manuscrito de Carnap:

> [622] Gostaria de dizer a você, sobretudo, que ainda não enviei o MS do último capítulo[4] da *Semântica* a Hempel.[5] Quando ele estiver pronto, gostaria

---

6 Ver Leonard Nelson, "Ist metaphysikfreie Naturwissenschaft möglich?", *Abhandlungen der Friesschen Schule neue Folge* 2, (1908), p.247 (= L. Nelson, *Gesammelte Schriften* III., 1974, p.238 e seg.)
1 Volume II (Fragmentos): [III]: "Passagem para a teoria dos métodos", Seção 8, texto relativo à nota 1.
2 Volume II (Fragmentos): [III]: "Passagem para a teoria dos métodos", Seção 8, nota 1.
3 Carta de Popper a Carnap, de 16 de janeiro de 1933 (nota de Carnap: "Carta expressa 1,20 S!", "Arquivo Carnap", 102-59-64; Cópia: Arquivo Popper, Fasc. 282,24 e 211,4). Ver também carta de Popper a Carnap, de 7 de maio de 1933 (Fasc. 282,24 e 211,4).
4 Isto é, Capítulo 5. Ver carta de Carnap a Popper, de 3 de março de 1933 (Arquivo Popper, Fasc. 282,24 e 211,4).
5 Carl Gustav Hempel 1905-1997.

de ficar com ele por mais algum tempo, para que eu possa me corresponder com você sobre alguns pontos. [...]

Na página de rosto, Carnap anotou em letra cursiva um título para o trabalho sobre a *Logische Syntax der Sprache* (1934):[6]

Esse MS foi lido por Behmann[7] e por outros; Behmann escreveu muitas anotações à mão. Em 1933, apareceu a "Sintaxe lógica" a partir de uma reelaboração inteiramente nova. (Posteriormente, "semântica" ao invés de "metalógica"; mas por causa da recusa de Neurath[8] da palavra "semântica", assumiu ao final "sintaxe".)

O panorama de Carnap contém, entre outras coisas, uma indicação do conteúdo do último capítulo da *Semântica*:[9]

V. *Teoria da ciência e semântica*
   A. *Sobre a forma das proposições da teoria da ciência*
      A tarefa da teoria da ciência 344
      A chamada lógica intencional 350
      Modo de expressão material e modo de expressão forma.. 356
      Termos categoriais 363
      Termos categoriais na teoria da ciência 368
      Riscos do modo de expressão material 372
      Legitimidade do modo de expressão formal 379
   B. *Teoria da ciência no quadro da semântica*
      O sistema da física 383
      O estabelecimento do sistema fisicalista 388
      Problemas de fundamentação 395
      O problema da fundamentação da matemática 397
      Semântica em tratados científicos 401
      A teoria da ciência é semântica .... 403 (– 404)

Não pude consultar o próprio manuscrito.

---

6 Arquivo Carnap, 110-04-07. (Transcrito por Brigitte Parakenings.)
7 Heinrich Behmann 1891-1970.
8 Otto Neurath 1882-1945.
9 Ver nota 4.

[623] 20. Planck e Popper acerca do chamado problema da liberdade da vontade

Na primeira seção de "Observações sobre o chamado problema da liberdade da vontade" há uma referência enigmática:[1]

P. 18 .... O caminho para esse tratamento do problema me parece ser indicado pela crítica positivista do conceito de causa.

A qual tratamento do problema da liberdade da vontade Popper se refere? E o que significa "P. 18 ...."? Em 1975,[2] perguntei a Popper se ele se recordava disso, mas ele já não se lembrava da referência; por isso, na primeira e segunda edições de *Os dois problemas fundamentais*, esse problema figurava com insolúvel.[3] Nesta terceira edição, apresenta a seguinte *hipótese*:

"P. 18 ...." se refere ao tratamento de Max Planck ao problema da liberdade da vontade em seu livro *Positivismus und reale Außenwelt* (1931), p.30 e segs. – uma conferência[4] que Popper leu.[5]

---

1 Ver Volume II (Fragmentos), [VIII.] "Observações sobre o chamado problema da liberdade da vontade", Seção [1], nota 1 e texto relativo a esta.
2 Carta de Hansen a Popper, de 25 de novembro de 1975 (Arquivo Popper, Fasc. 303,4); assim como carta de Jeremy Shearmur a Hansen, de 2 de janeiro de 1976 (Arquivo Popper, Fasc. 303,5).
3 Ver nota 1.
4 Max Planck, *Positivismus und reale Außenwelt* (1931); conferência proferida em 12 de novembro de 1930. (In: Max Planck, *Vorträge und Erinnerungen*, 5.ed., 1949, p.228 e segs.). Na p.29 e seg. (= *Vorträge und Erinnerungen*, p.242), Planck escreve: "A vontade humana [...] é realmente livre ou determinada de maneira estritamente causal? Essas duas alternativas parecem se excluir completamente, e como a primeira deve evidentemente ser afirmada, a suposição de uma causalidade estrita parece, com isso, ao menos nesse caso, ser reduzida *ad absurdum*.
Já se fizeram muitas tentativas para solucionar esse dilema, frequentemente de tal modo que se esforça para estipular um limite além do qual a validade do princípio de causalidade não alcança". E na p.30, linhas 18-20 (= *Vorträge und Erinnerungen*, p.243, linhas 3-5), ele acrescenta: "A solução do suposto dilema reside, como acredito em plena consonância com filósofos de renome, em uma dimensão completamente diferente [...]".
5 Karl Popper, *Logik der Forschung* (1934, 2.ed., 1966; e edições posteriores), Seção 4, nota 11.

O fragmento nº [VIII.] é obviamente um breve esboço de um capítulo sobre o problema da liberdade da vontade; provavelmente, o fragmento incompleto nº [IX.] é uma parte desse capítulo.

[624] O esboço parece ter sido escrito muito apressadamente: desse modo, uma passagem longa concorda quase literalmente com uma passagem do Volume I: Seção 11.[6] Além disso, faltam algumas palavras no manuscrito da segunda seção, que são decisivas para a argumentação – depois de mais de quarenta anos, essas palavras foram introduzidas por Popper no texto entre colchetes.

Segundo minha hipótese, falta na referência não apenas o título, mas também a indicação dos números das páginas 30 e segs., o que seria explicado pela pressa. No entanto, me parece mais plausível que essas informações fossem supérfluas para Popper.

As discussões de Planck e Popper do problema da liberdade da vontade concordam amplamente. Os dois partem de uma física determinista e descobrem que a física moderna – isto é, a física quântica – é irrelevante para esse problema.

Planck escreve "que a [...] alternativa colocada sobre se a vontade humana é livre ou determinada de maneira estritamente causal repousa sobre uma disjunção ilegítima".[7] E seria possível resumir a solução de Popper ao problema da liberdade da vontade desse modo. A dissolução deve ser buscada na questão da *viabilidade* do princípio de causalidade, não na questão da *validade* desse princípio:[8] não existe nenhuma oposição entre a suposição de uma causalidade estrita e a impossibilidade de poder prever e predizer todas as ações da vontade humana com todas as suas motivações.[9] Até aqui Planck e Popper concordam; sua *justificação* da impossibilidade, entretanto, é muito diferente.

---

6   Ver Volume II (Fragmentos), [VIII.] "Observações sobre o chamado problema da liberdade da vontade", Seção [1], texto relativo às notas 2 e 3; assim como Volume I, Seção 11, texto relativo às notas 29a e 29b.
7   Ver Max Planck, *op. cit.*, p.30 (= *Vortäge und Erinnerungen*, p.243).
8   Cf. Max Planck, *Kausalgesetz und Wilensfreiheit* (Conferência proferida em 17 de fevereiro de 1923), p.42 (= *Vortäge und Erinnerungen*, p.161): "Devemos aqui, como em todo lugar, diferenciar entre a validade e a viabilidade do princípio de causalidade".
9   Ver Max Planck, *Positivismus und reale Außenwelt* (1931), p.30 (= *Vortäge und Erinnerungen*, p.243). Cf. também Volume II (Fragmentos), [VIII] "Observações sobre o chamado problema da liberdade da vontade", Seção [1]; assim como [IX.] "O problema da liberdade da vontade", Seção 7, texto relativo à nota 3.

Segundo Planck,[10] as predições das ações da vontade humana exigem uma quantidade tão imensa de informações sobre os [625] pensamentos secretos e sobre os mínimos sentimentos que a possibilidade que ultrapassa em muito as capacidades humanas. Apenas Deus tem a visão necessária e *completa*.

Mas, com essa contraposição entre *Deus* e os *homens*, Planck ignora que se trata aqui de uma situação *lógica* – não de uma oposição entre o Deus onisciente e a incapacidade humana. Popper mostra "[...] que, em todos os momentos em que o problema da liberdade da vontade nos parece se colocar, trata-se sempre de eventos individuais em toda sua singularidade".[11] É impossível tanto para os homens quanto para Deus descrever tais eventos: não é possível por princípio. Isso está vinculado "ao fato de que um conceito individual não pode nunca ser definido pela especificação de conceitos universais".[12]

E, com isso, diz Popper, não há "nenhuma oposição entre uma concepção que supõe a predizibilidade completa de tudo o que é descritível e uma concepção que supõe a imprediziblidade de tudo que é individual".[13]

Provavelmente, não se esclarecerá nunca se Popper foi estimulado por Planck ou não. Mas uma coisa é certa: o tratamento do problema da liberdade da vontade de Planck é corrigido aqui em ponto decisivo – e inclusive no mesmo ponto em que Popper corrigiu o conceito de Edgar Zilsel de "diversidade infinita".[14]

Roskilde, fevereiro de 2010.

Troels Eggers Hansen

---

10 Ver Max Planck, *op. cit.*, p.31 (= *Vortäge und Erinnerungen*, p.243).
11 Ver Volume II (Fragmentos), [IX.] "O problema da liberdade da vontade", Seção 5, quarto parágrafo.
12 Ver Volume II (Fragmentos), [IV.] "O método de exaustão. – 'Estado de coisas' e 'fato'. – A diversidade infinita", nota 3 e texto relativo a esta. Cf. também [IX.] "O problema da liberdade da vontade", Seção 5, nota 2 e texto relativo a esta; assim como [VIII.] "Observações sobre o chamado problema da liberdade da vontade", Seção 2.
13 Ver Volume II (Fragmentos), [IX.] "O problema da liberdade da vontade", Seção 5, final.
14 Ver Volume II (Fragmentos), [IV.] "O método de exaustão. – 'Estado de coisas' e 'fato'. – A diversidade infinita", notas 3a e 3b, assim como texto relativo a estas.

Índice onomástico*

A
Adler, Alfred: XXXIV
Adler, Friedrich: 59 n., 305 n., 375 n., 462 n.
Alalia: 585
Albert, Hans: XVIII, XXXV + n., 524 n., 564 n.
d'Alembert, Jean le Rond: 119
Al-Gazzali, Abu Ḥamid Muḥammad: 118, 471
Allen, R. E.: 519 n.
Anaxágoras: 583-585
Anaximandro: XXXII, 520, 583 + n.
Anaxímenes: 520, 583 + n.
Andersen, Gunnar: 543
Apelt, Ernst Friedrich: 121 + n., 131 n.
Aristóteles: XXI, 24, 117 n., 583 n.
Arcesilau: 105
Arrhenius, Svante: 605 + n.
Autrecourt, Nicolau de: 118, 471

B
Bach, Johann Sebastian: 469-70, 474, 478
Bacon, Francis: XXXVI, XXXVII, 24, 30 n., 49, 309, 339, 382, 394

Baker, Gordon P.: 187 n.
Bayes, Thomas: XXV n.
Behmann, Heinrich: 608 + n.
Bergson, Henri: 381 + n.
Berkeley, George: 291
Berliner, Arnold: 575 n.
Bernays, Paul: 123 n.
Berti, ver: Wiesner, Bertold Paul
Bessel, Friedrich Wilhelm: 145 n.
Bloch, Werner: XXX n.
Blumberg, Albert E.: 22 + n.
Boettcher, Erik: 532 n.
Bohm-Bawerk, Eugen von: 319 + n.
Bohr, Niels: 479 + n.
Bolten, Godelieve: 544
Bonola, Roberto: 244 n.
Born, Max: 108 n., 156, 515 n.
Bošković, Roger Joseph: XXI
Brandes, Georg: 299 n.
Brentano, Franz: 378
Brewster, David: XXVI n.
Brouwer, Luitzen Egbertus Jan: 363 + n., 364, 381
Buhler, Axel: XVIII

---

* Nos índices, adotamos "cit." para "citação" e "n." para "nota".

Buhler, Karl: 30 + n., 36 + n., 142 n.
Bunsen, Robert William: 384 n.
Buske, Hans: 548 n., 549 n., 551 + n., 554, 568 n., 570 + n., 574 n., 580 + n.

C

Carnap, Rudolf: XVII + n., XXIII + n. cit., XXVI + n., XXXVIII + n., XXXIX, XLII, 22 cit. + n., 23 n., 24, 31 cit. + n., 89, 109 + n., 142 n., 167 n., 190 cit. + n., 196 n., 197 n., 202 cit. + n., 216 + n., 221 n., 223 + n., 224 + n., 226 n., 227 n., 232 cit. + n., 233 + n., 234 cit + n., 262 cit. + n., 267, 272 n., 275 cit. + n., 277, 279 cit. + n., 280 cit. + n., 281 cit. + n., 282 cit. + n., 283 + n., 286 + n., 297, 328-30 cit. + n., 356 cit + n., 371 n., 423, 425 cit. + n., 426 cit.+ n., 430 + n., 438 + n., 439 cit.+ n., 440 + n. cit., 441 cit., 442-3 cit. + n., 460 n., 507 + n., 510 n., 518 n., 532 n., 536 n., 544, 548, 552-3, 560, 571 + n., 575, 576 + n., 577 + n., 578 n., 592 n., 595 + n., 600 + n., 607 + n., 608 cit.+ n.
Carnéades: 122-3
Champeaux, Wilhelm von: 291 + n.
Cherniss, Harold F.: 519 cit. + n., 520
Churchill, Winston S.: 528 + n. cit.
Ciro II: 583
Clark, Ronald W.: XXXV n.
Cleve, Felix M.: 583 n.
Cohen, Hermann: 66
Copérnico, Nicolau: XXVI n., 96-7
Crusius, Christian August: 96 n.

D

Dahms, Hans-Joachim: 602 n.
Deregowski, Jan B.: 525-6 n.
Descartes, René: 9, 96 n., 501
Diels, Hermann: XX n., 117 n.
Diesselhorst, Hermann: 445 n.
Dingler, Hugo: XLII, 253 + n., 425 + n., 445 + n., 467 + n.
Dresden, Arnold: 363 n.

Driesch, Hans: 142 n., 460 n.
Drosdowski, Gunther: XXXII n.
Duhem, Pierre: 27 + n., 59 + n., 212, 213, 305 + n., 307, 375 + n., 462 + n., 464-5
Dunkel, Dieter: 116 n., 519 n., 541 n., 582-3 n.

E

Eccles, John C.: 29 n., 525 n., 526 n.
Eddington, Arthur Stanley: 445 + n.
Einstein, Albert: XXII-XXIII, XXIV + n., XXV cit + n., XXVI, XXXII-XXXIII, 12 cit. + n., 60 n., 108 n., 113 n., 247, 254, 257 cit. + n., 308, 381 cit. + n., 384 n., 440 + n., 505 + n., 515 n., 606 + n.
Elias, Julius: 299 n.
Empédocles: 583 n.
Euclides: 9, 17-9, 214-6, 241-9, 253-5, 425, 463

F

Feigl, Herbert: XVII, XVIII, 22 + n., 25, 26 cit. + n., 27 cit. + n., 89 cit. + n., 173 cit. + n., 174 + n., 203 + n., 239 n., 494 n., 548 + n., 551 + n., 552 n. cit., 553, 569, 571, 575 + n., 578 + n., 591 + n., 592 n., 593 + n.
Feyerabend, Paul K.: 540, 543, 545, 548 n., 557 + n.-563 + n., 564 n., 565-6 + n., 593 n., 596 + n., 602 n. cit.
Fladt, Kuno: 216 n.
Flucher, Hans: 139 n., 604 n. cit.
Fappl, August: XXII
Foucault, Leon: 307
Frank, Philipp: XLII, 532 n., 594 n.
Franke, Holger: 528 n. cit.
Fraunhofer, Joseph von: 384 n.
Freud, Sigmund: XXXIV
Friedell, Egon: XVIII, 534 n., 549 n., 551 cit. + n., 579 n., 591 n.
Fries, Jakob Friedrich: X, XVI, 65 cit. + n., 79, 93-4, 97 n., 108 n., 121 + n., 122 + n., 123 cit., 124-7 cit + n.,130 cit., 131 cit. + n., 132-40, 142, 149,

155, 156, 306 n., 379, 507 + n., 509-10, 523-4, 529, 542, 553, 567, 569, 579-81, 590, 604
Fudey, David J.: 519 n.

G
Gabain, Marjorie: 595 + n.
Galilei, Galileu: XXVI cit. + n., 60 n., 119, 209
Galvani, Luigi: 307
Geiringer, Hilda: 484 n., 488 n., 493 n.
Gerstel, Adolf: 244 cit. + n.
Glanvill, Joseph: 118, 471
Gödel, Kurt: 197 n.
Gombrich, Ernst H.: 525 n.
Gomperz, Heinrich: XVIII, 28 + n., 118 + n., 334 + n., 373 cit., 374 n., 377 n., 380 + n., 423 cit. + n., 447 + n., 523 + n., 551 + n. cit., 552 n., 595
Gregory, R. L.: 525 n., 526 n.
Griese, Friedrich: XVII n., 34 n., 292 n., 440 n., 533 n., 536 n., 548 n., 556 n., 575 n., 585 n., 599 n., 602 n.
Grove, Margit Hurup: 543, 545

H
Haas, Johann Otto, ver: Haas, Otto
Haas, Otto: 556 + n., 556, 559, 561, 563, 565-7, 596, 597 n., 598
Haas, Philomena: 557 n., 558-61, 565, 596 + n., 597 n.
Hacohen, Malachi Haim: 545, 552 n., 554 n., 586 n.
Hahn, Hans: 423 + n.
Hansen, Martin N.: 543
Hansen, Troels Eggers: XVIII, 349 n., 534 n., 539 n., 540 n., 545, 556 n., 558 n., 560 n.-563 n., 580 n., 581 n., 596 n., 602 n., 609 n., 611
Hardenberg, Friedrich von, ver: Novalis
Harré, Rom: 29 n., 285 n.
Havas, Peter: XXIV n.
Hecateu: 520
Hegel, Georg Wilhelm Friedrich: 348, 377 cit. + n., 379, 606,-7

Heidegger, Martin: 127 n., 136 n., 405 + n., 406 n.
Heisenberg, Werner: 45 n., 113 n., 190
Helmholtz, Hermann von: XXII, 35 + n., 243
Hempel, Carl Gustav: 607 + n.
Henninger, Josefine Anna, ver: Popper, Josefine Anna
Heráclito: 519-20 cit., 583 + n.
Hering, Ewald: 525 + n.
Heródoto: 520, 584
Herschel, John Frederick William: 24
Hertz, Heinrich: 42 n., 119
Hertz, Paul: 110 n.
Hesiodo: 520
Hening, Arend: 363 n.
Hilbert, David: 25, 216
Hochkeppel, Willy: 29 n.
Homero: XXVII + n.
Hume, David: X, XIII, XXI + n., XXII, XLI, 4, 20, 33, 39 + n., 40, 46, 49-51, 54, 56, 58, 62, 68-75, 78, 89, 118, 159, 161, 182-3, 268, 300, 340, 377, 382-3, 394-5, 398, 460, 471, 503, 587, 590
Husserl, Edmund: 67, 104 cit. + n., 127 n., 136 + n., 406 n.
Huygens, Christiaan: 307

I
Ibsen, Henrik: 299 cit. + n.

J
Jakob, Ludwig Heinrich: 539 n.
James, Robert Rhodes: 528 n.
Janschitz, Petra: 544
Jaspers, Karl: 405 + n., 406 cit. + n. cit.
Jennings, Herbert Spencer: 29 + n.
Jevons, William Stanley: 9 + n.
Jung, Carl Gustav: XXXIV
Jung, Joachim: 557 n.

K
Kaila, Eino: 256 + n., 590
Kaller, Robert: 544

Kant, Immanuel: XXI cit. + n. cit., XXII-XXIII, XXIV, XLI, 4, 5 cit. + n., 13, 14 + n., 17 cit. + n., 20-1 cit. + n., 22, 33 cit + n.-37 cit. + n., 40 + n., 43 n., 50 cit. + n., 56 cit. + n., 59 cit., 64-7, 68-82 cit. + n., 84 cit.-86 cit. + n., 87, 88 cit., 89, 93, 94-5 + n., 96 cit + n., 97-115, 120 n., 121-126, 130, 135-7, 143, 149, 155-7, 189 + n.,190, 206 cit. + n., 209 cit. + n., 241 n., 242-4, 270, 271 + n., 288, 292, 315, 332 cit. + n., 337, 346-8, 365, 370 + n., 377, 378 cit., 379 + n., 381, 384-5, 389, 425 n., 441, 456 cit. + n., 459-60, 468 + n., 475, 476 + n., 479, 499, 502-3, 504 + n., 509-10, 539 cit. + n., 540 + n., 550 n., 553, 563 n., 587+ n., 590

Kantorowicz, Gertrud: 381 n.
Keller, Helen: XXXI, 529
Kepler, Johannes: XXVI, 27, 59-60 + n.
Keynes, John Maynard: 496 n.
Kirchhoff, Gustav Robert: 119, 384 + n. cit., 548, 605-6
Kissmeyer, A.: 484 n.
Koch, Carl Henrik: 545
Koch, Robert: 55 + n., 555, 603-4
Kopfermann, Hertha: 479 n.
Kraft, Julius: 127 + n., 136 n., 137 + n., 138 n., 406 n., 534 n., 548 n., 550 n., 551 + n., 552 n., 554, 567 n., 570 n., 574 n., 579 + n., 590, 594 + n., 590, 591 + n., 592 + n., 593, 600 + n., 601 n.
Kraft, Viktor: 27 + n., 58 cit. + n., 155 n., 213 + n., 318 n., 375, 383, 385
Kranz, Walther: XX n.
Kries, Friedrich: 83 n.
Külpe, Oswald: 35, 66 + n., 67 cit. + n.

L

Lagrange, Joseph-Louis de: 119
Lambert, Johann Heinrich: 20, 244
Lämmel, Rudolf: 605 n.
Lammer, Robert: XVIII, 540, 543, 545, 549 cit. + n. Cit., 554, 556-9 + n., 560 cit. + n., 561-2 + n., 563, 564 n., 696 + n. cit., 597-9
Lange, Otto: 552 + n.
Leibniz, Gottfried Wilhelm: 96 n.
Leucipo: 583-4 n.
Lewin, Kurt: 53 n.
Lichtenberg, Georg Christoph: 83-4 cit. + n.
Lichtenberg, Ludwig Christian: 83 n.
Liebmann, Heinrich: 244 n.
Lindemann, Ferdinand: 210 n., 243 n.
Lindemann, Lisbeth: 210 n., 243 n.
Locke, John: 64
Lorentz, Hendrik Antoon: 4, 498
Lube, Manfred: 545, 548 n., 606 n.

M

Mach, Ernst: XXII, 27-8 cit. + n., 31 cit., 74, 119-22 cit. + n., 319, 339, 375 + n.
Malebranche, Nicolas de: 118, 471
Mangold, Ernst: 29 n.
Marbe, Karl: 484 n., 488 n., 493 n.
Martin du Gard, Roger: 308 cit. + n.
Mauthner, Fritz: 326 n., 349 n., 606
Maxwell, Grover: 548 n.
Maxwell, James Clerk: 99
McGuinness, Brian F.: 187 n.
Medicus, Fritz: 479 + n.
Mehra, Jagdish: 87 n.
Mejer, Jørgen: 116 n., 519 n., 541 n., 582-3 n.
Mendelssohn, Moses: 539 n.
Menger, Karl: 364 cit. + n., 430 cit. + n., 431 cit. + n.
Mertens, Eva: 308 n.
Messer, August: 66 n.
Mew, Melitta: 544
Michelangelo Buonarroti: 469-70
Michelet, Karl Ludwig: 377 n.
Milford, Karl: 545
Mill, John Stuart: XXIII, 9, 24, 44, 50, 382, 394, 502
Miller, David: 545
Mises, Richard von: 484 n., 485, 487-8 + n., 489-90 n., 493 + n.

Mohr, Jacob Christian Benjamin: XVIII, 532 n., 551 + n., 552
Mokre, Hans: 24 n.
Möllers, Bernhard: 55 n.
Montoya, Robert D.: 544
Morgenstern, Christian: 299 n.
Morgenstern, Martin: 564 n.
Moser, Simon: XXXVIII n.
Moszkowski, Alexander: 384 n. cit., 606 cit. + n.
Müller, Johannes: 35
Müller-Lyer, Franz Carl: 525 + n., 529
Munz, Peter: 563 n.

N
Natkin, Marcel: 172, 174 + n.
Natorp, Paul: 66
Needham, Joseph: 551 + n.
Nelson, Leonard: 14 + n., 121 + n.123 + n., 125-6 n., 127-32, 391 + n., 434 n., 404 + n., 458, 507 n., 523-4 + n., 526, 527-8 + n., 529, 542, 552 n., 553, 567, 571 n. cit., 580-1 + n., 582 + n., 606-7 + n.
Nestle, Wilhelm: 541 + n.
Neuburger, Max: 55 n. cit., 604 cit.
Neurath, Otto: 378 n., 507 + n., 510 n., 553, 571, 576-7, 608 + n.
Newton, Isaac: XVIV + n.-XXVI + n. cit., XXXII-XXXIV, 4, 59, 60 + n., 68 n., 119, 172
209, 307, 498
Nielsen, Ernst A.: 543
Nielsen, Flemming Steen: 545
Niemann, Hans-Joachim: 545
Notturno, Mark A.: 29 n., 285 n.
Novalis (Friedrich von Hardenberg): 474 n. cit., 534, 539 cit. + n., 564 n.

O
Ockham, Guilherme de: 289, 294 + n.

P
Parakenings, Brigitte: 544, 608 n.
Parmênides: 116 n., 117 n., 519 n., 520 n., 521 n., 541 n., 597 n., 582-4 n.

Peirce, Charles Sanders: XXV
Petersen, Arne Friemuth: 116 n., 519 n., 541 n., 543, 582 n., 583 n.
Petzoldt, Joseph: 121 n., 375 n.
Piaget, Jean: 595 n.
Pirro: 105, 123
Pitágoras: 520, 583, 584 n.
Planck, Max: 381 n., 470 n. cit., 548, 555, 609 + n. cit.-611
Platão: XVIV-XXI, 292-3, 527 + n., 528 + n.
Poincaré, Henri: XXII, XXV, XLII, 210 + n., 212, 243 cit. + n., 247, 425
Polanyi, Michael: 551 + n., 575 n.
Popper, Josefine Anna (Hennie): 550 + n. cit., 596, 602 n. cit.
Popper, Karl: XVII n., XVIII n., XXV n. cit., XXXIII n., XXXV n., XXXVII n., XXXVIII n. cit., 14 n., 17 n., 25 n., 29 n.-30 n., 88 n., 94 n., 104 n., 116 n.-117 n., 142 n., 145 n.,172 n., 179 n., 215 n.-217 n., 224 n.-225 n., 241 n., 243 n.-244 n., 265 n., 285 n., 292 n., 308 n., 362 n., 380 n., 382 n., 387 n., 389 n., 404 n., 406 n., 420 n., 425 n., 434 n., 439 n., 440 n., 442 n., 458 n., 460 n.-461 n., 464 n.-465 n., 474 n.-475 n., 479 n., 481 n., 483 n.-486 n., 488 n., 491 n., 494 n., 497 n., 507 n., 519 n., 520 n.-521 n., 524 n.-526 n., 528 n., 531, 532 n.-533 n., 535, 536 n., 537, 539 n., 540 + n.-542 + n., 543-5, 548 + n.-550 + n., 551-555 n., 556 n. cit., 557 + n.-560 + n., 561
Prantl, Carl: 291 n., 294 n.
Ptolomeu, Claudius: XXXII

Q
Quine, Willard Van Orman: 462 n.

R
Rehmke, Johannes: 66
Reichenbach, Hans: XLII, 47 n., 167 cit. + n., 168 n., 182 cit. + n., 183 cit. + n., 248 cit + n., 249 cit. + n., 488 + n., 577 n., 590

Reininger, Robert: 108 n., 515 n.
Riehl, Alois: 66
Riemann, Bernhard: XXII, 247
Riesenfeld, Ernst H.: 605 n.
Ritter, Joachim: 349 n.
Ross, Kelley L.: 548 n., 581
Rothe, Richard: 142 n.
Rubin, Edgar: 526 + n.
Russell, Bertrand: XVIII, XX + n., XXXV n. cit., XLII, 22, 24 + n., 39, 43 n., 110 cit. + n., 197 n., 274, 286, 587

S

Scharf, Paul: 557 n. cit.
Scheler, Max: 405 + n.
Schiller, Ferdinand Canning Scott: 523 + n., 524 n.
Schilpp, Paul Arthur: XVII n., 34 n., 292 n., 382 n., 440 n., 532 n., 533 n., 536 n., 548 n., 575 n., 585 n., 593 n., 599 n., 602 n.
Schlegel, Friedrich: 474 n., 539 n.
Schlenther, Paul: 299 n.
Schlick, Moritz: XLII, 22, 43 + n., 49 cit. + n., 52-3 cit. + n., 54 cit. + n., 57 cit. + n.- 59, 67 cit. + n., 77, 85 n., 89, 125 + n., 127 + n., 160 cit. + n., 162 cit. + n., 172 cit. + n.-174 n., 179 n., 180 cit. + n., 186-7 cit. + n., 188 cit. + n.-199 cit. + n., 202-3 cit. + n., 206 cit., 208 n., 243 n., 255 n., 270 cit. + n., 293 cit. + n., 295 + n., 298 cit. + n., 309 cit.-300 cit., 302-4, 310 cit. + n., 311 cit. + n-319 cit., 325, 329 n., 336 cit., 350-2 cit + n., 356 cit. + n., 368 cit. + n., 371 cit. + n., 383, 430, 432 n., 438, 442, 446 n. cit., 471 n. cit., 503 cit. + n., 532 n., 534, 539 cit. + n., 549 cit. + n., 550 n., 552 + n., 563 n., 591 cit. + n., 595 + n.
Schopenhauer, Arthur: XVII + n., XVIII, 14 + n., 354, 370
Schramm, Alfred: XVIII
Schuppe, Wilhelm: 66
Selz, Otto: 30 cit. + n., 36 + n., 67 n.

Sexto Empírico: 118, 471
Shaw, Bernard: 31 cit. + n., 32 cit.+ n., 37 cit.
Shearmur, Jeremy: XVIII, 545, 563 n., 602 n., 609 n.
Siebeck, Georg: 544, 580 cit. + n., 581 cit. + n.
Siebeck, Oskar: XVIII, 551-2 n.
Siebeck, Paul: 532 n., 551-2
Sienell, Stefan: 544
Sócrates: XVIV, XX + n., XXVI, 24, 105, 217, 231, 266, 325, 334, 407 cit.
Sófocles: 117 n.
Sonnweber, Christian: 544
Spencer, Herbert: 29 n., 285 n., 319
Spinoza, Baruch: 348, 501
Springer, Julius: 532 n., 552., 592, 594, 598, 600
Stadler, Friedrich: 592 n., 602 n.
Stebbing, L. Susan: 533 n., 550 n., 549 n., 593 + n., 598-9, 601
Strauss, Emil: XXVI n.

T

Tales: 582-3 + n.
Tarski, Alfred: XXVII + n.; XXVIII-XXX, 105 n., 197 n., 224 n.
Tauber, Hannes: 544
Tegtmeier, Erwin: XVIII
Tertuliano (Tertullianus, Quintus Septimius Florens): 349 cit. + n.
Tieck, Ludwig: 474 n., 539 n.
Traubenberg, Marie Freifrau Rausch van: 445 n.
Trebitsch, Siegfried: 31 n., 32 n.
Treichl, Peter: 544, 573 n.

U

Urban, Friedrich M.: 484 n.

V

Vaihinger, Hans: XXXII, 193 + n., 284 n., 288 cit. + n., 383, 385
Vetter, Hermann: XXXVIII n., 34 n., 162 n., 175 n.
Volta, Alessandro: 307

W

Waismann, Friedrich: 160 + n., 162 cit. + n., 164 + n., 165, 169 + n., 187 n., 322-3 cit. + n., 327 cit. + n., 345 + n., 360, 489 + n.
Walentik, Leonhard: XXXVII n., 292 n., 406 n.
Warden, Marjorie, ver: Gabain, Marjorie
Weyl, Hermann: 108 cit. + n., 119 cit. + n., 156, 515 n.
Wheeler, John Archibald: 87 n.
Whewell, William: XXIII
Whitehead, Alfred North: 24 + n., 197 n.
Wieland, Sibylle: 116 n., 519 n., 541 n., 582-3 n.
Wiesner, Bertold Paul (Berti): 548 n., 552 n., 568 n., 579 + n.
Willig, Ludwig: 570, 572, 573 + n., 574 n.
Wittgenstein, Ludwig: XIX n., XXXV n., XL + n., 15 n., 18, 22, 24, 40 cit. + n., 42 n., 43 n., 67, 88, 89, 106 cit. + n., 113 cit. + n., 115 cit. + n., 120 cit. + n., 164 cit. + n., 171 cit. + n., 187 + n., 188 + n. cit., 190 cit. + n., 191, 202, 261 + n., 265 + n., 290 + n., 298, 325, 326 cit. + n., 327 cit. + n.-333 cit. + n., 334 n., 335 cit. + n., 336 cit. + n.-346 cit. + n., 347-8, 349 cit., 350 cit. + n., 351-2, 354, 363 + n., 364 cit., 365, 366 cit. + n-368 cit + n., 369-70, 383, 385, 387, 404, 405 cit. + n.,420, 429-30, 438-40, 441 + n., 442, 447 n., 456 n., 504 + n., 507 + n., 571, 587
Woodger, Joseph Henry: XXVII n., 224 n.
Wundt, Wilhelm: 66

X

Xenófanes: XX + n., XXVII + n., 115 cit. + n. cit.-117 cit. + n., 519 + n., 520-1 541-2, 567 + n., 580-5

Z

Zellacher, Lydia: 545
Zilsel, Edgar: 446 n. cit., 571 cit., 611
Zimmer, Robert: 564 n.

Índice remissivo[1]

A
a posteriori: 14, 16
a priori: 14, 16
- confusão epistemológico-psicológica da expressão ~: 36
- emprego psicológico-genético da expressão ~ por Kant: 35, 95
- interpretação genética da distinção ~ - *a posteriori*: 94
- sentido da psicologia do conhecimento: 35
- significado epistemológico: 35

abreviação do processo: 29, 32, 32-33; ver também dedutivismo; movimentos experimentais
- repetição condensada: 32

abstração: 30, 116, 117

ações criadoras: 477, 479; ver também problema da liberdade da vontade; teoria dos dois mundos
- não são repetíveis: 474, 478

acontecimento; ver também realidade
- ~ individual: 473, 474
- ~ irrepetível: 473, 477, 478
- ~ repetível: 477, 478
- todo ~ predizível deve ser repetível, reproduzível: 473; ver também objetividade

adaptação: 308, 467; ver também biologia do conhecimento
- ~ biológica: *101*, 467
- ~ de organismos vivos às condições externas: 100
- a "possibilidade" da ~: 100
- a gênese das condições prévias a toda ~ é contrária à ~ "*a priori*": 100
- capacidade intelectual de adaptação: 101, 102; ver também funções intelectuais fundamentais
- capacidades não intelectuais de ~: 101
- o problema da ~: 100

---

1 Um número de página seguido de t indica uma página em que o termo em questão é explicado. Itálico indica passagens particularmente importantes.

alucinações: ver confusões sensoriais
análise espectral: 383 n.
analítica transcendental: 20t, 68, 74, 77; ver também problema de Hume
antecipações
- ~ como juízos sintéticos *a priori*: 35; ver também juízos sintéticos
- ~ injustificadas: 9, *18-19*, 33
- coordenação provisória do "material" das recepções: 30-31
- teste de ~: 30, 31
- valor biológico da coordenação provisória do "material" das recepções: 30-31
antimetafísica: ver metafísica
antinomias; ver também cognoscibilidade do mundo
- ~ cosmológica: 97
- ~ indecidíveis: 83, 369, 458; ver também idealismo; metafísica
- as suas afirmações são indecidíveis – elas são injutificáveis e devem ser rejeitadas como não científicas (dogmático-metafísicas): *83*, 87, 587
antropomorfismo: 106, 108, 113, 114, 116, 117, 119, 520; ver também subjetivismo
- ~ como completamente insuperável: 105
- a formulação de Xenófanes do ~: 115
- consideração biológica: 103, 104; ver também hipótese biológica
- crítica da concepção cético-pesssimista: 104-105; ver também ceticismo
- nosso conhecimento é antropomórfico: 103
- postura otimista de Kant na questão do ~: 113, 129
- problema do ~: 103
- subjetivismo friesiano: 129
"apercepção"; ver também percepção
- elementos formais da ~: 74
- elementos unificadores formais da ~: 74-75
- unidade sintética da ~: 74

apriorismo: 50, 52, 67, 87, 89, 90, 93, 96-97, 105, 108, 120, 129, 190, 291, 300, 312, 313, 321, 346, *352*, 376, 379, 382, 389, *394*t, *395*t, *398*t, 502; ver também "prova da impossibilidade da teoria do conhecimento" de Nelson
- ~ de Fries não consegue ir além do ~ kantiano: *135*
- ~ de Kant: 206, 377
- ~ formal: 20
- ~ otimista: 110
- ~ reconhece a universalidade estrita das leis da natureza e abandona a tese fundamental do empirismo: 51, 159; ver também empirismo
- crítica do ~ kantiano: *113*
aproximação: 308; ver também conhecimento; leis naturais
- ~ à verdade: 115
aquisição do conhecimento: XXXVIII
argumento de Hume: 39, 40, 44, 46, 49, 53, 55, *57*, 61-62, 68, *70*, *71*, 74, 159, 181, 182, 300, 340, 381, *384*, *394*, *395*, *398*
- ~ pressupõe que a experiência pode ser um fundamento de validade para enunciados factuais particulares: 8
- ~ ruiria se a distinção entre proposições "estritamente universais" e proposições "particulares" se revelasse insustentável: *267*, *268*
- as lacunas no ~: 8
assimetria na avaliação das proposições universais: ver concepção dedutivista-empirista
associação pela memória: 292
atitude crítica: *XXXVI*t
"autoanálise da razão conhecedora": 123t, *124-125*, 125-126
axiomas ou postulados: 17-18
axiomática: 24, 215; ver também sistemas axiomático-dedutivos
- programa de Euclides: *215*
- tarefa da ~: 215

– todas as definições explícitas (as definições ostensivas) são dispensáveis no sentido da ~: 216, 217

B
bacilo da tuberculina: 54 n., 55-56 n., 603
base empírica: 54, 86, 142, 567 + n.; ver também regulamentação metodológica da tomada de decisão
– ~ da ciência objetiva não é algo absoluto: 156, 515
– mistura de elementos transcendentais e psicológicos: 137
base perceptiva, teoria psicologista da ~ das ciências empíricas: 507
base psicologista: ver percepção, trilema (de Fries)
behaviorismo: 517
biologia do conhecimento: 28-32, 99-102, 119-121, 447; ver também memória da semelhança; adaptação; conhecer; mutação e conhecimento; seleção; reconhecer
biologia: 4, 319, 431
– problemas fundamentais da ~: 101
botânica sintética: 198
Burgstein, Tirol: 439 n., 568, 571, 575-576, 606

C
cálculo de probabilidades: 491, 588; ver também enunciados de probabilidade
– ~ como teoria das sequências de construção da série: 494
– ~ como teoria dos jogos de azar: 508; ver também teoria da probabilidade
– a exigência de R. von Mises de uma convergência da frequência relativa: 485
– a teoria de von Mises exclui do cálculo de probabilidades o problema da *estimativa*: 487; ver também teoria da probabilidade
– a teoria frequentista de R. von Mises: 484

– aplicação do ~: 492
– as estimativas de probabilidade entram no ~ como hipóteses: 487, 488
– axioma da convergência: 485
– axioma do acaso: 485
– o teorema especial da multiplicação: 484, 492-493, 493-494
– os paradoxos do ~: 484, 485
– predição de frequência: 483
– séries prolongáveis indefinidamente: 486
– teoria de von Mises é, segundo sua gênese, formulada de maneira indutivo-empirista: 487
cálculo logístico de relações: 21
caráter causal: 99
caráter científico: 140
– não são as proposições que têm ~, mas apenas o método: 426, 469
Carnap, *Logische Syntax der Sprache* [*Sintaxe lógica da linguagem*]: 439 n., 440 n., 571, 606, 607-608; ver também semantismo
Carnap, *Semantik* [*Semântica*]: 439 + n., 440 n., 536 n., 606, 607-608; ver também semantismo
– a concepção naturalista na ~: 442-443; ver também metodologia, naturalista
– a crença (subjetiva) na ~ é genética *a priori*: 120
– crença na ~: 30
– hipótese determinista: 471t
– metafísica da ~: 474, 477, 478, 480
causalidade: 118, 471; ver também princípio de causalidade
certeza: XXIII
ceticismo [*Skepsis*]: XX, 114, 364, 407
– ~ de Hume: ver ceticismo [*Skeptizismus*]
– as duas formas de ~: XX
– o ~ de Xenófanes: 115
– parentesco lógico entre ~ e misticismo: 407
– um ~ limitado evita as contradições do ceticismo universal: 113
– um ~ universal é contraditório: 113

ceticismo [*Skeptizismus*]: *XIX* n., XX, 103, 105, 113, 113, 125-126 n.
– ~ de Hume: XXI, 67, 72
– a contradição interna do ~: 104
– como contrassenso manifesto: XIX n., 105
– crítica do ~: 105
ciência da ciência: 8
– ~ como uma ciência de tipo superior: 501
– ~ como uma ciência secundária: 501
ciência empírica: 13, 504t, 609
– definição de ~ (generalização da frase de Einstein): *XXV*t, *12*t, *504*
ciência factual: 52
ciência filosófica
– ~ como ciência demarcatória: 458
– ~ como metodologia: 446
– ~ como teoria da ciência: 457, 458; ver também metateorias
– domínios extracientíficos: 411; ver também critério de demarcação; problema da demarcação
– há uma ~: 403, 406, 407, 408, 457, 458; ver também problema da demarcação
– o domínio da teoria do conhecimento: 408
– o limite entre ciência natural e metafísica: 408, 500; ver também critério de demarcação; problema da demarcação
– orientação pela ciência (particular): 405 + n.
– problema do caráter científico da filosofia: 406-408
– reconstrução de uma ~: 404-405
ciência natural: 66, 98, 99, 143, 182, 214, 308, 309, 438, 455, 476; ver também crise
– ~ como a totalidade das proposições verdadeiras: 333, 336
– ~ como o domínio do que é dotado de sentido: 333-336
– ~ como uma criação pura de nosso entendimento: XXII; ver também idealismo transcendental
– ~ individualizantes (ou "idiográficas"): 360
– ~ teóricas (nomológicas, nomotéticas): 67, 69, 360
– as ~ teóricas são "sistemas hipotético-dedutivos" (Victor Kraft): 398
– caráter "empírico" da ~: 338
ciência pura da natureza: XXIt, 112
– possibilidade da ~: *XXI* + n.
ciência: 408; ver também critério de demarcação; problema da demarcação; ciência empírica
– ~ como saber: XXIII
– ~ empírica: 3, 4, 159, 318, 388, 411, 421, 430, 430-431, 433, 434, 455, 457, 498, 500, 508, 510; ver também teorias
– ~ filosófica: ver ciência filosófica
– ~ individualizantes: 279, 284
– ~ não empíricas: 411
– ~ objetivas: 415
– ~ racional: 568
– ~ teóricas ("ciências nomológicas"): 279, 284
– caráter sociológico da ~: 152; ver também objeção de Robinson
– concepção dedutivista, transcendentalista e objetivista da ~: ver concepção dedutivista-empirista
– concepção indutivista, psicologista subjetivista da ~: 415, 510
– espírito da ~: 465
– orientação pela ciência (particular): ver ciência filosófica
– procede em caso de uma "crise": 426; ver também crise
– procedimento efetivo da ~: 143, 279, 464-466
– procedimento hipotético-dedutivo da ~: 213, 416, 417
– progresso da ~: 191
– sucesso científico: ver teoria dos métodos
cientificismo: XXV, 405t n.
– o falibilismo destrói o ~: XXV-XXVI, XXVI

– os anticientificistas são dogmáticos de uma ideologia científica: XXVI-XXVII

círculo vicioso; ver o método antropológico da crítica da razão (Fries); "prova da impossibilidade da teoria do conhecimento" de Nelson; dedução transcendental
– o ~ de Hume é substituído por um conhecido *regressus in infinitum*: 39 + n.; ver também princípio de indução, o regresso infinito ("regresso indutivo")

círculo: 173

círculos de semelhança: 22

classe e elemento: 221, 437, 438; ver também conceito universal e conceito individual

classes de abstração: 22

cognoscibilidade do mundo: 89, 313
– a antinomia da ~: 86t, 87t, 90 + n., 135, 365, 369, 389, 502, 517, 587
– a antítese da antinomia da ~ é racionalista [ou melhor: metafísica]: 367
– a antítese da antinomia da ~ é um juízo sintético *a priori*: 369
– a antítese da antinomia da ~: 365-368; ver também positivismo lógico
– a tese da antinomia da ~ é idêntica ao "primeiro" princípio de indução: 365; ver também princípio de indução
– a tese da antinomia da ~ é racionalista [ou melhor: metafísica]: 365 + n., 502
– Fries se coloca no terreno da tese da ~: *135*
– solução da antinomia da ~: *369*

"coisa em si" (Kant): 84t, 85t, 97, 103, 369, 475; ver também estado de coisas comportamento experimental; ver também consecução da reação
– reações subjetivamente pré-formadas adaptam-se à situação objetiva por meio do "comportamento experimental": 30

conceito de causalidade: 77, 93, 413t; ver também argumento de Hume; leis da natureza
– ~ animista: 118, 119, 471, 477
– ~ considerado historicamente – está intimamente relacionado com o conceito de *gênese*: 117, 477
– ~ primitivo inclui uma empatia ("endopatia"): 117
– ~ racionalista: 379
– ~ redução ao conceito de leis da natureza: 117-*119*, 471
– a analogia mal-interpretada entre "razão e consequência (lógica)", por um lado, e "causa e efeito", por outro: *119*
– concepção metafísica do ~: 477 + n.
– crítica positivista do ~: 470, 471, 609

conceito de conhecimento: 170
– ~ dedutivista: 42 n.
– ~ indutivista: 42 n.
– ~ semântico: 105

conceito de indução: 118

conceito de lei: ver regularidade

conceito de sentido: 333, 335, 361; ver também problema da demarcação; problema da indução; positivismo lógico; ciência natural; estado de coisas; método do pseudoproblema; posições pseudoproposicionais; crítica da linguagem
– ~ definido por meio do conceito de estado de coisas particular: 342t-344, 346, 347, 438, 503
– ~ wittgensteiniano: 329, 331-333, 362, 369, 420, 438, 439, 503
– "essência" do ~: 344-346
– a crítica do ~ indutivista não é imanente: *360*
– conceito de sentido intuicionista de Brouwer: 363, 364
– crítica do ~ indutivista: 354
– crítica do ~: 330-331, 336-337
– duas formas de falta de sentido: contrassenso (metafísico) e falta de sentido das tautologias lógicas

(e matemáticas) que nada dizem: 334-335, 438, 503
- eliminação do ~ do debate epistemológico: 352, 353-354
- o ~ indutivista é absolutamente inapreensível: 350, 352-353
- o ~ indutivista é definível (*primeira* interpretação, terminológica): 342-344
- o ~ indutivista é indefinível (*segunda* interpretação): 342, 345
- o ~ indutivista é racionalsista e dogmático: 347; ver também positivismo lógico; racionalismo
- o ~ indutivista: 341, 346, 347, 349, 352, 353, 356, 364; ver também posições pseudoproposicionais
- o conceito de proposições dotadas de sentido: 326, *340*, 438, 503
- problema do ~: 335, 336
- rejeição da *primeira* interpretação (puramente terminológica) do conceito de sentido ~: 345
- sentido de uma proposição como o método de sua verificação: 327, 345, 346, 362, 363 + n.

conceito de substância: 77
conceito de verdade: ver verdade
conceito individual: ver conceito universal e conceito individual
conceito universal e conceito individual: 199, 285-286, 288-289, 290-294; ver também nomes próprios; classe e elemento; teoria da constituição; problema dos universais; enunciados factuais
- ~ são conceitos lógicos fundamentais indefiníveis: 276
- a confusão da distinção entre ~ com a distinção entre classe ou relação: 282
- a distinção entre ~ e a distinção entre "proposições estritamente universais" e proposições "particulares": 271, 276, 283, 358; ver também problema da indução; problema dos universais; enunciados factuais

- a distinção entre ~ é inequívoca – ela é absoluta: 271 n.-273, 275, 279, 280, 436-438, 446, 555
- a distinção entre ~ não é apreensível logicamente: 282
- a distinção entre classes e elementos *não* é inequívoca – ela é relativa: 271 n.-275, 280
- a distinção entre conceitos superiores e conceitos inferiores é relativa: 274, 275
- as duas distinções – ~, de um lado, e classe e elemento, de outro – são fundamentalmente diferentes: 272
- critério inequívoco para o pertencimento a conceitos universais ou aos conceitos individuais: 276t, 277
- crítica das tentativas de "constituir" conceitos universais como classes de vivências determinadas: 280-282, 438; ver também teoria da constituição
- duas máximas para a discussão da distinção entre ~: 276-280
- hierarquia de conceitos: conceitos superiores e conceitos inferiores: 274, 278, 279
- hierarquia de extensões de conceitos e de tipos de classes: 273-275; ver também teoria dos tipos
- não se pode nem definir individuais por meio de universais nem universais por meio de individuais: 436, 437, 445, 493, 480
- o positivismo lógico afirma a relatividade da distinção entre ~: 271
- o positivismo lógico identifica os conceitos universais com classes e os conceitos individuais com elementos: 271 n.
- todos os individuais paracem indescritíveis cientificamente: *474* + n., 476 + n.; ver também realidade
- um conceito individual não pode nunca ser definido pela especificação de conceitos universais: 445, 446, *473, 474,* 476, 611

conceito universal: ver conceito universal e conceito individual

conceitos científicos: ver conceitos

conceitos empíricos de base: 435

conceitos; ver também conceitos universais e conceitos individuais; conceitos de base empíricos
- ~ da ciência empírica são sempre definidos implicitamente: 435, 436
- não há ~ empíricos definíveis ou constituíveis: 435 + n., 436

concepção dedutivista-empirista: 10t, *18*, 20, 46, 236, 309, 298, 303, 305, 307, 315, 317, 322, 323, 328, 352, 380, *384*, 417, 445, 502, 509; ver também teoria do conhecimento; problema da indução; posições indutivistas; predições
- ~ e o ponto de vista "implicacionista" de Karl Mengers: 363
- a ~ admite um valor negativo definitivo, mas há apenas um valor positivo provisório para as leis da natureza: 301, 357, 419
- a ~ caracterizada por uma assimetria na avaliação das proposições universais: 300, 301, 419, 435, 450, 462, 463; ver também predições; posições pseudoproposicionais
- as leis da natureza são enunciados genuínos: *330*
- concepção dedutivista, trascendentalista e objetivista da ciência: *415*, 509
- tradução da ~ no modo de expressão pragmático ("última posição pseudoproposicional"): *320*, 321, 352-353; ver também posições pseudoproposicionais; conceito de sentido

concepção indutivista-positivista: 417-418
- o sistema científico como um sistema de construções lógicas erigido sobre enunciados protocolares: 417-418, 506

condições iniciais: 15, 164, 469, 471 + n., 476

condições limítrofes: ver condições iniciais

confirmação de uma hipótese: XXIII, 177, *182*, 375
- ~ e probabilidade: XXIII

confirmação de uma teoria do conhecimento; ver também método transcendental
- formação de predições na teoria do conhecimento e verificação de predições: 375

confirmação: 370, 534, 603; ver também enunciados factuais
- ~ como relato condensado sobre verificações: 179t
- ~ como valor de verdade positivo de enunciados factuais universais: 180
- ~ e positivismo estrito: 180
- ~ e pragmatismo: 180
- ~ não é probabilidade: *XXIII n.t*
- ~ probabilidade primária de hipóteses: 178
- "métodos da ~": 33
- a concepção lógico-probabilista do conceito de ~ é vítima do regresso infinito de toda indução: 180
- a primeira falsificação genuína nega a ~: 179
- condições de um valor de confirmação positivo: 178
- indicações sobre a medição do grau de confirmação pertencem a uma teoria do método: 179 + n.
- o conceito positivista de ~ não tem nada a ver com a probabilidade objetiva de hipóteses enquanto valor de verdade: 179

confusões sensoriais; ver também ilusões de ótica
- alucinações: 434, 451, 523
- ilusões: 523-525
- não há ~ (Nelson): 524

conhecer/conhecimento [*Erkennen*]: 42, 164; ver também biologia do conhecimento; dedutivismo, oposição entre dedutivismo e indutivismo; objeti-

vidade; definição transcendental do conhecer/conhecimento
- ~ como uma forma de adaptação: 120
- domínio da lógica do conhecimento: 24
- domínio da teoria do conhecimento: 24
- domínio histórico-genético: 24
- domínio psicológico: 24
- limites do ~: 331-332, 575
- método semântico do ~: 105-106
- significado biológico do ~: 120
- todo ~ é um "reconhecimento": 74-75

conhecimento [*Erkenntnis*]; ver também ficções; mutação e ~; definição transcendental do ~; ~ imediato
- ~ científico: 40, 411t
- ~ semântico: 105; ver também conhecer/conhecimento [*Erkennen*]
- ~ só pode ser exposto por proposições, não por conceitos: 285
- caráter aproximativo e incompleto do ~: *113-115*
- caráter hipotético de nosso ~ científico: *XXII*
- componentes formativos do ~: 21
- definição do ~: 190
- material empírico do ~: 22
- subjetividade de nosso ~: ver antropomorfismo
- todo ~ é enformado: 73

conhecimento da natureza: 211
- todo ~, inclusive todo enunciado factual particular, pressupõe a existência de *regularidades*: 73, 502

conhecimento da realidade
- caráter aproximativo do ~: ver conhecimento [*Erkenntnis*]
- o valor das proposições universais para o ~: 360

"conhecimento imediato da razão": 124t + n.t, 125-126 n.t

"conhecimento imediato": 124t, 124, 126, 130-135, 137, 138, 506, 509, 524; ver também percepção; saber

- ~ na ética: 527
- a "dedução" do ~ friesiana não deve ser confundida com a "dedução transcendental" kantiana: 125-126
- a percepção é apenas um auxílio ao conhecimento – em alguns casos, enganoso: 527, 529
- a teoria do ~ de Nelson e Fries: 529, 580, 581
- contraposição de "percepção" e "juízo": 524 + n., 525 + n.
- não está sujeito ao erro: 524
- o fato do "conhecimento sintético da reflexão" prova, segundo Fries, a existência de ~: 135
- percepção como exemplo principal a favor da existência de um ~: 527
- tese fundamental de Fries e Nelson: 524-525

"conhecimento sintético da reflexão": ver "conhecimento imediato"

consciência de regras: 30, 35
- ~ como uma antecipação pré-formada: 32

consciência: 75
- elementos unificadores formais da ~: 74

consecução da reação; ver também movimentos experimentais; comportamento experimental
- ~ como "subjetivamente pré-formada" 29
- condições formais da ~: 29
- repertório de comportamento: 29 n.

construção de modelos: 211

contradição [*Kontradiktion*]: 13, 14, 23, 111, *264*, 334, 354, 428, 438

contradição [*Widerspruch*], uma ~ puramente lógica (uma "contradição interna"): 61; ver também crítica, métodos da

contradição fundamental do positivismo: XLII, 56t, *61*, 67, 416

contrassenso: ver conceito de sentido; ver também crítica da linguagem

convencionalismo: XLII, 26, 137, 202, 216, 218, 225, 230, 234, 235, 237-243, 247, 248, 250-252, 256, 259, 291, 297, 304, 335, 378, 383, 388, *397*t, 423, 424, 445, 451, 466, 467, 502, 506, 508, 587; ver também geometria aplicada; sistemas axiomático-dedutivos; simplicidade; empirismo; estratagema convencionalista; metodologia; teoria da relatividade geral
- ~ e empirismo: 211, 296
- ~ inferido a partir das posições de proposição normal: *398*
- a "definição implícita" do ~: 219
- a "simplicidade do mundo" é uma livre criação de nosso entendimento – não é a natureza que é simples, mas apenas as *leis* da natureza: 206
- a oposição entre definição "concreta" e definição "empírica" e a definição implícita por meio de leis da natureza: 209
- crítica empirista contra o ~: 203
- escolhemos leis da natureza simples e convenientes: 211-213
- leis da natureza são convenções e, portanto, proposições verdadeiras absolutamente e *a priori*: 211, 212
- leis da natureza são definições implícitas: 209t, 209, 424; ver também juízos analíticos
- leis da natureza são juízos analíticos, pois são definições (disfarçadas): *205*t, 207, 208, 211
- leis da natureza simples e coordenação complexa com a realidade: 211
- o ~ é dedutivista, mas não empirista: *205*, 212
- o ~ não conhece naturalmente *nem verificação nem falsificação*: 212, 421, 420
- o ~ vê proposições genuínas nas leis da natureza: 205, 206

- o conceito de simplicidade convencionalista é puramente formal e não tem nada a ver com "simplicidade" no sentido da improbabilidade primária: *254*, 255
- o elemento pragmático do ~: 213
- podemos *ou bem* definir explicitamente os conceitos por uma definição ostensiva que se refira a eventos naturais precisos, e atribuir essas definições aos conceitos que aparecem nas leis da natureza: *210*, 211
- tese do convencionalismo: ver geometria aplicada
- um estágio intermediário entre ~ e empirismo: 212

conveniência: 212, 213
convicções subjetivas: 138, 515, 517
- ~ não entra no procedimento científico de justificação ou de teste: *144*, 506, 507, 517
- ~ tem apenas um siginificado histórico-genético: 140, 507

convicções: 138, 416, 459
coordenações, rapidez das: 32
corpo rígido: 247, 250, 424, 463; ver também padrão de medida
- ~ ideal: 249
- ~ prático: 246, 249

crença na probabilidade: 47, 161, 162, 178, 382
crença na verdade: 47
"criatura das montanhas": ver "questão do basilisco"
crise: 534 n.
- ~ como o estado normal de uma ciência racional altamente desenvolvida: *XVIII*, 534 n.
- ~ da ciência natural: 455
- ~ da física: *XVIII*, 534 n.

critério de demarcação: XXXIt, XXXIV, XXXV, 4, 11, 239, *264*, 385 n., 408, 411t, 421, 422, 465; ver também problema da demarcação; concepção dedutivista-empirista; falsificabilida-

de; critério de não contradição; metodologia; ciência filosófica; crítica da linguagem; enunciados factuais
- ~ de Wittgenstein e a as ciências naturais efetivamente existentes: 331-338, 503; ver também ciência natural; conceito de sentido; crítica da linguagem
- ~ do positivismo lógico: *339*, 340; ver também prejuízos da teoria do conhecimento
- as fronteiras entre ciência empírica e metafísica: 412, 458, 459, 479, 500, 503, 504, 508
- as leis naturais e os três domínios da linguagem: 335, 336
- conceito de sentido como ~: 331-334, 341, 441, 503; ver também circunstância
- definição do conceito de metafísica: 412t, 413t, 459
- enunciados factuais não empíricos: 412t, 413t, 508
- o ~ indutivista: 339-341, *386*, 388
- o ~ não é um critério meramente lógico, mas metodológico: 420, 421, 462, 463; ver também metodologia
- o ~ não é uma hipótese empírico-científica, mas uma tese da metaciência: XXXII, 458
- objeção contra o critério de falsificabilidade: ver objeção convencionalista contra o critério de falsificabilidade
- refutabilidade empírica ou falsificabilidade como ~: XXXI
- relações entre a demarcação meramente lógica e a demarcação metodológica: *429*
- toda tentativa de demarcação meramente lógica é fracassada: 423, *426*, 427
- todas as proposições legítimas da ciência são funções de verdade das proposições elementares: *352*, 340

critério de não contradição (primeira condição axiomática fundamental): 262, 263, 449 n., 452, 453, 504; ver também sistemas axiomático-dedutivos
- a existência de uma analogia formal precisa entre o ~ e o "critério de demarcação": 264, 504, 587
- a importância do ~: 263
- qualquer proposição pode ser deduzida de uma sistema axiomático contraditório: 263, 264, 504
- um sistema axiomático contraditório e completamente destituído de sentido: 264

critério de verdade: XX

crítica da linguagem: 194, 314, 325, 333-335, 337; ver também critério de demarcação; método da teoria do conhecimento; teoria da linguagem
- ~ como tarefa da filosofia: 326 + n., 333-335, 405, 439, 441
- ~ é uma crítica da linguagem cotidiana: 441
- ~ no sentido de Mauthner: 326 n.
- a ~ lógica: 234
- crítica da ~: 442
- escola wittgensteiniana: 441

crítica do conhecimento de Kant, o resultado da ~: o "absoluto" só pode ser apreendido subjetivamente – todo *conhecimento objetivo* é "relativo": 107; ver também objetividade

crítica dos métodos: 375, 377

crítica epistemológica: 61; ver também crítica imanente
- a crítica transcendente é rejeitada aqui: 61-62t + n., *501*
- apenas uma crítica imanente tem significado objetivo: 62, 297, 298, 302, 500
- método empírico da psicologia do conhecimento é rejeitado aqui: 63, 64

crítica imanente: XLI, 297, 298, 302; ver também crítica epistemológica
- método empirista: 61, 63

– métodos puramente lógicos: 61, 65, 64, 67, 500; ver também contradição
– método transcendental (um método especificamente epistemológico): 64, 500; ver também crítica transcendental

crítica transcendental: 507; ver também crítica imanente
– apenas o método da ~ tem significado objetivo: 62
– o método da ~ repousa sobre o fato da existência da ciência empírica: 65

crítica transcendente: ver crítica, métodos da

crítica, métodos da: 61; ver também crítica epistemológica
– ~ imanente: ver crítica imanente
– ~ transcendente em contraposição à ~ imanente: 61, 62 + n., 501; ver também crítica imanente

D

decisões metodológicas: ver metodologia

dedução de predições: 144, 145, 149, 163, 164, 178, 188, 191, 195 + n., 214, 263, 264, 283 n., 185, 187, *384*, 452, 480
– as proposições *particulares objetivas* podem, pois, ser caracterizadas como "leis da natureza com o menor grau de universalidade": 146, 514; ver também leis da natureza
– em princípio, é sempre possível levar a cabo a ~: 146, 416, 514, 515
– para poder deduzir, devemos *supor verdadeiras* proposições universais, ainda que saibamos que elas nunca podem ser verificadas: 286-287, 357

dedução transcendental: 20, 69t, 70-73, 87, 94, 96; ver também experiência; regularidades; princípio de indução; objetividade; juízos sintéticos, *a priori*

– ~ não é conclusiva: 86
– a impossibilidade da ~: 121
– cadeia dedutiva da ~: *79-82*
– considerações lógicas e transcendentais: 74
– considerações metodológico-transcendentais: 74
– considerações psicológicas: 74
– dedução das "formas puras do pensamento" ou "conceitos do entendimento": 74
– dedução ou prova dos "princípios" sintéticos *a priori*: 74
– é logicamente impossível provar juízos sintéticos *a priori*: toda tentativa de provar de um juízo sintético *a priori* deve levar a um regresso infinito (ou a um círculo): 79
– o plano [kantiano] da ~: 72
– o verdadeiro resultado da ~: ver definição transcendental do conhecimento
– objeções contra a crítica da ~: 82-85
– realização da ~: 74
– validade de juízos sintéticos *a priori*: 78
– virada sintético-apriorista da ~: 84-86, 88

dedução: 264, 500, 502; ver também dedução transcendental
– ~ como fundamentação em geral: 68
– a distinção entre ~ lógica e a prova lógica: XXXVIII, 215 n.t, 231 n.
– a distinção entre as inferências dedutivas e as chamadas "inferências indutivas": 304
– inferência dedutiva na direção ascendente: ver quase indução; ver também implicação, *modus tollens*
– inferência dedutiva na direção descendente: 387 t
– teoria da ~: 24

dedutibilidade, a distinção entre a ~ ou derivabilidade lógica e implicação: XXXVIII

dedutivismo: XXXVII, 8-10, 12, 17, 32, 299, 304, 383, 447, 577, 591 n.; ver também concepção dedutivista-empirista; definição transcendental do conhecimento
  – ~ na psicologia do conhecimento: 25
  – ~ pode ser separado da ideia fundamental do racionalismo: 17-18
  – tese fundamental do ~: não há indução no sentido da teoria do conhecimento: 386, 502
  – ~ histórico-genético: 25, 27
  – *apenas* uma dependência entre novas recepções e o surgimento de reações, a saber, a *seletiva*: 32
  – *nenhuma dependência regular* entre novas recepções o surgimento de reações: 32
  – "versão estritamente positivista" do ~: 450
  – a repetição pode apenas fazer algo *desaparecer*: 32; ver também abreviação do processo
  – oposição entre ~ e indutivismo: 23, 24, *300*, 417, 502
definição transcendental do conhecimento: 88t, 98, *120*, 156, 506; ver também dedução transcendental
  – ~ conduz ao dedutivismo: *88, 89*, 588
definições ostensivas: 209, 211, 218, 219, 235, 237, 239, 245, 247-249, 250, 251, 297, 375, 419, 438; ver também funções de verdade; axiomática
  – correlação de uma teoria com a realidade: 505
  – não há ~ no sentido antigo: *435*, 436
  – o termo ~ é utilizado apenas no sentido de uma ~ sintética, empírica: 236t
  – oposição entre ~ empíricas e definições implícitas convencionalistas: 249, 250
definições; ver também definições ostensivas
  – ~ explícitas: 219, 221, 434

  – ~ implícitas: 219-223, 228, 241, 255, 435; ver também equações proposicionais
  – a distinção entre ~ habitual ("explícita") e ~ "implícita": 221-222
  – conceitos impróprios: 222; ver também variável
  – definições de uso: 434, 450, 451
  – diversidade de interpretações da ~: 223-224
  – fecundidade da ~: 430, 430
democracia: 528 + n.; ver também princípio de liderança
descoberta do conhecimento: 24
  – ideia fundamental dedutivista no domínio da ~: *25, 26*
  – prejuízo indutivista na questão da descoberta do conhecimento leva a um prejuízo indutivista no domínio da teoria do conhecimento: 23
  – teoria indutivista da ~: 25
determinação da vivência: responsabilidade, ~ pressupõe a capacidade de imputação
determinismo: 474, 475; ver também princípio de causalidade; problema da liberdade da vontade; teoria dos dois mundos
dialética de Hegel: 348
dialética transcendental: 20t, 97
Die Naturwissenschaften [revista]: 574
dimensões da reação: 28
diversidade infinita: ver realidade
dobra dos raios de luz no campo gravitacional: XXIII
dogmatismo: 17, 138, 154, 342, 344, 352, 369; ver também racionalismo
  – "credo quia absurdum" (Tertuliano): 349 + n.
  – "tanto pior para os fatos": 433 + n., 434 + n., 605
  – dogma não protegido: 348
  – dogma protegido: 348-350, 352, 364
dualidade: ver geometria

E

elétron
- lugar e velocidade de um ~: 190, 190+ n.

elipse: 173

empirismo: 4, 12, 13, 19-21, 202, 103, 206, 213, 239, 241-243, *247*, 248, 251, 290, 297, 379, 380, *394*, *395*, *398* + n., 498; ver também geometria; sistemas axiomático-dedutivos; convencionalismo; regulamentação metodológica da tomada de decisão; racionalismo; teoria da relatividade, geral
- ~ clássico extrai consequências indutivistas da tese fundamental do ~: 9, 13, 18, 501; ver também racionalismo, clássico
- ~ clássico: 12, 13, 17; 93
- ~ como oposto do apriorismo: *398*
- ~ como oposto do convencionalismo: 239, 250, 251, 256, *398*, 423, 425, 426
- ~ dedutivista: ver concepção dedutivista-empirista
- ~ indutivista: 423, 447; ver também "indutivismo ingênuo"
- ~ significa – ao contrário do "convencionalismo" – o "singularismo" da estipulação dos enunciados de base: 149t, 516t
- "princípio de uso mais econômico possível de hipóteses": *251*t, 253, 255; ver também hipóteses auxiliares
- "simplicidade" no sentido do "princípio de uso mais econômico possível de hipóteses" é idêntico à improbabilidade primária: *255*; ver também simplicidade; hipóteses auxiliares
- as leis da natureza são proposições sintéticas – ou como também se pode dizer: funções proposicionais ligadas a definições ostensivas: 236, 237; ver também positivismo estrito
- geometria e experiência: 240
- o ~ indutivista ingênuo: 447
- o problema fundamental do ~: *338*; ver também critério de demarcação; problema da demarcação
- o valor da ciência empírica: 338
- oposição entre ~ clássico e racionalismo clássico: ver racionalismo
- oposição entre o conceito de simplicidade convencionalista e o conceito de simplicidade empirista: 264; ver também simplicidade; probabilidade de hipóteses
- ponto de vista empirista radical: ver positivismo estrito
- tese fundamental do ~ clássico: 13t
- tese fundamental do ~: 10t, 357, 369t-370, 380, 502, 502
- um conflito objetivo entre ~ e convencionalismo: 252, 253
- um estágio intermediário entre ~ e convencionalismo: 212

energias sensíveis, específicas: 35

enunciados de base empíricos: XXXI, XXXII, XXXV, 155, *384*, 435, 461, 463, 464, 467
- ~ não problemáticos: 151, 154, 416-417
- ausência de contradição dos enunciados de base objetivos: 149; ver também realismo metodológico
- objetividade dos ~: 140
- os ~, os termos finais da dedução, são fixados *pela decisão, por uma convenção* (primeiro ponto de vista do trilema): 146, 505; ver também regulamentação metodológica da tomada de decisão; dedução de predições; percepção, trilema
- relatividade dos ~: 151

enunciados de base: ver enunciados de base empíricos

enunciados de percepção: 415, 417, 522, 509, 513; ver também proposições

empíricas elementares; proposições elementares; enunciados protocolares
enunciados de probabilidade: 162, 480-484, 488; ver também cálculo de probabilidade
- ~ particulares: 164t
- ~ universais: 164t
- as razões para a introdução do conceito de limite: 485-487
- coletivos derivados: 486
- definição de ~ e o conceito de limite: 485
- estimativa de frequência: 486
- forma da ~: 509, 591
- frequência relativa hipotética: 486t-487, 486, 492-493
- imprecisão dos ~: 164
- interpretação frequentista da ~: 483
- introdução hipotética do limite de sequências de probabilidade: 485, 486
- o problema do limite: 486t
- princípio do acaso: 486
- problema da indiferença: 484; ver também teoria da probabilidade
- são hipóteses derivadas sobre séries de eventos: 163

enunciados factuais: 15, 61, 77, 90, 254, 586; ver também critério de demarcação; problema da demarcação; posições de proposição normal; posições probabilistas
- ~ como relatos condensados: 50; ver também positivismo estrito
- ~ estritamente universais: 40, 50, 283t + n.t, 337, 354, 355, 358, 603; ver também concepção dedutivista-empirista
- ~ genuínos: 10, 297
- ~ parcialmente decidíveis: 11, 361t, 363 + n., *384*, 419, 449, 503; ver também proposições de existência
- ~ particulares: 10, 71, 142, 147, 154, 155, 267, 283t, 333, 336, 352, 354-357, 359, 360, 380, 423, 427, 435, 438, 441, 449, 450; ver também enunciados da base empíricos

- ~ universais: 10, 41, 46, 49, 163, 177, 262, 267, 294, 356, 359, 360, 368, 380, 380, 423, 427, 449, 450
- a distinção dedutivista entre as proposições "estritamente universais" e as proposições "particulares": 267-271, 283, 284, 327, 354, 356, 358; ver também conceito universal e conceito individual; problema da indução; positivismo lógico
- a impossibilidade de verificar definitivamente ~ universais: *113, 114,* 359
- as duas avaliações que estão contidas na distinção entre ~ estritamente universais e ~ particulares: 356, 357, 360
- completamente decidíveis: 11t, 155, 361t, *384*, 503
- especificação das expressões "por princípio, verificável *e* falsificável" e "por princípio, *apenas* falsificável": 354t-356, 361
- leis da natureza como ~: 357, 358, 360
- o conceito de "proposição estritamente universal" não pode ser expresso na linguagem da logística: *269*, 270, 330
- o limite entre enunciados factuais particulares e enunciados factuais estritamente universais, traçado com o auxílio do conceito de sentido indutivista: 353, 586
- os ~ universais podem assumir valores de verdade entre verdadeiro e falso: 91; ver também posições probabilistas
- todo enunciado factual é decidível, os enunciados fatuais particulares são completamente decidíveis, os universais são parcialmente decidíveis: *361, 384,* 419, 450, 503, 512; ver também metodologia
- valor de confirmação de ~ universais: 360
- verificabilidade de ~ particulares: 306

enunciados genuínos: 47, 49t
enunciados protocolares: 415, 509, 513, 514, 575; ver também proposições elementares; concepção indutivista-positivista; enunciados de percepção
- ~ "dentro" ou "fora" da linguagem do sistema: 506, 507
- ~ como enunciados de sujeitos singulares sobre determinadas vivências: 417, 506, 510
- "base autopsicológica": 510
- comprovações por meio de ~: 417

"equação pessoal": 145 + n., 149, 515 n.
equações de Maxwell: 99
equações proposicionais: 219, 221, 222, 228, 229, 237, 240, 241, 256; ver também funções proposicionais; sistemas axiomático-dedutivos
- a distinção entre definição implícita ou ~ e função proposicional: 222 + n.
- conceito explícito: 223
- toda ~ é uma definição implícita e vice-versa: 222

Erkenntnis (revista): XVII, 574, 576
escola friesiana: 121, 509
escola: XXXVII n.
esferas da realidade: 474
espaço absoluto: 3, 498
especulação iônica sobre a matéria primordial: 117
"espontaneidade do entendimento", atos da: 34, 74
essencialismo: 291 n.; ver também realismo; intuição de essência
estado de coisas: 41t, 338, 345, 352, 353, 355, 358, 452; ver também cognoscibilidade do mundo; leis da natureza; conceito de sentido
- ~ como "momento parcial racional" de fatos: 446, 447
- ~ empíricos: 327, 328 + n.
- ~ gerais como ficções: 364 + n., 365
- ~ gerais e "coisa em si" como conceito-limite indispensável: 369

- ~ gerais: 41, 42, 328-330, 364, 365, 368, 370, 517
- ~ particulares: 328, 329, 342-344, 365, 347, 368
- a analogia entre a inconoscibilidade dos ~ gerais e das "coisas em si": 369; ver também "coisas em si" (Kant)
- a distinção entre ~ e fatos: 366, 446, 447
- a distinção entre ~ e situações: 366 n.
- como se existissem ~ gerais: 369
- existência e inexistência de ~ gerais: 364, 368-369
- toda proposição genuína descreve um ~: 330

estética transcendental: 97
estímulos: ver recepções
estratagema convencionalista: XXXVI, 251, 254, 428
éter em repouso: 3, 398
ética: ver "conhecimento imediato"
evento falsificador: XXXIV
eventos naturais: 15
eventos, predizibilidade de ~: ver princípio de causalidade
evidência perceptiva: ver lógica
evidência: 16, 20, 138, 506
experiência: 142, 303, 412; ver também problema da demarcação
- ~ científica: XLI; ver também objetividade
- ~ como método: XLI, 502; ver também regulamentação metodológica da tomada de decisão
- ~ era para Hume apenas um *programa*, nunca um *problema*: 71
- "possibilidade da ~ em geral": 95
- campo da ~ (exemplo de Kant): 331, 475, 476, 503
- como a ~ é possível?: 72
- o apriorismo da proposição "~ é possível": 83, 85, 86; ver também cognoscibilidade do mundo

- o princípio formal da "possibilidade da ~" não pode ser válido *a posteriori*: 71, 72, 78
- possibilidade da ~: ver objetividade
- teoria da ~: 427, 449

experimenta crucis: XXIII, 453 n., 517

F

falibilismo: *XXVt, XXXV*, 116
- o ~ nega o cientificismo: XXV, XXVI; ver também cientificismo

falsificabilidade: XXXII, XXXIIIt, 305, 307, 450, 461
- ~ de uma teoria: 453 n.
- ~ definitiva: XXXV
- ~ é mais importante que a verificabilidade: XXXVI
- ~ exclusiva: 10, 12, 503, 504
- ~ potencial: XXXV
- a assimetria entre ~ e verificabilidade: XXXIVt, *300*, 462-464
- a questão sobre a ~ potencial deve ser estritamente separada da questão sobre a falsificação efetiva: *XXXIV, XXXV*
- conceito de maior ou menor ~: 518, 588
- critério da ~: 11, *419-421*, 503, 504, 606; ver também objeção convencionalista contra o critério da ~; metodologia
- princípio da ~ empírica: 449t, 462

falsificação: 143, 307, 382, 383, 442, 450, 462, 461; ver também metodológica da tomada de decisão
- ~ = processo de seleção: 568
- ~ é mais importante que verificação: XXXVII
- ~ empírica: 449, 500; ver também método da ~ empírica
- possibilidade de evitar a ~ é contraditória: 452, 453
- possibilidade de uma ~: XXXI, XXXIII
- primeira metade de um definição de uso para o conceito de uma ~: 451

- segunda metade de um definição de uso para o conceito de uma ~: 452

falsificacionismo: XXXV, XXXVI

falsificadores: ver falsificabilidade potencial

falta de sentido: ver conceito de sentido

fatos físicos: 124, 132, 135-137

fatos: ver estado de coisas; ver também dogmatismo; realidade

ficcionalismo: 292, 293, 383

ficções: 328; ver também heurística
- ~ como "princípio heurístico" para o conhecimento: 193
- ~ como suposições que não podem por princípio ser verdadeiras: 287 + *n*.
- ~ como um conceito lógico: 283 n.
- ~ como um conceito psicológico: 283 n.
- ~ no sentido Vauhinger: 193, 283 n., 287
- concepção ficcionalista dos universais: problema dos universais
- hipótese como ~ genuínas: 287 + *n*.

filosofia da imanência: 52

filosofia da visão de mundo: 404-406
- visões de mundo individuais e subjetivas: 405-406

filosofia: 456; ver também metafísica
- ~ científica: ver ciência filosófica
- ~ como ciência demarcatória: 459
- ~ grega: 519

física quântica: 307, 476, 479-480; ver também problema da liberdade da vontade
- ~ e suas proposições de probabilidade "indeterministas": 469
- "relações de incerteza" de Heisenberg: 44 n., 112, 190-191

física: 3, 4, 152, 153, 209, 246, 431, 466; ver também geometria aplicada; crise; problema da liberdade da vontade
- ~ determinista: 469, 470, 476, 479
- ~ indeterminista: 469, 470
- ~ newtoniana: XXI
- ~ teórica: 214

- utilização de considerações da teoria do conhecimento na interpretação de questões físicas: 479-480
fisicalismo: 507, 510, 517, 604
fluxo de vivência, o ~ é estruturado – não é uma mera "rapsódia de percepções": 74
força: XXV
formalismo sintético (de Kant): 111
frequências relativas: ver enunciados de probabilidade
funções de verdade: 24, 340, 438, 503
funções intelectuais fundamentais: 100
 – ~ são pré-formadas: 102
 – a busca por regularidades é *a priori* em relação às capacidades intelectuais de adaptação: 11
 – o apriorismo das ~ se revela como apriorismo genético: 101
funções intelectuais: 109
funções proposicionais: 196, 217-221, 222, 228, 230, 237, 239-241, 297; ver também equações proposicionais; empirismo; definições ostensivas
 – ~ como "esquemas para a formação de enunciados": 199, 200
 – ~ como esquemas utilizáveis ou inutilizáveis para a formação de predições: 202
 – ~ como fragmentos de proposições: 199, 200
 – ~ ligada ou não a definições ostensivas: 235, 296
 – ~ não devem nunca ser confundidas com um enunciado: 200
 – ~ não podem ser verdadeiras ou falsas: 199
 – a oposição entre "implicações" de enunciados e "implicações gerais" de ~: 233
 – dedução de uma ~ a partir de outras ~: 231-233
 – Leis naturais como ~: 200-203, 296; ver também posições pseudo-proposicionais
 – podem ser estabelecidas relações bastante estreitas entre leis naturais e ~: 201
 – toda ~ ligada a uma definição ostensiva é uma enunciado genuíno: 235, 236
 – toda ~ pode ser concebida como equação proposicional: 223-226
 – uma ~ ligada a definições ostensivas pode ser concebida pragmaticamente: 238
"fundação" [*Fundierung*]: 230t, 526t
 – ~ e "inferência indutiva": 330
fundamento de validade: *16*
 – confusão entre motivo e ~: 161
 – crença subjetiva como ~: 161; ver também racionalismo, erro fundamental do [clássico]
 – evidência como ~: 17, 161; ver também racionalismo, erro fundamental do [clássico]
 – lógica como ~: 17
 – verificação empírica como ~: 17

G

Gaia: 116
generalização a partir das percepções sensoriais: 30
generalização indutiva: 502; ver também argumento de Hume; princípio de indução
 – na análise de generalizações indutivas, recorre-se a operações lógicas não permitidas (ideia fundamental de Hume): 39; ver também regresso infinito; círculo vicioso
geografia: 179
geometria aplicada: 240, 241, 250-252; ver também geometria
 – ~ no sentido do convencionalismo é segura frente a toda falsificação: 256
 – ~ no sentido do empirismo pode ser colocada em xeque pela experiência: *257*
 – a concepção convencionalista é incontestável em suas ideias fundamentais: 243, 255

- a disputa entre convencionalismo e empirismo: 241, 245-260; ver também teoria da relatividade, geral
- a intromissão da física na ~: 252
- concepção convencionalista da: 243-246
- concepção empirista da ~: 242, 245, 246
- concepção racionalista da ~: 242
- modelos da geometria escolhida: 244-246; ver também padrão de medida
- simplicidade e escolha da geometria: 243
- tese do convencionalismo: 244t, 424

geometria; ver também ~ aplicada; empirismo
- ~ como ciência dedutiva: 214
- ~ euclidiana: 17-19, 216, 240, 241, 243, 244, 246-249, 252-254, 463
- ~ métrica: 240, 241, 243
- ~ não euclidianas incluem a ~ euclidiana como caso-limite: 254
- ~ não euclidianas: 18, 19, 226, 240, 241, 243, 244, 246-248, 252, 254
- ~ n-dimensional: 431-432
- ~ projetiva: 240
- ~ pura: 241
- ~ riemanniana: 240
- ~ topológica: 240
- as proposições da ~ pura são juízos sintéticos ou analíticos?: 241
- definições de Euclides: 216
- dualidade na ~ projetiva: 223t, 224t
- filosofia convencionalista da ~: 242; ver também ~ aplicada
- filosofia da ~ de Kant: 242
- filosofia empirista da ~: 242; ver também ~ aplicada
- modelos de sistemas axiomáticos da ~ projetiva: 224
- postulado das paralelas de Euclides: 603
- simplicidade da ~ euclidiana: 244

"grande trapaceiro" do *Peer Gynt*: 298
grau de probabilidade: XXV n.; ver também probabilidade de hipóteses
gravitação universal: 27

H

harmonia pré-estabelecida: 37, 96; ver também metafísica
heurística: 5 n.
- ficções heurísticas: 283 n., 383, *385*; ver também ficções
hipótese biológica, consequências epistemológicas: 103; ver também antropomorfismo
hipótese determinista: ver causalidade; ver também princípio de causalidade
hipótese falsificadora: 461, 588
hipóteses auxiliares: XXXIII, XXXV, 253, 255, 256, 419, 450, 466; ver também empirismo; hipóteses; metodologia
- ~ introduzidas *ad hoc*: 250-251, 451-453, 505
- "princípio de uso mais econômico possível de hipóteses": 505, 518, 588; ver também empirismo
- coordenação por meio de ~: 250
hipóteses: XLI, 91, 140, 144, 163, 164, 283 n., 449; ver também hipótese falsificadora; hipóteses auxiliares; leis da natureza
- ~ como ficções: XXXII
- ~ como redes: 555; ver também realidade, rede de teorias e ~
- ~ intersubjetivamente testáveis: 139
- espaço lógico de uma ~: ver probabilidade de hipóteses
- valor de verdade de ~: 177
hipotetismo: 9t
- ~ crítico: 520

I

idealismo
- ~ formal: ver ~ transcendental
- ~ material: 370

- ~ ou realismo como um exemplo de uma antinomia indecidível: 8-89, 587
- ~ transcendental: ver ~ transcendental

idealismo transcendental: *83*-85t, 94, 97, 106-108, 369; ver também questões epistemológicas; predições
- ~ friesiano: 129
- "revolução copernicana" de Kant: 96
- a teoria da subjetividade das leis da natureza: 97
- colocação kantiana da questão: 96-97, 102, 103
- crítica do ~: 97-99, 102
- entendimento como legislador da natureza: 97
- fundamentação kantiana do ~: 94-98
- o processo do conhecimento (o processo de apercepção) deve ser comparado ao processo de ingestão (de assimilação): 96

ideia de Kant do primado da razão prática: 467

ignorância socrática: XIXt + n., XX, *XXXV*, 407
- ~ admite um progresso de nosso conhecimento: *XIX n.*
- ~ como uma forma do paradoxo do mentiroso: XIX n.
- conhecimento científico como ~: *XIX + n.*

ilusões de ótica: 529; ver também confusões sensoriais; percepção
- a ilusão de Hering: 524
- a ilusão de Müller-Lyer: 525
- o experimento de Rubin: 526

ilusões: ver confusões sensoriais

imperativos hipotéticos: 189

implicação geral: XXXVIII, 225 + n., 237t, 232, 233, 237, 264, 269, 270, 307; ver também problema da indução
- ~ analítica (tautológica) e sintética: 228, *229*, 234-236, 265
- ~ é um enunciado genuíno: *225, 227, 259*, 266

- ~ universal e particular: 238
- a ~ é uma relação entre funções proposicionais: 259t, 260 + n., 206
- a ~ pode ser concebida como um esquema para a construção de "implicações": 265t, 266
- a oposição fundamental entre "implicação" e "implicação geral": há uma regra de inferência da implicação", mas não uma "regra de inferência da ~": 266, 201 + n.
- pode-se dar a qualquer proposição genuína – inclusive qualquer proposição particular – a forma de uma "implicação geral": 227, 228, 268, 271
- relações da ~ com as proposições universais e particulares: 259, 268

implicação: XXXVIII, 79, 196 + n., 215, 296; ver também implicação geral; predições
- ~ analíticas são idênticas ao que se chama normalmente de inferência, conclusão, raciocínio ou dedução: 261t, 264
- ~ é um enunciado sobre o valor de verdade de dois enunciados: 261, *265*
- ~ sintética: 261 t, 264
- "modus tollens": 10, 262, 304, 388, 421, 462, 463, 502, 504, 508
- "regra de inferência da ~": 261 t, 266, 267; ver também implicação geral
- a ~ é um enunciado genuíno: 259
- a ~ é uma relação entre enunciados (seu implicante e seu implicado): 259, 260 + n.
- a ~ vincula enunciados a um proposição condicional (juízo hipotético): 260t
- a distinção entre ~ e a derivabilidade ou dedutibilidade lógica: XXXVIII

imunizibilidade [*Immunisierbarkeit*]: XXXV; ver também estratagema convencionalista

indeterminismo: 480
individuais: ver conceito universal e conceito individual; ver também nomes próprios
individualismo: ver problema dos universais
indução: XXV n., XXXVI, XXXVIII, 41-43, 50, 55, 72, 130, 180, 302, 313, 339; ver também dedução; dedutivismo
- ~ e simplicidade: ver simplicidade
- ~ sem juízos sintéticos *a priori* é impensável: 459
- "inferência indutiva": 330
- a ~ não é um método científico: *386*, 502
- a ciência empírica não faz uso de um procedimento indutivo: *386*
- a inferência indutiva não pode ser justificada: 45, 316, 340, 384, 386, 502
- justificação do procedimento da ~: 41 n., 42 n.
- legitimidade da ~: 45
- lógica da ~: 24, 304, 386; ver também dedução
- não há ~ no sentido lógico ou da teoria do conhecimento: 384
"indutivismo ingênuo": 49t, 159, *394*t, 447; ver também empirismo
- ~ é uma posição contraditória: 61
- a teoria da indução de Bacon (e Mill): 381
- considera os enunciados factuais universais como *completamente* decidíveis: 423
indutivismo: XXXVII, 9, 17, 30-31, 170-172, 181, 186, 187, 290, 352, 379, 445, 459; ver também posições indutivistas; "indutivismo ingênuo"
- ~ e problema da demarcação: ver problema da demarcação
- ~ na psicologia do conhecimento não é necessário de ser concebido: 34
- ~ reduz o surgimento da crença em uma regularidade ao hábito: 32

- oposição entre ~ e dedutivismo: ver dedutivismo
- tese fundamental do ~: 339t-341, 415, 502
- ~ pode ser separado da tese fundamental do empirismo: 17
- contradição fundamental do ~: o regresso infinito: 299; ver também princípio de indução
- teoria humeana da indução como hábito: 32-33
- o procedimento indutivo: 339
- ~ na psicologia do conhecimento: 22, 25
inferência: 215, 261t
inferências com *direção indutiva*, do *modus tollens* são as únicas ~ dedutivas admissíveis: 8; ver também implicação, *modus tollens*; quase indução
"instruções para a formação de enunciados": ver posições pseudoproposicionais
instrumentos de medição: 209, 211
intersubjetividade
- ~ e objetividade: ver objetividade
- maneira como a ~ se apresenta psicologicamente: 517
introspecção: 517
intuição [*Anschauung*]: 124, 380; ver também percepção
- ~ empírica: ver percepção
- ~ intelectual: *124*, 136, 152, 293; ver também intuição [*Intuition*]
- a teoria de Kant da ~ pura: 242
- não existência de uma ~ intelectual: 136, 155; ver também intuição [*Intuition*]
intuição [*Intuition*]; ver também intuição [*Anschauung*]; intuicionismo
- ~ não é um método de justificação de caráter objetivo: *136*, 154
- a questão sobre a existência ou inexistência de uma ~ intelectual não tem importância para a teoria do conhecimento: *136*

intuição intelectual: ver intuição [*Anschauung*]
intuicionismo: 136t, 380, 381; ver também intuição [*Anschauung*] intelectual; intuição [*Intuition*]
– ~ matemático de Brouwer: 363, 380, 512
– ~ matemático de Kant: 380
– a "impossibilidade do ~": 136-137
irracional; ver também realidade
– racionalização do ~: 568; ver também ciência

J
jogo de dados: 176
juízos *a posteriori*: *16*, 94; ver também juízos *a priori*
– a distinção entre ~ e juízos *a priori* é uma distinção específica da teoria do conhecimento: *16*
juízos *a priori*: *16*; ver também juízos *a posteriori*
juízos analíticos: *13*, *14*, *16*, 94, 108, 110, 111, 113, 205, 208, 218, 228, 234, 239, 254; ver também juízos sintéticos
– ~ não contêm nenhum problema metodológico: 113
– todo ~ pode ser visto como uma espécie de definição implícita (incompleta, parcial): 209
juízos de percepção: 124, 126, 524; ver também enunciados de percepção
juízos sintéticos: *13*, *16*, 23, 108, 208, 214, 234, 239, 254; ver também juízos analíticos
– ~ *a priori* como antecipações provisórias: 35, 36; ver também antecipações
– ~ *a priori* são frequentemente falsas *a posteriori*: 37
– ~ *a priori*: 17, 20, 21, 50, 68, 78, 79, 94, 205, 331, 327, 347, 367, 381; ver também princípio de indução; dedução transcendental
– ~ formais: 20

– ~ materiais: 20
– a distinção entre ~ e juízos analíticos é puramente lógica: *16*, 94, 110, 111, 113
– a distinção entre ~ e juízos analíticos também pode ser interpretada geneticamente: 94
– confusão dos conceitos lógicos de "sintético" e "analítico" com conceitos psicológicos: 112
– exibição dos fatos subjetivos, psicológicos, que nos justificam a tomá-los como verdadeiros: 122
– justificação dos ~ pela exibição de fatos da psicologia do conhecimento: 124
– uma justificação definitiva de proposições sintéticas universais é em geral impossível: *113*
juízos; ver também "conhecimento imediato"
– ~ analíticos: ver juízos analíticos
– ~ sintéticos: ver juízos sintéticos
justificabilidade: XXIII
justificação de uma proposição: 138; ver também regulamentação metodológica da tomada de decisão
justificação: XXIII n.

K
Kant, *Kritik der reinen Vernunft* [*Crítica da razão pura*]: 20, 459

L
lançamento de dados: 459
legalidade do entendimento: 108; ver também regularidade natural
legitimidade das ciências teóricas: 69; ver também dedução transcendental
– a questão de direito (*quid juris?*) deve ser distinguida estritamente da questão de fato (*quid facti?*): 70
lei da inércia: XXV, 209-210
lei dos efeitos (determinação da métrica de certas intensidades fundamentais): 424, 425

lei espacial (métrica geométrica): 424
lei temporal (medição temporal): 424
leis da natureza: 15, 18-19, 41-43, 44-45, 46, 57, 63, 66, 73, 89-91, 95, 98, 99, 108, 116, 119, 120, 127, 163-165, 170, 172, 188, 198, 211, 264, 303, 309, 312, 313, 328, 335, 337, 340, 368, 368, 381, 413, 438, 449, 469, 567 n.; ver também critério de demarcação; concepção dedutivista-empirista; convencionalismo; posições pseudo-proposicionais; enunciados factuais
 – ~ com o menor grau de universalidade: 144, 514, 516; ver também dedução de predições
 – ~ como aproximações: 308
 – ~ como enunciados sobre enunciados factuais particulares: 43-44
 – ~ como estipulações livres: 19, 357
 – ~ como ficções: 328, 358 + n.
 – ~ como fundamento da dedução para a dedução de predições: 10, 15, 286-287, 321, 343, 385, 471, 472; ver também dedução de predições
 – ~ como fundamentos da dedução parcialmente decidíveis para a derivação de predições completamente decidíveis: 314t, 414, 503
 – ~ como relatos condensados: ver positivismo estrito
 – ~ não podem nunca eliminar o caráter de hipóteses: 90, 502-503
 – ~ são mais do que meras extrapolações de uma série de observações: 59
 – ~ são mais do que relatos condensados: 58
 – ~ são suposições por princípio provisórias: 287, *300*
 – a verdade de ~ não pode nunca ser demonstrada cientificamente: 90
 – as ~ como proposições estritamente universais: 284; ver também concepção dedutivista-empirista
 – questões terminológicas: 357, 361

 – uma teoria mais antiga não é um caso *especial* exato da nova teoria, mas uma *aproximação*: 60, *284* + n.; ver também teoria da gravitação
leis de Kepler: 27, 59
leis dos gases: 27
liberdade da vontade: ver problema da liberdade da vontade
linguagem cotidiana: 428
 – o uso da ~ é empirista: *428*
linguagem do sistema: ver enunciados protocolares
linguagem-objeto: *XXVIIt*, *XXVIII*; ver também metalinguagem
 – a distinção entre ~ e metalinguagem: *XXVIII*, 228 n., 260
lógica da probabilidade: 167, 180, 181; ver também confirmação
 – ~ e princípio de indução: 182
 – tentativas dogmático-racionalistas de fazer da lógica da probabilidade uma metafísica: 182
"lógica da verdade e da falsidade": ver lógica
lógica: 240, 270, 274, 334-335, 335, 365, 367, 404, 433, 457, 458; ver também problema da indução; teoria do silogismo (silogística); enunciados factuais
 – ~ aristotélica: 180, 185, 363
 – ~ matemática: ver logística
 – ~ simbólica: ver logística
 – paralelismo entre ~ e percepção: 568
 – vivência conclusiva – evidência da percepção: 568
logística: XXXVIII, 24, 196 + n., 199, 221 + n., 222-223, 225, 259, 261, 266, 269, 270, 273, 280-281, 282, 285, 330; ver também conceito universal e conceito individual; implicação geral; problema da indução; enunciados factuais

M

matemática: 112, 136-137, 335, 457
 – ~ aplicada: 11

Índice remissivo

– ~ pura: XXI, 11
– o papel da ~ no conhecimento da realidade: 170
– possibilidade da ~ pura: *XXI + n*.
mecânica, ~ newtoniana: XXI + n.
médium do universal: 58t, *317*; ver também posições pseudoproposicionais; transcendência da universalização
– ~ defeituosos: 452
– correções em nossos ~: 603, 424, 426
"meio desviante de produção": ver teorias
memória como um recipiente, uma espécie de banheira: XXXVI n.
memória da semelhança: 30
metaciência: 445 n.
– hierarquia de ~: 457
metafísica: 3, 4, 151, 331-335, 337, 341, 353-354, 367, 408, 412, 421, 427, 429-430, 458, 460, 465, 498, 502; ver também critério de demarcação; problema da demarcação; ciência filosófica; realismo
– ~ de Kant: 479
– ~ de uma harmonia pré-estabelecida: 469
– ~ dogmática: 348
– ~ realista: 365 n.
– ~ teológica: 206
– a luta contra a ~, contra a filosofia como teoria: 456
– a oposição entre os defensores da ~ e os antimetafísicos: 455
– conceito de ~: 413; ver também critério de demarcação
– o caráter antinômico da ~: 458, 459; ver também critério de demarcação; antinomias
metalinguagem: *XXVII*t, XXIX, 228 n., 229 n.; ver também linguagem-objeto
– hierarquia de ~: *XXVIII*, 457 n.
– semântica ~: *XXVII*t, *XXVIII*
metalógica: 225-226 n., 607
– tese da ~: 430t
metateorias: 225-226 n.

– hierarquia de ~: 457 n.
método antropológico de crítica da razão (Fries): 65, *124*, 125-126, 129; ver também "prova da impossibilidade da teoria do conhecimento" de Nelson
– círculo vicioso do ~: 130-135; ver também "prova da impossibilidade da teoria do conhecimento" de Nelson
– crítica do ~: 126, 129-135
– o método de Fries é inadmissível: 134
método axiomático-dedutivo: 17
método científico
– não há nenhuma indução de qualquer tipo que seja enquanto ~: 9; ver também dedutivismo
método da ciência natural: 151; ver também regulamentação metodológica da tomada de decisão
método da teoria do conhecimento: 93; ver também transcendentalismo
– ~ de crítica da linguagem: 8, 441
– ~ dedutivo-transcendental: 429, 500, 513
– ~ dialético: 378, 379, 501
– ~ kantiano-friesiano: *509*, *510*
– ~ metodológico: 441-442
– ~ psicológico: 8, 63, 64, 441
– ~ transcendental é um análogo do método empírico: 8, 441, 442, 500, 501, 507; ver também método transcendental
– contraposição dos ~ trancendental e psicológico: 93, 506
– métodos empíricos da psicologia do conhecimento são rejeitados: *63*, 64
– não equivalência dos ~ lógico e metodológico: 427
método de exaustão: 30-31t, 445
método de falsificação empírica: 510-514
"método do pseudoproblema": 288n.t, *289*, 325, 330, 333, 352, 352, 404, 405, 455, 503; ver também pseudo-

643

proposições; posições pseudoproposicionais; conceito de sentido
- ~ apologético: 349, *351*
- o programa do ~: *333, 334-335*

método empírico-científico, conceito de: *422*; ver também método

método epistemológico: ver método da teoria do conhecimento

método transcendental: 66, 67, 69, 135, 136, 143, 156, 346, 376
- é um análogo do método empírico: 8, *66*, 375, 421, 500, 501
- "prejuízo em favor do transcendental" de Kant: 65
- tese fundamental transcendental: ver transcendentalismo

método; ver também caráter científico
- ~ de tentativa e erro: 31 t, 32, 36; ver também seleção
- ~ de teste empírico: 60, 422, 425, 461; ver também método de falsificação empírica; controle metodológico da tomada de decisão
- ~ econômico: 318
- ~ psicológico: 517
- o ~ de tentativa e erro pressupõe a superprodução: 37
- o chamado "~ experimental": 432

metodologia: 5 + n., 440, 458, 463; ver também objeção convencionalista contra a falsificabilidade; método da falsificação empírica; teoria dos métodos; ciência filosófica
- ~ como sem-sentido: 439
- ~ naturalista: 463-465; ver também Carnap, *Semantik* [Semântica]
- as proposições metodológicas são proposições puramente semânticas: 441; ver também semantismo
- critério de demarcação metodológico da falsificabilidade: 421, 426, 463, 464; ver também critério de demarcação
- decisões metodológicas: 425, *426*, 449, 452, 464, 466
- direito à existência ~: 431
- distinção entre as hipóteses singulares ad hoc e as hipóteses auxiliares universais: 452
- importância da ~: 431-432
- necessidade de decisões metodológicas: 432-*434*, 449, 450
- o critério empírico de falsificabilidade não pode ser substituído por nenhum critério não metodológico: *421*, 422
- possibilidade de uma ~: 432
- princípio de continuidade: 449t, 452
- princípio de fechamento do sistema (primeira tese contra o convencionalismo): 450-452, 505
- princípio de limitação das hipóteses auxiliares singulares (segunda tese contra o convencionalismo): 451-452
- regra de uso para as proposições universais (tese contra o positivismo estrito): *450*, 451, 464
- tarefa da ~: 436
- tarefa prática da ~: 432

métodos de crítica: ver crítica

misticismo: 136, 364, 407; ver também ceticismo [*Skepsis*]

modelos: 223 + n., 250; ver também geometria
- ~ de uma teoria: 237, 238

modo de pensar transcendental: 155

"*modus ponens*": 463

"*modus tollens*": ver implicação; ver também quase indução

monoteísmo: 116

movimento do periélio de Mercúrio: XXIII

movimento molecular: 27

movimento planetário: 59

movimentos experimentais: 29 + n.; ver também abreviação do processo; consecução da reação

mundo da experiência e realidade: 86

mutação e conhecimento: 32; ver também biologia do conhecimento

N

não contradição: ver critério de ~

necessidade natural: 118, 129, 130; ver também "princípio supremo da filosofia da natureza" de Fries: princípio fundamental da ~

Nelson, *Gesammelte Schriften* [*Escritos reunidos*]: 523 + n.

"no class-theory" (Russell): 286

nomes próprios: 199, 276-279, 284, 290, 292, 293, 435, 436; ver também conceito universal e conceito individual
- ~ não podem ser definidos pela especificação de conceitos universais: 437

nominalismo: problema dos universais

O

objeção convencionalista contra o critério de falsificabilidade: *419*-421, 424, 427, 429, 432, 508, 509; ver também critério de demarcação; teoria dos métodos; metodologia
- a ~ pode ser invocada *contra toda* tentativa não metodológica de demarcação: 421

objeção de Robinson: 152t; ver também objetividade; ciência
- ~ não é válida: *152*, 153

objetividade: 88, 154, 155; ver também regularidades
- ~ científica = testabilidade intersubjetiva: 75, 76t, 79, *106*, 107, 136t, 136-137, 140, 141, 152, 153, *416*, 453 n., 502-503, 507, 510, 515, 517
- ~ da ciência tem necessariamente como preço sua relatividade: 107, 156, 515; ver também base empírica
- ~ empírica: *106*t; ver também subjetividade
- ~ no sentido dos métodos da ciência empírica: 75, 76
- conceito de ~ de Kant: 108, 502
- conceito de ~ sociológico: 152; ver também objeção de Robinson
- conceito de ~ transcendental: *137*, 156
- na análise conceitual da ~, a "regularidade" deve ser concebida no sentido da "regularidade-como-se": 82
- princípio fundamental da ~: 473; ver também evento
- subjetivo-absoluto e objetivo-relativo: *107*
- *toda* ~ científica – seja observação *particular* ou lei da natureza – *pressupõe* a existência de *regularidades*: 75, 502
- todo conhecimento da realidade, a "possibilidade da experiência", a objetividade do conhecimento são baseados na existência de regularidades: 77, *83*

objetos genidênticos: 53 + n.

ótica, ~ geométrica: 463

otimismo epistemológico: ver teoria do conhecimento; ver também antropomorfismo

P

padrões de medida: 209, 211, 246, 242, 451; ver também corpo rígido
- ~ no campo gravitacional: 247
- definição explícita dos ~ por meio de definições ostensivas: 245-247, 249
- definição implícita dos ~ por meio de fórmulas da geometria escolhida: 245-247, 249-250
- modelo dos ~: 244
- sistema de medida: 244, 245

parábola: 163, 168, 173, 188, 189, 194, 267, 284, 511

pensamentos; ver também reações intelectuais
- ~ como reações intelectuais: 28-30

percepção (ou "intuição"): 136, 137t, 380, 415, 507, 517, 604; ver também intuição; "a percepção"; lógica; saber
- ~ é um "conhecimento imediato": 124, 506, 524 + n.; ver também "conhecimento imediato"

- ~ subjetivas que são falsas: 525; ver também ilusões de ótica
- caráter de base da ~: 155
- correção da ~ é um análogo da formação de hipóteses: 529
- "princípio da certeza de si da percepção": 124t, 137
- todas as ~ subjetivas são interpretações ou intuições: 525
- trilema (de Fries): dogmatismo – procedimento de justificação infinito – base psicologista: 94, *138*t, 142, 145, 150, *306 n.*, 506, 508, 509

pessimismo epistemológico: ver ceticismo; ver também antropomorfismo

politeísmo, ~ antropomórmico: 116, 630

Popper, "Ein Kriterium des empirischen Charakters theoretischer Systeme" ["Um critério do caráter empírico dos sistemas teóricos"]: 477 n., 478 n., 497, 574

Popper, *"Gewonheit" und "Gesetzerlebnis" in der Erziehung* ["Hábito" e "experiência regular" na educação]: 33 n.

Popper, *Die beiden Grundprobleme der Erkenntnistheorie* [*Os dois problemas fundamentais da teoria do conhecimento*]: V, *XVII*, *XVIII*, 497, 523, 573 + n., 581; ver também teoria do conhecimento; tentativa de solução proposta

Popper, *Logik der Forschung* [*Lógica da investigação científica*]: V, *XVII*, *XVIII*, 552 + n., 560, 561, 564, 565 + n., 585 + n., 591, 594, 597, 599, 600, 602, 603
- ~ contém a primeira *fundamentação* lógica e de teoria do conhecimento *do cálculo de probabilidades matemático*: 601
- ~ *Ur-Versionen* (versões originais): 534 n., 585, 599, 601, 602 + n.

Popper, *Zur Methodenfrage der Denkpsychologie* [*Sobre a questão do método da psicologia cognitiva*]: 33 n.

Popper; *Theorie des Intellekts* [*Teoria do intelecto*]: 33 + n.

posições de proposição normal: 46, 49, 90, 159, 298, 300, 310, 361, *393*t-*393*; ver também apriorismo; posições indutivistas; "indutivismo ingênuo"; posições pseudoproposicionais; positivismo estrito
- o resultado da crítica das ~: enunciados factuais universais não podem nunca ser [provados como] verdadeiros: 185

posições indutivistas: 46, 47, 205, 301, 391-393; ver também concepção dedutivista empirista; posições de proposição normal; posições pseudoproposicionais; posições probabilistas
- a classificação das ~ leva em consideração apenas a tomada de posição em relação ao problema *epistemológico* da indução: 47
- as posições de proposição normal e as posições probabilistas admitem tanto valores negativos definitivos quanto valores positivos definitivos para as leis da natureza: 30-31
- as posições pseudoproposicionais não admitem nem valores negativos definitivos nem valores positivos definitivos para as leis da natureza: 301
- todas as ~ apontam uma simetria na avaliação das leis da natureza: *300*, 301

posições probabilistas: 10, *46*, 50, 91t, 143, 159, 213, 300, 376, 382, *393*t, *395*t-*397*t; ver também probabilidade de hipóteses; posições indutivistas
- ~ como construções inacabadas, incertas e invertebradas: 298; ver também posições pseudoproposicionais
- proposições obtidas indutivamente têm um valor de verdade entre "verdadeiro e falso": elas são prováveis: 91, 160
- resultados da crítica das ~: 185

– superam "dialeticamente" a contradição das posições de proposição normal: 395

posições pseudoproposicionais: 47, 191t, 205, 268, 284, 290, 304, 305, 338, 353-354, 356, 360, 361, 376, 393t + n., 397t; ver também funções proposicionais; posições indutivistas; leis da natureza; pragmatismo; conceito de sentido
- ~ aprioristas: 310, 312, 313, 316, 319
- ~ cai na contradição fundamental do indutivismo: o *regresso infinito*: 299; ver também indutivismo
- ~ como construções inacabadas, incertas e invertebradas: 298, *314*; ver também posições probabilistas
- ~ empiristas: 206t
- ~ rejeitam as implicações gerais: 269; ver também positivismo estrito, o "argumentos estritamente positivista"
- "instruções" como fundamentos da dedução para a dedução de predições: 315, 316
- "interpretação assimétrica" das pseudoproposições: 314, 321t-312, 319, 320
- "últimas ~": 320t, 321, 352; ver também concepção dedutivista-empirista
- "utilizável" e "inutilizável" como meras traduções de "verdadeiro" e "falso": 194, 195, 198
- "verdadeiro-falso" ou "utilizável-inutilizável": 191
- as ~ estritamente simétricas são formalmente idêntica ao positivismo estrito: *303*, 315
- as ~ estritamente simétricas são um filosofema logicamente isenta de contradições, mas sem importância: *309*
- a aproximação da *primeira* ~ em relação ao convencionalismo: 230, 231, 234, 239
- a crítica das ~ estritamente simétricas é puramente transcendental: 303, *309*
- a crítica das ~ se dirige contra as ~ em qualquer forma: 297t-298t
- a crítica empírica contar o convencionalismo também pode ser levantada contra a *primeira* ~: *202, 203*
- a finalidade da terminologia pseudoproposicional: 319, 320, 352; ver também concepção dedutivista-empirista
- a forma dos enunciados das leis da natureza: 186
- a lacuna entre "teoria" e "prática": 318; ver também teorias
- a oposição epistemológica entre *primeira* ~ e convencionalismo, por um lado, e a concepção empirista, por outro: *205, 235,* 296
- a questão da verdade ou falsidade das leis da natureza como um pseudoproblema: 330; ver também método do pseudoproblema
- a simetria na avaliação das leis da natureza leva a uma contradição interna: 300
- analogia das ~ com as posições de proposição normal: 309-311, 312, 313
- as ~ são indutivistas: 341
- as ~ são positivistas no que diz respeito aos enunciados "genuínos", radicalmente de pragmatistas no que diz respeito às leis da natureza: 192
- as contradições internas das ~ são, na realidade, as contradições internas do problema da indução: 309
- avaliação negativa das pseudoproposições: 311-312
- caráter pseudoproposicional das leis da natureza: 190, 195, 206, 296-297, 299, 314
- colocação terminológica do problema: 322, 323

– crítica imanente da ~: 297, 298, 302
– desvantagens das "últimas ~" em relação à concepção dedutivista-empirista: 321, 322
– deve-se examinar toda ~ para saber suas "pseudoproposições" talvez não sejam enunciados genuínos: 238, 298
– dificuldades das ~: 239, 296, 315-318, 321; ver também problema da indução
– enunciados factuais universais não são enunciados *genuínos*: 47, 295, 318, 322
– enunciados genuínos como "instruções para a formação de enunciados": *189, 194*, 295, 314
– enunciados genuínos: 186t, 296, 355t
– enunciados particulares como "instruções para a formação de predições": 188
– forma geral das ~: 397
– interpretação "estritamente simétrica" das pseudoproposições: 302, 313, 315, 319
– interpretação "ingênua" das pseudoproposições: 309, 310
– leis da natureza como "instruções para a formação de enunciados": 187 + n., 188, 192, 195, 295, 296, 297-299, 310, 313-315, 321, 329, 502
– leis da natureza não têm em geral nenhum valor de verdade, mas apenas um valor prático: 191, 295
– leis da natureza são pseudoproposições: 185t, 186, 298, 329-330, 335-337, 341, 346, 502; ver também conceito de sentido
– o problema da indução como um pseudoproblema: 295
– ponto de vista pseudoproposicional e problema do conceito de sentido: 322, 323
– pressupostos comuns da ~ e das posições de proposição normal: 186

– *primeira* ~: leis da natureza como funções proposicionais: 196, 202t, 203, 213-214, 218, 230, 231, 234, 237, 259, 296; ver também funções proposicionais; sistemas axiomático-dedutivos
– pseudoproposições como tradução pragmática de proposições particulares: 314, 315
– regresso infinito de pseudoproposições: *310*, 312, 316, 319, 320
– são tão injustificáveis quanto não fundamentáveis: 352

positivismo estrito: 50t, 53, 54, 57, 58, 67, 90, 192, 290, 313, 315, 316, 381, 382, 388, 394t, 395t, 498t, 449, 451, 555, 587; ver também dedutivismo; empirismo; posições pseudoproposicionais

– ~ é radicalmente empírico: 50, 52
– ~ é um filosofema logicamente isento de contradição, mas sem importância: *61*, 159, 292, 309; ver também posições pseudoproposicionais; problema dos universais, nominalismo
– ~ não deve ser confundido com "positivismo estrito": 51
– ~ reconhece a tese fundamental empirista e sacrifica a validade universal estrita das leis da natureza: 51, 52, 268, 299; ver também apriorismo
– ~ significa uma renúncia da construção de teorias: 61
– a crítica do ~ é puramente transcendental: 65
– cai em contradição com o procedimento efetivo das ciências empíricas: 56, 65, 167, 299
– cai na contradição fundamental do positivismo: *56*, 299
– concebe as leis da natureza como relatos condensados: *55*-58, 236, 237, 450
– o argumento "estritamente positivista": 268t

Índice remissivo

- rejeita apenas a transcendência da generalização, não a transcendência da representação em geral: 53, 55
- tese contra o ~: ver metodologia

positivismo: 52t, 86, 114, 159, 376, 377, 508, 510
- ~ de Hume: ver ceticismo
- ~ estrito: ver positivismo estrito
- ~ lógico: ver positivismo lógico
- ~ logístico: ver positivismo lógico
- ~ moderno: ver positivismo lógico
- ~ wittgensteiniano: 440
- contradição fundamental do ~: ver contradição fundamental do positivismo
- identidade de pensamento e ser: 370
- o ~ subjetifica a ciência: 509
- o caráter dogmático do ~ wittgensteiniano e sua destruição da ciência natural: 440, 503
- o dogma positivista geral: *370*
- tese fundamental do ~: 52t, 415

positivismo lógico: XLI, 21, 22, 66, 89, 196, 241, 242, 343, 347, 350, 376, 404-406, 408, 415, 430, 509, 575; ver também enunciados protocolares; linguagem
- ~ não pode formular a distinção entre proposições estritamente universais e proposições particulares: 330
- a distinção entre proposições estritamente universais e proposições particulares: 339; ver também estados de coisas; enunciados factuais
- a imagem de mundo do ~ se "decompõe" em uma espécie de mosaico de "fatos" desvinculados: *367*, 370
- as supostas proposições universais são *sem-sentido*, são pseudoproposições: 329
- conceito de sentido do ~: 325, 327, *328*, 329, 330, 333-334, 342; ver também conceito de sentido; enunciados factuais
- mérito do ~: 278, 379
- o conceito de sentido indutivista do ~ é dogmático: 342, 347
- o que se deve objetar ao ~: 379, 441

positivismo logístico: ver positivismo lógico

positivismo moderno: ver positivismo lógico

possibilidade de falsificação: ver falsificação

"Postulados do pensamento empírico em geral" de Kant: 19, *112*t, 114

pragmatismo: 297, 379, 382, 383; ver também posições pseudoproposicionais
- contraposição entre valor pragmático e valor de verdade: 192-194, 321
- ferramenta e esquema como construções puramente pragmáticas: 197, 198, 295, 296, 297-298, 318
- leis da natureza como esquemas lógicos: 198, 199; ver também funções proposicionais
- o ~ consequente: 191-193, 196-198, 295, 302, 321; ver também problema da indução; posições pseudoproposicionais
- sob determinadas circunstâncias, valor pragmático e valor de verdade e podem ser *idênticos*: 195

precisão da medição: 170, 464

predições de probabilidade: 162, 163, 166, 167; ver também probabilidade de eventos; probabilidade de hipóteses; probabilidade

predições: 119, 141, 142, 162, 163, 170, 188, 191, 195, 315, 416, 451, 452, 459, 500; ver também implicação
- ~ particulares: 143, 511
- da falsificação empírica da predição segue-se que a teoria deve ser falsa ("modus tollens"): 262, 304, 357, 435, 462; ver também "tese Duhem-Quine"
- da verificação empírica da predição não se pode nunca concluir de volta

a verdade da teoria: 262, 304-306, 308, 382
- a falsificação das ~ afeta os fundamentos da dedução como uma todo: *304*, 305, 462, 463, 505, 511; ver também "tese Duhem-Quine"
- a realização efetiva de uma ~ não pode ser explicado: isso deve ser visto como um dado último: 99, 501, 502
- verificação empírica ou falsificação das ~ deduzidas: 19, 33, 164, 262

predizibilidade: ver princípio de causalidade

premissa da prova: 122
- a exigência de que tudo deve ser provado é contraditória: 122
- o ~ conduz a um ceticismo universal: 122
- se abandonarmos o ~, a porta para o arbítrio do *dogmatismo* parece escancarada: 122
- via intermediária de Fries entre dogmatismo e ceticismo: 122

premissa da precisão, toda lei deveria ser um enunciado exato: 164

premissa do transcendental: ver método transcendental

premissa indutivista: 22
- ~ na questão da descoberta do conhecimento: descoberta do conhecimento; ver também indutivismo
- ~ no domínio da teoria do conhecimento: ver prejuízos da teoria do conhecimento

premissa da teoria do conhecimento: 143
- premissa da crítica da linguagem: 7
- premissa indutivista: 7, 22, 22, 299, 339, 502, 510
- premissa lógica: 7
- premissa psicologista: 7, 506, 522

pré-socráticos: XX, 519

"princípio da autoconfiança da razão": 125-126t + n.t

princípio da certeza de si da percepção: ver percepção

princípio de "possibilidade da experiência": ver experiência

princípio de causalidade [*Kausalprinzip*]
- ~ *a priori* de Kant: 190
- a distinção entre a validade e a viabilidade do ~: 610 + n.

princípio de causalidade [*Kausalsatz*]: 15, 20, 39, 43, 44, 50, 94, 120, 190-191; ver também argumento de Hume; princípio de indução
- ~ como juízo analítico: 15
- ~ como juízo sintético: 15
- impredizibilidade: *475*, 611
- modelo dedutivo da explicação causal: 471
- predizibilidade: 119, 413, 414, 471-472, *475*, 477, 611

princípio de causalidade *a priori* de Kant: ver princípio de causalidade

princípio de continuidade: ver metodologia

princípio de economia: 423, 590, 591

princípio de indução: XXXVI, XXXVII, 40, 50, 69, 71, 72, 78, 90, 108, 109, 113, 125, 126, 130-132, 134, 135, 181, 182, 328; ver também argumento de Hume; dedução transcendental
- ~ como enunciado sobre leis da natureza: 43
- ~ como juízo sintético *a posteriori*: 43
- ~ como juízo sintético *a priori*: ver ~ sintético-*a priori*
- ~ de primeira ordem: 42 + n., 43 n., 44 + n.; ver também cognoscibilidade do mundo
- ~ de segunda ordem: 43 n., 44 + n.
- ~ deve ser um enunciado factual (um juízo sintético): 43
- ~ sintético-*a priori*: 43, 53, 87, 88, 124, 459
- a consequência das observações acerca da validade do ~ é uma generalização: 43, 71
- a hierarquia de leis da natureza e o ~: 45 + n.

- como uma concessão ao racionalismo: 43
- o regresso infinito ("regresso indutivo"): 45, 73, 262, 316, 502; ver também generalização indutiva; círculo vicioso
- princípio de causalidade e ~: 43
- validade *a priori* do ~: 51
- validade de um ~: 43, 68

princípio de liderança; ver também democracia
- ~ de Platão: o mais sábio deve governar: 527 + n., 528
- absurdidade do ~: 527, 528
- as vantagens democráticas: 527 n.

"princípio de uso mais econômico possível de hipóteses": ver hipóteses auxiliares

"princípio do terceiro excluído": 167-168, 354, 355, 263

"princípio supremo da filosofia da natureza" de Fries: 131t, 132-135

probabilidade
- ~ como valor de verdade de enunciados factuais universais: ver probabilidade de hipóteses
- ~ de um evento: ver probabilidade de eventos
- ~ de uma hipótese: ver probabilidade de hipóteses
- ~ objetiva: 162, 164
- as *quatro* ~: 172 n.
- impossibilidade de uma predição para eventos singulares e possibilidade de uma predição de frequência: 483, 484
- nenhuma analogia viável entre a ~ de um evento e a probabilidade objetiva de um enunciado: 166-167
- problema da ~: 160, 483t
- teoria subjetiva da probabilidade: 484

probabilidade de enunciados: 166t, 167; ver também probabilidade de hipóteses

probabilidade de eventos: 162, 166, 167, 176

- ~ é um enunciado sobre uma série de eventos: 163, 164, 166
- série de eventos (sequência de eventos): 163 + n., 164, 177

probabilidade de hipóteses: 162, 166, *167*
- ~ é um enunciado sobre uma hipótese: 167t, 181
- ~ objetiva: 180
- ~ primária e caráter de lei (precisão) de um enunciado: *169, 170,* 359, 360
- ~ primária: 169, 174, 177, 359
- ~ secundária e o conceito de verossimilitude: *175 n.*
- ~ secundária e regularidade: 175
- ~ secundária: 174t, 177, 382
- a análise da ~ secundária representa um ponto de vista positivista: 180; ver também confirmação
- espaço lógico de uma hipótese: 168, 170, 177, 359, 360; ver também simplicidade
- grau de probabilidade como valor de verdade de um enunciado de probabilidade universal: 181
- improbabilidade primária e valor cognitivo: 360, 374, 385
- improbabilidade primária: 175, 254, 359, 360
- interpretação objetiva do conceito de ~ secundária: 177-179; ver também confirmação
- interpretação subjetiva do conceito de ~ secundária: 177-179; ver também crença na probabilidade
- o grau de regularidade é determinado pela improbabilidade primária: 176
- o regresso infinito dos enunciados de probabilidade é idêntico ao regresso indutivo: 181-183
- quanto menor a ~ secundária, maior se torna a ~ primária pela verificação de predições: 174

problema da causalidade: 14, 117, 118, 404, 413, 630; ver também problema da indução

problema da demarcação: 3, 4t, 7, 11, 15, 21, 83, 86, 87, 142, 149, 206, 239, 264, 331-33, 336, 338, 353-354, 376, 382, 383, 385 n., 388, 403, 458, 497-499t, 577, 586, 606 + n.; ver também concepção dedutivista-empirista; critério de não contradição; ciência filosófica; dialética transcendental; enunciados factuais
- ~ como questão acerca do critério da ciência empírica: 412, 458, 586
- ~ como um problema terminológico: 412
- ~ como uma forma mais precisa do problema da experiência: 412
- ~ e a questão da quase indução: 386; ver também quase indução
- ~ generalizado: 412
- "experiência" e "metafísica": *413*
- as soluções indutivistas do ~ se referem a conceitos: 339
- o ~ é o único problema fundamental da teoria do conhecimento em geral: *386, 408, 411*, 459, 460, 503
- o ~ não é um problema meramente lógico, mas metodológico: 420, 421; ver também critério de demarcação; metodologia
- o indutivismo não é nada mais do uma solução primitiva do ~: 338, 386, 460; ver também critério de demarcação
- objeção contra a tentativa de solução proposta para o ~: *419*, 420t; ver também objeção convencionalista contra o critério de falsificabilidade
- redução dos problemas da teoria do conhecimento clássica e moderna ao ~: 586
- solução de Kant do ~: *386*, 458-459
- tarefa fundamental do ~: *389*t

problema da indução: 3t, 4, 7, 11, 20, 39, 46, 50, 77, 88-90, 93, 113, 118, 120, 121, 155, 159, 161, 164, 183, 186, 192, 196, 210, 211, 259, 280, 285, 289, 294, 296, 299, 301, 306, 316, 318, 319, 327, 330, 338, 341, 353, 354, 356, 364, 373, 374, 379, 382, *384*, 413, 460, 461, 497, 498t, 499, 502, 604; ver também problema da demarcação; concepção dedutivista-empirista; problema de Hume; posições pseudoproposicionais; singularismo; analítica transcendental; problema dos universais; tentativa de solução proposta
- ~ como um pseudoproblema: 330
- ~ como uma antiga pseudoquestão: 352
- a ~ se refere às ciências teóricas: 484
- a solução proposta do ~: 373, 383-385
- a tentativa de solução indutivista do ~: 46, 373; ver também posições indutivistas
- conceito de sentido e ~: 330
- concepção dedutivista-empirista do ~: 197
- confirmação dialética da tentativa de solução proposta do ~: 373, 374, 376, *385*
- confirmação transcendental da solução positiva do ~: 374, 376, *385*
- exposição esquemática da crítica do ~: 391-399
- o ~ não pode ser formulado sem a distinção entre proposições "estritamente universais" e proposições "particulares": 277, 268, 270t, 284, 296
- o ~ surge apenas pelo problema da demarcação: *386*
- o ~ surge da oposição entre proposições universais e proposições particulares: *272*, ver também problema dos universais
- o ~ surge se queremos inferir proposições universais a partir de proposições particulares e se queremos inferir proposições particu-

lares de outras proposições particulares: *317*
- panorama condensado sobre as posições tratadas: 379-383
- podem proposições empíricas ser válidas universalmente?: 413
- possibilidade de discussão da solução proposta do ~: 373
- pragmatismo consequente como tentativa de solução do ~: 193
- solução dedutivista-empirista do ~: 374, 503
- solução do ~: *399*, 419, 420

problema da liberdade da vontade: 404, 470 + n., 555, 609; ver também determinismo; teoria dos dois mundos
- ~ e a oposição entre física causal e física estatística: 470 n., 479
- ~ e a questão das ações criadoras únicas: 469, 474, 477-479
- ~ e física quântica: 476
- ~ e o "problema da responsabilidade": 470, 475, *477*, 479; ver também responsabilidade
- a impossibilidade de poder prever e predizer todas as ações da vontade humana: 610
- crítica do uso dos resultados da física quântica no ~: 479-480; ver também física
- o ~ e a física determinista: 469, 470, 476, 479
- o ~ trata sempre de eventos individuais em toda sua singularidade: 474, 611
- solução kantiana do ~: 475, 479
- tratamento de Max Planck do ~: 470, 609 + n.-611

problema da realidade: 404
problema de Hume: 20, 39, 40, 68, 72, 74, 77, 459, 460, 502; ver também problema da indução; analítica transcendental
problema de Kant: 459, 460; ver também problema da demarcação

problema dos universais: 294, 473; ver também conceito universal e conceito individual
- as duas posturas frente ao ~ caem em *dois* grupos: a distinção estrita entre conceitos universais e conceitos individuais não é reconhecida (*primeiro* grupo) ou ela é reconhecida (*segundo* grupo): 289, 291-293
- atemporalidade dos conceitos universais: 291, 292, 294
- atemporalidade dos universais: 291, 293
- concepção ficcionalista dos universais: 287, 288
- individualismo: 290
- no *primeiro grupo*, há duas concepções possíveis: a concepção universalista (e dedutivista e a concepção individualista (e indutivista): 289, 290t
- nominalismo: 292, 293
- o ~ é a questão acerca das relações entre conceitos universais e conceitos individuais: 289t
- o ~ surge da oposição entre conceitos universais e conceitos individuais: 272; ver também problema da indução
- os universais podem ser reduzidos às proposições universais: 288-289
- problema da indução e ~: 285
- resultado da discussão do ~: conceitos universais e conceitos individuais não podem ser reduzidos uns aos outros: *294*
- solução ficcionalista do ~: 288
- temporalidade do real: 293
- temporalidade dos conceitos individuais: 291, 292
- universalismo: 290

procedência dos conceitos: 93, 94 + n.
programa de Euclides: ver axiomática
proposições completamente decidíveis: ver enunciados factuais

proposições de existência: 11t, 362t, 368, 428; ver também enunciados factuais, parcialmente decidíveis
– importância das ~: 362 + n., 363
– sentido das ~: 363 + n.
proposições de inexistência: XXXVI + n.
proposições elementares: 24, 340t, 503, 506, 507, 509, 575; ver também proposições empíricas elementares; enunciados protocolares
proposições empíricas elementares: 54, 146, 151, 339t, 340, *384*, 450; ver também proposições elementares; enunciados protocolares
proposições empírico-científicas: 11; ver também ciência
proposições estritamente universais: ver enunciados factuais
proposições existenciais: 471-472
proposições metafísicas: 11
proposições parcialmente decidíveis: ver enunciados factuais
proposições particulares: ver enunciados factuais
"prova da impossibilidade da teoria do conhecimento" de Nelson: 122, *123*t, 523; ver também método antropológico de crítica da razão (Fries); apriorismo
– a ~ atinge o próprio ponto de vista de Nelson, mas não aquele defendido aqui: 129
– crítica da ~: 126-129
prova ontológica de Deus: 83
provas cosmológicas de Deus: 117
pseudoargumentos: ver método do pseudoproblema
pseudoproblemas: ver método do pseudoproblema
pseudoproposições: 325, 334, 335, 503; ver também método do pseudoproblema; posições pseudoproposicionais
psicologia cognitiva: 319; ver também psicologia do conhecimento
– ~ não sensualista como psicologia das reações intelectuais: 52; ver também reações intelectuais

psicologia do conhecimento: 140, 319, 416, 517; ver também psicologia cognitiva
– ~ dedutivista como analogia para a teoria do conhecimento dedutivista-empirista: 33, 34
– ~ dedutivista-empirista: 23, 25, 28, 30, 37
– ~ hipotético-dedutiva: 417, 517
– ~ indutivista: 22, 23, 25, 30, 34, 380
– ~ intuicionista: 380
– a ~ dominante é indutivista e sensualista: 22
– as cadeias de raciocínio dedutivas devem ser encontradas em primeiro lugar por psicólogos com uma orientação *biológica*: 27
– resultados da ~: 517
– teoria do hábito de Hume: 381
– uma hierarquia infinita de ~: 129
psicologia: 4, 136-137, 416, 431
psicologismo: 23, 138, 156, 512, 568, 577
– ~ em Kant e em Fries: 93, 136, 138
– ~ subjetivista: *142*, 415
psicólogos, ~ com orientação biológica: 27

Q

quarto de página de Kirchhoff: 383 + n., 604, 605
quase indução: 381, 385 n., 387, 388, 505, 518-519, 588-589; ver também critério de demarcação; dedução; implicação, *modus tollens*
– ~ é todo procedimento metodológico que, apoiado em métodos puramente dedutivos, progride na direção ascendente: 388t, 463, 502, 504
– ~ é uma parte importante dos métodos dedutivistas-empiristas: *388*
– métodos quase-indutivos: *388*
"questão do basilisco": 138 + n.-140, 604 + n.
questões biológicas: 100
questões de direito (*quid juris?*): 5, 124, 499

questões de fato (*quid facti?*): 5, 124, *147*, 499; ver também teoria do conhecimento
questões de psicologia do conhecimento: 97; ver também questões de teoria do conhecimento/epistemológicas
  – ~ como questão de fato: 5, 417-418, 499; ver também questões de teoria do conhecimento/epistemológicas
  – a colocação kantiana da questão pode ser interpretada como questão psicológica e genético-biológica: 99; ver também adaptação
questões de teoria do conhecimento/epistemológicas: 97, 352; ver também posições probabilistas, resultado da crítica da
  – ~ com questões de fundamentação e validade: 5, 22, 499
  – ~ devem ser distinguidas estritamente das questões de *psicologia* do conhecimento: 4, 5, *137*, 142, 499, 506, 513, 517
  – a distinção inadequada entre elementos psicológicos e teóricos em Kant: 93, 94 + n.
  – dois grupos de ~: questões metodológicas e questões especulativo-filosóficas: 7
questões de validade: ver questões de teoria do conhecimento/epistemológicas
questões; ver também conceito de sentido wittgensteiniano
  – ~ genuínas: 330
  – a "tese orgulhosa da toda poderosa ciência racional" (Carnap): 330, 370
  – possibilidade de responder ~: 329, 330
quid facti?: ver questões de fato
quid juris?: ver questões de direito

R

raciocínio cretense: 104
racionalismo: 13, 19, 20, 50, 290, 291, 376, 380; ver também teoria da evidência
  – ~ dogmático: 110, 183, 347, 348, 369

  – a suposição fundamental do ~ clássico: 12t, 17-18
  – erro fundamental do ~ [clássico]: 161; ver também fundamento de validade
  – ~ indutivista: 18; ver também empirismo clássico
  – ~ o racionalismo clássico tira consequências dedutivistas a partir dessa suposição fundamental: 9, 12t, 18-19, 388, 501; ver também empirismo clássico, teoria do conhecimento dedutivista-empirista
  – oposição entre ~ clássico e empirismo clássico: 13, 17
  – ~ clássico: 12, 17-18, 21, 51
  – síntese de ~ e empirismo: 12, 13, 20; ver também teoria do conhecimento [*Erkenntnislehre*] de Kant
razão: 124
  – teoria da ~: 130-134
  – uso hipotético da ~: 377, 378
reações intelectuais: 22, 30; ver também pensamentos; reações
  – ~ como "subjetivamente pré-formadas": 30
  – ~ como antecipações: 30 + n.
  – contraposição entre recepções e ~: 35; ver também "espontaneidade do entendimento"
  – psicologia das ~: 52
reações; ver também reações intelectuais
  – ~ como "subjetivamente pré-formadas": ver consecução da reação
  – ~ psicológicas: 29
  – ~ similares: 28
  – coordenação de ~ e recepções: 28
realidade
  – ~ transcendente à experiência: 86
  – "concordância com a ~": 425
  – diversidade infinita da ~: 445t + n.t, *446* + n., 570, 611
  – irracionalidade da ~: 445t, 568
  – o fragmento da ~: 438, 471, 473
  – o fragmento irracional ~ (o fato): *446*

- rede de teorias e ~: 473-475; ver também hipóteses, ~ como redes
- toda proposição deixa um determinada "margem de manobra" à ~: 471-473, 479
- um acontecimento como fragmento da ~: 473; ver também acontecimento

realismo metafísico: ver realismo
realismo metodológico: ver realismo
realismo: 291 + n.-293, 328, 517; ver também essencialismo; idealismo
  - ~ metafísico: 90, 151, 517
  - ~ metodológico: 149, 149t, 151, 517 + n., 587; ver também regulamentação metodológica da tomada de decisão

reatividade: 100
recepções (estímulos): 140
  - ~ como condições materiais das reações: 29, 30, 34-35; ver também "receptividade da sensibilidade"
"receptividade da sensibilidade": 34-35
reciprocidade: 77
reconhecer: 30-31, 32; ver também biologia do conhecimento
rede de teorias: ver realidade
regresso infinito: 180, 185, 299, 300, 352; ver também argumento de Hume; princípio de indução; círculo vicioso
regulamentação metodológica da tomada de decisão: 146, 156, 461, 462, 463, 464, 505-507, 509, 513, 575, 586; ver também enunciados de base empíricos; metodologia
  - está incluído o que se pode chamar de "verificação e falsificação empírica", de "método da experiência": 148, 154; ver também método, ~ de teste empírico
  - estipulação dogmática de enunciados de base: 508
  - leva em consideração convicções subjetivas, mas, apesar disso, representa um procedimento objetivo: 150

- método do tribunal do júri: 151
- o ~ é algo totalmente diferente da fundamentação de uma proposição: 147, 148, 508
- os princípios metodológicos da estipulação convencional de determinados enunciados de base como "verdadeiros" ou "falsos" (realismo metodológico): 516
- princípio fundamental dessa ~: apenas proposições factuais particulares (singulares) podem ser determinadas como "verdadeiras" ou "falsas" por uma decisão: 149, 150, 151, 515, 516, 517 + n.; ver também empirismo; realismo
- que haja enunciados de base "não problemáticos deve ser considerado um fato metodológico fundamental: 151
- tribunal do júri (clássico): 147, 148
- veredicto dos jurados: 147, 148, 149

regularidade natural: 108, 109, 118, 413
  - a subjetividade da ~: ver idealismo transcendental
  - apriorismo *psicológico* da ~: 109
  - o problema da ~: ver problema da indução
  - redução da ~ à legalidade do entendimento: 110, 129, 130

regularidade: 30, 35, 42 + n., 72, 79, 89, 95, 96, 98, 100, 134, 164-165, 328, 365, 368, 477, 517; ver também probabilidade de hipóteses; objetividade; dedução transcendental; prejuízo da precisão
  - ~ *a priori* ou estritamente universal: 81
  - ~ e acaso: *176*, 254, 590, 591
  - ~ e simplicidade: ver simplicidade
  - ~-como-se: 81t, 87, 88, 90, 369; ver também objetividade; circunstância
  - a afirmação sintético-*a priori* de que há ~: 78
  - conteúdo de uma hipótese: 590 n.

- deve haver ~ sob todas as circunstâncias: 78
- grau de ~ e precisão: 170, 590, 591
- leis da forma da causalidade: 590
- só pode ser afirmado *a posteriori* que há ~: 81

regularidade-como-se: ver regularidade
relação causal: ver conceito de causalidade
relações de incerteza: ver física quântica
relações: 281
- não se falará neste trabalho senão de "classes" e "elementos", ali onde dever-se-ia falar propriamente de ~ e seus "membros": 221, 272

relativismo: 108; ver também crítica do conhecimento de Kant
relatos condensados: 40, 50, 57; ver também confirmação; positivismo estrito
relatos da serpente marinha: 139, 507
relatos perceptivos: 417
- ~ não objetivos: 138, 604; ver também relatos da serpente marinha; "questão do basilisco"

relógios atômicos: ver relógios
relógios: 209 + n., 211
repertório de comportamento: ver consecução da reação
repetibilidade: 88; ver também regularidade ~-como-se
responsabilidade: 492; ver também problema da liberdade da vontade; teoria dos dois mundos
- ~ e individualidade: 477 + n.
- ~ pressupõe a capacidade de imputação: 470 + n.
- irrepetibilidade e ~: 477

"revolução copernicana" (de Kant): ver idealismo transcendental
revolução einsteiniana: XXIIt

S

saber; ver também percepção
- ~ subjetivo: 416
- a teoria do ~ como uma espécie de crença: 162

- não há ~ seguro: 520
- nosso ~ intuitivo pode ser contraditório: 526

secções cônicas: 168, 173
seleção: 30-31, 32, 102, 308, 467; ver também biologia do conhecimento; método
semântica: ver metalógica
semantismo; ver também Carnap, *Semantik [Semântica]*
- "tese do ~": 439t, 440, 606
- a proposição "semântica" fala das formas da linguagem: 439t-441; ver também metodologia
- as proposições semânticas são de tipo superior ao das leis da natureza: 440

sensualismo (indutivista): 28
sentimentos de convicção: 138, 141, 416, 417, 507, 517, 604 + n.
simplicidade: 170, 179, 243, 246, 250-251, 478, 518, 577, 588-589, 590, 591, 593 n.; ver também empirismo; convencionalismo
- ~ desvio de uma curva em relação a uma reta: 173, 174
- ~ e espaço lógico de uma hipótese: 173
- ~ e raio de curvatura: 172, 173
- ~ e regularidade: 171, 253, 254
- "essência" da ~: 172 n.
- conceito de ~ é idêntico à improbabilidade primária: *172*t, 174t, 253, 254
- conceito de ~ é um instrumento de medição do grau de conformidade a uma lei de uma hipótese: 172
- conceito de ~ uso geral da linguagem: 172
- indução e ~: 171
- princípio de simplicidade: 423

singularismo: 155t
"*sistema de pré-formação* da razão pura": 36
sistemas axiomático-dedutivos: 214-215, 223, 241-244, 246, 247, 250-251, 255; ver também funções proposicionais; equações proposicionais; axiomática

- ~ como sistemas de puras funções proposicionais: 230, 231
- a caracterização como "definição implícita" ou "equação proposicional" ou como a formulação de tal "implicação geral tautológica" é completamente equivalente: 229, 240
- a interpretação convencionalista dos ~ como definições implícitas: 229, 230
- às três interpretações possíveis de uma ~ correspondem três posições da teoria do conhecimento: primeira posição pseudoproposicional – uma concepção empirista – ou convencionalismo: 213, 218, 219
- condições fundamentais de um ~: 215t, 262, 263
- primeira condição axiomática fundamental: ver critério de não contradição
- princípios (definições, postulados, axiomas) e teoremas de um ~: 215t
- teorema de um ~: 230t-234, 239
- todo ~ pode ser concebido como um sistema de definições implícitas: 252, 505

sistemas de medida: ver padrões de medida
sistemas hipotético-dedutivos: ver ciência
situação: ver estado de coisas
sociologia da ciência: 463-464
sociologia: 4, 136, 319, 431
"solipsismo metodológico" [Carnap]: 109, 141, 142, 459, 517
solipsismo: ver "solipsismo metodológico"
subjetividade
- ~ de nosso conhecimento: ver antropomorfismo
- ~ empírica: 106t; ver também objetividade

subjetivismo: 106, 135, 415, 459; ver também antropomorfismo
subjetivo-absoluto: ver objetividade

T

tabela de proposições: 427 + n., 577, 587, 593 n.
- ~ aplicada às proposições de nossa linguagem cotidiana: 428
- a utilidade da ~ repousa sobre estipulações metodológicas: 428

tabelas de verdade de Wittgenstein: 260, 340
tautologias lógicas: 11, 13, 264, 334, 335, 438
tempo absoluto: 3, 498
tentativa de solução proposta: 212, 223, 383; ver também teoria do conhecimento, os dois problemas fundamentais da
- ideias fundamentais da ~: dedutivismo, empirismo, falsificabilidade exclusiva: 12t, 18-19; ver também concepção dedutivista-empirista; teoria do conhecimento, dedutivista-empirista

tentativa e erro: ver método
tentativas de solução epistemológicas: 62; ver também crítica epistemológica
- tentativas de solução psicologistas: 143

teologia: 520
teoria da abstração: 24
teoria da ciência [*Wissenschaftslehre*]: ver metodologia
teoria da ciência [*Wissenschaftstheorie*]: 377, 463
teoria da constituição: 279-282, 415, 435 + n., 436, 438; ver também conceito universal e conceito individual; conceitos
teoria da evidência: 17t, 69, 293, 346
- ~ racionalista: 17, 68, 291
- intuição de essência: 346

teoria da gravitação
- ~ de Einstein: XXII, 112 n.
- ~ de Newton: XXI, 59, 171
- ~ não é uma mera generalização da leis de Kepler: 60; ver também

leis da natureza, uma teoria mais antiga ...
teoria da imanência: 52
- ~ completamente pura fracassa: 52-53
- ~ pura não poderia ser reconhecida como uma posição epistemológica: 54, 61
- ~ pura tem tons fortemente psicologistas: 54
- a exigência radical de se limitar à pura imanência: 53

teoria da linguagem, ~ wittgensteiniana: 439
teoria da percepção: 136-138
teoria da propagação da luz (Newton): 307
teoria da relatividade: 60
- ~ aplicada: 248
- ~ especial: 308
- ~ geral e a disputa entre convencionalismo e empirismo: 246
- ~ geral: 175, 253
- crítica convencionalista dos resultados da ~: 252
- encurtamento do corpo rígido no campo gravitacional: 249
- interpretação convencionalista dos resultados da ~: 248
- interpretação empirista dos resultados da ~: 248

teoria da seleção: 36
teoria da verdade (Tarski): 104 n.; ver também verdade, a teoria da ~ como correspondência
teoria das probabilidades
- as duas condições para uma classe de "eventos": 489t-492
- coletivos "aritméticos" e "geométricos": 489t, 588
- condições limítrofes: 490t-492, 493
- há uma passagem para a regularidade estrita?: 493
- hipótese da constância: 488
- insensibilidade e seleção de lugares: 492t

- jogos de azar: 176, 492; ver também cálculo de probabilidades
- modificação na terminologia: *491*
- nós não excluímos os problemas de estimativa da ~ em geral: 487; ver também cálculo de probabilidades
- predizibilidade: 493, 494
- pressuposições "não vazias": 491 n., 588
- princípio de indiferença: 488; ver também enunciados de probabilidade
- probabilidades *a priori* e *a posteriori*: 488, 493
- problema da constância das frequências relativas: 488, *490*, 491
- seleção dos lugares e caráter aleatório: 492-494
- sequências aleatórias: 492-493

teoria do ácido carbônico: ver teoria química das eras geológicas
teoria do campo eletromagnético: 116
teoria do conhecimento [*Erkenntnislehre*] de Kant: 19; ver também racionalismo, síntese de racionalismo e empirismo
teoria do conhecimento [*Erkenntnistheorie*] de Kant: 377, 378, 509
- traços psicologistas na ~: 121

teoria do conhecimento positivista: 52
- ~ como "teoria da imanência": 52
- ~ se dirige contra toda "transcendência": 52

teoria do conhecimento: XX, XXII, 161, 586; ver também problema da demarcação; "prova da impossibilidade da teoria do conhecimento" de Nelson; método da ~; ~ positivista
- ~ dedutivista-empirista como uma síntese de elementos do racionalismo e do empirismo: 19; ver também racionalismo
- ~ de Einstein: *XXII*, 257, 504
- teóricos do conhecimento e lógicos podem ser separados em dois grupos: aqueles que preferem *proposi-*

ções e aqueles que se interessam por *conceitos*: 285 + n.
- crítica de Fries da ~ "transcendental" de Kant: 122
- oposição entre ~ enquanto metodologia e todas as outras concepções acerca da teoria do conhecimento: 420
- prejuízo indutivista no domínio da teoria do conhecimento: ver prejuízos da teoria do conhecimento
- crítica de Nelson da ~ em geral: ver "prova da impossibilidade da ~" de Nelson
- ponto de vista otimista na ~: XX, 103, 105, 108, 113, 114
- ponto de vista pessimista na ~: ver ceticismo
- ~ psicologista, que se apoia sobre o "conhecimento de si": 141
- um terceiro ponto de vista na ~: ver ceticismo
- ao invés de questionamentos contraditórios da teoria do conhecimento, devem-se introduzir questionamentos de *psicologia do conhecimento* (Fries e Nelson): *123*, 529
- a separação estrita entre as questões de fato da descoberta do conhecimento e as questões de validade da ~: *4, 5*, 22, 23, 380, 499, 517
- ~ subjetiva: 162 n.
- independência da ~ em relação à psicologia do conhecimento: 22, 26, 517
- uma hierarquia infinita de ~: 128
- a distinção entre ~ e psicologia do conhecimento: 142, 506, 517
- ~ não é uma ciência empírica: 99
- ~ enquanto metodologia das ciências empíricas: 5, *7*, 128, 420, 421, 499, 500; ver também metodologia; objeção convencionalista contra o critério de falsificabilidade
- os dois problemas fundamentais da ~: XLI, 3, 4t, *7*, 222, 497, 499t, 590; ver também tentativa de solução proposta
- ~ indutivista: *9*, 25, 46, 214, *386*, 501t
- ~ dedutivista-empirista: *12, 18*-20, 25, 143, 150, 213, 236, 237, 264, 285, 297, 298, 369, 375, 376, 380, 408, 501t, 502; ver também concepção dedutivista-empirista; empirismo, clássico; psicologia do conhecimento; racionalismo, indutivista; racionalismo, clássico

teoria do hábito de Hume: ver psicologia do conhecimento, indutivista

teoria do intelecto humano: XXXVII
- a fundamentalmente equivocada teoria da *tabula rasa*: XXXVII
- a fundamentalmente equivocada teoria do balde da mente humana: XXXVII

teoria do silogismo (silogística)
- a distinção entre os juízos universais e o juízos particulares: 270
- o "juízo universal" da ~ significa algo totalmente diferentes da proposição "estritamente universal": 270; ver também problema da indução; enunciados factuais

teoria dos dois mundos: 475; ver também determinismo; problema da liberdade da vontade; ações criadoras; responsabilidade
- conciliação de um determinismo da natureza com um indeterminismo que concede espaço para a responsabilidade e para ação criadora: 475

teoria dos métodos: 376, 387, 429; ver também método de falsificação empírica; crítica dos métodos; metodologia
- ~ dedutiva: 430, 466, 500, 517, 518, 588
- ~ naturalistas dedutivos: 465
- a exigência de uma ~ dedutivo--transcendental: 442-443, 466, 500
- métodos que conduzem a um sucesso científico: 466

- nossa posição fundamental não naturalista: *467*
- por meio de quais determinações metodológicas uma teoria se torna falsificável?: *421*
- uma objeção naturalista: *466t*

teoria dos tipos
- hierarquia de tipos: *272-275, 457*; ver também conceito universal e conceito individual
- "teoria dos tipos" de Russell: *39*

teoria química das eras geológicas: *604 + n.*

teorias: *500, 567 n.*
- ~ como algo que nosso entendimento tenta prescrever à natureza: *XXIIt*
- ~ como título honorário de uma hipótese: *XXIII*
- ~ universais são, por princípio, hipotéticas ou conjecturais: *XXXII*
- ~psicoanalítica: *XXXV*
- a ~ é, considerada de um ponto de vista biológico-pragmático, um desvio em direção à prática, um "meio desviante de produção": *318*; ver também método
- a probabilidade de uma ~ é igual a 0: *XXIV n., XXV n.*
- as ~ de Newton e Einstein são logicamente inconciliáveis: *XXIII*; ver também teoria da gravitação; leis da natureza
- falibilidade de todas as ~ humanas: *XXIIIt, XXV*; ver também falibilismo

teorismo: *394t + n.-398 t + n., 502t, 502-503t*
- ~ empírico: *502-503t*

tertium non datur: ver "princípio do terceiro excluído"

"tese Duhem-Quine": *304, 305, 462 + n.*
- crítica da ~: *306-308, 463-464*
- significado da ~: *307, 462*

tese fundamental do empirismo: ver empirismo, tese fundamental do

testabilidade, intersubjetiva: ver objetividade

teste empírico: ver método

teste: *513, 514*
- ~ "intersensorial": *141, 513, 517 + n.*
- ~ intersubjetivo: ver objetividade; ver também intersubjetividade
- ~ subjetivo: ver psicologia do conhecimento; ver também convicções subjetivas
- repetição do ~: *141, 417*

topografia: *240*

trajetórias de lançamento: *168, 188, 189, 194, 200, 268, 284, 476, 511*
- forma (aproximada) de parábola de todas as ~: *163*

transcendência: *52*
- ~ da representação científica em geral: *53t, 73, 77*
- ~ da universalização: *54, 55, 58, 73, 77*; ver também medium do universal
- dualidade da ~ da universalização: *53*
- forma "superior" de ~ da universalização: *59t*
- todo juízo científico transcende o imediatamente dado: *52*

transcendentalismo: *88t*
- ~ reconhece apenas o método transcendental da teoria do conhecimento – rejeita todos os outros (com exceção da crítica lógica): *500*
- tese fundamental do ~: *66t, 500, 501t*

tratamento da tuberculina de Koch: *54 + n., 555, 603, 604*

tribunal do júri: ver regulamentação metodológica da tomada de decisão

trilema de Fries: ver percepção

trilema: ver percepção

tuberculina: *55 n., 555, 604*

U

uniformidade do intelecto humano: *108, 109*

universais: ver conceito universal e conceito individual

universalismo: ver problema dos universais
Urano: 116
uso do entendimento empírico: 96 n.
- princípios mais universais do ~: 96-97

V
validade de proposições: 93, 94 + n., 301, 321, 344
valor de verdade, distinção entre ~ e verdade ou falsidade decidível: *XXXI*
valores proposicionais: 219
variável
- ~ "genuína": 222-223
- ~ "ligada": 220t-223, 227, 229
- a distinção entre ~ ligadas e ~ genuínas: 222-223
verdade: 116, 139, 517
- ~ acreditada: XXVI
- ~ contraposta à mentira: XXVI n.
- a distinção entre ~ e certeza: XXVI, XXX
- a distinção entre ~ e demonstrabilidade: XXX
- a distinção entre ~ e justificabilidade: XXVI, XXX
- a distinção entre ~ objetiva e crença subjetiva: XXVI
- a distinção entre verdade e ~ decidibilidade: XXX, XXXI
- a ideia de que a verdade é evidente: XXVI
- a teoria da ~ como correspondência: XXVIIt-XXX
- conceito de ~: 105, 108
- teoria da ~ como similaridade de Russell: XXX
verificabilidade, a assimetria entre ~ e falsificabilidade: ver falsificabilidade
verificação: XXXVIt, 143, 461; ver também regulamentação metodológica da tomada de decisão
visão de essência: 136, 291; ver também essencialismo; realismo
vivência conclusiva: ver lógica
vivências elementares: 415
vivências perceptivas: 416, 417
- ~ imediatas: 525; ver também "conhecimento imediato"
vivências: 416, 470

W
Wittgenstein, *Tractatus logico-philosophicus*: 331, 350, 362

X
Xenófanes, vida e doutrina: 520, 582-585

Y
"Yeti": 138 n.; ver também questão do basilisco

Z
zoologia sintética: 198

SOBRE O LIVRO

Formato: 16 x 23 cm
Mancha: 27,5 x 49 paicas
Tipologia: IowanOldSt BT 10/14
Papel: Pólen Soft 80 g/m² (miolo)
          Cartão Supremo 250 g/m² (capa)
1ª edição: 2013

EQUIPE DE REALIZAÇÃO

Edição de Texto
Dalila Pinheiro (Copidesque)
Giuliana Gramani (Revisão)

Capa
Estúdio Bogari

Editoração Eletrônica
Eduardo Seiji Seki (Diagramação)

Assistência Editorial
Alberto Bononi

Rua Xavier Curado, 388 • Ipiranga - SP • 04210 100
Tel.: (11) 2063 7000 • Fax: (11) 2061 8709
rettec@rettec.com.br • www.rettec.com.br